BRAND and BRANDING

The Science of Branding

김 재 영

Business & Management Books
비앤엠북스

"비즈니스의 관점에서 볼 때 시장에서의 브랜딩은 목장에서의 브랜딩과 아주 유사하다. 들판에 흩어져 있는 다른 소들과 당신의 소들을 차별화할 수 있도록 브랜딩 프로그램이 수립되어야 한다. 들판의 소들이 모두 비슷해 보일 지라도 말이다. 성공적인 브랜딩 프로그램은 유일성의 개념에 바탕을 두고 있다. 그것은 시장에는 당신 제품과 똑같은 제품이 없다는 인식을 잠재고객의 기억 속에 만들어 놓은 것이다."

알 리스 · 로라 리스

「브랜딩 불변의 법칙 22」 중에서

저자 서문

BRAND and BRANDING

이 책의 특징

독자 여러분이 브랜드와 브랜딩에 관해 알고 있는 것은 무엇인가? 이러한 질문에 대한 대답은 검증된 것 외에는 "거의 아니다"라는 사실이다. 몇몇 검증할 수 있는 경우를 제외하고, 브랜드란 무엇인가, 브랜드를 어떻게 구축하는가, 브랜드의 역할은 무엇인가, 그리고 브랜드 가치를 어떻게 측정하는가 등에 관해 우리가 알고 있는 대부분의 증거는 개인적인 경험과 관련이 있는 이전의 브랜드 매니저들이 제시한 많은 사례들에 기초하고 있다.

다음에서는 지금까지 반복되어 온 브랜드 및 브랜딩에 관한 질문들이다. 독자 여러분들은 이러한 질문들에 대해 과거의 경험적인 것들을 뛰어넘어 지지할 수 있는 데이터를 제시하여 얼마나 많은 대답을 할 수 있는지를 스스로 평가해 보자.

❶ 브랜드가 기업에게 왜 중요한가? 모든 기업들은 성공적인 브랜드를 소유하는 것이 필요한가?

❷ 브랜드가 기업에게 어떤 혜택을 주며 또한 주주와 기업 소유주에게 어떤 혜택을 주는가? 현재 브랜드의 가치는 얼마이며, 내년, 혹은 5년 후에는 얼마가 되는가? 브랜드는 정말로 투자할 가치가 있는 것인가? 브랜드 투자에 대한 성과를 어떻게 측정할 수 있는가?

❸ 기업이 신제품을 개발하여 시장에 출시한다고 생각해 보자. 준비한 신제품에 새로운 브랜드를 어떻게 구축할 것인가? 정말로 브랜드를 구축하는데 엄청난 비용이 소요되는가? 그렇다면 왜 그런가?

❹ 현재 보유하고 있는 브랜드를 어떻게 지속적으로 강화시키고, 성장시킬 수 있을까? 또 쇠퇴하고 있는 브랜드는 어떻게 재활성화 할 수 있는가?

❺ 브랜드란 무엇을 의미하며 누가 소유하고 있는가? 어떤 전문가들은 고객들이 브랜드를 소유한다고 말하며, 또 어떤 전문가들은 기업이 소유한다고 말한다. 누구의 말이 옳은가? 그리고 왜 그와 같은 논쟁이 있는가?

❻ 브랜드가 건강한지 알려면 판매수치를 보는 것 외에, 그 브랜드가 성장하고

있는지 혹은 쇠퇴하고 있는지를 어떻게 말할 수가 있는가?

❼ 어떤 전문가들은 브랜드가 정상적으로 성장, 유지되고 있는지를 파악하기 위하여 브랜드 추적 시스템(brand tracking system)을 개발하기를 권유한다. 또 어떤 전문가들은 재무적 모델이 필요하다고 말한다. 또 어떤 전문가들은 매분기마다 현장으로 나가 고객과 대화해야만 한다고 말한다. 고객만족은 당신의 브랜드를 판단하는 진정으로 유일한 방법이다. 고객만족을 측정하는 최상의 방법은 무엇인가?

❽ 브랜드를 인수·합병하는 것은 어떤가? 인수하고자 하는 브랜드가 얼마만큼의 가치가 있는지를 결정하는 방법은 있는가? 또는 만약 브랜드를 매각하기로 한다면, 그 브랜드의 자산적 가치를 책정하는 유효한 방법이 있는가?

❾ 회사를 어떻게 브랜드 중심의 조직으로 만들 수 있는가? 브랜드는 어떤 산업에 적합한가? 소비재 회사들은 모두 브랜드 중심의 관리조직에 초점을 맞추고 있지만 아직까지는 미흡한 것 같다. 그리고 B2B에 근무하는 사람들은 성공을 위한 진정한 열쇠는 영업력에 있기 때문에 브랜드는 중요하지 않다고 말한다. 그들의 말이 옳은가? 또한 기업들은 그들의 브랜드를 관리할 수 있는 사람이 필요한 것일까? 만약 그렇다면 어떤 특징을 가진 사람을 필요로 하는가?

이와 같은 질문에 대한 해답을 제시하기 위해 학계와 실무에서 논의되고 연구된 내용들을 정립한 『BRAND and BRANDING: The Science of Branding』을 출간하게 되었다.

따라서 본서는 다음과 같이 기존에 출간된 여타의 브랜드 관련 서적들과는 다른 몇 가지 특징을 가지고 있다.

❶ 그림의 브랜딩 모델이 보여주는 것처럼, 브랜드 매니지먼트의 단계별 흐름에 따라 내용을 구성하였다. (1) 개념적 구조로서 브랜드 지식모델을 제시하여 이 책의 전체적인 내용을 이끌어가는 하나의 모델로서의 역할을 수행하고 있다(제2부). (2) 전략적 구조로서 첫 번째 주제는 개별 브랜드 차원의 브랜딩 전략으로 브랜드 자산을 구축하고 활용하며, 장기간에 걸쳐 유지·강화하는 구체적인 방법론에 그 초점이 맞추어져 있다(제3부~제6부). 두 번째 주제로 기업이 직면하고 있는 브랜드 관리영역은 개별 브랜드의 관리 문제에 한정되어 있는 것이 아니고, 기업 차원의 브랜드 포트폴리오의 정립과 같은 문제로 확대되고 있다. 따라서 회사 전체적인 브랜딩 전략과 방법론 등을 제시한다(제7부). (3) 매니지먼

트 시스템으로서 브랜드 자산의 측정과 평가, 그리고 브랜드 중심의 조직 형태와 특징 등에 대해 다루고 있다(제8부~제9부).

이와 같이 개념적 구조, 전략적 구조, 그리고 매니지먼트 시스템으로 주제를 구분하여 정리함으로써 논리적이고 체계적인 틀을 구축하였다.

❷ 각 장에 있어서 핵심 주제별로 일관성 있는 체계(개념 정의, 전략과 전술, 주요 이슈 측면)로 내용을 구성하여 이해를 높이고자 했다.

❸ 최근 브랜딩 환경을 잘 반영할 수 있는 사례들을 보다 많이 첨가하여 실무에 적용 가능성을 높이도록 하였다. 조금은 난해할 수 있는 내용을 적절한 사례를 제시함으로써 재미있게 학습할 수 있도록 하였다. 다만 사례들 중 많은 부분이 글로벌 기업을 위주로 제시하였다. 이는 국내기업을 중심으로 한 사례들을 일반화하여 제시하기에는 아직은 다소 한계가 있기 때문이다. 다음번 수정 편에서는 국내기업을 중심으로 한 사례에 초점을 맞출 것이다.

❹ 브랜딩에 관한 이론적 제한성을 극복하기 위해 심리학(소비자 행동론)에서의 원리들을 브랜딩에 접목함으로써 논리적 타당성을 제시하였다. 예를 들면, 브랜드 확장과 자극 일반화 원리, 브랜드 강도와 손실회피 성향, 그리고 플래그십 브랜드와 후광효과 등을 설명하여 전개하였다.

❺ 각 장의 학습 이후에 주제에 맞는 생각할 문제를 제시하여 학습효과뿐만 아니라 실무에서의 적용성을 높이려고 하였다.

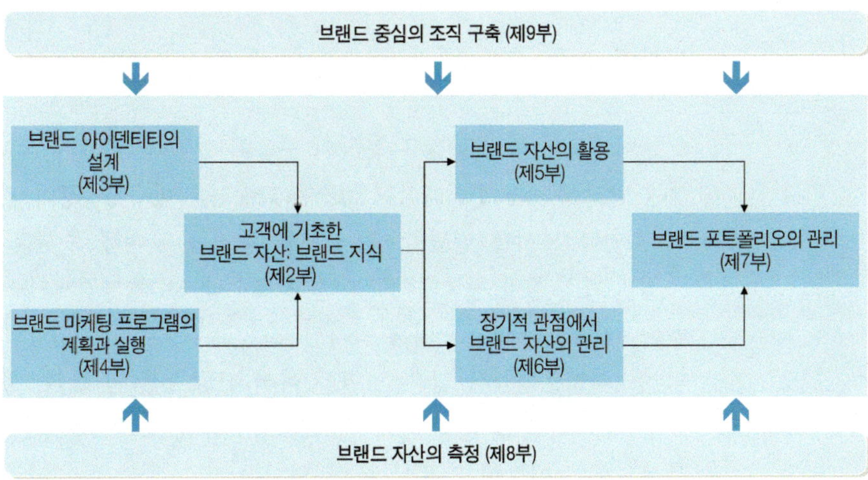

브랜딩 모델

참고문헌

본서를 집필하면서 다음과 같은 저서 · 학술지는 이론적 배경과 논리적 구성의 토대로 참고하였으며, 신문 · 잡지에 나타난 브랜딩 관련 기사들은 기업 사례로 활용하였음을 밝혀둔다. 특히, Kevin Lane Keller(2003)의 『Strategic Brand Management: Building, Measuring, and Managing Brand Equity(2nd ed.)』(Prentice Hall)는 본서의 틀을 정립하는데 많은 참고가 되었다:

❶ 저서로는 Rik Riezebos의 『Brand Management: A Theoretical and Practical Approach(1st ed.)』(2003), 이학식 등 3인(2004)의 공저인 『소비자 행동론(3th ed.)』(법문사), Michael R. Solomon(2004)의 『Consumer Behavior: Buying, Having, and Being(6th ed.)』(Prentice Hall), 그리고 Henry Assael(2004)의 『Consumer Behavior: A Strategic Approach(1th ed.)』(Houghton Mifflin) 등을 참고하였다.

❷ 학술지로는 Journal of Marketing, Journal of Marketing Research, Journal of Consumer Research, Advances in Consumer Research, Journal of Consumer Psychology, Harvard Business Review, Sloan Management Review, Journal of Advertising Research, International Journal of Research in Marketing, Marketing Management 등에 실려 있는 브랜딩 주제의 논문들을 참고하였다.

❸ 또한 신문과 잡지에 나타난 기업들의 브랜딩 사례들을 〈브랜딩 따라잡기〉의 컬럼으로 활용하였다.

감사의 글

돌이켜보면 참으로 많은 분들의 도움이 있었다. 현재 한국마케팅과학회의 회장을 맡고 계시는 한남대학교 이규현 교수님은 박사과정부터 지금까지 많은 학문적 조언과 본서를 집필할 수 있게끔 동기를 부여해 주셨다.

집필 과정 동안 동국대학교 여준상 교수님, SK 경영경제연구소 허원무 박사님, 밸류바인(Valuevine) 구자룡 박사님, 그리고 LG 이상훈 팀장님, GS 윤태섭 팀장님 등 여러분들께서 많은 조언을 아끼지 않으셨다. 특히, 동국대학교 여준상 교수님은 책 집필 과정 내내 원고를 검토하여 코멘트를 함으로써 본서의 내용 충실도를 높이는데 많은 도움이 되었다.

이밖에도 현실적인 도움을 주신 분들을 일일이 열거할 수 없을 정도이다. 특히, 중앙대학교 대학원 심리학과에서 강의하면서 만나게 된 이재희 석사, 안정태 석사, 그리고 김성환 석사의 자료수집은 이 책의 출간에 지대한 도움이 되었다. 또한 여름방학 동안 자료수집과 원고정리를 위해 수고해준 동국대학교 석사과정의 송환웅 군께도 감사를 드린다.

아울러 본서의 출간에 여러 방면에서 도움을 준 비앤엠북스의 정광식 사장님, 꼼꼼하게 책 교정에 열정을 보여준 최은경 선생, 표지디자인을 흔쾌히 맡아준 애경산업 디자인센터의 구규우 이사님과 박상희 대리님께 진심으로 고마움을 전한다. 편집이 특히나 어려운 책이라 최은경 선생의 고생이 많았다.

그동안 묵묵히 집필과정을 지켜보면서 힘들 때마다 항상 힘과 용기를 주는 아내 영애, 아들 대유, 딸 해나에게 사랑과 고마움을 이 책과 함께 전한다.

2007년 1월
김 재 영

차 례

BRAND and BRANDING

제1부 브랜드와 브랜딩의 이해

제2부 고객에 기초한 브랜드 자산: 브랜드 지식

제4부 브랜드 마케팅 프로그램의 계획과 실행

제7부 브랜드 포트폴리오의 관리

제1부

브랜드와 브랜딩의 이해

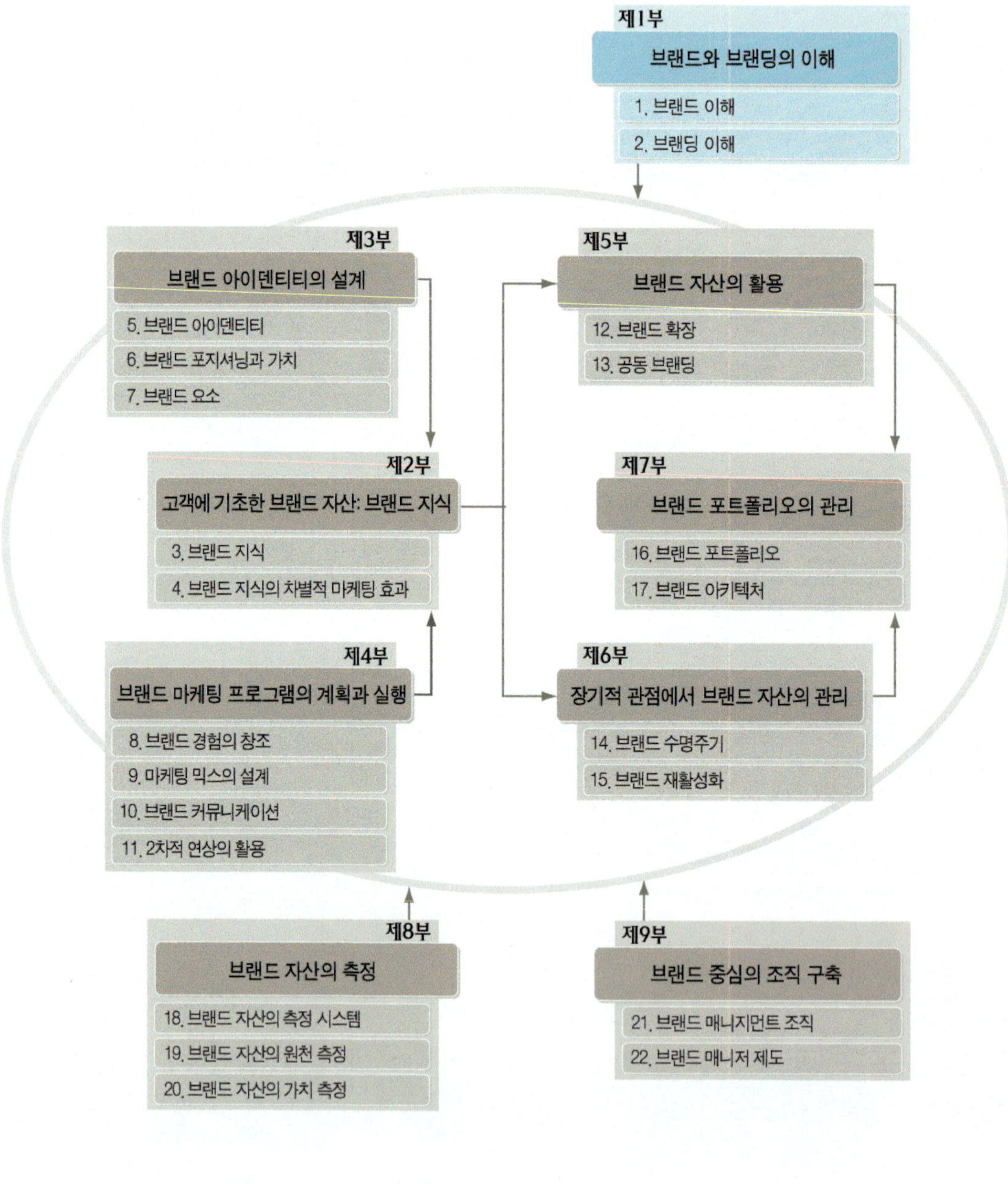

제1부
브랜드와 브랜딩의 이해
1. 브랜드 이해
2. 브랜딩 이해
제3부
브랜드 아이덴티티의 설계
5. 브랜드 아이덴티티
6. 브랜드 포지셔닝과 가치
7. 브랜드 요소
제5부
브랜드 자산의 활용
12. 브랜드 확장
13. 공동 브랜딩
제2부
고객에 기초한 브랜드 자산: 브랜드 지식
3. 브랜드 지식
4. 브랜드 지식의 차별적 마케팅 효과
제7부
브랜드 포트폴리오의 관리
16. 브랜드 포트폴리오
17. 브랜드 아키텍처
제4부
브랜드 마케팅 프로그램의 계획과 실행
8. 브랜드 경험의 창조
9. 마케팅 믹스의 설계
10. 브랜드 커뮤니케이션
11. 2차적 연상의 활용
제6부
장기적 관점에서 브랜드 자산의 관리
14. 브랜드 수명주기
15. 브랜드 재활성화
제8부
브랜드 자산의 측정
18. 브랜드 자산의 측정 시스템
19. 브랜드 자산의 원천 측정
20. 브랜드 자산의 가치 측정
제9부
브랜드 중심의 조직 구축
21. 브랜드 매니지먼트 조직
22. 브랜드 매니저 제도

제1장

브랜드 이해

이번 장의 주요 이슈

사람들은 흔히 타인이 소비하는 제품이나 브랜드를 보고 그 사람이 어떤 사람인지 판단하려는 경향이 있다. 처음 만나는 사람과 단 한 마디도 나누지 않은 상태에서 그 사람이 누구인가에 대해 판단하기 위해 개인의 소비행동을 이용한다. 입고 있는 옷이나 여가활동, 음식의 선호, 자동차, 집안의 장식품 선택을 근거로 그 사람의 성격이나 정체성을 추론한다. 왜냐하면 소비자 행동 연구에서는 자기의 자아개념과 일치하는 이미지의 상품이나 브랜드를 구매한다고 보기 때문이다.

이와 같이 개인의 정체성을 추론하는데 활용되고 있는 브랜드에 대해 다음과 같은 이슈들을 살펴볼 것이다.

❶ 브랜드는 선사시대부터 존재했었는가? 고대와 현대에서의 브랜드 의미는 동일한가? 그렇지 않다면 브랜드 의미와 역할이 고대부터 현대에 이르기까지 어떻게 변천해 왔는가?

❷ 브랜드는 소비자의 사회적 정체성을 드러내는 상품의 호적역할을 한다. 이와 같은 역할을 하는 브랜드는 어떻게 정의되는가? 무엇이 브랜드화의 대상이 될 수 있는가?

❸ 만약 브랜드가 없다면, 소비자와 기업은 어떤 불편함을 겪게 될 것인가를 상상해 보자. 브랜드는 소비자와 기업에게 각각 어떤 역할을 하는가?

제1절 브랜드의 기원

브랜딩은 새로운 현상이 아니다. 장인들이나 제조업자들은 그들의 제품을 다른 사람이 만든 제품과 구별하고 확인시키기 위하여 오래전부터 제품에 한두 가지의 기호를 사용해왔다. 그러한 기호는 다음과 같은 질문에 대한 해답을 제공한다.

- 누가 만들었는가?

그림 1-1 브랜드의 기원: 마크(mark)에서 자산(equity)으로

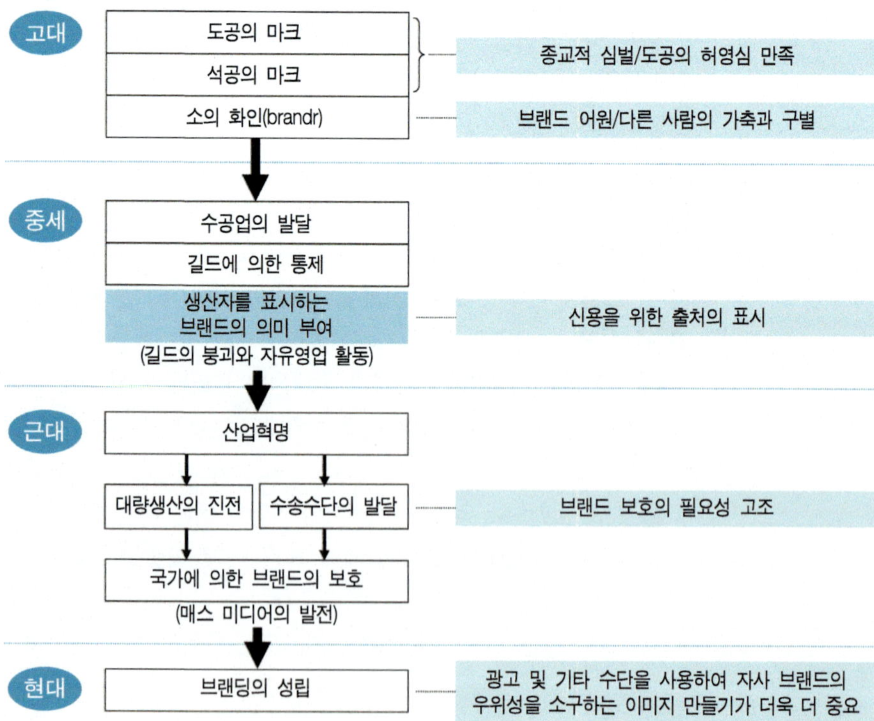

- 누구의 소유인가?
- 제품의 정체는 무엇인가?
- 제품의 독특한 점은 무엇인가?

이와 같은 질문들에 대한 해답을 제공해 주는 브랜드는 언제부터 존재했었는가? 그 기원에 대하여 살펴본다. 브랜드는 고대부터 현대에 이르기까지 그 의미 및 역할들이 많이 변천해 왔음을 알 수 있다(그림 1-1). 초기에는 주로 자기의 제품과 타인의 제품을 구별하는 하나의 수단으로써 이용되었다. 이것이 현대에 이르러서는 기업의 중요한 무형의 자산이 되었다. 즉 마크(mark)에서 자산(equity)으로 역할이 변천해 왔음을 알 수 있다.

1. 고대에서 중세

고대에는 주로 구별이나 출처의 수단으로 브랜드가 태동되었고, 중세에는 길드 조직에 의한 상업의 발달로 브랜드는 신용의 수단으로 사용되었다. 다음에서는 고대에서 중세에 걸쳐 나타난 브랜드의 역할들에 대해 살펴보도록 한다.

1 고대

장인들이나 제조업자들은 자신의 제품을 다른 사람이 만든 것과 구별하고 확인시키기 위하여 오래전부터 제품에 한두 가지의 기호를 사용해 왔으며, 이러한 것은 역사적 사례를 통하여 알 수 있다. 자신의 제품을 다른 사람이 만든 제품들과 구별하고 확인하기 위하여 기호를 사용하였고, 이 기호에 대한 최초의 증거는 선사시대의 유물을 통해서 알 수 있다.

기와에 표시된 기호

선사시대의 사냥꾼들은 자신의 소유를 나타내기 위하여 그들의 무기에 기호를 새겼으며, 고대 문명

브랜딩 따라잡기 1

노렌

일본의 고전 문화는 각 유파별로 유파의 정통을 계승하고 있는 가문이 있는데, 이런 것을 '이에모토(いえもと, 家元)'라고 한다고 했다. '이에모토(いえもと, 家元)' 제도 하에서 '시쇼오(ししょう, 師匠, 스승)'가 '데시(でし, 弟子, 제자)'를 직접 가르치는 방식은 전통이 오래된 라면가게나 국수가게에서도 행하는 방식이다.

일본의 음식점을 보면 대부분 입구에 커튼 비슷한 천이 드리워져 있다. 우리나라의 일식집에도 대부분 있으니까 유심히 보면 무엇인지 쉽게 알 수 있다. 이 커튼은 '노렌(のれん)'이라고 부르는데, 물리적으로는 가게 안에 햇빛이 들어오는 것을 막는 역할을 하지만, 그보다 더 중요한 역할이 있다.

보통 '노렌(のれん)'에는 가게의 이름이 쓰여 있다. 장사를 오래하면 단골손님이 생기고, 손님들이 가게를 자주 드나들다보면 입구에 쳐져 있는 '노렌(のれん)'의 문양을 기억하게 된다. 즉 '노렌(のれん)'은 그 가게의 영업권이나 신용을 상징하는 물건인 것이다. 이것은 영어의 브랜드나 로고 역할에 해당한다. 우리말에는 영어 브랜드에 해당하는 말이 없지만, 일본에서는 '노렌(のれん)'을 브랜드와 동일한 의미로 사용한다.

| 자료 : 일본 대중문화평론가

의 유물로 발견된 항아리, 접시, 기와, 벽돌 등에 도공들은 엄지손가락의 지문이나 이름, 상징들을 남김으로서 타인의 것과 자기 것의 소유를 구별시켰다(그림은 기와에 나타난 기호를 보여주고 있다.).

이후에는 달구어진 쇠로 동물의 살갗에 표시하는 화인(brandr)[1]이 일반화되

1) 브랜드(brand)가 가축의 등급을 구분 짓기 위해 가축에 찍어둔 소인(燒印)으로부터 유래하였다. 이는 브랜드가 기본적으로 하나의 표시를 나타내는 기호이며, 다른 것과 구분하기 위한 필요성에서 기인한 것임을 잘 나타내준다. 브랜드를 나타내는 상표(trademark)가 말 그대로 '거래(trade)의 표시(mark)'인 것도, 또한 브랜드를 뜻하는 불어가 'marque(영어의 mark)'인 것도 같은 이유이다.

었다. brandr란 단어는 "태워서 자국을 남기다"라는 의미의 옛 노르웨이 말로써 브랜드(brand)의 어원이 되었는데(브랜딩 따라잡기 1), 이러

문장

한 화인(brandr)은 가축의 소유자들이 자신의 가축을 식별하기 위해 표시하는 수단으로 사용되었다. 현재에도 수단의 남부에 있는 오지의 부족마을에는 모든 것들이 공동 소유이지만 가축(소)만큼은 개인 소유가 허용이 된다. 따라서 이러한 개인 소유를 표시하기 위하여 인두를 불에 달구어서 소의 엉덩이에 자기들만의 기호를 나타내도록 낙인을 찍었던 것이다.

고대시대 이래로 상징적이며 장식적인 도안들은 부족이나 민족의 상징으로서 왕과 황제들, 정부의 권력과 권위, 소유와 지배를 나타내기 위하여 사용되어 왔다. 예를 들어, 일본은 국화를 사용하였고, 로마는 독수리, 프랑스는 처음에는 사자를, 나중에는 백합을 사용하였다(우측 상단의 그림은 문장의 예를 보여주고 있다.).[2)]

또한 대부분의 고대 문명시대에 도장은 신분을 확인시키기 위해 표시하는 기호의 형태로써 활용되었다. 예를 들어, 바빌론제국에서 도장은 서로에게 부여된 문서를 확인하는 데 사용되었다. 3천여 년 동안 중국과 일본, 한국 등 대부분 극동지역에서는 손으로 아름답게 새긴 도장을 궁정에서 왕 또는 대신들의 서열과 권위를 나타내거나, 공식적인 법령이나 증명서를 확증하는 데 사용하였다. 모든 사람들(문맹자라 해도)이 통치자 혹은 세력가의 상징물을 인식할 수 있었다.

12세기에 유럽에서는 자신의 정체를 나타내는 문장에 사용하기 위하여 복잡한 기호체계가 개발되었다. 봉건시대에 방패나 깃발에 개인의 기호를 사용하기 시작하였는데, 당시 기사들은 얼굴을 가면으로 가렸기 때문에 먼 거리에서 서로를 알릴 목적으로 사용하였다.

문장(紋章)은 자기를 확인하는 기호와 가치의 연결을 명백하게 해준다. 문장은 정확성과 자부심의 전달자로서 풍부한 어휘와 엄격하게 규정된 암호를 그려낸다. 문장은 귀족의 가계를 나타내는 표시, 후손의 출생 서열을 구별하는 분가의 표시, 양자 관계, 결연, 소유권을 암시하는 기호를 통하여 타고난 사회적 신분뿐만

2) Duane E. Knapp (2000), The Brand Mindset, McGraw-Hill, pp.99-102.

아니라 특권의 지위를 암시하였다.

문장과 유사한 또 다른 종류의 상징적인 신분 확인이 있다. 아메리카와 오스트레일리아의 원주민 사이에서 발견되는 토템 시스템(totem system)[3]에 나타나 있다(우측 그림은 토템 시스템의 예를 보여주고 있다.). 이들 문화에서는 동물, 식물 혹은 다른 객체가 민족과 종족에 대한 문장의 기호와 표상으로 사용되었다.

토템 시스템

이처럼 기호들은 인간 욕구의 깊이를 암시하며 작용하고 있다. 제품에 그려진 기호는 품질, 장인정신, 자부심을 나타내며 이어져왔다. 또한 브랜딩 기호는 언어, 문자를 초월하는 단순한 단어로 이는 복잡한 실체를 함축하며 커뮤니케이션 할 수 있는 효과적인 수단을 제공하였다.

② 중세

근대적인 상업 활동을 지원하는 제도적인 브랜드의 기원은 중세 유럽의 도시국가인 길드를 중심으로 사용된 트레이드마크(trademark)에서 그 기원을 찾아볼 수가 있다. 당시 브랜드는 조악한 제품 제조자를 식별해 처벌함으로써 품질을 유지하는 책임소재, 즉 신용을 위한 출처 표시로써의 기능과 길드의 독점적 판매보장을 위한 표시 기능을 했다. 예를 들면, 당시 영국에서는 스카치 위스키의 통에 화인을 찍어서 제품을 바꿔치기하는 것을 방지하는 것 외에도 품질의 보증을 할 수가 있었다.

스카치 위스키 통에 나타난 화인

3) 북미 인디언 등의 미개인이 씨족, 종족의 상징 또는 수호신으로서 숭배하는 동물 또는 자연물.

2. 근대에서 현대

현재와 같은 정립된 브랜드의 개념은 근대에서 출발한다. 산업혁명 이후에 지금까지 존재하는 많은 브랜드들의 탄생을 가져왔다. 현대에 와서는 브랜드를 기업의 중요한 무형의 자산으로 간주하게 되었다.

① 근대

산업혁명 이후 근대 자본주의의 발전은 제조업자 브랜드 탄생을 가져오게 하였다. 교통통신 수단의 발전, 대량생산과 포장기술, 광고와 유통점 확대, 인구 증가 등은 소비자의 제품 수요로 이어져 미국 전역을 대상으로 하는 제조업자 브랜드 탄생을 가능케 한 것이다.

초기에는 배에 실리는 나무상자에 낙인을 찍었는데, 점차 이것이 확대되어 제품에 직접 낙인을 찍어서 소매상들이 그들이 주문한 제품의 품질과 무게를 확인할 수 있도록 했다. 또한 처음에는 반송주소로 사용되었던 명칭이 제품의 브랜드명이 되는 일이 흔히 나타났다. 피앤지(P&G)는 1851년 스타(Star)라는 양초 브랜드와 1879년 아이보리(Ivory)라는 비누 브랜드를 도입했다. 1879년 P&G 창업자의 한 사람인 Heley Procter는 종래의 봉(棒)비누 대신에 비누를 소형으로 성형하고 개별 포장하여 이에 아이보리(Ivory)라는 브랜드를 붙여 판매하였다.

1880년대에 이르자 소비자들은 크래커, 차, 옷감, 담배 등에 이름을 붙인 일상적인 제품의 브랜드를 요구했고, 이때 리츠, 립튼, 리바이스, 럭키스트라이크 등의 브랜드들이 생겼고, 이런 브랜드들은 지금도 우리의 의식 속에 각인되어 있다.

이 시기의 브랜드는 단순한 '식별 기능'뿐 아니라 제품의 '품질 보장', 소비자에

P&G의 아이보리(Ivory) 비누
Harley Procter는 교회에서 어느 일요일 날 성경에서 '아이보리 궁전에서' 단어를 읽으면서 비누이름에 대한 영감이 아이보리(Ivory)로 떠올렸다고 한다. '아이보리'라는 흰색 비누의 순수하고, 순한 그리고 오래 지속되는 품질과 완벽한 일치를 이루고 있다.

대한 '신용 표시' 등의 기능을 수행하였다.

② 현대

라디오나 텔레비전 등 대중매체의 발전에 따라 자사제품의 우월성을 소구하는 광고활동이 브랜드의 가치 형성에 중요한 역할을 하게 되었다. 따라서 브랜딩의 개념이 성립되어 광고 및 기타 수단을 활용하여 자사제품의 우위성을 소구하는 이미지 만들기가 더욱더 중요하게 되었다.

브랜드가 기업 활동의 핵심적 요소로 자리 잡기 시작한 것은 1980년대부터다. 1980년대 이후 브랜드에 있어서 가장 중요한 발전 중 하나는 기존에 잘 구축된 브랜드는 기업에게 어떤 가치를 제공해 준다는 것을 브랜드 매니저들이 깨닫기 시작했다. 기업 분석가들은 이러한 개념을 통하여 강력한 브랜드는 기업의 미래 수익을 보증하는 것으로 생각하였다. 1980년대 후반, 브랜드가 가치를 지닌다는 생각은 마케팅 부문에서도 주의를 끌기 시작하였다. 성공적인 브랜드는 기업의 가장 귀중한 자산 중의 하나라는 생각으로서 '브랜드 자산(brand equity)'이라는 단어가 이때부터 언급되기 시작하였다.

이처럼 브랜드 가치에 대한 인식의 발단은 1985년 코카콜라 사건, 1988년 필립 모리스의 크래프트 브랜드 인수, 그리고 1993년 말보로의 금요일 등에서 나타났고, 이러한 사례를 통하여 브랜드 가치가 증명되었다.

❶ 브랜드 가치를 증명하는 첫 번째 사건은 1985년 New Coke와 Coca Cola Classic의 도입이었다(브랜딩 따라잡기 2). Coca Cola Classic의 재도입에 의해 명확해진 것은—블라인드 테스트에서 소비자들이 새롭고, 더 맛있는 콜라를 평가했다는 사실에도 불구하고—Coca Cola라는 브랜드는 감성적인 가치를 가지고 있어서 소비자들이 새롭게 변경된 제품을 평가하지 못했다. 이러한 사건을 통해 소비자들의 브랜드에 대한 경험이 제품 경험과는 다를 수 있고, 심지어 세상에서 가장 강력한 브랜드는 결국 소비자의 수용에 있어 영향을 미친다는 사실이 명확해졌다. 결론적으로 이러한 경우 브랜드는 물리적인 제품 자체에서부터 유래할 수 없는 어떤 가치를 지니고 있다는 것을 분명하게 했다.

❷ 브랜드 가치를 증명하는 두 번째 사실은 필립 모리스가 크래프트(Craft)라는 브랜드를 인수할 때 13억 달러를 지불했는데 이는 유형자산의 몇 배에 해당하는 가치였다. 많은 마케터들에게 이러한 추가적인 가치는 브랜드가 기업에게 전략

브랜딩 따라잡기 2

New Coke와 Coca Cola Classic

코카콜라와 펩시콜라라는 브랜드는 제2차 세계대전 이후 콜라전쟁을 일으켰다. 펩시의 블라인드 테스트를 통해서 펩시콜라는 맛이 떨어지지 않는다는 것을 소비자에게 호소하였다. 펩시콜라의 인기 상승으로 1960년 코카콜라의 시장점유율은 22.5%에서 21.8%로 약간 하락하였다. 시장점유율로 환산하면 약간의 하락으로 보였지만, 0.7%를 금액으로 환산하면 거의 50억 달러의 수익 감소를 의미하는 것이었다. 이러한 좋지 않은 분위기에 따라서 코카콜라 회사는 미국에 New Coke를 도입하기로 결정하였다. 블라인드 테스트(blind test)에서 190,000명의 13세에서 65세까지의 미국과 캐나다 소비자들의 61%가 기존의 코카콜라보다 New Coke가 더욱 맛있다고 평가하였다. 이러한 결과에 따라 1985년 3월 23일에 New Coke를 미국시장에 출시하였고, 기존의 코카콜라는 시장에서 철수하였다.

이 사실이 알려진 후 코카콜라 애호가들은 기존 코카콜라의 시장 철수에 대하여 반대 시위를 하였고, 이들은 "Old Coke Drinkers of America"라는 단체를 설립하였으며 회원 수는 급속하게 증가하여 60,000명에 이르렀다. 이 단체의 리더 Gay Mullins는 애틀랜타에 있는 코카콜라를 법정에 세우기를 원하였다.

"Old Coke Drinkers of America"는 코카콜라를 Old Coke의 시장에 New Coke를 출시한 것이 사기라고 고소하였을 뿐만 아니라, 비밀의 코카콜라 성분에 대하여 공개하기를 요구하였다. 다음은 소비자 항의문을 인용한 것이다:

> **코카콜라는 미국 국민의 기본적 권리를 부정하였다: 선택의 자유**
>
> 코카콜라를 변화시키는 것은 백악관을 녹색으로 색칠하려는 것과 같다. 어떤 무식한 사람이 코카콜라의 구성 성분의 변경을 결정하였는가? 새로운 성분은 천박하고, 비위 상하고, 기분 좋게 하지 않고, 펩시보다 맛이 없다.

항의의 결과로 코카콜라는 결국 굴복하였고, 1985년 7월 10에 기존 제품을 Coca Cola Classic이라는 이름으로 다시 시장에 출시하였다. 1985년 말에 미국에서의 시장점유율은 25%를 넘었다. 미국에서는 Coca Cola Classic과 New Coke 둘 다가 판매되었지만, 유럽과 다른 세계시장에는 New Coke는 출시되지 않았다. 코카콜라가 두 제품을 시장에 출시했을 당시 펩시콜라는 "Coke is it."이라는 말 대신에 "Coke are it."이라고 비웃으며 말하였다. New Coke의 사례를 통해서 우리는 브랜드화된 제품(브랜드가 부착된 제품)과 일반 제품(브랜드가 부착되지 않은 제품) 사이에 분명한 차이가 있음을 알 수가 있다. 사전실험에서 2/3 이상의 소비자가 New Coke의 맛이 좋다고 말했음에도 불구하고, 대중들은 미국에서 가장 중요한 브랜드 중 하나인 코카콜라를 바꾸는 생각에 대해서 좋아하지 않았다.

| 자료 : Palazzini F.S. (1989), Coca-Cola Superstay: The Drink that Became a Business Empire, Columbus Books, London.
Pendergrast M. (1993), For God, Country and Coca-Cola: The Unauthorized History of the Great American Soft Drink and the Company that Makes It. Macmidlon, New York.
Hartley R.F. (1995), Marketing Mistakes, John Wiley, New York.

적으로 중요할 뿐만 아니라 재무적으로도 매우 중요하다는 사실이 증명되었다. 요약하면 이러한 사실들이 브랜드가 재무적 가치를 가진다는 생각을 지지하게 되었다.

❸ 브랜드 자산의 개념에 강하게 영향을 미친 세 번째 사실은 1993년 4월 둘째 날 '말보로의 금요일(Marlboro Friday)'로 기억되었다(브랜딩 따라잡기 3). 필립 모리스에 의해 발표된 말보로 담배의 가격인하는 마케터와 재무분석가들 모두에게 메가 브랜드(mega brand)의 자산에 대해 새로운 관점을 취하게 하였다. 필립 모리스에 의해 발표된 말보로 담배의 가격 인하는 마케팅 믹스 변수인 가격의 단순한 수정뿐만 아니라, 그것은 말보로와 같은 톱 브랜드의 위치도 항상 절대적이지 않다는 사실을 알려주었다.

지금까지 살펴본 내용에 근거하여 브랜드의 가치에 대한 실제적인 증거를 몇 가지 요점으로 결론 내릴 수 있다.

❶ 브랜드 인수를 위하여 기업의 유형자산의 가치보다 몇 배 많은 비용을 지불할 수 있다.

❷ 기존의 브랜드를 이용하여 새로운 제품을 시장에 소개할 수 있다. 이는 브랜드 확장이라 하는데, 1985년 이전에는 거의 사용되지 않았다. 1985년 이후 점차 경쟁압력의 증가로 신제품 도입도 경쟁우위를 확보할 시간이 없기 때문에 브랜드 확장을 통해 시장에서의 경쟁상대의 공격에 보다 빠르고 효과적으로 대응할 수 있게 되었다.

브랜딩 따라잡기 3

말보로의 금요일(Marlboro Friday)

1993년 4월 2일 이전에 미국에서 말보로 한 갑의 가격은 대략 2.15달러였다. 말보로의 가격은 값싼 브랜드의 평균가격보다 대략 70% 정도 비쌌다(가장 싼 브랜드의 가격 0.69달러). 1993년 전에 값싼 브랜드의 영향으로 말보로의 시장점유율은 30%에서 22%로 떨어졌다. 1993년 초 값싼 브랜드들의 시장점유율은 40%에 이르렀다. 이러한 시장잠식 때문에 1993년 4월 2일 금요일 필립 모리스는 말보로 한 갑의 가격을 0.40달러 인하하였다.

결론적으로 4월 2일 이후 기존의 필립 모리스의 가격을 20% 인하하였고, 그 결과 필립 모리스의 주가가 약 15% 하락하여 130억 달러의 주식 가치의 하락을 가져왔다. 그 다음 주에 소비제품 업체들인 펩시, 코카콜라, P&G, 질레트도 주가가 비슷하게 하락하였다.

이로 인해 어떤 일들이 일어났는가? 투자자들은 10년 동안 구축되어 왔던 소비자 구매습관의 변화에 반응했다. 1991~92년까지 경기침체는 중산층의 브랜드 충성도 기반에 심각한 타격을 주었다. 자유롭게 소비하던 1980년대에서 1990년대로 접어들면서 중산층 집단은 보다 가격과 가치 의식적이 되었다. 말보로와 같은 고가의 전국 브랜드(national brand)들이 퇴진하는 대신 저가의 지역 브랜드(local brand: 즉 소매상이나 도매상이 주체가 되는 브랜드)와 저가의 제조업자 브랜드가 등장하기 시작했다.

필립 모리스가 소비자의 가격 민감성을 만족시키기로 결정하자마자 말보로 카우보이(Marlboro Cowboy)는 무시되기 시작했다. 이 기업은 말보로를 판매하기 위해서 광고에 의존하기보다는 쿠폰, 가격 판촉, 특별 제공 등에 더 많이 의존하고 있다. 한 분석가는 "오늘날(말보로 카우보이와 같은) 캠페인은 특가품만을 찾는 사람들에게 더 이상의 영향을 줄 수 없다."고 지적하였다.

가격 인하 결과, 말보로는 지역 브랜드와 저가 브랜드에게 빼앗긴 상당수의 소비자들을 되찾았다. 1995년 1/4분기까지 말보로의 시장점유율은 30.6%까지 증가했고, 1989년에는 그 이상으로 증가했

다. 그리고 브랜드 점유율은 2001년까지 38%에 이르는 등 계속 증가했다.

소비자들이 왜 말보로를 다시 찾게 되었는가? 소비자들은 가격이 인하되자마자 전국 브랜드의 가치를 인식했던 것이다. 그들은 말보로의 가격을 가치와 비교했으며, 같은 맥락에서 지역 브랜드와 할인 브랜드의 가격을 가치와 비교했다. 가격이 가치지각과 일치하였을 때, 브랜드 자산이 재회복되고 강화되었다.

그러나 말보로 카우보이에게 무슨 일이 발생했는가? 말보로 카우보이는 오늘날 필립 모리스의 가격 판촉은 과거에 진실이었던 것보다 소비자의 충성도를 유지하는데 더 중심적이다라는 하나의 주요 변화와 함께 말보로 광고 전략에 있어 여전히 주요한 구성요소이다.

말보로의 이 일화는 브랜드 충성도가 일정하지 않은 것을 보여주고 있다. 만약 소비자들이 가격을 가치와 일치하지 않는 것으로 간주한다면, 브랜드 충성도는 말보로 카우보이와 같은 강력한 이미지와 상관없이 손해를 입을 것이다. 그러나 필립 모리스가 가격을 가치 지각과 일치하는 것으로 되돌리자 말보로 카우보이는 다시 되돌아왔다.

▮자료 : Crainer S. (1995), The Real Power of Brands: Making Brands Work for Competitive Advantage, Pitman Publishing, London.
Guiltinan J.P., Gundlach, G.T. (1996), Aggressive and Predatory Pricing: A Framework for Analysis, Journal of Marketing, 60(3), pp.87-102.
Henry Assael (2004), Consumer Behavior: A Strategic Approach, Houghton Mifflin, p.81, 역서.

❸ 동일한 제품에 어떤 브랜드 네임을 부착하느냐에 따라 소비자는 다른 선호를 나타낸다는 점이다. 이것에 관해서 두 가지로 구분할 필요가 있다. 무엇보다도 제품은 물리적으로 어떤 차이점도 눈치 챌 수가 없지만, 그러나 브랜드 네임 하에서 소비자들은 차이점을 구별할 수가 있다. 비록 소비자들이 어떤 상황에서 브랜드 없이 제품 간에 구별할 수 없지만, 여러 연구에 따르면 소비자들은 브랜드 네임이 존재할 때 제품에 대한 다른 선호를 가진다는 점이 확인되었다. 자동차를 예로 들자면, 거의 동일한 여러 차종이 있지만 그러나 브랜드 네임에 따라 소비자의 선호는 상이하게 나타난다. Sullivan(1998)은 중고차 시장에서 두 제품(차종은 비슷하지만, 브랜드 네임은 다르다.)의 상대적 가격을 분석하기 위하여 제품 수요에 대한 브랜드 네임의 효과를 조사하였다.[4] 소비자는 제조회사의 브랜드에 따라 소비자들이 지불하고자 하는 비용이 다르게 나타난다는 결론을 얻었다.

4) Sullivan M.W. (1998), How Brand Names Affect the Demand for Twin Automobiles, Journal of Marketing Research, 35(2), pp.154-65.

④ 불법복제, 위조가 날로 늘어가고 있다는 점이다. 불법복제, 위조는 잘 알려진 브랜드 네임이 불법적으로 운영되는 기업에 의해 사용되고 있다. 이것은 브랜드의 소유권을 가지고 있는 기업에게 재무적 손실을 초래한다. 이러한 불법복제, 위조는 향수, 의류, 구두, 시계, 술뿐만 아니라 심지어 의약품, 비행기의 위조 부품 등의 시장으로 확대되고 있다. 위조 브랜드에 대해서 유니레버(Unilever)의 미첼 페리(Michael Perry)는 다음과 같이 말하였다.

"우리는 우리의 경쟁자와 같은 테이블에 앉아서 음식을 먹는 것은 문제가 없지만, 우리의 경쟁자들이 우리 접시를 가지고(즉, 우리 브랜드를 도용하여 제품을 판매하는 것) 음식을 먹는 것은 참을 수가 없다."

제2절 브랜드란 무엇인가?

고대부터 현대에 이르기까지 브랜드의 의미와 역할이 변천되어 왔음을 브랜드의 기원을 통하여 살펴보았다. 그러면 브랜드를 어떻게 정의할 것인가? 브랜드를 정의하기 위한 하나의 방법으로 브랜드화된 제품의 분해를 통하여 설명할 수가 있다.[5] 여기서 브랜드화된 제품이라는 용어는 브랜드가 부착된 제품을 의미한다.

1. 브랜드화된 제품의 분해

브랜드 개념을 정의하기 위해 브랜드화된 제품을 분해하여 보자. 브랜드화된 제품은 제품 자체의 특징과 그 제품에 부가된 다른 특징들로 구별할 수 있다. 이러한 특징들을 브랜드화된 제품의 내적 속성과 외적 속성이라 한다. 내적 속성은 제품 혹은 서비스의 특성으로 이들 특성이 변화할 때 제품도 변한다.

실제로는 제품의 특성을 토대로 브랜드화된 제품과 브랜드화되지 않은 제품을 인지하고 구별하는 것은 어렵다. 반면 외적 속성은 제품을 다른 제품과 구별하는 것을 보다 쉽게 한다. 외적 속성은 내적 속성의 부분으로 고려되지 않는 브랜드화된 제품의 속성이다(예를 들면, 브랜드, 가격, 그리고 원산지 정보 등).

이처럼 내적 및 외적 속성으로의 분류는 브랜드화된 제품을 서로 구별하는 것의 어려움을 보다 명쾌하게 해준다. 한 제품을 다른 제품과 구별하는 방법은 제품 그 자체의 특성을 형성하지 않는 특징을 연결함으로써 가능하다.

이러한 외적 속성은 브랜드와 기타 외적 속성으로 구분할 수 있다. 브랜드(네

5) Rik Riezebos (1996), Brand Management: A Theoretical and Practical Approach. Prentice Hall, pp.31-41.

그림 1-2 브랜드화된 제품의 4가지 속성

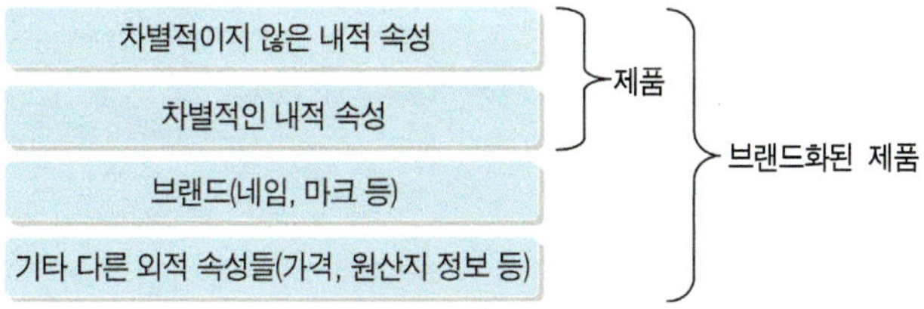

임, 로고 등) 외에 또 다른 외적 속성들(가격, 원산지 정보 등)이 브랜드화된 제품을 구별시켜준다. 이러한 관계가 〈그림 1-2〉에서 보여주는 것처럼, 브랜드화된 제품은 4가지의 속성들로 구성되어 있다.

1 내적 속성: 제품 그 자체의 속성

내적 속성은 제품 혹은 서비스의 특성으로 이들 특성이 변화할 때 제품도 변한다. 어떤 내적 속성은 제품군에 있는 모든 브랜드화된 제품에 존재하며, 반면 또 다른 내적 속성은 특정의 브랜드화된 제품에 존재하는 것이다. 다시 말하면 브랜드화된 제품은 많은 비차별적인 내적 속성(에어컨; 실내를 시원하게 해준다.)과 또한 많은 차별적인 속성(에어컨; 공기청정 기능)을 가지고 있다. 브랜드화된 제품의 비차별적인 내적 속성은 제품군의 특징을 형성한다(그림 1-3).

실제로는 제품 특징(에어컨; 실내를 시원하게 해준다.)의 토대 위에서 각각의 제품을 인지하고 구별하는 것은 어렵다.

2 외적 속성: 브랜드 및 기타 외적 속성

한 제품을 다른 제품과 구별하는 방법은 제품 그 자체의 한 부분을 형성하지 않는 특징을 연결함으로써 가능하다. 따라서 외적 속성은 제품을 다른 제품과 구별하는 것을 보다 쉽게 한다. 이러한 외적 속성은 브랜드와 기타 다른 외적 속성들로 구성되어 있다(그림 1-4).

그림 1-3 내적 속성

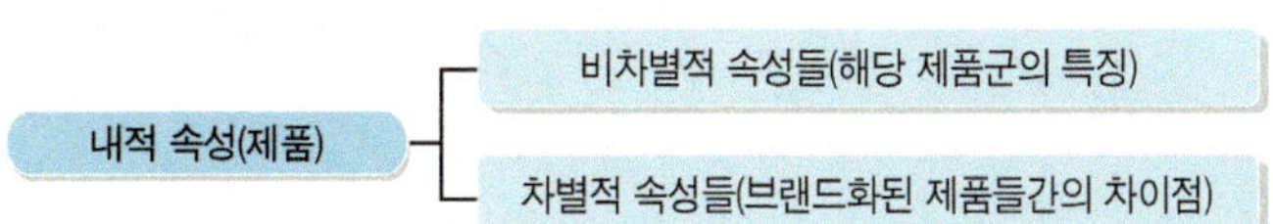

그림 1-4 외적 속성

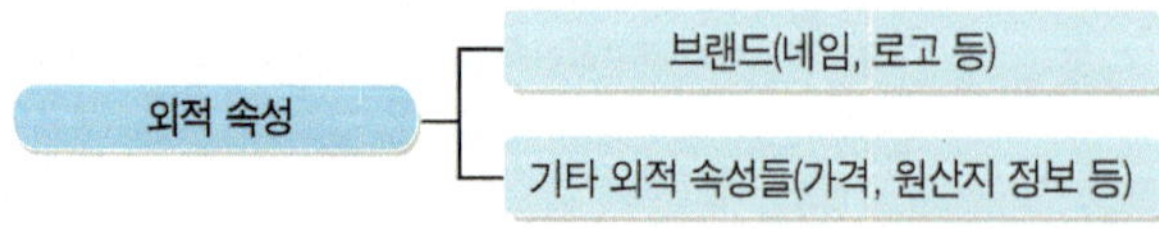

외적 속성으로서의 브랜드는 미국마케팅협회(AMA)의 정의에 따르면, "판매자가 자신의 제품이나 서비스를 식별하고 다른 경쟁자와 구별하기 위해 사용하는 브랜드 네임(name), 심벌(symbol), 로고(logo), 슬로건(slogan), 패키지 등 모든 기호"를 말한다.

이러한 사전적 정의에서 강조점은 '모든 기호'와 '차별화'이다. 여기서 브랜드 요소는 단어 마크(word mark), 그림 및 형태 마크(form mark)가 된다. 여기서 단어 마크를 보통 브랜드 네임이라 한다. 브랜드 네임은 발음될 수 있는 것을 말한다. 가장 기본적인 형태로 브랜드 네임은 브랜드화된 제품의 인식에 기여를 한다. 예를 들면 슈퍼마켓에 있는 제품의 이름(페리오, 퐁퐁 등)이 브랜드 네임이다. 또한 어떤 성분의 이름(Intel, Lycra 등), 품질마크(ISO, Woolmark 등), 비영리조직(Greenpeace 등), TV 프로그램/방송국(타임머신/KBS 등), 인터넷 사이트(다음, 네이버 등), 그리고 심지어 아티스트(보아, 서태지 등). 게다가 복수의 여러 브랜드 네임들이 특정 브랜드화된 제품에 나타난다. 예를 들면, 기업의 네임(삼성), 제품 네임(센스), 특정의 성분(인텔 인사이드), 그리고 품질마크(ISO) 등이 패키지에 나타난다. 이 모든 것들이 브랜드 네임인 것이다.

그림 마크는 발음되지 않는 것으로 이를 브랜드 심벌이라 한다. 브랜드 심벌은 문자(letters), 숫자(numbers), 도형(figures), 사진(photos), 그리고 색상(colors)으로 구성되어 있다.

대부분의 브랜드는 브랜드 네임과 브랜드 심벌을 가지고 있다. 하지만 브랜드 심벌 없이 브랜드 네임만을 가질 수도 있으며, 또한 심지어 브랜드 네임이 없이 브랜드 심벌만 있는 것도 있다.

특별한 형태인 브랜드 로고는 브랜드 네임과 심벌을 합쳐진 형태를 말한다. 삼성의 로고나, LG의 로고가 그 예라고 할 수 있다.

브랜드 네임과 로고가 합쳐진 형태

형태 마크의 경우에 패키지를

들 수가 있다. 예를 들면 코카콜라의 병이 있다. 이밖에도 브랜드를 차별화하는 기호로서 음악(광고의 징글)이 있다. 세부적인 내용들에 대해서는 제7장에서 다시 설명하기로 한다.

브랜드화된 제품은 최소한으로 제품(혹은 서비스)과 브랜드(단어, 그림 및 형태 마크)를 수반해야만 한다. 이러한 것들이 제공되지 않은 제품을 일반 제품(generic product)이라 한다.

지금까지 설명한 것처럼 브랜드(단어, 그림, 형태 마크) 외에 또 다른 많은 외적 속성들이 브랜드화된 제품을 구별할 수 있다. 이것들은 주로 가격, 원산지에 관한 정보 등이 있다.

3 속성의 위계

앞에서 살펴본 바와 같이 브랜드화된 제품은 여러 속성들로 구성되어 있다.[6] 소비자들이 브랜드화된 제품의 구매 시 선택과 직면할 때마다 그들은 속성에 대한 평가과정을 따라야만 한다. 이러한 평가과정에서 소비자들은 브랜드화된 제품 간의 속성을 비교할 뿐만 아니라 여러 속성에 대해 가중치를 고려한다.

소비자가 지각할 수 있는 속성에 기초하여 그들은 브랜드화된 제품의 이미지를 형성한다. 이러한 평가과정에서 소비자들은 종종 그들에게 유용한 모든 속성들을 사용하지는 않는다. 소비자들은 여러 속성보다 더욱 중요한 하나의 속성을 발견한다. 다시 말하면, 소비자들은 여러 속성보다는 어떤 몇 개의 속성에 더 많은 가치를 부여한다. 이것은 보통 소비자로 하여금 어떤 브랜드화된 제품과 관련된

그림 1-5 브랜드화된 제품 속성의 위계와 평가

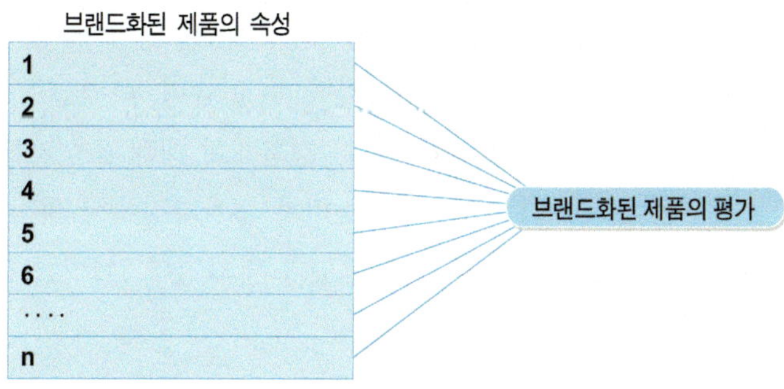

6) Terry Grapentine (1995), Dimensions of an Attribute, Marketing Research, Vol.7(Summer), No.3, pp.19-27.

그림 1-6 외적 속성이 소비자의 평가과정에 미치는 영향

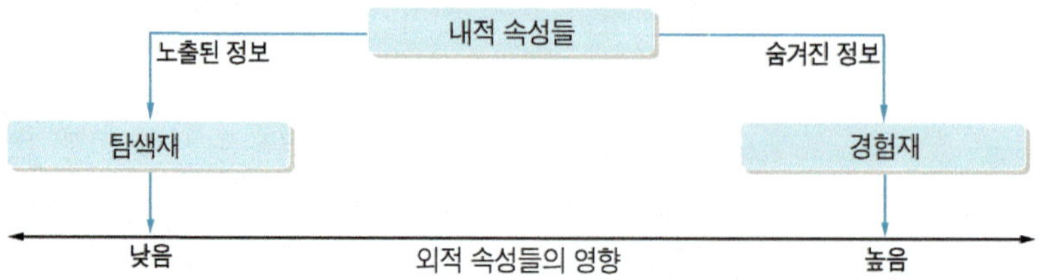

속성 간의 순위를 두게 한다. 이처럼 소비자들은 어떤 제품에 대해서는 패키지가 중요하고 어떤 제품은 가격에 더 중점을 두고 어떤 제품은 브랜드에 초점을 맞춘다. 〈그림 1-5〉는 브랜드화된 제품의 속성 위계와 평가를 나타내고 있다.[7] 이 그림에서 소비자들은 각 속성의 중요성에 대한 차이를 나타내고 있는데 이를 속성의 위계라 부른다. 그림은 n개의 속성으로 구성되어 있다. 소비자들은 속성 1을 가장 중요한 것으로 간주한다. 어떤 속성이 보다 중요한 것으로 평가될수록 이러한 속성들은 브랜드화된 제품의 평가에 더 많은 영향을 미친다.

속성평가에 있어서 고려되어야할 중요한 요인은 브랜드화된 제품의 내적 속성이 구매 전에 평가될 수 있느냐하는 문제이다. 특히 식품에 있어서 소비자들은 외적 속성에 의존한다. 내적 속성은 지각할 수가 없다. 다른 제품들 예를 들면 가구 등과 같은 내구재는 구매 전에 평가할 수 있다. 지각할 수 있는 내적 속성과 지각할 수 없는 내적 속성 간의 구별과 관련되어 탐색재와 경험재로 명명할 수 있다(브랜드 심리학 1). 탐색재는 구매 전에 소비자들이 평가할 수 있는 특징을 가지고 있는 브랜드화된 제품을 말한다. 그러므로 탐색재는 구매 전에 지각할 수 있는 내적 속성을 가지고 있다고 할 수 있다. 이에 반해 경험재는 구매 전에 지각할 수 없는 내적 속성을 가지고 있는 브랜드화된 제품이다.

외적 속성의 상대적 영향은 구매 전 내적 속성의 지각성에 달려 있다. 만약 내적 속성이 구매 전에 지각할 수 없다면, 이때 소비자들은 구매의사결정에 있어 외적 속성에 의존해야 한다. 경험재에 대해 소비자들은 탐색재보다 외적 속성의 영향에 더욱더 민감하다. 소비자 평가과정에서 외적 속성의 영향은 내적 속성의 지각성에 의존하여 그 영향도가 달라진다. 이러한 관계들이 〈그림 1-6〉에서 잘 보여주고 있다.

7) Brunswik E. (1955), Representative Design and Probabilistic Theory in a Functional Psychology, Psychological Review, 62(3), pp.193-217.

브랜드 심리학 1

경험재와 탐색재

넬슨(Philip Nelson)은 재화나 서비스의 특징에 대한 정보의 양이나 정보의 질이 생산자와 소비자 간에 다르다는 점에 착안하여, 소비자가 하나의 재화에 대하여 가지는 정보의 양이나 질을 기준으로 재화를 탐색재와 경험재로 구분하였다.

탐색재는 소비자가 그 상품을 구매 전에 그 특성을 명확히 알 수 있는 상품을 의미한다. 예를 들면, 의자는 탐색재로서 소비자들이 그것을 구매하기 전에 탐색을 통해 그 품질을 판단할 수 있기 때문이다. 한편 경험재는 소비자가 구매(소비)하고 난 후 그 특성을 알 수 있는 재화를 일컫는다. 예를 들면, 식사나 머리 스타일, 연주회, 중고차 등은 구매(소비)를 하고 난 후에야 그 특성을 알 수 있게 되므로 경험재에 속한다. 그런데 여기서 주의해야 할 것은 소비자가 얻으려는 정보의 내용이 무엇이냐에 따라 하나의 상품이 탐색재도 될 수 있고, 경험재도 될 수 있다는 점이다. 예를 들면, 의자의 경우도 그 의자를 통해 소비가 얻으려는 정보의 내용이 모양에 있다면 쉽게 탐색재로 분류될 수 있으나, 의자의 편안함의 정도나 견고성의 정도가 얻고자 하는 정보의 내용일 경우 경험재에 속한다고 할 수도 있을 것이다.

상품을 이와 같이 두 가지 범주로 나누는 데 덧붙여 또 하나의 범주를 추가하여 이를 후경험재로 부르기도 한다. 후경험재라 함은 소비자가 소비를 하고 있으면서도 그 질을 알아보기가 어려운 상품을 의미한다. 다시 말하면, 개별 소비자가 그 재화를 소비하는 것과 그 효과와의 인과관계를 인지하기가 어렵기 때문에 그 상품의 질이 불확실한 상태로 남아있는 상품을 의미한다. 상품들 중에는 그 소비의 효과가 한참 후에야 나타나기 때문에 소비자가 얻게 되는 효과를 그 상품과 연계시키지 못하는 경우가 많다. 예를 들면, 약의 경우 그중 많은 경우는 그 약을 소비하고 한참 지나서야 그 효과가 나타나는 경우가 많기 때문에 그 나타난 효과와 복용한 약과의 인과성을 밝혀내기가 어려울 때가 많다.

따라서 경험재와 후경험재는 소비자들이 소비를 통해서 얼마나 효과적으로 그 상품의 질을 알 수 있느냐에 따라서 구별이 된다. 일정 기간 소비하고 나면 경험재는 일반적으로 그 질의 확인이 분명해진다. 그러나 후경험재의 경우 소비를 계속한다고 해서 그 상품의 질이 반드시 나타나는 것은 아니다.

▎자료 : Nelson P. (1970), Information and Consumer Behavior, Journal of Political Economy, 78(2), pp.311-329.
Nelson P. (1974), Advertising as Information, Journal of Political Economy, 82(4), pp.729-754.
Milgrom P., Roberts J. (1986), Price and Advertising Signals of Product Quality, Journal of Political Economy, 94(4), pp.796-821.

2. 브랜드의 정의

지금까지 살펴본 브랜드화된 제품의 분해를 통해서 브랜드를 정의하였는데, 이러한 정의에서는 브랜드가 고객에게 제공하는 의미에 대해서는 어떠한 주의도 기울이지 않았다. 사실 브랜드 개발의 본질은 고객에게 브랜드를 의미 있는 브랜드로 만드는 것이다.

컴퓨터에서 사용자는 파일 폴더를 만들어서 그 파일에 내용들을 저장시켜 필요할 때 찾아서 활용한다. 이러한 파일 폴더가 있어서 내용들이 일정하게 정리되어 그 정보가 필요할 때 쉽게 접근할 수 있다. 마찬가지로, 브랜드는 소비자의 마음속에 있는 특별한 파일 폴더와 같아서 그 브랜드가 연상시키는 사실과 느낌으로 가득 차 있다. 한마디로 브랜드는 소비자의 머릿속에 있는 지식정보체계라 할 수 있다.

따라서 브랜드란 '판매자가 자신의 제품이나 서비스를 식별하기 위해 사용하는 브랜드 네임, 로고, 심벌, 슬로건, 패키지뿐만 아니라 제품과 관련된 인식, 경험 및 이미지의 집합체'라 할 수 있다.

항아리에 담긴 소금은 단순히 화학적인 물질, 즉 염화나트륨이다. 소비자들은 이 물질에 다른 의미를 부여하지 않는다. 이와 반대로 모튼 소금(Morton's salt)은 어린 시절의 기억, 어머니와 빵을 굽던 기억, 그리고 믿을 수 있다는 이미지를 떠올린다.

그림 1-7 BMW와 Mercedes-Benz의 이미지 비교

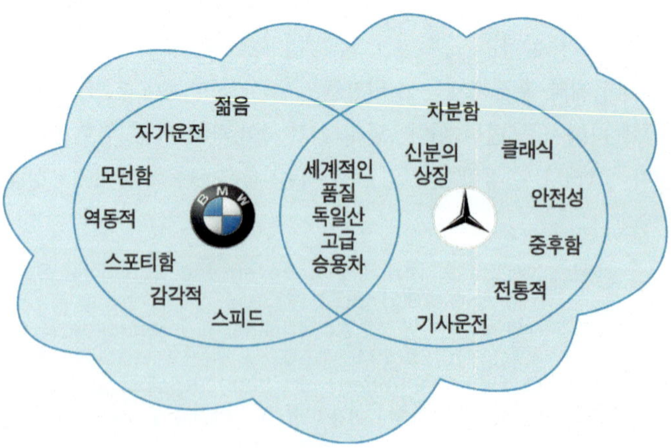

표 1-1 브랜드의 의미수준

의미	설 명	사 례
속성들	브랜드가 소비자의 마음속에 어떤 속성들을 생각나게 한다.	Mercedes는 비싸고, 잘 만들어지고, 오래 사용할 수 있는 자동차이다.
혜택들	속성들이 기능적 혜택들과 감성적 혜택들로 전환되어야 한다.	오래 쓸 수 있다는 속성이 '나는 몇 년 동안 다른 차를 살 필요가 없다'는 기능적 혜택으로 전환될 수 있다.
가치들	브랜드가 기업의 가치에 대해 무언가를 말한다.	Mercedes는 고성능, 안전, 위신을 나타낸다.
문 화	브랜드가 어떤 문화를 대표할 수 있다.	Mercedes는 조직적이고, 효율적이고 품질이 우수한 독일문화를 대표한다.
개 성	브랜드가 어떤 개성을 투영한다.	Mercedes는 허튼 소리를 하지 않는 보스나 강력한 보스를 암시한다.
사용자	브랜드가 제품을 구매하고 사용하는 사람들을 암시한다.	Mercedes를 구매하는 사람은 55세 정도의 최고 경영자들일 가능성이 높다.

자료 : Philip Kotler (2003), A Framework for Marketing Management(Second Edition), Prentice Hall, p.301, 역서

어떤 제품이라도 부여될 수 있는 관련된 의미의 조합은 수없이 많다. 같은 제품군 안에서도 각 브랜드는 다른 의미를 가질 수 있다. 예를 들면, BMW와 Mercedes-Benz는 동일 제품인 자동차이며, 독일산, 세계적인 품질, 높은 가격이라는 공통점을 가지고 있으며 궁극적으로 A지점으로부터 B지점으로 이동시켜 주는 역할을 수행한다. 그러나 브랜드 의미는 매우 상이한데, BMW는 역동적인, 스피드, 그리고 스포티함 등의 이미지를 제공하며, Mercedes-Benz는 신분의 상징, 뛰어난 안정성 등의 이미지를 제공한다(그림 1-7).

이와 같이 브랜드는 다양한 의미를 가지는 매우 복잡한 상징물인데 이것은 〈표 1-1〉에서처럼 여섯 가지 수준의 의미를 전달할 수 있다.

1 브랜드와 지각[8)]

브랜드는 소비자들의 제품 판단에 있어서 상당한 영향력이 있다. 소비자들은 단지 제품 혹은 서비스만을 고려하여 판단하지 않는다. 그들은 브랜드와 함께 제품을 고려한다. 결과적으로 브랜드는 소비자들의 제품 지각에 영향을 미친다.

제품 구매에 있어 어떤 제품에 대한 절대적인 실체(reality)보다는 소비자들이 제품을 어떻게 지각하는가가 훨씬 중요하다. 제품과 서비스 그 자체의 속성보다는 이것이 소비자의 지각 상에서 차지하는 위치가 중요하다. Dom Perignon이

8) Edited by Alice M. Tybout & Tim Calkins (2005), Kellogg on Branding: The Marketing Faculty of the Kellogg School of Management, John Wiley & Sons, pp.2-3.

그림 1-8 브랜드 프리즘

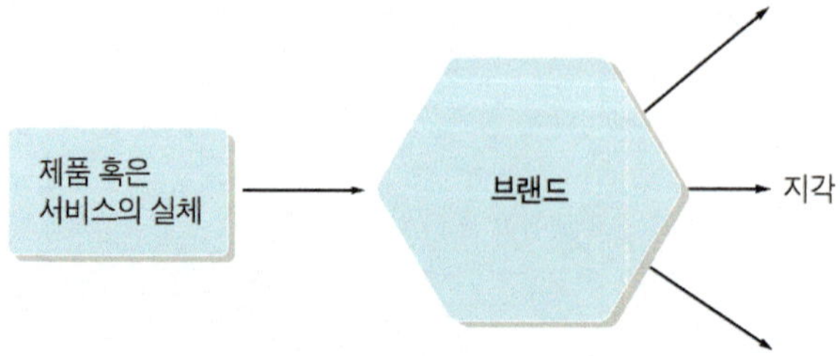

세상에서 가장 우수한 샴페인인가? 아마도 많은 사람들이 그렇다고 생각할 것이다. 이것은 Perignon이 지각 상에서 최상의 위치에 있다는 것을 말해주는 것이다.

유명 브랜드의 존재는 소비자들의 제품에 대한 지각에 큰 영향을 미친다. 만약 사람들이 어떤 제품을 프리미엄 브랜드(premium brand)라고 생각한다면 그들은 고품질, 고가의 제품으로 생각할 것이다. 사람들이 어떤 제품에 대해 저가의 브랜드로 인식된다면, 그들은 저품질, 저가격의 제품이라고 인식할 것이다.

따라서 브랜드는 프리즘과 같은 기능을 수행한다(그림 1-8). 소비자들의 브랜드화된 제품에 대한 지각은 제품 자체의 속성 또는 특징, 그리고 브랜드에 의해서 영향을 받는다. 한마디로 브랜드는 제품의 가치를 높이기도 하고 하락시키기도 한다.

브랜드의 파워를 확인하기 위한 사례를 하나 들어보자. 먼저, 첫 번째 그룹 학생들에게 질문한다. 0.3캐럿 다이아몬드 두 개가 박혀 있는 18K 귀걸이 한 쌍에 대해 얼마를 지불할 용의가 있는가? 두 번째 그룹에게도 동일한 귀걸이에 티파니(Tiffany) 브랜드를 부착하여 제시했을 때 얼마를 지불할 것인가? 마지막으로 세 번째 그룹에게도 동일한 귀걸이에 월마트(Walmart) 브랜드를 부착하여 제시했을 때 얼마를 지불할 것인가라고 물어보았다.

그 결과는 브랜드화되지 않은 귀걸이의 평균가격은 550달러, 티파니를 부착한 귀걸이는 873달러로 가격이 무려 60%가 상승하였다. 이러한 가격 상승의 원인은 단지 티파니 브랜드를 부착했다는 이유이다. 월마트 브랜드가 부착된 귀걸이는 540달러로 티파니 브랜드가 부착된 귀걸이보다 91%의 감소를 나타냈다.

이 연구는 지각을 형성하는데 있어서의 브랜드의 파워를 보여주고 있다. 같은 품질이라도 월마트의 것보다 티파니 브랜드로 부착되었을 때 무엇인가 다른 혜택을 소비자에게 제공해준다는 것을 의미한다. 티파니라는 브랜드가 부착된 귀걸이를 하고 다니는 경험은 월마트 브랜드가 부착된 귀걸이를 하고 다니는 것과는 다르다. 그러나 소비자들이 티파니 귀걸이와 월마트 귀걸이를 외형적으로 식별하기는 쉽지 않다.

② 제품과 브랜드

브랜드의 정의를 좀더 명확하게 하기 위하여 제품과 브랜드의 차이를 비교하여 보자(그림 1-9). "소비자는 제품을 사는 것이 아니라 브랜드를 산다."라는 마케팅의 격언처럼 브랜드란 제품 이상의 것이다. 제품과 브랜드는 개념적으로도 실체적으로도 서로 별개의 것으로, 두 가지의 차이를 비교해 보면 다음과 같다.

❶ 제품은 공장에서 만들어지지만, 브랜드는 소비자의 마음속에서 만들어진다. 브랜드는 소비자의 마음속에 존재하는 하나의 자산이다. 예를 들면 '디즈니(Disney)=재미와 오락', '페덱스(Fedex)=빠른 배송'.

❷ 제품은 경쟁사에 쉽게 모방될 수 있지만, 브랜드는 모방할 수 없는 유일무이한 것이다. 최근 제품에 대한 기술수준은 모든 기업이 비슷하기 때문에 아무리 첨단제품이라 하더라고 6개월이면 모방이 가능하다. 그러나 브랜드는 독특한 것이기 때문에 경쟁사에 의해 모방될 수가 없다. 즉, 고객의 마음속에 지각되어 소비자가 소유하고 있기 때문에 모방될 수가 없으며 또한 법적으로도 보호를 받는다.

❸ 제품은 시간이 지남에 따라 유행에 뒤처져 구형이 되지만, 성공적인 브랜드는 영원하다. 브랜드는 지속적인 관리를 통해 항상 새로움을 유지할 수가 있다.

그림 1-9 제품과 브랜드의 차이

브랜드는 지속적인 관리가 이루어지면 수명이 무한하다. 코카콜라에서 알 수 있듯이 강력한 브랜드 파워를 지닌 브랜드는 100여 년 이상을 한결같이 고객의 마음속에 자리 잡고 있다.

③ 브랜드와 브랜딩

브랜드와 브랜딩은 명확히 구분되는 개념이다. 브랜드란 브랜딩 활동의 결과로서 브랜드 이미지, 브랜드 자산 등의 개념인 반면 브랜딩이란 브랜드의 구축과정으로써 제반 브랜드 매니지먼트와 관련된 일련의 활동이라 정의할 수 있다.

알리즈는 브랜딩에 관해 시장에서의 브랜딩은 목장에서의 브랜딩과 유사하다고 주장한다. "들판에 흩어져 있는 다른 소들과 당신의 소들을 차별화 할 수 있도록 브랜딩 프로그램이 수립되어야 한다. 들판의 소들이 모두 비슷해 보일지라도 말이다. 성공적인 브랜딩 프로그램은 유일성의 개념에 바탕을 두고 있다. 그것은 시장에는 당신 제품과 똑같은 제품이 없다는 인식을 잠재고객의 기억속에 만들어 놓는 것이다."

따라서 본서에서는 브랜드와 브랜딩을 명확히 구분하여 브랜드의 본질에 대해 규명(즉 고객 베이스의 브랜드 자산으로써 브랜드 지식)을 하고(제2부), 이를 구축하는 방법들(브랜딩 활동)에 초점을 맞춘다(제3부에서 8부). 즉 브랜딩 활동은 브랜드 자산을 구축, 활용하고, 지속적으로 유지 및 강화해 가는 과정들이다. 이는 마케팅에서 시장을 마켓(market)이라 하고 이러한 시장에서의 제반 활동을 마케팅이라고 규정하듯이, 브랜드라는 씨앗을 가꾸어 열매를 맺어가는 과정을 브랜딩이라 할 수 있다.

3. 무엇이 브랜드화의 대상인가?

다음은 번드 H. 슈미트 교수가 저술한 『경험 마케팅(experiential marketing)』의 일부를 인용한 글이다.[9)]

---

9) Bernd H. Schmitt (1999), Experiential Marketing: How to Get Customers to Sense, Feel, Think, Act, and Relate to Your Company and Brands, The Free Press, p.7.

"시끄럽고 복잡한 뉴욕의 타임스 스퀘어나 혹은 다른 나라의 번화가를 거닐다 보면 어느새 브랜드의 위대함을 느낄 수 있다. 엄청나게 큰 빌보드나 다이내믹한 제품 진열에서부터 하이테크 전광판에 이르기까지 브랜드는 어디에나 존재하고 있다. 게다가 모든 것들이 곧 브랜드화될 뿐만 아니라 정보기술의 발전으로 인해 브랜드에 관한 모든 정보는 즉시 전 세계에 퍼진다.

브랜드화는 우리 생활 전체에서 확인할 수 있다. 〈타이타닉(Titanic)〉, 〈고질라(Godzilla)〉와 같은 영화들은 전 세계로 출시되었고 상품화되었다. 빌 게이츠, 다이애나 황태자비, 클린턴은 세계 어디에서나 잘 알려져 있는 존경이나 경멸의 대상이 되는 인물들이다. 또 CNN, 올림픽은 널리 일반화되고 있는 브랜드들이다. 뿐만 아니라 '타임스 스퀘어 2000' 행사는 세계에서 가장 유력한 브랜드 기관인 랜더 어소시에츠(landor Associates)가 기획하고, 점점 더 많은 유명인사들이 브랜드 전문가들과 함께 PR에이전트로 참여하고 있다."

과거에는 브랜드라고 생각되지 않았던 것들이 이제는 브랜드로 취급되고 이것이 브랜딩의 대상이 된다(브랜딩 따라잡기 4). 예를 들면, 하버드, 스탠포드, 콜롬비아 같은 유명 경영대학과 구겐하임 또는 게티와 같은 박물관, 의료시술, 심지어 양로원까지도 브랜드화되고 있다. TV방송국과 TV프로그램을 생각해 보면, 주요 뉴스와 이벤트에는 특별한 제목이 붙여지고, 중요한 내용에는 별도로 음악을 제작해서 삽입할 뿐만 아니라 그래픽 프레젠테이션까지도 만들어져 함께 방송되고 있다.

이렇듯 브랜드화의 대상이 되는 것은 다양한데 유형의 제품에서부터, 서비스, 그리고 이외 모든 것들이 브랜드화의 대상이 되고 있다.

1 제품 브랜드(product brands)

식품, 자동차, 가전제품, 화장품, 의류, 담배 등 우리들의 일상 소지품에는 실로 다양한 소비재의 브랜드가 있다. 이러한 제품들은 우리가 일상적으로 이용할 기회가 많은 것들로 이들은 TV CF 등 매스미디어를 통해 광고가 활발히 진행되고 있는 것들이다. 우리가 브랜드라고 하는 말을 들을 때 맨 먼저 떠오르는 것은 이러한 카테고리에 속한 것들이다.

치약, 물, 식음료 등 물리적으로도 차별화가 어렵다고 생각되는 것들도 여러 가지 방법으로 브랜드화하고 있다. 또한 소비재에서 기술 집약적인 제품이나 생산재에 있어서도 브랜드는 큰 역할을 하고 있다.

브랜딩 따라잡기 4

노벨상은 스웨덴 최고의 브랜드

에릭슨, 볼보, 사브, 이케아, 스카니아…. 900만 명을 넘지 않는 인구지만 인구 대비 세계 500대 기업 숫자가 가장 많은 나라가 스웨덴이다. 스웨덴을 대표하는 유명 브랜드가 세계적 기업들만 있는 것은 아니다. 비틀스 이후 팝그룹의 전설로 남아 있는 아바를 떠올릴 수 있고, 잉그리드 버그먼, 그레타 가르보 같은 이름도 클래식 영화팬들의 기억에서 잊혀지지 않았을 것이다. 사진작가라면 핫셀블라드 카메라를 빼놓을 수 없고, 보드카를 좋아하는 주당들은 앱솔루트의 투명한 유리병을 떠올릴 지도 모르겠다. 그런데 정작 스웨덴 사람들이 최고 자부심을 가지고 있는 브랜드는 무엇일까? 별다른 이견 없이 노벨상이라고 할 수 있다. 스웨덴 최고의 브랜드이자 세계 최고의 브랜드로 여겨지는 노벨상.

세계 최고 복지국가라는 스웨덴 명성에 '신뢰성' 이미지를 왕관처럼 씌워주고 있는 것이 노벨상이다. 노벨상의 이미지는 국가 이미지뿐 아니라 스웨덴 기업들과 대학, 메이드 인 스웨덴 제품까지 후광효과를 미친다. 그러나 스웨덴 최고 브랜드인 노벨상이 당시 스웨덴 국민들의 열렬한 성원은 고사하고, 많은 비난 속에서 어렵게 탄생했다는 사실은 매우 아이러니하다. 거액의 개인 재산을 인류에 공헌할 인물들을 위해 기증한다는 노벨의 숭고한 뜻을 누가, 왜 반대했을까?

가장 먼저 비난여론을 조성한 것은 스웨덴 언론들이었다. 스웨덴의 재산을 전 세계 사람들에게 나누어 주는 것은 지극히 비애국적인 일이라고 비난한 것이다. 당시 스웨덴의 국왕까지 같은 이유로 비난에 동참했다. 좀 선정적으로 각색하면 '외국에 대한 퍼주기' 쯤으로 비난받은 셈이다. 사회적 비난과는 별도로, 독신으로 생을 마친 노벨의 조카들도 유산상속을 위해 유서를 둘러싼 소송까지 제기했다. 다행히 우여곡절 끝에 노벨의 유지는 존중됐고, 오늘날 노벨상이 탄생할 수 있었다.

해마다 노벨상 수상자 발표와 시상식은 스웨덴 언론은 물론 세계 언론의 초점이 된다. 노벨상 시상식은 수상자에 대한 스웨덴 국왕의 수여장과 메달 증정으로 진행된다. 가장 애국적이고 세계적인 상이 된 것이다. 볼보와 사브 자동차 같이 스웨덴의 유명 브랜드들이 외국에 매각되는 동안 노벨상 역사는 100년을 넘었다.

세계 최고의 상으로써의 권위도 변함이 없다. 세계 최고 브랜드를 만든다는 것은 눈앞의 손익계산을 초월한, 높고 숭고한 의지가 필요한 일일지도 모른다.

▌자료 : 매일경제, 2005년 7월 27일자 인용

[2] 서비스 브랜드(service brands)

서비스 산업에 있어서도 브랜드는 특별히 중요한 역할을 수행한다. 서비스는 무형의 것이기 때문에 유형재와 비교하여 다른 것과의 구별이 보다 중요하게 되는 것이다. 또 서비스는 제품과 비교해서 제공하는 사람에 의해서 품질이 고르지 못한 것이 대단히 크다고 할 수 있다. 그래서 일정의 품질을 보증하기 위해 브랜드가 수행하는 역할은 매우 큰 것이다.

유통업자도 브랜드화의 주체가 된다. 예를 들면, 소매업자는 점포의 분위기, 제품 구색, 손님 응대 등으로 고객의 지지를 얻을 수 있고, 독자의 브랜드 이미지를 구축하는 것이 가능하다. 이와 같이하여 매출의 안정, 수익의 확보 등의 효과를 기대할 수 있다.

[3] 개인 브랜드(personal brands)

예능인, 정치인, 스포츠 선수 등 유명인도 브랜드화의 대상이 된다. 예를 들면 유명한 연예인에 의해 히트 제품을 창출해 내는 힘이 있는 사람들은 매우 강력한 브랜드 가치를 지니고 있다고 할 수 있다.

최근 들면서 이런 유명인이 아니어도 각자 개인들도 자기 브랜드를 관리하여 시장에서 경쟁력 있는 제품으로 관리하는 사례들이 많이 있다.

[4] 예술, 오락 스포츠 브랜드

연예인들의 공연 이벤트도 브랜드화의 대상이다. 예를 들면 이문세의 독창회 "시月애 눈 내리는 마을", "싸이 올나잇 스탠드" 같은 공연을 브랜드화하여 대대적인 성공을 거둔 바 있다.

MLB 브랜드

스포츠 브랜드 MLB(Major League Baseball)의 예를 들어보자. 한때 미국의 전유물처럼 여겨졌던 야구는 이제 전 세계인이 가장 사랑하는 스포츠 중 하나로 성장하였고, 야구가 세계적인 스포츠로 자리 잡게 된 배경에는 MLB가 있었다. 1989년에는 MLB International이 결성되어, 야구경기 및 방송, 각종 이벤트, 스폰서십 및 라이선싱을 통한 수익 창출사업의 전개 또한 활발하게 이루어지고 있다. MLB 브랜드를 활용한 라이선싱은 의류를 비롯하여, 각종 액세서리, 장난감, 식품류, 문구류 등 매우 다양한 제품에서 볼 수 있다.

⑤ 조직 브랜드(organizational brands)

영리조직인 기업은 말할 것도 없고, 비영리조직 중에도 독자의 마크나 브랜드를 가지고 활동하는 사례가 많이 있다. 예를 들면 적십자사(Red Cross)는 비영리단체이지만 독자의 마크와 브랜드를 지니고 일정의 의료서비스에 대한 신뢰감의 대상이 되고 있다.

⑥ 장소 브랜드(geographical brands)

원산지의 브랜드화는 소비자 구매에 있어 매우 중요한 역할들을 수행한다. 원산지 효과는 오래 전부터 마케팅 연구에서 밝혀진 내용들이다. 똑같은 SONY 제품이라도 일본에서 만들었는가 혹은 말레이시아에서 만들었는가에 따라 소비자들의 SONY 제품에 대한 지각품질은 달라진다. 이것은 바로 원산지 효과이다.

또한 어떤 산지를 이용한 마케팅을 펼치는 사례들이 많다. 유명한 관광지나 특정 지역의 특산물을 주제로 한 이벤트 등도 브랜드화의 대상이 된다. 예를 들면, '무주 반딧불축제 마을, 대관령 눈꽃축제 쇼, 광주 충장로축제, 파주 장단콩 축제….' 전국 지방자치단체들이 축제 브랜드를 통한 지역 고유의 문화와 특산품을 알리는 비즈니스를 경쟁적으로 펼치고 있다. 지역축제가 주민들의 공동체의식을 높이면서 관광수익에도 큰 보탬이 되면서 지역 특산품과 문화상품 판매에 축제 브랜드를 적극 활용하고 있는 것이다(브랜딩 따라잡기 5).

⑦ 아이디어 및 대의명분(ideas & causes)

많은 아이디어와 대의명분도 브랜드화 될 수 있다. 특히 비영리 조직에 있어서

브랜딩 따라잡기 5

도시도 브랜드로 통한다

'I LOVE NY'이 뉴욕을 살렸다

지난해 개봉돼 화제를 모았던 영화 〈갱 오브 더 뉴욕(Gang of the New York)〉은 살인, 도박, 매춘이 난무하는 1860년대 뉴욕의 모습을 보여준다. 아메리칸 드림을 꿈꾸며 몰려드는 아일랜드 이주민과 기존에 터를 잡은 뉴욕커들 간의 갈등과 대립, 살인과 복수 등 인간성이 상실된 비정한 도시의 전형이다. 온갖 잡동사니 인간군들이 오직 동물적인 욕망과 생존을 위해 살아가는 약육강식의 무대다. 세계 경제와 금융을 리드하며 '자본주의의 수도'로 불리는 지금의 모습과는 너무도 판이하다.

뉴욕은 얼마 전 AOL과 여행전문지 『트레블 레저』가 미국 전역의 25개 도시를 대상으로 한 설문조사에서 종합점수 1위를 기록했다. 쇼핑과 멋과 유행에서 타의 추종을 불허하는 '메카'로 조사됐다. 외식산업과 관광객 수 면에서도 라스베이거스와 쌍벽을 이루었다. 하루에도 수천, 수만 명의 관광객들이 세계 전역에서 모여드는 뉴욕. 미국인들도 목돈을 마련해 일생에 한 번은 구경하고 싶어 하는 선망의 도시다. 하지만 이런 뉴욕은 하루아침에 이루어진 것이 아니다. 뉴욕 주 당국의 세심한 기획과 '아이러브 뉴욕(I LOVE NEW YORK)'이라는 철저한 브랜드 마케팅의 소산이다. 뉴욕 주의 뉴욕 회생 전략은 27년 전인 1977년으로 거슬러 올라간다. 당시 거대도시 뉴욕은 도산을 앞둔 대기업처럼 휘청거렸다. 오일쇼크로 인해 세계경제는 스태그플레이션이라는 중병을 앓고 있었고 미국도 예외가 아니었다. 만형 뉴욕의 재정은 파탄난 상태였고, 맨해튼은 범죄와 마약으로 20세기의 '소돔과 고모라'를 방불케 했다. 주지사를 비롯한 뉴욕 주 관계자들은 오랜 숙의 끝에 '관광'을 통한 수입 확대만이 뉴욕을 정상화시킬 수 있다는 데 의견을 모았다. 곧 종합적인 마케팅 플랜이 마련됐고 뉴욕을 상징하는 음악과 로고가 탄생했다. 그 유명한 'I LOVE NEW YORK' 슬로건은 이렇게 만들어진 것이다. 뉴욕 주는 우선 기존의 장점을 살리는데 주력했다.

브로드웨이 쇼를 뉴욕의 대표 상품으로 내세운 것이다. 이 전략은 적중했다. 관광차 뉴욕에 오는 사람이면 뮤지컬 한두 개는 반드시 보고 가야하는 필수품이 됐다. 쇼핑과 요식업의 성업은 말할 것도 없다. 결국 관광이라는 마케팅 전략은 연관 비즈니스의 성공을 통해 주 재정을 정상화시키는 밑거름이 됐다. 지난해 뉴욕 주가 관광을 통해 거둬들인 수입만 390억 달러다. 미국인 3,020만 명이 뉴욕을 방문했고 미국을 찾는 외국인 관광객이 가장 많이 방문하는 지역으로 자리 잡았다. 또 현재 뉴욕 주에서만 75만 명이 관광업에 종사하고 있다. 고용문제까지 해결한 셈이다. 2000년 영국 파이낸셜 타임스는 역대 최고의 파워브랜드 50개를 선정해 발표했다. 뉴욕 주의 슬로건 'I LOVE NEW YORK'은 당당히 24위를 차지했다. 글자 몇 마디가 수조 원의 가치를 지닌 황금알로 변한 것이다. 로고를 유지하고 관리하는 미용도 만만치 않다. 현재 뉴욕 주가 로고관리에 투입하는 비용만 연간 1,100만 달러나 된다. 당연히 뉴욕 주에는 브랜드만 전담하는 팀이 있다.

엠파이어스테이트 디벨로프먼트라는 조직이다. 맨해튼과 뉴욕 주 알바니아에 본부를 두고 뉴욕 전역과 해외 등 18개 지역에 지부를 운영하고 있다. ESD가 'I LOVE NEW YORK' 로고를 통해 목표하는 바는 두 가지다. 기존의 관광 유인과 뉴욕 주의 경제개발이다. 'I LOVE NEW YORK'의 파워는 이제 관광·경제개발을 뛰어넘고 있다. 뉴욕 주는 로고가 갖는 사랑과 평화의 이미지를 활용해 사회문제 해결도 도모하고 있다. 맨해튼의 우범지역에는 어김없이 'I LOVE NEW YORK'이라는 포스터가 붙어 있다. 범죄예방을 위한 부적인 셈이다. 금연지역에서도 눈에 띈다. 우리가 사랑하는 뉴욕을 더럽히지 말자는 애교 섞인 경고의 의미다. 여성 등 사회적 약자를 위한 슬로건으로도 활용된다. 이제 뉴욕이라는 경계선을 벗어나기도 한다.

이라크전쟁 직후 자동차들이 부착하고 다녔던 역시 'I LOVE NEW YORK'의 응용상품이다. 국민들에게 애국심을 호소하는데도 어김없이 사용되고 있는 것이다.

▎자료 : 매일경제, 2004년 4월 6일자 인용

이러한 아이디어와 대의명분은 어구(phase)나 슬로건(slogan)에 의해서 포착될 수 있고, 심지어 심벌(예를 들면, AIDS 레드리본)에 의해서 표현될 수 있다. 아이디어와 대의명분을 보다 시각적이고 구체화할수록, 브랜딩은 보다 많은 가치를 제공할 수 있다. 특히 대의명분 마케팅(cause marketing)은 대의명분을 둘러싸고 있는 이슈에 관해 소비자들에게 알리거나 설득시키기 위한 정교한 마케팅 실행을 포함하고 있다. 예를 들면 유한 킴벌리의 '우리 강산 푸르게 푸르게'의 대의명분 캠페인을 통하여 이미지가 가장 좋은 기업, 가장 입사하고 싶은 기업, 윤리경영을 잘 실천하는 기업, 사회공헌에 앞장서는 기업 등 기업 이미지에 많은 영향을 미치고 있다.

에이즈 관련 영화제 레드리본 페스티벌
이 페스티벌의 제목이기도 한 '레드리본'은 HIV/AIDS에 대한 사회적 교육을 강조하는 상징이며, HIV/AIDS 환자들과 그들을 위해 일하는 모든 사람들에 대한 지지의 표현이다.

제3절 브랜드의 역할

앞에서 설명한 바와 같이 브랜드란 판매자가 자신의 제품이나 서비스를 식별하기 위해 사용하는 브랜드 네임, 로고, 심벌, 슬로건, 패키지뿐만 아니라 제품과 관련된 인식, 경험 및 이미지의 집합체로 정의하였다. 그러면 브랜드는 소비자와 기업에게 어떤 역할을 수행하는가? 〈그림 1-10〉에서 보여주는 것처럼, 브랜드의 역할을 소비자 측면과 기업 측면으로 구분하여 살펴보는 것이 필요하다.[10]

그림 1-10 브랜드의 역할

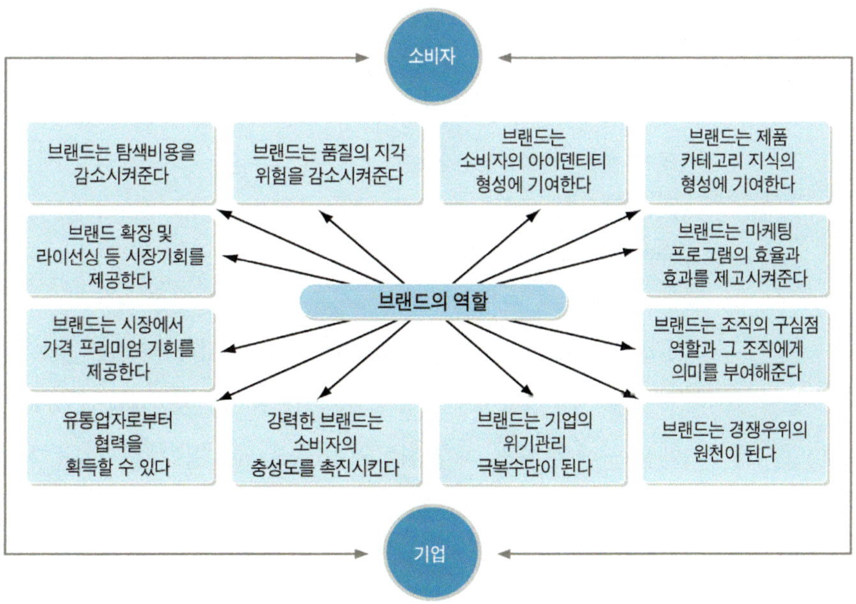

10) Pierre Berthon, James M. Hulbert, Leyland F. Pitt (1999), Brand Management Prognostications, Sloan Management Review(Winter), pp.53-65.

1. 소비자의 구매 행동에 있어서 브랜드의 역할

브랜드의 기원을 통하여 살펴본 바와 같이 브랜드는 식별기능, 출처표시 · 품질보증기능, 의미부여 · 상징기능이라고 하는 기본 기능이 있다. 그러면 브랜드가 소비자의 구매 행동, 또는 그 이면에 있는 소비자의 구매 행동에 부여하는 효과는 무엇인가를 살펴보기로 한다.

① 브랜드는 탐색비용을 감소시켜준다

소비자는 구매에 동반하여 여러 위험(브랜드 심리학 2)을 감소시키기 위해 관련 정보를 탐색, 수집한다. 일반적으로 브랜드 네임은 제품의 품질에 대한 정보를 제공함으로써 구매자의 구매노력을 감소시켜주는 역할을 한다(브랜드 심리학 3). 이러한 품질은 객관적(예를 들면, NutraSweet의 소용돌이 표시는 사카린이 아니라 인공감미료가 성분이라는 것을 나타내고 있다.)이거나 혹은 주관적(샤넬은 제품의 주관적 화학 합성물을 능가하는 많은 심리적 연상을 가지고 있다.)일 수 있다. 즉 특정의 품질 수준을 찾는 소비자들은 직접적 혹은 간접적 경험을 한 주어진 브랜드를 손쉽게 탐색할 수 있다는 것이다. 만약 브랜드가 존재하지 않는다면, 구매자들은 제품이 어디에서 제조되었으며 얼마나 신뢰할 수 있는 것인가를 확인하기 위해 새로운 탐색을 시도하게 될 것이다. 이것은 결국 제품 구매를 위해 많은 시간과 노력이 소요된다. 즉 제품 구매에서 탐색비용은 브랜드가 부착되지 않은 제품이 훨씬 높다고 할 수 있다. 이러한 구매 노력을 줄여주는 역할을 하는 것이 브랜드이다.

② 브랜드는 제품 구매에 따른 품질의 지각 위험을 감소시켜준다

브랜드의 식별기능과 품질보증기능은 특정의 구매 상황에 있어서 구매자들의 제품 구매에 따른 지각 위험(perceived risk)을 감소시켜준다. 소비자들은 제품과 관련하여 품질에 대한 확신을 얻으려고 한다. 이러한 상황에서 잘 알려진 브랜드는 품질에 대한 확신을 주며 그로 인해 지각 위험을 감소시켜준다.

브랜드 심리학 2

지각된 위험

구매가 위험할 수도 있다는 지각은 소비자들이 브랜드와 구매과정을 어떻게 지각했는지에 따른 결과이다.

지각된 위험과 관련된 요인

다음과 같은 여러 가지 요인들은 소비자들이 구매에서 가지는 위험을 증가시킨다. 위험은 다음과 같을 경우 크게 지각된다.

- 소비자들이 구매과정에 높게 관여되어 있을 때
- 제품 범주에 대한 정보가 거의 없을 때
- 제품이 새로울 때
- 제품이 기술적으로 복잡할 때
- 소비자들이 브랜드 평가에 자신감이 없을 때
- 여러 브랜드 간에 품질에서 다양성이 있을 때
- 가격이 비쌀 때
- 구매가 소비자들에 중요할 때

위험의 유형

소비자들은 구매결정에서 다음과 같은 여러 가지 유형의 위험에 직면하게 된다.

❶ 재무적 위험은 소비자가 수용 가능한 소득과 관련된 제품 가격의 기능을 말한다. 가령, 고가의 차를 구매하기 위해 4년 동안 저축한 소비자는 2년 동안의 수입으로 같은 차를 살 수 있는 개인보다 위험이 더 높다.

❷ 사회적 위험은 구매가 중요한 준거집단의 기준점을 가지지 못할 것이라는 것을 의미한다. 보여지는 제품(예를 들면 옷, 차, 집안의 가구)과 사회적 매력을 높이기 위해 만들어진 제품(화장품 등)은 특히 사회적 위험을 가지기 쉽다.

❸ 심리학적 위험은 소비자가 실수를 인식할 때, 예를 들어 제품을 구매하고 한 주 후에 더 낮은 가격을 보거나 VCR 타이머를 작동하는 것에서 어려움을 느끼는 자존심의 손실을 말한다.

❹ 성능 위험(performance risk)은 제품이 기대만큼 성능을 발휘하지 못할 가능성과 관련된다. 제품이 기술적으로 복잡하거나 자아와 관련된 욕구가 관여되어 있을 때 더 크게 나타난다.

❺ 신체적 위험은 제품 성능과 관련하여 소비자가 해를 입을 가능성에 대한 위험이다. 가령 자동차 충돌을 야기하는 부적절한 브레이크나 약의 부작용에 대한 염려 등이 있다.

위험을 감소시키기 위한 소비자 전략

위험을 감소시키기 위해 소비자들이 사용하는 가장 직접적인 수단은 대안을 잘 평가하기 위해 더 많은 정보를 접하는 것이다. 상세한 브랜드 평가는 소비자들이 제품을 구매할 때 실패하지 않는 것을 보증한다. 또 다른 위험을 줄이는 전략은 브랜드 충성도이다. 같은 브랜드의 반복적 구매는 소비자들이 제품에서 무엇을 기대하는지 알기 때문에 구매 결과의 확신성을 높인다.

위험을 줄이기 위한 다른 전략들은 낮은 가격의 제품을 사거나 최소 단위의 제품을 사는 것이다. 제품에 대한 보증을 얻는 것 또한 실패를 줄이는 하나의 방법이다. 이러한 전략은 재무적 위험은 감소시키지만 심리적 위험은 감소시키지 못한다. 잘못된 선택을 만드는 심리적 위험을 감소시키기 위한 하나의 전략은 구매하기 전에 기대 수준을 낮추는 것이다. 이러한 구매자는 그들의 자동차가 고장 나더라도 예상했기 때문에 크게 실망하지 않을 것이다.

위험을 감소시키기 위한 마케터의 전략

마케터는 결함이 있는 제품에 대한 보증, 환불 보증, 자유로운 환불정책을 제공함으로써 소비자의 위험을 감소시킬 수 있다. 낮은 가격으로 제품을 제공하거나 작은 용기를 사용하는 것 또한 처음 제품을 사용하는 것에 대한 소비자들의 위험을 감소시킬 수 있다. 견본 또한 소비자들에게 신제품을 사용해 볼 수 있는 기회를 줄 수 있다.

▎자료 : Henry Assael (2004), Consumer Behavior: A Strategic Approach, Houghton Mifflin, pp.209-212, 역서.

브랜드 심리학 3

브랜드는 품질에 대한 확실한 신호를 제공

제품 품질에 관한 정보의 부족이 어떻게 시장에서 해로운 결과를 가져올 수 있는지에 대한 설명으로 George Akerlof의 중고차 시장 분석이 있다. 그는 중고차 시장에서 정보의 비대칭성을 통해 정보의 부족을 설명했다. 개인 판매자들은 구매자보다 특정의 자동차가 가진 조건에 관하여 더 많이 알고 있다. 만약 구매자들이 구매 전에 자동차의 품질을 평가할 수 없다면, 그들은 판매자가 엉터리 자동차를 판매하고 있지 않나 하고 걱정할 것이다. 따라서 구매자들은 속임을 당하지 않기 위하여 낮은 가격을 지불하려 할 것이고 결과적으로 고품질의 자동차를 취급하는 정직한 판매자들은 그들의 제품에 대하여 정당한 가격을 받을 수 없게 된다. 결국 이들은 시장에서 탈락하게 되고 낮은 품질의 자동차를 판매하는 판매자만이 남게 되는 것이다. 이는 중고차 시장을 저품질 자동차 판매자로 가득 차게 하고 극단적인 경우로서 이러한 시장에서 정직한 품질과 가격으로 판매하고자 하는 판매자들은 사라질 것이다.

George Akerlof의 이야기에서 논의의 포인트는 구매하기 전에 품질을 평가할 수 없다는 점이다. 정보의 비대칭성은 경험재에 대한 문제이다. 경험재의 경우 구매하기 전에는 품질을 관찰할 수 없으며 구매와 사용 후에야 관찰할 수 있다. 그러나 탐색재의 경우에는 품질을 구매 전에 관찰할 수가 있다. 정보경제학의 문헌에 따르면 정보의 비대칭성의 현상과 그러한 결과로 인한 시장의 퇴화는 '정보의 비공개(hidden information)'의 문제로 불려진다. 이러한 문제를 해결하는 하나의 방법으로 시장에 품질에 대한 시그널(signal)을 제공하는 것이다.

정보의 비공개 하에서 시장에 품질에 대한 신호를 제공하기

정확한 품질이 숨겨져 있을 때, 그리고 구매자가 높은 품질의 제품을 원할 경우, 판매자들은 종종 시장신호(marketplace signals)를 통하여 그들의 품질수준을 전한다. 신호는 정보의 장치이다. 이것은 높은 품질수준을 전달하기 위해 신호를 사용하는 중고차 판매자가 진정으로 높은 품질의 차를 판매해야만 한다: 만약 그 제품이 낮은 품질로 판명나면, 그때 판매자는 값비싼 비용을 지불하게 될 것이다. 제품시장의 영역에서 기업은 때때로 보증(warranty)을 제공함으로써 높은 품질의 제품을 판매한다는 것을 신호로 보낼 수 있다. 그 제품의 품질이 낮다면 기업이 제공하는 품질보증은 거짓이 될 것이고, 그 결과 보증의 미이행으로 낮은 품질 제품에 대해서는 아마도 값비싼 비용을 지불해야 할 것이다. 반대로 높은 품질의 제품 판매자는 좋은 보증을 제공할 수 있다. 그러므로 효과적인 품질에 대한 시그널의 핵심은 그것을 부정직하게 사용을 시도하는 판매자들은 해로운 금전적 결과를 겪게 될 것이고 따라서 신호를 부정직하게 사용하지 않게 될 것이다.

제품 품질에 대한 시장 신호

보증과 마찬가지로 브랜드는 제품 품질에 대한 신호를 전달할 수 있다. 만약 어떤 브랜드가 고품질의 브랜드라는 기업의 주장이 거짓으로 판명될 경우 그 제품은 엄청난 금전적 결과를 초래하게 된다. 예를 들면, Schlitz 맥주는 1974년 17.8백만 배럴로 비틀거렸고, 시장점유율은 1976년 16.1%, 1982년에는 5백만 배럴도 못 미쳤다. 급기야 1986년에는 1백만 배럴로 곤두박질하였다. 이러한 판매부진에 대한 세 가지 이유는 다음과 같다.

❶ Schlitz는 세 가지 요인에 의해 발효과정의 기간을 단축하고, 비용을 줄이고, 제품의 변화성을 줄임으로써 새로운 효모 중심의 양조과정을 도입했다. 그러나 저장수명 또한 감소되었다.

❷ 여러 비용 감소 노력에서 보리맥아 대신 옥수수 시럽으로 대체하였고 그 결과 가벼운 맛의 맥주(lighter tasting beer)를 포기했다.

❸ 마지막으로 Schlitz는 새로운 라벨링법에 따라 라벨에 거품 안정제를 목록에 기입해야만 하는 것을 피하기 위해 저장수명을 알려주는 거품 안정제를 감소시켰다: 신규 안정제는 다른 화학물질과 상호작용하여 탁한 맥주(cloudy beer)가 되었다.

요컨대, Schlitz는 체계적으로 제품의 내적 품질을 감소시켰으며 그러한 조치들은 제품에 대한 맛과 인지된 품질에 영향을 미쳤다. 결과적으로, Schlitz는 매출액과 시장점유율을 잃어버렸을 뿐만 아니라 이익도 1974년 48백만 달러에서 1979년 50백만 달러의 적자로 돌아섰으며, 브랜드 자산도 6년에 걸쳐 900백만 달러 이상(약 93% 이상) 침식된 것으로 평가되었다. Schlitz는 부정직한 것으로 지각되었으며 그 결과를 값비싸게 지불했다: 고품질의 브랜드라는 기업의 주장은 일반적으로 높은 품질이 수반되어야만 한다. 또한 시장은 과오를 범하는 브랜드를 망각으로 처벌한다. 다른 말로 하면, 높은 품질을 주장하는 브랜드는 효과적인 신호가 될 수 있다. 이 경우에 Schlitz는 높은 품질을 주장하지 않는 것이 오히려 더 나았을 것이다: 명백하게 소비자들은 Schlitz가 품질에 대한 기대수준을 배반한 것에 대해 실망하여 외면하였다.

이러한 논의에서 브랜드는 여러 기능 중에서 시장에서 담보(hostage)로써 기여한다는 것을 제안하고 있다. 브랜드는 일반적으로 소비자에게 제품의 제조자가 누구인지, 제품이 기대한 대로 이행하지 않을 때 누구를 벌해야 하는지를 말해준다. 그러한 벌은 판매자에게 돈을 잃게 하는 것을 의미하기 때문에 브랜드 네임은 품질보증 장치로써 기여한다. 그러므로 브랜드화된 제품은 보복의 두려움으로 브랜드화되지 않은 제품보다 품질을 덜 저하시킬 것이다.

▌자료 : Akshay R. Rao & Robert W. Ruekert (1994), Brand Alliances as Signals of Product Quality, Sloan Management Review(Fall), pp.88-89.

③ 브랜드는 소비자의 아이덴티티 형성에 기여한다

브랜드(정확히 말하면 브랜드화된 제품)가 지닌 상징적 의미는 그것을 소유 또는 사용하는 소비자의 자기 이미지(self-image)를 다른 사람에게 표현, 또는 표시하는 중요한 수단이 된다(브랜드 심리학 7).

이처럼 소비자의 아이덴티티의 형성에 있어 브랜드의 상징적 의미가 자신이 어떤 사람인가, 다른 사람에게 어떻게 보여지기를 바라는가를 다른 사람에게 표현하는데 기여한다.

④ 브랜드는 제품 카테고리 지식의 형성에 기여한다

브랜드는 제품 카테고리를 초월하여 확대되어 그 브랜드 독자의 새로운 카테고리를 형성하며, 그 의미에 있어서 소비자의 제품 카테고리 지식에 기여한다.

제품 카테고리 지식의 형성에 있어 브래드가 여러 제품 카테고리에 걸쳐 있는 경우 동일 브랜드가 다른 제품 카테고리의 제공 시에도 동일한 것으로 인식되는 브랜드의 '제품 동화(同化)작용'과 다른 제품 카테고리에 의해서 다른 것으로 인식되는 브랜드의 '제품 이화(異化)작용'이 있다.

2. 기업 활동에 있어서 브랜드의 역할

최근 기업들의 광고를 보면 기업들은 브랜드의 중요성을 충분히 인식하고 있다는 것을 볼 수 있다. 그러면 기업에 있어서 브랜드는 어떤 역할, 또는 브랜드 가치를 높이는 것으로 인해 어떤 효과가 기업에 부여되는가? 브랜드 가치를 높이

브랜드에 대한 관심의 증대

는 것에 의해서 다음과 같은 여러 이점을 향유할 수 있다.

① 브랜드는 시장에서 가격 프리미엄의 기회를 제공한다

마이클 포트에 따르면, 경쟁에는 비용(가격) 중심의 경쟁과 차별화 중심의 경쟁 등 두 가지가 있다고 한다:

❶ 비용 중심의 경쟁으로 이는 매우 힘든 게임으로써 첫째, 초점이 항상 가격과 비용 절감에 맞추어져 있다. 둘째, 이윤 확대를 위해서는 많은 도전들을 극복해야 한다. 왜냐하면 마진으로의 성장은 한계가 있으며, 이것은 양적인 성장 또한 궁극적으로 저성장이기 때문이다. 셋째, 비용 중심의 경쟁에 기반을 두고 있는 경우, 기존에 진입해 있는 선발 기업들은 후발 기업에 의해 공격받기 쉽다.

흔히 대다수의 기업들은 "브랜드가 어떻게 최상의 가치를 제공할 수 있는가?"라는 질문을 접할 경우 종종 가격에 초점을 맞춘다. 실제로 많은 판매자들이 최저 가격에 가치를 두고 있다. 또한 최저 가격이란 판매 촉진을 위하여 자주 시행되는 가격 인하를 의미하는 것으로 해석할 수 있다. 어느 기업이나 브랜드가 시장에서 최저 가격으로 포지셔닝되었을 때, 이를 계속 유지하기란 매우 어려울 뿐만 아니라 소비자 마음속에 평범한 것으로 전락되기 쉽다. 대부분의 일용품은 가격 외에는 뚜렷한 차별점이 거의 없다. 식견 있는 마케터들은 낮은 가격이 구매결정에 영향을 주지만 장기적인 고객 충성도를 창출하는 데에는 불필요하다

그림 1-11 가격 프리미엄의 제공

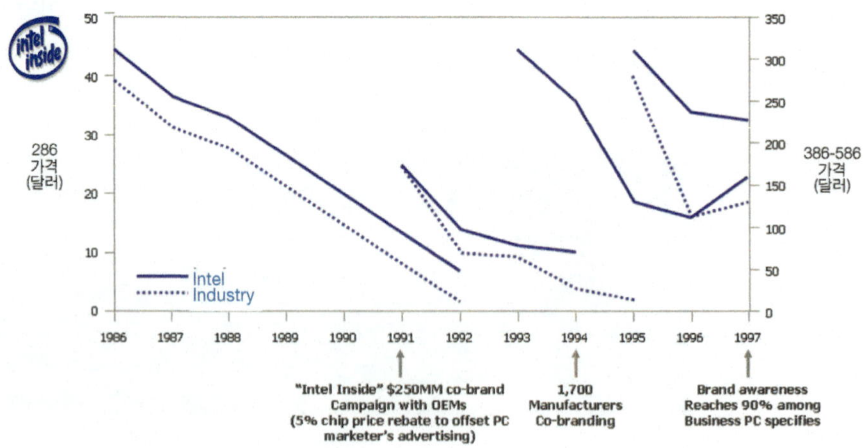

는 점을 알고 있다.

❷ 다른 하나는 차별화 중심의 경쟁으로 브랜드는 경쟁에서 차별화를 확보할 수 있는 중요한 수단이다. 이러한 차별적 특성을 지니고 있는 브랜드에 대해 고객은 기꺼이 그 제품에 대해 높은 가격을 지불하려고 한다. 〈그림 1-11〉에서처럼 인텔은 1991년 'Intel Inside' 캠페인을 통하여 강력한 브랜드를 구축하였고, 그 결과 동종업계의 평균가격보다 높은 가격을 받고 있음을 알 수 있다.

이처럼 브랜드는 경쟁에서 차별화를 확보할 수 있는 중요한 수단으로 소비자가 브랜드에 대해서 애착과 신뢰에 의한 로열티가 높은 브랜드는 프리미엄 가격을 설정하는 것이 가능하다. 또 프로모션 비용이 경감될 수 있는 면이 있고 그 마진이 크게 될 가능성이 있다.

② 브랜드 확장 및 라이선싱 등 시장기회를 제공해 준다

강력한 브랜드 이미지가 있는 경우엔 새로운 사업영역으로의 확장이 용이하다. 기존에 잘 구축된 브랜드 이미지를 신규 제품 도입에 활용함으로써 기업은 무임승차의 혜택을 누릴 수 있다.

일반적으로 친숙한 브랜드는 소비자들로 하여금 구매 시 지각위험을 감소시켜 주는 역할을 하는데, 이는 신제품에 기존의 친숙한 브랜드를 부착함으로써 소비자는 검증되지 않은 브랜드의 제품보다 많이 구매하려 할 것이다. 〈그림 1-12〉에서처럼 디즈니는 다양한 사업영역으로 확장하여 기존에 잘 구축된 디즈니 브랜드를 활용함으로써 무임승차의 혜택을 누리고 있다(브랜드 확장에 대한 상세한 내용들은 제12장을 참조하기 바란다.).

그림 1-12 잘 구축된 브랜드의 활용사례

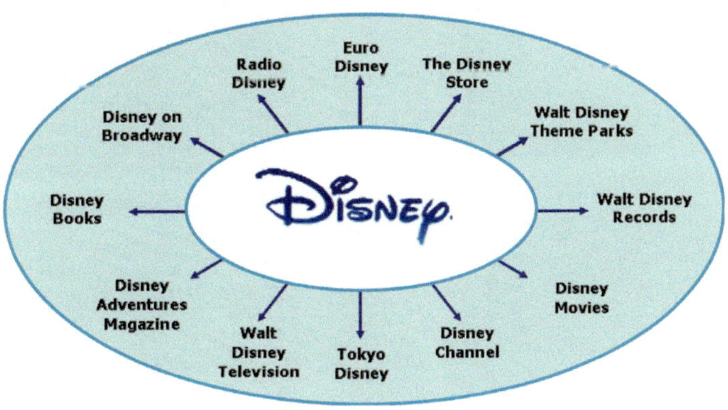

③ 강력한 브랜드는 소비자의 충성도를 촉진시켜 준다

어떤 연구들에 따르면 맛에 대한 블라인드 테스트(blind test)에서 상당수 소비자들은 펩시와 코카콜라, 그리고 밀러와 버드와이저 간의 차이를 말할 수 없다는 사실을 밝혀냈다. 그러나 브랜드 네임이 밝혀질 때 소비자들은 각각 다른 선호를 나타낸다. 분명하게 충성도는 어떤 기능적인 속성이라기보다는 브랜드 이미지에 의하여 나타난다. 이처럼 강력한 브랜드는 소비자의 충성도를 촉진시켜 주는 역할을 한다.

이러한 강력한 브랜드에 의해 나타나는 브랜드 충성도는 브랜드 자산의 핵심이다. 브랜드에 대한 충성도에 따라서 고객을 5단계로 분류할 수 있다(그림 1-13). 브랜딩의 목표는 상위의 충성도를 가지고 있는 고객을 확대시키는 것이다.

❶ 절대적 지지층은 특정 브랜드에 대해서 강한 신념을 가지고 있는 고객층을 말한다. 소비자는 그 브랜드와 자신을 동일시하고, 브랜드를 사용하는 것에 의해 자신의 정체성이 높아진다고 하는 느낌이 있기도 하다. 또 가격이 다소 높아도 계속 구입한다. 강력한 브랜드에는 이러한 절대적 지지층이 매우 두텁게 형성되어 있다.

❷ 적극적 지지층은 브랜드를 좋아하는 고객으로부터 이루어진다. 소비자는

그림 1-13 브랜드 충성도 피라미드

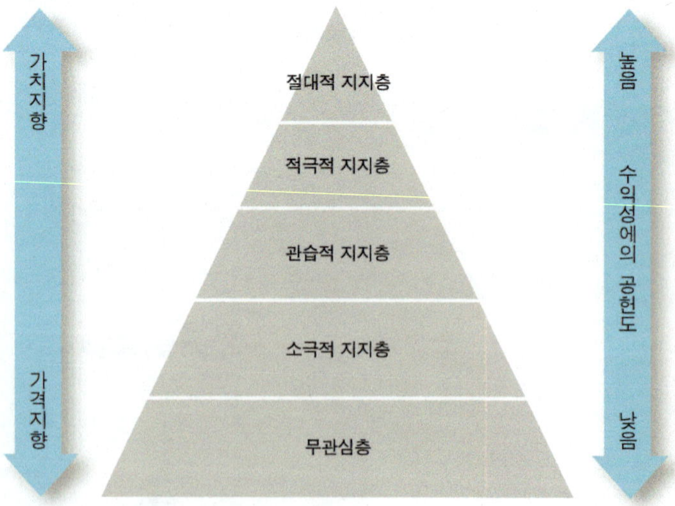

그림 1-14 브랜드 충성도의 가치

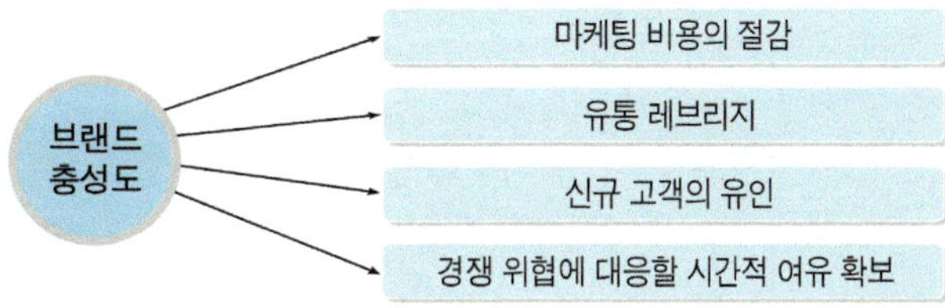

자신의 마음에 드는 브랜드 집합군 중에서 특히 호의를 가지는 브랜드를 선택한다. 그래서 선택된 브랜드에 애착을 가지기 때문에 브랜드와 장기적 우호관계를 구축하고 있다고 말할 수 있다. 마케팅 활동의 주요 타깃이 되는 층이다.

❸ 관습적 지지층은 그 브랜드에 다소 불만을 느껴도, 무리하게 브랜드를 스위칭(switching)할 필요성을 느끼고 있지 않은 고객들로 이루어진다.

이와 같은 고객 중에서는 스위칭 코스트(전환비용)가 들기 때문에, 현재 선택을 계속하게 되는 사람을 포함하고 있다. 예를 들면, PC의 워드프로세스(소프트웨어)를 교체하기 위해서는 새로운 워드프로세스(소프트웨어)의 조작방법을 습득하지 않으면 안 되기 때문에, 무리하게 새로운 것을 교체하는 것은 아니다. 이와 같은 고객층은 유인을 제공하면 타 제품으로 쉽게 이동하는 고객이다.

❹ 소극적 지지층은 일정 가격의 제품으로부터 지명도가 있어 자신이 알고 있는 브랜드를 선택하는 고객으로 구성된다. 이 층에 속하는 고객은 브랜드를 고려하지만 가격에 대단히 민감하다.

❺ 무관심층은 구입에 실제로 브랜드를 고려하지 않는 고객으로 구성된다. 이 소비자층의 선택기준은 가격에 있고, 가격이 낮다면 무브랜드(no brand)의 제품도 적극적으로 선택한다.

그러면 브랜드 충성도가 높으면 기업에게 어떤 이점을 제공하는가? 아커 교수(1991)는 브랜드 충성도는 마케팅 비용의 절감, 유통 레버리지, 신규 고객 유인, 그리고 경쟁위협에 대응할 시간적 여유 등 다양한 측면에서 가치를 제공한다[11]고 하였다(그림 1-14).

11) David A. Aaker (1991), Managing Brand Equity: Capitalizing on the Value of a Brand Name, The Free Press, pp.46-49.

❶ 브랜드 충성도를 가진 고객집단이 존재하면 마케팅 비용을 절감시킬 수 있다. 신규 고객을 끌어들이는 것보다 기존 고객을 유지하는 것이 비용이 적게 드는 것은 명백하다. 조사에 의하면 새로운 고객을 유치하는 비용은 기존 고객을 만족시키고 유지하는 비용의 5배가 더 소용된다고 한다. 평균적으로 기업은 매년 고객의 10%를 잃는다. 그러나 이탈률을 5%로 줄임으로써 기업들은 이익을 분야에 따라 25~28%까지 증가시킬 수 있다. 또한 고객의 이익률은 유지고객의 수명에 걸쳐서 증가하는 경향이 있다.[12)]

❷ 브랜드 충성도는 유통 레버리지를 제공한다. 강력한 충성도를 가지고 있는 브랜드는 점포에서 좋은 진열대를 차지하게 된다. 점포 측에서도 고객들의 고려 제품군에 그 브랜드들이 있다는 것을 알기 때문이다. 결국 브랜드 충성도는 고객의 매장선택에도 큰 영향을 미친다.

❸ 브랜드에 만족하고 있는 고객 집단은 잠재고객들에게 확신을 심어주어 신규고객을 유인할 수 있다. 특히 어떤 제품의 구매가 어느 정도의 위험을 내포하고 있을 때 더욱 그렇다. 구매는 대중과 동떨어져 모험적인 행동으로는 나타나지 않는다.

기존 고객들이 대체로 만족하고 있다는 사실은 그 제품이 A/S나 품질이 좋으며 많은 사람들이 선택하는 것이라는 이미지를 전달한다.

❹ 브랜드 충성도는 기업에게 경쟁위협에 대응할 수 있는 시간, 즉 숨을 돌릴 수 있는 여유를 제공한다. 만약 어떤 경쟁사가 우수한 제품을 개발한 경우 충성스러운 고객집단이 존재한다면 위협에 대응하고 그 위협을 무력화시킬 수 있도록 자사의 제품을 개선할 만한 시간적 여유를 확보할 수 있을 것이다. 높은 수준의 브랜드 충성도를 보유하고 있다면 기업은 덜 위험한 경쟁자의 전략을 좇는 여유를 누릴 수도 있다.

④ 브랜드는 기업의 위기관리 극복수단이 된다

기업이 위기에 처했을 경우, 강력한 브랜드를 가지고 있느냐, 가지고 있지 않느냐는 매우 중요한다. 타이레놀 사례가 좋은 예일 것이다. 1982년 10월 첫째 주 시카고에서 타이레놀 독극물 주입사건 발생했다. 타이레놀 캡슐을 복용한 후 7명이 사명했던 이 사건으로 그 동안 쌓아온 이미지가 땅바닥으로 추락하고

12) Frederic T. Reichheld (1996), The Loyalty Effect(Boston: Harvard Business School Press).

말았다.

위기의 첫째 주, J&J(Johnson & Johnson)는 전 세계적으로 의학계에 이 사실을 알렸고, 24시간 무료상담 전화를 가설하여 샘플을 회수하여 분석하였으며 식품의약국에 보고하였다. 또한 10월 24일 한 주 동안 J&J는 타이레놀 제품의 안정성에 대해 계속해서 신뢰할 수 있다는 것을 사용자에게 확신시키고, 훼손방지 포장이 가능해질 때까지 알약 형식의 사용을 권고하는 TV광고를 재개하였다. 이 광고를 위한 강력한 매체계획은 시장에서 소비자의 85%가 이 광고 이후에 적어도 4번 이상 광고를 볼 수 있도록 치밀하게 집행되었다.

독극물 사건 이후 강력한 막후 활동을 펼친 6주 후인 1982년 11월 11일 미국 전역에 걸쳐 6백만 명의 기자들과 함께 한 화상중계 프로그램에서 J&J의 회장은 완전하게 훼손을 방지할 수 있는 3중막 타이레놀 캡슐의 도입을 발표하였다. 소비자로 하여금 새로이 포장한 이 제품을 사용하도록 하기 위하여 판매 역사상 가장 큰 쿠폰 프로그램이 실행되었다. 11월 28일 타이레놀이 무료로 제공하는 60만 장의 쿠폰이 일요일자 신문에 전국적으로 배포되었다. 다음 화요일에 20만 장의 쿠폰이 추가적으로 배포되고, 그 해 12월 말에 발행되었던 쿠폰의 30%가 회수되었다. 이러한 소비자 마케팅 노력과 병행하여 J&J는 또한 거래촉진, 방문판매 같은 형식으로 소매상의 지원을 확보하기 위해 많은 활동을 수행하였다.

시장상황이 정기적인 광고를 시작할 만큼 충분히 안정적이라는 것을 확신하고 광고대행사는 타이레놀의 충성고객들의 경험담을 이용한 3개의 광고를 제작하여, 방영함으로써 그들이 신뢰감을 가지고 타이레놀을 계속 복용하고 있다는 사실을 소비자들에 확신시키고자 하였다.

이와 같이 모든 제품을 회수, 포장을 새로이 디자인하여 제품의 재출시 및 광고 등의 활동으로 J&J는 6개월 만에 시장점유율의 95%를 회복하였다.

분명히 J&J는 극단적으로 어려운 상황을 슬기롭게 대처했다는 것이 브랜드 회복의 주요한 요인이었다. 그러나 또 하나의 주요한 요인은 확실히 사건 이전의 여러 해에 걸쳐 구축되어 온 브랜드 자산과 타이레놀이 가지고 있는 신뢰라는 브랜드 이미지 때문이었다고 볼 수 있다.

J&J를 통해서 확실하게 알게 된 사실은 브랜드에 대한 신뢰감이 브랜드 자산을 신속하게 회복하는데 도움을 준다는 것이다.

⑤ 브랜드는 조직의 구심점 역할과 그 조직에게 의미를 부여해 준다

강력한 브랜드는 조직의 목표에 대해 통일성을 갖게 해주며, 조직원들의 공통된 이해를 도모하게끔 도와준다. 예를 들면 포드 자동차의 "Quality is Job 1"의 슬로건은 모든 조직원들(기술자, 대리점 판매원, 서비스 등)에게 조직활동의 원칙 및 원동력이 되고 있다.

⑥ 브랜드는 마케팅 프로그램의 효율성 및 효과를 제고시켜준다

브랜드에 대한 지명도가 높아 품질에 대한 불안감이 없어지면 신규고객 획득을 위한 촉진 노력을 경감시켜 주는 등 마케팅 전개를 효율적으로 행하는 것이 가능하다. 가령 어떤 브랜드의 새로운 맛이나 새로운 이용법을 써보게끔 유도하는 판촉활동의 경우, 그 브랜드가 소비자에게 친숙하고 품질에 확신을 얻고 있는 브랜드라면 그렇지 않은 브랜드보다 더 효과적일 것이다.

⑦ 브랜드는 유통업자로부터 협력을 획득할 수 있다

유통업자의 관점에서 보면 지명도가 낮은 브랜드의 취급은 일종의 도박이다. 지명도가 높은 브랜드에 대해서는 유통업자로 하여금 신뢰를 확보하여 판매에 대한 협력을 획득하는 것이 쉽게 된다.

⑧ 브랜드는 경쟁우위의 원천이 된다

특정 브랜드와 제품 카테고리와의 사이에 있어 강력한 브랜드 연상이 확립되어 있으면 후발기업의 진입이 오히려 역으로 선발기업에게 이득이 되게 한다.

이상에서 살펴본 바와 같이 브랜드 자산의 잠재적 능력에 대해서 아커 교수(1991)도 역시 마케팅 프로그램의 효율과 유효성, 브랜드 로열티, 가격 · 마진의 개선, 브랜드 확장, 유통에의 영향력, 경쟁상의 우위라고 하는 6가지의 효과를 들고 있다.

[생각해볼 문제]

1. 브랜드는 소비자들에게 무엇을 의미하는가, 좋아하는 브랜드는 어떤 것이며 왜 좋아하게 되는가?

2. 브랜드화 할 수 없는 것이 있는가? 있다면 예를 들어서 어떻게 브랜드화 할 수 있는지를 설명해 보자.

3. 제품의 품질이 아니라 브랜드의 이미지에 따라 제품을 구입하는 소비자들의 행위에 대해 어떻게 생각하는지 토론해 보자.

4. 자신에 있어서 브랜드 충성도가 강한 브랜드를 하나 들어서 충성 고객층이 된 과정이나 이유를 기술해 보자.

제2장
브랜딩 이해

이번 장의 주요 이슈

경쟁에는 비용 중심의 경쟁과 차별화 중심의 경쟁이 있는데 비용 중심의 경쟁은 어려운 게임이다. 따라서 차별화 중심의 경쟁이 중요한데 이에는 브랜드가 중요한 수단이 된다.

차별화 중심의 경쟁을 위해 브랜드를 구축하는 것은 쉬운 과업이 아니다. 나이키는 강력한 브랜드이다. 스타벅스와 펩시는 차별적이고 잘 알려져 있다.

사실 차별적인 브랜드를 창조하고 구축하는 데 브랜드 매니저들은 많은 도전에 직면하게 된다. 스타벅스(Starbucks) 혹은 나이키(Nike)에 비해 수많은 브랜드들이 실패했다. 잘 알려지고 유명한 브랜드도 사라진다.

이처럼 브랜드 매니저들은 브랜드 파워를 믿지만 예외 없이 브랜딩은 어렵다는데 동의하고 있다. 그들은 브랜딩에 대한 유사한 도전을 강조한다. 다음에서는 브랜딩 과정에서 나타나는 이슈들에 대해 살펴볼 것이다.

❶ 브랜딩 활동에 있어서 브랜드 매니저가 직면하는 도전은 무엇인가?
❷ 성공적인 브랜딩 활동을 위한 핵심요인은 무엇인가?
❸ 성공적인 브랜딩 활동은 어떤 과정들을 밟아야 하는가?
❹ 심리학에서 소비자 행동원리를 브랜딩 원리에 어떻게 접목할 수 있는가?

제 1 절 브랜딩에 대한 도전

브랜드가 소비자들에게 중요하기는 하지만, 아직도 현실은 브랜딩에서 여러 어려움을 겪고 있다. 브랜드 가치에 대한 인식의 증가, 브랜드 구축을 위한 유용한 전술과 방법들, 소비자들의 브랜드 중심의 구매경향 등 많은 긍정적인 요인들이 있음에도 불구하고 브랜딩에 대한 수많은 도전들이 있다. 이와 같은 도전들에 대하여 살펴보기로 한다.[13)]

1. 도전 1: 단기적인 재무성과에 대한 압박

단기적인 재무성과(cash)는 브랜드 매니저들이 직면하게 되는 가장 큰 도전이다. 종종 브랜드 매니저들은 과도한 단기적인 재무성과의 압박에 시달리고 있다. 그것은 매우 어려운 문제에 의해 나타난다. 임원들은 단기적 재무성과를 낼 필요가 있다. 분기별로 이익을 달성하는 임원은 보상을 받게 되고 이익을 초과하는 임원는 종종 거금을 받게 된다. 강력한 브랜드의 구축과 같은 장기적인 목표로 나아가는 것도 중요하지만, 이러한 단기적인 재무 목표를 달성하는 것 역시 매우 중요하다.

그러나 브랜드는 장기적 자산(long-term assets)이다. 적절하게 관리되면 브랜드는 수년 동안 생명이 지속될 수가 있다. 예를 들면, 코카콜라는 1886년, 펩시는 1898년에 출시되었다. 이들 브랜드들은 오늘날에도 계속하여 역동적이며 가치가 있는 자산이다.

사실상 브랜드 가치는 미래에 존재한다. 현재의 재무적 수입은 전체적인 수입

13) Kellogg On Branding 세미나(2004.9.12~9.15)에서 'Challenge of Branding' 세션의 내용을 기초로 하여 작성.

표 2-1 브랜딩에 관한 재무적 문제

비 용	혜택(수입)
단기적 정량화가 용이 확실	장기적 정량화가 어려움 불확실

에 있어서 조그만한 일부분이다.

만약 브랜드 매니저가 장기적인 브랜드 자산을 구축하기 위해 브랜드에 투자할 것인가 혹은 단기적인 재무적 목표를 달성할 것인가를 선택하게끔 강요받으면, 대부분의 매니저들은 단기적 수치를 달성하는 것을 선택할 것이다. 일반적으로 비즈니스에서 아이러니하게도 장기적 브랜드의 건강도를 해치면서 단기적 이익을 끌어올리는 매니저는 보상을 받게 되고, 반면 단기적 성과를 희생하고 브랜드에 투자하는 매니저는 종종 벌칙을 받게 된다. 브랜드 구축에 있어 비용-혜택 분석을 통해서 보면 이러한 사실들을 이해할 수가 있다. 모든 브랜딩 활동이 단기적 수익을 목적으로 행하여지기 때문에 장기적인 브랜드 자산의 구축이라는 목적을 달성하기 위한 광고비 지출 등에 대한 경영자원을 확보하고 유지하는 데 어려움을 겪고 있는 것이다. 이러한 재무적 문제가 논의의 포인트가 되는 그 원인들은 〈표 2-1〉과 같다.

브랜딩 과정에는 항상 예산이 뒤따른다. 그에 따라 투입되는 비용은 확실한데 반해 그에 대한 혜택(수입)의 문제에서는 불확실하다는 점과 브랜드에 투입되는 비용지출은 단기적으로 지불되는 데 반해 혜택은 장기간에 걸쳐 나타난다.

또한 지출은 금액이 명확하게 정량화되어 있지만 혜택은 정량화하기 어렵다. 물론 매출 및 수입 추정에는 여러 측정방법들이 많이 연구되고 개발되었지만 아직까지는 불충분한 점이 없지 않다.

더욱이 브랜드 매니저들은 빠른 전직(직장이동)과 승진을 경험하게 되고 현 위치에서 오랫동안 머문다는 것을 기대할 수도 없는 것이다. 예를 들면, 임원들의 72%가 과거 10년 동안 3번 이상 직장을 바꾸었다. 또한 임원들의 18%가 새로운 직업에서 생존하지 못했다. 또한 단기간에 승진과 순환보직, 전직 등이 이루어지고 있다.

이러한 조직의 여러 압력들로 인해 장기적인 것보다는 단기적인 손쉬운 해결책들에 초점을 두게 한다. 단기적 전술의 강조로 인해 비용의 감축, 가격 중심의 프로모션 혹은 가격 인하, 빈번한 광고 크리에이티브 변경, 문제성 있는 신제품 출시, 임시방편적인 브랜딩 활동 등을 초래하게 된다.

특히, 가격 프로모션은 브랜드에 대한 주요한 위협요인이 되고 있다. 다음 〈그림 2-1〉은 '가격 프로모션에 대한 파멸의 사이클'로서 단기적 이익목표를 달성하려고 하는 매니저들로부터 시작된다. 매출과 이익을 달성하기 위해 매니저들은 가격 프로모션과 같은 단기적 임팩트를 가지는 마케팅 프로그램을 전개한다. 이러한 프로그램에 자금을 투자하기 위해, 매니저들은 브랜드 구축 프로그램에 지출하는 것을 줄인다. 이러한 조치는 보통 단기적 결과를 향상시키는데 성공적이고 보다 나은 성과를 통하여 매니저들은 생존하게 된다. 하지만 단기적으로 성공한 계획은 다음과 같이 장기적으로 부정적 문제를 발생시킨다.

❶ 단기적인 판매증가는 경쟁적 반응을 즉각적으로 불러일으킨다.

❷ 소비자들이 프로모션된 가격에 익숙하게 됨으로써 소비자들의 가격 기대는 이동한다. 이러한 경험들로 인해 고객들은 궁극적으로 더 낮은 가격을 기대하게 되고 그래서 기업들은 이러한 기대를 충족시켜 매출을 끌어올리기 위해 가격을 더 많이 인하하게 된다.

❸ 결과적으로 장기적인 브랜드 자산 구축 프로그램이 축소되기 때문에 브랜드 자신은 더욱더 약화된다.

이처럼 단기적인 재무적 압박은 브랜딩에 대한 가장 중요한 도전 중의 하나이다. 매니저들은 장기적 브랜드 구축과 단기적인 재무적 수치를 균형 있게 이끌어가야 한다. 단기적 재무압박에 대한 도전의 이해 없이, 브랜딩 프로그램을 수행하

그림 2-1 가격 프로모션에 대한 파멸의 사이클

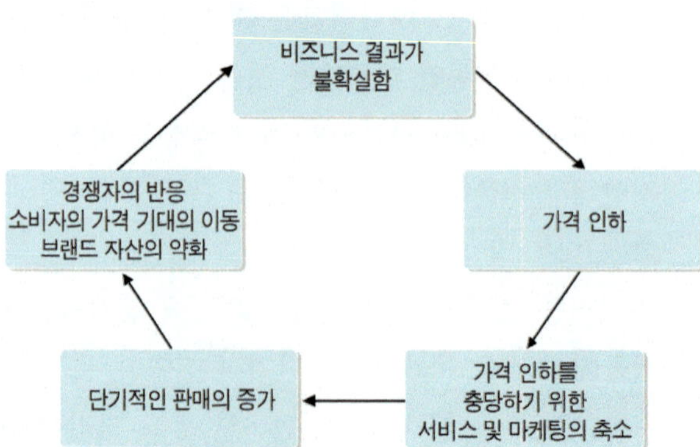

는 것은 곤경에 빠질 것은 확실하다. 그들은 적절한 예측 없이 브랜드에 투자를 하게 되며 따라서 단기적 결과가 약화된다면, 이들 매니저들은 그들의 위치에서 생존할 수가 없다.

많은 기업들은 이러한 파멸의 사이클과 투쟁을 하고 있다. 파멸의 사이클을 극복하기 위한 선진기업들의 사례를 보자.

질레트

"판매예측이 항상 과도하게 낙관적이어서, 그 결과 파멸의 사이클로 가게 된다. 이러한 파멸의 사이클은 엉터리 판매예측으로 인해 비현실적인 목표를 설정하게 될 때 발생한다. 비현실적인 목표에 도달하기 위해, 재고를 쌓아놓을 것이고, 그로 인해 간접비가 쌓이고, 그러한 비현실적인 목표를 향해 비용을 지출하게 된다. 이렇게 되면 결국 목표에 크게 빗나가게 된다. 따라서 가격 인하와 광고비 삭감으로 이어지게 된다. 따라서 이러한 일들을 하지 않았을 때, 인센티브를 지급할 것이다."—Jim Kilts, CEO

맥도날드

"10~15%의 성장을 달성하려 할 경우 때로는 핵심 사업에 빗나간 곳에 초점을 맞추는 것을 행하게 하는 원인이 된다."—Jim Cantalupo, CEO

따라서 이러한 단기적 재무성과에 대한 압박을 최소화 하고 장기적 관점에서의 브랜드 자산육성을 위해서는 다음과 같은 관점에 관심을 가져야 한다.

1. 브랜딩 활동에 대한 시니어 매니저들의 적극적인 지원이 있어야 한다.
2. 균형된 장 · 단기 고려를 하는 것이 중요하다.
3. 합리적인 목표를 설정하고 그 과정들을 측정해야 한다.

2. 도전 2: 조직 내부의 비협력

브랜딩에 대한 두 번째 도전은 조직 내부의 비협력으로 브랜드 비전/목표에 대한 일관성(consistency)의 결여이다. 따라서 브랜드 약속을 실행하도록 전 조직원에 대해 브랜드를 이해시키고 동기를 부여하여 브랜드 목표에 대한 일관성을 가지도록 하는 것이 필요하다. 완벽한 브랜드 포지셔닝을 정교하게 만들고 이상적인 브랜드 포트폴리오를 개발하는 것은 중요한 과업이다. 하지만 조직이 브랜드를 털끝만큼도 이해하지 못하고 신뢰하지 못하면—메시지, 브랜드, 제품이 일치하지 않는다면—비전은 달성될 수가 없다.

따라서 브랜딩 과정에 대한 조직의 협력을 통해 일관성을 확보하는 것이 매우 중요한 과제라 할 수 있다. 사실 조직의 전 구성원들은 의도하든 의도하지 않든, 브랜드에 많은 영향을 미치고 있는 것이다.

브랜드는 궁극적으로 관계의 토대 위에서 구축된다. 고객의 충성도는 강력한 브랜드 구축을 위해서는 매우 중요하다. 이러한 고객 충성도는 소비자의 브랜드에 대한 신뢰의 토대 위에서 구축이 되며, 이러한 신뢰는 브랜드와 고객 간의 관계의 기초를 형성한다. 이와 같은 신뢰는 장기간에 걸쳐서 구축되며 또한 경험의 토대 위에서 구축되는 것이다.

이와 같이 소비자의 브랜드에 대한 신뢰를 구축하기 위해서는 먼저 내부 직원들을 대상으로 브랜드에 열정을 불어넣을 수 있도록 해야 하며 이를 통해 브랜드가 활력을 띄게 하는 것은 매우 중요하다. 브랜드 자산을 극대화시키기 위해 내부 직원들을 고무시키도록 디자인되어야 한다. 브랜드 전략의 승부는 사원 한사람 한사람이 얼마만큼 그 내용을 이해하고 고객에게 열정을 가지고 전달하는가에 달려 있는 것이다. 점차 많은 기업들이 그들의 브랜드가 무엇을 뜻하는지에 관해 전 조직원에게 교육시키고 있다. 예를 들면 디즈니사는 직원들에게 "디즈니 스타일"을 교육시키고 있다. 기업들은 고객과의 상호작용 과정에서 고객들이 브랜드 약속을 확실하게 경험하는데 전 조직원을 참여시키고 있다.

조직 내부의 모든 구성원이 브랜드 소유자가 되도록 해야 한다. 따라서 내부의 조직원을 대상으로 하는 마케팅 프로그램을 개발하는 것이 외부의 소비자 대상의 마케팅 프로그램을 개발하는 것 못지않게 중요하다.

또 하나 고려해야 하는 것은 광고대행사, 프로모션 대행사 등 외부 기관들이다. 이들이 브랜드 목표를 향해 분명한 방향으로 갈 수 있도록 통합하고 조정하는 것 또한 매우 중요하다. 브랜드에 관해 같이 일하고 있는 많은 외부기관들은 각자 그들 자신의 제품을 창출하기를 원할 것이다. 이러한 불일치되는 방향들을 극복하기 위해서 브랜드 매니저는 다음과 같은 사항들을 주의해야 한다.

❶ 브랜드 방향을 명확히 설정한다.
❷ 브랜드의 기대치에 대해 매우 명확히 해야 한다.
❸ 하나의 브랜드 목표점으로 연결시켜야 한다.
❹ 외부 기관들이 독자적으로 일을 하게끔 그들에게 의지해서는 안된다.

3. 도전 3: 광고에 의한 정보혼란

브랜드 매니저가 직면하게 되는 세 번째의 도전은 광고에 의한 정보혼란상태(clutter)이다. 이제는 비용 지출을 통해서 브랜드 구축을 시도하는 것은 잘 먹혀들지 않는다.

❶ 그동안 광고 메시지가 엄청나게 증가했다는 사실이다. 맥켄지(McKinsey) 보고에 따르면, 일반 소비자들이 하루에 접하는 광고 메시지는 1960년대 1,500개에서 2000년에는 5,000개로 늘었다고 한다.

이러한 결과들로 인해 이제 소비자들은 근본적으로 마케터들이 내보내는 메시지를 믿으려 하지 않는다. Gallup(1998) 조사의 정직성에 대한 평가에 따르면

표 2-2 정직성 평가

구 분	평가치(%)
약사	64
성직자들	59
의사	57
대학교수	53
경찰	49
저널리스트	30
기업 경영자	22
공사 청부인	21
국회의원	19
부동산 중개업자	17
법조인	16
보험 판매원	14
광고인	10
영업 세일즈(차)	5

자료 : 갤럽(1998).

〈표 2-2〉에서 보여주는 것처럼, 광고에 의해 커뮤니케이션되는 브랜드 메시지를 믿는 평가치는 10%에 불과하다.

❷ 기술의 발달로 메시지를 고객에게 도달하게 하는데 매우 어려워지고 있다. 미디어의 분화, 다양한 마케팅 전술의 증가, 소비자들로 하여금 광고 메시지를 회피하게 하는 기술의 변화(예를 들면, TV 리모콘 등은 광고시간대에 광고하지 않는 채널로의 이동을 용이하게 함) 등 이러한 것들로 인해 마케터가 전달하고자 하는 메시지를 소비자에게 도달하게 하는데 많은 어려움을 겪고 있는 것이다.

그러면 이러한 마케팅 환경의 혼란을 어떻게 극복해야만 하는가? 그 해답은 바로 소비자와 브랜드를 정확하게 이해하는 것에 달려 있다. 소비자를 정확히 이해하는 것은 가장 중요한 첫 번째 단계이며, 광고 메시지가 확실하게 표적고객에게 공감될 수 있도록 할 필요가 있다.

요약하면, 경쟁관계에 있는 여타의 브랜드보다 큰 목소리로 외친다고 모두 성공하는 것은 아니다. 정확한 고객 이해의 바탕 위에서 차별적인 메시지를 통해서 표적고객이 공감할 수 있도록 해야 하는 것이다.

4. 도전 4: 실행에 있어서의 혼란

브랜드 매니저들이 직면하게 되는 브랜딩에 대한 네 번째 도전은 실행에 있어서의 혼란(confusion)이다.

❶ 지금의 브랜딩 세계는 많은 전문가의 의견들로 가득 차 있다. 이러한 의견들이 실행에 있어서 혼란을 불러일으키고 있다. 브랜딩과 관련된 책이 아마존(Amazon)에는 약 2,800여 권이 리스트되어 있다. 브랜딩 관련 책들은 모든 가능한 니치영역을 커버하고 있다.

❷ 모든 마케팅 관련 기관들(광고대행사, 통합마케팅대행사, 브랜드 디자인 회사, 브랜딩 컨설팅 회사, 기타 등)은 이제 브랜딩에 관해 조언에 초점을 맞추고 있다.

그러나 이들 각 회사들은 다소 다른 관점으로 브랜딩에 관한 주제들을 접근하고 있다. 각 회사마다 독자적 틀을 가지고 브랜드 주제에 접근함으로써 다양한 방법들이 넘쳐나고 이로 인해 마케터들의 실행에 있어서 혼란을 야기하고 있다.

❸ 브랜딩에 관한 용어가 통일되지 않고 너무도 다양하다. 브랜드 포지셔닝, 브랜드 정의, 브랜드 캐릭터, 브랜드 개성, 브랜드 비전, 브랜드 맨트라, 브랜드 약속, 브랜드 에센스, 브랜드 유대, 브랜드 신념, 브랜드 자산, 브랜드 의미 등과 같이 너무도 많은 용어들로 넘쳐나고 있다.

대부분 마케팅 관련 기관들은 다소 다른 브랜드 용어를 활용하여 그들 회사를 차별화시키려고 하고 있다. 모든 브랜드 용어들을 이해하려고 하는 것은 엄청난 혼란으로 이끈다.

제2절 브랜딩의 핵심성공 요인

지금까지 브랜드 매니저가 직면하고 있는 브랜딩에 대한 도전에 대하여 살펴보았다. 이러한 도전을 극복하여 강력한 브랜드를 구축하기 위한 성공적인 브랜딩 활동의 핵심 요인은 무엇인가?

1. 성공의 핵심 1: 단순화 시켜라

브랜딩은 복잡하고 어려워서는 안된다. 개념들은 쉬워야 하고, 그리고 브랜딩 목적을 달성하기 위한 방법 내지는 도구들은 접근가능해야 한다. 또한 우리가 알고 있듯이 가장 강력한 브랜드는 가장 한 곳으로 초점이 맞추어져 있다.

강력한 브랜드를 구축하는데 있어 복잡하다면, 다시 시작해야 한다는 점이다. 그리고 다시 시작하는 하나의 방법은 단순하고 통용되는 일반적인 용어를 쓰라. 가령, 브랜드 포지셔닝, 브랜드 의미, 브랜드 요소, 브랜드 포트폴리오, 브랜드 자산, 브랜드 개성 등.

2. 성공의 핵심 2: 차별화에 초점을 맞추어라

브랜드는 차별적일 때만이 가치를 가진다. 차별점을 규정하고, 확립하여, 강화시키고, 지속적으로 유지시키는 것이 성공의 핵심이다.

경쟁영역에 있는 모든 브랜드들이 가지고 있는 유사점으로 초점을 맞추는 것은 브랜드를 약하게 하는 가장 손쉬운 방법이다.

3. 성공의 핵심 3: 고객이 브랜드를 규정한다는 것을 항상 명심하라

브랜드는 단지 고객의 마음속에 존재한다. 기업이 브랜드를 소유하는 것이 아니라 소비자가 브랜드를 소유한다는 것을 명심해야 한다.

따라서 기업의 입장에서 브랜드를 규정하는 것은 필요할 수 있으나, 그러나 궁극적으로 생산적이지 않다.

4. 성공의 핵심 4: 진행과정을 측정하고 추적하라

진행과정을 평가하는 데는 많은 방법들이 있다. 물론 어떤 것 하나도 완전한 것은 없다. 그러나 완벽하지 않더라고 무엇인가는 측정할 필요가 있다. 측정 없이는 관리될 수 없다는 말이 있듯이.

5. 성공의 핵심 5: 브랜드가 신뢰의 결정체가 되게 하라

고객의 충성도는 강력한 브랜드 구축을 위해서는 매우 중요하다. 이러한 고객 충성도는 신뢰의 토대 위에서 구축이 되며, 그러한 신뢰는 브랜드와 고객 간의 관계의 기초를 형성한다. 이러한 신뢰는 장기간에 걸쳐서 구축이 되며 또한 경험의 토대 위에서 구축이 되는 것이다. 이처럼 브랜드는 신뢰의 결정체가 되어야 한다.

Chaudhuri and Holbrook(2001)는 브랜드 신뢰(brand trust)를 "브랜드가 일정한 기능을 수행할 능력이 있다고 믿는 고객의 상태"라고 정의하였다. 이와 같은 신뢰는 성공적인 거래관계를 위해서 없어서는 안 될 필수적인 요소이다(Morgan and Hunt, 1994).

그렇다면 고객으로부터 신뢰를 얻으려면 어떠한 노력을 해야 할 것인가? 관련 연구를 종합해 보면, 신뢰를 높이기 위해서는 역량, 일관성, 배려라는 3가지 요소를 중점적으로 관리해야 한다.[14)]

❶ 서비스 기업이 고객으로부터 신뢰를 얻기 위해서는 경쟁자에 비해 우월한 서비스를 제공할 수 있는 역량(competence)을 확보해야 한다. 인텔(Intel)은 웹사이트의 신뢰성이 고객들의 재방문과 다운로드 횟수 증가에 중요한 영향을 미친다는 것을 파악하고, 웹사이트의 신뢰성을 높일 수 있는 작업을 실시하였다. 고객들의 웹사이트 이용 시 원하는 정보를 잘 찾을 수 있는 내비게이션(navigation) 기능이 웹사이트 신뢰성에 중요한 영향을 미친다는 것을 파악하고, 내비게이션 용이성 향상에 많은 투자를 하였다. 향상된 내비게이션 용이성은 다운로드 성공을 5% 가량 증대시켜, 결과적으로 무료전화 상담비용 및 소프트웨어 우편배달 비용 등 1년에 1,000만 달러에 달하는 비용을 줄일 수 있었다. 이러한 인텔의 사례는 고객과의 신뢰가 마케팅 비용을 절감시키는데 효과가 있다는 것을 시사해 주고 있다.

❷ 고객들에게 어떠한 상황에서 일관된 서비스를 제공하는 일관성(integrity)을 확보해야 한다. 이러한 일관성은 고객들이 서비스 기업에 대해 기대하는 예측가능성과 정직성이 관련되어 있다. 예를 들어 인터넷 서점인 아마존(Amazon)은 고객들의 반복구매 실수를 방지하는 서비스를 제공함으로써 정직한 회사의 이미지를 높였다. 고객이 한번 구매했던 책을 다시 주문할 경우, 예전의 구매이력을 보여주고 그래도 주문을 할 것인지 정직하게 되물어 봄으로써 고객의 신뢰를 확보하는 전략을 오랫동안 사용해오고 있다. 존슨앤존슨(Johnson & Johnson)은 유명 사립탐정을 고용하여 자사의 나트레코(Natrecor) 약품의 부작용을 조사하게 한 결과, 나트레코의 위험성이 알려진 것보다 조금 더 높을 수 있다는 사실을 알게 되었다. 응급실 중환자를 대상으로 했던 임상시험의 결과에 오류가 있었다는 점을 발견해낸 것이다. 존슨앤존슨은 단기적으로 매출과 기업 이미지에 부정적인 영향을 미칠 수 있음에도 불구하고, 이 사실을 미국 식품의약국과 언론에 알렸다. 10~20년 뒤에도 정상의 기업으로 남기 위해서는 신뢰 유지가 핵심이라고 생각했기 때문이다.

14) 허원무 (2006), 관계 마케팅: 고객을 기업의 팬으로 만드는 마케팅 전략, KOBACO.

❸ 충성고객들에게는 차별적인 배려(benevolence)를 제공해야 한다. 고객들은 기업으로부터 항상 자신이 특별한 대우를 받기를 기대한다. 특히 오랫동안 거래를 하거나, 다른 사람들부터 많은 서비스를 이용하는 중요한 고객이라는 것을 인식했을 때 이러한 요구는 거세지기 마련이다. 따라서 고객들에게 자신이 좀 더 대우받고 있다는 인식을 심어주어야 한다. 또한, 이러한 고객에 대한 직접적인 배려 및 배려를 하려는 마인드는 고객에 대한 이해도를 높이고, 고객의 욕구를 파악하는데 도움을 제공한다. 세계적인 디자인 소프트웨어 기업인 오토데스크(Autodesk)도 직원의 고객에 대한 배려를 통해 얻은 아이디어로 새로운 사업 기회를 만들었고, 고객 충성도를 확보하는데 도움이 되었다.

제3절 브랜딩 모델

〈그림 2-2〉는 체계적인 브랜딩 모델을 보여주고 있다. 브랜딩 모델은 개념적 구조(제2부), 전략적 구조(제3부에서 제7부), 그리고 매니지먼트 시스템(제8부에서 제9부)의 3가지 영역으로 구분하여 설명할 수 있다.

1. 개념적 구조

개념적 구조로서 켈러의 브랜드 지식모델(제2부)은 소비자의 브랜드에 대한 지식이 어떻게 기억 속에 형성되는가에 대한 것으로, 브랜드 인지와 연상이 이 모델의 핵심적인 구성요소이다. 강력한 브랜드를 구축하기 위해서는 브랜드에

그림 2-2 브랜딩 모델

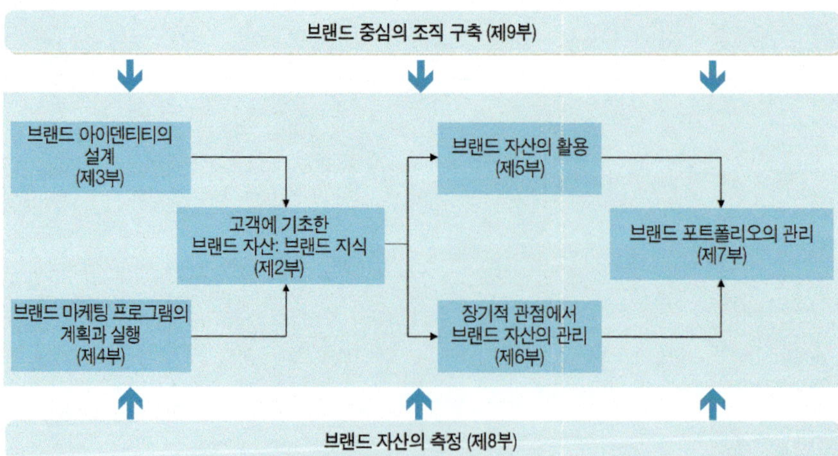

관한 소비자의 지식에 초점을 맞추어야 한다. 이러한 브랜드 지식모델은 본서의 전체를 이끌어가는 기본 틀로써 역할을 수행할 것이다.

2. 전략적 구조

브랜딩의 대상영역은 개별 브랜드 관리로부터 브랜드간의 관계성을 포함하는 기업 전체로써의 브랜드 포트폴리오 관리로 급속히 확대되어가고 있다.

이처럼 전략적 구조에서는 크게 두 영역으로 구분하여 전개되고 있다: 개별 브랜드 관리영역(제3부에서 제6부까지로 브랜드 자산의 구축, 활용, 그리고 유지·강화), 기업 차원에서 브랜드 관리영역(제7부 브랜드 포트폴리오의 관리).

❶ 개별 브랜드 관리영역으로는 브랜드 자산의 구축, 활용 그리고 유지·강화로써, 브랜드에 자산적 가치가 있는 것을 충분히 인식한 이상 브랜딩의 구체적인 방법론에 그 초점이 맞추어져 있다.

그런데 한마디로 강한 브랜드를 구축하는 방법은 관점과 입장에 따라 다종다양하다. 예를 들면 매출액 또는 시장점유율의 시장 성과를 문제로 하는 입장, 또는 브랜드의 인지율 또는 충성도의 정도로 한 소비자의 반응을 중시하는 관점, 특히 연상이미지의 강도나 넓이, 또는 브랜드의 수명을 문제로 하는 경우 등 다양하다.

결국 브랜드의 강함의 원천이라고 하는 것을 명확하게 하기 위해서는 그 브랜드의 다양한 측면(소비자의 인지, 연상이미지, 행동 또는 시장성과)을 대상으로 논의를 촉진하고, 브랜드를 하나의 구조체로 보고, 그 구조체를 깊게 연구하는 접근법에 초점이 맞추어진다.

최근의 브랜드 아이덴티티론, 브랜드 이미지, 브랜드 자산론, 브랜드 확장 등의 연구는 개별 브랜드의 구조조건을 중시하는 관점으로 이러한 종류의 연구를 통해서 통상적으로 강한 브랜드의 조건을 규명해내고 있다.

따라서 브랜드 자산을 구축하고 활용하며 장기간에 걸쳐 유지·강화하는 영역에 있어서는 개별 브랜드 차원의 관리에 초점을 맞추어서 개념과 방법론이 전개될 것이다.

❷ 기업이 직면하고 있는 브랜드 관리의 영역은 개별 브랜드의 관리에 단지

한정되어 있는 것이 아니고 그것을 초월한 회사 수준의 브랜드 포트폴리오와 브랜드 체계가 매우 중요한 과제가 되고 있다.

브랜드에는 기업 브랜드로부터 시작해서 제품 브랜드 및 하위 브랜드에 이르기까지 여러 브랜드 레벨이 존재하고 있으며, 이와 같이 복잡한 브랜드 구조를 어떻게 배치해서 기능 분담을 할 것인가 하는 문제(브랜드 아키텍처의 설정 문제) 등은 개별 브랜드 차원보다는 기업 차원에서의 브랜드 매니지먼트에 관한 관리영역이다.

3. 매니지먼트 시스템

마지막으로 매니지먼트 시스템에 관한 것으로써 브랜드 자산의 측정과 브랜드 중심의 조직 구축으로 구분하여 설명할 수가 있다.

❶ 브랜드 및 브랜드 가치를 측정하는 것으로 측정하지 않으면 관리될 수 없다는 말이 있다. 이처럼 브랜드 자산의 측정 시스템을 구축하여 브랜드 자산의 정기적인 측정(브랜드 자산의 원천 측정, 그리고 브랜드 자산의 가치 측정)의 수행을 필요로 한다.

❷ 최근에 기업들은 브랜드의 중요성을 인식하게 되면서 브랜드 중심의 조직을 구축하고 있다. 전사적으로 브랜드를 정점으로 한 조직을 구축함으로써 일관성 있는 브랜드 비전을 공유하고 이를 기반으로 하여 비즈니스를 전개하고 있다.

이를 위해 기업들은 브랜드 매니저 제도를 도입하고 역량 있는 브랜드 매니저들을 육성 및 확보하여 강력한 브랜드 자산 구축에 초점을 맞추고 있다.

4. 이 책의 구성

〈그림 2-2〉의 브랜딩 모델에 기초하여 세부적 주제들을 정리해 보면 〈표 2-3〉과 같다. 총 9부 22장으로 구성된 주요 내용의 흐름을 정리하여 요약하면 다음과

같다.

제1부

본서의 최초 섹션인 제1부에서는 브랜드 및 브랜딩에 대한 기본 이해 편으로써, 브랜딩에 대한 사전 지식이 전무하다는 가정 하에서 출발한다.

제1장에서는 브랜드에 대한 기본적인 이해에 초점을 맞추어 브랜드의 기원, 정의, 그리고 역할에 대해서 살펴본다.

제2장에서는 브랜드를 창조하고 구축하는 데 브랜드 매니저들이 직면하게 되는 브랜딩 관련 이슈에 대해 설명한다.

제2부

소비자의 마음속에 형성된 브랜드 지식구조를 이해하는 것은 브랜드 자산을 구축하는데 있어 매우 중요하다.

표 2-3 전체 내용

구분	주제영역(부)		하위 주제영역(장)
도입	제1부	브랜드와 브랜딩의 이해	제1장 브랜드 이해 제2장 브랜딩 이해
개념적 구조	제2부	고객에 기초한 브랜드 자산: 브랜드 지식	제3장 브랜드 지식 제4장 브랜드 지식의 차별적 마케팅 효과
전략적 구조	제3부	브랜드 아이덴티티의 설계	제5장 브랜드 아이덴티티 제6장 브랜드 포지셔닝과 가치 제7장 브랜드 요소
	제4부	브랜드 마케팅 프로그램의 계획과 실행	제8장 브랜드 경험의 창조 제9장 마케팅 믹스의 설계 제10장 브랜드 커뮤니케이션 제11장 2차적 연상의 활용
	제5부	브랜드 자산의 활용	제12장 브랜드 확장 제13장 공동 브랜딩
	제6부	장기적 관점에서 브랜드 자산의 관리	제14장 브랜드 수명주기 제15장 브랜드 재활성화
	제7부	브랜드 포트폴리오의 관리	제16장 브랜드 포트폴리오 제17장 브랜드 아키텍처
매니지먼트 시스템	제8부	브랜드 자산의 측정	제18장 브랜드 자산의 측정 시스템 제19장 브랜드 자산의 원천 측정 제20장 브랜드 자산의 가치 측정
	제9부	브랜드 중심의 조직 구축	제21장 브랜드 매니지먼트 조직 제22장 브랜드 매니저 제도

제3장에서는 브랜드 자산의 개념을 정의하고, 이러한 브랜드 자산의 원천이 되는 브랜드 지식에 대하여 설명한다. 브랜드 지식은 본서의 전체를 이끌어 가는 기본 틀로써 역할을 수행할 것이다.

제4장에서는 브랜드 지식의 차별적 마케팅 효과가 나타나는 메커니즘과 차별적 효과가 나타나는 여러 영역들에 대해서 살펴본다.

제3부

브랜드 이미지는 소비자가 지각하는 브랜드에 대한 의미로써 기업은 이러한 이미지를 소유할 수 없다. 그래서 기업은 브랜드 이미지를 구축하기 위한 토대로 기업이 전달하고자 하는 브랜드 의미(이를 브랜드 아이덴티티라 부른다.)를 설정한다. 이러한 브랜드 아이덴티티는 브랜드 자산 구축의 토대로써 역할을 수행한다.

제5장에서는 브랜드 아이덴티티의 개념과 역할, 규정 프로세스, 그리고 변경 등 브랜드 아이덴티티의 구축 과정들에 대해 살펴본다.

제6장에서는 브랜드 아이덴티티 구축의 기초가 되는 브랜드 포지셔닝과 브랜드가 표방하는 가치에 대해 살펴본다.

제7장에서는 브랜드 가치를 잘 표현하고 브랜드 인지와 그 브랜드에 호감이 가고, 독특한, 그리고 강력한 연상을 높일 수 있는 아이덴티티의 표현요소에 대해 다룬다.

제4부

기업이 브랜드 아이덴티티를 설정하고, 이를 브랜드 마케팅 프로그램의 계획과 실행을 통하여 소비자들에게 전달한다. 이러한 브랜드 마케팅 프로그램은 기업이 전달하고자 하는 브랜드 의미를 구축하기 위해 표적고객과의 모든 접촉점에서 만족스러운 경험을 제공하는 활동이다.

제8장에서는 브랜드 자산 구축의 중심원리가 되는 브랜드 경험의 창출 방법에 대해 설명한다.

제9장에서는 마케팅 믹스활동이 브랜드 자산구축에 어떤 역할을 수행하는지에 대해 알아볼 것이다.

제10장에서는 브랜드를 소비자에게 알리고 이미지를 구축하는데 중요한 역할을 수행하는 브랜드 커뮤니케이션에 대해 논의할 것이다.

제11장에서는 브랜드 자산 구축에 있어 새로이 각광받고 있는 브랜드와 간접

적으로 관련된 연상을 활용하는 방법에 대해 설명할 것이다.

제5부

기업들은 브랜드 마케팅 활동들을 통하여 잘 구축된 브랜드 자산을 어떻게 활용할 것인가에 대한 문제에 직면하게 된다. 기존에 잘 구축된 이미지에 기초한 브랜드 자산의 활용전략으로 브랜드 확장과 공동 브랜딩이 있다.

제12장에서는 기업이 신제품을 도입하는 경우, 신제품 실패의 위험뿐만 아니라 신제품 도입의 비용 둘 다를 최소화하면서 동시에 성장을 달성하는 방법으로 기존에 잘 구축된 브랜드를 활용하는 브랜드 확장에 대해 자세히 살펴본다.

제13장에서는 최근에 각광받고 있는 두 개 혹은 그 이상의 브랜드가 서로 공동으로 각각의 브랜드를 활용하는 방법인 공동 브랜딩에 대해 설명한다. 특히 공동 브랜딩 중 제품의 부품 내지는 성분을 브랜드화 한 것을 성분 브랜드라 하는데 이것을 상세하게 다룬다.

제6부

제6부에서는 장기적 관점에서 브랜드 자산의 관리로써 브랜드를 살아 있는 유기체로 인식하고 자산을 유지, 강화, 재활성화하는 방법을 모색한다.

제14장에서는 발아, 출시, 성장, 성숙, 쇠퇴, 재활성화, 소멸 등의 많은 단계를 거치는 브랜드 수명주기에 대해 살펴본다.

제15장에서는 쇠퇴, 소멸의 순간에 있는 브랜드가 시장을 재확보하기 위하여 생명력을 다시 불어넣는 브랜드 재활성화 전략에 대해서 자세히 다룬다.

제7부

브랜드 포트폴리오 혹은 여러 복수의 브랜드 군을 관리하는 것은 또 다른 차원에서 도전을 요구한다. 브랜드 포트폴리오를 다룰 때 직면하게 되는 도전은 단 하나의 브랜드를 구축하는 것이 아니다. 각기 다른 강점과 제한성 가지고 있는 브랜드 군(collection of brand)을 구축하는 것이다.

제16장에서는 기업이 여러 브랜드 군을 최적으로 관리하는 방법들로써 브랜드 포트폴리오 전략에 대해 살펴볼 것이다.

제17장에서는 브랜드 포트폴리오 전략에 있어서 브랜드 체계(마스터 브랜드, 하위 브랜드 등을 포함하는 복잡한 브랜드 구조)를 다루기 위한 하나의 방법으로

활용할 수 있는 브랜드 아키텍처에 대해서 다룬다.

제8부

Keller의 소비자에 기초한 브랜드 자산 모델은 브랜드 자산이 어떻게 측정될 수 있는지에 관한 가이드를 제공한다. 브랜드 자산을 측정하는데 대한 두 가지 기본적인 접근방법이 있다. 간접적 접근은 소비자의 브랜드 지식구조를 확인하고 추적함으로써 고객에 기초한 브랜드 자산의 원천을 평가할 수 있다. 반면, 직접적인 접근은 브랜드 지식이 마케팅 프로그램의 여러 요소에 대한 소비자 반응의 실질적인 영향을 평가함으로써 고객에 기초한 브랜드 자산을 측정할 수 있다.

제19장 및 제20장에 걸쳐 브랜드 자산의 원천과 결과를 어떻게 측정할 것인가에 대한 세부적인 내용에 들어가기 전에, 제18장에서는 브랜드 자산의 측정 시스템을 개발하고 실행하기 위한 방법들을 고려할 것이다. 특히, 브랜드 가치 창출 사슬에 기초하여 브랜드 자산의 측정 시스템을 개발함으로써 브랜드의 건강도를 이해할 수 있게 할 뿐만 아니라 또한 브랜드 자산의 원천과 결과의 이해 및 이들의 인과관계를 파악할 수 있게 해준다.

제19장은 Keller의 소비자의 브랜드 지식 구조를 기초로 하여 브랜드 자산의 원천(브랜드 인지의 넓이와 깊이, 그리고 브랜드 연상의 강도, 호의성 그리고 독특성)을 측정하기 위한 조사 방법들을 다룰 것이다.

제20장에서는 브랜드 자산의 가치를 측정하기 위한 여러 방법들을 살펴볼 것이다.

제9부

기업들이 어떻게 브랜드 중심의 조직으로 운영되고 있는지에 대해 살펴본다. 특히 최근에 확산되고 있는 브랜드 매니저 제도에 대해 중점적으로 다룰 것이다.

제21장에서는 브랜드 매니지먼트 조직에 대해 설명하고 향후 브랜드 매니지먼트 조직이 어떤 형태로 나타날 것인지를 살펴볼 것이다.

제22장에서는 브랜드 매니저 제도의 특징과 성공한 브랜드 매니저들의 공통적인 특성들을 다룬다.

제4절 브랜딩과 심리학

마케팅(브랜딩)[15]과 심리학은 밀접한 관련이 있다. 심리학이 인간행동(human behavior)에 대한 체계적 연구라면, “마케팅(브랜딩)은 시장에서 인간행동에 대한 체계적 연구이다.”

1. 브랜딩에서 심리학 원리들의 적용례

예를 들면 잘 생긴 사람은 보다 지적이고 보다 성공한 그리고 인기가 있는 사람으로 지각되는 경향이 있다.

그것이 바로 심리학에서 후광효과(halo effect)이다. 또한 후광효과는 마케팅(브랜딩)에서도 잘 기능한다. Apple 컴퓨터의 성공 이면에는 무엇이 있는가? 한마디로 iPod의 성공에서 기인한다. Apple 컴퓨터로부터 좋은 뉴스는 단지 iPod의 성공만이 아니다. 사실 2005년 회계에서, iPod와 iTune은 단지 Apple 매출의 39%만을 설명한다. Apple의 나머지 61%(컴퓨터, 소프트웨어와 서비스)도 잘 나간다.

Applc 컴퓨터와 관련 비즈니스는 전년 대비 2005년 회계에서 27% 신장했다. 그리고 산업보고에 따르면, Apple은 개인용 컴퓨터 시장에서 3~4%의 M/S를 증가시켰다. 이것이 바로 마케팅(브랜딩)에 있어서 후광효과이다.

2005년 동안 Apple은 iPod를 화제로 삼는 TV광고, 지면광고, 그리고 빌보드 광고에 퍼부었다. 역시 매우 효과적이었다. Apple의 디지털 뮤직시장에서의 M/S

15) 여기서 브랜딩과 마케팅은 동일 개념으로 간주한다. 즉 보다 큰 영역에서 보면 마케팅이지만 본서는 브랜드 및 브랜딩 관련 주제를 전개하므로 마케팅은 브랜딩과 같은 개념으로 간주.

는 73.9%이다. iPod 브랜드는 너무 지배적이어서 거의 어떤 사람들도 어떤 브랜드가 두 번째 브랜드인지를 모른다.

Apple의 개인용 컴퓨터 라인에 대한 마케팅 지원은 어떤가? 거의 돈을 쓰지 않았다. 여기서 논점은 정확하게 무엇인가? Apple은 그 회사의 전 제품라인을 도와주는 후광효과를 창출하는 iPod에 많은 마케팅 예산을 쏟아 부었다.

후광효과는 마케팅에서 오랜 역사를 가지고 있다. 1930년도에 Michael Cullen은 소위 King Kullen이라 부르는 최초의 슈퍼마켓 체인을 만들었다. 그의 획기적인 아이디어는 가격책정의 방법이다. 그는 300개의 아이템을 원가로 가격 설정을 하기로 하였다. 다른 300개의 아이템은 약간의 원가 이상으로 책정하고 나머지 600개의 아이템은 상당한 마진으로 가격을 책정하였다.

그가 어떤 아이템으로 광고를 했는지를 추측해 보라. 원가 이하로 판매한 아이템을 광고했다. 광고하는 것과 돈을 벌려고 하는 것은 서로 다른 것이다.

사실상 심리학의 모든 원리가 마케팅에 적용된다. 예를 들면 '각인(imprinting)'을 생각해 보자. 새로운 카테고리에서 최초의 브랜드는 최초의 독창적이고 진짜인 것으로 고객의 마음속에 각인될 것이다. 티슈에서 "Kleenex", 렌터카에서 "Hertz", 케첩에서 "Heinz", 커피체인점에서 "Stabucks" 이들은 모두 최초의 독창적으로 고객의 마음속에 각인시킨 브랜드들이다.

2. 브랜딩과 심리학

이처럼 마케팅(브랜딩) 연구는 심리학의 연구에서 출발한다. 따라서 본서에서는 심리학에서 연구된 여러 원리들을 브랜딩에 접목함으로써 브랜딩의 이해를 한층 더 높여줄 뿐만 아니라 일반화된 브랜딩 원리를 제시하고 있다.

본서에 나타난 많은 용어들—예를 들면 후광효과, 손실회피성향, 유인효과 등—은 심리학에서 연구된 것으로 이것들은 브랜딩의 원리를 설명하는데 유용하다.

뿐만 아니라 '브랜드 심리학' 컬럼을 별도로 두고 해당 브랜딩 주제에 적용할 수 있는 심리학에서의 이론들을 함께 설명함으로써 브랜딩 원리들을 명확히 제시하고 있다.

[생각해볼 문제]

1. 최근의 브랜딩에 대한 기회와 위협에 대하여 다양한 환경들과 소비자 트렌드 등을 고려하여 토론해 보자.

2. 성공한 브랜드를 예로 들어서 그들 브랜딩의 핵심성공 요인을 추출해 보자.

제2부

고객에 기초한 브랜드 자산: 브랜드 지식

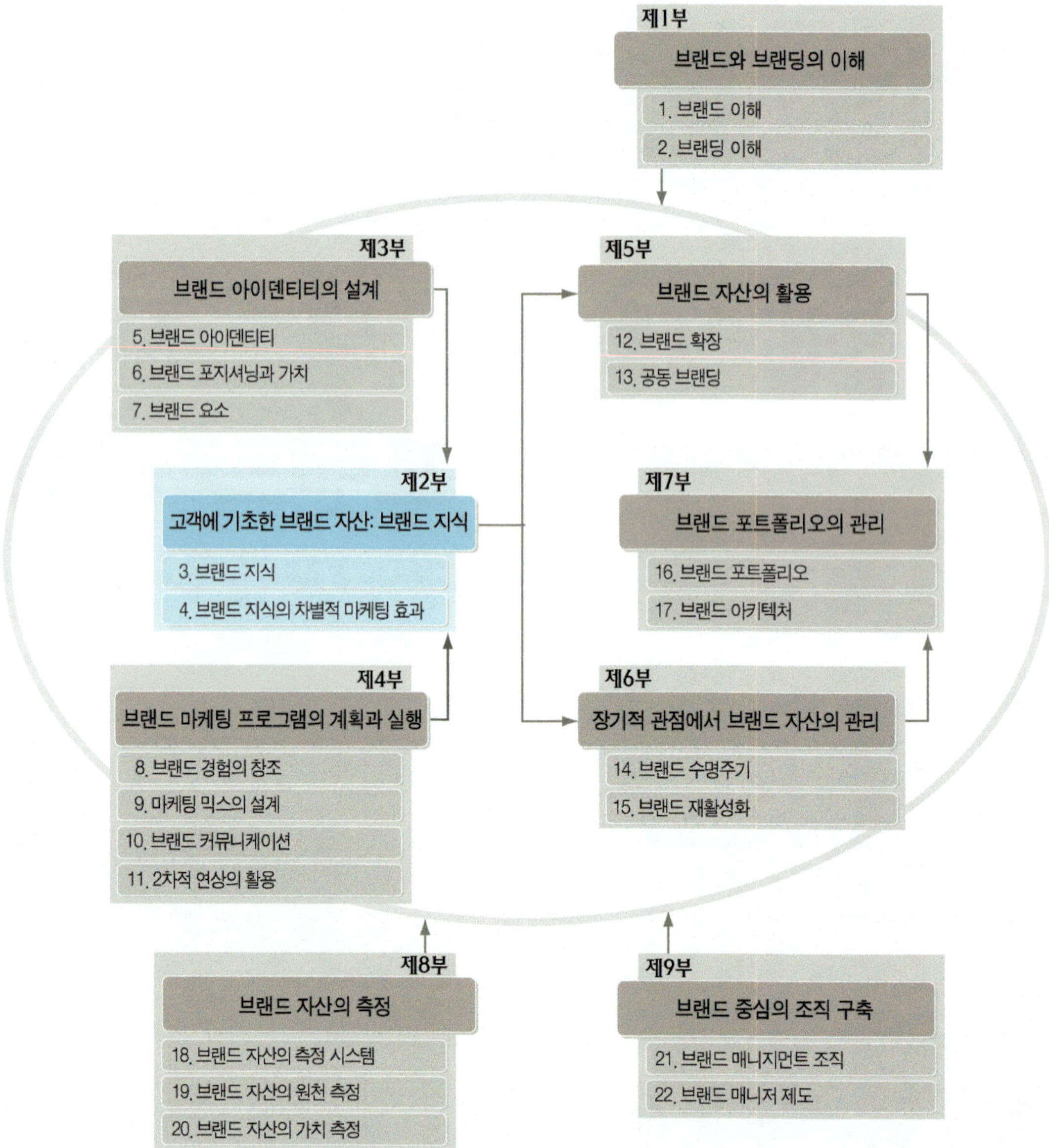

제1부
브랜드와 브랜딩의 이해
1. 브랜드 이해
2. 브랜딩 이해
제3부
브랜드 아이덴티티의 설계
5. 브랜드 아이덴티티
6. 브랜드 포지셔닝과 가치
7. 브랜드 요소
제5부
브랜드 자산의 활용
12. 브랜드 확장
13. 공동 브랜딩
제2부
고객에 기초한 브랜드 자산: 브랜드 지식
3. 브랜드 지식
4. 브랜드 지식의 차별적 마케팅 효과
제7부
브랜드 포트폴리오의 관리
16. 브랜드 포트폴리오
17. 브랜드 아키텍처
제4부
브랜드 마케팅 프로그램의 계획과 실행
8. 브랜드 경험의 창조
9. 마케팅 믹스의 설계
10. 브랜드 커뮤니케이션
11. 2차적 연상의 활용
제6부
장기적 관점에서 브랜드 자산의 관리
14. 브랜드 수명주기
15. 브랜드 재활성화
제8부
브랜드 자산의 측정
18. 브랜드 자산의 측정 시스템
19. 브랜드 자산의 원천 측정
20. 브랜드 자산의 가치 측정
제9부
브랜드 중심의 조직 구축
21. 브랜드 매니지먼트 조직
22. 브랜드 매니저 제도

제3장

브랜드 지식

이번 장의 주요 이슈

브랜드 지식이란 '소비자가 브랜드에 대한 지식을 기억 속에 축적하고 있는 것'을 의미한다. 따라서 강력한 브랜드를 구축하기 위해서는 브랜드에 관한 소비자의 지식에 초점을 맞추어야만 할 것이다. 기업이 제공하는 제품 혹은 서비스에 대해서 전달하는 정보는 소비자의 브랜드 지식이 되고, 이는 차별적인 마케팅 효과를 지니게 된다. 따라서 이번 장에서는 브랜드 지식에 관해 다음과 같은 이슈들을 다룰 것이다.

❶ 브랜드 자산의 개념에 대한 일치된 정의는 없는 것 같다. 일반적으로 브랜드 자산은 고객이 브랜드를 알고 있기 때문에 제품이나 서비스에 대한 고객의 반응에 영향을 주는 긍정적이고 차별적인 효과라고 하는데, 좀더 구체적으로 브랜드 자산을 정의하는 방법은 무엇인가?

❷ 브랜드 자산의 원천을 브랜드 지식이라 하는데, 이러한 브랜드 지식의 개념은 무엇이며, 이들 지식은 소비자의 기억 속에 어떤 형태로 존재하는가?

❸ 브랜드 지식은 브랜드 인지와 브랜드 이미지로 구성되어 있다. 이들은 어떤 특징을 이루고 있는가?

제1절 브랜드 자산의 개념

브랜드 자산의 정의에 대해 종종 논란의 요소가 있고 브랜드 자산이라는 용어와 브랜드 이미지가 종종 뒤섞여 사용됨에 따라 여기에서는 이와 관련하여 명확한 구분을 짓고자 한다.

브랜드 자산은 브랜드의 제품이나 설비와 관련된 물리적 자산을 능가하는 브랜드의 가치(value)와 관련된 개념이다. 브랜드 이미지(brand image)는 마케터와 광고 전문가들에 의해 만들어진 개념인 반면 브랜드 자산은 재무적 관점에서 재무 컨설턴트들에 의해 개발된 개념이다.

브랜드 자산은 제품, 서비스를 브랜드화(化) 시킴으로써 얻어지는 추가적인 현금흐름(감가상각비를 가산한 순이익)으로 볼 수도 있다. 브랜드가 구축된 경우에는 그 브랜드를 개발하는데 드는 비용 이상의 프리미엄을 구사할 수 있는 미래의 이익을 기대할 수 있다. 이와 관련하여 동일 제품이나 서비스가 브랜드화되지 않은 경우와 비교하여 브랜드화된 제품이나 서비스에 소비자들이 지불하고자 하는 프리미엄(premium)으로써 브랜드 자산을 생각하는 것 또한 유용하다. 따라서 보다 강한 브랜드(stronger brands)는 약한 브랜드(weaker brands)보다 더 많은 자산을 지니게 된다.

브랜드 자산을 기업의 회계장부에 포함시킬 것인지에 관한 논쟁이 아직까지 해결되지 않았지만, 이러한 이슈들로 인해 브랜드 가치(brand values)의 경제적 측면에 주의를 기울이는 효과를 가져왔다.

이러한 브랜드 자산에 대한 정의들을 종합해 보면 다음과 같은 두 가지의 특징으로 요약하여 설명할 수가 있다: 브랜드 자산은 수익성을 높여준다. 브랜드 자산은 기업의 총체적 자산에 기여한다.

1. 브랜드 자산은 수익성을 높여준다

브랜드 자산은 고객이 브랜드를 알고 있기 때문에 제품이나 서비스에 대한 고객의 반응에 영향을 주는 긍정적이고 차별적인 효과이다. 브랜드 자산이 높은 경우 기업의 수익성을 높여준다. 어떤 제품군에서도 동일한 사양의 상품에 대해서 실제 가격조사를 해보면, 브랜드력이 강한 것만큼 높은 가격으로 판매되고 있는 경향이 관찰될 수 있다. 시장가격은 여러 요인에 의해 결정되는데, 예외 없이 100% 다 맞는 규칙은 아니지만 제품시장뿐만이 아니고 서비스 등에서도 일반적으로 나타나는 경향을 볼 수 있다. 브랜드력이 강하면 시장의 중심가격보다 높은 가격으로 판매되는 것을 가격 프리미엄(price premium)이 만들어진다고 한다.

이처럼 가격 우위 또는 시장점유율 우위에 반영되어 경쟁사 제품보다 그 회사의 제품을 구매하게끔 소비자를 확신시키는 브랜드 파워가 바로 브랜드 자산이다. 이는 실제적으로 수요를 변화시킬 수 있는 브랜드 능력의 표현이라 할 수 있다.

〈그림 3-1〉은 브랜드 자산을 양적인 경쟁우위로 나타낼 수 있는 방법에 대한 하나의 보기라고 할 수 있다. 이 그림은 두 가지 수요곡선을 나타내고 있다:

그림 3-1 브랜드 자산은 수요곡선을 이동시킨다

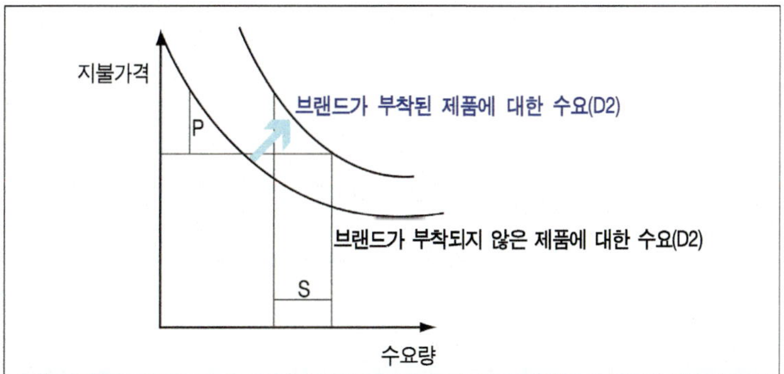

모든 조건이 동일하다면 브랜드는 차별화의 기회를 제공하며 이를 통하여 수요곡선을 이동시켜 보다 큰 시장점유율을 획득하게 함

자료 : Eric L. Almoquist, Ian H. Turvill & Kenneth J. Roberts (1998), Combining Economic and Image Analysis for Breakthrough Brand Management, Journal of Brand Management(March).

첫 번째 것은 브랜드 네임이 부착되지 않은 제품이고, 다른 하나는 같은 제품이지만 브랜드를 부착했을 때의 것이다. 이 두 곡선 사이의 거리는—즉, 지불가격과 수요량에 있어서의 변동—브랜드의 영향력을 나타낸다.

〈그림 3-1〉에서처럼 모든 조건이 동일하다면 브랜드는 차별화의 기회를 제공하며, 이를 통하여 수요곡선을 이동시켜 보다 높은 시장점유율을 달성하게 한다. 즉 브랜드화되지 않은 제품에 대한 수요곡선(D1)과 브랜드화된 제품의 수요곡선(D2)이 있다면 브랜드화된 제품은 수요곡선을 이동시켜 보다 높은 가격, 또는 시장점유율을 확보하게 된다. 이것이 브랜드가 부착되지 않은 제품과 브랜드가 부착된 제품과의 차이라 할 수 있다.

2. 브랜드 자산은 기업의 총체적 자산에 기여한다

앞에서 설명한 기업의 수익성 효과는 또한 기업의 여러 측면에서 브랜드력의 이익을 발생시킨다. 예를 들면, 브랜드는 그 자체로 판매될 수 있는 일종의 자산성을 지니고 있다. M&A 등에서 브랜드와 기업이 판매되는 경우, 그 판매가격에는 브랜드 가격이 상당액 반영되어 있는 예가 있다.

따라서 브랜드 자산의 가치 평가를 통하여 브랜드의 재무적 가치를 측정할

표 3-1 브랜드 가치평가(인터 브랜드)

순위	2006		2005	2004	2003	2002	2001
1	COCA-COLA	67,000	COCA-COLA	COCA-COLA	COCA-COLA	COCA-COLA	COCA-COLA
2	MICROSOFT	56,926	MICROSOFT	MICROSOFT	MICROSOFT	MICROSOFT	MICROSOFT
3	IBM	56,201	IBM	IBM	IBM	IBM	IBM
4	GE	48,907	GE	GE	GE	GE	GE
5	INTEL	32,319	INTEL	INTEL	INTEL	INTEL	INTEL
6	NOKIA	30,131	NOKIA	NOKIA	NOKIA	NOKIA	NOKIA
7	TOYOTA	27,941	DISNEY	McDONALD'S	DISNEY	DISNEY	DISNEY
8	DISNEY	27,848	McDONALD'S	NOKIA	McDONALD'S	McDONALD'S	FORD
9	McDONALD'S	27,501	TOYOTA	TOYOTA	MARLBORO	MARLBORO	McDONALD'S
10	MERCEDES-BENZ	21,795	MERCEDES-BENZ	MARLBORO	MERCEDES-BENZ	MERCEDES-BENZ	AT&T
	SAMSUNG(20)	16,169	SAMSUNG(20)	SAMSUNG(21)	SAMSUNG(26)	SAMSUNG(34)	SAMSUNG(42)

금액 단위 : 억/$

그림 3-2 기업 가치를 창조하는 요인들의 변화

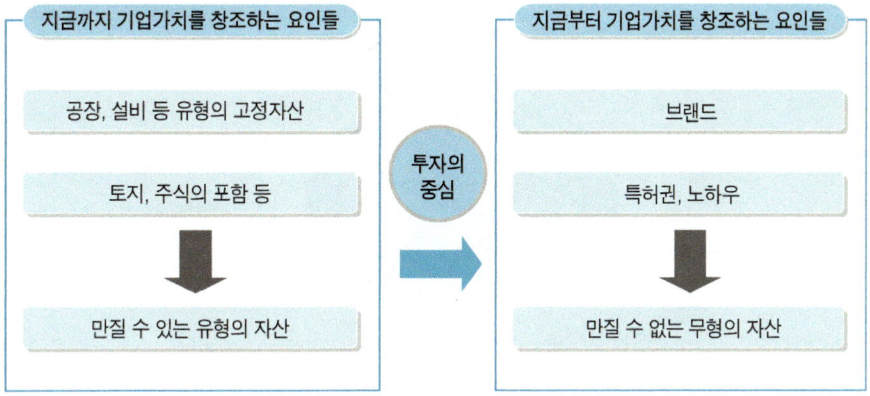

수 있는데, 인터 브랜드사는 매년 각 기업의 브랜드 자산을 평가하여 발표하고 있다. 이러한 브랜드 자산의 가치평가에 의하면 코카콜라 브랜드의 현금 가치는 연간 매출액의 두 배 이상인 약 70조 원에 달하고 있다. 코카콜라 대열에 낄 수 있는 기업들은 별로 많지 않지만 모든 브랜드들은 잠재적인 브랜드 자산을 가지고 있다(표 3-1).

브랜드는 기업이 가지고 있는 어떤 제품이나 시설보다도 더욱 오래 지속된다는 점에서 기업의 주요한 자산 중 하나가 되었다. 이제 기업 가치를 창조하는 요인들이 변화하고 있다. 과거에는 유형의 자산(공장, 설비, 토지, 주식 등)이 기업의 가치를 창조하는 주된 요인이었지만, 이제는 눈으로 볼 수 없는 무형의 자산(브랜드, 특허권, 노하우 등)이 기업의 가치를 창조하는 주된 요인이 되었다(그림 3-2).

따라서 기업의 총체적 자산은 그들이 소유하고 있는 유형자산과 무형자산으로 구성되어 있다. 이에 대한 사실들을 예로 들어보면, IMF 이후 글로벌 기업들이 한국 기업을 취득하는 사례가 많아졌다. 질레트도 지난 1998년 9월 로케트전기와 계약을 맺었다. 로케트전기가 한국 내 브랜드권과 영업권 일부를 7년간 질레트에게 임대하는 조건이다. 그 대가로 815억 원이 지불되었는데, 이중 660억 원이 '로케트'의 브랜드 가치로 인정한 것이다.

이처럼 기업의 총체적 가치를 증대시키는 방법은 무형의 자산인 브랜드 자산을 극대화하는 것이다. 〈그림 3-3〉에서는 브랜드가 기업의 총자산에 기여하는 브랜드 공헌(brand contribution)의 개념을 보여주고 있다. 코카콜라, 스타벅스,

그림 3-3 브랜드는 기업의 총 자산에 기여

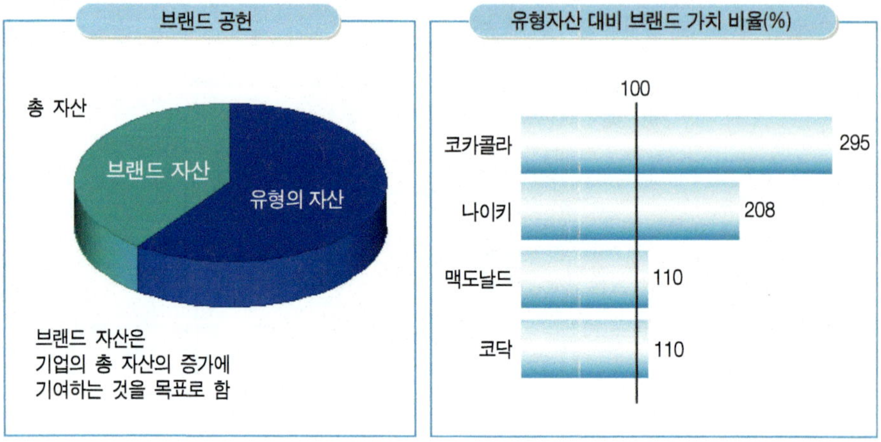

자료 : Fortune, August 3, 1998.

나이키와 같은 브랜드들이 브랜드 공헌을 하고 있는 좋은 예이다. 스타벅스는 세계에서 가장 큰 커피 생산업체는 아니다. 하지만 스타벅스 브랜드가 어느 커피 브랜드보다 총체적인 기업 자산(corporate equity)에 크게 기여하고 있다는 점은 논쟁의 여지가 없다.

제2절 브랜드 지식

그러면 앞에서 살펴본 바와 같이, 수요곡선을 이동시키는 브랜드 자산의 힘은 어디에서 나오는가? 브랜드 가치는 기업의 금고에 보관되어 있는 것이 아니라 소비자의 기억 속에 존재하고 있는 것이다. 아무리 세련된 브랜드라도 소비자가 그것을 모르고 또한 그것을 원하지 않는다면 무의미하다고 할 수 있다. 즉, 브랜드 자산은 절대적으로 소비자의 말과 행동에서 온다는 점이다. 소비자는 그들이 중요하게 여기는 것에 근거해서 구매를 결정한다. 그러므로 브랜드 자산에 대한 접근은 브랜드 자산의 원천으로써, 소비자의 기억 속에 있는 암묵적이든 명백하든 간에 브랜드 지식에 의존하고 있다.

기업은 브랜드 자산을 직접적으로 관리할 수가 없다. 기업은 고객의 마음속에 존재하는 브랜드 지식, 즉 브랜드 의미를 관리함으로써 브랜드 자산을 관리할 수가 있는 것이다. 따라서 브랜드 자산관리를 위해서 고객의 마음속에 존재하는 브랜드 지식에 대한 충분한 이해를 필요로 한다. 다음에서는 켈러 교수가 제창한 브랜드 지식에 대해 살펴보기로 한다.[16)]

1. 켈러의 고객에 기초한 브랜드 자산: 브랜드 지식

켈러(1993)는 소비자 심리학의 연구를 기초로 고객의 마음속에 형성되는 브랜드 지식을 정교화하여 고객에 기초한 브랜드 자산 개념을 제창했다. 켈러는 브랜드 자산의 원천이 브랜드 인지와 브랜드 연상으로부터 만들어지는 브랜드 지식에

16) Kevin Lane Keller (1993), Conceptualizing, Measuring, and Managing Customer-Based Brand Equity, Journal of Marketing, 57(January), pp.35-50.

그림 3-4 브랜드 지식

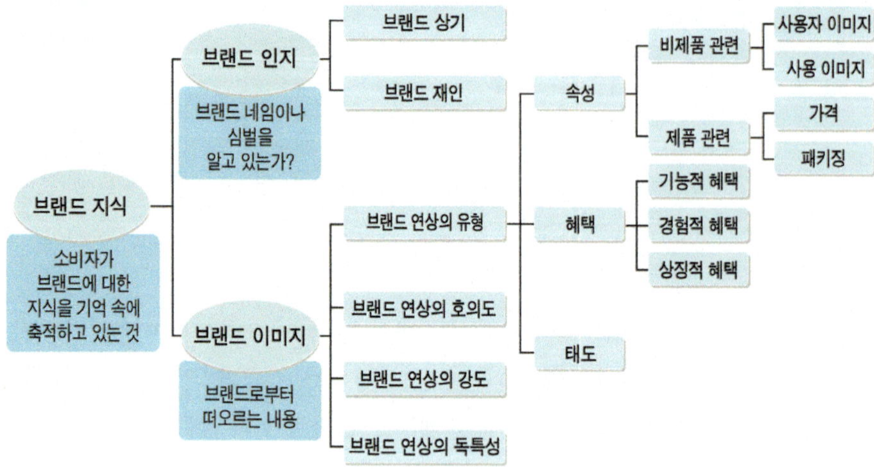

있다고 생각하여 차원간의 관계성을 체계화했다(그림 3-4).

고객에 기초한 브랜드 자산은 "어떤 브랜드의 마케팅에 대한 효과는 소비자가 지니고 있는 브랜드 지식에 의해 차이가 나는 것"으로 정의되고 있다. 바꾸어 말하면 브랜드 네임이 알려지지 않은 경우와 비교해서, 브랜드 네임이 알려져 있는 경우에 명백하게 좋아하는 반응을 소비자가 나타낸다면 그 브랜드는 높은 브랜드 자산을 지니고 있다고 말할 수 있다.

예를 들면(그림 3-5), 청량음료의 브랜드 자산을 측정하는 경우에는 블라인드

그림 3-5 고객에 기초한 브랜드 자산

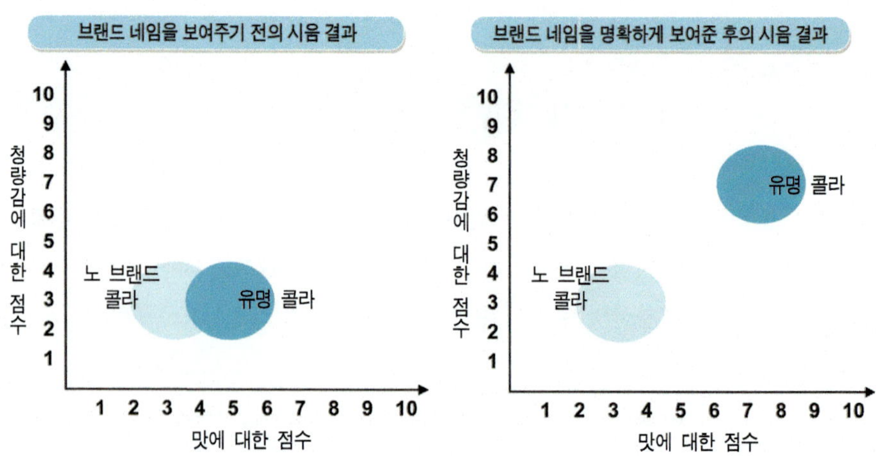

브랜드 심리학 4

펩시냐 코카냐… 맛은 혀 아닌 눈으로 먼저 느낀다

소비자에 기초한 브랜드 자산은 브랜드에 대한 소비자 반응의 차이로 표현되는데 이러한 사실들은 뇌 연구를 통해서(미국 베일러 의대의 리드 몬태규, 새뮤얼 매클루어 박사 연구팀이 신경과학 전문지인 '뉴런'에 발표한 논문) 이에 대한 답을 제시했다.

펩시냐 코카냐… 맛은 혀 아닌 눈으로 먼저 느낀다!!

당신은 코카콜라와 펩시콜라 중 어느 쪽을 더 좋아하는가? 사람들은 각각의 콜라가 지닌 맛의 차이를 들어 어느 브랜드를 좋아하는지 설명할 것이다. 그러나 당신은 거짓말을 하고 있다. 콜라의 선호도는 입맛과는 아무런 상관이 없다. 다만 당신의 뇌가 특정 브랜드를 선호하고 있을 뿐이다.

코카콜라와 펩시콜라는 맛이나 화학성분에 있어 거의 동일한 것으로 알려져 있다. 그럼에도 사람들은 특정 콜라만 선호하는 경향이 있다.

눈 가리면 선호도 차이 없어…

연구팀은 우선 67명의 자원자를 대상으로 어떤 콜라를 좋아하는지 설문조사를 한 다음, 상표를 보여주지 않은 채 맛을 봐 어느 한쪽을 선택하게 했다. 그 결과 사람들이 설문조사에서 좋아한다고 밝힌 콜라의 종류와 실제로 더 맛있다고 선택한 것이 일치하지 않는 경우가 절반가량이었다. 연구팀에 따르면 이는 이전의 연구결과들과 일치하는 것으로 사람들이 반드시 순수한 맛 경험에만 기초해 콜라를 선택하지 않는다는 것을 보여준다.

다음에는 기능성 자기공명영상장치(fMRI)로 맛을 보면서 어느 한 브랜드를 선택할 때 뇌의 어떤 영역이 활성화되는지를 조사했다. 특정 지역의 뇌 세포들이 흥분하면 에너지원인 산소가 필요하게 돼 그곳으로 혈액이 공급되는데, fMRI는 이러한 혈액 공급정도를 측정해 뇌의 활성정도를 추정하는 도구이다. 실험 결과 사람들이 더 맛있다고 느낄 때는 뇌의 좌·우반구 사이의 앞쪽에 자리한 배안쪽 이마앞피질(ventromedial prefrontal cortex)이 더 강하게 흥분했다. 연구팀은 "뇌의 이 부위는 좋아하는 맛을 느낄 때 활성화되는 영역"이라고 설명했다.

상표를 보이면 선택 달라져…

두 번째 실험은 두 잔의 콜라 가운데 한 잔에만 특정 상표를 붙이고 실시되었다. 상표가 붙지 않은 잔에 든 것이 무엇인지는 알려주지 않았다. 만약 코카콜라 상표가 한쪽에 붙어 있을 때 코카콜라를 좋아하는 사람은 당연히 그쪽을 선택하게 될 것이고, 펩시콜라를 좋아한다면 상표가 붙지 않은 쪽을 선택할 것으로 예상할 수 있다.

그런데 실험 결과 놀랍게도 펩시콜라보다는 코카콜라쪽 상표를 선택하는 비율이 훨씬 높은 것으로 나왔다. 즉, 코카콜라의 브랜드 파워가 더 강했던 것이다. 연구팀은 이번에도 fMRI 촬영을 했는데, 대뇌 위쪽 · 앞쪽에 자리한 등쪽 이마앞피질(dorsolateral prefrontal cortex)과 해마(hippocampus)가 흥분한 것으로 드러났다. 흥미롭게도 앞서 활성화된 배안쪽 이마앞피질은 전혀 움직임이 없었다.

등쪽 이마앞피질은 정서적인 정보에 따라 어떤 행동을 선택하게 만드는 기능과 관련돼 있으며, 해마는 기억 · 학습과 관련된 영역이라는 것이 이제까지 과학자들의 연구를 통해 알려져 있다. 연구팀은 "코카콜라 상표를 보면 뇌는 자신에게 호감을 준 광고와 마케팅과 같은 정보를 되살려 그쪽을 선택하는 행동을 이끌어 내는 것"이라고 설명했다. 즉 콜라는 '맛'이 아니라 '브랜드'에 따라 선호도가 달라지는 것이다.

소비자의 뇌를 읽는다

몬태규 박사의 콜라 선호도 연구는 이미 논문 출판 전부터 '포브스'를 비롯한 경제 전문지들에 잇따라 소개됐을 정도로 화제가 됐다. 광고나 마케팅이 사람의 행동에 영향을 미친다는 것은 잘 알려져 있었지만, 실제로 뇌 차원에서 어떤 변화가 있는지는 처음으로 밝혀졌기 때문이다.

최근 이처럼 사람의 경제행위를 뇌를 통해 분석하는 '신경경제학(neuroeconomics)'이 새로운 학문분야로 떠오르고 있다. 신경경제학은 나중의 더 큰 이익보다는 당장의 작은 이익을 좇고, 자신이 손해를 보면서도 약속을 어긴 사람들을 징벌하는 이타적 행동에서부터 스포츠카나 특정 브랜드를 선호하는 소비자의 행동까지, 경제학 이론으로는 이해하기 힘든 경제행위들을 원숭이 실험이나 이번과 같은 fMRI 연구를 통해 규명하고 있다. 지난해에는 fMRI로 신경경제학 연구만 전적으로 하는 기업이 미국에 세워지기도 했다. 국내에서도 명품과 대중용품의 브랜드 효과 등 신경경제학 연구 결과들이 조금씩 나오고 있다. 소비자의 '뇌'를 읽기 위한 경쟁이 시작된 것이다.

▌자료 : 조선일보, 2004년 11월 2일자 인용

테스트(blind test)라는 방법을 이용할 수 있다. 먼저 피실험자에게 라벨(label)이 없는 외견상 완전히 똑같은 컵에 넣은 두 종류의 콜라를 실험하였다(하나는 유명 브랜드 콜라, 다른 하나는 브랜드가 없는 콜라가 각각 들어 있다.). 시음을 한 피실험자에게 느낀 점을 묻는다. 다음에 통상의 라벨이 붙어 있는 병에 두 종류의 콜라를 마셔보고 느낀 점을 묻는다. 눈을 가린 최초의 실험에 비해 브랜드를 알고 있는 두 번째의 실험은 유명 브랜드에 대해 평가가 훨씬 높다는 것이 잘 관찰된다. 그래서 이와 같이 높게 평가된 병은 유명한 브랜드의 콜라가 지니고 있는 브랜드 가치라고 생각할 수 있다.

이러한 사실들은 최근 뇌 연구를 통해서도 확인되고 있다. 기능성자기공명장치(fMRI) 연구를 통해 브랜드에 대한 소비자 반응의 차이를 규명해 내고 있다(브랜드 심리학 4).

2. 브랜드 지식이 소비자의 기억 속에 어떻게 존재하는가

브랜드 지식이 소비자의 기억 속에 존재하는 형태를 규명하는데 연상망 기억(associative network memory) 모델을 들 수가 있다. 기억 속에 저장된 정보 또는 지식은 네트워크 조직(network organization)을 가진다.

1 연상망 기억모델

연상망 기억모델[17](Anderson 1983; Wyer and Srull 1986)에서는 소비자가 특정 정보에 노출될 때, 그 정보는 이미 기억 속에 저장된 다른 개념들과 연상관계(association)를 형성하며 이러한 연상관계를 저장한다고 보고 있다. 여기서 관련 정보들 간의 연상관계는 마디(node: 저장된 정보, 개념)와 연결고리(link: 연상 강도)로 구성되어 있다고 본다. 따라서 네트워크 모델에서는 어떤 제품정보를 새로이 이해한다는 것은 곧 관련 마디들 간에 새로운 연상관계를 형성하는 과정으로 간주한다. 유입된 정보와 관련된 개념을 마디라고 하고, 개념들 간의

17) 이학식 · 안광호 · 하영원 (2006), 소비자 행동: 마케팅 전략적 접근, 법문사(4판), pp.199-201.
Krishnan H.S. (1996), "Characteristics of Memory Associations: A Consumer-Based Brand Equity Perspective," International Journal of Research in Marketing, 13, pp.389-405.

상호 연결관계를 연결고리라고 부른다. 특정의 마디가 다른 관련 마디들과 관련이 높을수록, 개념들 간의 연결관계가 강하게 된다.

소비자가 단기기억 속에 유입된 새로운 정보를 처리하기 위해서는 장기기억으로부터 관련 정보들이 활성화되어 이용 가능해야 한다. 여기서 마디(개념)들은 서로 그물처럼 연결되어 있으므로 하나의 마디(개념)가 먼저 활성화(activation)되면 활성화된 마디(개념)는 그와 연결된 다른 마디(개념)들을 연속적으로 활성화시켜 단기기억 속에서 새로운 정보를 처리하는데 이용할 수 있다.

이와 같이 네트워크로 연결된 관련 정보들 간의 활성화 과정을 활성화의 확산(spread of activation)이라고 한다. 활성화의 확산은 강하게 연결된 개념들 사이에는 거의 무의식적으로 짧은 순간에 이루어지지만 그렇지 않은 경우에는 상당한 시간과 인지적 노력이 요구된다.

〈그림 3-6〉은 장기기억 속에 저장된 정보의 네트워크 조직의 메커니즘을 보여주고 있다. 〈그림 3-6〉은 어떤 소비자의 장기기억 구조를 나타내고 있는데, 그 소비자가 지금 운동화를 구매하고 싶은 상태에 있다고 하자. 그 소비자는 이러한 상황에서의 다양한 과거경험을 가지고 있기 때문에 '운동화'라는 마디와 관련된 마디들이 연결고리를 통해 상호 연결되어 있다. 그 소비자가 운동화를 구매하고자 할 때 어떤 선택대안이 먼저 떠오르는가에 의해 마디(개념)들이 결정된다. 즉, 장기기억 속의 어떤 마디(개념)가 먼저 활성화되어 단기기억 속에 유입되면 이와 관련된 다른 마디(개념)들이 연결고리를 통해 연쇄적으로 활성화되어 특정 대안을 선택하게 된다.

그림 3-6 나이키의 연상 네트워크

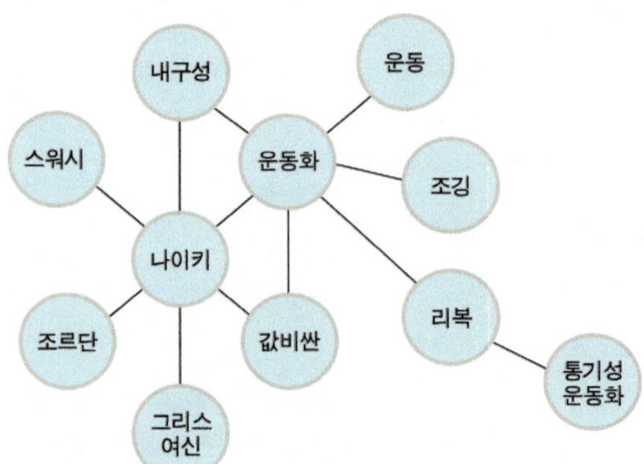

② 브랜드 지식의 다차원성

이와 같이 소비자의 장기기억 속에서 네트워크로 연결된 마디(개념)에는 여러 유형의 정보가 저장될 수 있다. 이러한 여러 형태의 정보가 브랜드와 연결되어 있다는 점에서 브랜드 지식은 다차원성을 가진다.[18)]

브랜딩에 있어서 오랫동안 다양한 연구로부터 확인된 사실은 여러 형태의 정보가 브랜드와 연결되어 있다는 점이다. 이러한 정보들은 다음과 같다.

- **인지** : 범주의 확인
- **속성** : 내적으로 혹은 외적으로 브랜드화된 제품을 특징져주는 기술적인 특징들(제품 성능과 혹은 브랜드 개성들과 관련된 특징들)
- **혜택** : 소비자가 브랜드화 된 제품의 속성에 부여하는 개인적 가치와 의미(브랜드의 구매 혹은 소비로부터 얻어지는 기능적, 상징적, 경험적 결과)
- **이미지** : 성격에 있어 구체적 혹은 추상적인 시각적 정보(심상)
- **생각** : 브랜드와 관련된 정보에 관한 개인의 인지 반응
- **감성** : 브랜드와 관련된 정보에 관한 개인의 감정 반응
- **경험** : 구매와 소비행동 그리고 브랜드와 관련된 에피소드

넓게는 이러한 여러 종류의 정보는 브랜드 지식의 핵심차원으로 볼 수 있다. 이러한 브랜드 지식의 차원들은 브랜드 지식의 내용 그 자체, 즉 추상성, 유의성, 강도, 독특성 등에 있어서 다양하다.

이와 같은 특징을 가지고 있는 브랜드 지식의 다차원성을 세계적인 광고 에이전시 오길비앤드마더의 회장이자 브랜딩 전문가로서 명성을 떨치고 있는 셸리 라자러스가 한 말을 인용해 보면 쉽게 이해가 될 수 있을 것이다.

> "브랜드는 복잡한 것이므로 하나의 슬로건으로 브랜드를 요약할 수 없다. 브랜드가 강력한 파워를 가진 것은 그 복잡성 때문이다. 당신이 브랜드 네임을 보면 머릿속에 떠오르는 생각들뿐만 아니라 감정적으로 떠오르는 느낌들이 있을 것이다. 때문에 소비자가 회사의 제품을 사용하면서 가지고 있는 기억과 느낌들은 브랜드에 있어 중요하다. 이를 간단히 요약하기는 힘들다. 하나의

---

18) Kevin Lane Keller (2003), "Brand Synthesis: The Multidimensionality of Brand Knowledge," Journal of Consumer Research, 29(March), pp.595-600.

브랜드를 보면 하나의 이미지가 생각나지 않고 수십 가지의 이미지를 떠올린다. 훌륭한 브랜드들은 이 같은 복합성을 지니고 있다."

제3절 브랜드 지식의 구성요소(1): 브랜드 인지

브랜드 지식은 브랜드 인지(브랜드 네임이나 심벌을 알고 있는가?)와 브랜드 연상(브랜드로부터 떠오르는 내용)으로 구성되어 있다. 먼저, 이번 절에서는 브랜드 구축의 출발점이 되는 브랜드 인지에 대해 살펴보기로 한다.

1. 브랜드 인지의 유형

브랜드 인지란 잠재 소비자가 해당 제품 카테고리에 속한 특정 브랜드를 재인 또는 상기할 수 있는 능력을 말한다. 한마디로 말해 브랜드 인지는 소비자가 특정 브랜드를 얼마나 알고 있느냐를 판단하는 지표로써의 기능을 하는데, 브랜드 인지는 브랜드를 해당 제품의 카테고리와 연결시키는 것이다. 소비자들이

그림 3-7 브랜드 인지 피라미드

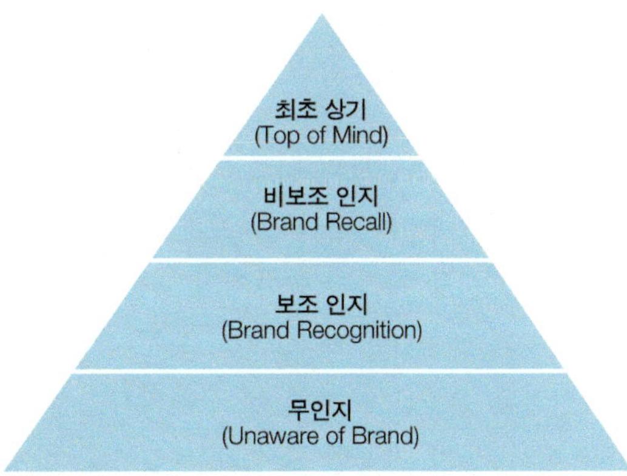

자료 : David A. Aaker (1991), Managing Brand Equity: Capitalizing on the Value of a Brand Name. The Free Press. p.62.

적절한 구매상황에서 브랜드를 기억에 되살릴 수 없을 때, 재인(보조 인지)과 상기(비보조 인지)의 이점은 크게 줄어든다. 브랜드 인지는 다음과 같이 4가지의 다른 수준들을 가정할 수 있다(그림 3-7).

❶ 브랜드의 무인지 단계로써 특정 브랜드를 들어본 적도 없고, 존재에 대해 인식도 못하기 때문에 관심도 전혀 없는 상태를 말한다.

❷ 수동적 인지(보조 인지) 단계로써 어떤 제품군 내의 여러 브랜드들이 제시되었을 때, 특정 브랜드를 제품 카테고리의 구성원으로 확인하는 소비자의 능력이다. 이것이 브랜드 인지의 최소한의 수준임에도 불구하고, 그것은 특히 브랜드 선택이 판매시점에서 결정되는 낮은 관여도를 나타내는 구매 상황에서 여전히 차이점을 만들 수 있다.

❸ 능동적 인지(비보조 인지) 단계로 여러 브랜드를 미리 보여주지 않고서도 특정 제품군의 특정 브랜드를 말할 수 있는 수준의 인식단계를 말한다. 즉, 브랜드를 제시하지 않아도 소비자들이 브랜드를 제품 카테고리의 구성원으로 말할 수 있는 상황을 말한다. 이 수준에서의 소비자는 특정 브랜드에 대하여 확실히 들어봤으며, 어느 정도의 경험을 통해 나름대로의 가치를 인식하고 있는 수준이라고 할 수 있다.

예를 들어, '아침식사의 시리얼 식품'이라는 "켈로그"와 같은 경우, 특정 제품이나 카테고리와 일치되어 떠오르는 브랜드가 있다. 단서로써 어떤 제품 카테고리가 제공될 때, 특정 브랜드가 떠오른다. 이것을 브랜드의 비보조 인지(또는 브랜드 상기)라 한다.

브랜드에는 상기되기 쉬운 브랜드와 그렇지 않은 것이 있다. 특정의 제품 카테고리가 제시되었을 때, 브랜드를 떠올리는 사람의 비율이 그 브랜드의 비보조 인지율이다.

일반적으로 브랜드의 비보조 인지율은 높은 쪽이 좋은 것으로 간주된다. 비보조 인지율이 높아지면 해당 브랜드가 상기 집합(구매자가 상기하는 브랜드의 집합)에 포함될 확률이 높아지기 때문이다. 소비자가 제품이나 서비스를 구매할 때, 판매되는 동일한 카테고리의 모든 상품을 검토하는 것은 아니다. 특히 소비자가 진열된 상품을 보기 전에 구매의사결정이 되어 있는 경우에 선택대상은 그 장소에서 상기 가능한 소수의 브랜드로 한정된다.

❹ 최초 상기 단계로써 이는 브랜드 비보조 인지 중에서 제일 먼저 상기된

브랜드를 가리킨다. 경쟁 브랜드 속에서 소비자의 마음속에 특별한 위치를 차지하고 있는 수준이고, 보통 1위 내지는 적어도 2위 브랜드를 소비자는 최초로 상기한다.

P&G 같은 선도적인 마케터들은 주요 소비자들이 비보조 상기 조사에서 브랜드를 첫 번째로 인식하는 '최초 상기(top of mind)'의 지위를 점하기 위해 노력한다. 최초 상기는 지배적인 브랜드들만이 소비자에게 회상되는 브랜드가 된다. 지배적인 브랜드를 가지는 것은 최고로 강력한 경쟁우위를 제공한다. 왜냐하면 많은 구매상황에서 어떤 다른 브랜드도 고려될 수 없기 때문이다.

2. 브랜드 인지의 중요성

높은 브랜드 인지는 구매시점에서 그 브랜드를 선택대안의 하나로 고려하는데 기여한다. 사실 기업은 자사 브랜드에 대한 태도를 변화시키지 않고, 단지 브랜드 인지만의 변화를 통해 브랜드의 선택확률을 증가시킬 수 있다.[19]

강력한 브랜드 자산이 갖는 특성의 하나는 높은 브랜드 인지로써, 소비자가 구매시점에서 여러 경쟁 브랜드들 가운데 특정 브랜드를 쉽게 인지하거나, 기억 속에서 그 브랜드를 먼저 회상할 수 있으면 그 브랜드는 강력한 브랜드 자산을 갖고 있다고 할 수 있다. 높은 수준의 브랜드 인지를 창출함으로써 얻을 수 있는 이점은 다음과 같다.

1 구매고려대상의 이점(consideration advantage)

브랜드 인지는 시장에서 판매시점에 있어 초기 결정적인 구매요인으로 작용하게 된다. 소비자들이 어떤 제품 범주에 대해 생각할 때 특정 브랜드를 떠올리게 하는 것이 중요한데, 브랜드 인지의 증가는 해당 브랜드가 이러한 구매고려군에 포함될 가능성을 높여준다(브랜드 심리학 5). 소비자들은 일반적으로 구매시 몇 개의 브랜드만을 고려하기 때문에, 특정 브랜드를 구매고려군에 포함시킨다는 것은 경쟁관계에 있는 다른 브랜드들이 고려되거나 회상될 가능성이 그만

19) Nedungadi P. (1990), "Recall and Consumer Consideration Sets: Influencing Choice without Altering Brand Evaluations," Journal of Consumer Research, 17(3), pp.263-276.

큼 줄어든다는 것을 뜻한다.

특히, 특정 브랜드를 들어본 적이 없거나, 들어보았지만 그 브랜드에 대해서 잘 모르거나, 경쟁 브랜드와의 차별점을 정확하게 인식하지 못하는 경우 구매대상 우선순위에서 밀려나게 된다. 브랜드 인지는 소비자가 실제로 특정 브랜드를 구매할 수 있도록 만들어 주는 가장 기본적인 연결고리가 된다.

② 선택의 이점(choice advantage)

브랜드 인지는 구매 고려군 내에서 발생하는 소비자들의 브랜드 선택에 영향을 미친다. 소비자들은 어떠한 경우에는 단지 보다 친숙한 브랜드를 구매하는 의사결정방식을 따르는 것으로 나타났다. 따라서 저관여 의사결정 상황에서는 비록 브랜드에 대한 잘 형성된 태도가 없다하더라도, 최소한의 브랜드 인지만으로 그 브랜드가 선택될 수 있기 때문에 브랜드 인지는 중요하다. 태도변화와 설득에 대한 대표적인 모델 즉, 정교화 가능성 모델[20]은 소비자들이 저관여 상황에서 브랜드 인지와 관련된 고려사항들을 근거로 어떤 선택을 할 수 있다는 개념과 일치한다(그림 3-8).

저관여 현상은 소비자들의 구매동기나 구매능력이 부족할 때 즉, 소비자들이 그 재화나 서비스에 관심이 없을 때나 소비자들이 한 카테고리 안에 있는 브랜드에 대한 지식이나 경험을 가지고 있지 않을 때 생긴다.

그림 3-8 정교화 가능성 모델

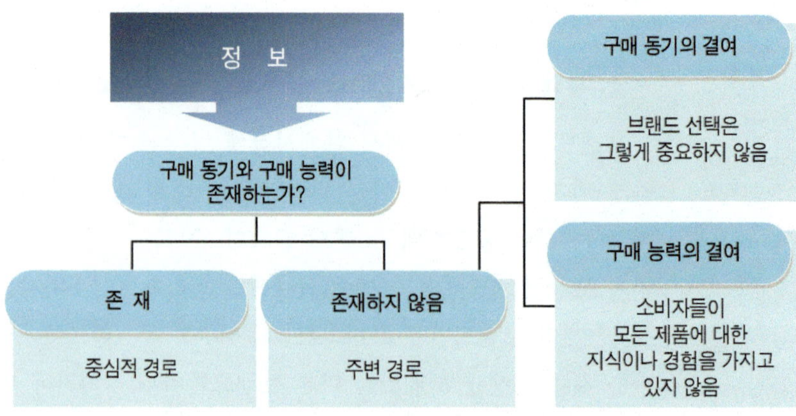

20) Richard E. Petty, John T. Cacioppo (1981), Attitudes and Persuasion: Classic and Contemporary Approaches, Dubuque, Iowa: Wm. C. Brown.

③ 브랜드 연상의 형성과 강도에 영향

브랜드 인지는 브랜드 이미지를 구성하는 브랜드 연상의 형성과 강도에 영향을 미치기 때문에 중요하다. 브랜드 이미지의 필요조건은 소비자의 기억 속에 브랜드 마디(node)가 형성되어 있어야 한다는 것이며, 그 브랜드 마디는 성격상 서로 다른 종류의 정보가 연상으로써 기억 속에 있는 그 브랜드에 얼마나 쉽게 연결될 수 있는가 하는 문제에 영향을 미쳐야 한다.

이처럼 브랜드 인지는 제품 이미지를 연결(link)해 주는 연상매체로써의 역할을 한다. 브랜드 네임은 소비자의 마음속에 있는 특별한 파일 홀더와 같아서 그 브랜드 네임이 연상시키는 사실과 느낌으로 가득 차 있다.[21] 이러한 파일 홀더가 없다면 어떤 브랜드 네임에 대한 사실이나 느낌 등이 소비자의 마음속 일정한 곳에 정리되지 않기 때문에 그 브랜드에 대한 정보가 필요할 때 쉽게 접근할 수가 없다. 맥도날드 브랜드 네임과 관련된 연상 이미지가 서로 어떻게 연결되어 있을까? 맥도날드라는 브랜드 네임은 소비자의 기억 속에서 황금빛 아치모양과 청결과 효율성, 로널드 맥도날드, 아이들, 재미, 빅맥(Big Mac) 등의 연상과 연결되어 있다. 이 연결의 강도는 약할 수도 있고 강할 수도 있다. 또 로널드 맥도날드와 아이들을 있는 연결고리처럼 연상 이미지들 사이에서도 연결고리가 존재한다.

물론 신제품이나 새로운 서비스를 출시할 경우 기업은 브랜드 인지의 획득에 특별한 관심을 기울인다. 실제로 브랜드 인지 없이 구매결정을 내리는 경우는 드물고, 신제품의 성공을 예측하기 위한 방법들이 브랜드 인지를 중요한 변수로 다루고 있다. 더욱이 소비자가 신제품의 브랜드 네임을 인식하지 않은 상태에서 그 제품이 주는 편익이나 특징을 파악하기 어렵다. 그래서 브랜드 네임의 인지도가 어느 정도 구축된 후 브랜드 네임에 제품의 특징 같은 새로운 연상 이미지를 연결시켜야 한다.

지금까지 설명한 내용을 요약하면, 브랜드 인지는 브랜드의 대 소비자 마케팅 커뮤니케이션 활동으로 인한 최초의 소비자 반응이자 최종적으로 구매로 연결되기 위해 반드시 넘어야 할 관문이라 할 수 있다.

---

21) David A. Aaker (1991), Managing Brand Equity: Capitalizing on the Value of a Brand Name, The Free Press, pp.63-64.

브랜드 심리학 5

상기상표군과 고려상표군

소비자가 내적 탐색을 할 때 기존에 알고 있던 상표들 중 일부는 회상되고 일부는 회상되지 않는데 이들 중 일부 회상되는 상표군을 상기상표군(evoked set)이라고 한다. 그리 중요치 않은 의사결정이거나 환기상표군 속에 바로 구매할 정도로 만족스러운 상표가 있으면 곧바로 구매를 할 것이나 그렇지 않은 경우 외적 탐색을 하게 된다. 외적 탐색과정에서 새로이 추가되는 상표들과 환기상표들을 합쳐 고려상표군이라고 하며, 소비자는 고려상표군에서 한 상표를 선택하게 된다. 환기상표군과 고려상표군의 관계를 그림으로 나타내면 다음과 같다.

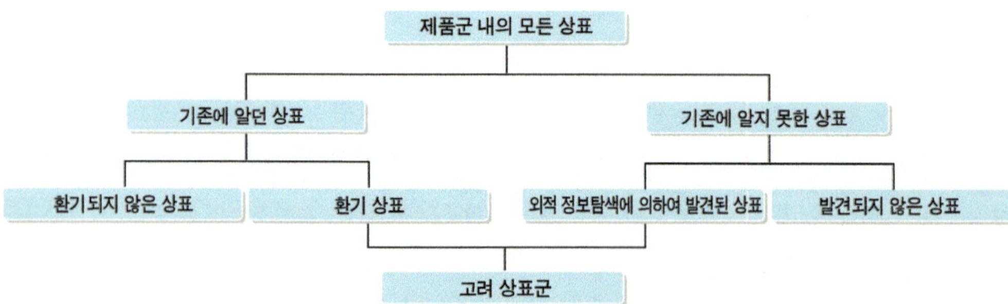

환기상표군과 고려상표군

한편 기업의 커뮤니케이션 노력에 의하여 소비자가 그 제품을 알고 구매하기까지의 과정을 대체로 인지(awareness) → 지식(knowledge) → 호감(liking) → 선호(preference) → 확신(conviction) → 구매(purchase)의 단계로 나타낼 수 있다. 이 모델에 따르면 커뮤니케이션의 효과가 있기 위한 첫 번째 단계가 바로 인지, 즉 소비자가 그러한 제품이 있다는 사실을 아는 것이다. 그러므로 어느 기업의 제품이 고려상표군에 포함되기 위해서는 소비자가 쉽게 그 제품을 환기할 수 있거나, 적어도 보다 많은 대안을 찾는 소비자가 그 제품을 발견할 수 있도록 커뮤니케이션 활동에 노력을 기울여야 한다.

▌자료 : 이학식 · 안광호 · 하영원 공저 (2001), 소비자 행동(제3판), 법문사, pp.86-87.

3. 브랜드 인지와 선호

시장 데이터 및 여러 연구에 근거한 전통적인 분석에 따르면 인지가 증가함에 따라 선호도 직접적으로 증가한다(그림 3-9(1)).[22] 다시 말하면, 인지도 1%의 증가는 선호도 1%의 증가를 이끌어내는 것으로 기대되며 선호도 1%의 증가는 시장 점유율 1% 증가를 이끈다고 할 수 있다.

그러나 James Haughey & Larry Hays의 브랜드 인지가 선호에 미치는 영향에 관한 연구에 따르면 이들의 관계는 비선형(nonlinear)을 이룬다고 제안하고 있다(그림 3-9(2)). 그들은 브랜드 인지와 선호의 관계가 S커브를 형성하는 것으로 가정하고 있다.

Valerie Kijewski & Eunsang Yoon(1990)의 연구에 따르면, 인지와 선호의 관계는 대수적(logarithmic)이라는 사실을 주장한다(그림 3-9(3)). 낮은 수준의 인지는 보다 낮은 수준의 선호가 된다. 인지가 증가함에 따라 선호는 느리게 반응한다. 선호가 2%의 임계점에 도달하기 전에 평균적으로 해당 시장에서 약 15%의 사람들이 브랜드의 보조 인지를 가져야만 한다. 이 연구에서 중앙값에 있는 제품들은 30%의 브랜드 인지도와 4.2%의 선호도를 가졌다. 그러한 브랜드들이 추가적인 1%의 선호도를 획득하기 위해서 추가적인 4%의 인지를 획득해야 한다. 잘 알려진 브랜드들이 그들의 시장인지를 향상시킬 때, 그 브랜드의 선호는 보다 빠르게 증가한다. 시장에서 70% 이상 알려진 브랜드는 25% 선호가 되며

그림 3-9 브랜드 인지도가 선호도에 미치는 영향

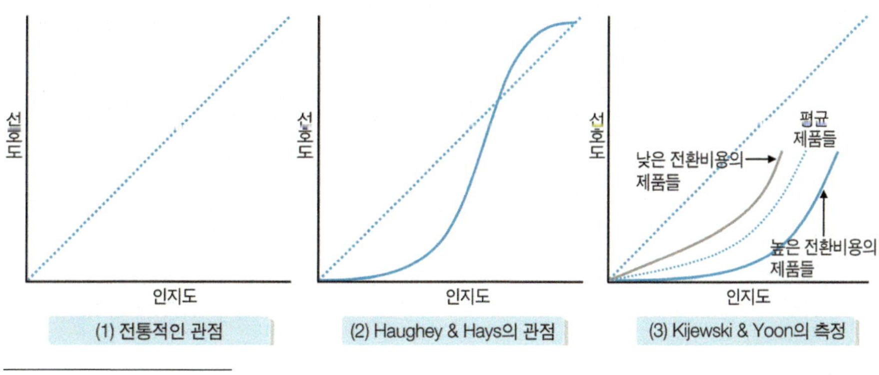

22) David M. Bender, Peter H. Farquhar, & Sanford C. Schulert (1996), Growing From the Top, Marketing Management(Winter/Spring), Vol.4, No.4, pp.10-19.

그 이상의 인지도 증가는 해당 비율만큼 선호도 증가를 획득할 수 있다. Valerie Kijewski & Eunsang Yoon의 통계적 분석에 따르면 인지가 선호의 변이성을 72% 설명하였다는 것을 보여주었다. 따라서 증가된 인지는 브랜드 선호에 대한 인과관계가 있다는 것을 강력하게 제안하고 있다. 또한 이러한 연구들은 제품의 여러 군이 평균보다 높은 혹은 낮은 커브를 가지고 있다는 것이 발견되었다. 전환비용(switching cost)이 낮은 제품들은 빠르게 선호도를 구축할 수 있으며, 반면 보다 높은 관여도를 가진 제품은 인지도 구축에 있어서 그 산업에서 잘 알려지게 되고 잠재 고객에게 선호되기 위하여 보다 많은 투자가 요구된다.

4. 브랜드 인지를 높이는 방법

브랜드 인지를 어떻게 획득하고 유지하며 향상시킬 수 있을까? 과거 브랜드 인지도를 획득하고 유지하는데 성공했던 브랜드들에 대한 연구를 통해 몇 가지 유용한 지침을 얻을 수 있다. 아커 교수(1991)는 브랜드 인지를 높이는 방법 8가지를 다음과 같이 제시하고 있다(그림 3-10).[23)]

그림 3-10 브랜드 인지를 높이는 방법들

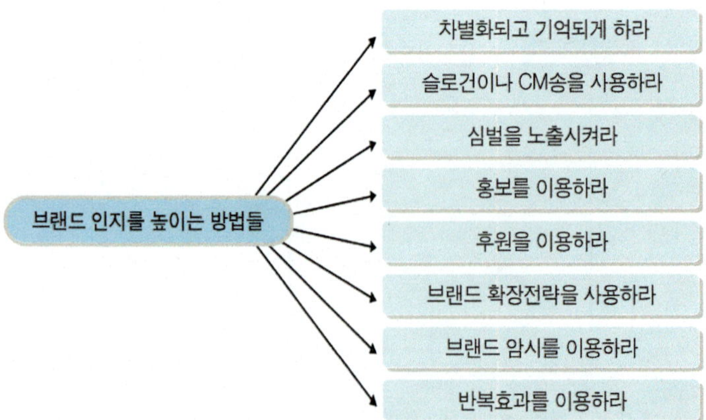

23) David A. Aaker (1991), Managing Brand Equiry: Capitalizing on the Value of a Brand Name, The Free Press, pp.139-145, 역서.

① 차별화하고 기억되게 하라

브랜드 인지를 획득하기 위해서는 왜 그 브랜드가 주목을 받아야 하는지에 대한 이유를 소비자들의 기억에 남을 수 있도록 전달해야 한다. 그러기 위해서는 여러 가지 방안들이 있지만, 우선 차별적이면서도 독특해야 한다.

너무나 많은 제품군에서 서로 비슷한 커뮤니케이션 전략을 가진 브랜드들이 다투느라 소비자의 주의를 끌지 못하는 현상이 벌어지고 있다. 예를 들면 향수, 스포츠카, 담배, 청량음료 등과 같은 제품들의 광고는 서로 비슷비슷해서 소비자 인지를 얻기 매우 어렵다.

물론 브랜드와 제품군 간의 연관관계를 확립하는 것도 필요하다. 예를 들어 한적한 산의 정상에 서있는 차를 보여주는 광고는 기억될 수 있을지 몰라도 산 위에 있던 차가 어떤 차였는지를 상기하는 것은 어려울 수 있다.

② 슬로건이나 CM송을 사용하라

슬로건이나 CM송이 커다란 효과를 발휘할 수도 있다. '물에 뜹니다.'와 같은 유명한 광고 슬로건들은 브랜드 상기율을 높이는 데 큰 기여를 했다. 비누 같은 제품군에서는 "아이보리"라는 브랜드 네임을 바로 보여주는 것보다 '물에 뜹니다.'라는 슬로건과 함께 브랜드 네임을 노출하는 것이 더 효과적이었다.

슬로건이 시각적으로 보여줄 수 있는 제품 특성을 포함하고 있기 때문에 슬로건과 브랜드의 연결은 더욱 강력해질 수 있다. 그래서 아이보리는 브랜드와 제품군 간의 강력한 연결을 창출하고 구축할 수 있었던 것이다.

CM송 역시 브랜드 인지도를 창출하는 강력한 도구가 될 수 있다. 신제품의 인지도를 예측할 수 있도록 만들어진 모델을 사용한 한 연구는 출시한 지 13주가 된 58개의 신제품을 분석하였는데, 그 결과에 따르면 기억하기 쉬운 CM송은 상대적으로 높은 상기율을 획득하는데 매우 중요한 요인 중의 하나로 판명되었다.

③ 심벌을 노출시켜라

심벌은 시각적인 이미지를 동반하므로 단어나 문장보다 기억하고 회상하기가 훨씬 쉽다. 게다가 심벌은 광고 외에도 다른 여러 가지 창조적인 방법으로 노출될 수 있다. 심벌과 관련 내용은 제7장 제3절에서 상세하게 설명할 것이다.

④ 홍보를 이용하라

메시지의 내용과 대상을 목표고객에 맞추어 설정하고 효율적인 방법으로 노출시키는 광고는 브랜드 인지를 창출하는데 적절한 수단이다. 그러나 홍보(publicity)의 역할 또한 중요하며, 때로는 성공의 견인차 역할을 하기도 한다. 홍보는 매체광고보다 비용이 훨씬 적게 들 뿐만 아니라 효과적이기도 하다. 사람들은 광고를 보는 것보다 새로운 것을 아는 데 커다란 흥미를 가진다.

⑤ 후원을 이용하라

행사후원의 주 목적은 브랜드 인지도를 창출하거나 유지하기 위한 것이다. CJ오픈골프대회, 하우젠 축구대회 등은 경기 관람객이나 TV 시청자들, 관련 기사를 읽는 사람들에게 브랜드 네임을 노출시킨다.

삼성, LG, CJ, 현대, SK 등 여러 회사들은 후원의 가치를 인식하고 수백 가지의 다양한 이벤트를 대상으로 후원활동을 적극적으로 펼치고 있다.

⑥ 브랜드 확장 전략을 사용하라

브랜드 상기율을 높이고 브랜드 네임을 더욱 눈에 띄게 하기 위한 한 가지 방법은 다른 제품에 동일한 브랜드 네임을 쓰는 것이다. 오뚜기, 풀무원, 하인즈, 썬키스트는 다른 제품에 동일한 브랜드 네임을 사용하여 그 제품들이 광고되고 진열되고 사용될 때마다 브랜드 네임을 노출시킨다. 이 책의 제12장에서 브랜드 확장 전략에 관해 자세히 설명할 것이다.

⑦ 브랜드 암시를 이용하라

브랜드 인지도를 높이기 위해 제품군이나 브랜드 혹은 양쪽의 특징에 대한 암시를 사용할 수 있다. 브랜드 암시에서 포장은 특히 유용한 방법이다. 왜냐하면 소비자가 제품을 구매할 때 직접적으로 접하는 것이 바로 포장이기 때문이다. 예를 들면 라이프(Life)는 미키(Mikey)라는 귀여운 소년이 형의 예상과는 다르게 라이프 시리얼을 좋아한다는 내용의 미키 광고를 암시하기 위해 미키의 사진을 제품 포장에 인쇄했다.

⑧ 반복효과를 이용하라

브랜드 상기율(비보조 인지)을 높이는 것은 인지도(보조 인지)를 올리는 것보다 더 어렵다. 독특한 브랜드 네임이 필요하며, 브랜드와 제품군 간의 연계는 더 강력해야 한다. 인지도는 노출이 얼마 되지 않는 경우에도 지속될 수 있지만 상기율은 시간이 지남에 따라 약해진다. 따라서 상기율을 높이려면 심도 있는 학습 경험이나 많은 반복이 필요하므로 적지 않은 노력이 필요하다.

제 4 절 브랜드 지식의 구성요소(2): 브랜드 연상

브랜드 자산이 브랜드 이미지에 의해 생겨난 추가적인 가치라면(브랜드 심리학 6), 브랜드 이미지를 가장 적절하게 정의내린 것은 무엇인가? 그중 하나의 관점은 브랜드 이미지를 소비자가 브랜드에 연결시키는 연상들의 집합으로 보는 것이다. 따라서 이번 절에서는 브랜드 연상에 대하여 살펴보기로 한다.

1. 브랜드 연상, 이미지, 그리고 포지셔닝[24)]

브랜드 연상이란 브랜드에 대해 떠오르는 것과 '연계되는' 모든 것을 말한다. 브랜드에서는 다양한 것들이 연상된다. 상품의 카테고리, 품질, 속성, 용도, 사용경험, 생산자, 생산지, 사용자의 이미지, 친근함과 호감 등의 감정이나 태도, 혹은 인격화된 이미지 등이다. 구체적인 상품의 특성에서 추상적인 관념까지 다양한 분야의 것들이 브랜드 연상의 대상이 된다. 예를 들어 "맥도날드"라는 브랜드는 사람들로 하여금 로널드 맥도날드와 같은 캐릭터, 아동시장, 서비스와 같은 상품 캐릭터, 황금색 아치모양의 심벌, 눈코 뜰 새 없이 부산히 움직이는 모습, 맥도날드 근처의 극장에 가는 것과 같은 활동 등과 연계되어 있다. 브랜드는 제품이나 서비스에 붙여진 단순한 고유명사 혹은 식별을 위한 마크가 아니라고 하는 것도 바로 이러한 이유에서다. 단순한 고유명사와 브랜드의 차이는 일반인의 이름과 탤런트 등 유명인의 이름과의 차이를 생각해 보면 잘 알 수 있을 것이다. 브랜드라고 하는 것은 많은 사람들에게 공통된 사항을 상기시키는 고유명사인 것이다.

---

24) David A. Aaker (1991), Managing Brand Equity: Capitalizing on the Value of a Brand Name, The Free Press, pp.196-198, 역서.

브랜드 심리학 6

브랜드 이미지가 브랜드 자산을 동인한다

브랜드 자산이 비록 브랜드에 대한 평가와 관련된 재무적 개념(financial concept)에서 도출되었지만, 브랜드 자산은 브랜드 이미지(brand image)에 의해 동인됨을 알 필요가 있다. 이와 같은 관계가 〈그림 1〉에서 보여주고 있다.

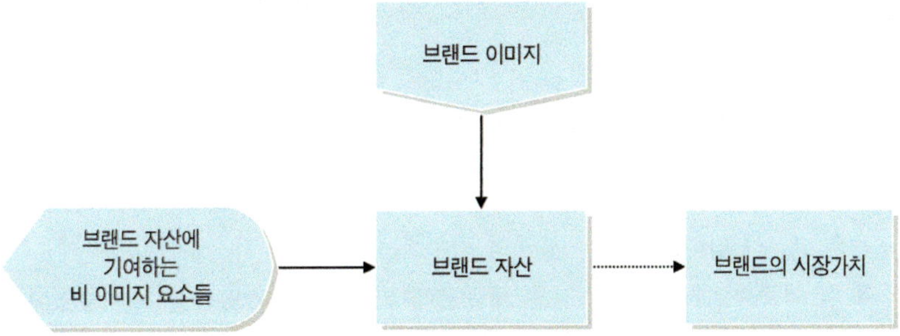

〈그림 1〉 브랜드 이미지와 브랜드 자산의 관계

성공적인 브랜드에 의해 형성된 프레미엄은 궁극적으로 소비자 행동에 달려 있다. 또한 소비자 행동은 본질적으로 브랜드에 대한 지각에 의해 동인된다. 구매 행동의 측정이 브랜드 자산의 존재 여부를 설명한다 하더라도, 이는 실제로 브랜드 자산을 발생시키는 소비자의 마음속에 무엇이 존재하는지를 나타내지는 못한다.

브랜드 이미지의 정의: 브랜드와 연계된 연상

브랜드 자산이 브랜드에 의해 생겨난 부가적인 가치라면, 브랜드 이미지를 가장 잘 정의내린 것은 무엇인가? 하나의 좋은 관점은 브랜드 이미지를 소비자가 브랜드 네임에 연결시키는 연상과 속성들의 집합으로 보는 것이다.

이러한 브랜드 이미지는 제품·서비스 제공자에 대한 이미지(기업 이미지), 제품·서비스 자체의 이미지, 비제품 관련 이미지로 구성되어 있다고 볼 수 있는데, 이 세 요소의 상대적 기여도는 제품 카테고리나 브랜드에 따라 상이하다(그림 2). Marlboro의 경우에는 기업 이미지는 브랜드 이미지 형성에 거의 영향을 미치지 않고, 가장 큰 영향을 미치는 것은 사용자 이미지(비제품 관련 이미지)이다.

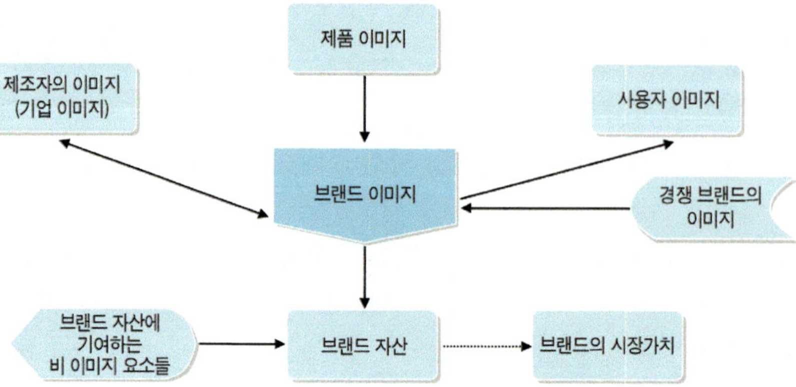

〈그림 2〉 브랜드 이미지의 3가지 구성요소

기능적 속성과 감성적 속성

마케터들은 오랫동안 브랜드의 감성적 속성(softer attributes)은 구매 행동에 별 영향을 미치지 못한다고 보아왔다. 그러나 최근 연구 결과들은 반드시 그러한 것은 아님을 보여준다.

여러 연구들은 맥주나 담배와 같은 제품군의 경우에는 정서 소구가, 세제의 경우에는 이성 소구가 보다 우세함을 보여줌으로써 이러한 것은 제품군에 따라 차이가 있음을 보여주었다. 이에 대한 가능한 설명 중 하나는 오늘날 많은 브랜드들 간의 기능적 차이(functional differences)가 한계에 다다랐다는 것이 될 수가 있다. 예를 들어, 대부분 또는 모든 세제들은 다 그들이 경쟁제품보다 더 깨끗하게 옷을 빨아준다고 주장한다. 또한 기술의 진보가 급격하기 때문에 기능적인 것과 관련된 어떠한 이점도 생명력이 매우 짧다. 그러나 브랜드 개성과 같이 보다 정서적 특징이라 불리는 것들은 보다 차별적이다.

브랜드 개성은 브랜드 구축에 있어서 두 가지 다른 이점을 지니고 있다: 하나는 특성(features)은 변하고 오늘의 이익이 내일의 불이익이 되는 반면, 브랜드 개성은 그것이 보다 지속적인 가치를 개발한다면 보다 긴 생명력을 지닐 수 있다는 것이다. 두 번째 이점은 브랜드 개성은 소비자들이 브랜드의 이미지를 개인적인 의미를 지닌 것으로 해석할 수 있도록 하는 일련의 과정을 촉진시킨다는 것이다.

지금까지 설명한 개념들을 함께 종합해 보면, 연상이 이미지를 동인하고 따라서 브랜드 자산을 동인하는 방식을 〈그림 3〉과 같이 나타낼 수 있다.

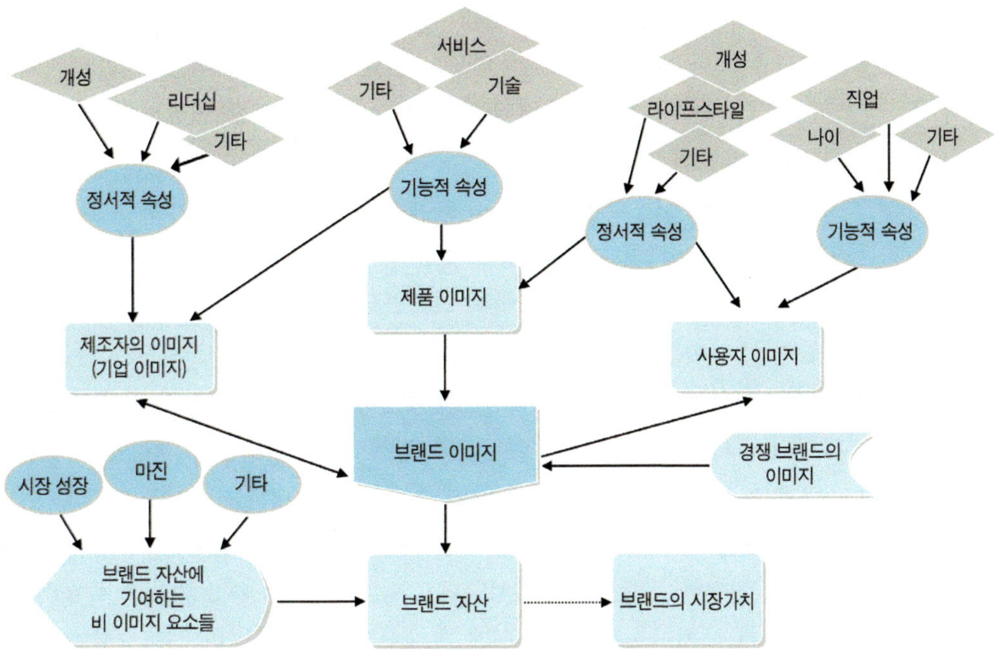

〈그림 3〉 연상이 브랜드 이미지와 브랜드 자산을 동인하는 방식

이미지의 원천

브랜드에 대한 소비자들의 직접 또는 간접적인 개인적 경험에 더불어, 미디어 광고는 브랜드 게슈탈트(brand's gestalt)를 형성, 반영하는 이미지의 주요 자원임이 분명하다. 이에 더불어 이미지 형성의 다른 원천으로는 패키징, 기업 아이덴티티, PR, 판매촉진 등이 있다.

▌자료 : Alexander L. Biel & Associates, How Brand Image Drivers Brand Equity.

한 브랜드에는 여러 연상이 존재하고 있을 뿐만 아니라 그 연상의 강력함의 수준도 다르다. 브랜드에 대한 연상의 연결은 많은 경험 혹은 커뮤니케이션의 노출에 기반을 둘 때 더 강력해질 것이며, 연상은 다른 연상들에 의해 연결될 때 더욱 강력해진다.

브랜드 이미지는 의미를 가지고 조직화된 연상들의 집합이다. 따라서 맥도날드는 단순히 20개의 강한 연상과 30개의 약한 연상을 모아놓은 것이 아니라 각각 의미를 가지고 있는 연상들이 그룹별로 조직화된 결정체이다. 이 그룹에는 어린이군, 서비스군, 식품군 등이 있을 수 있다. 때문에 맥도날드가 언급될 때에는 황금아치, 로널드 맥도날드, 햄버거와 프렌치프라이 등과 같은 연상이 한 개 혹은 그 이상의 시각적 이미지와 정서적 형상을 통해 그려지는 것이다.

포지셔닝은 보통 경쟁상태에 있는 준거 틀을 의미하는 외에도 연상과 이미지 개념에 밀접하게 관련되어 있다. 예를 들어 캘리포니아 은행은 아메리카 은행보다 작고 친절한 은행으로 포지셔닝되고 있다. 따라서 중요한 것은 속성(친절함)과 경쟁자(아메리카 은행)의 연계 속에서 정의되는 이미지와 연상인 것이다.

잘 포지셔닝된 브랜드는 강력한 연상에 의해 지지를 받아 경쟁에서 매력적인 위치를 선점하게 될 것이다. 이러한 브랜드는 친절한 서비스와 같은 바람직한 속성을 소비자들이 높이 평가하게 되며, 집 앞까지 배달해 주는 유일한 가게 등과 같이 경쟁사의 위상과는 구분되는 위상을 차지한다.

'브랜드 포지션'은 사람들이 브랜드를 어떻게 인식하는지를 나타낸다. 그러나 '포지셔닝' 혹은 '포지셔닝 전략'은 기업이 소비자들에게 어떻게 인식되도록 노력하는지를 반영하기도 한다. 따라서 '캐딜락은 메르세데스와 경쟁할 수 있는 고급 자동차로 포지셔닝되었다.'라고 하는 것은 캐딜락이 소비자들에게 그렇게 인식되도록 노력하고 있다는 것을 의미할 뿐 반드시 그 전략이 성공할 것임을 의미하지는 않는다.

2. 브랜드 연상의 유형

연상의 종류에는 유형적 · 기능적 속성들에 관한 것으로 제품 관련 브랜드 연상, 또한 즐거움, 신뢰, 재미 등처럼 보다 감성적 속성과 같은 비제품 관련 연상, 그리고 조직 · 기업 관련 연상으로 분류할 수 있다. 이들 세 요소의 상대적 기여도는 제품 카테고리나 브랜드에 따라 상이하다. Apple의 경우에는 '젊음(비제품 관련 연상)'이 연상되는 반면, IBM의 경우에는 '효율성(제품 관련 연상)'이 연상된다. 다음에서는 이러한 연상의 세 요소들에 대해 각각 살펴보기로 한다.

1 제품 관련 브랜드 연상

제품 관련 브랜드 연상에는 제품 카테고리 관련 연상, 속성 · 혜택 관련 연상, 제품 품질 관련 연상 등이 있다.

제품 카테고리

특정의 브랜드가 어떤 제품 카테고리를 대표하는 것이 있다. 탄산음료라고 하면 코카콜라, 패스트푸드하면 맥도날드, 마이크로 프로세스하면 인텔이라고 하는 경우에 대부분의 사람들은 그 카테고리에서 가장 대표적이라고 생각하는 브랜드 네임을 제시한다. 이러한 브랜드의 대부분은 예전부터 있었고, 게다가 오랫동안 1위의 시장점유율의 지위를 확보하고 있다(그림 3-11(a)).

그러나 이러한 브랜드가 최초부터 시장에 등장했다는 것은 아니다. 새로이 등장한 제품 카테고리 중에서 최초에 소비자로부터 그 카테고리를 대표한다고 인지시키는 것이 중요한 것이다.

제품이나 서비스가 지닌 특징을 제품속성이라 한다. 톱 브랜드가 되면, 그 브랜드가 지닌 속성이 그 제품 카테고리를 대표하는 것으로 소비자들에게 받아들여진다. 예를 들면, 일본의 아사히 맥주의 슈퍼 드라이의 발매를 계기로 '드라이'라고 하는 제품 카테고리의 맥주시장이 본격적으로 시작되었다. 그 후 1위의 시장점유율을 유지함으로써 아사히 맥주는 슈퍼 드라이 맥주의 대명사로 되었다.

새로운 시장이 형성되어, 여러 브랜드가 진입하는 시기는 일반적으로 소비자의 관심이 높고, 몇 개의 브랜드를 기억해 내고 그중에서 자신의 마음에 드는 브랜드를 발견하게 된다. 그러나 시장이 성숙기에 접어들면, 소비자의 관심은 낮아지고 기분에 맞는 브랜드 이외에는 주목하지 않게 된다. 따라서 시장 성장기에 제품 카테고리를 대표하는 브랜드로써 인지되느냐 그렇지 못하냐가 그 후의 브랜드 매출, 수익을 크게 좌우하게 된다(그림 3-11(b)).

그림 3-11 브랜드 연상-제품 카테고리

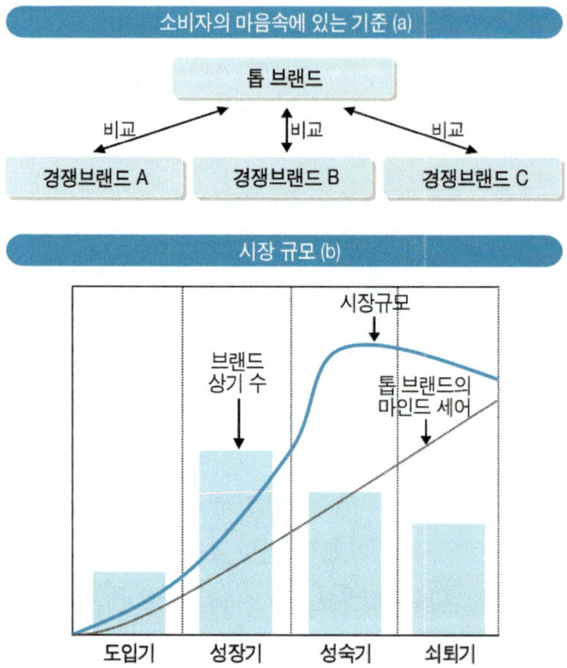

속성 · 혜택

아마도 포지셔닝 계획 시에 가장 많이 사용되는 방법은 제품 속성 혹은 특징일 것이다. 예를 들면 BMW 자동차하면 성능(performance)이라는 연상이 소비자의 마음속에서 떠오를 것이다.

편익이란, 제품 혹은 서비스를 이용하는 것으로 소비자가 얻게 되는 유형, 무형의 가치를 말한다. 브랜드가 초래하는 편익에는 기능적인 것과 심리적인 것이 있다.

❶ 기능적 편익이란 제품 특성과 밀접하게 결부된 편익이다. 기능적 편익은 소비자가 합리적인 의사결정을 행하는 경우에 주로 고려하는 편익이다.

❷ 심리적 편익은 제품을 사용하는 것에 동반하여 좋아하는 감정으로부터 얻어지는 편익이다. 예를 들면, 샴푸의 심리적 편익에는 사용할 때 거품이 일거나 향기, 청량감 외에 '사람들로부터 한층 호감을 받는다.'와 같은 효과 등도 들 수가 있다.

표 3-2 브랜드 연상–편익

제 품	기능적 편익	심리적 편익
에어컨	시원하다	쾌적하다
샴 푸	피지를 제거하다 두피를 건강하게 하다 머리털을 유택하게 하다	청량감 향 사람들로부터 호감을 받다
치 약	구치를 예방하다	상쾌함

일반적으로 심리적 편익은 기능적 편익을 동반함으로써 보다 강화된다. 〈표 3-2〉는 에어컨, 샴푸, 치약의 편익을 보여주고 있다.

그런데 여기서 때때로 제품이 가진 특성을 속성으로 볼 것이냐, 편익으로 볼 것이냐에 대해서 논쟁의 여지가 있다. 예를 들어, '맛'은 '즐거움'이라는 편익에 영향을 주는 속성으로 생각되어질 수 있다. 혹은 '맛'은 편익으로 생각되어질 수 있는데, 이 경우 설탕의 양이나 탄산농도 등이 편익의 속성이 된다. 그러나 전략적 관점에서 중요한 것은 특성의 선행요인과 결과를 평가하고, 이들 특성 혹은 결과 중 어떤 것이(때로는 이들의 특수한 조합이) 부각되어야 하는지를 결정하는 일이다. 따라서 제품 특성이 속성이라고 불리건 편익이라고 불리건 중요하지 않다.

제품 품질

제품 품질과 관련하여 지각품질이란 것이 있다. 지각품질이란 고객의 지각에 기초한 총합적인 품질을 말한다. 이러한 지각품질은 고객의 지각에 기초한 경쟁제품과 비교한 해당 브랜드의 우위성을 표현하고 있다.

기술적으로 우수한 것을 소비자가 당장 갖고 싶어 한다고는 생각할 수 없다. 오히려 소비자가 지각하는 제품의 품질이 제품 판매에 결정적으로 중요한 역할을 부과한다.

지각품질에 관련하여 좋아하는 평가나 지각에 영향을 미치고 있는 것에는 제품의 성능, 특징, 품질 적합성, 신뢰성, 내구성, 서비스, 스타일과 디자인 등을 포함하고 있다.

또 서비스의 경우에는 설비나 종업원 등 주로 보이는 것이 품질을 실체적으로 나타내고 있는가, 신뢰할 수 있는가, 종업원이 필요한 지식을 가지고 있는가, 능력이 높은가 등을 들 수가 있다.

② 비제품 관련 브랜드 연상

제품과 직접적으로 관련이 없는 브랜드 연상은 제품 그 자체와 관련되지 않은 측면을 언급하고 있다. 예를 들면 특정의 제품과 직접 관련이 없는 브랜드 연상은 어떤 경험의 세계 혹은 라이프스타일과 관련이 되어 있다.

마케터들은 오랫동안 브랜드의 비제품 관련 연상이 구매행동에 별다른 영향을 끼치지 못한다고 보아왔다. 그러나 최근 연구결과들은 반드시 그런 것은 아님을 보여준다. 맥주나 담배 같은 제품군의 경우에는 정서 소구가, 세제의 경우에는 이성 소구가 보다 우세함을 보이며, 이러한 것은 제품군에 따라 차이가 있다. 이에 대해 가능한 설명 중 하나는 오늘날 많은 브랜드들의 기능적 차이(functional differences)가 한계에 다다랐다는 것으로 볼 수가 있다. 예를 들어, 대부분 또는 모든 세제들은 다 그들이 경쟁제품보다 더 깨끗하게 옷을 빨아준다고 주장한다. 또한 기술의 진보가 급격하기 때문에 기능적인 것과 관련된 어떠한 이점도 생명력이 매우 짧다. 그러나 비제품 관련 연상들은 보다 차별적이고 생명력이 길다. 이러한 비제품 관련 연상에는 브랜드 개성, 사용자와 사용용도, 원산지(국가와 문화) 등이 있다.

브랜드 개성

브랜드 개성(brand personality)은 "특정 브랜드에 귀속되는 인간적인 특성들의 조합"이라고 정의된다. 만약 "당신의 브랜드가 사람이라면 어떤 개성을 가진 사람인가"라고 하는 것이다. 브랜드 개성은 브랜드의 속성과 대비될 수 있다. 즉, 소비자는 브랜드를 선택할 때 브랜드 속성에 대한 평가(신념)를 토대로 선택할 수도 있고, 혹은 브랜드가 갖는 고유의 이미지를 토대로 선택할 수도 있다. 그러므로 브랜드 속성평가는 소비자에게 실용적 기능(utilitarian function)을 수행하는 반면에, 브랜드 개성은 상징적 혹은 자기-표현적 기능(symbolic or self-expressive function)을 수행한다(브랜드 심리학 8).

브랜드 개성에 대한 연구는 브랜드가 인구통계적 특징(demographic descriptors)을 지니고 있다는 연구로부터 시작되었다. 예를 들어, 성(남성-여성), 나이(젊다-늙다), 소득계층(가난함, 중산, 부유함) 등의 묘사가 그 예이다(표 3-3).

또한 인구통계적 특징 이외에 특성(trait)을 중심으로 한 브랜드 개성연구도 진행되었다. 인간의 개성을 연구하기 위해 심리학자들은 특성(인간의 성격을 나타내는 고유한 특징) 관련 형용사(trait adjective) 접근법을 사용하였다.[25] 심리

표 3-3 화장품 브랜드 개성

구 분			A브랜드	B브랜드	C브랜드
연상	이미지/느낌		깨끗/신선/청순 귀여움/발랄/젊음	중년층 중후/우아	고급/고상 이지적/세련
	국 가		미국/프랑스	프랑스/한국	프랑스
개성	연 령		20대 초/중반	30대 초/중반	20대 후반/30대 초반
	직 업		여대생/직장여성	세련주부/전문직	직장여성/전문직
	옷차림		청바지 캐주얼	클래식 정장 홈드레스	클래식 정장
	음 악		팝송	클래식	샹송
	사용자 평가	동경여성			○
		괜찮은 여성	○		
		무관심 여성		○	
		혐오 여성			

학에서의 특성 중심의 인간 개성 연구에 영향을 받아 소비자 행동에서도 특성 관련 형용사를 사용하여 브랜드 개성의 차원을 규명하려는 연구들이 진행되었다.

브랜드 개성을 측정하기 위한 척도를 개발하는 연구에서 〈그림 3-12〉에 제시한 바와 같이 모두 5개의 차원에 속하는 42문항의 브랜드 개성 측정척도를 개발하였다: 성실함(sincerity), 활기참(excitement), 유능함(competence), 세련됨

그림 3-12 브랜드 개성

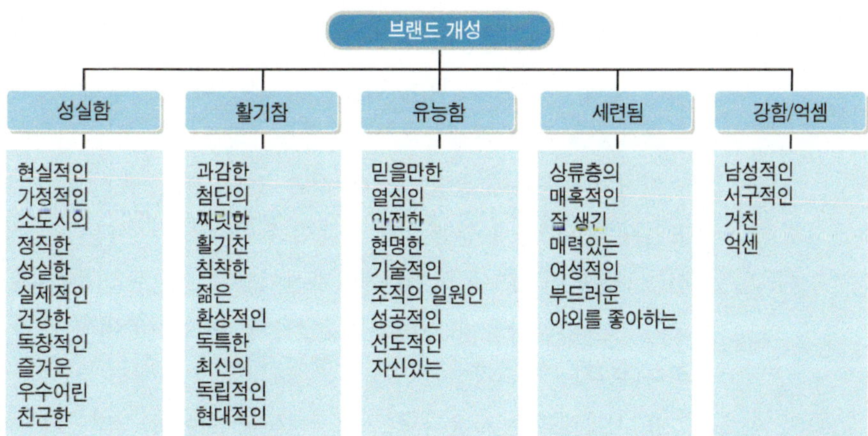

25) Jennifer Aaker (1997), Dimensions of Brand Personality, Journal of Marketing Research, 43(August), pp.347-356.

(sophistication), 강함 · 억셈(ruggedness) 등.

브랜드 개성은 광고의 영향이 강하다. 특히 브랜드의 사용자 이미지(전형적인 사용자 또는 이상적인 사용자)는 광고 중에서 표현된 사용자 및 사용상황과 강하게 연계되는 경향이 있다. 브랜드 개성이 특정 인물과 결부되는 예를 들면, 나이키의 '에어 조단' 신발은 MBA(미국의 농구리그) 슈퍼스타 선수인 '마이클 조단'의 이미지와 결부되어 있다. 꼭 실존하는 인물이어야 하는 것은 아니다. 예를 들면, 켄터키 프라이드치킨의 '가넬 산타스'는 처음에는 실존 인물이었지만, 지금은 보다 상징적인 캐릭터로써 받아들여지고 있다. 또한, 말보로 담배에서 쉽게 강인한 남성적 이미지를 떠올리는 것은 광고모델(cowboy) 때문이다.

사용자와 사용용도 · 상황

브랜드를 특정 사용자나 사용상황과 결부시킴으로써 브랜드 이미지가 강화될 수가 있다. 사용자 이미지나 사용상황 이미지는 소비자 자신의 경험에 기초하는 것도 있지만, 광고에 의해서 형성되는 것도 있다. 예를 들면, 말보로 브랜드의 '카우보이(cowboy)' 이미지는 남성적인 이미지를 연상시킨다. 반면에 '버지니아 슬림'은 여성적인 연상을 지니고 있다.

시장의 라이프사이클에 따라 포지셔닝과 브랜드 연상을 변화시켜, 보다 넓은 시장을 공략하는 광고 전략을 추진할 수도 있다. 예를 들면, 포카리스웨트 브랜드는 시장 도입기에는 격렬한 운동 후 효율적으로 수분을 보충하는 스포츠 드링크로써 판매를 하였다. 또 타깃 고객은 스포츠 선수, 사용상황에는 '스포츠'나 '땀'이라고 하는 것의 연상이 강조되었다. 그 후 보다 광범위한 고객층을 흡수하기 위해 '술을 마신 후 아침'에 적합한 음료로, 다시금 새로이 '리후레시먼트 음료'로 수분보충을 핵심 콘셉트로 하여 음용기회를 넓히기 위한 노력을 진행해 왔다.

이처럼 사용자에 관한 연상은 성별, 연령, 소득, 출신지, 기호 등 인구통계적인 요인과 심리적인 요인에 의해 구분이 된다. 이러한 사용자 연상을 강화하기 위해서는 자아 이미지에 근접한가, 자신이 되고 싶은 인물상에 근접한가, 그리고 좋아하는 인물상을 표현하고 있는가? 등을 고려하여 사용자 연상을 결정해야 한다(브랜드 심리학 7).

또 사용상황은 사용장면, 시간, 행동에 있어 공식적인가, 비공식적인가 등의 연상을 생각할 수 있다. 또 식품이라면 점포에서 먹고 가는가, 또는 가지고 가는가, 사용자가 배가 고픈 상태에서 있는가, 그렇지 않은가라고 하는 먹는 방식의

브랜드 심리학 7

브랜드 개성과 자아개념

소비자 행동연구에서 보면 소비자들은 자신의 자아개념과 일치하는 이미지의 상품이나 브랜드를 구매한다. 소비자가 구매한 상품이나 브랜드는 자아개념의 표출과 같다. 브랜드는 이러한 자아개념 중 하나와 관련이 있는 어떤 개성의 특징을 다른 사람들에게 신호로 알리는데 도움을 준다.

자아개념(self concept)이란 "개인이 자기 자신을 어떻게 보고 있는가, 즉 자신에 대하여 갖는 지각"이라고 정의할 수 있다. 즉, 개인이 자기 자신을 보는 자화상이나 자신의 배경과 경험의 소산으로써 자기 자신에 대한 개념 혹은 이미지를 가지고 있는데, 이것이 자아개념 혹은 자아이미지(self-image)이다. 일반적으로 이러한 자아개념은 다음과 같이 네 가지로 구분하고 있다.

❶ 실제적 자아개념(actual self-concept)이란 개인이 현재의 자신에 대해서 실제적으로 지니고 있는 지각, 즉 현실적인 자기 이미지에 초점을 맞추고 있다.

❷ 이상적 자아개념(ideal self-concept)은 자신이 어떻게 되고 싶다고 하는, 이상점에 도달하고자 희망하는 있는 자신의 모습에 대한 이미지이다.

❸ 사회적 자아개념(social self-concept)은 타인들이 자신을 어떻게 보는가에 관한 지각이다.

❹ 이상적 사회적 자아개념(ideal social self-concept)은 타인들이 자신을 어떻게 봐주기를 바라는가에 관한 것이다.

자아이미지에 대한 다양한 관점은 상호 배타적이지 않고 상호 보완적이라 할 수 있다. 상황뿐만 아니라 소비자의 구매 목적, 자아이미지 차원이 소비자 행동을 좌우한다. 예를 들면, 의류 구매의 경우에는 이상적 자아이미지가 자동차 구매의 경우에는 실제적 자아이미지가 영향을 미친다고 할 수 있다.

Ivan Ross(1971)의 연구에 따르면 인간은 자아이미지와 소비대상에 대한 선호를 일치시키려 한다고 하여, 다음과 같은 두 개의 명제를 제시하였다.

❶ 인간은 자아이미지와 유사한 것으로 지각되는 제품 또는 브랜드를 소비하고자 한다.

❷ 소비대상 품목이 다른 사람의 눈에 잘 비쳐지는 품목의 경우에는 이상적 자아이미지를, 그리고 잘 비쳐지지 않는 경우에는 현실적 자아이미지가 소비 선호에 보다 밀접하게 관련이 있다.

Loudon과 Bitta(1988)는 소비자의 브랜드 선호과정을 그림에서 보여주고 있다. 소비자가 자아이미지를 브랜드 이미지와 비교하여 정의 브랜드를 선호하고, 또한 회피하는 것을 보여주고 있다.

이와 같이 자아이미지는 소비자 행동에 있어서 매우 중요한 영향변수이다. 마케팅의 모든 영역은 소비자를 대상으로 하는 것으로써 마케팅 전략을 고려하는데 있어서 피할 수 없는 것이 자아이미지이다.

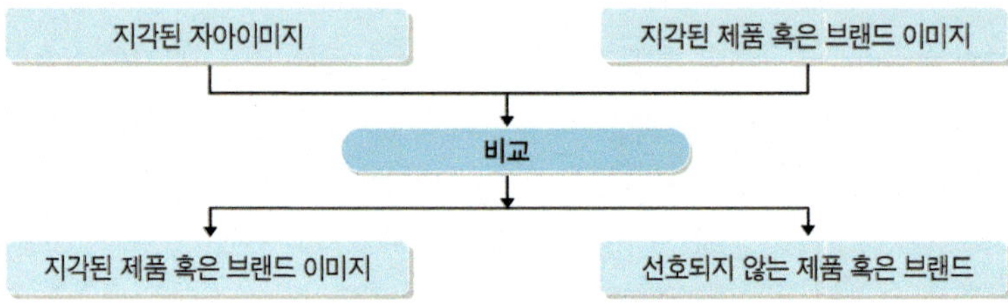

〈그림 1〉 브랜드 선호과정 모델

자아개념과 상징적 상호작용주의

앞에서 살펴본 바와 같이 자아개념은 소비자의 상품 혹은 브랜드 선택에 영향을 미치지만, 소비자가 선택하는 상품 혹은 브랜드가 소비자의 자아개념 형성에 영향을 미치기도 한다. 이처럼 자아개념은 개인과 자신의 환경에 속한 상징체계간의 상호작용을 강조하는 상징적 상호작용주의(symbolic interactionism)로 확장되는데, 그림에서와 같이 소비자는 자신의 실제적 자아개념을 표출할 수 있는 상품 혹은 브랜드를 선택하기도 하지만, 자신의 이상적 자아개념을 달성하기 위하여 제품 혹은 브랜드를 선택하기도 한다.

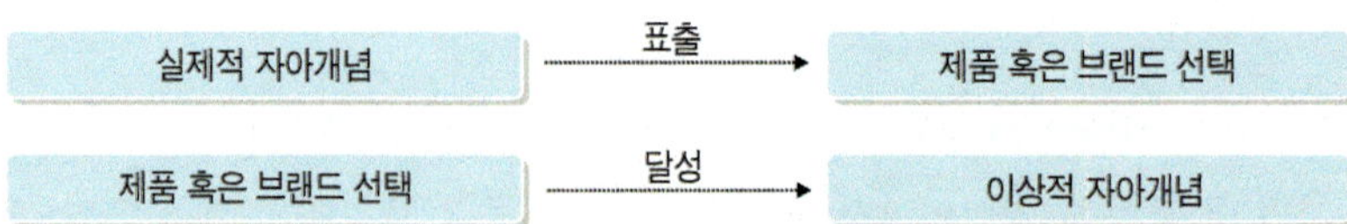

〈그림 2〉 상징적 상호작용주의

이상에서 살펴본 바와 같이 브랜드는 여러 자아개념 중 하나와 관련이 있는 어떤 개성의 특징을 다른 사람들에게 신호로 알리는데 도움을 준다. 높은 수준의 브랜드 개성을 가진 브랜드는 소비자들에게 그들이 되고 싶어 하는 자아를 표현하게 해준다. 사람들은 자신을 알아주는 브랜드를 찾고 있으며, 브랜드 개성과 자신을 어떤 방식으로 연관시킬 것인가를 끊임없이 고려한다.

▍자료 : Loudon D.L. & Bitta A.J (1988), Consumer Behavior, McGraw-Hill(International Editions).
Ross I. (1971), Self-Concept and Brand Preference, Journal of Business, Vol.44(January), pp.38-50.

연상을 들 수가 있다.

국가와 문화

루이뷔통이나 샤넬을 들었을 때, 어떤 것을 연상하는가? 아마 '프랑스'나 '파리의 화려함'을 연상하는 사람이 많을 것이다. 이와 같이 브랜드로부터 특정 국가 또는 특정 지역을 연상하는 것이 있다. 예컨대, 연상된 국가나 지역에 있는 고유의 문화가 브랜드 아이덴티티의 일부로 되는 것이다(브랜딩 따라잡기 6).

예를 들면, 피아트는 독창적이고 우수한 디자인을 생성해 내는 이탈리아의 문화를 연상시킨다. 또한 동일한 자동차에도 벤츠나 BMW는 우수한 기계공업과 장인정신의 국가, 독일을 연상시킨다(표 3-4).

국가와 문화의 연상 이미지는 브랜드의 글로벌화 전개에 있어서 매우 중요한 의미를 지닌다. 예를 들면 원산지 표시를 브랜드의 일부로써 강조할 것인가 혹은 숨길 것인가에 대한 문제가 된다. 이러한 원산지 이미지를 브랜드에 연결시키는 방법들은 다음과 같이 다양하다:

❶ British Airways, Nippon Steel처럼 브랜드 네임에서 원산지 이미지를 직접적으로 언급하는 것.

❷ Alessi, Lamborghini처럼 브랜드 네임 안에 간접적으로 원산지 이미지를 언급하는 것.

❸ 'Made in XX'라는 라벨을 통해 커뮤니케이션하는 것.

❹ 'Ikea, the impossible store from Sweden'과 같이, 브랜드 네임(Ikea)과

표 3-4 브랜드 연상–국가와 문화

구 분		이미지(예)	브랜드(예)
미국		대중문화, 실용성	코카콜라(청량음료), 말보로(담배)
프랑스		화려한 문화, 식문화	샤넬(향수), 던뻬리(샴페인)
영국		전통	시바스리갈(위스키), 바바리(의복)
독일		기계공업, 장인	BMW(자동차), 헨켈(날이 있는 도구)
이탈리아		디자인 감각, 피혁제품	베네통(패션), 페라가모(가방)
한국		다이내믹	종갓집 김치(김치)

함께 슬로건(the impossible store from Sweden)을 사용하는 것.

❺ 브랜드 네임에 더불어서 국기와 같은 국가의 상징을 나타내는 것.

이외에도 몇몇 브랜드 네임은 브랜드 자체가 국가와 관련된 연상을 떠오르게 한다는 점에 주목해야 한다. 예를 들어, 미국에서 하이네켄(Heineken)이라는 브랜드 네임은 그 브랜드가 네덜란드 것임에도 불구하고 독일 것처럼 들린다. 하겐다즈(Häagen-Dazs) 알파벳 표기를 보면 독일 또는 덴마크 브랜드라는 생각이 든다. 그러나 하겐다즈란 단어는 독일어에서도 덴마크어에서도 찾을 수 없다. 아무런 뜻이 없는 국적 불명의 단어다. 1961년 미국의 사업가 루빈 매터스가 아이스크림 사업을 시작했을 때 유가공품으로 유명한 덴마크의 정취가 풍기도록 브랜드를 만든 것이다. 유럽의 이미지를 빌려 고급스런 느낌을 소비자에게 주려고 했기 때문이다. 보드카를 원료로 만든 음료인 'KGB'는 구소련의 정보기관 KGB를 연상케 한다. 그러나 KGB는 뉴질랜드 제품이다. 보드카가 러시아의 대표적인 술이란 점에 착안해 만든 브랜드다.

③ 기업 · 조직 관련 연상

조직 연상의 창조란 브랜드 가치를 배후에서 떠받치는 조직을 브랜드 연상의 일부로써 개발하는 것을 의미한다. 제품 특성이나 혜택과는 달리 이와 같은 조직 연상이 제품과 결부되는 것은 간접적인 것이 된다.

그러나 성숙시장에서 제품 자체에 의한 차별화가 곤란한 경우에 조직 연상에 의해 차별화로 성공한다면 고객과의 강한 관계를 유지할 수 있다.

조직 연상은 조직의 혁신성, 신용, 안정성이나 시장에서의 리더십이 있는가, 없는가, 글로벌하게 활약하고 있는가, 반대로 지역에 집중하는가? 등 조직 특성에 관한 연상을 수반한다. 또, 종업원에 대한 신뢰감이나 호감과 같은 종업원 특성에 대한 연상도 수반한다. 조직 연상은 조직이 제공하는 가치에 대하여 고객이 혁신성을 인정하기도 하고, 우수한 서비스를 지각하기도 하는 것에 의해서 형성된다.

조직 연상을 창출하기 위해서는 조직문화의 육성이 필요하다. 그것을 위해서는 첫 번째로 기업이념을 명확히 하고, 행동규범으로써 구현하는 것이다(그림 3-13). 또 고객을 제일로 생각하고, 효율적으로 봉사하여 성과를 창출할 수 있도록 동기부여와 헌신, 종업원으로부터 성과를 끌어내기 위한 여러 가지의 프로그램이 필요하다. 조직 연상은 마케팅 프로그램을 지원하기 위해서 활용될 수 있다.

브랜딩
따라잡기
6

아웃백 스테이크 하우스: 미국 레스토랑

국적 가린 브랜드 노림수는 뭘까?

패밀리 레스토랑 "아웃백 스테이크 하우스"에 가면 마치 호주를 여행하는 기분이 든다. 디제리두 등 호주 원주민 전통의 악기와 호주 지도, 호주 풍경 사진 등이 벽에 걸려 있다. 메뉴를 보면 록햄프턴, 골드코스트 등 호주 지명이나 쿠카부라, 카카두 등 호주에서 서식하는 새 이름을 붙인 음식을 볼 수 있다. 남녀 화장실 표시도 호주 원주민 문자로 썼다. 어린이 고객을 대상으로 호주 풍물기행 프로그램도 운영하고 있다.

그러나 아웃백 스테이크 하우스는 호주에서 건너온 패밀리 레스토랑이 아니다. 미국 플로리다주 템파에 본사를 둔 외식업체다. 창업주도 미국인이고, 첫 매장도 1988년 템파에 냈다. 당시 "크로커다일 던디"라는 호주 영화가 인기를 끌면서 미국 사람에게 호주가 동경의 나라로 떠올랐다. 이 점을 노려 호주풍 패밀리 레스토랑으로 바꾼 것이다. 정작 호주엔 매장이 두 개밖에 없다. 이처럼 세계화시대에 국적을 알기 힘든 브랜드가 많다. 자기 브랜드에 가장 적합한 나라의 분위기를 앞세워 소비자의 지갑을 열게 하는 노림수가 숨어 있다. 마케팅도 해당 국가 이미지를 적극 활용하는 방향으로 펼쳐 소비자가 그 나라 브랜드로 생각하게 하고 있다.

▌자료 : 중앙경제, 2005년 5월 26일자 인용

그림 3-13 브랜드 연상-기업, 조직 관련 연상

예를 들면 A라는 전력회사는 기업의 신용과 지역사회와의 공생이라고 하는 점에서 호감이 가는 조직 연상을 지니고 있다. 따라서 발전설비 등의 견고한 설비를 만들어서 제공하는 것과 같은 서비스는 신뢰할 수가 있다. 또 한편으로 '보수적', '관료적'이라고 하는 연상도 불식시킬 수 있다.

한편, 디지털 콘텐츠를 비롯하여 고객 니즈의 변화가 심한 분야에서는 지금까지의 조직 연상이 불리하게 작용할 수가 있다. 이러한 경우에는 의욕적으로 새로운 연상을 창조하는 노력이 필요하다.

3. 브랜드 연상의 특징

앞에서 살펴본 바와 같이 브랜드 지식은 소비자의 기억 속에서 연상 네트워크를 형성하고 있다. 그러면 이러한 연상망 기억모델에 기초하여 연상은 어떤 특징들을 가지고 있는가? 다음에서 이러한 특징들에 대해 살펴본다.[26)]

1 연상의 수

브랜드 네임에 의해 상기되는 연상의 수는 브랜드 자산을 특징짓는데 사용되는 하나의 변인이다. 소비자들은 여러 브랜드에 대한 일련의 연상군을 구축한다. 예를 들어, 나이키(Nike)라는 브랜드 네임은 운동화(athletic shoes), 내구성(durability), 스워시(swoosh), 미첼 조단(Michael Jordan), 값비싼(expensive) 등의 연상을 떠오르게 한다(그림 3-6). 이러한 연상 중 일부는 브랜드 속성(attribute)이나 이점(benefit)인 반면 어떤 것들은 브랜드에 대한 소비자들의 경험을 나타낸다.

이와 관련하여 논의의 포인트는 브랜드 연상의 수가 많은 것이 바람직한가에 대한 것이다. 브랜드 연상의 수가 증가함에 따라, 그 브랜드에 대한 기억구조가 또한 풍부해짐과 동시에 복잡해진다. 일반적으로, 연상의 수의 증가는 브랜드 노드(node)에 도달하는 보다 다양한 길을 제공하기 때문에 기억에서 특정 브랜드 노드에 접근하는 것을 보다 용이하게 해준다. 반면, 연상의 수가 많은 것은 간섭으로 인해 이러한 연상들을 지니는 브랜드에 대한 기억을 감소시킬 수도 있다. 그러나 성숙기의 브랜드(mature brand)의 경우(신규 브랜드와 비교하여)에는 높은 수준의 인지가 구축되었기 때문에 이러한 간섭이 그리 강하게 발생할 가능성이 적다. 따라서 브랜드 자산의 관점에서는 브랜드가 보다 많은 다양한 브랜드 연상을 가지는 것이 중요하다.

2 연상의 유의성

소비자들은 그들의 기억 속에 많은 브랜드 연상들을 저장하는데, 이중 일부는 포지티브한(긍정적) 연상이고, 일부는 네가티브한(부정적) 연상이다. 따라서 많

26) Krishnan H.S. (1996), Characteristics of Memory Associations: A Consumer-Based Brand Equity Perspective, International Journal of Research in Marketing, 13, pp.389-405.

은 연상들이 부정적일 수 있기 때문에 연상의 수에만 초점을 두는 것은 잘못된 것이다. 그러므로 긍정적 연상 대 부정적 연상의 상대적인 영향력을 평가하는 것이 중요하다. 나이키 브랜드의 예에서 연상의 유의성을 평가할 수 있다. 운동화, 내구성, 스워시, 조단(Jordan), 그리스 여신은 긍정적 연상인 반면, '값비싼'은 부정적 연상이다. 따라서 연상의 유의성은 이러한 긍정적 연상과 부정적 연상의 토대 위에서 계산될 수 있다.

브랜드에 대한 소비자 태도의 호의성은 모든 브랜드 연상의 가장 기본이 되며 브랜드 강도에 있어서 핵심이다. 광고 관련 연구들에서 하나의 광고물은 그 브랜드에 대한 호감(liking)으로 전이가 된다. 이러한 경우에, 광고의 상대적 호감도를 나타내는데 사용되는 일반적인 척도는 긍정적 반응의 수에서 부정적 반응의 수를 뺀 것으로 순 긍정적 인지사고(net positive cognitive thoughts)이다. 이 척도는 광고가 아닌 브랜드에 초점을 맞추고 있음을 반영하는 것으로 연상의 유의성 측정에 적합하다고 할 수 있다.

강력한 브랜드는 순 긍정적 연상(net positive associations)을 구축하는데 일관되게 초점을 맞춰야 한다. 게다가, 브랜드의 강도는 또한 이러한 순 긍정적 연상이 최고 수준에 얼마나 근접했는지를 고려함으로써 확인될 수 있다. 대부분 긍정적 사고를 유발하는 브랜드는 1에 가까운 순 긍정적 비율을 지닐 가능성이 높다. 브랜드 자산이 극도로 높거나 낮은 브랜드들은 모두 많은 연상들을 지닐 수 있기 때문에, 오직 브랜드 연상의 유의성에 대한 파악만이 이러한 브랜드들 간의 차이에 대해 말해줄 수 있다.

③ 연상의 독특성

브랜드에 관한 정보는 제품 카테고리에 관한 정보와 그 카테고리 내의 다른 브랜드들에 관한 정보 또한 포함하는 복잡한 기억 네트워크의 일부분이다. "내구성(durability)"이 나이키(brand) 및 운동화(product)와 공유되듯이 몇몇 브랜드 연상은 '제품'과 공유될 수 있다.

〈그림 3-14〉에서 보여주는 것처럼 브랜드 A의 공유된 연상은 A1, A2, A5, 그리고 A6이며, 독특한 연상은 A7이다. 브랜드는 해당 범주의 구성원으로 분류되기 위해서 범주와 공유된 연상을 필요로 한다. 범주에서 어떤 오해는 치명적이다. 예를 들면 Sunlight 세제가 처음으로 도입되었을 때, 소비자들은 신제품의 라벨에 레몬 그림이 그려져 있어서 레몬주스로 그 제품을 분류하였다.

그림 3-14 연상의 독특성

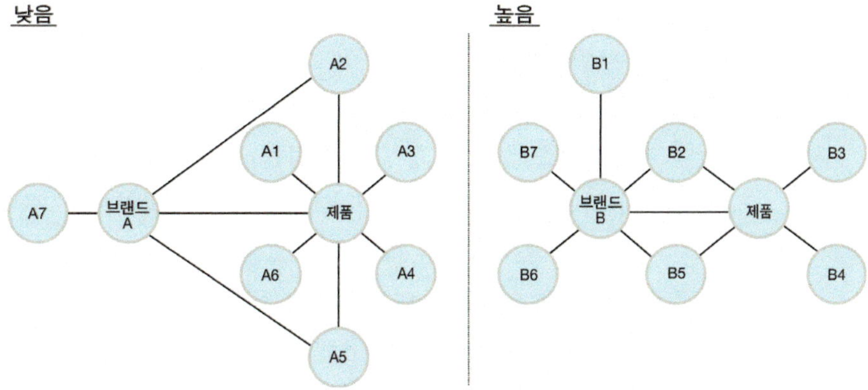

제품과 공유된 연상의 수가 증가함에 따라 브랜드는 그 카테고리의 원형(prototypical)이 될 가능성이 증가하고, 이는 그 브랜드가 표준적인 제품의 특징(standard product features)과 연합될 가능성이 증가함을 뜻한다. 이러한 경우에(예를 들면, Xerox, Post-it은 전형성이 매우 높은 브랜드이다.), 브랜드 네임의 일반적인 사용은 그 브랜드가 보다 쉽게 회상되게 하고, 또한 구매 고려군(purchase consideration set)에 포함될 가능성을 높여준다. 그러나 만일 소비자들이 그 브랜드에 대한 새로운 정보나 메시지를 처리하지 않는 대신 그들의 전형성의 인상(prototypical impressions)에 의존한다면, 이러한 전형성은 오히려 해를 끼친다. 그러므로 높은 브랜드 자산의 이상적인 상태는 그 제품 카테고리의 구성원으로써 정확하고 빠르게 분류되기 위해 다량의 공유된 연상을 가짐과 동시에 그 브랜드가 제품 카테고리에서 눈에 띌 수 있도록 하는 몇몇 독특한 연상을 가져야 한다.

나이키와 리복이 "값비싼"과 "운동화"라는 연상을 공유하는 것처럼 몇몇 연상은 브랜드들 간에 공유되는 반면, 나이키는 리복이 가지지 못하는 "스워시"와 "소단"과 같은 독특한 연상을 지닌다. 독특한 연상은 해당 카테고리 내에서 브랜드 이미지에 영향을 미치고 소비자의 마음속에서의 브랜드 포지셔닝을 반영하기 때문에 중요하다. 그러므로 카테고리 내의 다른 브랜드들에 비해 특정 브랜드가 지니는 독특한 연상은 소비자의 마음속에 차별적인 브랜드 포지셔닝을 심는데 사용될 수 있는 것이다.

요약하면, 연상은 경쟁 브랜드와 차별화되고 독특해야 한다. 궁극적으로 브랜딩이란 차별적인 연상을 고객의 마음속에 심는 작업이며, 이를 통하여 강력한 브랜드 자산을 형성하는 것이다.

④ 연상의 원천

브랜드에 대한 소비자들의 직접 또는 간접적인 개인 경험에 더불어, 미디어 광고는 브랜드 연상을 형성, 반영하는 주요 자원임이 분명하다. 이에 더불어 연상의 다른 원천으로는 패키징, 기업, 아이덴티티, PR, 판매촉진 등이 있다.

이와 같이 소비자들은 다양한 경로를 통해 제품에 대해 알게 되는데, 특정 경로로 형성된 연상들은 연상 강도에 있어서의 차이를 유발하기 때문에, 브랜드 자산에 보다 중요한 구성요소가 된다. 이러한 경로에 대한 기본적 구분은 그것이 브랜드와의 직접경험(사용, 시용…)이냐 간접경험(광고, 구전…)이냐 하는 것이다. 간접경험과 비교하며 직접경험을 통해 형성된 연상은 보다 자기관련적(self-relevant)일 가능성이 높고, 보다 확실하며, 보다 생생한 자서전적 기억(autobiographical memories)을 형성한다. 따라서 직접경험에 바탕을 둔 연상의 비율이 높은 브랜드는 상대적으로 높은 브랜드 자산을 가진다.

일반적으로 가장 강력한 연상을 불러일으키는 요인은 과거의 사용경험이다. 다음에 자신이 쉽게 영향을 받는 가족, 친구, 의견 선도자, 중립적인 기관, 또는 커뮤니티에 의해서도 야기된다.

⑤ 이차적 연상

브랜드 연상의 개념을 좀 더 확장할 수 있다. 브랜드 연상은 기억 네트워크의 한 부분이기 때문에, 이러한 1차적 브랜드 연상에 대한 연상(즉, 2차적 연상)을 조사하는 것 또한 유용하다. 이유는 시간이 흐름에 따라 이러한 2차적 연상들이 브랜드로 전이될 수 있기 때문이다. 마케팅 프로그램에서 브랜드의 1차적 연상인 다른 실체들이 이러한 2차적 연상들을 레버리지할 수 있다. 예를 들면, 나이키 브랜드에 대해서 1차적 연상인 '조단'은 농구, 성공, 그리고 시카고 불스(Chicago Bulls)와 연관되어 있다. 이러한 관계가 〈그림 3-15〉에서 보여주고 있다. 즉, 브랜드 A에 대해 C1, C2, 그리고 C3로 나타나고 있다. 이러한 2차적 연상(농구, 성공, 그리고 시카고 불스)들이 나이키 브랜드에 '조단'을 매개로 하여 전이가 된다. 예를 들면 농구(basketball)와의 연계는 직접적으로 브랜드 인지를 도울 수 있으며, 성공과의 연계는 브랜드 개성으로 보일 수 있다. 따라서 이러한 2차적

그림 3-15 2차적 연상들

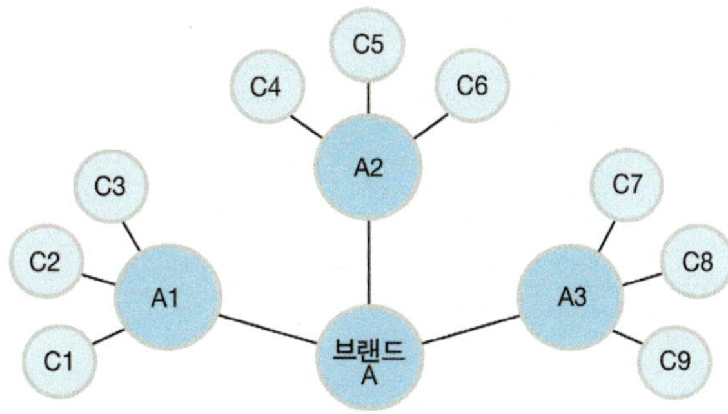

연상이 브랜드에 현재 존재하지 않을지라도 이들 2차적 연상은 장기적으로 많은 잠재성을 가지고 있다고 말할 수 있다. 우리들이 광고를 할 때, 유명인사(celebrity)의 이미지 분석에 기초하여 특정 브랜드에 유명인사를 활용하는 경우를 볼 수가 있다. 이것이 바로 2차적 연상이다(2차적 연상을 통한 브랜드 지식의 창출에 관해서는 제11장에서 상세하게 설명할 것이다.).

⑥ 연상의 공명

일반적으로 브랜드 연상은 브랜드가 제시될 때 떠오르는 생각에 초점이 맞추어져 있다. 따라서 브랜드로부터 연상으로의 방향성을 가정하는 것이다. 브랜드 연상에 관한 연구들은 전형적으로 다음과 같은 질문을 사용함으로써 브랜드 의미를 조사한다. 당신이 ○○○브랜드를 생각할 때, 무엇이 생각납니까? Goodyear 같은 브랜드는 제품 카테고리(예: 타이어), 구체적 특징이나 속성(예: 트레드에 새겨진 무늬), 사용상황(높은 속도), 소비자 혜택(내구성) 등 브랜드와 연계된 다양한 여러 연상들이 도출된다.

이러한 조사연구들은 종종 브랜드 연상의 이중적 특징을 무시하곤 한다(그림 3-16). 전략적 질문은 "브랜드가 무엇을 환기시킵니까?"가 아니라 "특정 단서를 생각할 때 어떠한 브랜드가 떠오르는가?"이다. 자동차의 경우, '안정성(safety)'이라는 단서를 제시했을 때 'VOLVO' 브랜드가 떠오른다. 이러한 관계들을 다음의 〈그림 3-16〉이 설명하고 있다.[27] 브랜드를 제시했을 때 떠오르는 연상으로부터

27) Peter H. Farquhar (2003), Discover the Blind Spots in Your BRANDVISION, Marketing Management(May/June), pp.18-35.

그림 3-16 브랜드 연상의 이중적 성격

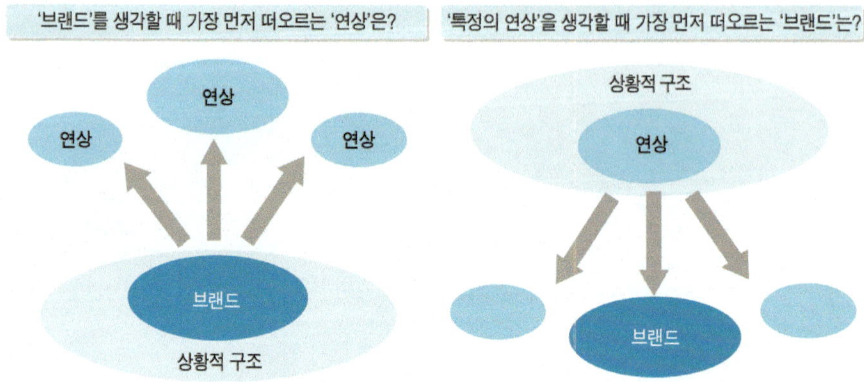

브랜드 의미(brand meaning)가 결정된다. 그 반대로 특정의 연상을 단서로 제시했을 때 떠오르는 브랜드는 바로 브랜드 파워(brand power)를 나타낸다고 할 수 있다. 즉, 특정의 연상 강도는 특정 카테고리 내에서 브랜드 우위와 다른 카테고리로 확장해 나가는 브랜드의 능력을 결정한다.

따라서 이러한 연상의 공명관계를 나타내 보면(그림 3-17), 연상이 제시될 때 브랜드가 떠오른다면 그 반대의 화살이 또한 그려질 수 있다 소비자들은 항상 그들이 "브랜드가 높은 품질을 가지고 있다." 혹은 "브랜드가 이러한 제품 카테고리에서 최고다."라는 선택을 할 때, 브랜드를 첫 번째로 생각하는 것은 아니다. 따라서 높은 수준의 공명은 브랜드가 다양한 연상에 의해서 단서로 주어지는 경우에 바람직하다. 예를 들면 나이키는 소비자들이 스워시, 조단, 혹은 운동화(A1, A2, A4 그리고 A5)를 생각할 때마다 이러한 연상들이 나이키 브랜드를 떠오르게 하기 때문에 단서로써 나이키 브랜드는 혜택을 받을 수 있다. 따라서

그림 3-17 연상의 공명

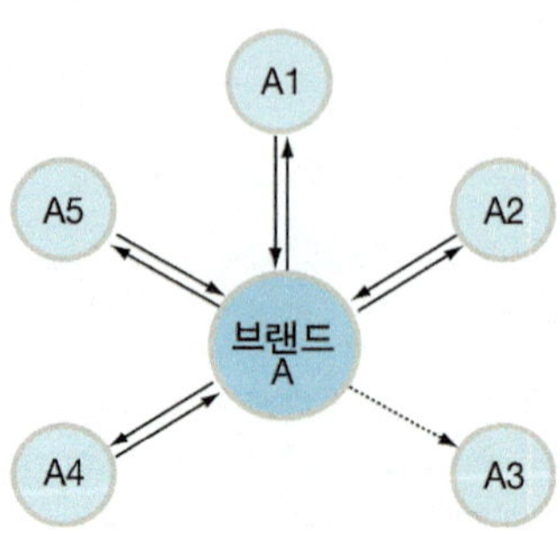

그림 3-18 연상의 상호 연결성

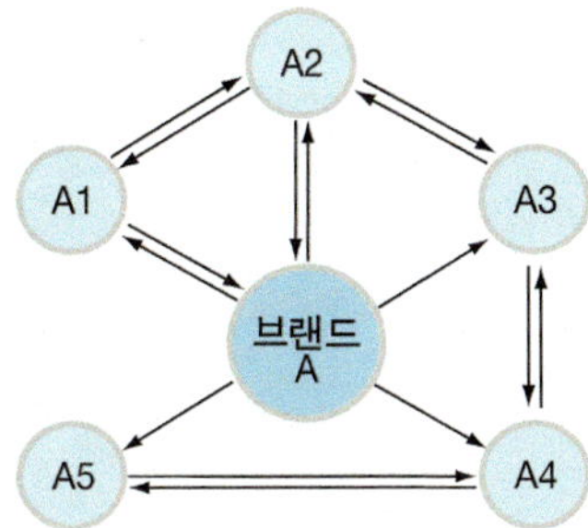

높은 수준의 공명은 브랜드 자산의 지표가 된다.

⑦ 연상의 상호 연결성

〈그림 3-18〉은 연상 간의 상호 작용성을 나타내고 있다. 이것은 주요 연상 간의 복잡한 혹은 단순한 연상 네트워크를 나타낸다. 예를 들면 A1-A2, A2-A3, A3-A4, 그리고 A4-A5 간의 연결이 브랜드 A에 대한 높은 수준의 상호 연결성을 이끈다. 높은 수준의 상호 연결성은 다양한 연상들이 교차단서(cross-cue)로써 작용하기 때문에, 연상들이 함께 저장되며 전체로써 인출된다. 이러한 네트워크 중앙에 위치한 브랜드는 이러한 현상들로부터 혜택을 볼 수가 있다. 그러므로 높은 수준의 상호 연결성은 또한 브랜드 자산의 지표로써 간주된다.

4. 브랜드 연상의 가치

브랜드 연상은 네임이나 로고에서 연상되는 개념이나 이미지, 감정 그 자체에 지불되어지는 대가를 훨씬 초월한 효과를 시장에서 실현시킨다. 이러한 브랜드 연상의 효과는 브랜드가 특정 제품에 부착됨에 따라 발생되는 것이다.

브랜드 연상을 평가할 때, 연상되는 이미지 그 자체의 매력이 아닌 브랜드 연상이 제품이나 서비스와 연계하여 생성되는 가치에 주목하지 않으면 안되는 것이다. 브랜드 연상에 의한 높은 로열티나 가격 프리미엄의 형성이라는 결과는 간접적으로 달성되는 것이다. 〈그림 3-19〉에서 보여주는 것처럼, 이러한 간접적

그림 3-19 브랜드 연상의 가치

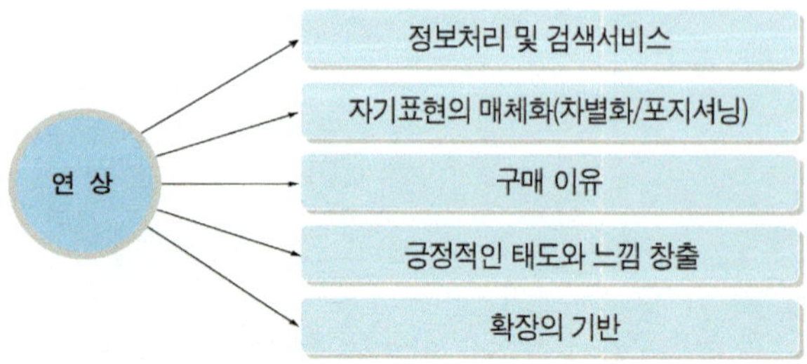

인 브랜드 연상의 기능으로써 아커는 다섯 가지를 들고 있다.[28]

① 정보처리 및 검색 서비스

브랜드 연상에는 정보처리 부하를 감소시키는 기능이 있다. 브랜드는 소비자가 행하는 구매의사결정을 위한 정보처리 활동을 단순화하는 수단이 된다. 브랜드는 소비자가 기억하고 있는 상품의 품질이나 속성 혹은 상품을 공급하는 기업의 능력 등을 상기하는 단서가 된다. 소비자는 이렇게 상품에 부여된 브랜드로부터의 연상을 이용하여 이들 정보를 새롭게 수집하고 판단하지 않아도 되는 구조로 변해간다.

예를 들어, SONY 브랜드가 부여된 제품이라면 소비자는 상품의 속성을 철저히 알아보지 않아도 '창조적'이고 '패셔너블'한 요소를 갖추고 있을 것이라고 판단할 수 있다. 이처럼 브랜드 연상은 소비자의 정보처리 부하를 삭감해 주는 것이다.

② 자기표현의 매체화

브랜드에는 제품을 자기표현의 매개로 하는 기능이 있다. 롤렉스시계, 나이키 스니커즈, 아르마니 양복, BMW 스포츠카 등, 소비자는 자신이 소유하고 있는 다양한 제품을 통하여 스스로의 지위나 가치관을 주장할 수 있다. 이러한 제품을 매개로 한 자기표현은 소비자 자신을 만족시키기 위한 행위임과 동시에 타인에 대한 커뮤니케이션 행위이기도 하다. 즉, '최첨단'을 이끄는 생활 속의 소비자는 자기 자신뿐만 아니라 사회 전체 또는 특정 집단에 대해서도 '최첨단'으로 보여주

28) David A. Aaker (1991), Managing Brand Equity: Capitalizing on the Value of a Brand Name, The Free Press, pp.199-203, 역서.

어야 하기 때문이다.

브랜드를 부여함으로써 제품은 소비자의 자기표현 매체로서의 유용성이 높아지게 된다. 브랜드는 많은 사람들에게 공통의 항목을 상기시킨다. 즉, 소비자가 소유하고 있는 제품에 의해 자신의 존재를 표현하려고 할 때, 브랜드가 부여됨에 따라 다른 사람들에게 공통의 항목을 연상시킬 수가 있는 것이다. 예를 들어, 소비자가 생활 속에서 최첨단적 테크놀로지를 이용하여 자신의 지위나 가치관을 표현하려 할 때, 그 최첨단을 이끄는 SONY 브랜드가 부여되어 있다면 보다 많은 사람들로부터 확실한 공통의 인식을 얻을 수 있게 되는 것이다.

③ 구매 이유

많은 브랜드 연상은 그 브랜드만을 사용하고 구매하는 구체적인 이유를 제공하는 제품의 속성과 고객 혜택을 포함한다. 이러한 연상은 구매결정이나 브랜드 충성도에 대한 근거를 나타낸다. 이런 관점에서 살펴보면 크레스트는 충치예방 치약이고, 콜게이트는 깨끗하고 하얀 이를 위한 치약이며, 클로즈업은 보통 치약의 기능 외에도 입 안을 상쾌하게 하는 목적으로 사용된다. 메르세데스 벤츠와 아메리칸 익스프레스의 골드카드는 사용자에게 높은 지위를 부여한다.

어떤 연상들은 브랜드에 신뢰성을 부여함으로써 구매결정에 영향을 미친다. 만약 윔블던 테니스 대회의 챔피언이 특정 테니스 라켓을 사용한다든지, 어떤 헤어스타일리스터가 특정 염색약을 사용한다면 소비자들은 이러한 브랜드들을 더 편안하게 받아들일 것이다. 또 이탈리아어 이름과 그에 동반되는 이탈리아적 연상은 피자 회사에 신뢰성을 부여할 수 있다.

④ 긍정적인 태도와 느낌 창출

어떤 연상은 소비자에게 호감을 주어 브랜드로 곧바로 전달되는 긍정적인 감정을 유발시킨다. 빌 코스비 같은 유명인사와 졸리그린자이언트 같은 심벌, 그리고 "손을 내밀어 인사를 나누세요." 같은 슬로건은 소비자에게 호감을 주고 긍정적인 감정을 자극한다. 연상과 그것이 수반하는 감정은 브랜드와 연결된다. 메트로폴리탄 생명보험의 대변인 역할을 하고 있는 "찰리 브라운" 캐릭터들은 메트로폴리탄 생명보험과 찰스 슐츠의 호감 가는 만화 주인공들과 그들이 지닌 따뜻하고 긍정적인 감정들을 연결시킴으로써 거대하고 비인간적인 조직과 심각한 메시지를 보다 부드럽게 전달해 준다.

어떤 연상은 제품을 사용하는 동안 무엇인가 달라졌다는 느낌을 주어 생각을 전환시키고 긍정적인 감정을 창출한다. 예를 들어 광고는 펩시콜라를 마시는 경험을 더욱 재미있게 하고, 보롱코를 운전하는 것을 더욱 모험적으로 느끼게 한다.

⑤ 확장의 기반

연상은 브랜드 네임과 신제품 사이에 어울리는 느낌을 창출함으로써 또는 확장된 브랜드 제품을 구매해야 할 이유를 만들어 냄으로써 확장의 기반을 제공한다. 작은 전동기를 개발한 혼다의 경험은 오토바이에서부터 선외 모터와 잔디 깎는 기계까지 확장을 가능하게 만들었다. 마찬가지로 썬키스트는 건조과일, 청량음료, 비타만 C정을 포함한 다양한 제품에 맞는 브랜드 네임을 만들어 주는 '오렌지'와 건강한 야외활동을 연상케 한다. 브랜드 확장에 관해서는 제12장에서 더욱 상세하게 논의될 것이다.

제5절 바람직한 브랜드 지식구조의 결정

지금까지 소비자의 기억 속에 존재하는 브랜드 지식구조의 특징들에 대하여 살펴보았다. 이제 기업은 바람직한(의도하는) 브랜드 지식구조를 결정하는 방법 즉, 기업이 소비자들에게 그 브랜드에 대해 알려주고 싶은 것이 무엇인지를 결정하는 방법을 알아볼 것이다.

바람직한 브랜드 지식구조를 결정하는 일은 다음과 같은 내용들을 포함하고 있다.

① 브랜드 포지셔닝과 관련이 있다. 브랜드 포지셔닝은 '기업의 제품(제공물)과 이미지를 디자인하는 행위, 그리고 이를 통해서 타깃이 되는 고객의 마음속에 차별화되고 가치 있는 위치를 차지하는 것'을 의미한다. 따라서 포지셔닝이란 그 단어가 의미하는 것처럼 목표 고객의 마음속에 적절한 위치를 발견해 내면서 그들이 그 제품에 대해 올바르고 바람직한 방식으로 생각할 수 있게 하는 것과 관련이 있다(상세한 내용은 제6장을 참조하기 바란다).

② 브랜드 요소와 관련이 있다. 즉 브랜드 포지셔닝에 기초하여 브랜드 요소를 설계하게 된다. 이는 브랜드 아이덴티티의 표현요소로써 의도하는 브랜드 지식을 소비자에게 전달하는 역할을 한다(상세한 내용은 제7장을 참조하기 바란다).

바람직한 브랜드 지식구조를 일반적으로 브랜드 아이덴티티라고 부른다. 바람직한 지식구조는 기업이 의도하는 브랜드 의미로써 마케팅 활동에 의해 소비자 기억 속에 나타나는 브랜드 지식을 형성하게 된다. 이러한 소비자의 기억 속에 형성된 브랜드 지식을 브랜드 이미지라 부른다. 이들에 대해서는 제3부에서 상세하게 설명할 것이다.

[생각해볼 문제]

1. 여러분이 가지고 있는 브랜드나, 혹은 충분히 이용 · 접촉하고 있는 브랜드를 생각해 보자. 브랜드 자산의 원천인 브랜드 지식을 확인해 보자. 브랜드 지식을 구성하는 인지도와 연상의 강도, 호의도, 그리고 독특성을 평가해 보자.

2. 우리나라의 이미지 형성에 긍정적으로 작용하는 요소와 부정적으로 작용하는 요소를 각각 10가지씩 찾아 비교해 보자.

3. 우리나라를 나타내는 표현, '은자의 나라', '조용한 아침의 나라', '동방예의지국', '다이내믹 코리아' 등을 하나씩 맡아 이 표현들이 언제, 어떻게 나타났는지 거기에 담긴 뜻은 무엇인지를 자세히 조사하여 보자.

4. 애니콜을 예로 들어서, 소비자의 머릿속에서 어떤 형태의 연상기억 네트워크를 형성하고 있는지를 조사하여 보자.

제4장

브랜드 지식의 차별적 마케팅 효과

이번 장의 주요 이슈

소비자에게 있어서 강한 브랜드 지식을 갖는 브랜드(강력한 브랜드)는 그렇지 못한 브랜드보다 여러 마케팅 이점을 누릴 수 있다. 따라서 이번 장에서는 브랜드 지식의 차별적 마케팅 효과와 관련된 주제에 대해 알아볼 것이다.

❶ 강력한 브랜드(브랜드 지식의 효과)의 소비자 반응은 어떤 영역에서 나타나는가?
❷ 강력한 브랜드(브랜드 지식의 효과)는 소비자 행동에 어떻게 영향을 미치는가?
❸ 강력한 브랜드(브랜드 지식의 효과)는 마케팅 활동에 대한 소비자 반응에 어떻게 영향을 미치는가?

제 1 절 브랜드 지식의 차별적 반응의 개관

소비자에게 있어서 더 강한 브랜드 지식을 갖는 브랜드(강력한 브랜드)는 그렇지 못한 브랜드보다 여러 마케팅 이점을 발휘하게 된다.[1] 〈그림 4-1〉은 강력한 브랜드에 대한 마케팅 활동을 통하여 나타나는 차별적 반응의 영역을 보여주고 있다.

브랜드 자산의 원천은 소비자가 브랜드에 대해 가지는 지식에 있다라는 논리의 근본은 마케팅 활동에 대한 소비자의 반응은 그들이 브랜드에 대해 가지고 있는 지식의 차이에 따라 달라지며 그 반응의 차이가 매출이나 이익과 같은 마케팅 효과에서도 차이를 만들어내고 있다는 것이다. 즉, 소비자가 그 브랜드를 알고는

그림 4-1 강력한 브랜드의 마케팅 이점

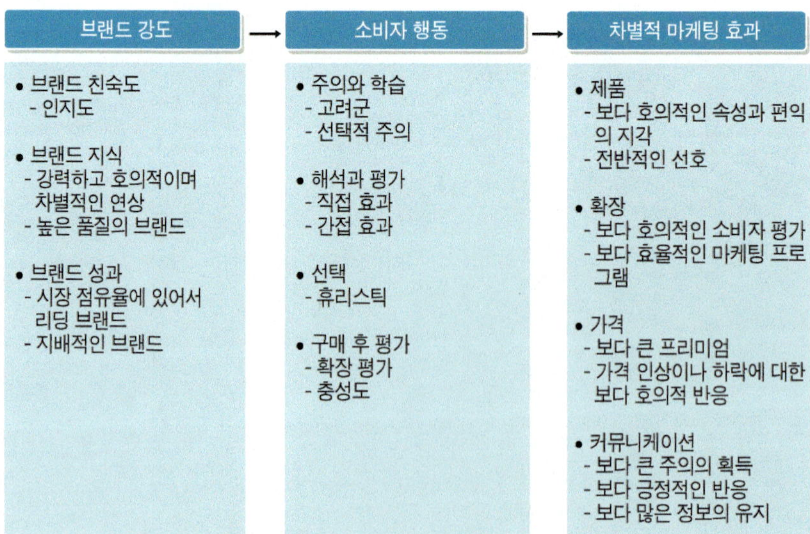

1) Steve Hoeffer, Kevin Keller (2003), The Marketing Advantages of Strong Brands, Journal of Brand Management, Vol.10(August), No.6, pp.421-445.

있는가, 좋은 이미지를 가지고 있는가에 따라 마케팅 활동에 대한 소비자의 반응이 달라질 수 있으며, 그 결과로 매출이나 이익에도 차이가 나타난다는 논리이다. 이처럼 브랜드 지식의 차이로 인해 소비자 반응은 다음과 같은 영역에서 다르게 나타난다.

❶ 브랜드 강도를 나타내는 여러 지표들 : 마케터들은 브랜드 강도(brand strength)의 특징을 명확하게 파악하지 못하였음에도 불구하고 어떤 기준이 없이도 강력한 브랜드에 대한 동의는 존재하고 있다. 예를 들어, Rolex는 항상 강력한 브랜드로 간주되고 있다. 그러나 브랜드 강도를 나타내는 지표가 몇 가지 있다. 브랜드 강도를 나타내는 지표는 브랜드의 친숙도와 브랜드의 시장점유율이다. 강력한 브랜드는 보통 높은 시장점유율을 지녔지만, 시장점유율만으로는 강력한 브랜드와 그렇지 않은 브랜드를 구별할 수 없다. 또한 소비자의 브랜드 지식 역시 브랜드 강도의 지표로 활용된다. 이러한 강력하고, 호의적이며 독특한 연상은 이미지, 명성(reputation), 고품질, 고평가, 긍정적인 태도 등을 포함한다.

❷ 브랜드 지식의 효과는 소비자 행동의 여러 측면에서 다양하게 발생된다. 즉 브랜드 지식은 소비자 행동의 여러 단계(주의와 학습 → 해석과 평가 → 선택 → 구매 후 평가)에 영향을 미친다. 결과적으로 브랜드 지식의 효과가 증명될 수 있는 다양한 경로가 있다.

❸ 강력한 브랜드는 모든 형태의 마케팅 활동에 영향을 준다. 제품 측면에서 강력한 브랜드는 소비자로부터 전반적인 선호를 받을 뿐만 아니라 속성과 혜택에 대한 선호(보다 높은 지각품질)를 받는다. 강력한 브랜드의 확장은 약간 브랜드의 확장보다 높은 수준의 선호를 받으며 마케팅 프로그램을 수행하는데 있어 효율적으로 자원을 활용할 수 있다. 강력한 브랜드는 프리미엄이라는 이점을 가지고 있는데, 프리미엄이란 단순히 가격 상승의 이점만 있는 것이 아니라 소비자에게 보다 호의적으로 접근할 수 있게끔 해준다. 마지막으로 강력한 브랜드는 보다 높은 주의(attention)와 반응을 받으며, 궁극적으로 브랜드 정보를 커뮤니케이션할 때 보다 효과적으로 소비자의 기억에 저장될 수 있다.

제2절 소비자 행동에서의 차별적 반응

소비자에 있어서 더 강한 브랜드 지식으로 인해 나타나는 차별적 반응은 AIDA 효과 계층모델(주의, 관심, 욕망, 그리고 행동)을 기초로 하여 설명할 수가 있다. 즉 AIDA 효과계층 모델을 활용하여 주의와 학습, 해석과 평과, 그리고 선택의 3단계 과정에서 브랜드 지식의 차별적 반응을 설명할 수 있다.

1. 주의와 학습: 브랜드 지식의 구축

강력한 브랜드는 브랜드 인지와 이미지를 구축할 때, 알려지지 않은 브랜드보다 더욱 잘 부호화(encoding)되고 기억되어진다. Alba and Hutchinson(1987)[2]은 잘 구축된 정교한 지식은 새로운 연상의 결합을 촉진한다고 하였다. 또한 Kent and Allen(1994)[3]은 소비자들은 친숙한 브랜드의 연상구조에서 더욱 많은 정보의 접점인 링크(link)들을 활성화할 것이라는 추론을 정보조직모델과 스키마 연구를 사용하여 확인하였다. 연구결과, 강력한 브랜드는 소비자의 지식구조가 보다 정교화되어 있기 때문에 브랜드와 관련한 지식을 형성하는 링크(link)들을 활성화할 가능성이 크다. 반대로, 소비자들이 정교화 되지 않은 지식 구조를 가질 때, 연상들은 특별한 브랜드가 아닌 제품 카테고리에 기억될 뿐이다. Bowman and Gatignon(1996)[4]은 후발 브랜드는 선발 브랜드보다 새로운 특징이 많지 않게

2) Alba J.W. & Hutchinson W.J. (1987), Dimensions of Consumer Expertise, Journal of Consumer Research, Vol.13, (March) pp.411-455.

3) Kent R.J. & Allen C.T. (1994), Competitive Interference Effects in Consumer Memory for Advertising: The Role of Brand Familiarity, Journal of Marketing, Vol.58(July), pp.97-105.

4) Bowman D. & Gatignoh H. (1994), Order of Entry as a Moderator of the Effect of the

보이기 때문에 학습은 점점 감소한다고 하였다.

① 고려군

브랜드 강도와 관련된 또 다른 이점은 소비자의 구매 고려대상의 제품군으로 접근하기가 좀 더 쉽다는 점이다. 강력한 브랜드는 매우 다양한 맥락 안에서 많은 연상을 가지므로 접근 가능성의 이점을 갖는데, 이것은 친근한 브랜드가 소비자의 고려대상 제품군 속에 더욱 많이 위치할 수 있다는 것을 암시한다. 그들의 욕구를 만족시킬 수 있을 것으로 보여지는 잘 알려진 브랜드는 소비자들이 제품을 탐색할 때, 선택되어질 확률이 높다는 이점을 가진다.

② 선택적 주의

강력한 브랜드는 다양한 마케팅 활동을 통하여 소비자들에게 브랜드 네임, 로고, 심벌, 그리고 슬로건을 노출시킨다. 이때 소비자들은 자동적으로 정보를 부호화하게 되고 따라서 그들은 비자발적인 수준에서 브랜드 강도에 영향을 받는다(Hasher and Zacks).[5] 로고와 심벌과 같은 비언어적 정보는 언어적 단서보다 더욱 의미가 풍부하다. 또한 강력한 브랜드는 소비자의 선택적 주의(selective attention)가 증가됨으로써 이점을 누릴 수 있다. Tellis(1988)는 친숙한 브랜드는 소비자에게 선택적으로 더욱 더 많이 노출이 되고 주의를 받으며 이해되어지고, 그리고 정보 보유를 하게 한다고 주장한다.[6] 또한 Kent and Allen(1994)은 소비자는 잘 알려진 브랜드의 광고에 선택적으로 더 많은 주의를 기울인다고 하였다.

요약해서 말하면 강력한 브랜드는 소비자들에게 쉽게 주목을 받고 또한 강력한 브랜드의 광고는 소비자들의 브랜드 정보에 대한 자발적인 처리과정이 없을 때에도 호의적인 연상을 창출할 수 있다. 게다가 소비자들은 강력한 브랜드에 더 많은 선택적 주의를 기울인다.

Marketing Mix on Market Share, Marketing Science, Vol.15, No.3, pp.222-242.

5) Hasher L. & Zacks R.T. (1979), Automatic and Effortful Processes in Memory, Journal of Experiental Psychology: General, Vol.108, No.3, pp.356-388.

6) Tellis G.J. (1988), Advertising Exposure, Loyalty, and Brand Purchase: A Two-Stage Model of Choice, Journal of Marketing Research, Vol.25(May), pp.134-144.

2. 해석과 평가: 브랜드 지식의 활용

소비자는 강력한 브랜드에 대해 브랜드 및 관련된 마케팅 정보의 해석과 평가 방법에 있어서 차이를 나타내는데 이것을 발생시키는 직접, 간접적인 메커니즘에 대해 살펴보자.

1 직접 효과

직접 효과는 브랜드 관련 정보가 직접적으로 의사결정과정에 반영되었을 때 발생한다. 예를 들면, 브랜드 지식의 차이에 의해 의사결정을 조절하는 한 가지의 개념적 메커니즘은 손실회피성향(loss aversion)이다. 손실회피성향으로, 잘 알려진 브랜드로부터 스위칭으로 인한 손실은 잘 알려지지 않은 브랜드의 사용을 통해 기대되는 잠재적인 이득보다 더 크게 느껴진다. 그러므로 잠재적인 손실로 인해 브랜드 스위칭의 장벽이 형성되고 이것은 곧 잘 알려진 브랜드의 이점이 된다.

소비자들은 의사결정을 함에 있어 친근한 브랜드와 연계된 브랜드 애착(brand affect)에 의존하는 경향이 있다. Sullivan(1998)은 모 브랜드의 품질 명성이 하위 브랜드가 부착된 자동차의 재 판매가격에 영향을 미친다는 것을 발견했다.[7] 즉, 품질 명성이 있는 모 브랜드 하의 하위 브랜드 자동차가 동일 품질을 가진 다른 자동차 브랜드보다 더 높은 재 판매가격을 받을 수 있다. Brown and Stayman (1992)은 브랜드에 대한 긍정적인 느낌과 관련된 '후광효과(halow effect)'는 그 브랜드에 대한 광고 평가를 긍정적으로 유도할 수 있다고 주장하였다(브랜드 심리학 8).[8]

이와 유사하게, 소비자의 브랜드 신뢰는 정교화된 지식구조로부터 오는 또 다른 잠재적인 진단적 단서이다. 소비자가 어떤 영역에 친밀감을 느낄 때 소비자의 브랜드 신뢰는 증가한다. 또한 소비자의 브랜드 신뢰는 의사결정을 용이하게 하는 호의적인 연상의 활용을 활성화한다.

---

7) Sullivan M.W. (1998), How Brand Names Affect the Demand for Twin Automobiles, Journal of Marketing Research, Vol.35(May), pp.154-165.

8) Brown S.P. & Stayman D.M. (1992), Antecedents and Consequences of Attitude toward the Ad: A Meta-Analysis, Journal of Consumer Research, Vol.19(June), pp.34-51.

요약하면, 소비자들은 강력한 브랜드를 평가하고 선택할 때 브랜드 애착뿐만 아니라 친숙성과 연계된 신뢰 또한 직접적으로 사용하는 경향이 있다.

② 간접 효과

간접 효과는 아마 일반적이고, 의사결정 환경에 불확실성이나 모호함이 있을 때 일어난다. 브랜드 정보가 얻어진 후에 소비자들은 그 정보를 해석하고 평가한다. 만약 브랜드와 관련된 정보에 모호함이 있다면, 간접효과는 아마 더욱 중요해질 것이다. 일반적으로, 의사결정과정에서 모호함은 강력한 브랜드에 유리하다.

Hoch and Deighton(1989)은 소비자들이 의사결정에 있어 애매한 상황에 놓이게 되면 강력한 브랜드에 더 이끌리게 된다고 하였다.[9] 모호한 자극을 평가할 때 평가방향에 주요한 결정요인은 이전의 태도이다. 이전의 긍정적인 브랜드는 타 브랜드보다 더 수용적이고 덜 비판적이다. 따라서 소비자들이 해석과 평가를 할 때 강력한 브랜드는 간접적으로 좀 더 강하고 호의적인 연상작용을 가능케 한다.

3. 선택 : 브랜드 지식의 적용

아마도 선택단계에서 강력한 브랜드의 가장 큰 이점은 선택 휴리스틱(choice heuristic)일 것이다. 본질적으로 소비자가 제품 카테고리에 대한 사전지식이 거의 없을 때, 브랜드는 아마도 가장 접근이 용이하고 이용이 가능한 진단적인 단서일 것이다(브랜드 심리학 9). Dodds, Mohroe and Grewal(1991)은 고급 이미지를 가진 점포에서 친숙한 브랜드는 높은 가격과 구매 가능성의 진단적 단서로써 역할을 할 것이라고 주장한다.[10] 더구나 소비자가 이전의 경험이 제한적일 때, 진단적 단서로써 친숙한 브랜드를 사용하는 것은 위험과 불확실성에 대처하기 위한 소비자 전략이 되는 것이다.

---

9) Hoch S.J. & Deighton J. (1989), Managing What Consumers Learn from Experience, Journal of Marketing, Vol.53(April), pp.1-20.

10) Dodds W.B., Mohroe K.B. & Grewal D. (1991), Effects of Price, Brand, and Store Information on Buyers' Product Evaluations, Journal of Marketing Research, Vol.28(August) pp.307-319.

브랜드 심리학 8

후광효과

후광효과(halo effect)란 어떤 대상을 평가할 때 한 분야에 대한 호의적, 비호의적인 인상이 다른 분야에 있어서의 평가에 영향을 미치는 것을 말한다. 즉 소비자들이 상품을 평가하는 경우에 상품과 관련된 일부 속성에 의해 형성된 이미지가 직접적으로 관련이 없는 다른 속성의 해석에 영향을 미치는 것을 말한다.

소비자는 브랜드나 제품의 평가과정에서 품질수준에 대한 정보가 부족할 때, 더 이상의 추가적인 정보 획득 없이 제조기업의 이미지만을 통해서 그 브랜드나 제품을 평가한다. 소비자들은 브랜드나 제품을 구매할 때, 많은 브랜드나 제품 모두를 구매대상으로 고려하지 않고 몇 가지만 선택하여 보다 상세하게 정보를 탐색한다. 따라서 제품의 사용경험이 없거나 정보가 부족할 경우에 후광효과는 이미 소비자의 태도에 대한 신념으로 형성되어 있기 때문에 직접적으로 구매의도에 영향을 미치게 한다.

마케팅에 적용된 후광효과는 개별적 제품속성들을 평가할 때 제품에 대한 개인의 전체적인 태도에 의해서 영향을 받아 개별적인 속성평가가 왜곡되기 쉽다는 것이다. 인지적인 일관성이론(congnitive consistency theory)에 따르면 사람들은 신념과 태도 그리고 행동 간의 일관성을 유지함으로써 심리적으로 편안한 느낌을 가지고 싶어 한다. 소비자들은 인지 부조화를 경험하면 이를 감소시킴으로써 인지적 조화상태로 가려는 경향이 있으며, 이 과정에서 태도가 변화될 수 있다. 후광효과는 브랜드 이름에 의해서도 판단할 수 있다. 소비자가 제품에 대해 긍정적 또는 부정적으로 판단하는 지의 여부는 브랜드 이름에 대한 전체적인 평가 방향과 후광효과의 상대적인 크기 등에 의하여 고려되어질 수 있다. 후광효과가 크고 긍정적인 평가가 내려지는 브랜드 이름의 경우에는 자산가치에 긍정적인 영향을 주고, 그와 반대로 후광효과가 크더라도 부정적인 평가가 내려지는 브랜드 이름의 경우에는 자산가치에 부정적인 영향을 주게 된다. 후광효과는 브랜드에 대한 개인의 전체적인 태도의 결과이며 개별적 속성평가에 큰 영향력을 행사하는 원인이 된다. 후광효과의 구조적 모형에서 외적인 제품의 객관적인 속성들은 지각에 직접적으로 영향을 주며, 지각적 매개변수의 중재를 통할 때는 간접적으로 영향을 준다. 즉 후광효과란 속성평가에 기초한 태도모형에 있어서 감정적 연상이 지각적 판단을 왜곡시키는 것이다.

| 자료 : 이학식 · 안광호 · 하영원 (2004), 소비자 행동: 마케팅 전략적 접근, 법문사(3판), p.111. Willian F. Arens (1999), Contemporary Advertising(7th Edition), Boston: McGraw-Hill, p.261, 역서.

브랜드 심리학 9

브랜드는 소비자 의사결정과정에서 강력한 휴리스틱 단서로 작용

인간의 의사결정 과정에서 문제에 대한 한정된 정보와 상황적 제한, 그리고 인간으로써의 한정된 인지적 능력으로 말미암아 여러 가지 단순화 전략을 활용하고 있다. 이러한 단순화 전략이 휴리스틱(heuristic)이라고 한다.

휴리스틱이란 한마디로 정신적 지름길로써 소비자들은 중요성의 정도를 주의 깊게 평가하는 대신, 흔히 다른 대용물로써 몇 가지 차원을 사용하는 결정 규칙에 따르기도 한다(예를 들면, 첫째, 일반적인 것 : '고가의 제품이 고품질이다.' 혹은 '나는 지난번에 샀던 것과 같은 상표를 산다.' 둘째, 특정한 것 : '나는 설탕을 살 때 항상 어머니가 샀던 것을 산다.'). 즉 간단한 정보를 가지고도 자기 나름의 합리성을 통하여 문제를 해결하여 올바른 선택을 이끌어 내기도 한다.

원래 소비자 의사결정 문제를 접근하는 방법은 대부분 소비자들은 최대한의 정보를 이성적이고 체계적으로 처리하여 최적의 결론을 도출한다고 하는 합리성(rationality)에서 출발한다. 그러나 휴리스틱 의사결정은 소비자가 합리성에 벗어난 판단과 선택을 한다는 것이다. 이러한 휴리스틱의 단서로는 브랜드 외에 제품 시그널, 가격, 제조국 등이 있다:

휴리스틱으로써의 브랜드

브랜드는 제품에 대한 소비자의 이해를 도와주는 기본요소일 뿐 아니라, 상품과 관련된 정보를 회상하는 단서로써 작용하고(Cohen & Basu, 1987), 직 · 간접적으로 경험을 통해서 배울 수 있는 무형의 지식이며(Keller, 1993), 제품의 기능성 이외에 상징성과 사회성을 불어넣어 주는 매개체(Tse et al., 1989)이다.

그 결과로 브랜드는 소비자 의사결정과 선택을 위한 강력한 휴리스틱 단서(heuristic cue)로 작용하게 된다(Park & Lessing, 1981).

휴리스틱으로써의 제품 시그널

사람들은 관찰 가능한 속성들로부터 드러나지 않는 차원의 것을 추론하는 경향이다. 제품의 우수한 특징은 제품의 품질을 나타내는 신호(signal)로 작용한다. 이런 추론의 예로, 사용 중인 차를 팔려고 하는 사람은 그 차의 외관을 깨끗이 하고 광택을 내기 위해 큰 노고를 감수한다. 왜냐하면 잠재적인 구매자는 흔히 차의 외관을 보고 기계적인 조건을 판단하고 그에 따라 가격을 결정하기 때문이다.

휴리스틱으로써의 가격

더 비싼 가격이 더 좋은 품질을 의미한다는 것이다. 사실 제품에 정보가 없는 소비자는 가격에 근거하여 제품의 품질을 판단한다. 제품에 대한 정보가 많은 소비자 역시 가격을 고려하는데 특히, 시장에서 다양한 가격으로 팔리는 제품들의 경우 가격을 제품정보의 가치로 사용하는 경향이 있다.

휴리스틱으로써의 제조국

현대의 소비자들은 여러 나라에서 만들어진 제품들 중에서 선택을 한다. 미국인은 브라질의 신발이나 일본의 차, 또는 타이완에서 수입한 옷이나 한국의 전자레인지 등을 살 수 있다. 이런 수입품에 대한 소비자의 반응은 복합적이다. 어떤 경우의 사람들은 외국 제품이 보다 좋은 품질을 갖는다고 가정하게 되는 반면, 수입한 제품의 품질들이 더 떨어진다고 지각하기도 한다. 일반적으로 사람들은 외국 제품보다 자국 제품을 더 좋게 평가하는 경향이 있으며, 산업화된 국가의 제품을 개발도상국의 제품보다 더 좋게 평가하는 경향이 있다.

이런 경우에 제품제조국은 의사결정 과정에서 중요한 종류의 정보이다. 물론 이것은 한 가지 요인이 되는 정도의 제품 범주에 의존한다.

그래서 제품제조국은 품질의 신호로 흔히 사용된다. 특정 품목들이 특정 국가와 강하게 연관되며, 그 나라의 제품들은 흔히 이런 연관성을 통해 혜택을 얻고자 한다.

어떤 경우에 제조국 정보는 심지어 그 제품의 브랜드보다 더 무게가 나갈 수 있다. 최근에 제품제조국을 소비자에게 알리는 것이 반드시 좋거나 나쁘지 않으며, 대신에 더 크게 제품에 대한 소비자의 관심을 자극하는 효과가 있다는 증거가 밝혀졌다. 구매자는 제품에 대해 보다 폭넓게 생각하고 보다 주의 깊게 평가한다.

▌자료 : Michael R. Solomon (1996), Consumer Behavior: Buying, Having, and Being(3rd ed.), Englewood Ciffs, NJ: Prentice Hall, pp.240-241, 역서.

4. 요약

강력한 브랜드가 소비자 행동의 여러 측면에 강한 영향을 어떻게 미치는지에 대해 생각할 수 있는 한 가지 방법은 소비자가 새로운 제품 카테고리를 생각할 때 제일 먼저 소비자의 기억에 떠올려지는 것이다. 정보수집단계에서 소비자는 그들이 친근한 브랜드에 더 많은 주의를 기울이고, 더 많은 것을 학습할 것이다. 정보를 해석하고 평가할 때, 대다수의 경우에 브랜드 지식은 '직접적' 그리고 '간접적' 효과를—브랜드와 관련된 정보는 직접적으로 의사결정과정으로 제공되거나 다양한 방법으로 의사결정과정에 제공된 다른 정보의 효과에 영향을 준다—동시에 가진다. 만약 소비자가 철저한 조사를 하지 않고 단순히 선택 휴리스틱으로써 브랜드의 친숙성을 신뢰한다면, 강력한 브랜드를 선택할 것이다. 제품을 구입한 이후에도 소비자들은 그 브랜드에 집착하게 되며 향후 그 브랜드에 대해 더 높은 평가를 하게 된다.

제 3 절 마케팅 활동에 대한 차별적 반응

앞에서 강력한 브랜드가 소비자 행동과 소비자 의사결정 과정의 여러 측면에 영향을 미칠 수 있다는 것을 기술하였고, 지금부터는 소비자의 상이한 브랜드 지식이 마케팅 활동에 대한 소비자 반응에 어떠한 영향을 미치는가를 살펴보기로 한다. 강력한 브랜드의 이점은 마케팅 활동의 다섯 가지 영역 즉, 제품, 확장, 가격, 커뮤니케이션, 유통 측면에서 나타난다. 다음에서는 이러한 영역들에서의 마케팅 활동에 대한 차별적 반응들에 대해서 살펴보기로 한다.

1. 제품과 관련된 마케팅 활동

제품 또는 서비스는 소비자의 욕구나 필요를 충족시키기 위해 고안된 유형·무형의 속성과 혜택의 무리들로 구성되어 있다. 소비자 반응은 상품과 서비스에 대한 전체적인 선호와 태도뿐만 아니라 속성과 혜택에 대한 지각에 따라 달라질 수 있다. 또한 소비자 반응은 브랜드 충성도, 몰입, 만족 관점에 따라 달라질 수 있다.

제품 관련 마케팅 활동에 대한 차별적인 반응과 관련된 연구에 따르면, 여러 종류의 브랜드 연상은—호의적인 것으로 보인다면—소비자의 제품 평가, 품질 지각, 구매율 및 시장점유율에 영향을 미칠 수 있음을 보여준다. 이런 경향은 특히 '경험재(experience goods)'에 명백하며, 또한 브랜드 연상의 독특성이 증가함에 따라 더욱 명백해질 수 있다. 덧붙여 브랜드 친숙도는 소비자의 신뢰, 브랜드와 구매의도에 대한 긍정적 태도를 증가시키고, 부정적인 사용경험이나 비우호적으로 평가된 원산지에 대한 잠재적인 부정적 영향을 완화시킨다.

2. 확장과 관련된 마케팅 활동

기존의 브랜드를 활용하여 새로운 시장에 출시하는 브랜드 확장의 경우를 살펴보자. 확장에 대한 소비자 반응은 확장을 얼마나 호의적으로 평가하는가, 마케팅 지원 수준은 어떠한가에 따라 달라질 수 있다.

확장과 관련된 마케팅 활동에 대한 차별적인 반응과 관련된 연구들에 따르면, 잘 알려진 브랜드들이 어떻게 좀 더 성공적으로 그리고 좀 더 다양한 카테고리로 확장하는지를 보여준다. 게다가 어떤 세분시장에서 높은 품질의 브랜드는 높은 품질의 라인 확장과 정의 관계를 보여주며, 또한 낮은 품질의 브랜드는 낮은 품질의 라인 확장과 정의 관계를 보여준다. 연구는 또한 전반적인 브랜드 태도 그 자체가 필수적으로 높지 않다고 할지라도, 긍정적으로 평가된 현저한 연상들이 브랜드 확장평가의 기초가 됨을 보여주고 있다.

과거 확장을 통해서, 다양한 제품 카테고리의 연상을 가진 브랜드들이 특히 확장의 범위가 넓다. 결과적으로, 잘 구축된 브랜드로부터 확장 도입 시의 마케팅 프로그램들은 좀 더 효과적일 것이다. 또한 여러 연구들에 따르면, 확장활동이 모 브랜드의 자산에 도움이 된다고 지적한다(브랜드 확장과 관련된 보다 자세한 내용들은 제12장을 참조하기 바란다.).

3. 가격과 관련된 마케팅 활동

소비자들은 강력한 브랜드에 대해 그들이 기꺼이 지불하는 가격이 경쟁 브랜드에 대비하여 제공되어지는 프리미엄에 있어 다를 수 있다. 또한 소비자들은 영속적이거나 일시적인 가격의 인상과 인하에 어떻게 반응하는가의 관점에 있어 다를 수 있다.

가격과 관련된 마케팅 활동에 대한 차별적인 반응과 관련된 연구에 따르면, 브랜드 선도자들이 더 큰 가격 차이를 일으키고, 가격인상에 대하여 영향을 적게 받는다는 것을 증명하고 있다. 경쟁에서 지배적인 브랜드는 낮은 시장점유율의 경쟁자로부터 시장점유율의 불균형의 결과를 끌어낸다. 동시에 시장 지배기업은 낮은 시장점유율의 브랜드와의 가격 경쟁에 상대적으로 영향을 받지 않는다는 것을 증명했다. 게다가 낮은 수준의 가격 민감도는 브랜드에 더 충성적일 때 더욱 두드러졌다.

광고는 가격 민감도를 줄이는 역할을 수행한다. Boulding, Lee and Staelin (1994)은 특별한 광고 메시지(예를 들어, 고품질을 위한 제품 차별화 및 낮은 가격의 지배를 위한 낮은 가격 메시지)는 미래 가격 경쟁에 대한 민감도의 감소를 이끈다고 주장한다.[11] Erdem, Swait and Louviere(2002)는 브랜드 신뢰성은 가격 민감성을 감소시켜준다. 후에, Sullivan은 중고차 품질에 대해서 추론할 때, 모 브랜드에 대한 정보를 소비자들이 어떻게 활용하는 지를 증명하기 위해서 한 쌍의 자동차(두 개의 다른 브랜드를 가진 똑같은 특성의 자동차)의 재판매 가격을 사용하였다.[12] 그녀는 모 브랜드 품질 명성이 두 개의 자동차의 상대적인 재판매 가격에 영향을 미치는 것을 발견하였다.

4. 커뮤니케이션과 관련된 마케팅 활동

마케팅 커뮤니케이션 활동은 모든 형태—광고, 소비자 및 소매업자 프로모션, 홍보 그리고 이벤트, 스폰서, 대인판매 등—를 가진다. 폭넓게, 소비자들은 커뮤니케이션에 대한 주의력, 커뮤니케이션을 처리하는 방식, 그리고 후에 커뮤니케이션 내용을 회상하는 능력과 반응에 있어서 차이가 있다.

커뮤니케이션과 관련된 마케팅 활동에 대한 차별적인 반응과 관련한 연구에 따르면 많은 효과들은 잘 알려지고 인기 있는 브랜드에서 기인되고 있다. 예를 들어 소비자들은 강력한 브랜드와는 대조적으로 알려지지 않은 브랜드의 반복 광고에 부정적인 반응을 더 가진다. 친근한 브랜드는 경쟁 광고의 방해에 더 잘 견디는 것으로 나타난다. 유사하게, 소비자들은 강력한 브랜드를 모방하는 경쟁광고의 광고 전술에 더 부정적 반응을 갖는 것으로 나타났다. 광고에서의

11) Boulding W., Lee E. & Staelin R. (1994), Mastering the Marketing Mix: Do Advertising, Promotion and Sales Force Activities Lead to Differentiation?, Journal of Marketing Research, Vol.31(May), pp.159-172.

12) Erdem T., Swait J. & Louviere J. (2002), The Impact of Brand Credibility on Consumer Price Sensitivity, International Journal of Research in Marketing, Vol.19, pp.1-9.

유머(humor)는 친근하지 않거나 덜 호의적으로 평가되었던 브랜드보다 친근하거나 이미 호의적으로 평가된 브랜드에 더 효과적인 것으로 나타났다.

덧붙여, 브랜드에 매우 충성스런 소비자들은 브랜드에 대한 광고가 증가할 때, 구매를 증가하는 것이 발견된다. 더 많은 광고와 관련된 다른 이점들은 주의의 증가 가능성과 주의가 증가된 브랜드에 대한 관심을 포함한다. 여러 연구들에 따르면 브랜드에 대한 높은 몰입수준을 가진 소비자들은 부정적인 정보에 덜 반박한다는 것을 논증했다. 이것은 강력한 브랜드들이 제품에 해를 주는 혼란을 좀 더 잘 피해갈 수 있는 것을 보여주는 이유일 것이다.

5. 유통과 관련된 마케팅 활동

유통활동은 유통구조를 관리하기 위해서 계획된 활동들이다. 소비자들의 반응은 점포 내, 점포 간에 브랜드 탐색의 관점에서, 또는 브랜드를 구매하는 여러 방법들에 의해서 상이하다.

유통과 관련된 마케팅 활동에 대한 차별적인 반응과 관련한 선행 연구들에 따르면, 한 산업에서 최고의 제품들은 더 많고 더 높은 유통에서 수용되는 기회와 슈퍼마켓에서 진열공간을 더 많이 확보할 확률을 가지는 것을 보여준다. 소매업에 있어 높은 진열공간의 확보 가능성에서 차이는 더 높은 시장 점유의 브랜드와 더 높은 반복 구매되는 브랜드에 의해서 나타날 것이다. 또한 여러 연구에 따르면 그들이 높은 품질의 이미지를 알리려 노력한다면, 점포는 잘 알려진 브랜드를 더 핵심 상품으로 선정한다.

[생각해볼 문제]

1. 약한 브랜드와 강력한 브랜드를 선정하여 보자. 이들 각각의 브랜드에 대해 소비자행동에서의 차별적 반응을 비교해 보자.

2. 무언가를 선택했을 때 다른 대안을 잃었다는 상실감에서 오는 실망감은 선택으로 얻는 기쁨보다 2배 이상 크다고 한다. 이를 손실혐오반응이라 하는데 약한 브랜드와 강한 브랜드를 하나씩 들어서 손실혐오 반응을 비교해 보자.

제3부

브랜드 아이덴티티의 설계

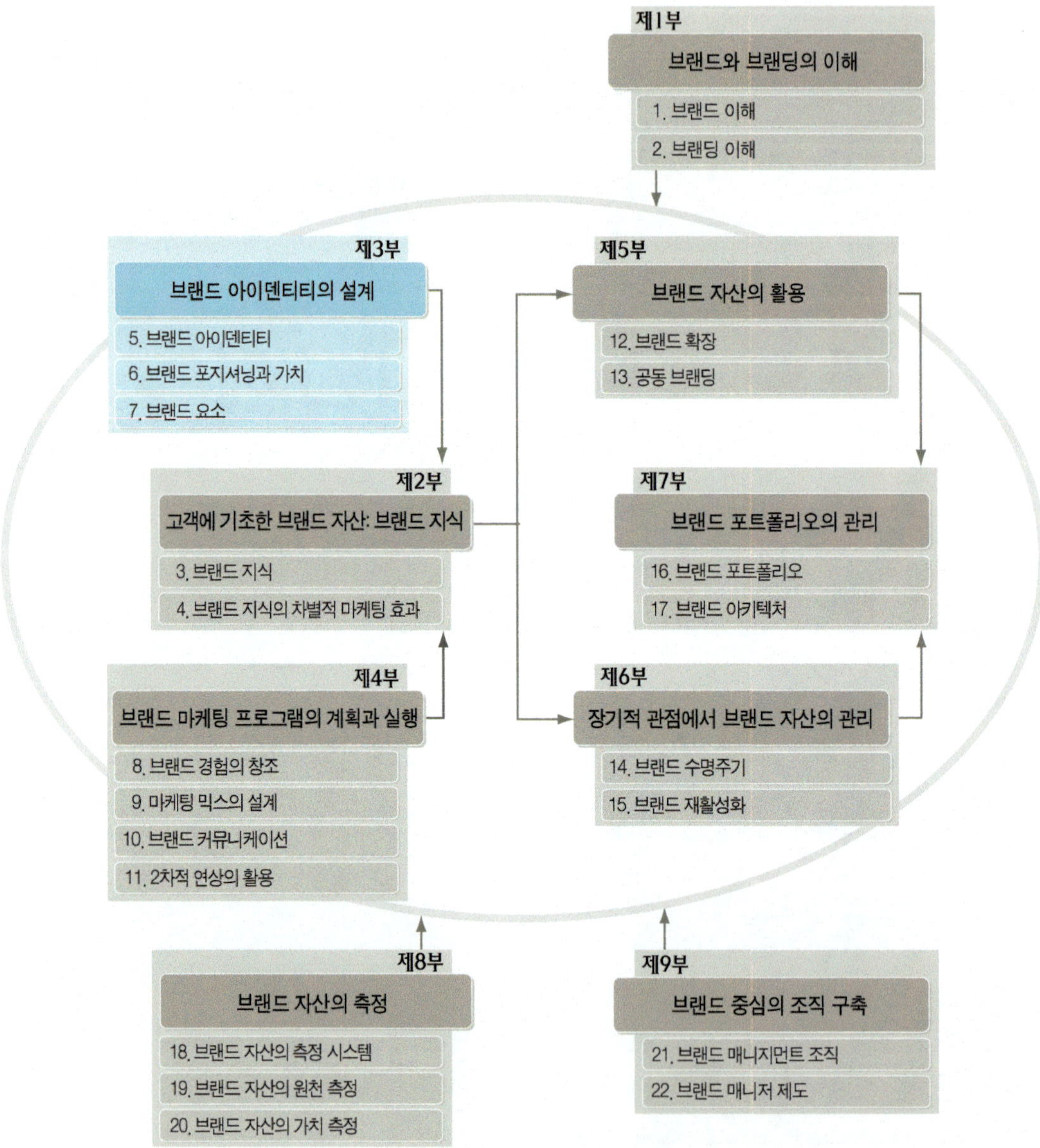

제1부
브랜드와 브랜딩의 이해
1. 브랜드 이해
2. 브랜딩 이해
제3부
브랜드 아이덴티티의 설계
5. 브랜드 아이덴티티
6. 브랜드 포지셔닝과 가치
7. 브랜드 요소
제5부
브랜드 자산의 활용
12. 브랜드 확장
13. 공동 브랜딩
제2부
고객에 기초한 브랜드 자산: 브랜드 지식
3. 브랜드 지식
4. 브랜드 지식의 차별적 마케팅 효과
제7부
브랜드 포트폴리오의 관리
16. 브랜드 포트폴리오
17. 브랜드 아키텍처
제4부
브랜드 마케팅 프로그램의 계획과 실행
8. 브랜드 경험의 창조
9. 마케팅 믹스의 설계
10. 브랜드 커뮤니케이션
11. 2차적 연상의 활용
제6부
장기적 관점에서 브랜드 자산의 관리
14. 브랜드 수명주기
15. 브랜드 재활성화
제8부
브랜드 자산의 측정
18. 브랜드 자산의 측정 시스템
19. 브랜드 자산의 원천 측정
20. 브랜드 자산의 가치 측정
제9부
브랜드 중심의 조직 구축
21. 브랜드 매니지먼트 조직
22. 브랜드 매니저 제도

제5장

브랜드 아이덴티티

이번 장의 주요 이슈

브랜드 아이덴티티는 브랜딩 실무자가 구상하고 계획하는 브랜드 의미의 세계이다. 이것은 소비자의 마음속에 형성되는 브랜드 의미 즉 브랜드 이미지와는 다른 개념이다. 이번 장에서는 브랜드 자산 구축의 청사진 역할을 하는 브랜드 아이덴티티에 관해 알아볼 것이다.

❶ 인간은 자기 자신을 타인과 구별하는 독특한 아이덴티티를 가지는데, 마찬가지로 브랜드도 다른 브랜드와 구별되는 특성 즉 아이덴티티를 가진다. 그렇다면 브랜드 아이덴티티란 무엇이며, 어떤 기능을 수행하는가?

❷ 브랜드 아이덴티티는 어떻게 규정되어야 하는가?

❸ 브랜드 아이덴티티는 장기적 관점에서 변화되지 말아야 하는가? 그렇지 않다면 어떤 상황에서 브랜드 아이덴티티를 변경해야 하는가?

제 1 절 브랜드 아이덴티티의 개념

인간의 아이덴티티(정체성)란 자기 자신을 타인과 구별하는 특성(가치관, 행동양식 등)을 말한다. 나는 누구인가, 나란 존재의 가치는 무엇인가와 같이 사회 속에서의 자신에 대한 확실한 의미부여를 말한다.

마찬가지로 브랜드도 타 브랜드와 구별되는 특성인 아이덴티티를 가진다. 다음에서는 브랜드 자산 구축의 청사진 역할을 하는 브랜드 아이덴티티의 개념에 대해 살펴본다.

1. 브랜드 아이덴티티

브랜딩 활동을 통한 브랜드 구축의 본질적인 역할은 제품(서비스)에 의미를 부여하여 제품이 소비자에게 제공하는 편익이나 가치를 약속하고 고객과의 관계성을 형성하는 행위라고 할 수 있다. 이것은 또한 네임이나 로고와 같은 브랜드 요소를 적절한 형태로 선택, 통합, 전달함에 따라 이들을 통하여 머릿속에 상기시키는 강력하고 호감이 가는 독특한 내용의 지식구조를 만들어 감으로써 달성된다. 이처럼 제품의 탈 코모디티화(commodity)를 목표로 행해지는 브랜드 구축을 위해서는 브랜드 아이덴티티(brand identity)의 설계로부터 시작된다.

이러한 브랜드 아이덴티티는 브랜드의 장기 비전에 대한 핵심일 뿐만 아니라 브랜드 자산의 중요한 구성요소인 브랜드 연상을 창출하는 데에 있어서 밑거름이 되는 존재라 할 수 있다. 즉, 브랜드 아이덴티티는 기업이 고객의 머릿속에서 창조, 유지시키려고 의도하는 바의 '독특한 브랜드 연상의 집합'이며, 마케팅 믹스에 일정한 방향성을 부여하여 그 내용을 규정함으로써 해당 브랜드의 독자 세계를 창출하는 데에 있어서도 커다란 기여를 하고 있는 것이기도 하다.

따라서 브랜드 아이덴티티는 해당 브랜드에 대한 리뷰를 통한 브랜드의 자기 규정뿐만 아니라, 고객의 입장에서 규정하는 브랜드 개념(brand concept)이나 경쟁 혹은 시장의 관점에서 규정되는 브랜드 포지션이라고 하는 개념도 포함하고 있다.

2. 브랜드 아이덴티티와 브랜드 이미지

브랜드는 두 가지의 원천으로부터 추출된 의미를 포함하고 있다. 첫 번째는 기업에 의해 부호화되고 커뮤니케이션되는 브랜드 의미로써 기업이 해당 브랜드를 '어떻게 지각되어지고 싶어 하느냐'와 같은 목표 내지는 이상적인 모습을 뜻한다. 이를 '브랜드 아이덴티티'라 한다. 두 번째는 사용자 또는 소비자 환경에서 추출된 브랜드 의미로써 고객에게 '그 브랜드가 어떻게 지각되고 있는가'라고 하는 브랜드에 대한 마케팅 활동의 결과로 보는 것이다. 이를 브랜드 이미지라 한다.

이러한 의미들을 구분해 보면 다음과 같다(그림 5-1). 먼저 브랜드 이미지는 소비자 측에 있다. 이미지에 관한 연구들은 어떤 집단이 어떤 대상 브랜드를 어떻게 지각하는가에 대한 것에 초점을 맞추고 있다. 이미지는 이들 집단이 브랜드에 의해 커버되는 제품, 서비스, 커뮤니케이션으로부터 전달되는 모든 신호

그림 5-1 브랜드 아이덴티티와 브랜드 이미지

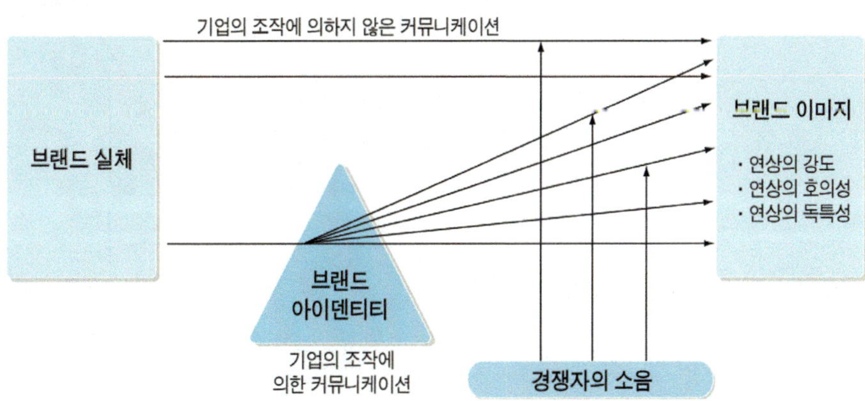

(signals)를 어떻게 해석하는가에 대한 것을 언급하고 있다. 이미지는 브랜드 네임, 심벌, 제품, 광고, 스폰서, 후원 등 다양한 브랜드 메시지를 통하여 대중에게 보내진 통합체이다. 즉 이미지란 소비자가 시간이 지남에 따라 서로 다른 원천으로부터 받은 정보를 처리함으로써 형성한 대상에 대한 전체적인 지각(perception)이다. 소비자들은 두 가지 방법으로 이미지를 형성한다. 즉, (1) 소비자들은 광고 혹은 친구 및 이웃에게 들은 구전 커뮤니케이션과 같은 환경적 자극으로부터 브랜드와 제품에 대해 추론한다. (2) 소비자들은 환상, 즉 현실에 근거하지 않은 사고를 조성함으로써 내적으로 추론한다. 예를 들어, 아디다스의 운동화를 신고 있는 사람은 개선문에 결승점이 있는 파리 마라톤의 승자인 양 공상적인 세계로 빠져들 것이다.

반면 아이덴티티는 기업 측에 있다. 이러한 경우에 있어 목적은 브랜드의 의미를 명확화하는 것이다. 브랜드 이미지는 결과와 해석이다. 따라서 브랜드 아이덴티티는 이미지를 선행한다. 소비자들에게 이미지를 전달하기 전에 어떤 이미지를 전달할 것인지를 정확히 해야만 한다.

이러한 기업과 소비자 간의 브랜드 의미인 브랜드 아이덴티티와 브랜드 이미지를 기호학을 활용하여 설명할 수 있다. 기호학(semiotics)은 상징이 대상에 의미를 부여하는 역할을 연구한다. 기호학에서 소비자는 세 가지 구성요소를 이용하여 상징에 부여하는 의미를 결정한다.[1)] 세 가지 구성요소는 (1) 대상(크리

그림 5-2 기호학의 세 가지 구성요소

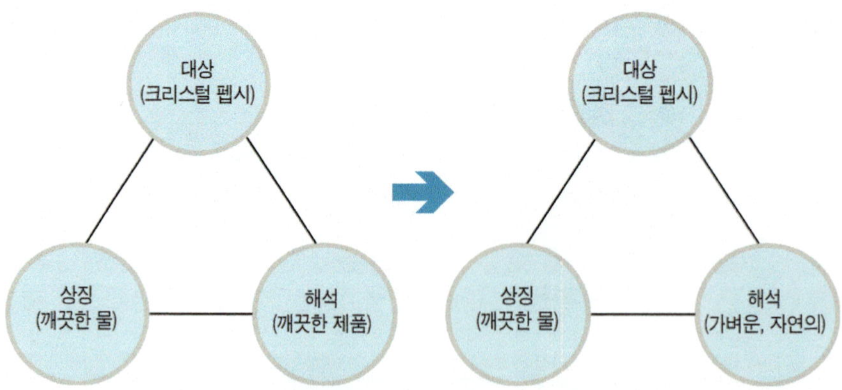

(a) 펩시에 의해 요구된 상징적 제품 연상 (b) 소비자들에 의해 수용된 상징적 제품 연상

1) Henry Assael (2004), Consumer Behavior: A Strategic Approach, Houghton Mifflin, p.206, 역서.

스털 펩시 같은 제품), (2) 대상과 연관되는 상징(깨끗한 제품), (3) 대상의 의미해석(부드러움과 천연적인) 등이다. 이는 〈그림 5-2(a)〉와 같이 이러한 연관성은 펩시가 어떤 '깨끗한 제품'을 도입함으로써 촉진하려고 한 것이다(브랜드 아이덴티티). 그러나 〈그림 5-2(b)〉와 같이 소비자들은 '깨끗함'을 '약하고 연약한'이라는 의미를 형성하였다(브랜드 이미지). 이것은 기업이 유도하려고 하는 것이 아니므로 깨끗한 콜라와 상징물을 사용하려는 목적은 실패하게 된다. 즉 기업이 의도한 브랜드 의미와 소비자들이 지각하는 브랜드 의미가 불일치하게 되어 기업은 브랜드 의미를 재수정해야만 한다.

이처럼 기업과 소비자 간의 의미 분화는 많은 함축적 의미를 가진다. 즉, 기업에 의해 의도된 브랜드 의미와 소비자에 의해 지각된 브랜드 의미 간의 흐름의 기능을 가진다. 통신환경 또는 인터넷 같은 풍부한 환경은 기업과 소비자의 브랜드 이미지 간의 흐름을 한층 두드러지게 하는 것이다. 이것은 브랜드 의미간의 연결 형성을 증가시킨다. 이처럼 브랜드 아이덴티티와 이미지, 이들 둘은 함께 보조를 맞추어 간다.

3. 브랜드 아이덴티티의 역할

기업이 의도로 하는 브랜드 의미로써 브랜드 아이덴티티는 기업과 소비자에게 다음과 같은 역할들을 수행한다.

❶ 기업이 의도하는 브랜드의 이상적인 모습을 명확하게 하는 아이덴티티는 브랜드와 관련된 정책을 판단하거나 평가할 때의 근거가 된다. 브랜드에 적합한 활동과 적합하지 않은 활동에 대하여 조직 내의 모든 사람들이 개략적인 판단을 할 수 있게 되어, 브랜드 전략에 대한 회사 전체의 인식 공유가 촉진된다.

예를 들면, 니베아는 브랜드 아이덴티티에 관한 지침서인 'NIVEA' Brand Philosophy를 만들어 모든 조직원들이 공유하고 브랜드와 관련된 의사결정 시에 이 규정을 따르게끔 하고 있다. 이러한 니베아 브랜드의 관리 지침서에는 브랜드의 성격과 전략, 14개의 하위 브랜드의 역할, 그리고 실행지침까지 명기된 일종의 브랜드 강령이라 할 수 있다(그림 5-3).

그림 5-3 니베아 브랜드의 관리 지침서

내 용	
A. 기본 전략	B. 실행 지침서
1. 브랜드 아이덴티티 1.1 일반성 1.2 신뢰 1.3 브랜드 가치 1.4 제품 품질 2. 성공 요인 3. 기회 4. 브랜드 비전 5. 브랜드 전략의 요점 6. 브랜드 미션 7. 서브 브랜드의 역할	1. 제품 2. 패키징 3. 커뮤니케이션 4. 프로모션 5. 홍보(PR) 6. 비전통적 커뮤니케이션 7. 직접 마케팅(DM) 8. 가격 정책 9. 서브 브랜드의 개발

❷ 고객에게 제공하는 혜택 등을 명확하게 하는 아이덴티티는 브랜드에 대해 고객이 쉽게 이해할 수 있게 하여 고객의 태도개선이나 구매환기라고 하는 효과를 실현하도록 도와준다. 잘 기획된 아이덴티티 프로그램은 브랜드에 대한 바람직한 소비자 지각을 지원함으로써 브랜드를 구체적으로 표현하고 향상시켜 준다. 이와 같은 높은 수준의 지각된 품질(perceived quality)이 창출되면, 가격 상승을 통한 마진을 제공한다. 즉 강력한 브랜드는 가격 프리미엄(price premium)을 누릴 수 있다. 이처럼 브랜드 성과창출은 잘 기획된 브랜드 아이덴티티에서 출발한다고 볼 수 있다(그림 5-4).

❸ 시장에서 경쟁 브랜드와의 상대적인 위치평가를 명확하게 하는 아이덴티티는 경쟁우위의 원천이 무엇인지를 시사하게 되어, 고객들이 보는 차별화 포인트를 두드러지게 한다.

그림 5-4 아이덴티티의 이점

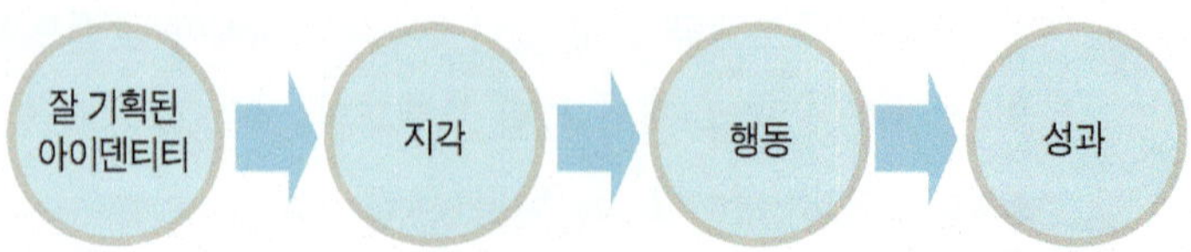

제2절 브랜드 아이덴티티의 규정

브랜드 아이덴티티를 어떻게 규정하는가에 대해 출시 단계에서의 신규 브랜드와 기존에 확립되어 있는 브랜드의 아이덴티티를 재정립할 경우를 구분하여 다음에서 살펴보기로 한다.

1. 신규 브랜드의 아이덴티티 규정

신규 브랜드의 경우, 아이덴티티를 규정하기 위해서는 〈그림 5-5〉에서 보여주는 것처럼 두 단계의 과정을 거쳐서 이루어진다.

첫 번째 단계로, 브랜드의 활동무대가 되는 포지셔닝(positioning)을 명확히 하고 이를 바탕으로 브랜드가 표방하는 가치(value)를 규정한다(이들에 대한 세부 내용은 제6장에서 설명한다).

두 번째 단계로, 브랜드가 표방하는 브랜드 가치(brand value)를 잘 표현하고 브랜드 인지도와 연상의 호감도, 강도, 그리고 독특성을 높일 수 있는 아이덴티티의

그림 5-5 브랜드 아이덴티티 규정 프로세스

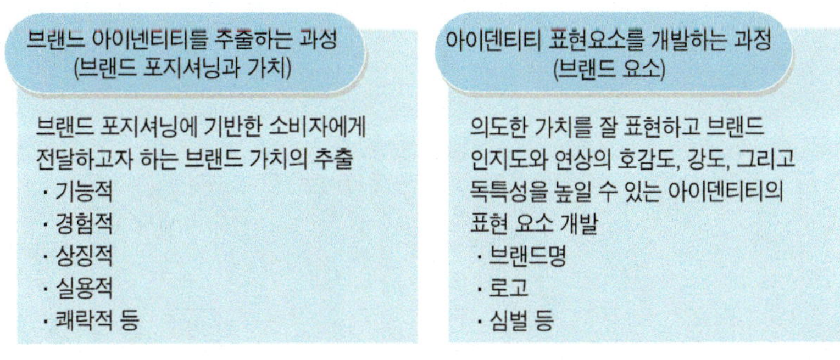

표현 요소(브랜드 요소)를 개발한다(이들에 대한 세부 내용은 제7장에서 설명한다). 이들 브랜드 요소는 브랜드 네임, 슬로건, 징글 등 브랜드의 음성적 요소와 로고, 심벌, 캐릭터 등 브랜드의 시각적 요소로 구성되어 있다. 브랜드는 소비자의 머릿속에 있는 지식정보체계라 할 수 있는데, 소비자는 오감을 통해서 브랜드를 인지하고 기억한다. 머릿속의 지식이나 이미지로 기억되는 것은 제품의 명칭(브랜드 네임), 슬로건 등의 청각적 정보와 심벌, 캐릭터 등의 시각적 정보를 통하여 이루어진다.

〈그림 5-6〉은 일본의 전기통신공사(電通)의 브랜드 아이덴티티를 규정하는 Honeycomb® 모델을 나타내고 있다. 이 모델에서 브랜드의 가치를 포함한 7가지의 요소는 브랜드가 지향해 나가고 공유해야만 하는 브랜드 아이덴티티를 구축하는데 요구되는 기반이다. Honeycomb® 모델은 '심벌(symbol)', '정통성의 근간(base of authority)', '기능적 혜택(functional benefit)', '감성적 혜택(emotional benefit)', '이상적인 소비자의 이미지(ideal customer image)', '브랜드 개성(personality)'으로 구성되어 있다. 중심적인 개념인 브랜드 가치, 그리고 6개의 요소들에 대한 내용은 다음과 같다.

- **가치** : 브랜드의 본질과 이념. 소비자에 대한 자세의 표명(사내외에 대한 기업이 달성하고자 하는 약속).
- **심벌** : 브랜드 의미의 집약체(브랜드 요소). 즉 브랜드에 대한 인지 · 인식이

그림 5-6 브랜드 아이덴티티의 규정

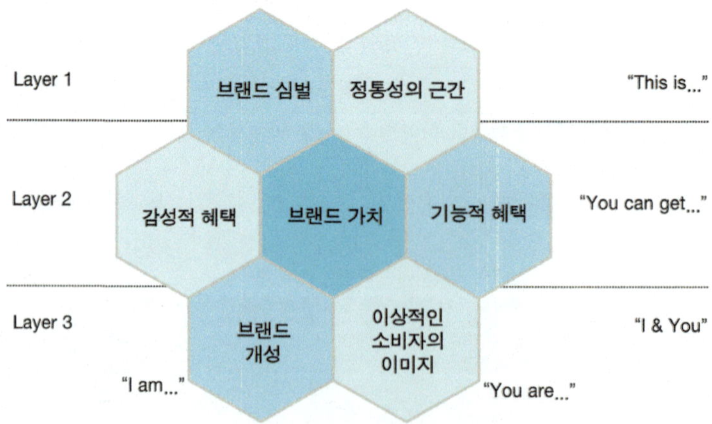

자료 : 일본 전기통신공사의 Honeycomb® 모델

되는 것.

- **정통성의 근간 :** 경쟁 브랜드가 흉내 낼 수 없는 고유 내용. 그 브랜드에 대한 신용과 평가의 원천.
- **기능적 혜택 :** 사용에 의해 얻어질 수 있는 브랜드 고유의 기능적 편익.
- **감성적 혜택 :** 사용에 의해 얻어질 수 있는 브랜드 고유의 좋은 기분이나 만족감.
- **이상적인 고객의 이미지 :** 이상적인 고객의 가치관과 라이프스타일.
- **개성 :** 다양한 브랜드 활동의 원천이 되는 브랜드의 인간적 특성들.

2. 기존 브랜드의 아이덴티티 규정

기존에 존재하는 브랜드의 아이덴티티는 어떻게 규정해 가는 것이 좋겠는가? 다음에서는 阿久津聰과 石田茂(2002)가 제시한 아이덴티티 규정 과정에 대해 살펴보도록 한다.[2] 기본적으로 이들은 세 가지의 흐름에 따라 브랜드 아이덴티티를 규정하고 있다.

1. 브랜드에 대한 소비자 지식을 수집한다.
2. 브랜드 아이덴티티의 규정에 필요한 구성요소를 추출한다.
3. 브랜드 아이덴티티로써 형식지화한다.

1 브랜드에 대한 소비자 지식을 수집한다

소비자가 지니는 브랜드 지식을 넓고 깊게 파악하여, 풍부한 브랜드 지식 속에서 브랜드 아이덴티티가 상징해야 하는 요소를 낱낱이 추출해내는 것이 필요하다. 이러한 브랜드 아이덴티티의 규정 작업은 브랜드 지식을 형식지(形式知)와 암묵지(暗黑知) 양쪽[3]에서 수집하는 것에서부터 시작된다.

---

2) 阿久津聰, 石田茂 (2002), Context Branding, Diamond사, pp.131-140.

3) 지식이론의 대가인 노나카 이쿠지로는 지식에 두 가지 종류가 있다고 강조한다. 형식지(形式知, explicit knowledge)는 구체적인 언어로 설명할 수 있으며 문법적인 진술 · 수학적 표현 · 규격 · 매뉴얼 등이 여기에 포함된다. 그러나 보다 중요한 종류의 지식은 암묵지(暗默知, tacit

형식지(形式知)의 수집

폭넓게 브랜드 지식을 수집하기 위해서는 우선 브랜드 지식의 보유자를 찾아내야만 한다. 브랜드 지식의 보유자는 사내 도처에 존재하고 있기 때문에 사내 네트워크가 효과적인 탐색경로가 된다.

브랜드의 미션이나 가치관, 비전에 대해서는 사내 인터뷰, 사내 자료 등을 통해 수집하는 경우가 많으나 창업자, 초창기 개발자 등이 그것들을 소유하고 있다고 생각되는 경우는 역사를 거슬러 올라가 수집해야만 한다.

암묵지(形式知)의 수집

암묵지를 수집하는 최선의 방법은 브랜드 담당자가 직접 브랜드를 적극적으로 경험하는 것이다. 형식지는 전달하기 쉬울 뿐만 아니라, 이해도 어렵지 않다. 그러나 그 배경이 되는 암묵지는 경험하여 공유하는 수밖에 없는 것이다. 여기에서의 경험에는 실제로 브랜드를 사용해 보거나, 현장에서 직접 판매해 보는 것뿐만 아니라, 보다 넓은 의미에서의 경험을 필요로 한다. 즉, 브랜드 지식의 보유자를 찾아내, 그들과 암묵지를 공유하기 위한 경험을 쌓아야 하는 것이다. 과실음료의 경우, 과실의 원산지를 방문하는 것도 좋을 것이다. 독자적인 제조방법으로 차별화하고 있는 브랜드의 경우, 제조공정에서 그 노하우를 경험하는 것이 브랜드 체험이 될 수 있다.

이러한 것들은 회사 내 암묵지를 수집하는 방법들인데 반해, 고객들의 브랜드 지식을 얻어내는 경험을 쌓아가는 일을 할 수 있다면 브랜드 지식은 더욱 풍부해지게 될 것이다.

브랜드 지식 수집에 있어서의 문제점

실제로 회사 내의 브랜드 지식을 수집하는 과업은 여러 가지 장애를 수반한다. 우선, 조직상의 문제를 들 수 있다. 브랜드 지식을 수집하는 일은 브랜드 담당자의 업무이지만, 지식의 보유자가 있는 다른 부문에서는 브랜드 지식의 수집에 협력하려는 자세를 보여주지 못하는 경우가 많다. 자신의 업무에 쫓기고 있는 다른 부문의 사원이 브랜드 담당자의 요청에 기꺼이 응해 주리라는 보장은 없는

---

knowledge)인데, 이는 '구체적인 언어로 설명하기 힘든 지식'이라고 저자는 설명한다. 이 지식은 개인의 경험에 내재해 있는 개인적인 지식이며 개인적인 신념 · 생각 · 가치 체계 등 무형의 요소들을 포함하고 있다.

것이다. "브랜드 지식을 파악하러 왔습니다."라고 말한들 쉽게 환영해주지 않는 것이 현실이다.

또 한 가지, 업무의 계속성과 담당자의 문제가 있다. 즉, 인사이동으로 브랜드 담당자가 바뀌었을 때, 브랜드 지식의 수집 · 관리를 어떻게 계속해 나갈 것인가 하는 문제이다. 담당자가 수집한 브랜드 지식의 보유-관리를 다른 사람이 인계하는 것은 매우 곤란한 문제이다. 특히 그 지식이 암묵지일 경우는 본인의 기억을 이용해 관리하는 수밖에 다른 방법이 없다. 게다가 경험을 통하여 획득하는 과정은 시간이 많이 걸리기 때문에, 시간의 경과와 함께 기억에서 멀어져 지식수준도 떨어질 우려가 있다.

브랜드 지식 수집의 팀 구성

이와 같은 문제에 대처하기 위해서는 다음과 같은 다양한 멤버로 구성된 팀을 조직해야한다.

1. 회사 내 인프라에 강한 팀 리더
2. 브랜드 지식을 보유한 담당자
3. 브랜드 전략의 노하우를 보유한 실천자

리더는 주로 회사 내에서 사전준비를 행하는 역할로써, 팀의 활동을 원활하게 진행하기 위한 환경정리의 역할을 한다. 브랜딩에 대한 회사의 전체적인 협력을 이끌어내기 위해서 브랜드 지식수집의 팀 조성을 정당화(authorize)함으로써, 수집활동을 회사 전체의 과제로까지 승화시키는 것이다. 이상적인 것은 "브랜드 지식을 파악하러 왔습니다."라고 하는 한마디면 회사의 누구에게든지 목적하는 바대로 협력을 얻어내는 인프라를 만드는 것이다.

담당자는 복수의 사람이 필요로 되며, 팀의 중심이 되어 브랜드 지식의 수집을 행한다. 담당자 자신이 마케팅이나 사업기획 등의 경험을 보유하고 있다고 하더라도, 제조 현장이나 영업의 최전선에 있는 방대한 암묵지를 수집하기 위해서는 인해전술을 필요로 한다. 그리고 담당자는 일정한 브랜드 지식을 보유하고 있음과 동시에, 대인 커뮤니케이션에도 뛰어난 재능이 있어야만 한다. 암묵지의 보유자와 공통된 언어로 대화하거나, 비유 표현 등을 이용하여 암묵지를 유도해내기도 해야 하기 때문이다.

브랜드 전략의 노하우를 지닌 실천자란, 수집한 브랜드 지식을 정리하여 다음 단계로 연결시키는 실무상 노하우가 뛰어난 인물을 말한다. 브랜드 실무를 경험한 인재를 영입함으로써, 브랜딩에 필요로 하는 작업의 효율 상승을 기대할 수가 있게 된다.

이와 같이 다양한 배경(background)을 지닌 멤버들로 팀을 구성하는 것이 바람직하다. 브랜드의 개발자만으로 팀을 조직하게 되면 일에 대한 열정은 비교할 수 없이 강하겠지만, 회사의 전체적인 협력을 기대하거나 실무 수준의 작업을 실행하는데 있어 문제가 발생하기 쉽다. 다양한 지식이 필요한 작업에는 인재의 다양성도 간과해서는 안된다.

한편, 회사의 전체적인 협력태세를 구축하는 데 있어 가장 효과적인 방법은 경영자의 적극적인 관여를 얻어내는 것이다. 소니(Sony)의 경우처럼 경영자 스스로가 톱 마스터로써 브랜딩에 관여하고 있는 기업의 성공을 보면, 그 효과는 설명할 필요도 없을 것이다.

그리고 브랜드 지식은 계획적 · 집중적으로 수집하는 것이 좋은 방법이라 할 수 있는데, 수집한 후에도 계속적으로 수집해 나가야 한다는 것을 잊어서는 안된다. 브랜드 지식은 살아 있는 생물체와 같은 것으로 시간의 경과나 상황의 변화에 따라 그 내용도 변할 수 있다. 계속적인 수집에 의한 브랜드 지식의 축적이 장기적인 브랜드의 경쟁우위로 연결되는 것이다.

② 브랜드 아이덴티티의 규정에 필요한 구성요소를 추출한다

다음 단계에서는 수집한 브랜드 지식을 통해, 브랜드 아이덴티티에 포함시킬 요소를 추출한다. 이 단계는 브랜드 담당자(팀)의 추론능력과 통찰력을 시험받는 단계이다. 왜냐하면, 수집된 여러 수준의 브랜드 지식을 일정한 레벨로 열거하고 몇 가지 편성을 시도하여, 의미와 관계성을 명확히 밝혀야만 하기 때문이다.

브랜드 아이덴티티의 추출 시 필요로 하는 관점은 (1) 기업이 제공할 수 있는 것, (2) 고객의 기대, (3) 경쟁 브랜드와의 명확한 차별화이다.

기업이 제공할 수 있는 것

당연한 말이겠지만 브랜드에는 기업이나 사업의 기대와 역할이 담겨지게 된다. 그것을 실현시키기 위해서는 어떤 브랜드여야 하는가, 그 철학은 무엇인가,

어떤 퍼스널리티(personality)를 내세울 것인가, 고객에게 제공하고자 하는(제공할 수 있는) 혜택은 무엇이 있는가, 그러한 근거가 되는 속성은 무엇인가라는 것을 유도해낼 수 있는 에센스(essence)를 추출해야 한다.

고객의 기대

브랜드 아이덴티티에 고객의 입장으로부터의 규정을 담기 위해서는 고객의 기대를 알아야만 한다. 고객의 기대는 매우 다양하다. 예를 들면, 비즈니스 가방에 퍼스컴을 넣어 운반할 수 있는 기능성을 기대하는 사람이 있는가 하면, 통근 지하철에서 그 가방을 소지하고 있더라도 신문 등을 읽을 수 있는 휴대성을 중시하는 사람도 있을 것이다. 더 나아가서는 패션 아이템으로써의 디자인성을 제일로 드는 사람도 있을 것이다.

또한, 고객의 의식이나 가치관이 바뀌게 되면 기대도 바뀐다. 예를 들면, 과거 젊은이들은 자동차를 소유하는 것에 가치를 두고 있었다. 그로 인해 많은 젊은이들이 학교를 졸업하고 사회인이 되었을 때 갖고 싶은 것으로 자동차를 일순위로 들었다. 그런데 최근에는 자동차의 가치가 소유하는 것이 아니라 그것을 사용하여 이동하는 것으로 변화하고 있는 추세이다. 스노보드나 서핑을 즐기러 가기 위한 수단으로써 자동차의 가치를 발견하고 있는 것이다. 이러한 가치관의 변화가 자동차에 요구하는 기대에도 변화를 가져오고 있는 것이다.

이처럼 파악하기 쉽지 않은 고객의 기대를 추측하여 브랜드가 어떤 기대에 부응해야 할 것인가, 이를 위해 어떤 브랜드 지식이 필요한가라는 관점으로부터 추출해야 한다.

경쟁 브랜드와의 명확한 차별화

브랜드에서 경쟁 브랜드와의 차별화를 도모하기 위해서는 독특한 브랜드 지식을 보유해야만 한다. 예를 들면, 고객의 어떤 기대에 부응하는 브랜드 아이덴티티를 규정했다고 하자. 그러나 그 기대에 부응하는 것보다 더 강력한 브랜드 지식이 경쟁 브랜드에 있다고 한다면, 고객은 경쟁 브랜드 쪽을 선택할 것이다.

따라서 브랜드 철학의 내용, 퍼스널리티의 강도, 혜택의 강조 포인트, 속성의 양과 질에 있어서 경쟁을 능가할 수 있는 브랜드 지식을 추출하는 것이 무엇보다 중요하다. 아무리 브랜드 커뮤니케이션에 투자했다할 지라도 차별화할 수 없는 브랜드 아이덴티티로는 경쟁 브랜드를 이길 수 없다. 차별화는 경쟁 전략에서의 포지셔닝을 규정하는 것이기도 하기 때문에, 차별화할 수 없는 브랜드 아이덴티티일 경우에는 브랜드 전략과 사업 전략을 통합시키는 것도 불가능해진다.

③ 브랜드 아이덴티티로써 형식지화한다

브랜드 지식을 수집하여 세 가지 관점에서 요소를 추출했다면, 이어서 브랜드 아이덴티티로써 형식지화하게 된다. 여기서는 브랜드 담당자(팀)의 표현력을 시험받게 된다. 아무리 우수한 브랜드 아이덴티티라 할지라도 적절하게 표현되지 않으면, 생각대로 잘 전달될 수가 없다. 최고경영자에서부터 현장까지 브랜딩에 관해 모든 사람들이 이해할 수 있고, 공유할 수 있도록, 그리고 구체적인 커뮤니케이션 시책으로 적용할 수 있도록 형식지화하는 일이 필요하다. 그것이 불가능한 브랜드 아이덴티티는 규정자의 암묵지 영역을 빠져나올 수 없는 것이 된다.

형식지화의 방법으로 〈그림 5-7〉에서처럼 나이키의 브랜드 아이덴티티에 잘 나타나 있다. 우선 아이덴티티의 핵이 되는 브랜드 가치를 명확히 한다. 그런 후에 혜택, 속성, 퍼스널리티를 규정해 간다. 잊어서는 안될 것은 각 요소의 연관성을 확실히 확인하는 일이다. 만약 요소 간의 관련에 문제가 있다면, 브랜드 지식으로부터의 추출작업을 수정하지 않으면 안된다.

그림 5-7 나이키의 브랜드 아이덴티티

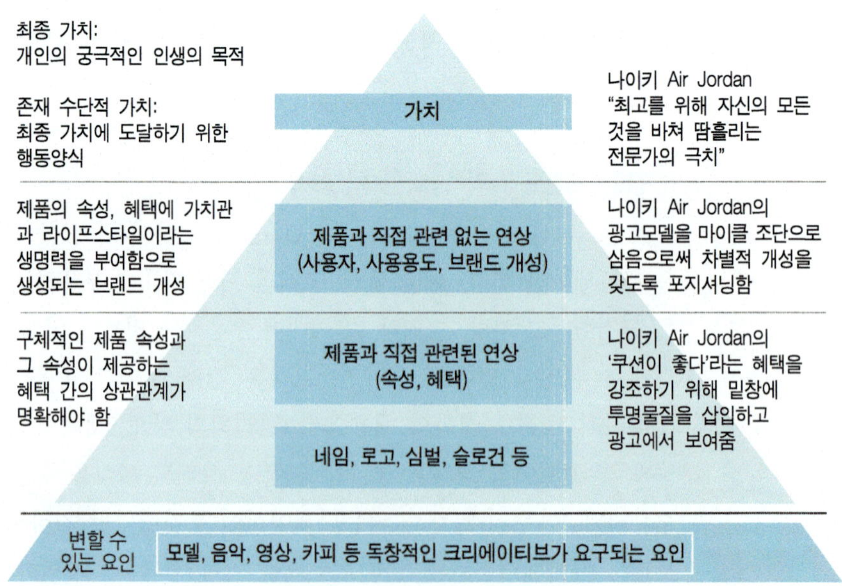

제3절 브랜드 아이덴티티의 변경

마케팅 커뮤니케이션의 변경에 의해 포지셔닝의 조정만으로는 활성화가 곤란한 경우가 있다. 이와 같은 경우에는 브랜드 아이덴티티의 변경 가능성을 검토할 필요가 있다. 브랜드 아이덴티티의 변경은 브랜드의 근본에 관한 것이기 때문에 높은 위험을 수반한다. 그러나 다음과 같은 상황의 경우에는 브랜드 아이덴티티의 변경이 하나의 대안이 될 수 있다.

1. 브랜드 아이덴티티의 명확화에 결점이 있는 경우

시장의 도입기에는 처음에 상정한 시장이 존재하지 않거나, 예상치 못한 니즈가 출현하는 경우가 있다. 이후의 성장시장을 거두어들이기 위해서는 이와 같은 상황에 발 빠르게 대응하는 것이 중요하다.

그러나 시장이 성숙하여, 치열한 경쟁이 행해지고 있는 상황에서 아이덴티티의 변경은 매우 위험한 방법이다. 따라서 아이덴티티의 명확화에 문제가 있는 경우에는 도입기에 브랜드 아이덴티티를 근본적으로 변경하는 것이 시장 승부에 필요한 것이다.

2. 브랜드 아이덴티티가 희박한 경우

브랜드 네임이 결정되었지만 아이덴티티가 명확하지가 않은 경우에는 소비자에게 명쾌한 메시지를 전달할 수가 없다. 이것은 초기의 브랜드 활동무대를 명확히 하는 포지셔닝과 브랜드가 표방하는 가치가 명확하지 않음으로써 발생한다. 이러한 경우에는 브랜드 아이덴티티를 명확히 해야 한다.

3. 브랜드 아이덴티티가 시대에 뒤떨어져 있는 경우

환경의 변화나 기술혁신 등 브랜드를 시대에 뒤떨어지게 하는 요인이 많이 있다. 이와 같은 경우에는 패키지의 리뉴얼과 같은 단기적인 방법보다는 패러다임 변화에 맞추어 좀 더 근본적으로 변화시키는 방법이 있다.

일본 기린 맥주의 예를 들어 보자. 기린 맥주는 열처리한 라거 맥주로 1세기 이상 동안 일본 맥주시장의 주역이었다. 본래는 저장공정으로 장기 숙성된 맥주라고 하는 의미가 있었다. '라거=열처리 맥주'라고 하는 이미지가 정착되었다. 그러나 1990년 '생=신선'이라고 하는 이미지로 광고가 진행되었다. 그와 같이 하여 1996년 라거를 생으로 하여 의미의 본원적인 변경을 단행하였다.

4. 시장이 한정되어 있거나 점차 쇠퇴하는 경우

한정된 시장 세분화에 소구하는 브랜드는 큰 성장을 기대할 수 없다. 이와 같은 경우, 보다 큰 시장을 공략하는 것이 필요하다. 예를 들면 존슨앤존슨의 경우에 베이비 로션은 유아용이었다. 그러나 유아용 로션을 성인시장으로 순한 로션으로 재정의함으로써 보다 큰 시장으로 확장하였다.

[생각해볼 문제]

1. 여러분들이 관리하고 있는 혹은 좋아하는 브랜드 2개를 들어서, 각각에 대해 다음의 브랜드 평가 워크시트(worksheet)에 기입해 보자.

브랜드 아이덴티티	브랜드 이미지	전략적 관점
브랜드 포지셔닝 • 목표 고객 • 준거의 틀 • 유사점 • 차별점 브랜드 가치 브랜드 요소 • 음성적 요소 • 시각적 요소	현재의 브랜드 의미	유지 및 강화해야 할 것 전략적 목적을 달성하기 위해 변경해야 할 것

2. 특정의 제품 브랜드(product brand)를 예로 들어서, 일본 전기통신공사의 Honeycomb® 모델을 활용하여 브랜드 아이덴티티를 구성해 보자.

3. 브랜드 아이덴티티의 규정집(예를 들면, 'NIVEA' Brand Philosophy처럼) 사례를 들어 담겨 있는 내용들을 논의해 보자.

제6장

브랜드 포지셔닝과 가치

이번 장의 주요 이슈

바람직한 브랜드 지식구조를 결정하는 일의 첫 번째 과업은 브랜드 포지셔닝과 가치를 설계하는 것이다. 브랜드 포지셔닝과 가치는 브랜드 자산 구축의 출발점을 제공한다. 따라서 이번 장에서는 다음과 같은 이슈들을 중점적으로 다룬다.

❶ 브랜드 자산 구축의 출발점이 되는 브랜드 포지셔닝이란 무엇인가?

❷ 브랜드 포지셔닝을 설계하기 위해서 필요한 구성요소는 무엇인가? 즉 어떤 요소들을 검토해야 하는가?

❸ 지속적인 경쟁우위를 확보하기 위해 장기간에 걸쳐 브랜드 포지션을 유지하는 방법은 무엇인가?

❹ 시간과 환경, 그리고 소비자 니즈의 변화는 그에 맞게끔 브랜드 포지션도 변경해야 한다. 장기간 유지되어 온 브랜드를 리포지셔닝하는 방법은 무엇인가?

❺ 브랜드의 DNA로써 브랜드 가치란 무엇이며 이를 어떻게 설계하는가?

제1절 브랜드 포지셔닝의 개념

무수히 많은 커뮤니케이션으로 이루어져 있는 세상에서 포지셔닝은 이 시대의 필수요소이다. 이렇게 말도 안 되게 넘쳐나는 정보 속에서 살아남는 방법은 명확한 포지셔닝의 구축이다. 다음에서는 브랜드 구축의 출발점이 되는 브랜드 포지셔닝에 대해 살펴본다.

1. 브랜드 포지셔닝

전형적인 슈퍼마켓은 3만 개 이상의 품목을 진열한다. 이것은 엄청난 선택의

그림 6-1 브랜드 포지셔닝

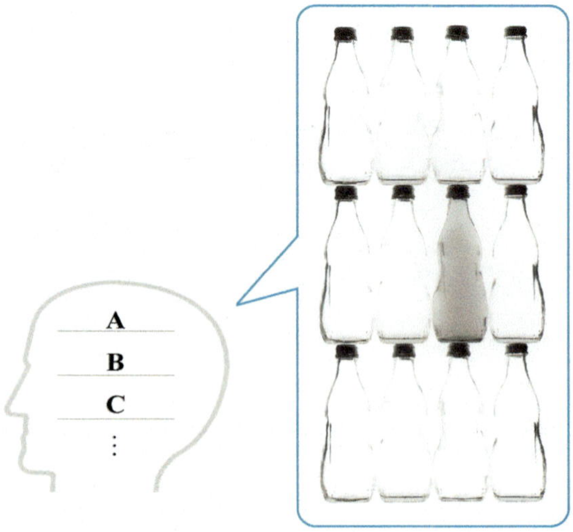

자료 : 김한영 (2006). NEW CHAIRMAN. Vol.20(August/September). p.6.

기회가 아닐 수 없다. 게다가 매년 2만 개 이상의 새로운 제품들이 선반에 올라가며, 이중 대부분은 시장에서 사라질 운명이다.

또한 세상은 무수히 많은 커뮤니케이션으로 이루어진다. 하루에도 수십, 수백 건의 광고가 눈앞을 순식간에 지나쳐 가고 하루 동안 자신의 주장을 피력하기 위해 내뱉는 말만도 수백 문장이다. 그러나 그중 눈에 띄고 상대의 기억 속에 각인되는 것은 몇 가지되지 않는다. 오늘 보았던 텔레비전 광고 중 기억나는 장면은 무엇인가? 사람들과 나누었던 대화 중 자신에게 도움될만 한 말은 무엇인가? 기억나지 않는다면 그 커뮤니케이션은 실패한 것이다. 성공하는 커뮤니케이션은 어렵다.

이렇게 말도 안 되게 넘쳐나는 정보 속에서 살아남는 것이 있다는 사실이 놀라울 따름이다. 비슷해 보이는 정보홍수 속에서 살아남는 방법은 '오직 특별한 단 하나'라는 인식을 강화하는 방법이다. 즉 '포지셔닝'이다(그림 6-1).[4]

Al Ries와 Jack Trout(2001)는 마케팅 전략으로써 포지셔닝이라는 용어를 최초로 사용하였다.[5] 여러 세분시장 중에서 표적 시장을 선정하고 표적시장 내에서 효과적인 마케팅 활동을 수행하고자 할 때 대부분의 경우 경쟁기업들이 존재하기 마련이다. 따라서 자사 제품이 경쟁기업들과 효과적으로 경쟁하기 위해서는 마케팅 믹스를 사용하여 소비자의 의식에 제품의 정확한 위치를 심어 주어야 한다.

이와 같은 활동이 바로 포지셔닝으로 고객의 마음속에 경쟁제품과 비교하여 제품을 위치시키는 것이다. 고전적인 포지셔닝의 예는 7UP의 'Uncola' 캠페인이다(우측의 그림). 이러한 캠페인 전에 7UP을 소프트드링크(soft drink)로써 확신시키는데 어려움을 겪었다. 소비자들은 콜라가 소프트드링크라고 믿었으며, 7UP은 소프트드링크가 아니라고 생각하고 있었다. 7UP은 Uncola로 프로모션 함으로써 그 회사는 7UP을 콜라와 마찬가지의 동일한 상황에서 소비되는 소프트드링크로써 그리

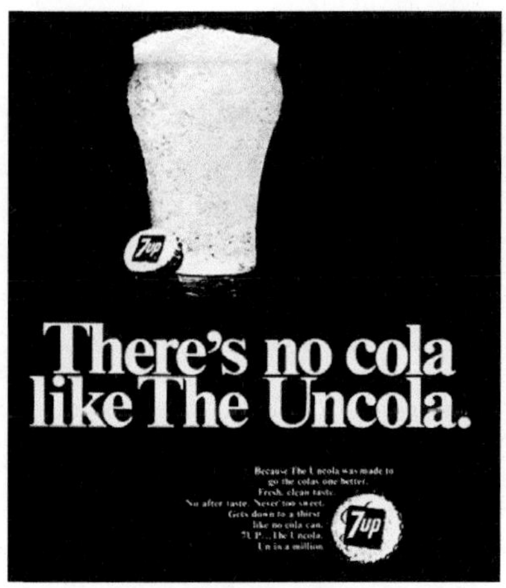

7UP의 'Uncola' 캠페인

4) 이선정 (2006), NEW CHAIRMAN, Vol.20(August/September), p.6.
5) Al Ries, Jack Trout (2001), Positioning: The Battle for Your Mind, McGraw-Hill.

고 콜라에 대한 대안제품으로써 포지셔닝하였다. 이러한 포지셔닝은 매우 성공적이었다.

이와 같이 기업들은 각 제공물에 대하여 차별적인 포지셔닝을 개발하고 이를 알려야 한다. 포지셔닝은 목표시장의 마음속에 차별적인 위치를 차지하는 기업의 제공물과 이미지를 설계하는 활동이다. 궁극적으로 포지셔닝의 최종 결과는 목표시장이 그 제품을 구매해야 하는 이유인 시장에 대한 가치제안(value proposition)을 성공적으로 만들어 내는 것이다.

2. 포지셔닝에 사용할 아이디어의 수[6)]

각 기업은 포지셔닝에 있어서 얼마나 많은 아이디어들(예컨대 혜택들, 속성들)을 강조할 것인가를 결정해야 한다. Ries와 Trout는 하나의 일관적인 포지셔닝 메시지가 좋다고 말하고 있다. 규칙 없이 섞여 있는 정보들 가운데 돋보이려면 백 가지 장점 중 가장 큰 장점 한 가지를 전면에 내세워 자신만의 카피를 완성해야 한다. 이러한 접근방법에 따르면 각 브랜드들은 '가장 품질이 좋은', '가장 서비스가 좋은', '가장 가격이 싼', '가장 기술이 뛰어난' 등과 같이 특정 속성에 '제일'이 되어야 한다. 기업이 하나의 포지셔닝을 강력하게 강조함으로써 이를 잘 알릴 수 있고, 이러한 포지셔닝을 기억시킬 수 있다.

그러나 모든 사람들이 하나의 혜택만을 이용한 포지셔닝을 주장하는 것은 아니다. Smith Kline Beecham은 아쿠아후레시(Aquafresh) 치약을 충치예방, 좋은 입 냄새, 하얀 치아 등의 세 가지 혜택을 주는 제품으로 촉진하고 있다. 이 회사는 치약을 짤 때 세 가지 색상이 나타나도록 함으로써 세 가지의 혜택을 시각적으로 확인할 수 있도록 제품을 만들었다.

6) Philip Kotler (2003), A Framework for Marketing Management(Second Edition), Prentice Hall, pp.281-282, 역서.

제2절 브랜드 포지셔닝의 구성요소

일반적으로 브랜드 포지셔닝이라고 하면 차별점 즉, 경쟁 브랜드와의 차이를 나타내는 편익(benefit)에 중점을 두어왔다. 그러나 준거의 틀(frame of reference)과 유사점(POP: point of parity)이라고 하는 두 요소에 대해 깊이 있게 검토함으로써 초기 단계부터 확고한 포지셔닝을 확립할 수 있다.[7] 따라서 차별점(POD: point of differentiation)과 유사점이 혼합된 브랜드 포지셔닝이 필요하다. 경쟁사 제품과 너무 비슷해서도 안되지만, 그렇다고 완전히 동떨어진 차별성만을 강조하는 것도 위험하다. 즉 성공적인 브랜드는 타사 제품과 경쟁하는 분야에서는 비슷하게 보조를 맞추고, 동시에 다른 분야에서는 경쟁사를 앞서기 위한 차별화 포인트를 만들어야 성공할 수 있다(브랜딩 따라잡기 7).

따라서 브랜드 포지셔닝 결정을 위해서는 목표시장과 경쟁의 성격 파악(준거의 틀), 그리고 유사점 연상과 차별점 연상과 같은 몇 가지 결정을 포함해야 한다.

1. **목표고객** : 목표고객은 누구인가?
2. **준거의 틀** : 어떻게 자리매김 할 것인가?
3. **유사점** : 최소 필요한 요소는 무엇인가?
4. **차별점** : 우리 브랜드는 경쟁 브랜드와 어떤 점이 다른가?

7) Kevin Lane Keller, Brian Sternthal (2003), Three Questions You Need to Ask about Your Brand, Diamond Harvard Business Review(June), pp.56-65.

브랜딩 따라잡기 7

서브웨이의 포지셔닝 전략

샌드위치 체인의 서브웨이(Subway: 일본의 패스트푸드 체인점)는 2000년 브랜드 포지셔닝에 있어서 딜레마에 빠졌다. 광고대행사로부터 동사의 샌드위치를 중심으로 다이어트해서 약 20kg을 감량한 22세의 남성을 내세워 건강적인 패스트푸드 브랜드라고 하는 측면을 소구하도록 제안 받았다.

이 광고대행사는 이 다이어트 성공담이 소비자들에 받아들여질 자신이 있고 많은 돈을 들여 TV의 스팟(spot)광고를 제작한 만큼의 효과가 있다고 자신하였다.

이 광고는 각지에서 방영되어 매출은 평균 15% 이상 신장했다. 이 광고대행사는 서브웨이와 다른 패스트푸드점을 차별화하는 포인트, 즉 건강에 거의 특화하고 있었다. 그러나 서브웨이 측은 브랜드가 경쟁하는 전체의 준거의 틀과 거기에 따른 유사점에 대해 염려하고 있다. 매출이 2년간 정체하였기 때문에 브랜드 포지셔닝의 제고에는 적극적이었지만 패스트푸드의 준거의 틀 속에 '맛'은 필수조건이라 생각하고 있었다. 패스트푸드를 선호하는 주 고객층으로 하면 건강에 좋을까 어떨까 보다도 맛이 중요하다고 믿고 있던 것이다.

서브웨이는 체인점 수에 있어서 패스트푸드 업계에서 1위를 자랑하지만 매출에서는 햄버거의 거대 기업과는 너무 큰 격차가 있다. 동사가 실시한 조사는 맛으로 경쟁하면 그 거대기업과 경쟁할 수 있다는 것을 말하고자 한 것이다.

게다가 패스트푸드를 선호하는 손님은 맛과 건강은 양립할 수 없다는 선입관을 갖고 있다고 인식하고 있었다. 말하자면 건강을 크게 부각시켜 내세웠던 캠페인에서는 패스트푸드의 이미지가 손상되지 않을까 염려했던 것이다. 하여튼 서브웨이는 광고대행사가 제작한 광고를 전국적으로 전개하였다. 동시에 최근에는 신상품의 프로모션으로 맛을 소구하는 광고를 내보내기 시작했다. 서브웨이 브랜드의 경우 장기적으로 보아 어느 쪽이 올바른 접근방법인가는 언젠가 판명될 것이다. 이 사례는 차별화만을 중시한 브랜드 포지셔닝에서 중요한 과제가 등한시 되어버리는 것을 서술하고 있다. 적절한 포지셔닝에는 적절한 준거의 틀과 거기에 따른 유사점 및 차별화가 불가결한 것이다. 서브웨이의 예도 차별화라고 하는 점만 보면 다른 패스트푸드가 건강지향의 분야에 들어오는 것을 막는 현명한 방법이며, 그 나름대로 우위성을 확보할 수 있는 것이다라고 말할 수 있다. 그러나 자산들의 비즈니스는 무엇인가를 잊어서는 안된다.

▮자료 : Kevin Lane Keller, Brian Sternthal (2003), Three Questions You Need to Ask about Your Brand, Diamond Harvard Business Review(June), pp.56-65.

1. 목표고객

브랜드 포지셔닝 결정을 위해서는 먼저 목표고객이 누구인가에서 출발한다. 이러한 목표시장 결정을 위해서는 시장 세분화를 통해서 달성된다. 시장 세분화의 논리는 간단하다. 단일 제품이 모든 소비자에게 소구될 수 없다는 개념에 기초하고 있다. 소비자들의 구매목적, 제품지식, 관여수준, 그리고 구매행동은 다양하다.

성공적인 마케터들은 종종 특정 소비자군에게 소구하기 위한 마케팅 전략을 채택한다. 심지어 껌과 같은 단순한 제품도 다양한 향과 칼로리, 그리고 다양한 소비자에게 소구하기 위한 색상, 패키지 사이즈로 되어 있으며 설탕 내용에 있어서도 다양하다. 단일의 제품이 모든 소비자에게 좀처럼 소구할 수 없지만, 그것은 한 소비자 이상에게 만족시킬 수 있다. 따라서 단일의 아이템에 의해 만족될 수 있는 고객의 집단이 있다. 만약 특정 집단이 기업에 의해 만족될 수 있다면 그것은 확실한 시장 세분화를 구성하게 된다.

다음에서는 시장을 정의하고 세분화하여 목표세분시장을 선택하는 방법들에 대해서 다룰 것이다. 시장 세분화는 시장을 유사한 소비자 집단으로 나누고 가장 적절한 집단을 선택하는 과정으로 정의한다.

1 세분화 기준의 조사

시장을 세분화하는 최상의 기준을 결정하기 위한 단순한 방법은 없다. 하지만 대부분의 경우, 적어도 몇 가지 차원이 이전의 구매경향이나 경영 관리적 판단으로부터 결정될 수 있다. 예를 들면, 자동차 시장을 세분화한다고 가정해 보자. 몇몇 차원이 최초의 고려에서 떠오를 것이다: 성(남성), 나이(18~35세), 라이프스타일(야외생활을 좋아하는), 수입수준(2만 5천~4만 달러) 등 최소한 이러한 변수들이 계속되는 세분화 조사에서 포함되어야 한다.

〈표 6-1〉은 소비자 시장을 세분화하기 위한 많은 기준들을 제안하고 있다. 이것은 가능한 완벽한 세분화 기준을 말하는 것은 아니지만, 유용한 범주이기는 하다. 4가지의 특정 유형의 세분화 기준이 다음에서 논의된다.[8)]

8) Philip Kotler (2003), A Framework for Marketing Management(Second Edition), Prentice Hall, pp.240-246(역서)에 기초하여 작성.

지리적 세분화(geographic segmentation)

소비자 욕구와 반응이 지리적으로 다르다는 가정 하에 지리적 위치에 따라 세분시장을 나누는 것이다. 광범위하게 흩어져 있는 소비자를 상대로 하지만 지리적 위치에 따라 소비자의 욕구와 선호에 차이가 발생되고, 이것을 발견하는 데 관심을 기울여야 한다. R.J. Reynolds 담배회사는 시카고 지역을 3개로 나누어 담배를 팔고 있다. 북쪽 지역은 높은 교육수준으로 건강에 많은 관심을 가지고 있기 때문에 타르(tar)가 적은 담배에 주력하고, 남동쪽 지역은 공장 근로자들이 많아 보수적이기 때문에 Winston을 집중적으로 판매한다. 한편 흑인이 많이 사는 남쪽 지역은 흑인용 신문 등에 Salem을 광고하고 있다.

인구통계적 세분화(demographic segmentation)

인구통계에 의한 시장 세분화는 연령, 성, 가족 구성원의 수, 가족생활 주기, 소득, 직업, 교육수준, 종교 등과 같은 인구통계 변수들을 기준으로 하여 시장을 세분화하는 것을 말한다. 인구통계 변수를 사용하는 이유는 소비자의 욕구, 선호, 제품 사용횟수 등이 인구통계 변수와 밀접한 관련이 있기 때문이다. 또 다른 이유는 인구통계 변수가 다른 종류의 변수보다 시장 규모의 측정이 용이하기 때문이다. 인구통계 변수를 자세히 알아보면 다음과 같다.

❶ **연령(age)과 생애주기단계(life-cycle stage)** : 소비자는 연령과 가족생활주기에 따라 욕구와 선호의 차이가 있다. 20대의 청년과 6살의 어린아이의

표 6-1 주요 세분화 변수들(소비재 시장 기준)

변수	인구통계적 기준	지리적 기준	심리 도식적 기준	행동적 기준
범주	연령 가족 규모 가족 생활주기 성별 소득 직업 교육 종교 인종 세대 국적 사회계층	지역 도시/도시권역의 규모 인구밀도 기후	라이프스타일 개성	사용상황 혜택(이점) 사용자 지위 사용률 충성도 구매준비 상태 제품에 대한 태도

그림 6-2 생애단계에 따른 화장품 세분시장

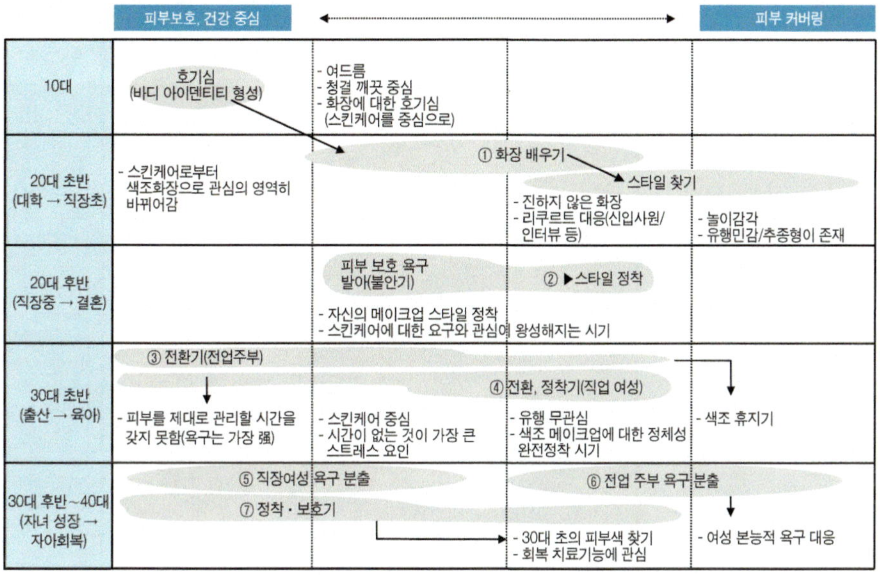

소비 잠재력은 다르게 나타난다. 맥도날드는 어린이용, 10대 청소년용, 어른용, 노인용에 따라 광고방법을 달리한다. 즉, 10대용 광고는 댄스음악을 효과음으로 넣고 모험적인 광고장면이 빨리 바뀌는 형식을 취하며, 노인용 광고는 부드럽고 감성적인 광고를 하고 있다.

사람들은 생애단계(life-stage)에 따라서 주요한 관심사가 달라지는데 이에 따라 마케터들은 생애주기상의 특정단계에 관련된 제공물을 제공하려고 시도한다. 하나의 대표적인 예로써 〈그림 6-2〉는 생애 단계에 따른 화장품 세분시장을 보여주고 있다. 각 세분시장은 화장에 대한 욕구를 잘 나타내고 있다. 그러나 연령과 생애주기는 다루기 어려운 변수들이다. 예컨대 Ford는 값싼 스포츠카를 원하는 젊은 사람들을 대상으로 Mustang을 개발했다. 그러나 모든 연령층에서 이 차를 구매하고 있다는 것을 통해 Ford는 사람들의 연령이 물리적 측면이 아니라 심리적 측면과 관련되어 있다는 것을 발견하게 되었다.

❷ **성별(gender)** : 우리는 흔히 의류나 화장품 혹은 잡지 등이 남녀를 구분하여 세분되고 있는 것을 볼 수 있다. 심지어 식품의 예에서도 나타나는데, 오뚜기는 현대 여성들이 다이어트에 지나친 관심을 가지고, 음식을 조리하고 먹는데 있어서도 재료에 큰 고민을 하는 것에 착안하여 '1/2하프마요', '논오일드레싱', '녹차드레싱', '컵누들' 등을 출시하였다.

그림 6-3 소득수준에 따른 화장품 세분시장

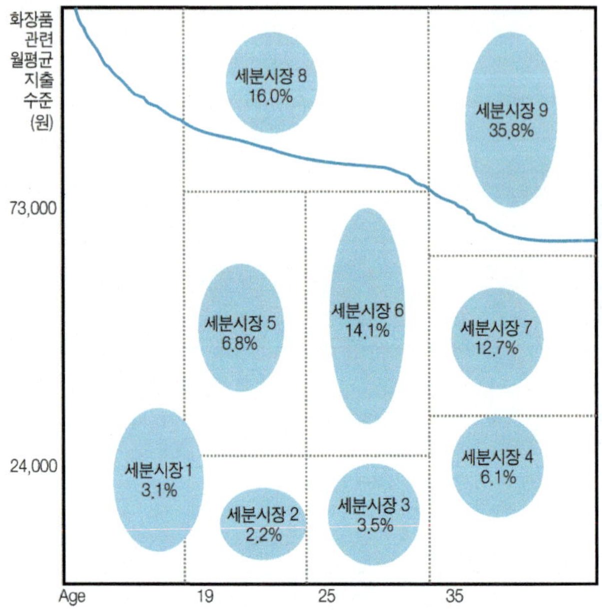

세분시장1	- 중/고등학교 - Clean & Clear
세분시장2	- 대학/원생 - 매스형의 중저가대
세분시장3	- 전업주부 - 매스형 저가대
세분시장4	- 전업주부 - 마몽드 등
세분시장5	- 대학/원생, 직장여성 - 매스와 프레스티지
세분시장6	- 전업주부와 직장여성 - 프레스티지형 욕구 강함
세분시장7	- 전업주부 - 프레스티지형 욕구 강함
세분시장8	- 직장여성 - 백화점 이용도 높음
세분시장9	- 전업주부 - 고가=고품질=고품격

❸ **소득(income)** : 자동차나 의류, 화장품 등의 시장을 소득수준에 따라 세분하는 것은 오랫동안 이용해온 방법이다. 최근에 수행한 조사 분석자료에 따르면, 〈그림 6-3〉에서 보여주는 것처럼 화장품 시장의 세분화 기준변수 중 소득수준이 가장 유의한 설명력을 제공하고 있다. 그러나 제품이 소득수준에 따라 구매된다는 예측이 정확하지 않을 경우가 있다. 예를 들어 미국의 경우 모든 계층에서 저가의 Chevrolet를 구입하는 것으로 나타났으며, 고가의 자동차는 특권을 가진다고 느끼고 싶어 하는 계층의 사람들에 의해 구입되는 경향이 있다.

❹ **세대(generation)** : 각 세대들은 그들이 성장하는 시기의 음악, 영화, 정치, 사건들의 영향을 받는다. 인구통계학자들은 이러한 집단을 동류집단(cohorts)이라고 부른다. 동류집단의 구성원들은 동일한 경험을 공유하고 유사한 사고방식과 가치를 가지기 때문에, 효과적인 마케팅 소구방법은 목표로 하는 동류집단들의 경험을 나타내는 상징이나 이미지들을 이용하는 것이다. Schewe, Meredith와 Karlovich는 80세들로 구성된 불황기(Depression) 동류집단에서부터 10대와 20대로 구성된 Y세대(Generation Y) 동류집단까지 7개의 동류집단들을 찾아내었다.[9]

9) Geoffrey E. Meredith & Charles D. Schewe with Janice Karlovich (2002), Defining Markets,

표 6-2 지각하고 있는 활동, 관심, 의견에 기초한 라이프스타일 범주 표본

가격 의식적	• 나는 특별가격으로 쇼핑을 많이 한다. • 나는 식품점에서 작은 품목이라도 가격을 확인한다. • 나는 세일 광고를 주시한다. • 바겐세일 기간에 쇼핑함으로써 상당히 절약할 수 있다.
패션 의식적	• 나는 항상 최신 유행의 의상을 한 벌 이상 갖고 있다. • 나는 두 벌 중에서 선택해야 하는 경우, 항상 편안함보다는 유행에 맞는 옷을 선택한다. • 내 삶과 활동에 있어서 중요한 부분은 세련되게 옷을 입는 것이다. • 나는 헤어스타일이 변화할 때 최신의 스타일로 하려고 한다.
가정적인 사람	• 나는 파티보다는 집에서 조용히 저녁시간을 보내는 것을 좋아한다. • 나는 음악과 대화가 많은 파티를 좋아한다. • 나는 댄스보다는 스포츠 경기를 관람한다. • 나는 가정적인 사람이다.
공동체 지향적	• 나는 한 서비스 조직보다는 여러 서비스 조직체에서 활동하는 것을 더 좋아한다. • 나는 일상적으로 병원이나 서비스 조직을 위해 자원봉사활동을 한다. • 나는 공동체 프로젝트에 참여하여 일하는 것을 좋아한다. • 나는 개인적으로 정치 캠페인이나 후보 혹은 어떤 문제를 위해 일해 왔다.
어린이 지향적	• 나는 어린이가 아파 누워 있을 때 어린이를 위해 최선을 다해 행동한다. • 어린이는 내 삶에서 가장 중요한 존재이다. • 나는 어린이의 편리함을 위해 집을 정돈하려고 한다. • 나는 어린이에게 좋은 습관을 가르치기 위해 많은 시간과 노력을 기울인다.
강박감이 있는 주부	• 나는 방안이 여기저기 어린이의 장난감으로 어지럽혀 있는 것을 보고 싶지 않다. • 나는 항상 청결하고 말끔하게 집을 청소한다. • 나는 집이 깨끗하지 않을 때 불안하다. • 우리의 하루는 규칙적인 식사를 하는 것처럼 정확하게 일상적인 일정을 따르는 것 같이 보인다.
자기 과신적	• 나는 대부분 사람들보다 상당히 자기 과신적이라고 생각한다. • 나는 대부분의 사람들보다 독립적이다. • 나는 개인적 역량이 있다. • 나는 리더로 고려되는 것을 좋아한다.
자칭 의견 선도자	• 친구들이나 이웃들이 종종 충고를 얻기 위해 나를 찾아온다. • 나는 간혹 친구의 구매행동에 영향을 준다. • 내가 브랜드에 대한 정보를 얻기 위해서 그들에게 가기보다는 그들이 나에게 더 자주 온다.
정보탐색자	• 나는 자주 어느 브랜드를 구입할 것인가에 대해 친구들에게 충고를 구한다. • 나는 제품과 브랜드에 대해 친구들에게 묻는 데 상당한 시간을 소비한다.
다이어트를 하는 사람	• 나는 저칼로리 음료를 일주일에 대여섯 번 마신다. • 나는 평균적인 주부들보다 저칼로리 식품을 많이 구입한다. • 나는 하루에 최소 한 끼는 매트리컬(Metrecal)이나 다이어트 식품을 이용해 왔다.
금전적 낙천주의자	• 나는 내년에도 현재 내가 가지고 있는 것보다 많은 돈을 벌 수 있을 것이다. • 지금부터 5년 후, 가족의 수입이 현재보다 더 많아질 것이다.

자료 : Adapted from William D. Wells and Douglas J. Tigert (1971), "Activities, Interests and Opinions," Journal of Advertising Research 11(August), p.35.

Defining Moments(New York: Hungrey Minds).

❺ 사회계층(social class) : 사회계층은 자동차, 의류, 가구, 여가활동, 독서 습관 등의 선호에 강한 영향을 미치기 때문에 많은 기업들이 특정 사회계층을 위한 제품들을 기획하고 있다. 그러나 사회계층의 선호는 시간에 따라 변화할 수 있다. 1990년대에는 상류층임을 과시하는 취향이 유행하였지만 현재에는 더욱 실용적인 제품들에 대한 선호가 증가하고 있다.

심리도식적 세분화(psychographic segmentation)

심리도식적 세분화에 있어서 구매자들은 그들의 라이프스타일, 개성, 가치 등을 기준으로 하여 상이한 집단들로 세분화된다. 동일한 인구통계적 집단에 속하는 사람들도 매우 다른 심리도식적 프로파일을 나타낼 수 있다.

다음에서는 중요한 소비자의 특성 두 가지(라이프스타일과 개성)에 기초한 세분화에 대해 살펴볼 것이다. 이러한 라이프스타일과 개성에 의한 세분화는 인구통계적 특성에 의한 세분화보다 풍부한 자료로 이루어져 있다.

❶ 라이프스타일(lifestyle) : 라이프스타일은 활동(activities), 관심(interests), 의견(opinions)을 반영하는 것으로 소비자의 생활모형이다. 사람들은 다양한 형태의 라이프스타일을 나타내고, 자신의 라이프스타일을 표현하는 제공물을 구매한다. 라이프스타일을 측정하는 가장 일반적인 방법은 사람들이 시간을 소비하는 방법(활동—일, 취미, 휴가), 그들의 환경에서 중요하다고 생각하는 것(관심—가족, 직업, 커뮤니티), 그리고 그들 주위의 세상과 그들 스스로를 생각하는 것(의견—사회적 이슈, 정치, 비즈니스)을 반영한 AIO(Activities, Interests, Opinions) 항목을 개발하는 것이다. 마케터들은 소비자의 활동, 관심, 의견과 관련된 많은 질문 항목을 만들고, 그 후 최상으로 소비자 세분시장을 정의하는 소수의 질문들을 선정함으로써 이러한 항목을 개발한다(표 6-2).

〈표 6-2〉에서 보여주는 것처럼 이 질문은 요인분석(factor analysis)을 활용하여 11개의 라이프스타일 차원으로 축소했다. 300개의 질문항목에 대한 응답을 활용하여 소비자들은 가격 의식적, 패션 의식적 등 11개의 라이프스타일 차원으로 묘사된다.

라이프스타일을 측정하는 또 다른 접근방법은 소비자의 활동, 관심, 의견을 확인·규명하기 위해 소비자 질문조사를 시행하고, 그 후 이것에 기초하여 라이프스타일 범주를 개발하는 것이다. 1978년 스탠퍼드 리서치 연구소가 개발한 VALS

(Value And Life Survey)가 이러한 접근방법을 나타낸다. VALS는 연간 2,500명의 소비자에 대한 설문조사를 실시하여 공통적인 라이프스타일과 가치관에 근거하여 활동자, 생존자, 노력자와 같은 8개 집단을 확인 · 규명했다(그림 6-4).

〈그림 6-4〉에서 보여주는 것처럼, 소비자 집단은 직사각형으로 정렬되어 있으

그림 6-4 VALS 2 소비자 세분시장

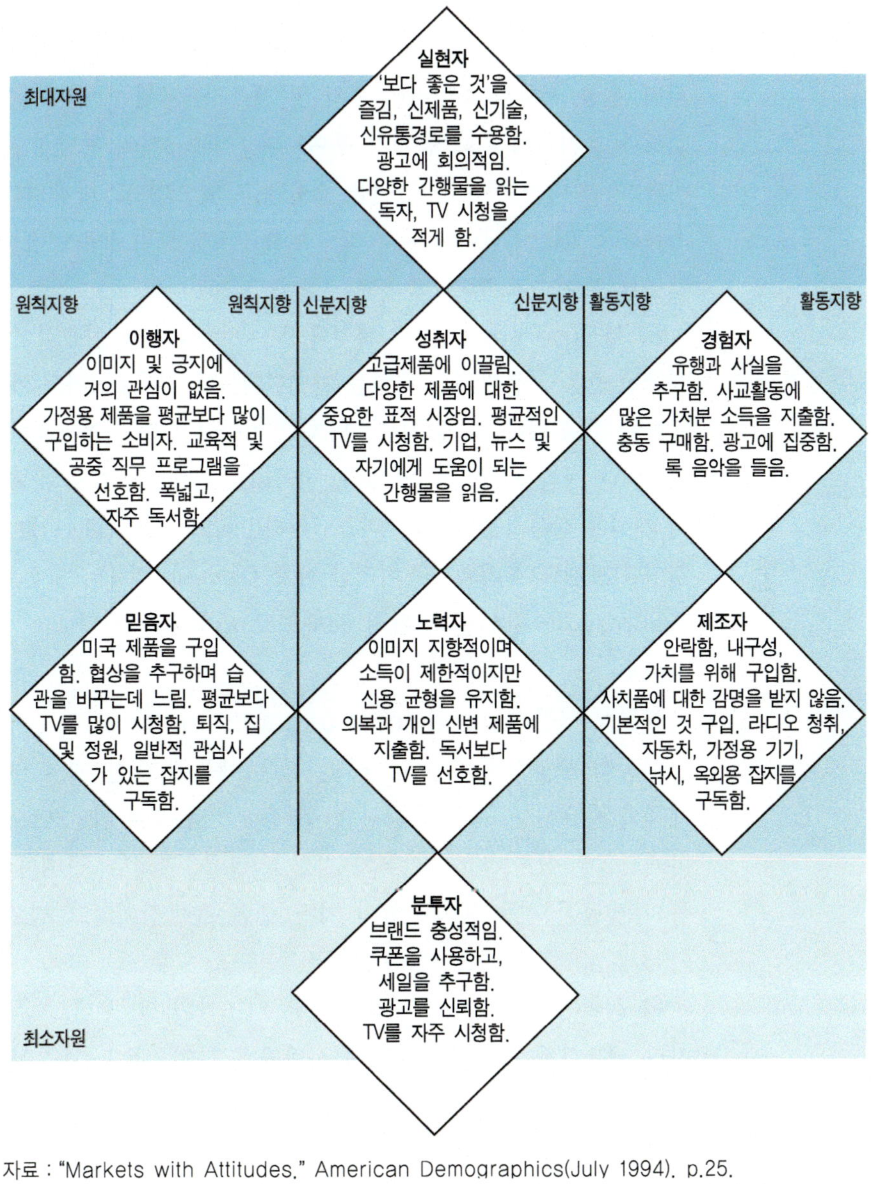

자료 : "Markets with Attitudes," American Demographics(July 1994), p.25.

며 두 차원에 기초하고 있다. 수직적 차원은 소비자들이 혁신적인가 그리고 수입, 교육수준, 자기과신(self-confidence), 리더십, 에너지와 같은 소비자의 자원(resources)을 가지고 있는가에 기초하여 소비자들을 세분화한다. 혁신자(innovators)들은 많은 자원을 소유하고 있지만 분투자(survivors)들은 거의 소유하고 있지 않다. 수평적 차원은 동기(motivations)를 나타내며 다음과 같은 3가지 유형을 포함한다. 원칙 지향적 소비자는 세상이 어떠하며 또는 어떻게 되어야 하는가에 대한 그들의 관점에 의해서 동기부여 되며, 이행자 또는 믿음자로 표현된다. 지위 지향적 소비자(성취자 및 노력자)는 다른 사람의 의견에 의해서 동기부여 되며, 활동 지향적 소비자(경험자 및 제조자)는 활동, 다양성, 위험감수에 대한 열망과 호기심에 의해 동기가 부여된다. 이들 3개의 지향성 추구 집단은 3개의 집단 즉 하나는 풍부한 자원을 소유하고 있으며 또 다른 하나는 최소 자원을 소유하고 있는 집단이 있다. 〈그림 6-4〉는 8개 소비자 집단에 대한 좀 더 상세한 설명을 보여주고 있다.

❷ 개성(personality) : 개성특성은 지속적이고 심층적이며 어린 시절부터 개발된 반응의 불변하는 패턴을 반영한다. 이러한 소비자의 개성에 따라 시장을 세분할 수도 있다. 마케터는 소비자의 이미지 또는 자아개성에 상응하는 브랜드 이미지나 개념을 개발할 수 있다. 한마디로 마케터는 그들의 제품은 목표 소비자의 개성에 상응하는 브랜드 퍼스낼러티(brand personalities)를 부여할 수 있다는 것이다(브랜드 심리학 8). 이러한 예로 Gateway 컴퓨터는 신뢰, Nike는 생동감, Timberland는 강인한 느낌의 브랜드로 인식되어 왔다.

행동적 세분화(behavioral segmentation)

행동적 세분화에 있어서 구매자들은 제품에 대한 지식, 제품에 대한 태도, 제품의 사용행동, 제품에 대한 반응 등에 기초하여 집단으로 세분화된다. 많은 마케터들은 상황, 혜택, 사용자 지위, 사용률, 충성도, 구매자의 준비상태, 태도 등의 행동적 변수가 세분화의 가장 좋은 출발점이라고 믿고 있다.

❶ 상황(occasions) : 구매자들은 니즈의 발생, 구매, 제품사용 등의 상황에 따라 세분화될 수 있다. 예컨대 사람들은 사업, 휴가, 가족여행 등의 목적으로 항공여행을 할 수 있기 때문에 항공사들은 이러한 상황들 중 하나를 전문화할 수 있다. 따라서 전세기 회사들은 휴가지까지 가고자 하는 사람들을 대상으로

표 6-3 치약시장의 세분화 예

추구 편익	인구통계적 특성	심리 분석적 특성	기타 행태적 특성
저가격	남자들	자립심이 강하다 가치 지향적이다	사용량이 많다 세일 상품을 산다
충치 예방	대가족	보수적이다 건강에 민감하다	사용량이 많다
치아 미백	청소년들	사교이고 활발하다	담배를 핀다
맛, 향취	아이들	스스로에 몰입하며 즐거움을 추구한다	스페어민트를 좋아한다

사업을 하고 있다. 상황 세분화는 제품의 사용을 증가시키기 위해 활용할 수 있는데, Curtis candy는 할로윈용 캔디를 구매하도록 촉구함으로써 이러한 목적을 달성할 수 있었다. 기업들은 구매욕구가 발생하는 중요사건이나 전환점을 파악할 수 있는데 은행, 변호사, 상담가 등 서비스에 종사하는 사람들은 이러한 상황에 주의를 기울여야 한다.

❷ 혜택(benefits) : 구매자들은 그들이 추구하는 혜택들에 의해서도 세분화될 수 있다. 혜택에 의한 세분화의 기초가 되는 신념은 주어진 제품을 소비하는데 있어서 사람들이 추구하는 혜택이 진정한 시장 세분화의 존재를 확인하는 기본적인 이유라는 점이다. 따라서 이러한 접근은 제품군에 있어서 다양한 브랜드에 대한 소비자 지각과 소비자의 가치체계를 측정하는 것이다. 혜택에 의한 세분화의 고전적인 예―저가격(independent), 맛/향기(sensory), 치아미백(social), 충치예방(worrier)―는 〈표 6-3〉에서 보여주는 것처럼 치약시장에 관한 것이다.[10] Haley(1969)는 4개의 기본적인 시장을 확인하였다: 맛/향기, 치아미백, 충치예방, 저가격. Haley는 이러한 세분화는 광고 카피, 미디어, 광고 노출 길이, 패키징, 그리고 신제품 디자인을 선택하는데 매우 유용하다고 주장한다. 예를 들면 컬러풀한 패키지는 향기/맛 세분화 집단에 적절하다고 할 수 있다.

❸ 사용자 지위(user status) : 시장은 비사용자(nonusers), 이전사용자(ex-users), 잠재사용자(potential users), 첫 번째 사용자(first time users), 규칙적인 사용자(regular users) 등으로 세분화될 수 있다. 기업의 시장 지위에 따라 관심을 두는 세분시장이 달라질 수 있는데, 시장 리더기업은 잠재적 사용자들을 끌어들이는

10) Russell I. Haley (1969), Benefit Segmentation: A Decision-Oriented Research Tool, Journal of Marketing, 32(July), pp.30-35.

데 초점을 두는 반면 소규모 기업들은 리더기업으로부터 떨어져 나온 사람들을 끌어들이는 데 초점을 둔다.

❹ **사용률(usage rate)** : 시장은 경량사용자(light users), 중간사용자(medium users), 대량사용자(heavy users)로 세분화될 수 있다. 대량사용자들은 사용자 수에 있어서는 작은 비중을 차지하지만 전체 소비에서는 매우 큰 비중은 차지한다. 마케터들을 보통 몇 명의 경량사용자를 끌어들이기보다는 한 명의 대량사용자를 끌어들이기를 선호하므로 사용률에 따라 촉진활동을 변화시킨다. 그러나 대량사용자들은 특정 상표에 충성적이거나 가격이 가장 싼 제품을 구매함으로써 특정 상표에 충성도를 보이지 않을 수 있다.

❺ **충성도(loyalty status)** : 구매자는 브랜드 충성도에 따라 하나의 브랜드만을 구매하는 충성집단(hard- core loyal), 두세 개의 브랜드에 충성도를 보이는 분할된 충성집단(split loyal), 한 브랜드에서 다른 브랜드로 전환하는 이동집단(shifting loyals), 어떤 브랜드에 대해서도 충성도를 보이지 않는 전환자집단(switchers) 등 네 가지 집단으로 나눌 수 있다. 시장은 일반적으로 이러한 네 가지 유형의 구매자들로 구성된다. 브랜드 충성시장(brand-loyal market)은 비중이 크기는 하지만 시장에서 시장점유율을 높이거나 신규 기업이 뚫고 들어가기는 어려울 것이다. 그러나 주의해야 할 점은 브랜드 충성도가 높아 보이는 경우라도 습관적 구매행동, 브랜드들의 무차별성, 저가격, 높은 전환비용(switching cost), 다른 브랜드의 이용 가능성 제한 등에 따라 충성적으로 보이는 경우가 있다는 것이다. 그러므로 마케터는 관찰된 구매패턴 이면의 내용을 조심스럽게 해석해 봐야 한다(브랜드 충성도에 관해서는 제1장 제3절을 참조하기 바란다.).

❻ **구매자의 준비상태(buyer readiness stage)** : 시장은 상이한 제품 구매 준비 상태에 있는 소비자들로 구성된다. 어떤 사람들은 제품이 있다는 것조차 모르지만, 어떤 사람들은 있다는 것만 알고 있으며, 어떤 사람들은 그 제품에 대해 관심을 가지고 있고, 어떤 사람은 가지고 싶어 하고, 어떤 사람들은 그 제품을 구매하려는 계획을 가지고 있다. 이러한 여러 구매 준비단계에 속한 구매자들의 상대적 구성 비율은 마케팅 프로그램을 설계하는데 상당한 차이를 유발시킨다.

❼ **태도(attitude)** : 시장에서는 태도에 따라 열정적인 집단, 긍정적인 집단, 무차별적인 집단, 부정적인 집단, 적대적 집단 등 다섯 가지 집단을 찾아볼 수 있다. 예컨대 정치캠페인에서 활동하는 사람들은 유권자들의 태도에 따라 집단을 세분화하고 각 유권자들에게 어떤 선거운동을 하고 얼마나 많은 시간을 할애할

것인가를 결정할 수 있다. 그들은 열정적 집단의 경우 감사를 표하고 투표해주기를 부탁할 수 있고, 긍정적인 집단에게는 태도를 더욱 강화시키고, 무차별적인 집단에게는 자신에게 표를 주기를 설득할 수 있고, 부정적이거나 적대적인 집단의 사람들의 태도를 변화시키기 위해서는 시간을 투자하지 않을 수도 있을 것이다.

다속성 세분화

점차 많은 마케터들이 목표시장을 더욱 정확하게 잘 정의하기 위해 몇 가지의 변수들을 결합하여 사용하고 있다. 예를 들어 은행을 생각해 보면, 그들은 시장을 세분화할 때 부유한 은퇴집단만을 파악할 뿐만 아니라 그 집단 내에서도, 현재의 소득, 저축액, 위험 선호도 등 다양한 변수를 고려하여 몇 개의 세분시장으로 더욱 세분화할 수 있다.

다속성 시장 세분화에 있어서 가장 발전된 형태는 인구통계적 변수들보다 자세한 거주지역에 대한 정보를 제공하는 지리적 군집화(geoclustering)이다. 지리적 군집화는 지역, 우편번호 등으로 파악된 군집 중에서 어떤 군집이 가장 가치 있고, 시장 기회가 큰지, 이 세분시장의 침투 정도까지 알려준다. 또한 어떤 시장에서 성장기회가 많은가? 등에 대한 질문에 해답을 제공해 준다.

② 세분화 정도의 평가

마케터는 세분화 전략의 의사결정에 토대가 되는 어떤 기준을 가져야 한다. 4가지 중요한 기준은 세분시장을 측정할 수 있어야 하고, 의미가 있으며(일정 규모 이상어이야 한다) 그리고 세분시장에서 판매할 수 있어야 하며(접근 가능성) 그리고 각각의 세분시장은 서로 차별적 반응을 나타내야 한다는 점이다:

❶ **세분시장이 측정 가능해야(측정 가능성)** : 마케터는 세분시장의 규모와 구매력, 그리고 특징들을 측정할 수 있어야 한다. 예를 들면, 사회계층에 기초하여 세분화 하는 것에 있어서 하나의 어려움은 개념과 부문이 분명하게 정의되지 않아 측정되지 않는다. 그에 대한 대안으로 소득을 측정하기가 훨씬 쉽다.

❷ **세분시장이 의미가 있어야(규모)** : 의미가 있는 세분시장은 장기간에 걸쳐 수익을 제공할 수 있는 충분할 만큼의 매출 성장을 가지고 있는 큰 시장이어야 한다.

표 6-4 세분시장의 평가와 선택

평가기준	척도		세분시장		
		가중치	시장 A	시장 B	시장 C
매력도	규모 성장률 수익성 규모의 경제성 낮은 위험				
경쟁우위의 자원	우수한 가치를 제공하는데 필요한 능력/자원				
목적에의 적합성	기업의 목적에 비추어 보아 의미가 있는지의 여부				

주) 산업의 특성에 따라 평기기준별 가중치를 결정

❸ **세분시장에서 판매할 수 있어야**(접근 가능성) : 시장에서 판매할 수 있는 세분시장은 접근할 수 있는 적절한 수단이 존재해야 한다. 또한 수익성 있는 시장이어야 한다.

❹ **차별적 반응** : 각각의 세분시장은 마케팅 믹스에 대해 각자 다른 반응을 나타내야 한다. 만약 마케팅 믹스에 대해 동일한 반응을 나타낸다면 이들 시장은 세분화되어 있다고 말할 수 없을 것이다.

③ 목표시장을 어떻게 선정할 것인가?

일단 기업이 시장 및 세분시장별 기회를 파악하고 세분화 정도를 평가하고 난 후, 얼마나 많은 세분시장과 어떤 세분시장을 목표로 할 것인가를 결정해야 한다. 기업은 세분시장의 전반적 매력성과 기업의 목적 및 자원의 세 가지 요소를 기준으로 목표시장을 선택하게 된다(표 6-4).[11]

❶ 먼저 기업은 잠재적 세분시장이 규모, 성장률, 수익성, 규모의 경제성, 낮은 위험 등과 같은 일반적인 매력성을 나타내는 특징들을 가지고 있는지 여부를 질문해 보아야 한다.

❷ 두 번째로 기업은 세분시장에 대한 투자가 기업의 목적이나 자원에 비추어

11) Philip Kotler (2003), A Framework for Marketing Management (Second Edition), Prentice Hall, p.249, 역서.

보아 의미가 있는지 여부를 고려해야만 한다. 목표시장 선정에 있어서 일부의 매력적인 세분시장들은 기업의 장기적 목적과 부합하지 않기 때문에 제외될 것이다.

❸ 또 우수한 가치를 제공하는데 필요한 능력이나 자원을 가지고 있는지 여부를 질문해 보아야 한다. 일부의 세분시장들은 그 세분시장에 적합한 우수한 가치를 제공하는데 필요한 능력이 부족하기 때문에 제외될 것이다.

2. 준거의 틀

브랜드의 '준거의 틀'은 일명 판단의 액자로써 '타 상품과 비교 · 참조하기 위한 구조 틀'로써 결국 브랜드가 어떻게 기능을 하고, 그 브랜드로부터 무엇을 얻을 수 있는가를 소비자에게 알리는 것이며, 또한 경쟁 브랜드를 포함하여 일반적으로 어떻게 자리매김 할 수 있는가를 이해하는 것을 지칭한다.

이러한 준거의 틀은 2가지의 범주로 나눌 수 있다[12]: 제품 특징에 기초한 준거의 틀과 좀 더 추상적인 소비자의 목적에 기초한 준거의 틀.

[1] 제품 특징에 기초한 준거의 틀

제품 특징에 기초한 준거의 틀을 확립하는 방법에는 다음과 같은 3가지 방법들이 있다:

❶ 그 브랜드가 어떤 제품군에 속하는가(category member)? 브랜드 위상을 확립하기 위한 출발점은 그 브랜드가 어떤 제품군에 속하는가를 정의하는 일이다. 브랜드는 제품 카테고리의 구성원임을 주장함으로써 준거의 틀을 확립할 수 있다. 이러한 전략은 소비자들이 브랜드가 제품 카테고리와 연계된 목적에 기여한다고 추론하는 것에 가정을 두고 있다. 코카콜라는 준거의 틀로써 청량음료를 사용한다. 즉 "간식(casual meals)과 함께 하는 맛 좋은 음료라고 주장한다." 그리고 샌드위치 체인의 Subway는 준거의 틀로써 패스트푸드 레스토랑을 사용한다. 끊임없이 활동하면서 먹을 수 있는 빠르고 맛있는 식사를 제공한다는 것을

12) Edited by Alice M. Tybout, Tim Calkins (2005), Kellogg on Branding: The Marketing Faculty of the Kellogg School of Management, John Wiley & Sons, Inc., pp.14-17.

나타낸다.

❷ 브랜드의 준거의 틀을 전달하는 다른 방법은 특정 경쟁 브랜드를 선택하는 것이다. Subway는 McDonald's와 비교할 수 있다. 소비자가 경쟁 브랜드를 해당 카테고리의 목적 혹은 제공 혜택의 좋은 본보기(표준)로 생각한다면 특정 경쟁 브랜드를 준거의 틀로 선택할 수 있다.

준거의 틀로써 카테고리 구성원 혹은 특정 경쟁 브랜드를 선택하는 것은 브랜드가 많은 구체적인 특징을 공유하는 회사와 경쟁한다는 것을 의미한다. 따라서 Subway는 맥도날드와 버거킹과 같은 패스트푸드 레스토랑과 비슷하다는 것을 전함으로써 패스트푸드 레스토랑 체인으로써 그 자신을 포지션하고 있다. 해당 카테고리 경쟁사와 Subway는 빠른 서비스, 수많은 편리한 위치와 저렴한 가격을 제공한다.

❸ 카테고리의 구성원들에 의해 공유되는 특징을 유사점이라 한다. 고객에게 유사점을 제시하는 것은 준거의 틀을 나타내는 또 다른 방법이다. 이러한 접근은 목표고객이 일련의 특징과 특정 카테고리 간의 관계를 잘 인지하고 있지만, 브랜드 그 자체는 친숙하지 않을 때 실행할 수 있다. 예를 들면, Subway는 패스트푸드 카테고리와 연관된 특징을 가지고 있다는 것을 강조함으로써 소비자들에게 Subway는 패스트푸드 레스토랑이라는 사실을 추론하는데 도움을 준다.

주의할 것은 준거의 틀을 정의하는데 있어 유사점 사용이 지지되지 않는 경우도 있다. 만약 브랜드가 카테고리와 관련된 속성을 소유하지 않으면 명백하게 그 카테고리와 해당 브랜드를 연계하기 위해 유사점을 사용할 수 없다. 예를 들면, 모토롤라사가 Envoy를 출시했다. Envoy는 메모장, 달력, 주소록, 스프레드 시트 기능, 그리고 인터넷 접속도 가능했다. Envoy는 모뎀을 통해서 팩스나 이메일도 보낼 수 있다는 점에서 가히 독보적이었다. 그 제품은 Pager(무선호출 수신기)의 향상된 버전이라고 주장을 했지만 신뢰를 얻지 못했다. 왜냐하면 그것은 너무 크고(VHS 테이프의 크기 정도) 너무 비싸기 때문이다. 그것은 Pager 카테고리에 속하지 않으며 소비자들이 그러한 사실을 알고 있었다.

② 소비자의 목적에 기초한 준거의 틀

비록 준거의 틀이 제품 특징의 관점에서 나타낼 수 있지만 추상적인 소비자 목적에 기초하여 준거의 틀을 선택하는 것이 적절할 때가 있다.

또한 소비자 목적에 기초한 준거의 틀은 마케팅 전략의 수립에도 도움이 될 수 있다. 왜냐하면 브랜드가 구성원으로 있는 카테고리에 경쟁사를 초월하여 잠재적 경쟁사를 확인할 수 있기 때문이다. 예를 들면, 코카콜라의 준거의 틀은 청량음료일 것이다. 하지만 청량음료를 마심으로써 추구하는 목적이—신선한—또한 청량음료와 같은 비청량음료 경쟁사에 충족될 수 있다. 준거의 틀을 선택하는 데 소비자 목적에 초점을 두는 것은 코카콜라로 하여금 이들 경쟁사에 의해 제기된 청량음료에의 위협을 평가하게 도움을 준다. 그리고 만약 그것이 실질적이라면 이러한 위협을 전하는 차별점을 선택하는 것에 도움을 줄 수 있다. 진정한 신제품을 출시할 때 추상적인 준거의 틀을 활용하는 것을 종종 시도한다. 왜냐하면 제품이 이미 확립된 제품 카테고리 내의 구성원임을 주장하는 데 필요한 유사점이 부족하기 때문이다. 모토롤라의 Envoy는 무선 커뮤니케이션의 목적에 기여했다. 그러나 Pager 카테고리의 구성원임을 주장하는데 충분한 유사점이 부족했다. 따라서 '활동하면서 접촉하는(in touch while on the go)'과 같은 추상적인 준거의 틀이 활용되었다. 물론 부분적으로 Envoy는 실패했다. 왜냐하면 소비자들이 사용하는 많은 다른 제품에 비교하여 Envoy의 역할을 이해하지 못했다.

따라서 신제품을 도입할 때 추상적인 소비자의 목적에 기초한 준거의 틀이 부적절할 수 있다. 경쟁자와 제품 특징을 구체적으로 활용하는 준거의 틀을 만드는 것이 필요하다. 왜냐하면 소비자들은 신제품을 다른 유사한 제품과 관련시켜 신규 브랜드에 관해서 알게 된다. U.S. 로보틱스(U.S. Robotics)는 Envoy보다 훨씬 저렴한 가격에 손바닥만 한 크기의 개인용 디지털 수첩인 Palm Pilot을 선보였는데 그들은 이러한 점을 이해했다. Envoy와 반대로 구체적인 준거의 틀로써 '전자서류정리철(electronic organizer)'을 사용했다. Palm Pilot가 전자서류정리철이라고 주장하는 것은 새로운 것이다. 왜냐하면 Palm Pilot는 단지 전자서류정리철과 관련된 핵심 기능에 기여된 주소록(address book), 메모장(date book) 그리고 해야 할 일(to-do list) 등의 기능이 있다. Envoy와 비교하여 Palm Pilot는 소비자로부터 빠른 수용을 달성해 냈고, 비약적인 판매를 달성했다.

좀더 일반적으로 준거의 틀이 제품 특징에 기초하는가 혹은 소비자 목적에 기초하는가는 브랜드에 있어서 의사결정에 달려 있다. 광범위한 전략적 계획을 개발할 때, 포지셔닝은 상대적으로 추상적 가공의 용어로 토론될 수 있다. 추상적인 소비자 목적에 기초한 포지셔닝을 좀더 특정의 용어로 전환하는 것은 브랜드를 어느 선반에 놓을 것인가를 결정해야만 하는 소매상들을 도와준다. 또한 그것은 구매하고자 하는 소비자들에게 지침을 준다.

③ 준거의 틀의 선택에 영향을 미치는 요소

준거의 틀의 선택에 영향을 미치는 요소의 하나로써 제품의 라이프사이클이 어느 단계에 있는가하는 점을 들 수가 있다.

❶ 신제품을 판매하는 경우 그 제품은 무엇이고, 어디에 이용하는 것인가를 소비자가 한눈에 판단할 수 있도록 경쟁제품을 준거의 틀로써 선택하는 경우가 많다. 그러나 이미 시장에서 자리를 잡은 제품이나 서비스의 경우 어떤 제품군에 속하는지의 정의가 핵심적인 문제가 되지 않는다.

반면 어떤 브랜드가 어느 제품군에 속하는지 정의하는 것이 중요한 경우가 종종 있다. 가장 쉬운 예로는 신제품을 도입한 경우, 이때는 어떤 제품군인지 명확하지 않은 시기이다. PDA가 처음 도입될 때, 그것을 소형 컴퓨터로 보아야 할지 수첩대용품으로 보아야 할지 분류해야 했다.

❷ 라이프사이클의 후기에 있는 경우 해당 제품 카테고리로부터 새로운 영역으로 한 걸음 내건기 시작할 즈음에 매출 증가의 기회가 나타날 가능이 있고, 거기에 따라 준거의 틀을 바꿀 필요가 생기는 경우도 있다.

이러한 사례를 잘 보여주는 페덱스(Fedex)의 진화를 살펴보자. 페덱스가 영업을 개시한 초기에 아메리카 우정공사(郵政公社: USPS)가 종래부터 제공해온 우편배달과 명확하게 차이가 나는 익일배송 분야의 진입을 통하여 명확하게 내세울 수 있었다. 머지않아 익일배송 분야에 진입하는 기업이 늘고 이 새로운 경쟁이 새로운 준거의 틀을 형성하였다. 그래서 페덱스는 스피드와 신뢰성으로 한 단계 위의 포지셔닝을 시도하였다. 이러한 차별화는 "절대적으로 한 치의 오차도 없이 다음날 도착하지 않으면 안될 때는"이라고 하는 회사의 광고카피에 반영되었다. 페덱스는 지금도 경쟁의 흐름에 주시하고 있다.

한편 문서송신이라고 하는 면에서는 더욱 심한 경쟁압력은 다른 형태로 나타나고 있다. 일찍이 익일배송을 이용하고 있던 서류 중 많은 것은 팩스나 이메일로 보다 빠르게 보다 안전하게 보내는 것이 가능하다. 결국 준거의 틀에 팩스나 이메일이 더해져 확대되면서 페덱스의 스피드한 배송이라고 하는 차별화는 그 의미를 잃어버리는 것이다. 그 결과 새로운 차별화가 필요하게 되는 것이다.

이 새로운 준거의 틀에 대해 페덱스는 보안이나 비밀보장 및 서류가 도착할 때의 주목도로 차별화를 확립할 수 있을 것이다. 이런 종류의 차별화는 페덱스가 널리 평판을 얻고 있는 추적 시스템으로 지원할 수 있다. 이것은 팩스나 이메일뿐만 아니라 익일배송 분야의 경쟁과의 차이를 명확히 할 수 있다. 이처럼 오래된 브랜드(즉, 성숙기 이후의 브랜드)도 준거의 틀에 주의를 기울일 필요가 있다.

지금까지 살펴본 것처럼, 포지셔닝을 위한 적절한 경쟁의 틀 즉, 준거의 틀(frame of reference)이 대상 소비자와 경쟁의 본질을 결정함으로써 고정되면, 그 다음으로 유사점과 차별점을 결정해야 한다.

3. 유사점

경쟁제품과 공통의 기능이나 특징을 갖게 하는 것을 유사점이라 하는데, 이는 타사 제품의 가치와 동등한 가치로 간주되는 이론상의 포인트라 할 수 있다.

준거의 틀이 선정되었다면, 다음은 유사점이 무엇인가를 생각할 수 있다. 유사점은 준거의 틀 안에 그 브랜드나 제품이 정당함과 신뢰에 있어 충분한 것이라고 소비자에게 인식되기 위해 갖추어야 할 요소인 것이다. 따라서 유사점은 해당 브랜드에 반드시 독특하지 않으며 그러나 다른 브랜드와 공유되는 그러한 연상들이다. 이런 유형의 유사점은 두 가지 기본적인 형태를 지닌다.[13)]

❶ 제품군 유사점이란 소비자가 하나의 특정 제품군 내에서 합법적이고 신뢰할 만한 제품 판매를 위해 반드시 필요하다고 간주하는 그런 유사점을 말한다. 즉, 이런 유사점은 브랜드 선택의 필요조건이지만 충분조건은 아니다.

예를 들면 소비자는 수표, 저축, 대출 등을 갖추지 않은 은행을 보통의 은행이라고 간주하지 않을지도 모른다. 이렇게 우선 경쟁과 같은 무대에 오르기 위해 최소한 필요로 하는 요소가 유사점이다. 이러한 유사점은 제품이 라이프사이클의 어느 단계에 있는가에 따라 접근방식은 달라진다.

❷ 경쟁 유사점이란 경쟁사의 차이점을 무력화시키기 위한 유사점을 말한다. 만약 소비자의 눈에 경쟁사의 차별점(가령, 어떤 제품에 대한 이점)에서 만들어진 브랜드 연상이 경쟁사의 브랜드처럼 목표 브랜드에 대해서도 강력하게 유지되고,

13) Kevin Lane Keller (2003), Strategic Brand Management: Building, Measuring, and Managing Brand Equity(Second Edition), Prentice Hall, p.133.

목표 브랜드가 차별점 부분에서 강력하고 호의적이고 독특한 또 다른 연상을 수립한 것으로 보인다면, 목표 브랜드는 우세한 경쟁적 위치에 있게 될 것임에 틀림없다. 다시 말해, 어떤 브랜드가 자신의 경쟁사들이 우위를 확보하려는 영역에서 '동등하게 경쟁할 수 있고' 그 외의 다른 영역에서 우위를 확보할 수 있다면, 그 브랜드는 강력하고 경쟁력 있는 지위를 차지하고 있는 것이다. 때로는 포지셔닝의 핵심이 차별성을 획득하는 데 있다기보다는 꼭 필요하거나 경쟁력 있는 유사점을 확보하는 데 있다. 일례로, 밀러 라이트(Miller Light) 맥주의 도입을 생각해 보자. 필립 모리스가 밀러 맥주회사를 인수했을 때, 그 회사의 간판 브랜드인 하이 라이프(High Life)는 경쟁력이 그리 특별하게 많지 않아서 회사는 좀 더 맛이 순한 맥주를 도입하기로 결정했다. 밀러 라이트에 대한 첫 광고 전략은 그 범주상의 필수 중요사항을 지니고 있어서 동등하다는 것을 확신시키는 데 있었다. 그래서 그 광고는 밀러 라이프는 '맛이 뛰어나다.'고 말하는 동시에 다른 맥주에 비해 칼로리가 1/3 정도로 적고, 그래서 '배가 덜 부르다.'는 사실을 통해 차별점을 만들어 냈다. 흔히 그러하듯이, 소비자가 맛과 칼로리를 동일시하는 경향이 있는 것처럼 유사점과 차별점은 다소 충돌한다. 이런 개념에 대한 소비자의 잠재적인 저항을 극복하고자, 밀러는 신뢰할 만한 대변인, 즉 맛이 없으면 맥주를 절대 마시지 않을 것으로 생각되는 아주 인기가 있는 전직 프로 운동선수들을 채용했다. 광고에서 이들 전직 운동선수들은 아주 홍겨운 상황에서 밀러 라이트의 장점에 대해, 가령 그 맥주의 두 가지 속성들—'맛이 뛰어난' 속성 또는 '배가 덜 부르는' 속성—중에서 어느 것이 좀 더 그 맥주를 잘 묘사하고 있는가에 대한 논쟁을 벌이는 광고 속의 재미있는 상황에 등장한다. 이 광고는 '당신이 항상 맥주에서 얻고자 했던 모든 것, 그리고 덜 원했던 것'이라는 센스 있는 슬로건으로 끝을 맺는다.

4. 차별점

같은 준거의 틀에 속하는 경쟁 브랜드와의 차이를 내세울 수 있을 만큼 강력하고 더욱이 호감도 높은 독특한 차별화 요소는 브랜드 포지셔닝을 성공으로 이끈다(브랜딩 따라잡기 8).

브랜딩 따라잡기 8

차별화를 위한 8가지의 방안

차별화는 잠재고객의 인식에서 발생하는 것이다. “Differentiate or Die”에서 Trout는 차별화를 위한 8가지의 방안을 제시하였다.

차별화 아이디어 #1: 최초가 되어라

잭 트라우트(Jack Trout)는 일반적으로 사람들이 그들의 마인드나 그들이 어떤 일을 하는 방식이 변하는 것을 원하지 않는다는 데 주목하였다. 실제로, 완고해지는 것은 꽤 일반적인 특성이다. 최초가 된다는 것은 장기적인 차별화에 있어서 상당히 좋은 발판이 된다. 업계 최초가 되거나 혹은 해당 영역에서 최초가 되면 고객들에게 강력한 차별성을 인식시킬 수 있다.

Harvard는 여전히 대학의 선두로 여겨지고 있다. Time은 Newsweek를 앞지른다. Hewlett-Packard(HP)는 데스크톱 레이저 프린트 시장에서 선두이며, Xerox는 복사기 시장의 선두이다. 이러한 브랜드들의 공통점은 바로 각자의 카테고리에서 최초라는 점이다. 최초가 된다는 것은 종종 그 브랜드 네임이 그러한 제품 또는 활동에 있어서 일반적인 용어가 되는 것을 용이하게 만든다. 사람들은 복사기하면 Xerox를 떠올리고, 상처가 나면 Band-Aid를, 소포를 밤새 보내야 할 때는 FeDex를 필요로 한다.

차별화 아이디어 #2: 속성을 소유하라

속성을 소유하는 것은 제품이나 서비스를 차별화하기 위한 가장 좋은 방법이다. Trout는 속성을 “사람 또는 사물의 독특하고 구별되는 특징”으로 정의하였다.

Trout는 속성을 차별점으로 사용하고자 한다면 다음에 제시된 내용을 반드시 명심해야 한다고 주장하였다.

① 경쟁자와 동일한 속성은 소유할 수 없다. Crest가 충치예방을 소유했는데, 만일 다른 브랜드가 Crest와 경쟁하는 치약 브랜드라면 그들은 ‘미백’ 또는 ‘치석예방’과 같이 Crest와는 다른 속성을 선택해야 한다.

② 당신의 경쟁자는 당신에게 맞서 당신의 속성과 다른 성격의 속성을 강조할 것이다. 맥도날드는 ‘빠른’ 그리고 ‘아이들을 위한 장소’라는 속성을 소유하였다. 버거킹은 ‘당신이 원하는 데로 먹을 수 있다(Have it your way)’라는 속성을 강조하였고, 맥도날드는 ‘아이들의 세상’을 강조하였다.

차별화 아이디어 #3: 선두가 되어라

선두가 되어라. 강력한 브랜드를 만드는 것은 제품도 서비스도 아니라 고객의 기억 속에 선두로 인식되는 것이다. 사람들은 '가장 큰 것'을 '최고'와 연계시키는 경향이 있다. 그래서 Trout는 당신의 브랜드를 차별화시키는 한 가지 방법은 당신이 'Number One'임을 강조하는 것이라고 말했다. 이는 고객이 브랜드를 신뢰하도록 만드는 가장 직접적인 방법이기도 하다.

제록스, 코카콜라, 하인즈 등이 강한 브랜드가 된 것은 품질 때문이 아니라, 고객의 기억 속에 그들이 선두라는 사실을 강하게 인식시켰기 때문이다.

차별화 아이디어 #4: 전통을 앞세워라

당신의 브랜드가 카테고리 내에서 가장 크지 않다고 가정하자. 아마도 당신의 브랜드는 다른 브랜드들보다 조금 더 오래되었을 수도 있다. Trout가 말하길, "비록 최초로 마음에 떠오를 이유가 반드시 존재하지 않음에도 불구하고, 당신의 브랜드는 오래되었다는 그 자체만으로도 차별화될 수 있다고 한다. 왜냐하면 역사가 오래된 제품은 소비자들에게 심리적 확신을 가져다주기 때문이다." Trout는 "장수는 브랜드의 생존 이상의 것을 말한다."고 주장한다. 장수의 브랜드는 그 브랜드가 '전통 · 유산'을 가졌음을 의미하고 이는 매우 중요하다.

차별화 아이디어 #5: 전문성을 갖춰라

사람들은 특화된 것들에 감명을 받는다. 한 분야의 전문가가 되는 것은 고객의 인식 속에 오래 남는 좋은 방법이다. 이처럼 특화된 것들은 심지어 그들이 속한 카테고리를 대표하는 것으로 사람들에게 기억된다. 예를 들면 테이프=스카치, 복사=제록스, 스포츠 드링크=게토레이.

차별화 아이디어 #6: 선호도를 이용하라

사회적으로 입증된 행동을 따라 했을 때는 그 반대의 경우보다 실수를 덜하게 된다. 소비도 마찬가지다. 소비자들은 자신이 뭘 원하는 지보다는 남들이 사는 대로 제품을 구매하는 경우가 많다. 부화뇌동이라고나 할까?

사람들은 모두 다른 사람들이 원하는 것을 원한다. Trout는 당신의 브랜드를 차별화시키는 한 가지 방법은 당신의 브랜드가 선호되는 브랜드라고 주장하는 방법을 찾는 것이라고 하였다. 여기 몇 가지 예가 제시되어 있다:

- 타이레놀은 병원에서 가장 선호하는 진통제이다.
- 나이키는 농구 슈퍼스타들이 이것 없이는 살 수 없는 신발이다.
- 렉서스는 J.D. Powers 조사에 참여한 사람들이 선호한 고품격 자동차이다.

차별화 아이디어 #7: 생산과정에서 독특한 역량을 소유하라

Trout는 "만일 당신의 브랜드가 특화된 기술로 생산되거나, 전문적인 과정에 의해 제조되거나, 특별한 방법으로 서비스되는 '신비한 성분(magic ingredient)'을 가지고 있다면, 당신은 이러한 독특한 역량을 차별점으로 전환시킬 수 있다."고 말한다. 경쟁사와 다른 신비한 성분, 생산방식, 시스템을 채택하고 있다면 당장 이 사실을 고객들에게 알려라.

차별화 아이디어 #8: 최신이 되어라

우리는 286, 386, 486, Pentium, Pentium I, Pentium II, Pentium III를 사용했고, 지금은 Pentium IV로 넘어가고 있다. 또한 우리는 DOS, Windows, Windows 95, Windows 98, Windows ME를 사용하였고, 지금은 Windows XP를 사용하는데 이르렀다. 왜 우리는 계속해서 컴퓨터를 사용하는가? 간단히, 매번 우리는 컴퓨터 또는 소프트웨어에 있어 '다음 세대'를 구매하고 있고, 우리는 이를 계속해서 유지해야 한다.

Trout는 "'다음 세대'의 제품은 단지 예상된 오늘이 아니라 그것은 기대되어지는 것"이라고 했다. 따라서 당신이 당신의 브랜드를 차별화할 수 있는 한 가지 방법은 가장 최신의 것이 되는 것이다. 왜냐하면, 최신의 제품은 더 나은 것을 의미한다.

자료 : Jack Trout and Steve Rivkin (2000), Differentiate or Die, John Wiley & Sons, Inc.

브랜드 포지셔닝의 핵심은 차별적이고 독특해야만 한다는 필요조건을 이해하는 데 있다. 그것은 선택의 개념이 아니다. 브랜드에 대한 차별적인 소비자의 지각을 갖지 않고, 진정한 브랜드를 소유한다는 것은 불가능한 일이다. 따라서 브랜드 매니저들은 표적 고객의 마음속에 차별적이고 독특한 지각으로 바꾸기 위하여 브랜드의 차별적 특징을 확인하여 육성하고, 유지 및 강화하여야 한다.

1 차별화 수단에 의한 포지셔닝 전략

일반적인 제품을 만드는 산업에서조차 실제적인 차별화나 이미지 차별화가 가능하다. 차별화 수단에 의한 포지셔닝 전략에 대한 5개의 접근 방법이 있다[14]: 속성에 의한 포지셔닝, 사용에 의한 포지셔닝, 제품 사용자에 의한 포지셔닝, 제품군에 의한 포지셔닝, 그리고 경쟁자에 의한 포지셔닝.

14) J. Paul Peter, Jerry C. Olson (2005), Consumer Behavor & Marketing Strategy(7th Edition), McGraw-Hill, pp.392-394.

속성에 의한 포지셔닝(positioning by attribute)

아마도 가장 빈번하게 사용되는 포지셔닝 전략은 속성에 의한 포지셔닝일 것이다. 기업은 어떠한 속성 또는 특징 자체에 자신의 위치를 정한다. 자동차의 예를 보자. 현대는 가장 경제적이라는 것을 강조한다. 반면, 볼보는 충돌시험의 광고를 보여줌으로써 그리고 차의 오랜 평균수명에 대한 통계를 인용하면서, 안정성과 내구성을 강조한다. 반면, 피아트(Fiat)는 "유럽 사람의 장인의 솜씨로 만든 유럽의 자동차"로써 포지션하기 위한 차별적인 노력을 한다. BMW는 슬로건 "the ultimate driving machine"를 사용해서 그리고 경주 코스에서 BMW의 성능능력을 보여주면서 핸들링과 공학효율(engineering efficiency)을 강조한다.

또한 새로운 제품은 경쟁 브랜드들이 무시해온 속성에 관하여 포지션할 수 있다. 종이 타월은 비바(Viva)가 내구성을 강조할 때까지 흡수성이 강조되어 왔다. 비바는 "계속해서 오랫동안 사용할 수 있다."라는 주장을 지지하는 시연을 함으로써 차별적 포지션을 확립하였다. 때때로 제품은 동시에 두 개 이상의 속성을 포지션 할 수 있다. 치약시장에서 크레스토(Crest)는 충치예방을 의사들이 보증한다는 주장으로 포지셔닝함으로써 지배적인 브랜드가 되었다. 아쿠아후레시(Aqua-fresh)는 충치예방과 입안을 상쾌하게 해주는 이점을 제공하는 겔/페이스트(gel/paste)로써 Beecham에 의해 도입되었다.

가격 · 품질 속성 차원은 일반적으로 점포뿐만(예를 들면 백화점은 고가격의 높은 품질) 아니라 제품을 포지셔닝하는 경우에 사용된다. 많은 제품 카테고리에서 어떤 브랜드는 서비스, 특징, 혹은 성능의 관점에서 보다 많은 것을 제공한다. 그리고 보다 높은 가격은 이러한 보다 높은 품질에 대해 고객에게 제공하는 하나의 신호이다. 예를 들면, Chanel No.5는 매우 높은 품질과 값비싼 향수로써 포지셔닝되었다. 또한 Dios 냉장고는 높은 가격과 높은 품질의 제품으로 포지션 되어 있다. 반대로 LG 냉장고는 낮은 가격과 좋은 품질로 포지션 되어 있다.

사용상황에 의한 포지셔닝(positioning by use or application)

또 다른 전략은 사용상황에 의한 포지셔닝 전략이다. 나이키는 자사의 신발 중 하나를 달리기할 때 신기에 가장 좋다고 하였고, 다른 신발은 농구를 할 때 가장 좋다고 주장한다. 수년 동안, 캠벨(Campbell's) 수프는 점심시간에 사용하는 것으로 포지션 되어 있으며 정오시간 대의 라디오를 통하여 광고를 하였다. 이제 많은 캠벨 수프는 소스로, 그리고 주요 요리의 성분으로써 사용되는 것으로 포지

브랜딩 따라잡기 9

사용 상황에 근거한 타이맥스 시계의 포지션

타이맥스는 적합한 세분시장에 소구하기 위해 사용상황에 기초한 자사의 시계를 포지션했다. 그것은 저가의 간소한 시계로부터 더 젊고 스포츠를 지향하는 소비자들에게 포지션되는 보다 스타일화한 모델로 바꾸어 상황에 맞도록 했다. Ironman이라는 시계는 조깅하는 사람을 위해 디자인되었고, 시간과 코스의 일주를 측정하는 스톱워치의 기능이 있다. 또 다른 시계로 Skiathlom은 파카와 장갑에도 맞고 온도와 시간을 기록할 수도 있다. 탐험용 시계 계열제품은 야외활동용, 예를 들어 하이킹, 캠핑, 산길 험로 개척자를 위해 디자인되었다. 그러한 탐험용 시계는 디지털 나침반, 초시계, 스톱워치 기능 등을 갖추고 있다(사진 참조). 독특한 스포츠 상황에 맞춘 타이맥스의 재포지셔닝의 결과로써 판매가 증가했다.

이러한 성공에 맞추어 1994년 타이맥스는 특히 바쁜 경영자들을 대상으로 새로운 시계 계열을 도입했다. 이 계열의 시계는 사용자들에게 컴퓨터에 간단한 스케줄과 전화번호를 저장할 수 있는 기능을 제공한다. 이렇게 저장된 정보는 시계를 컴퓨터 스크린에 간단히 접속함으로써 전송할 수 있다. 1998년, 타이맥스는 모토로라와 협정을 체결하여 최고 경영자를 겨냥한 기술 시계에 '호루라기' 기능을 도입했다. 이것은 소비상황에 근거한 또 다른 타이맥스의 예이다.

2000년에 타이맥스는 어린이를 위한 시계를 도입했다. 단지 색상을 변화시킨 일반적인 타이맥스의 시계라기보다는 어린이들의 소비상황에 맞게 독특한 시계를 개발했다. 어린이들은 시계를 어른들만큼 중요하게 여기지 않는 대신 재미있으면서도 사용했을 때 멋있게 보이길 원했다. SMS '미스터리 대답' 기능을 갖고 있는 밝은 색상의 시계로, 질문한 어린이들이 무작위적인 하나의 대답을 얻기 위해 14개의 버튼을 조작할 수 있고, 컴퓨터와 같은 그래픽으로 스크린 보호기능을 말끔하게 나타낸다. 타이맥스는 아이들도 독특한 소비경험을 가지고 있고, 그것은 이러한 욕구를 연결하기 위해 시계에 표적화될 수 있다는 것을 깨달았다.

자료 : Henry Assael (2004), Consumer Behavior: A Strategic Approach, Houghton Mifflin, p.147, 역서.

션되어 있다.

또한 타이맥스(Timex)는 전형적인 사용상황에 기초하여 시계를 포지션 했다. 예를 들면 조깅용, 야외활동용(하이킹, 캠핑, 산길 험로 개척 등) 등 스포츠 상황에 맞추어 포지션 되어 있다(브랜딩 따라잡기 9).

종종 사용에 의한 포지셔닝 전략은 시장을 확대하기 위한 제2 혹은 제3의 포지션을 나타낸다. 따라서 몸의 수분을 채워주는 데 필요로 하는 운동선수를 위한 여름시즌의 음료로 도입된 게토레이(Gatorade)는 사람이 아프거나 의사가 많은 수분을 채워 넣기를 권할 때 마시는 음료로 겨울시즌의 포지셔닝 전략을 개발하였다.

제품 사용자에 의한 포지셔닝(positioning by product user)

제품이 목표고객집단의 입장에서 포지셔닝 된다. 애플 컴퓨터는 자사의 컴퓨터와 소프트웨어가 그래픽 디자이너에게 있어 최고라고 하였고, 선마이크로시스템즈(Sun Microsystems)는 자사의 컴퓨터를 디자인 엔지니어에게 최고라고 주장하였다.

Revlon's Charlie 화장품 라인은 특별한 라이프 프로파일과 자신의 제품을 연상시키는 것으로 포지셔닝되었다. Johnson&Johnson은 아기들이 사용하는 샴푸에서 마일드 샴푸를 필요로 하는 사람들이 사용하는 샴푸로 재포지셔닝하였을 때 그들의 시장점유율은 3%에서 14% 상승하였다. 유사한 전략이 J&J의 베이비 로션을 사용하는 성인들을 확보하기 위해서 사용되어졌다. Miller의 High Life 맥주는 'Champagne of bottled beers'로 상류층에게 구입되었으며, 여성의 맥주라는 이미지를 지니고 있었다. 밀러 라이트는 술을 마시고 취하는 것을 싫어하는 과음자들을 위한 맥주로써 포지셔닝하였다.

제품군에 의한 포지셔닝(positioning by product class)

제품군에 의한 포지셔닝도 중요한 포지셔닝 전략이다. 예를 들어 Maxim freeze-dried 커피는 일반 커피이며 인스턴트 커피인 것으로 포지셔닝되었다. 어떤 마가린은 버터인 것으로 포지셔닝되었다. 분유 생산자들은 아침 대용으로써 포지셔닝한 인스턴트 아침 음료와 다이어트를 위한 끼니대용으로 포지셔닝한 제품을 출시하였다.

또한 기업은 자사를 카테고리 리더라고 말한다. Kodak은 필름을 의미하고,

Xerox는 복사기를 의미한다. 그 외에도 Band Aid, 크리넥스 등 많은 선도 브랜드들이 카테고리 리더로써 포지셔닝되어 있다.

경쟁자에 의한 포지셔닝(positioning by competitors)

경쟁자에 의한 포지셔닝

대부분의 포지셔닝 전략에서 명백하고 암묵적인 준거의 틀은 경쟁이다. 경쟁자에 의한 포지셔닝의 가장 주요한 목적은 중요한 속성에서 해당 브랜드가 시장리더(잘 수용되는 브랜드) 브랜드보다 더 낫다는 것을 소비자들에게 확신시키는 것이다. 경쟁자의 관점에서 포지셔닝하는 가장 흔한 것은 경쟁사의 브랜드를 제시하여 비교하는 광고이다. 예를 들어 버거킹 광고는 맥도날드의 버거는 고기가 얇고 충분히 굽지 않기 때문에 그들의 햄버거보다 맛이 없다고 주장하였다. 코카콜라와 펩시콜라는 타사의 제품보다 그들의 브랜드가 더욱 맛있다고 주장하는 비교광고를 하고 있다. 또 하나의 이러한 유형의 포지셔닝의 전통적인 예로 Avis의 "We are No.2, so we try harder"이다. 이 전략은 Hertz와 같이 Avis를 포시셔닝하는 것이었고, 이 전략은 대성공이었다.

② 포지셔닝 맵(positioning map)

제품을 포지셔닝하기 위한 방법을 조사하는 하나의 방법은 포지셔닝 맵을 활용함으로써 가능하다. 포지셔닝 맵은 경쟁제품, 브랜드의 소비자 지각을 시각적으로 묘사하는 것이다. 다양한 제품 속성을 조사하여 차원을 개발함으로써 구성될 수 있으며 경쟁제품의 상대적 포지션을 나타내는 그래프이다(그림 6-5). 〈그림 6-5〉는 대안적인 자동차 브랜드의 포지셔닝 맵을 나타내고 있다.

포지셔닝 맵 사용을 통해 제품이 어떻게 포지션 되었는가를 조사하는 방법이다. 포지셔닝 맵은 경쟁제품, 브랜드에 대한 소비자의 인식을 시각적으로 묘사하는 것이다. 포지셔닝 맵은 다양한 제품 속성, 범위에 대한 소비자 조사, 경쟁자의

그림 6-5 자동차 브랜드의 포지셔닝 맵

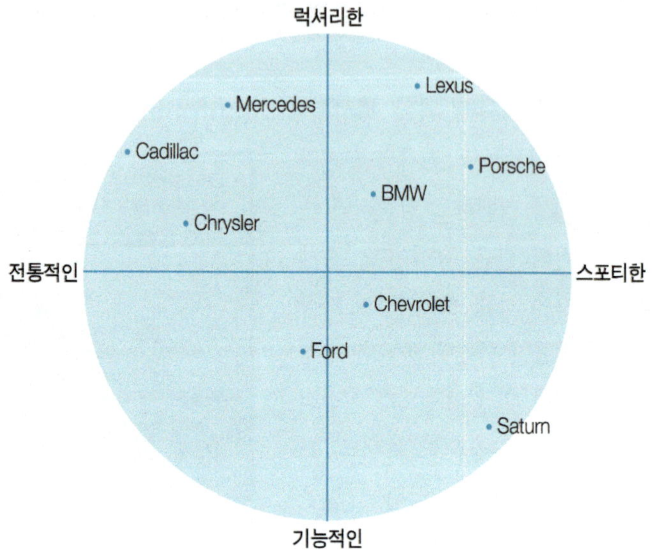

상대적인 위치를 나타내는 그래프를 통하여 만들어진다.

예를 들면, 〈그림 6-5〉는 크라이슬러의 Nameplate는 Buick보다 좀더 고급스럽게 인지되고 있으나, 주요 경쟁 브랜드보다는 부족하다. 따라서 크라이슬러는 좀더 고급스러운 차로 리포지션시킬 필요가 있다. 이러한 전략 후 다음의 연구를 통하여 브랜드를 Buick보다 더 높이 위치시킬 것인가, 그리고 Lincoln과 Cadillac과 밀접하게 또는 위에 위치시킬 것인가를 나타낼 수 있다. 대안적으로 이러한 맵의 조사를 통하여 기업은 상대적으로 경쟁사가 적은 고급 스포츠 사분면에 포지션시킬 수 있는 신규 브랜드를 창출할 수 있다.

③ 차별적 포지셔닝 창출을 위한 6단계 과정

Kevin Clancy and Peter Krieg (2000)가 제시하는 차별적 포지셔닝 창출을 위한 6단계 과정을 살펴보자.[15] 먼저 표적고객을 명확하게 확인하고 이들 표적고객의 욕망과 문제들 그리고 경쟁 브랜드의 강점과 약점을 결정하기 위해 조사를 실시하고 난후 차별적 포지셔닝을 선택한다.

---

15) Clancy Kevin J., Peter C. Krieg (2000), Counterintuitive Marketing: Achieve Great Results Using Uncommon Sense(New York: Free Press), pp.121-129.

단계 1

표적고객들을 동기 유발할 수 있고 그로 인해 강력한 포지셔닝의 발판으로 삼을 수 있는 최소 200개의 유형 또는 무형의 속성, 그리고 이점의 리스트를 작성해 보자.

단계 2

리스트가 50에서 100개 사이가 되도록 우선순위를 매기고 불필요한 아이템들을 합쳐 보자.

단계 3

최소 200명 그리고 가능하면 500명 이상의 표적고객들을 대상으로 이 50에서 100개의 아이템에 대해 다음의 세 가지 차원으로 조사해 보자:

❶ 각각의 아이템이 그들에게 얼마나 매력적인지

❷ 그들이 현재 사용하고 있는 제품이나 서비스가 그러한 속성이나 이점을 지니고 있는 정도

❸ 그러한 속성 또는 이점을 지닌 제품이나 서비스를 구매할 가능성

단계 4

각 속성이나 이점에 대해 동기 유발할 수 있는 파워를 얻기 위해 단계 3에서 말한 세 가지 차원에 대하여 각 아이템별로 개별 응답자의 점수를 평균하자.

단계 5

당신의 브랜드가 경쟁 브랜드에 비해 상대적으로 지니고 있는 동기유발의 속성과 이점을 확인하기 위해 단계 4의 결과를 검증하자.

단계 6

구매 의도, 독특성, 제품 · 브랜드 우수성이라는 측면에서 강력한 것을 결정하기 위해 3개에서 7개의 포지셔닝 문장(positioning statements)을 적고 이를 150명 또는 그 이상의 목표고객들을 상대로 테스트하자(p.198의 포지셔닝 문장을

참조하기 바란다.). 마지막으로 이길 수 있는 포지셔닝 전략을 선택하자.

④ 차별화의 유익성을 평가하는 기준

차별화(differentiation)는 어떤 기업의 제공물을 경쟁기업의 제공물로부터 구분 짓는 일련의 의미 있고 가치 있는 차별점을 추가하는 과정이다.

모든 제품은 어느 정도 차별화될 수 있다. 그러나 모든 차별점들이 의미가 있거나 가치가 있는 것은 아니다. 다음과 같은 기준들을 충족시킬 때 차별점들은 더욱 강력해진다.[16]

- 중요성 : 차별점이 구매자에게 충분히 높은 가치를 전달한다.
- 독특성 : 차별점이 독특한 방식으로 전달된다.
- 우수성 : 차별점이 그 혜택을 제공할 수 있는 다른 방법들보다 우수하다.
- 선점성 : 차별점이 경쟁기업에 의해 쉽게 모방될 수 없다.
- 구매 가능성 : 구매자가 차별점을 구매할 능력을 가지고 있다.
- 수익성 : 기업이 차별점을 도입함으로써 수익성을 달성할 수 있다.

5. 포지셔닝의 커뮤니케이션: 포지셔닝 문장

지금까지는 브랜드 포지셔닝의 구성요소들에 대하여 살펴보았다. 일반적은 기업들은 이러한 요소들을 가지고 브랜드 포지셔닝 문장을 작성하여 조직원들의 활동 가이드라인으로 활용하고 있다.

브랜드 포지셔닝 문장은 '목표집단에 대해 우리 브랜드가 차별점을 가지고 있는 제품개념'으로 정의한 것으로, 브랜드 포지셔닝 문장은 전형적으로 브랜드 매니저들에게 의해 개발된다. 이상적으로 브랜드 포지셔닝 문장은 목표고객의 목적과 지각에 관한 통찰력에 기초를 두고 있다. 매니저들은 브랜드의 공유비전을 확실하게 하고 전술적 사고를 가이드하기 위해 공식적인 포지셔닝 문장을

16) Philip Kotler (2003), A Framework for Marketing Management(Second Edition), Prentice Hall, p.283, 역서.

개발한다. 따라서 브랜드 포지셔닝 문장은 기업 내에서 널리 유통되고 심지어 파트너(광고대행사와 유통업자 등)들에게 공유될 수 있다. 브랜드 포지셔닝 문장은 다음과 같은 조건의 문장으로 이해될 수 있다.

❶ 인구통계적, 심리도식적인 것과 같은 특징의 관점에서 목표 고객에 대한 간략한 설명. 이러한 목표고객의 특징은 카테고리와 브랜드 사용의 기초 위에서 설정된다.

❷ 보통 준거의 틀로 언급되는 것으로 브랜드를 소비함으로써 얻을 수 있는 목표고객의 목적의 서술. 준거의 틀은 목표고객의 선택을 가이드하고 브랜드가 사용되는 상황을 확인시켜주고 그리고 관련 경쟁사를 정의해 준다.

❸ 차별점으로 언급되는 것으로, 브랜드가 왜 준거의 틀 내에 있는 다른 대안보다 우수한가를 주장.

❹ 믿는 근거를 언급(reason to believe)하는 것으로, 준거의 틀 및 차별점과 관련된 주장에 대한 증거를 지지해 준다. 이러한 마지막 요소는 주장이 상대적으로 추상적일 때 더욱더 중요하다. 왜냐하면 구체적인 주장은 종종 그 자체가 믿는 근거가 된다.

위에서 서술한 항목들이 공식적인 포지셔닝 문장에 나타날 수 있다. "(목표시장)을 위하여, 브랜드 X는 (경쟁 브랜드와의 차별점)을 제공하는 (사업부문에 대한 정의, 즉 비즈니스의 원천)이다."

예를 들면 '컴퓨터 제조업체를 위하여, 인텔(Intel)은 가장 빠르고 가장 신뢰할 수 있는 마이크로 프로세스를 제공해 주는 칩 제조업체이다.' 또는 '주부를 위하여, 타이드(Tide)는 옷을 가장 깨끗하게 빨아주는 세제이다.'

마운틴 듀(Mountain Dew)의 포지셔닝 문장은 "잠잘 시간이 없는 젊고 활동적인 음료 소비자들에게 마운틴 듀가 가장 높은 카페인을 포함하고 있기 때문에 다른 제품보다 더 많은 에너지를 주는 음료, 잠을 잘 잘 수 없는 경우라도 깨어서 무언가를 할 수 있도록 해주는 음료"라는 것이다.

제 3 절 장기간에 걸쳐 브랜드 포지션의 유지

일단 브랜드 포지션이 잘 확립되면, 포지션을 유지하는데 초점을 맞추어야 한다. 많은 경우에 브랜드의 준거의 틀과 차별점은 변화되지 않고 유지될 수 있다. 이러한 예로써 말보로는 1950년 중반 이후 담배 포지셔닝을 변경하지 않았다. 포지션은 카우보이, 근육질의 남성다운 이미지에 의해 지지되는 힘이 부여되었다.

하지만 대부분의 경우 포지션에 대한 약간의 변경은 장기간에 걸쳐 브랜드를 유지하는데 필요하다. 두 종류의 전략이 브랜드 포지션을 향상시키는데 사용될 수 있다.[17)]

❶ 브랜드 포지션을 강화하는 것이다. 즉 계속해서 동일 브랜드 포지션을 유지하고 포지셔닝을 윤색해 가는 것이다.

❷ 다음은 레브리징을 포함하는 것으로, 포지셔닝이 브랜드 자산을 신제품에 확장하는 데 사용된다.

1. 강화 전략

브랜드를 강화하기 위해 두 전략이 사용될 수 있다. 하나의 접근은 브랜드가 소비자에게 제시되는 방법을 현대화하는 것이다. 또 다른 대안은 포지셔닝을 전보다 다소 추상적 수준으로 포지셔닝을 나타내는 것이다. 즉 래더링 기법을 활용하여 포지셔닝을 강화하는 것이다.

17) Edited by Alice M. Tybout and Tim Calkins (2005), Kellogg on Branding: The Marketing Faculty of the Kellogg School of Management, John Wiley & Sons, Inc., pp.20-24.

① 포지셔닝의 현대화

브랜드가 차별점을 잘 확립해 있으면 포지셔닝을 바꾸기가 어렵다. 리복은 초기에 부드러운 가죽을 사용하여 만들어진 여성 운동화로 포지셔닝되었다. 그러나 리복은 남자들이 추구하는 운동화라는 것으로 포지셔닝을 변화시키기 위해서 20년 넘게 남자 유명인들을 활용하여 노력하였지만, 오늘날도 여전히 리복은 여성의 신발로 인식되고 있다.

만약 소비자의 취향과 경쟁을 변화시키는 것이 어렵다면, 이미 세워진 포지셔닝을 탄력 있게 유지하는 것이 필요하다. 이것은 현대적인 방법으로 브랜드를 표현함으로써 이루어질 수 있다. 스페셜 k는 전통적으로 건강한 방법으로 몸매를 유지하는 인스턴트식품으로 포지셔닝되었다. 오랫동안 몸매 관리는 마른 것으로 정의되어 왔다. 그러나 최근 몸매가 여성을 대상화한다는 불만이 커짐에 따라 스페셜 k는 몸매의 현대적인 표현이 필요하게 되었다. 그래서 스페셜 k는 몸매보다 활동, 운동으로써 자신들의 제품을 재정의함으로써 몸매 관리라는 기능적 혜택을 유지하였다. 사실 스페셜 k는 자신들의 혜택을 변화시키지는 않았다. 그러나 그들은 자신들의 확보된 고객을 유치하기 위하여 포지셔닝을 현대적인 표현으로 재정의하였다.

② 추상적인 수준으로의 포지셔닝의 버전 업

브랜드 가치를 추상적으로 끌어올리기 위해 의미를 깊게 하는 방법으로, 이에 대한 근거로는 매슬로우(Maslow)의 욕구체계로써 낮은 수준의 욕구가 충족되면 더 높은 심리적 욕구를 구하게 된다. 그리고 더 상위수준의 가치를 만족시키는 혜택(benefit)을 주는 상품을 선택하게 된다.

하나의 예를 살펴보자. 팬틴 샴푸는 P&G에 인수된 시점인 1990년대 초에 작은 브랜드였다. 팬틴의 성분 ProV는 그 브랜드가 윤기 나는 머릿결을 제공한다는 주장의 토대로써 기여를 했다. 이러한 포지셔닝은 그 카테고리에서 팬틴을 리딩 브랜드로써 강화시키는 원동력이 되었다.

팬틴의 전략은 래더링이라 불리는 강화 전략의 효과적인 사용의 예를 보여준다(그림 6-6). 래더링의 하나의 방법은 브랜드의 기능적인 혜택을 믿게 하는 많은 근거를 제공하는 것이다. 가장 건강한 머릿결을 제공하는 것으로의 팬틴의 포지션은 ProV 성분에 의해 지지될 뿐만 아니라 또한 머릿결을 보다 부드럽게

그림 6-6 팬틴의 포지셔닝 강화 전략

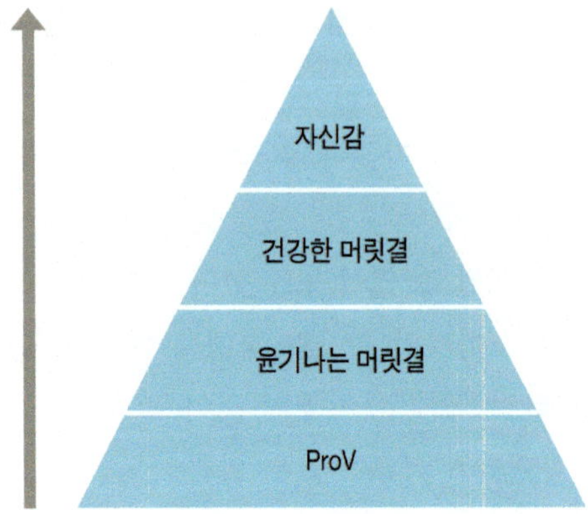

하는 샴푸라는 사실에 의해 지지되었다. 따라서 래더링은 브랜드의 기능적 혜택을 믿게 하는 추가적인 근거를 제시함으로써 브랜드의 포지션을 유지하기 위한 수단으로 기여할 수 있다.

팬틴은 ProV의 관점에서 윤기 나는 머릿결을 지원함으로써 래더링이 이루어졌으며, 또한 보다 추상적인 감성적 혜택인 건강한 머릿결을 함축하기 위해 윤기 나는 머릿결을 사용하였다. 그리고는 건강한 머릿결이 팬틴 사용자들 중에서 자신감을 함축하는 데 사용될 수 있었다. 따라서 사다리(ladder)는 기능적 혜택(소비자들에게 그 브랜드가 무엇을 행하는가?)을 믿게 하는 근거를 제공하는 기초로 유형의 제품 특징을 확립하였다. 또, 기능적 혜택(기능적 혜택이 소비자들로 하여금 어떻게 느껴지게 하는가를 설명)은 감성적 혜택을 추론하는 기초로써 제공된다. 만질 수 있는 특징으로부터 기능적 혜택 그리고 감성적 혜택으로의 사다리는 브랜드 포지션을 유지하는 수단을 제공한다(브랜드 심리학 10).

2. 레브리징 전략

강화 전략은 현재의 포지션을 지지하는 것을 포함하는 반면, 레브리징 전략은 신제품 출시의 토대로써 계속해서 브랜드 포지셔닝을 활용하는 것이다. 이러한 신제품은 브랜드의 준거의 틀을 넓히거나 혹은 신규 카테고리에서 브랜드의 차별

브랜드 심리학 10

래더링 기법

래더링 기법은 제품의 물리적 특성과 고객 가치간의 연결관을 파악하여 심리지도(mental map)를 만드는 조사 방법이다. 소비행태를 유발하는 근본 이유를 파악하기 위해 사다리를 오르듯이 지각과정(perceptual process)을 거슬러 개인의 내면 가치에 접근하는 방법이라 할 수 있다.

이것은 제품의 구매와 사용을 유도하는 구체적, 현실적 핵심요소와 추상적 존재가치를 연결한다.

이러한 래더링 기법의 실행은 연상 네트워크를 이용한 질문 시리즈로 소비자의 잠재의식에 접근한다. 색상, 맛, 가격 등 제품의 구체적 속성으로부터 시작하여 '그것이 왜 중요한가?' 하는 질문을 연속하면서 추상적, 상징적 개념으로 접근하는데, 이는 1:1 심층면접으로 이루어지고 짧고 적은 수의 질문으로 소비자의 내면가치를 알아내기 어려우므로 질문시리즈는 최대 20여 단계까지 연장한다.

다음의 예는 래더링 기법에 의해 도출된 화장품의 가치사슬을 보여주고 있다. '기초=촉촉한 피부', '미백=깨끗하고 투명한 피부', '링클=팽팽한 피부'라는 제품별 혜택에 의해 '나이보다 젊고 예뻐 보인다'는 추상적 존재가치로 연결되고 궁극적으로 '자기만족'과 '주목받는 여자로서 자신감'에 이르게 된다.

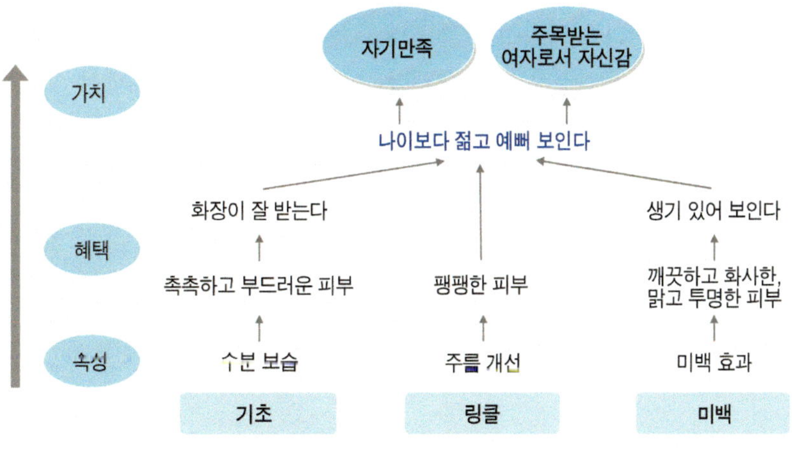

화장품의 가치사슬

점과의 관련성을 나타낼 수 있다.

① 준거의 틀 확장

준거의 틀을 넓힐 때, 그 브랜드 구입의 최초 동기를 손상시키지 않는 것이 중요하다. 예를 들면 다이어트 보조제가 점심 대체제로 포지션되었다. 수요를 증가시키기 위한 노력에서, 브랜드는 또한 스낵을 시장에 내놓을 수 있었다. 이것은 제품의 적절한 사용에 관해 소비자를 혼란스럽게 했다. 만약 그것이 스낵이라면 점심 대체제로는 적절하지 않다. 그 결과 본래의 점심 소비를 감소시켰다.

② 신규 카테고리에서 차별점을 레버리지하는 것

도브(Dove)는 전통적으로 비누 카테고리를 지배하는 비누 브랜드였다. 도브의 차별점은 클렌징 상황에서 보다 우수한 보습이다. 도브는 도브 샴푸와 컨디셔너를 출시함으로써 이러한 자산(보다 우수한 보습)을 활용하였다. 즉 '보다 우수한 보습'의 차별점을 다른 클렌징 카테고리로 확장을 하였다. 또한 데오드란트 라인도 확장하였다. 이러한 확장은 보습이라는 차별점의 특징을 가지고 있지 않은 다른 경쟁의 데오드란트 제품과 비교하여 강력한 차별점의 이점을 가지고 있었다. 그러나 여기서의 도전은 데오드란트 카테고리의 보습과의 관련성은 적합하지 않았다. 따라서 도브 데오드란트는 건조하게 유지시켜주는데 효과적이라는 사실을 확신시켜 주지 못했다. 이처럼 신규 카테고리에서 차별점을 레버리지 할 때는 많은 주의가 필요하다(제12장 브랜드 확장편을 참조하기 바란다.).

제4절 브랜드 포지션의 변경

잘 확립된 브랜드의 포지션을 변경하는 것은 어렵다. 장기간 유지되어 온 브랜드를 리포지션시키기 위한 대부분의 노력들이 실패한다. 하지만 브랜드가 새로운 카테고리로 진입할 때는 변화가 필요하다. 예를 들면, 브랜드 포지션의 변경을 통해 성공한 '말보로' 담배로써, '말보로'라는 담배 브랜드는 세계에서 가장 잘 팔리는 소비재이다. 다음에서는 말보로의 성공적인 브랜드 포지션의 변경 사례에 대해 살펴본다(표 6-5).

재 런칭의 결정

1954년 담배시장의 트렌드를 주의 깊게 조사한 후 필립 모리스(Philip Morris)의 경영진은 브랜드의 방향을 변경하기로 결정을 했다.

재 런칭은 제품의 변화에 기초를 두었다. 그 당시 미국 흡연자의 90%가 필터 없는 담배를 사용했지만 필립 모리스는 새로운 트렌드로 필터 담배로 갈 것이라고 판단했다. 젊은 성인층에 소구하기 위해 새로운 여과기술을 통하여 마일드한 지각을 대체하였다. 필터는 강함과 향을 나타내는 브라운 색깔로 입혀졌다. 마지

표 6-5 기존 말보로와 신규 말보로

	기존 말보로	신규 밀보로
제품속성	순한 타르의 혼합	보다 강한 타르의 혼합
	향이 거의 없음	약간의 향 첨가
	필터 없는 담배	필터 담배
디자인	흰 패키지 디자인	레드와 흰 패키지 디자인
이미지	보다 유행에 뒤진 이미지	현대적인 이미지
목표 고객	여성	남성
광고 소구점	제품 중심의 광고	이미지 중심의 광고

막으로 새로운 흡연의 특징을 강화하고 젊은 남성의 표적고객에 소구하도록 기존의 광고를 완전히 바꾸었다.

광고는 터프하고 남루한 직업의 남성 모델로 브랜드를 재 런칭하였다. 첫 번째 광고의 특징은 흥미롭게 활동지향의 카우보이(cowboy)로 일하는 남성을 내세웠다. 카우보이는 목표집단에 특히 인기가 있는 것으로 확인되었다. 하지만 캠페인은 남성미 넘치는 직업을 가진 카우보이 주제를 수년간에 걸쳐서 주기적으로 순환되었다.

말보로 맨에 초점

1963년 말보로는 좀더 분명한 정체성을 필요로 한다는 것이 지적되었다. 카우보이를 상징화하는 말보로 맨(Marlboro man)이 구축되었다. 캠페인은 다음과 같은 지침에 따라 진행되었다.

1. 카우보이는 남성들이 되고 싶어 하는 남성상을 상징화해야 한다.
2. 말보로 맨은 믿을 수 있어야 한다.
3. 말보로 컨트리는 장엄해야 한다.
4. 캠페인의 모든 광고는 솔직해야 하며 임팩트를 가져야 한다.
5. 카우보이의 상, 담배 피우는 모습, 그리고 장엄한 컨트리의 소재들의 순환을 통하여 다양성이 달성되어야 한다.

오늘날까지 이러한 지침은 모든 미디어를 통하여 유지되고 있다. 1960년 이래 연평균 10% 이상의 매출신장이 이루어졌다. 1975년까지 미국의 리더 브랜드로 성장해 왔고 계속해서 세계 곳곳으로 새로운 시장을 개척하였다.

필립 모리스와 광고대행사는 서부의 위치를 배경으로 모든 캠페인의 소재를 연출하였다. 이처럼 전략적 일관성이 유지되고 보다 높은 커뮤니케이션의 품질을 지켰다. 그러나 본사에서는 현지 기업들에게 다소의 유연성을 허락하였지만, 말보로 브랜드의 포지셔닝은 세계 도처에서 철저하게 동일하게 유지시켰다.

마케팅 믹스에 있어서 일관성

말보로 광고의 또 다른 일관된 특징은 레드 지붕의 그래픽의 마케팅 커뮤니케이션에 있어서 활용이다. 이를 통하여 담뱃갑의 인지가 강화되었다. TV 광고와 같은 매체의 사용에 있어서 법적인 규제가 있는 나라에서는 창의적인 기회들을 활용할 수 있게끔 유연성을 부여하였다.

1980년대와 90년대에 자동차 경주, 팝 뮤직, 기타 여러 활동들에 많은 투자가 이루어졌다. 이러한 모든 프로모션에 있어서 레드 무늬장식의 형태로 브랜드의 고유한 특성의 존재는 언어적인 요소 없이 분명한 시각적 메시지를 제공하게 하였다.

다양한 활동들이 엄청나게 증가하였고, 이제 트레이드마크는 의류, 서적, 자동차 액세서리 등에 활용되고 있다.

사례에서 보는 브랜딩 원리

말보로의 역사에서 보여주듯이 전략의 토대로 명확한 브랜드 아이덴티티의 중요성을 찾아볼 수가 있다.

❶ 1950년대 초에 말보로를 재 활성화할 때 제품의 모든 부분들, 패키징, 그리고 마케팅은 하나의 일관성을 가지고 이루어졌으며, 어떤 하나의 요소도 독자적으로 수행되게끔 하지 않았다.

❷ 제품의 물리적인 차이가 무시될 수 있는 제품 카테고리에 있어서, 이미지 가치가 매우 중요하다. 이러한 제품 카테고리에 있는 브랜드는 국경을 초월하여 이미지의 일관성을 필요로 한다. 말보로 캠페인은 분리되도록 허용하지 않았다.

❸ 위대한 캠페인이 정착하는 데는 많은 시간이 소요된다. 말보로 컨트리의 카우보이가 배타적인 남성다운 심벌로 분명하게 초점을 맞추는 데는 1954년에서 1963년에 걸친 세월이 소요되었다.

❹ 빅 아이디어를 발굴하여 그것이 모든 미디어와 마케팅 커뮤니케이션의 모든 측면에 걸쳐서 일관되게 적용되어 왔다.

❺ 카우보이에 의해 상징화된 억세고 독립적이며 남성다운 포지셔닝은 서부 개척정신과 문화를 아우르고, 보편적인 관련성을 가지고 있다.

❻ 장기간에 걸쳐 일관된 캠페인을 완수하기 위해, 경영진은 분명하게 가이드라인을 이해하고 창의적인 실행들을 통제해 나갔다.

❼ 모든 마케팅 커뮤니케이션은 동일하고 유사한 이미지를 가지고 가야하며 또한 올바른 표적고객을 겨냥해야 한다.

브랜딩 따라잡기 10

시간에 걸쳐 브랜드 포지셔닝의 유지와 변경

마케팅에서 가장 중요한 개념은 '고객의 마음속에 단 하나의 단어를 소유하는 것'이다. 거의 모든 시장, 모든 카테고리에서 리딩 브랜드는 단 하나의 단어(word) 혹은 콘셉트에 의해 확인될 수 있는 브랜드이다. BMW는 'driving', Mercedes-Benz는 'prestige', Volvo는 'safety'를 각각 소유하고 있다. 성공한 브랜드는 고객의 마음속에 무엇인가 특별한 것을 소유함으로써 성공하였다.

Xerox 컴퓨터, IBM 복사기, Coca-Cola 의류와 같은 실패한 수많은 제품들이 있다. 이들 제품들은 시장에서 실패한 것이 아니라, 고객의 마음속에서 실패했다. 이들 제품들은 브랜드에 관한 가망고객의 지각에 적합하지 않은 무엇인가를 나타내려고 했다.

고객의 마음이 첫째요, 둘째는 시장이다. 실체(reality)를 잊어라. 제품의 우수성을 잊어라. 마케팅은 지각의 게임이다(marketing is a game of perception). 지각이 바로 실체이다. 심지어 그러한 지각들이 부정적(negative)이라 하더라도, 가망고객의 마음속에서 출발하여 그러한 지각을 다루는 방법을 생각해내야 한다.

- "Avis is No. 2 in rent-a-cars."
- "The taste you hate, twice a day." Listerine.
- "With a name like Smuckers, it has to be good."

많은 마케팅에 종사하는 사람들은 부정적 지각을 다루는데 주저한다. 그 점을 이해할 수 있다. 그러나 이해할 수 없는 것은 가존에 잘 구축된 긍정적 지각을 쉽게 앞지르려고 하는 많은 마케터들이다. Pepsi-Cola의 예를 들어보자. Pepsi를 생각할 때 무엇이 떠오르는가? 1963년으로 되돌아가서 브랜드는 '본원적인' 콜라 캠페인으로 광고 프로그램을 내보냈다. "The Pepsi Generation."

이러한 생각은 심리적 원리를 이용했다. 보다 젊은 세대들은 구세대에 반항하는 행동을 추구한다. 구세대는 Coca-Cola를 마시기 때문에, 젊은 세대에게 Pepsi를 마셔야 한다는 것을 확신시키는 것은 쉬웠다. Pepsi Genenration 슬로건은 얼마나 지속되었을까? 단지 4년 동안만 지속되었다. 다음의 16년 동안 Pepsi는 많은 다른 슬로건을 시도했다.

- 1967: "Taste that beats the olders cold. Pepsi pours it on."
- 1969: "You've got a lot to live, Pepsi's got a lot to give."
- 1973: "Join the Pepsi people feelin' free."

- 1976: "Have a Pepsi day."
- 1979: "Catch that Pepsi spirit."
- 1981: "Pepsi's got your taste for life."
- 1983: "Pepsi now ! "

16년을 소비하고서 1984년에 Pepsi는 "Pepsi. The choice of a new generation."으로 되돌아갔다.

강력한 광고 슬로건만큼 공격받기 쉬운 것은 없다. 크리에이티브의 일격이 1위인 Coca-Cola를 비틀거리게 할 수 있다면, 크리에이티브의 명성은 생명력이 있을 거라고 판단하고서 매년 크리에이티브의 일격을 시도했다. 마지막으로 1992년까지 그들은 그렇게 했다. 그 후 수퍼볼(Super Bowl)에서 Pepsi-Cola는 새로운 슬로건을 도입했다. 새로운 슬로건은 "Gotta a have it."이다.

TV 광고는 Yogi Berra, Regis Philbin and George Plimpton와 같은 유명인사들로 채워졌다. 최초에는 "이러한 원로 유명인사들이 콜라를 마시고 있고, 또한 한편에서는 엉덩이를 보이는 젊은 십대들이 무언가를 말하면서" 이러한 모습에 아연 실색했다. 마케터가 저지르는 가장 큰 실수는 모든 사람들에게 소구하는 것이다. 만약 모든 사람들에게 소구한다면, 어느 누구에게도 소구하지 않는 것이다. CF에서 어린 소년이 말하길 "If the taste of Pepsi is so big, then everybody's gotta have it." 모든 사람들에게 소구하는 것은 Pepsi-Cola에게 제대로 먹혀들지 않았다. 다음해에 보다 젊은 세대로 다시 되돌아갔다. "Be young, have fun, drink Pepsi." 세월이 흘러감에 따라, Pepsi는 계속해서 슬로건을 바꾸었다.

- 1995: "Nothing else is a Pepsi."
- 1997: "Generation Next."(Close, but no cigar.)
- 1999: "The joy of cola."
- 2002: "The joy of Pepsi."
- 2004: "Pepsi. It's the cola."

사실을 말해보자. 이러한 Pepsi-Cola의 광고 슬로건에 대해 어떤 것이 기억이 나는가? "Pepsi Generation"은 대부분의 사람들이 기억하는 단 하나의 슬로건이 아닌가? 그렇다.

James Twitchell은 그의 책(Adult USA)에서 Rosser Reeves에 관해 이야기하고 있다. 미닛메이드(Minute Maid)의 임원은 Reeves가 광고에 대해 변화를 주지 않으며 만지작거리는 것에 대해 불평을 하였다. 즉 당신은 미닛메이드 브랜드에서 47명이 일하고 있는데 12년 동안 광고 캠페인을 바꾸지 않았다. 그들은 무엇을 하고 있었는가? Reeves는 다음과 같이 대답하였다. "그들은 미닛메이드 광고를 바꾸려는 사람들로부터 유지시키는 것이다."

❙ 자료 : Adage.com: Al Ries on Marketing, August 2006.

이처럼 브랜드 포지셔닝을 새롭게 바꾸는 것에 있어 많은 기업들이 가능하다고 생각하고 있는데 거의 대부분 힘들고 또 불가능한 경우가 많다.

펩시콜라의 신선하고 젊은 소구력은 코카콜라에 대항함과 동시에 핵심이 되는 차별화 포인트이다. 그렇지만 과거 20년을 돌이켜보면 왠지 이 초점으로부터 벗어난 일이 있다.

리포지셔닝을 재 시도할 때마다 결국 잘 나갔던 이전의 포지션으로 되돌아가 버리고 마는 것이다. 바로 이거야 하는 포지셔닝을 확립한 후에는 그것을 현대적으로 전하는 기술을 모색할 필요가 있다. 그래도 포지셔닝을 변경할 때는 사전에 충분히 생각해 보는 것이 무엇보다 중요하다(브랜딩 따라잡기 10).

제5절 브랜드 가치의 선정

브랜드 포지셔닝은 자사 브랜드가 특정 시장에서 존재하는 경쟁 브랜드에 대해 효율적으로 경쟁하는 방법이다. 그러나 많은 경우, 브랜드가 복수의 제품 카테고리에 걸쳐 있기 위해서 밀접한 관계를 유지하면서도, 다른 복수의 포지셔닝을 행하고 있다. 브랜드가 성장하여 복수의 카테고리로 확대함에 따라, 브랜드 의미나 브랜드가 표현하는 중요한 차원을 추구하기 위해 브랜드 가치를 정의하는 것이 중요하게 되고 있다.[18)]

1. 브랜드 가치

명백한 포지셔닝의 선택이 이루어지면 브랜드의 활동무대가 확정된 것이다. 이제 브랜드의 의도된 의미를 선정을 해야만 한다. 이것은 브랜드 가치를 선정함으로써 브랜드의 의도된 의미(브랜드 아이덴티티)를 선택한다. 브랜드 가치는 소비자들에게 중요하며 브랜드 미션(brand mission)을 결정하는데 사용되는 '가장 본질적인 신조, 실천 가치'로써 설명될 수 있다. 브랜드 가치의 형식에 있어서는 3~5개의 단어로 어구를 명확하게 정의하고, 이를 통해 브랜드를 마치 유전자 DNA처럼 가상 압축된 형식으로 사용할 수 있도록 한다. 소비자들이 브랜드에 대해 가장 먼저 떠올릴 수 있는 인지적 표상을 제공하여 기억의 지름길 역할을 할 수 있도록 하는 것이다. 예를 들면, 디즈니의 브랜드 가치는 'fun'으로 이는 브랜드와 관련된 의사결정 도구로써의 역할을 수행한다. 브랜드 가치는 행동뿐

18) Rik Riezebos (2003), Brand Management: A Theoretical and Practical Approach, Prentice Hall, pp.60-62.

만 아니라 태도의 강력한 결정요소로도 고려된다. 브랜드 가치는 모든 사람들에게 소구될 필요는 없는데 왜냐하면 삶에 있어서 중요한 것으로 생각되는 것이 사람마다 다르기 때문이다. 브랜드 가치의 본질은 그것이 브랜드와 관련되어 있는 모든 것을 조종한다는 점이다. 예를 들면, 소매점이 방식에 있어서 브랜드 가치가 'enjoyment'로 선정되었다면, 점포의 내부시설과 마케팅 커뮤니케이션뿐만 아니라 점포 브랜드의 패키징도 이러한 가치를 표현해야 한다.

2. 브랜드 가치의 선정

다음에서는 브랜드 가치를 선정하고 적용하는 3단계 과정에 대하여 상세하게 살펴보기로 한다.

❶ 브랜드 가치를 선정하는데 있어서의 첫 단계는 소비자의 브랜드에 대한 열망수준을 선정하는 것이다. 열망수준의 구분은 가치와 라이프스타일(VALS)[19]에 기초하고 있는데 이는 매슬로우에 의해 설명되는 욕구위계구조를 언급하고 있다(브랜드 심리학 11).

이러한 열망수준은 〈표 6-6〉과 같이 구분할 수 있다: 욕구지향, 외적지향과 내적지향의 수준. 만약 브랜드 매니저가 브랜드의 열망수준을 욕구 중심으로 선정한다면, 브랜드 가치는 물질적 · 생리적인 소비자 욕구를 언급한다는 것을 의미한다. 만약 외부지향의 열망수준이 선정된다면, 브랜드는 고객과의 관계적 욕망을 언급한다. 내부지향의 욕망수준에 대해서, 브랜드는 고객의 자아실현 욕구를 언급해야만 한다.

다음과 같이 3개의 요인을 고려해 봄으로써 열망 수준을 선정할 수가 있는 것이다: 제품의 특징, 기업의 특징, 경쟁사의 열망수준의 선정. 제품 특징에 관해서 빵과 관련된 브랜드에 대해서 열망의 수준은 대부분 욕구지향이라는 것이 명백하다. 빵은 물질적 · 생리적 욕구를 수행한다. 반면에 자동차에 대해서는 외부지향의 욕구수준에 초점이 맞추어진다. 또한 자동차에 대해서 내부지향의

19) Mitchel A. (1983), The Nine American Life Style, Warner, New York.

브랜드 심리학 11

욕망은 어떤 형태인가: 매슬로우의 욕구 계층설

건강한 인간의 정신성장에 대해 연구한 매슬로우(Abraham H. Maslow)라는 심리학자는 인간의 다양한 욕구는 어떠한 통합된 형태를 띠고, 계단적으로 발전해 나가는 것, 즉 욕구계층설을 주장했다.

첫째, 생리적 욕구

매슬로우는 우리의 욕구는 가장 아래 단계에서 시작되어, 그것이 충족되지 않으면 위 단계의 욕구가 생기지 않는다고 생각했다. 우리에게 가장 근저에 있는 생리적 욕구가 어느 정도 충족되면, 다음에 나타나는 욕구는 안전에 대한 욕구다.

둘째, 안전에 대한 욕구

안전에 대한 욕구란 생명의 위험이나 불안을 피하고, 늘 안심하고, 평화롭게 살 수 있길 바라는 욕구이다. 이 욕구는 현대에 살고 있는 우리에겐 어지간한 상황이 아니라면, 당장 충족시킬 수 있는 것이다. 이 욕구가 어느 정도 충족된 뒤, 비로소 세 번째인 소속과 애정에 대한 욕구가 나타난다.

셋째, 소속과 애정에 대한 욕구

소속과 애정에 대한 욕구는 가족이나 친구에게 받아들여지길 바라는, 사랑받길 원하는 인간관계에 관한 욕구이다. 이와 같은 소속과 애정에 대한 욕구가 어느 정도 충족되면, 드디어 나타나는 것이 네 번째인 자기존중의 욕구다.

넷째, 자기존중의 욕구

자기존중의 욕구에는 실은 두 가지 측면이 있다. 하나는 자기신뢰의 욕구, 즉 자신감을 갖고 싶다는 측면, 또 하나는 타인으로부터 존중받고 싶다는 측면이다. 보통, 이 둘은 연관되어 움직이고 있다. 일상생활 속에서 노력을 통해 달성하거나 실패하기를 반복함으로써 자기신뢰가 형성된다. 자기신뢰가 확고하게 형성되면 자연스럽게 주위로부터 존중받게 된다. 그렇게 자기존중의 욕구가 충족되면, 이번에는 스스로 존중받고 싶어 할 뿐만 아니라, 타인을 존중하고 싶다는 기분이 생겨나게 된다.

다섯째, 자아실현의 욕구

욕구계층설의 마지막, 다섯 번째에 나타나는 것이 자아실현의 욕구이다. 이것은 자신이 갖고 있는 모든 가능성이나 능력을 모두 펼쳐, 인간으로써 성장하고 싶어 하는 욕구이다.

자료 : Maslow A. (1943), A Theory of Human Motivation, Psychological Review, 50, pp.370-396.

표 6-6 세 가지의 열망 수준에 따른 욕구와 가치

열망수준	욕구	가치
1. 욕구 지향 생존 유지	물질적 그리고 생리적 욕구 : 생리적 욕구 안전에 대한 욕구	개인적 요인을 강조 : 흥분 생활에 있어서 재미와 즐거움 안전 성취감
2. 외적 지향 소속 경쟁 성취	이성적 욕구 : 사회적 욕구 존경	사람들 간의 관계를 강조 : 소속감 다른 사람과의 따뜻한 관계 존경받는
3. 내적 지향 나는 나 경험적 사교성의 원만한	자아실현에 대한 욕구 : 고무 자아 개발 의미와 목적의식	개인적 요인을 강조 : 자아실현 자아존중

욕망수준이 강조될 수도 있는데 차는 대중으로부터 자신을 차별화시켜 주는데 활용될 수 있기 때문이다. 조직의 특징에 관한 브랜드 열망의 수준은 기업의 열망수준과 상충되어서는 안된다는 것을 주의해야만 한다. 단지 저비용 전략에 초점이 맞추어져 있는 기업에 대해서 내부지향의 욕망수준을 강조하는 것은 기업의 문화와 일치하지 않는다. 또한 열망수준의 선정에 있어서 경쟁사가 선정하는 열망수준을 고려해야만 한다.

그런데 열망수준을 선정하는데 있어서 하나만의 열망수준으로 엄격하게 한정할 필요는 없다. 소비와 마찬가지로 여러 욕구들이 서로서로 관련될 수 있다; 두 열망수준간의 경계는 보통 명백한 경계가 있는 것은 아니다. 하나의(혹은 두 개의) 열망수준을 선정하고 난 후, 보다 상세하게 초점을 두는 욕구를 서술해야 한다. 〈표 6-6〉은 각 욕망수준에 대해 매슬로우의 욕구계층구조에 기초한 여러 욕구를 언급하고 있다.

❷ 브랜드 가치 선정의 두 번째 단계로 선정된 열망수준 내에서 최대한 3가지의 가치가 선택될 수 있다. 〈표 6-6〉에서 각 열망수준에 대한 특정의 가치를 명명하고 있다. 이러한 가치들은 Kahle and Beatty(1986)의 "LOV(list of values)"에 기초하고 있으며, 여기서는 브랜드 가치가 어떤 것인가의 지표(indication)로써 나타내고 있다.[20] 사실 브랜드 가치의 표현은 〈표 6-6〉에서 언급된 가치의

---

20) Kahle L.R., Beatty S.E. & Homer P. (1986), Alternative Measurement Approaches to

그림 6-7 속단-목적 사슬: 브랜드 속성이 가치에 어떻게 연결되는가?

여러 측면들을 찾아봄으로써 발견할 수 있다. 예를 들면 '안전성(security)' 측면에서의 브랜드 가치의 표현은 '신뢰성(reliability)'으로 할 수 있다.

❸ 브랜드 가치 선정의 세 번째 단계로, 브랜드 매니저들은 각 가치가 구체적인 속성으로 바꾸어서 표현될 수 있는지를 파악해야 한다. 여기서 중심 개념은 소비자들이 브랜드와 관련시킬 수 있는 것은 선정된 브랜드 가치를 나타내야만 한다는 점이다. 이것은 브랜드 가치가 기업 내에서 행해지고 있는 의사결정의 토대를 형성한다는 것을 의미한다. 특히 브랜드 네임으로써 기업명을 사용하는 기업들에게(예를 들면, 시장에 단 하나의 브랜드만을 사용하는 소매상이나 식품업체의 경우에) 그 중요성은 매우 크다. 예를 들면 '다른 사람과의 따뜻한 관계'가 브랜드 가치로 선정되면 이러한 가치는 소비자에게 전달되는 서비스의 중요성뿐만 아니라 그 기업의 인사관리에도 중요하다. 브랜드 가치 선정의 세 번째 단계에서, 시장조사는 소위 '가치구조 맵(value structure map)'을 확립하는데 도움을 준다. 그와 같은 가치구조 맵은 어떤 결과(혜택)를 구체적인 속성으로 인해서 그리고 이러한 결과가 어떻게 선정된 가치와 연결되는가를 설명한다(그림 6-7). 그런데 사람들이 속성과 결과 간에 연결시키는 관계가 항상 논리적이지는 않다. 가치구조 맵은 작성할 때, 이러한 비논리적인 관계를 인식해야만 한다.

선정된 브랜드 가치는 브랜드 미션으로 전환될 수 있다. 브랜드 미션은 브랜드가 고객에게 약속하는 것을 설명하고 있다. 보통 이러한 브랜드 약속의 표현은 브랜드 가치제안으로 언급된다. 브랜드 가치제안은 브랜드가 소비자에게 제공하

Consumer Values: The List of Values(LOV) and Values and Life Styles(VALS), Journal of Consumer Research, 13(3), pp.405-409.

는 것을 나타낸다.

브랜드 가치를 묘사하고 난 후, 마케팅 커뮤니케이션은 이러한 가치를 소비자에게 전달하는데 중요한 역할을 한다. 마케팅 커뮤니케이션에 의해 이성적 그리고 감성적 정보의 토대 위에서 소비자들은 브랜드상(picture of the brand)을 형성할 수 있다. 궁극적으로 브랜드 상(이미지)은 브랜드의 성공에 매우 중요하다. 그러므로 포지셔닝의 본질은 소비자의 마음속에 차별적인 포지션을 창조하는 것이라고 말한다. 하지만 마케팅 커뮤니케이션이 항상 고객의 마음속에 바람직한 상을 환기시키지 못하는 경우가 많다. 다시 말하면, 선정된 브랜드 아이덴티티가 소비자들에게 경험된 브랜드 아이덴티티와 다를 수 있다. 또한 브랜드 아이덴티티의 경험은 소비자들이 브랜드에 대해 가지는 이미지로 주로 불러진다. 그러므로 결론적으로 브랜드 아이덴티티와 브랜드 이미지 간의 불일치가 존재할 수 있다는 점이다. 이렇게 되면, 실제로는 브랜드 매니저들이 소비자가 가지는 브랜드 이미지보다 그들 자신이 브랜드에 대해 보다 긍정적인 이미지를 종종 가지게 된다.

[생각해볼 문제]

1. 두 브랜드에 의해 지배되고 있는 카테고리를 선정해 보자. 각 브랜드의 포지셔닝을 평가해 보자. 타깃시장의 목표고객은 누구인가? 각각의 브랜드에 대해 유사점 연상과 차별점 연상은 무엇인가? 각각의 브랜드는 포지셔닝을 올바르게 정의하고 있는가? 지속적으로 포지셔닝을 어떻게 향상시킬 것인가?

2. 선도적인 세제 제조회사의 광고는 제품을 사용하여 남편의 옷을 깨끗하게 해주어 남편에게 칭찬을 받는 여성을 묘사하고 있다. 이러한 포지셔닝에서 예상될 수 있는 문제점은 무엇인가? 오늘날 사회에서 여성의 역할이 변한 것을 반영한 것과 양자택일할 수 있다면 어떤 포지셔닝을 제안하겠는가?

3. 요구르트의 선도적인 브랜드를 마케팅하는 한 기업은 사용상황에 따라 소구하는 다양한 가능성을 고려하지 않고 언제나 요구르트의 영양에 따른 편익에 중점을 두었다. 사용상황에 따라 요구르트의 다양성을 제품편익으로 볼 수 있는지 소비자 관점에서 설명해 보자. 사용상황에 따른 지각된 편익의 다양성이 가지는 마케팅 시사점은 무엇인가?

제7장

브랜드 요소

이번 장의 주요 이슈

앞 장에서 우리는 브랜드 포지셔닝과 가치에 대하여 살펴보았다. 이러한 브랜드 가치를 잘 표현하고 브랜드 인지도와 연상의 호감도, 강도, 그리고 독특성을 높일 수 있는 아이덴티티의 표현 도구로써 브랜드 요소를 개발해야 한다. 이번 장에서는 브랜드 요소들과 관련된 주요 이슈들을 살펴보기로 한다:

❶ 브랜드 요소를 설계하는 경우 브랜드를 구성하는 요소는 무엇인가? 그리고 이들 브랜드 요소를 어떻게 개발해야 하는가?

❷ 브랜드의 언어적 요소인 브랜드 네임, 슬로건과 징글은 어떤 특징을 가지고 있으며 성공적인 전략은 무엇인가?

❸ 브랜드의 시각적 요소인 로고, 심벌, 캐릭터, 패키지, 그리고 색상은 어떤 특징을 가지고 있으며 성공적인 전략은 무엇인가?

❹ 성공적인 브랜드 자산 구축을 위해서 브랜드를 구성하는 요소들을 어떻게 선택하고 통합해야 하는가?

제 1 절 브랜드 요소의 디자인

브랜드에 관한 지각들은 브랜드 요소를 통해서 창출된다. 이번 절에서는 브랜드 요소의 범위, 개발과정, 그리고 선택기준 등에 대해 살펴본다.

1. 브랜드 요소의 범위

브랜드 지각을 창출하는 브랜드 요소들은 일반적으로 다음과 같이 다섯 가지의 요소들로 이루어져 있다(그림 7-1). 여기서 패키지는 용기의 물리적 외관을 비롯하여 디자인, 모양 그리고 원재료 등이 포함된다.

- 브랜드 네임
- 로고, 심벌 그리고 캐릭터
- 슬로건과 징글
- 패키지
- 색상

그림 7-1 브랜드 요소

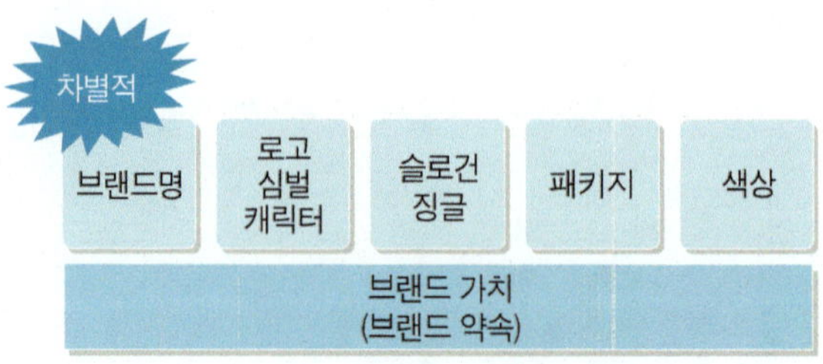

〈그림 7-2〉에서처럼 맥도날드는 브랜드 네임, 로고, 캐릭터, 슬로건, 패키지, 색상 등 다양한 브랜드 요소들로 구성되어 있으며 이러한 구성요소들은 각각 분리되어 있으나 전체적인 것이다(브랜드 심리학 12). 하나의 구성요소보다는 나머지 구성요소가 더 중요한 역할을 하며, 그들은 전체적인 단위로써 균형과 조화를 발휘하여 고객들에게 시너지 효과를 초래한다. 브랜드 요소는 광고, 판촉, 홍보 등을 포함하여 브랜드의 모든 커뮤니케이션과 메시지를 지휘하고 전개시키는 기능을 한다.

인간에게는 시각, 청각, 촉각, 미각, 후각과 같은 5가지 감각이 있는데 브랜드 요소는 그중 미각과 후각을 제외한 3가지 감각에 소구함으로써 브랜드의 인지 향상과 이미지 형성에 기여하고 있다. 즉 브랜드 요소는 시각(시각적 소구), 청각(청각적 소구), 촉감(촉각적 소구), 그리고 언어적 의미에 따라 브랜드 자산의 구축에 공헌한다. 브랜드 요소는 상당히 다면적으로 작용한다고 할 수 있다.

하지만 네임, 로고, 캐릭터, 슬로건, 패키지와 같은 각각의 요소가 행하는 역할은 동일하지 않다. 각 브랜드 요소에는 각각 장 · 단점이 있기 때문이다. 이들 요소들에 대한 특징과 전략은 제2절과 제3절에서 상세하게 설명한다.

그림 7-2 얼마나 많은 브랜드 요소들이 선택되어야만 하는가?

브랜드 심리학 12

브랜드 게슈탈트

어떠한 것도 단순히 부분의 총합이 될 수 없다는 게슈탈트(gestalt) 이론을 통하여 브랜드가 지각된 가치를 전달하는 현상을 설명할 수 있다. 예를 들어 교향악은 각각의 악기가 만들어내는 음색이 단순히 합해진 것 이상의 것이다. 그래서 어떤 게슈탈트는 그의 구성요소들의 단순한 합으로부터 이끌어낼 수 없는 새롭고 고유한 특성을 지니고 있다.

심리학자들은 우리의 지각 과정, 즉 감각의 입력을 통하여 의미를 어떻게 해석하고 받아들이는지를 설명하기 위해 게슈탈트의 개념을 이용한다. 그들은 우리들의 인식이 분리된 요소들에 각각 반응하기보다는 전체적으로 경험을 해석한다는 것을 보여주고 있다. 따라서 완성된 하나의 그림은 다소 결함이 있다 해도 우리에게 하나의 의미로 받아들여지게 된다. 우리는 각각의 요소를 이해하고 받아들이기 위하여 개개의 요소를 서로 의미 있는 유기적인 단위로 묶는다.

브랜드 게슈탈트를 설명하기 위한 하나의 예를 들어 보자. 장님과 코끼리에 대한 이야기로 4명의 장님이 코끼리의 각각 다른 네 부분을 만지게 하여 어떻게 반응하는지를 살펴보면, 첫째, 코끼리 코를 만져본 장님은 코끼리를 넝쿨(vine)이라 하고 다리를 만져본 장님은 코끼리를 기둥(pillar)이라 하며 세 번째 꼬리를 만져본 장님은 코끼리를 밧줄(rope)이라 하며 마지막 장님은 코끼리의 등 부위를 만져본 후 코끼리를 벽(wall)과 같다고 하였다. 이들 모두는 옳다. 그러나 중요한 진실은 빠뜨리고 있다. 코끼리는 각 부분의 총합 이상이다. 살아 숨쉬는 유기체이다.

마찬가지로 총명한 마케터들은 브랜드화된 제품을 단순히 객관적인 형태와 속성군으로 보지 않는다. 소비자들은 그들의 의식 속에 통합된 브랜드 게슈탈트에 의하여 영향을 받는다.

강력한 브랜드는 시간이 경과함에 따라 믿을 수 있고, 응집력이 있고, 매력적이며 일관성 있는 메시지를 제공하여 소비자들의 마음속에 위엄과 위상을 확보하게 된다. 그것으로부터 소비자들은 의미 있고 응집력 있는 연상의 형태를 형성할 수 있다. 티파니(Tiffany & Co.)를 예로 들어보자. 티파니에 대해 생각할 때, 모든 사람들은 티파니 브랜드의 상징인 티파니의 청색 컬러(Tiffany Blue TM)를 떠올릴 것이다. 심벌, 이름, 슬로건 등이 하나의 유일한 색상에 의하여 연상되고 알려지는 것인데, 또 다른 브랜드 개념은 없을까? 티파니의 쇼핑백과 선물 박스는 많은 사람들 속에서 눈에 띈다. 그것은 즉각적으로 인식되어 선망으로부터 기쁨에 이르기까지 감정적인 반응과 이미지를 환기시킨다. 이것이 바로 브랜드의 힘이며 게슈탈트의 본질이다. 우측 그림은 티파니 선물에 대한 게슈탈트를 나타내고 있다.

▮자료 : Duane E. Knapp (2000), The Brand Mindset, McGraw-Hill, pp.97-98.

2. 브랜드 요소의 개발 과정

성공적인 브랜드 요소들을 개발하는 것은 성공적인 빌딩을 설계하는 것에 비유할 수 있다. 전문 건축가는 건축물을 완성하기 위하여 미적인 면과 기능적인 면을 모두 고려해야 한다. 마찬가지로 브랜드도 설득력 있는 아이덴티티를 구축하기 위하여 실행적인 면과 표현적인 면을 모두 충족시켜야 한다. 예를 들어 하나의 로고가 기업의 상징성을 전달하지 못한다면, 그것이 아무리 창조적이고 매력적이라도 좋은 로고라고 할 수 없다. 예술적인 면과 기능적인 면 모두가 충족되어야 한다.

전문 건축가는 큰 그림을 볼 수 있어야 하듯이, 그들은 단순히 4면의 벽과 공간에 올려지는 지붕을 설계하지 않는다. 오히려 그들은 물리적이고 문화적인 환경의 상황 안에 존재할 전체적인 환경을 창조하는 것이다. 브랜드 요소도 이와 마찬가지다. 브랜드가 빛을 발휘하려면 기업의 가치와 특성을 반영해야 하는데, 이것은 총체적인 마케팅 전략에 뿌리를 두어야 한다.

브랜드를 소비자들에게 명확하게 인식시키기 위해서는 소비자들과의 커뮤니케이션 방식, 회사의 문화, 태도, 제품과 서비스 등을 전달하는 신호체계가 있어야 한다. 바람직한 메시지를 독창적으로 기억할 수 있게 전달하는 것은 물론,

그림 7-3 브랜드 요소의 개발 과정

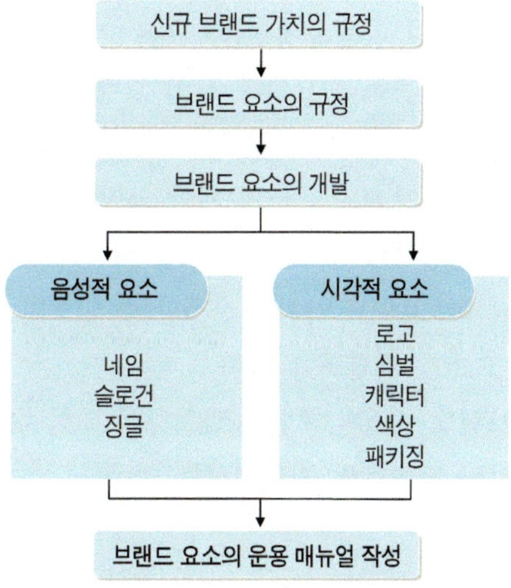

브랜딩 따라잡기 11

버진의 이름과 로고

레코드사의 이름을 놓고 고민하던 브랜슨과 닉은 많은 사람들의 이목을 집중시키고 학생뿐만 아니라 일반 사람들에게도 소구력을 갖는 이름을 짓기로 했다. 여러 동료들과 골똘히 생각에 잠겨 있던 한 여자동료가 말했다. "좋은 생각이 있어? '버진' 어때? 우리 모두 사업에는 완전히 처녀 아니야?" 이 한마디에 브랜슨은 유쾌한 결단을 내렸다. 좋았어, '버진'이다. 새로운 젊은 도전을 떠올리는 버진은 재미있고, 외우기 쉬우며, 간결하기 때문에 수많은 확장에도 여전히 매력적으로 사용되고 있다.

하지만 버진의 로고는? 아무 생각 없이 낙서해 놓은 듯 한 현재의 로고는 그때부터 시작된 것은 아니다. 음악이 히피시대를 반영했고, 뒤이어 펑크가 등장하자마자 활기찬 이미지가 필요했다. 브랜슨과 닉은 디자이너 회사에게 그들이 원하는 것이 무엇인지를 설명했다. 디자이너가 그들의 설명을 듣고 낙서한 것을 바닥에 집어 던져두었는데 브랜슨이 화장실에 가던 도중 우연히 발견하게 되었고, 그것이 현재 유명해진 버진의 로고이다.

소비자들의 마음속에 제품 혹은 기업을 인상 깊게 심어 주기 위하여 브랜드 요소들은 문화적 요인과 사업 환경을 함께 고려하여 표출되어야 한다(브랜딩 따라잡기 11).

따라서 브랜드 요소의 개발 과정은 〈그림 7-3〉에서처럼, 우선 표적고객들의 마음속 어디에 위치할 것인지를 파악하는 것이 필요하다. 이러한 확고한 발판에 근거하여 브랜드 가치를 선정할 수 있으며, 이러한 선정된 가치를 표현하는 브랜드 요소를 개발해야 한다.

브랜드 요소의 개발과 관련하여 특히 주의할 점은 브랜드의 모든 구성요소를 분리된 단위로써 검토해서는 안된다.

3. 브랜드 요소의 선택 기준

브랜드 요소는 브랜드의 재인(보조 인지)과 상기(비보조 인지)를 용이하게 하여, 브랜드 아이덴티티의 중요한 일부분이 되는 것이다. 따라서 좋은 브랜드가 갖추어야 할 요건으로 Keller 교수는 다음과 같은 5가지의 선택기준을 제시하고 있다(그림 7-4).

기억 용이성

기억 용이성은 브랜드가 기억에 남고, 브랜드의 인지를 도와줄 수 있는가 없는가 하는 기준이다. 브랜드 요소는 일반적으로 시각이나 청각에 소구하고, 네임 자체에 의미가 있는 특성을 지니는 것에 의해 기억 가능성이 높아진다.

의미성

의미성은 고유의 의미에 의해 브랜드 연상을 도와주는지, 그렇지 않은지의 기준이다. 이러한 관점에서 보면 브랜드 요소는 제품과 서비스의 내용에 관해서 기술하는 것이다. 그러나 소비자들이 수집 가능한 정보를 검토해서 구매를 결정

그림 7-4 브랜드 요소의 선택 기준

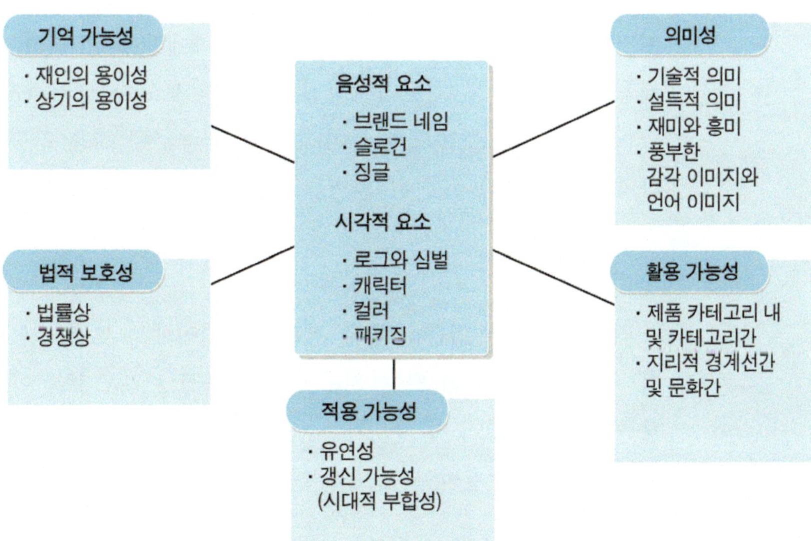

하는 것은 아니다. 브랜드 네임이 소비자에게 충분히 암시하여 필요한 연상을 불러일으키는 것에 의해서 설득력을 지니는 것이 중요하다.

활용 가능성

브랜드 요소는 여러 상황에서 용이하게 활용 가능해야 한다. 특히 브랜드 확장 상황과 지리적 경계 및 문화를 초월하여 활용 가능해야 한다.

❶ 제품 카테고리 내와 제품 카테고리 간에 있어서 브랜드 활용여부에 관한 것으로 이를 브랜드 확장이라 한다(제12장을 참조하기 바란다.).

❷ 지리적 경계 및 문화를 초월하여 다른 문화권에서 그 브랜드를 활용할 수 있는가 하는 점이다.

적용 가능성

시간에 걸쳐 브랜드 요소의 적용성이 고려되어야 한다. 소비자 가치와 욕구의 변화 때문에 브랜드 요소를 때때로 새롭게 해야만 한다. 브랜드 요소가 적용하기 용이하고 유연성이 있을수록, 브랜드 요소를 새롭게 하는 것은 더 쉽다. 예를 들면 로고와 캐릭터는 좀더 현대적이고 관련성 있는 새로운 모습이나 새로운 디자인으로 할 수 있다. 로고는 브랜드 네임처럼 영속성이 있을 필요가 없다. 때로는 그것들은 변경될 필요가 있다. 그러나 로고의 변경을 고려할 때, 그것은 소비자들이 변화를 관대히 받아들일 것이라는 가정이 최상이지만 반드시 포용적이지는 않다. 그래서 로고는 단지 필요할 때에만 변경되어야 한다. 로고의 변경은 제품이 의미 있게 재포지셔닝될 때 또는 로고가 명백하게 시대에 뒤쳐질 때 일어날 것이다. 브랜드 네임이 다양한 제품군에 적용 가능하지 않다면 로고에 다양한 제품군과 관련된 의미를 구축하는 것이 필요하다.

법적 보호성

법적 보호성은 법률상 혹은 경쟁상의 관점에서 브랜드 요소를 어느 정도 방어할 수 있는가 없는가 하는 기준이다. 법률상 브랜드 요건이 법적 보호의 요건을 충족시키는가, 그렇지 않은가는 중요하다. 특히 브랜드의 글로벌 전개를 고려하는 경우에는 국제적인 제도와 다르지 않은가를 고려하는 것이 필요하다.

제 2 절 브랜드 요소의 특징과 전략(1): 언어적 요소

이번 절에서는 브랜드 요소 중 언어적 요소(브랜드 네임, 슬로건과 징글)의 특징과 전략들에 대해 살펴본다.

1. 해당 시장의 급소를 찌르는 브랜드 네임을 창조하라

브랜드 네임은 모든 브랜드 요소의 중심적인 존재라고 할 수 있다. 예를 들어 '애니콜을 알고 있다'라든가 '코카콜라를 알고 있다'와 같은 말을 자주 듣는 것처럼 브랜드의 인지는 브랜드 네임에 의존하는 경우가 많다. 또한 '애니콜의 이미지는…'이라든지 '코카콜라라는 말을 듣고 생각나는 것은…'과 같은 말이 많듯이 대부분의 브랜드 연상은 브랜드 네임과 밀접하게 연관된 형태로 기억되고 있다. 브랜드 네임은 로고, 캐릭터, 패키지, 슬로건과 같은 각 브랜드 요소에 의해 나타난 결과인 브랜드 연상을 하나로 연결해주는 주축으로써의 역할을 행하는 것이다. 이 때문에 브랜드 네임을 변경하면 대부분의 경우에는 완전히 새로운 브랜드로 인지된다. 기업명은 변경할 수 있지만, 브랜드 네임이 바뀌면 모든 자산을 잃어버리게 된다. 그러므로 브랜드 네임은 장기적인 공약으로 간주되어야 한다.

브랜드 네임에는 의미를 갖는 언어로써의 측면, 단어로써 콤팩트하게 보여지는 시각적인 측면, 사운드로써 갖는 청각적인 측면이 있다. 브랜드 요소 중에 이와 같이 다면성을 겸비하고 있는 것은 브랜드 네임 외에는 없다고 할 수 있다. 예를 들어 삼성의 "애니콜"이나 대상의 "청정원"과 같은 브랜드 네임에서는 의미적인 측면이 강하게 기능하고 있다. 또한 "토이자라스"와 같은 표기나 "코카콜라"와 같은 글자체를 이용한 브랜드 네임은 확실히 시각적인 효과를 노린 것이라고 할 수 있다.

브랜딩 따라잡기 12

브랜드 네임의 개발 프로세스

단계 1. 네이밍 브리프 작성

① 프로젝트 요약
② 경쟁 브랜드 네임의 리스트
③ 목표 고객
④ 핵심 속성과 혜택
⑤ 커뮤니케이션 속성
⑥ 핵심 가치
⑦ 포지셔닝 문장
⑧ 네이밍 목적
⑨ 기술적 요소(지리적 언급, 언어 및 문화적 고려사항, 현존하는 브랜드의 명명체계)
⑩ 예비적 크레이티브 방향

단계 2. 네임의 창조

① 네이밍 발상팀
② 단어를 개별적으로 집단적으로 창조/개발
③ 창조된 단어를 분석하여 압축된 리스트 정리
④ 필요하다면 좀 더 많은 단어를 개발
⑤ 여러 단어 중 뛰어난 네임으로 창조된 단어를 선정하여 리스트

단계 3. 트레이드마크 가능성에 대한 검색

① 예비적으로 트레이드마크의 가능성 탐색을 위한 선별된 네임을 제출
② 추가적으로 유용한 네임을 리스트하여 재검사
③ 법적으로 유용한 네임이 충분하지 않다면 단계 2에서 다시 시작

단계 4. 문화적 및 언어적 분석

① 적절한 시장과 언어의 지정
② 언어분석회사나 기업 내부의 국제 부서에 네임과 프로젝트 배경을 제공
③ 유용한 네임을 정리한 리스트를 재검사

④ 잠재적 충돌 그리고/혹은 함축의미에 관해 제공된 정보를 분석

단계 5. 최종적으로 국제 및 국내 트레이드마크 적용가능성 검색
① 가능한 적절한 많은 브랜드 네임을 제출
② 최종 트레이드마크 적용 가능한 브랜드 네임을 제출

단계 6. 마지막 단계
① 최종 후보안 선택
② 특허청에 최종 후보안 등록

이와 같이 브랜드 네임은 브랜드 요소의 리더인 동시에 브랜드 자산 구축의 멀티 플레이어로써 다면적으로 기능하고 있다.

1 브랜드 네임 선택에 있어서 고려사항

신규로 브랜드 네임을 개발하여 선택할 경우(브랜딩 따라잡기 12) 고려해야 할 사항은 다음과 같다. 마케팅 커뮤니케이션의 규모, 브랜드와 제품의 관계, 브랜드의 경쟁적 포지셔닝, 다른 지역에서의 사용.

마케팅 커뮤니케이션의 규모

브랜드 네임은 Joyce 원리와 Juliet 원리에 따라서 기능을 한다(브랜드 심리학 13). 적은 마케팅 예산을 집행할 때 브랜드 네임은 주로 Joyce 원리(서술적, 연상적인 브랜드 네임의 선택)에 따라 작용한다. 이것은 브랜드 네임의 본질적 의미와 관련이 있다. 브랜드 이미지는 브랜드 그 자체가 상기시키는 연상에 의해서 결정된다.

그러나 대규모의 마케팅 커뮤니케이션 예산이 이용 가능할 때 브랜드 네임은 주로 Juliet 원리(조어 브랜드 네임의 선택)에 따라 작용한다. 여기서 브랜드 이미지는 브랜드 네임 자체에 의해서 결정되지 않는다. 그러나 브랜드 네임은 그 브랜드의 광고를 통해서 전달되어 소비자의 마음에 연상된 것을 상기시킬 것이다. 대규모의 광고예산 하에서는 제품과 관계없거나, 제품을 연상시키는 본질적 의미와 연계되지 않는 브랜드 네임을 선택할 수 있다.

브랜드 심리학 13

브랜드 네임의 Joyce 원리와 Juliet 원리

Joyce 원리(『Finnegan's Wake』 책에서 음성적 상징주의를 활용한 작가 James Joyce에서 원용)는 단어의 음성적인 측면 그 자체가 어떤 연상을 불러일으킨다. 예를 들면 Boeing 7-0-7에서 '0'은 큰 무엇인가와 관련되어 있다. 반면 Tigra의 'i'는 조그마한 무엇인가와 관련되어 있다. 예를 들어 연구에 따르면 브랜드 네임의 프랑스어 발음(French pronunciation)은 브랜드 선호에 긍정적 효과를 미치며 특히 표현적인 제품(expressive products)에 더욱더 그렇다. 다소 보다 넓은 의미에 있어서 사운드 외에도 브랜드 네임에 대한 최초의 연상은 또한 Joyce 원리에 의존한다. Joyce 원리에 따르면, 잘못 선택된 브랜드 네임은 관련이 없는 혹은 심지어 그 제품에 해가 되는 연상을 불러일으킨다. Kangaroo 브랜드는 컴퓨터와 관련된 어떤 연상도 불러일으키지 않으며 따라서 이러한 제품에 적합하지 않다. 반면, 잘 선택된 브랜드 네임은 브랜드화된 제품의 매출을 자극할 수 있다.

반면 Juliet 원리(Shakespeare의 Romeo와 Juliet에서 Juliet의 이름을 원용)에 따르면, Shakespeare의 Romeo와 Juliet의 사랑은 그들이 두 라이벌 가문(Montagues와 Capulets)에 속해 있다는 사실에서 복잡하다. Juliet은 가문은 차이가 없다는 것을 분명하게 하려고 한다. Juliet은 다음과 같이 이것을 표현하고 있다: 이름이란 게 뭐야? 중요한 건 내용이다. 우리가 장미라고 부르는 것, 그 이름은 달콤한 것과 같은 향기가 날 것이다. Juliet 원리에 따르면, 브랜드 네임의 본질은 그것이 어떻게 소리 나는가 그리고 최초 마주칠 때 그것을 무엇으로 연상하는 것이 아니라, 마케팅 커뮤니케이션이 브랜드 네임과 관련된 것을 우리에게 학습시키는 것이다. 이러한 원리에 따르면, 어떤 단일의 이름도 타고난 의미를 가지는 것이 아니라 학습된 의미(learned meaning)를 가진다. Joyce 원리에 따르면 Apple은 컴퓨터에 적합한 이름이 아니다. 그러나 Juliet 원리에 따라 그러한 브랜드 네임은 마케팅 커뮤니케이션을 통하여 잘 활용되고 있으며 소비자들은 그 브랜드 네임과 바람직한 연상을 연결시킨다. 여기서 중요한 것은, 마케팅 커뮤니케이션을 통하여 소비자들은 최초에 브랜드 네임에서 연상되는 것보다 브랜드 네임에 다른 어떤 것을 연계시키도록 학습을 받는다.

브랜드 네임의 선택에 직면할 때, Joyce 원리냐 혹은 Juliet 원리냐는 광고가 브랜드에 의미를 부여하는데 활용되는 정도에 달려 있다.

▮자료 : Rik Riezebos (2003), Brand Management: A Theoretical and Practical Approach, Prentice Hall, pp.86–87.

브랜드와 제품의 관계

마케팅 커뮤니케이션 예산을 제외한 브랜드 네임 선택에 있어서 브랜드와 제품의 관계를 이해하는 것 또한 중요하다. 포지셔닝의 유형과 장래의 확장계획 가능성이 여기에서는 중요하다. 어느 브랜드가 기능적인 이유로 다른 브랜드와 구별이 가능할 때 제품의 이점 또는 제품과 관계한 브랜드 네임을 선택하는 것이 최선의 방안이다. 브랜드화된 제품의 이점을 강조하고자 할 때 이러한 이점과 관계된 브랜드 네임을 선택하는 것이 필수이다. 청정원과 같은 브랜드 네임은 이러한 혜택의 이점을 완벽하게 가지고 있는 브랜드 네임이었다.

표현적인 측면에 근거하여 브랜드를 차별화할 때(예를 들면 삼성전자 '하우젠') 브랜드 네임과 제품을 연관시키는 것은 좋지 않은 선택이다. 이러한 포지셔닝 선택에 있어서는 브랜드 주변세계의 경험과 관계있는 브랜드 네임을 사용하는 것이 바람직하다.

이외에 브랜드 확장 가능성이 고려될 수 있다. 그 브랜드가 뚜렷하게 특정 제품의 연상을 상기시키지 않을 때 브랜드 확장에 유리하다. 이때는 제품과 관계없는 브랜드 네임을 선택하는 것이 최선이다.

브랜드의 경쟁적인 포지셔닝

브랜드의 경쟁적인 포지션은 브랜드 네임의 선택에 있어 중요하다. 강력한 차별점이 있는 브랜드화된 제품이 시장에 출시될 때 브랜드 네임의 독창성에 의해서 지지될 것이다. 독창적인 브랜드 네임은 소비자에게 이 제품은 새로운 것이라는 신호를 전해 줄 것이다. 따라서 브랜드 포지셔닝은 더욱 강화될 것이다. 유사한 브랜드 네임의 두 가지 유형은 구별될 수 있다. 첫 번째는 시장선도 브랜드 네임과 음운·철자는 비슷하게 하는 것이다. 이러한 전략은 합법적인 범위 안에서 비슷한 브랜드 네임을 선택하는 것이다. 비슷한 브랜드 네임의 또 다른 형태는 시장선도 브랜드 네임과 스펠링은 관계없지만 브랜드 네임에 대한 경험과 관계한다. Malibu의 브랜드 네임은 휴양과 이국적인 열대의 연상을 상기시킨다. Caribbean Breeze, Casablanca or Surfer's Paradise의 같이 스펠링은 Malibu의 브랜드 네임과 틀리지만, 의미는 비슷하기 때문에 비슷한 연상을 일으킨다.

다른 지역에서의 사용

브랜드 네임의 선택에서 마지막 고려사항은 다른 언어 지역에서의 사용계획이

표 7-1 브랜드 네임의 유형

유 형	주요 특징	보기
조어 브랜드 네임 (coined mark)	• 사전에 없던 단어 등을 창작하여 브랜드 네임으로 사용 • 강한 식별력 • 브랜드 네임 등록 가능 • 제품과의 연상작용이 없어 소비자에게 알리는데 광고비용이 많이 듬	Kodak
임의선택의 브랜드 네임 (arbitrary mark)	• 제품과 전혀 관련이 없는 이미 존재하는 단어 등을 브랜드로 사용 • 강한 식별력 • 브랜드 네임 등록 가능 • 제품과의 연상작용이 미약	Apple computer
연상적 브랜드 네임 (suggestive mark)	• 제품의 특징을 간접적, 상징적으로 표현한 브랜드 네임 • 자연스러운 연상작용으로 소비자들이 쉽게 인식 • 식별력도 있어 브랜드 네임 등록 가능	Swiss Swatch
서술적 브랜드 네임 (descriptive mark)	• 제품의 특징을 설명하거나 품질 내용을 기술하는 브랜드 • 식별력이 없어 브랜드 네임 보호가 불가능 ✐ 약한 브랜드 네임이라도 계속적, 독점적으로 사용되어 소비자들의 마음속에 브랜드 네임 본래의 의미가 아닌 특정회사의 브랜드 네임으로 새롭게 각인되면 소비자보호와 브랜드 네임 소유자 보호를 위해 브랜드 네임 등록을 허용	Clean & Clear 새우깡
일반 명칭의 브랜드 네임 (generic mark)	• 사물의 보통 명칭 • 식별력이 없어 단독으로 브랜드 네임 등록이 불가능 ✐ 실무상 보통 명칭과 식별력 있는 명칭이 결합된 브랜드 네임으로 등록된 경우 보통 명칭은 권리 불요구 부분이 됨	오리온 초코파이 롯데 초코파이

다. 마케터는 다른 언어 지역에서 이미 선택되어진 브랜드 네임이 다른 뜻으로 부정적인 연상을 일으키는지를 고려해야 한다.

예를 들어 포르투갈어로 Nescafe의 의미는 'it is not coffee'이다. 또 다른 예로 폭스바겐은 신 모델명을 Diago에서 Vento로 브랜드 출시 전에 변경하였다. 왜냐하면 영국에서 Diago는 1986년 월드컵 결승에서의 영국을 우승하지 못하게 한 디에고 마라도나의 골을 연상시켰기 때문이다.

② 브랜드 네임의 분류

브랜드 네임이 제품을 언급하는 정도에 따라 다음과 같이 5가지 유형으로 브랜드 네임을 구분할 수 있다. 어떤 브랜드 네임은 분명하게 제품을 언급하고 있으며, 반면 어떤 브랜드들은 제품에 대한 언급을 전혀 보여주지 않는다.

브랜드 네임이 제품과 언급된 정도가 〈표 7-1〉에 나타나 있다. 브랜드 네임은 조어 브랜드 네임, 임의선택의 브랜드 네임, 연상적 브랜드 네임, 서술적 브랜드 네임, 일반 명칭의 브랜드 네임으로 구분할 수 있다.[1] 이들 브랜드 네임은 투입되는 마케팅 비용과 법적 보호성이라는 두 가지 측면에서 각각의 특징들을 설명할 수가 있다.

일반 명칭의 브랜드 네임

일반 명칭의 브랜드 네임은 사물의 보통명칭을 말한다. 이는 식별력이 없어 단독으로는 상표 등록이 불가능하다. 따라서 실무에서는 보통명칭과 식별력 있는 명칭이 결합된 상표로 등록된 경우가 일반적이다. 예를 들어 초코파이는 누구나 사용할 수 있는 일반명칭이지만 오리온 초코파이, 롯데 초코파이와 같이 결합된 형태로 상표가 등록되어 있다.

그런데 아이러니하게도 광고에서의 성공은 때때로 등록된 브랜드 네임의 손실을 야기한다. 그것은 보온병, 에스컬레이터, 셀로판에서 발생했던 일들이다. 법원에서 그 등록상표를 '일반명(generic)'이라고 선언할 때, 소유권자는 그들의 등록된 브랜드네임을 손실한다. 이것은 그 브랜드 네임이 일상적인 용어로 이용되면서, 그 제품이 사전적 이름이 되었다는 것을 의미한다.

대부분 등록된 브랜드 네임의 소유자는 그들의 브랜드 네임이 일반명이 되는 것을 막기 위해 예방책을 취한다. 그들은 브랜드 네임을 대문자로 쓰고 그 제품의 일반명을 옆에 쓴다(Band-Aid 접착반창고, Scotch 테이프, Kleenex 티슈, Jell-O 젤라틴). 그들은 브랜드 네임을 동사로 사용하거나 복수형으로 만들지 않는다. 많은 기업들은 그들의 네임이 등록된 브랜드(이를 '트레이드마크'라 한다. 국내에서는 일반적으로 '상표'라 불리운다.)라는 사실을 광고하기까지 한다.

서술적 브랜드 네임

서술적인 브랜드 네임은 제품의 특성, 기능, 이점을 모두 포함하는 직접적인 방식으로써 제품과 관계되어 있다. 서술적인 브랜드 네임은 일차적, 이차적 의미 간의 구별을 하게 한다. 일차적인 의미는 일상어에서 사용되며 사전에서 찾을 수 있는 의미이다. 이차적 의미는 브랜드 네임과 마케팅 커뮤니케이션을 통해 의미가 부여되어진 것이다. 예를 들어 'Jaguar' 단어의 일차적 의미는 남아메리카의 고양이과 동물이다. 반면에 이차적 의미는 자동차와 관련이 있다. 브랜드

1) Rik Riezebos (2003), Brand Management: A Theoretical and Practical Approach, Prentice Hall, pp.111-114.

네임으로써 사용되어지는 단어의 일차적 의미가 제품과 직접적으로 연관되지 않는 것은 서술적인 브랜드 네임이라 할 수 없다.

서술적인 브랜드 네임을 통해 제품 또는 제품의 특성이 브랜드 네임에 문자 그대로 표현되어진다. 서술적인 브랜드 네임의 이점은 소비자들이 항상 쉽게 인식하고 이해한다는 것이다. Zaichowsky와 Vipat(1993)는 실험 연구[2]에서 소비자들은 서술적이지 않은 브랜드 네임보다 서술적인 브랜드 네임을 더욱 고품질로 인식한다는 것을 증명하였다. 서술적인 브랜드 네임의 단점은 소비자가 상대적으로 지루하게 느낄 수 있다는 점이다. 서술적인 브랜드 네임은 국제적으로 사용되기가 어렵다. 서술적인 브랜드 네임은 조어의 이름보다 합법적으로 지키기가 어렵다(브랜드 법에 따르면 일상적인 언어의 사용은 독점되어질 수 없다.).

또 다른 어려운 점은 소비자들이 무의식적으로 그것을 브랜드 네임으로 인식하지 않는다는 것이다. 그 결과 그러한 브랜드 네임이 기억되는 일은 쉽지 않다.

연상적 브랜드 네임

연상적 브랜드 네임은 간접적인 방법으로 제품의 특성, 기능, 이점들을 언급한다. 연상적 브랜드 네임의 좋은 보기는 Dove(비누)이다. 때로는 연상적 브랜드 네임이 너무 일반적으로 사용되기 때문에 소비자들은 더 이상 암시적인 가치를 인식하지 못한다.

모든 경우에 있어서, 브랜드 네임 그 자체의 연상이 브랜드의 바람직한 경험의 세계에 기여한다면 이는 연상적인 브랜드 네임으로 구분할 수 있다. 따라서 연상적 브랜드 네임은 소비자에게 상징적 가치를 가진다.

임의선택의 브랜드 네임

애플 컴퓨터처럼 기존에 존재하는 언어를 활용하되 그 언어의 본질적 의미와는 다른 전혀 연관성이 없는 브랜드 네임으로 사용되는 경우를 언급하고 있다. 애플 컴퓨터의 애플은 사과를 의미하나 사과와 컴퓨터는 서로 전혀 연관성이 없는 경우이다(브랜딩 따라잡기 14).

---

2) Zaichowsky J.L. & Vipat P. (1993), Inferences from Brand Names, Working Paper, Simon Fraser University, Burnaby, B.C.

조어 브랜드 네임

조어가 브랜드 네임인 경우에서는 제품을 전혀 언급하지 않다. 조어의 브랜드 네임에는 다음과 같은 유형들이 있다:

- **Kodak과 같은 공상적인 이름** : 이들 브랜드 네임은 코닥처럼 아무 뜻도 없이 새롭게 만들어진 것이다. 이러한 브랜드 네임의 장점은 등록이 용이하며, 법적으로도 완전히 보호받을 수 있는 판권을 소유할 수 있다는 점이다. 이것은 확실하게 차별화시킬 수도 있지만 비즈니스나 제품 혹은 서비스의 성격을 고객들에게 인지시키는 데 많은 투자가 뒤따르는 단점이 있다.
  예를 들면, Kodak, Xerox가 대표적이다. 이들 브랜드의 네이밍 과정에 있어서의 에피소드를 살펴보자. 미국 필름회사인 코닥(Kodak)을 네이밍한 사람은 코닥의 창업주인 조지 이스트먼이다. 그는 100여 년 전 간결하면서도 발음하기 쉬운 이름을 찾다가, 'K'로 시작해서 'K'로 끝나면서도 발음이 명확한 'Kodak'을 만들었다. 사전 어디에도 'Kodak'이라는 단어는 없었다. 이스트먼이 만들어낸 신조어였다. 그는 브랜드가 경쟁력이라는 사실을 꿰뚫어보고 있었던 셈이다. 또 미국 복사기 제조업체인 '제록스(Xerox)'도 'X'로 시작해 'X'로 끝나고, 발음이 간단 명쾌해 작명에 성공했다는 평가를 받고 있다.
- **창업자** : Ford와 Heineken과 같은 창업자, Adolf Dassler의 축약형인 Adidas와 같은 가족명의 변형, Forrest Mars & Bruce Murrie의 M&M과 같은 가족명의 약어 이름, Dell 컴퓨터, Chrysler, Mercedes 등의 기업은 창업자의 손녀 이름들이다. 이러한 이름을 활용하는 이점은 법적 보호가 쉽다는 점이다. 그러나 이들 기업은 처음에는 무엇을 하는 기업인지를 설명하지 못한다는 단점도 있다.
- **축약어와 두문자어** : Fiat(Fabrica Italiana Automobili Torino)나 IBM과 같은 약어는 기억하기 어려워서 많은 자원들이 투자되어야 한다. 최근 기업들은 기업명을 변경하면서 많은 약어들 혹은 두문문자를 활용하는 사례를 볼 수 있다.
- **복합형태의 브랜드 네임** : 가장 훌륭한 브랜드 네임은 위에서 설명한 유형들을 조합하는 것이다. Citibank가 좋은 예라 할 수 있다. 고객들은 그들이 이해할 수 있는 브랜드를 좋아한다는 점이다.

③ 브랜드 네임의 변경

브랜드 요소 중 브랜드 네임을 변경한다는 것은 기존에 구축된 브랜드 자산을 포기하는 행위이다. 그러나 기업들이 브랜드 네임을 변경하는 데는 다음과 같은 여러 가지의 이유가 있다:

❶ 브랜드 네임의 연상이 브랜드 가치를 손상시키는 경우에 변경한다. 예를 들면, Kentucky Fried Chicken의 'Fried'라는 단어는 소비자의 건강에 대해서 부정적인 연상을 갖고 있다. 그래서 치킨 패스트푸드 체인점을 KFC로 축어적으로 변경하여 'Fried'가 가지고 있는 부정적인 의미를 회피하였다. 또한 담배 제조회사인 Philip Morris USA는 Philip Morris Inc.(거대식품회사)의 자회사이다.

90년대 이후 끊임없는 법률소송과 민간단체의 금연 캠페인 공격을 받으며

브랜딩 따라잡기 13

Philip Morris Inc.의 사명 변경

담배제조회사로 잘 알려진 Philip Morris Inc.가 2001년에 Altras Group Inc.로 사명을 변경하였다. 일반인에게 알려져 있는 담배회사 Philip Morris USA는 Philip Morris Inc.라는 거대 종합식품회사의 자회사이다. 모기업 Philip Morris Inc.는 치즈, 베이컨 등으로 유명한 Kraft 식품, 그리고 Miller 맥주를 자회사로 거느리고 있다. Philip Morris Inc.측은 이번의 사명 변경이 모기업의 정체성을 명확히 하기 위한 것이라고 발표했다. 업계 관계자는 이를 90년대 이후 끊임없는 법률 소송과 민간단체의 금연 캠페인 공격을 받으며 훼손된 Philip Morris USA의 이미지가 모기업의 이미지에까지 직접적인 손상을 미치자, 기업명의 변경을 통해 악덕 담배 회사라는 이미지를 숨기려는 시도한 것이라고 평했다.

Philip Morris Inc.의 이번 결정은 기업 브랜드 이미지 제고와 대중과 투자자에게 담배 브랜드로 인식되는 것을 차단하기 위한 기업 브랜드 관리 차원에서 이루어진 것으로 파악하고 있다. 그 이름 자체만으로도 파워 브랜드로 인식되던 Philip Morris 가 그 사명을 포기하는 이면에는 브랜드 자산의 부정적 연상에서 오는 기업의 브랜드 부채(brand liability)의 관점으로까지 확대해 볼 수 있다.

❙ 자료 : Newsweek, 2001년 11월 15일자 인용

훼손된 Philip Morris USA의 이미지가 모기업의 이미지에까지 직접적인 손상을 미치자 기업명의 변경(Altras Group Inc.)을 통해 악덕 담배회사라는 이미지를 감추었다(브랜딩 따라잡기 13).

❷ 브랜드 네임이 좋지 못한 브랜드 연상과 관련되어 있는 경우에 변경한다. 이것은 고객에게 알려진 제품관련 혹은 비제품 관련 브랜드 연상이 브랜드 가치를 손상시키기 때문이다. 보다 긍정적인 브랜드 이미지를 부여하기 위한 연상의 재구성은 많은 시간과 돈을 필요로 한다. 브랜드 네임의 변경이 하나의 해결책일 수 있다. 이때 브랜드 네임의 변경은 포지셔닝의 변경과 함께 이루어진다.

❸ 현재의 브랜드 네임이 다른 제품이나 제품군에 사용될 수 있는 가능성을 제한시키고 있을 때 변경한다. 브랜드 네임의 변경은 그 브랜드 네임을 다른 제품군의 사용에서 서술적으로 암시하는 브랜드 네임이 바람직할 수 있다. 예를 들면, United Aircraft는 항공산업 이외 여러 영역으로 활용되기 위해서 United Technoligies로 변경하였다.

❹ 여러 언어 지역이나 다른 지역에서도 활용할 수 있도록 하기 위해서 변경한다. 다음과 같은 경우이다: 첫째, 브랜드 네임이 다른 나라에서 발음하기 어렵고, 바람직한 연상을 일으키지 못한다. 둘째, 기업이 여러 나라에서 유사한 브랜드화된 제품을 가지고 있다. 그러나 그들 나라에서는 다른 브랜드를 활용하고 있다.

❺ 특별한 경우로써, 강력한 브랜드 네임을 가진 기업의 특정 사업부문을 M&A 했을 때 변경한다. 그런데 특별한 형태로 M&A후 기존 인수한 브랜드를 일정기간 지난 이후에는 사용하지 못하는 경우가 있다. 즉 브랜드 인수보다는 제품이나 유통망의 인수를 통하여 M&A가 이루어지는 경우가 있다. 이 경우에는 최초의 인수한 브랜드의 이미지를 활용하기 위해 브랜드를 전략적으로 관리해야 한다. 한 가지 방법으로써 심리학에서 차이식역을 활용하는 방법이다. 이에 대한 상세한 내용은 〈브랜드 심리학 14〉를 참조하기 바란다.

이상에서처럼 여러 이유들로 인하여 브랜드 네임을 변경하게 되는데 이는 매우 어려운 작업이다. 브랜드 네임의 변경은 단기적으로 이전보다 낮은 브랜드 친숙도를 가져오게 되지만, 그러나 적절하게 커뮤니케이션이 된다면 시장에서 새로운 기회를 제공할 수 있다. 최근 수년 동안 브랜드 네임의 변경 시, 초기에는 2개의 브랜드를 동시에 활용하게 되는데 이러한 경우 일시적으로 브랜드화된 제품은 두 개의 브랜드를 소비자에게 제공된다. 이처럼 브랜드 네임의 변경과

브랜드 심리학 14

차이식역(differential threshold)

절대적 식역[3]은 초기 자극을 감지하는 것과 관련된 개념인데 반해, 차이식역은 초기 자극의 변화를 감지하는 것과 관련된 개념이다. 두 개의 자극이 지각적으로 구분될 수 있는 최소한의 차이를 차이식역(differential threshold) 혹은 J.N.D.(just noticeable difference)라고 부른다. 19세기의 유명한 과학자 어니스트 베버(Ernist Weber)는 J.N.D가 절대적인 수치에 의해 정해지는 것이 아니라, 첫 번째 자극의 크기와 강도에 따라 달라진다는 것을 발견했다. 다시 말해 '베버의 법칙(Weber's Law)'은 첫 번째 자극이 크면 클수록 두 번째 자극이 더 커지지 않으면 지각할 수 없다는 것을 말한다.

한 보석회사는 은제품의 광택을 더 오래 가게 하는 기술로 차별화를 시도하는 데에 베버의 법칙을 활용하였다. 보통 경쟁사들은 20일 정도 광택을 유지시키고 있었다. 여러 차례의 조사 끝에 사람들의 J.N.D.가 5일이라는 것을 알았다. 그래서 이 회사는 25일 정도 광택을 유지하는 기술을 통해 '더욱 오래 가는'이라는 경쟁력을 최소의 노력으로 확보할 수 있었다.

차이식역 하에서 Bettyy Crocker 로고의 변화
장기간에 걸쳐 Betty Crocker는 유행성 있고 시대에 부응하기 위해 여러 모양으로 갱신해 왔다. 각각 변화된 모양이지만 여전히 그녀의 모습은 소비자들이 알 수 있고 신뢰할 수 있는 이미지와 온화함을 보유하고 있다.

차이식역의 마케팅 응용사례

베버의 법칙은 마케팅에 다양하게 응용 가능하다. 제조업자나 마케터들은 크게 두 가지 이유로 J.N.D.를 찾으려는 노력을 하고 있다. 첫 번째, 부정적인 변화(가격 상향조정, 패키지 크기 줄이기 등)에 대한 지각을 최소화하고 싶을 때이고, 두 번째는 긍정적인 변화(가격인하, 패키지를 크게, 혹은 보증기간을 더욱 길게)에 대해 최소한의 노력으로 최대의 인식을

3) 절대적 식역(absolute threshold)은 감각기관이 자극을 감지할 수 있기 위한 자극에너지의 최소한의 강도를 말한다. 예를 들면 어떤 사람이 후방 5m 후방에서 라디오를 켜서 아주 작은 소리가 나게 하면 그는 이름을 듣지 못할 것이다. 그러나 서서히 라디오 소리를 크게 하면 어느 순간부터 그는 그 소리를 들을 수가 있는데 그 소리를 들을 수 있는 최소한의 음량(volume)이 절대적 식역에 해당한다.

얻고 싶을 때이다.

마케터들은 그들의 패키지 디자인을 바꿀 때에도 기존의 긍정적인 연상을 잃지 않도록 J.N.D. 이하의 수준에서 조심스럽고 점진적인 변화과정을 거친다. 대표적으로 제너럴 밀스(General Mills)는 광고에서 지속적으로 사용해 온 상징 중 하나로 1921년 처음 소개한 베티 크로커(Betty Crocker)의 심벌보다 현대적인 여성상을 심어주기 위해 1936년 이래 7번 정도의 작은 변화들을 겪어 왔다(그림 참조).

다른 예를 정보통신 업계에서 찾아보자. 급변하는 사회에 발맞추기 위해 기업들은 자신들의 로고를 수시로 변화시켜 시대의 흐름에 뒤쳐지지 않는다는 사실을 표현하고자 노력한다. 마이크로소프트사의 창문모양 로고도 버전을 달리할 때마다 꾸준히 모습을 바꾸어 왔다. 혹은 MTV의 경우도 J.N.D. 내에서 조금씩 글자의 모양이나 애니메이션을 변형시켜 왔다.

LEXMARK 로고의 변화

레마크(LEXMARK)는 1991년, IBM의 오피스제품 라인을 사들였다. 그리고 5년간 IBM 브랜드를 양도받기로 했다. IBM의 인지도를 활용하면서 점진적으로 IBM의 이미지를 없애기 위해 회사는 정교한 4단계 광고 전략을 진행하였다. 처음에는 잘 알려진 IBM 브랜드를 광고물의 전면에 내세우다가, 점차 단계와 시간이 지날수록 IBM대신 LEXMARK의 이름을 더욱 크게 부각시키고 있다(그림 참조).

브랜드의 아이덴티티 측면에서는 J.N.D. 이하의 일관성을 유지하는 것이 중요하지만, 품질개선 측면에서는 J.N.D. 이상의 변화가 필요하다. 이때 대중의 J.N.D.를 조사함으로써 불필요한 과도한 노력을 절약하는 동시에 최대한의 인지를 확보하는 것이 효율을 극대화하는 길이다.

▌자료 : Michael R. Solomon (1996), Consumer Behavior: Buying, Having, and Being(3rd ed.), Englewood Ciffs, NJ: Prentice Hall, pp.68-69, 역서.
Duane E. Knapp (2000), The Brand Mindset, McGraw-Hill, p.116.

변경되는 과정에서 카테고리 내 제품은 충성 고객을 유지하기 위한 계획이 요구된다. 기업이 소비자가 좋아하는 초콜릿 브랜드를 바꾸려고 할 때 표적고객들은 항의할 수 있지만, 만약 그러한 변화들을 잘 수행하면 매출 볼륨은 대부분 유지될 수 있다. Mars 회사는 Marathon 브랜드를 Snickers 브랜드로 변경하는데 있어서 성공적인 좋은 예를 보여주었다.[4] Mars 회사는 브랜드의 변경과정에서의 표준적인 접근방법이 되고 있는 일련의 브랜드 변경과정을 확립하였다.

- 단계 1 : 제품 향상을 알림(Marathon-about to become Snickers)
- 단계 2 : 기존 브랜드의 암시를 줌(Snickers-previously known as Marathon)
- 단계 3 : 제거(Snickers)

각 단계에 소요되는 시간은 경우에 따라 다를 수가 있으며, 특히 커뮤니케이션에 소요되는 비용의 수준과 소비자들이 기존 브랜드에 대해 가지고 있는 애착정도에 따라 영향을 받는다.

2. 슬로건과 징글

슬로건이라는 것은 브랜드 특징을 간결하게 전달하는 가치전달 성격이 강한 짧은 어구라고 할 수 있다. 이는 브랜드 커뮤니케이션의 도구이며, 브랜드에

그림 7-5 20세기의 미국 상위 10대 슬로건

1. Diamonds are forever (Debeers)
2. Just do it (Nike)
3. The pause that refreshes (Coca-Cola)
4. Taste great, less filling (Miller Lite)
5. We try harder (Avis)
6. Good to the last drop (Maxwell House)
7. Breakfast of champions (Wheaties)
8. Does she ... or doesn't she? (Clairol)
9. When it rains it pours (Morton Salt)
10. Where's the beef? (Wendy's)

4) David Taylor (2003), The Brand Gym: A Practical Workout for Boosting Brand and Business, John Wiley & Sons, Ltd., p.68.

그림 7-6 20세기의 미국 상위 10대 징글

1. You deserve a break today (McDonalds)
2. Be all that you can be (U.S Army)
3. Pepsi Cola hits the spot (Pepsi Cola)
4. M'm, M'm good(Campbe'lls)
5. See the USA in your Chevrolet (GM)
6. I wish I was an Oscar Meyer Wiener (Oscar Meyer)
7. Double your pleasure, double your fun (Wrigley's Doublemint Gum)
8. Winston tastes good like a cigarette should (Winston)
9. It's the real thing (Coca Cola)
10. A little dab'll do ya (Brylcreem)

대한 정보를 제공하고 경쟁 브랜드와 차별화시킴으로써 포지셔닝에 기여한다. 〈그림 7-5〉는 우리에게 잘 알려진 것처럼, 20세기의 미국 상위 10대 슬로건을 보여주고 있다.

또한 슬로건의 특별한 형태로 징글이 있다. 징글은 브랜드에 관한 음악적 메시지로 음악에 의한 슬로건이다. 이는 긍정적인 감각적 무드(positive sensory mood)를 조성해주며 기억의 고리로써 역할을 수행한다. 장기간 사용하여 익숙해진 징글의 예를 〈그림 7-6〉에서 잘 보여주고 있다.

슬로건과 징글은 사운드로써의 측면이 강한 브랜드 요소이며 그 최대의 특징은 기억하기 쉽다는 데에 있다.[5] 게다가 수동적으로 흘려듣는 것만이 아니라 스스로 마음속에서 되풀이한다거나 실제로 입안에서 흥얼거려 볼 수도 있다. 이러한 능동적 촉발이 용이하다는 점이 로고, 캐릭터, 패키지에서는 볼 수 없는 특징이다.

대부분의 슬로건이나 징글은 사운드로써의 측면이 강할 뿐만 아니라 언어적 정보도 가지고 있다. 이 때문에 슬로건이나 징글은 브랜드 인지를 높인다는 점에서 상당히 효과적이다. 슬로건과 징글을 사용하여 브랜드의 인지도를 높이는 경우, 카테고리와 브랜드를 연결하는 것이 기본이 된다. 또한 동일한 소리를 가지고 있다든지 귀에 익은 멜로디를 사용하여 알기 쉽고 심플하게 완성시키는 것도 하나의 포인트이다.

슬로건이나 징글은 브랜드의 이미지를 구축하는 데에도 활용할 수 있다. 브랜드의 콘셉트를 전략적으로 나타낸 어구(catchprase)를 만듦으로써 강력한 포지션의 툴이 될 수도 있기 때문이다. 잘 만들어진 슬로건이나 징글은 브랜드의 홍수 속에서 그 브랜드가 경쟁 브랜드와 어떻게 다른지를 소구하여 브랜드의 아이덴티

5) 青木幸弘, 恩蔵直人 (2004), 제품 · 브랜드 전략, 有斐閣 ARMA, pp.153-155.

티나 이미지를 명료화한다. 단, 슬로건이나 징글은 길이에 제한이 있기 때문에 포인트를 잘 잡아내는 것이 중요하다.

슬로건이나 징글은 마케팅 전략과 함께 변경 가능하며 브랜드 요소 중에서 가장 유연하게 활용할 수 있는 것이다. 실천적 측면으로 보면 슬로건이나 징글은 광고 캠페인과 밀접한 관계를 맺음으로써 광고에서 전달되는 정보를 요약하는 역할을 행하는 경우가 많다.

슬로건은 매우 강력해서 그것들은 어떤 주장을 위해 반복되는 외침이 될 수 있다. 엄청난 성공을 거둔 나이키의 "Just Do It" 캠페인은 사람들로 하여금 단지 개인의 운동 목적뿐만 아니라 가치 있는 사회적 목적도 추구하도록 동기화시킨다. 나이키의 커뮤니케이션은 전략 이상으로, 그것은 90년대 찬송가가 되었다. 성공적인 슬로건의 열쇠는 브랜드 네임과의 강력한 연결이다. 이 목적을 위해서, 슬로건과 음악 또는 징글을 혼합하는 것은 특히 나이든 사람들보다 음악의 회상에 있어서 더 나은 경향을 보이는 젊은이들에게 효과적일 수 있다.

제3절 브랜드 요소의 특징과 전략(2): 시각적 요소

많은 브랜드의 경우(특히 강력한 브랜드의 경우), 그 브랜드와 오랜 기간에 걸쳐 연합된 독특한 심벌은 소비자들이 그 브랜드를 보자마자 그들의 기억으로부터 자동적으로 떠오르게 된다. 언어적 메시지가 종종 논쟁을 유발하는 반면, 시각적 표상은 보다 수용되기가 쉽다. 다음에서는 브랜드의 시각적 요소들의 특징과 전략에 대해서 살펴본다.

1. 로고, 심벌, 그리고 캐릭터

브랜드 요소 중 로고, 심벌 그리고 캐릭터는 시각에 호소하는 독특한 그래픽이다. 특히 이들 요소들은 혼용되어 사용되기도 한다.

① 로고, 심벌

로고라는 어휘는 그리스어로 말(speech)과 논리(logic)라는 뜻의 logos에서 유래되었는데, 마케팅 용어로는 기업명, 브랜드명 혹은 의장 등을 디자인 처리한 마크를 말한다. 로고는 보는 사람에게 말을 하는 듯 실감나게 표현되지만 로고의 사용은 의미를 만들어야 한다(브랜딩 따라잡기 14). 로고 중에서 독특한 서체를 사용한 기업명이나 브랜드를 워드마크(word mark)라고 한다. 그리고 워드마크

유명한 로고들

외에 도형을 중심으로 표현된 로고를 심벌마크(symbol mark)라고 한다.

로고에는 워드마크를 가지고 있는 언어적인 것(SONY)부터 추상적이고 비언어적인 것(나이키의 스와시 마크 등)까지 여러 타입이 있다. 독일 자동차 회사인 BMW의 심벌마크는 동그란 원을 4등분하여 파란색과 흰색을 번갈아 넣어 놓았다. 독일 바이에른 지방의 파란 하늘에 알프스 산맥의 흰 눈을 상징하는 하얀 프로펠러가 돌아간다는 뜻이다. BMW가 제1차 세계대전 때 전투기 엔진을 생산했기 때문이다. 또 메르세데스 벤츠의 삼각별 로고는 하늘 · 바다 · 땅을 상징한다.

오랜 기간에 걸쳐 브랜드와 연합된 독특한 로고와 심벌을 보자마자 소비자는 기억 속에서 자동적으로 떠올린다. King(1989)은 잘 선택된 '시각적 은유(visual metaphor)'의 사용은 연상을 통해서 그 브랜드에 연결하고자 하는 가치를 획득할 수도 있음을 제안했다. 시각적 은유는 특히 서비스 군에서 중요시 되는 일련의 강력한 로고나 심벌을 제공할 수 있다. 서비스나 정보처럼 눈에 보이지 않는 무형의 제품인 경우, 시각적 요소인 로고나 심벌에 부여한 가치는 특별히 크다고 할 수 있다. 로고나 심벌로 인해 다른 서비스와의 식별이 쉬워지고 이미지도 전달하기 쉽기 때문이다. 이 때문에 "스타벅스"와 같은 서비스 기업과 "마이크로소프트"와 같은 소프트웨어 기업에서는 독자적인 로고나 심벌을 갖고 있는 것이다. 또한 시각적 표상은 몇몇 독특한 이점을 가진다. 언어적 메시지가 종종 논쟁을 유발하는 반면, 시각적 표상은 보다 수용되기가 쉽다.

로고는 브랜드 네임을 지원할 수 있다. 소비자들은 시각적 정보를 처리하는 것에 익숙해 있기 때문에, 로고는 마케터들로 하여금 점차 증가하는 마케팅 분산의 수준을 단절시키도록 돕는다. 이것은 포장이나 POP 디스플레이로 브랜드 로고가 현저하게 보일 수 있는 판매 시점에서 소비자들이 구매결정을 하는 상황에서 특히 이점이 있다.

그래픽 정보는 텍스트 정보보다 좀더 빠르고 총체적으로 처리되기 때문에, 로고가 차별적이어야 한다. 그렇지 않으면 그것은 다른 것들과 혼란될 것이다. 로고는 브랜드를 차별화하는데 도움이 되어야 한다.

로고는 순수하게 추상적인 디자인일 수 있고, 또한 그것은 더 명확한 의미를 전달할 수 있다. 후자의 경우, 효과적인 로고는 일반적으로 제품 카테고리 혹은 제품 편익이나 속성을 확인시켜 주거나 관련성이 있다. 일반적으로 의미를 전달하는 로고는 추상적인 로고보다 좀더 쉽게 기억되고 재인식될 수 있다. 그러므로 의미 있는 로고를 사용하는 것은 일반적으로 도움이 된다. 그러나 추상적인 로고는 패밀리 또는 우산(umbrella) 브랜드를 개발하는 복수제품을 취급하는 기업에 있어서는 바람직할 것이고 심지어 필수적이다.

로고의 진화

로고는 브랜드 네임처럼 영속성이 있을 필요가 없다(브랜딩 따라잡기 15). 그것들은 변화될 필요가 있다. 그러나 로고의 변경을 고려할 때는 소비자들이 변화를 관대히 받아들일 거라는 전제를 두지만, 반드시 포용적이지는 않다. 그래서 로고는 꼭 필요한 경우에만 변경되어야 한다. 로고의 변경은 제품이 유의미하게 재포지셔닝될 때 또는 로고가 명백하게 낡았을 때 일어날 것이다. 이것은 시각적 이미지를 시간이 지남에 따라 시대에 맞게 주의하여 업그레이드할 필요가 있다. 〈그림 7-7〉은 태평양 로고가 해가 거듭될수록 어떻게 수정되어 가는지를 보여준다. 훌륭한 브랜드는 이전의 긍정적 연상, 시각적 의미, 유산을 유지하면서 시대에 맞춰 이미지를 변화시킨다.

그림 7-7 로고의 변천과정

최근에 새롭게 만들어진 사업부문 아모레퍼시픽(Amorepacific Corporation) 로고타입은 기존의 현대적이고 세련된 Amorepacific 로고타입에 Corporation을 더해 아모레퍼시픽 브랜드와의 커뮤니케이션에서 야기되던 혼란을 방지하도록 했다. 또한 작지만 큰 변화, 그리고 논리적이고 일관성 있는 아이덴티티의 구축으로 태평양의 새로운 기업문화를 창출하고 글로벌 비전을 달성하는데 바탕이 될 것으로 기대한다.

자료 : 주간 코스메틱(2006)

브랜딩 따라잡기 14

애플컴퓨터, 스타벅스 로고 무슨 뜻일까?

소비자가 궁금해 하면 브랜드 가치가 높아진다

소비자를 궁금하게 만들어 관심을 유도하는 티저(teaser) 광고. 수십 년의 역사를 자랑하는 기업 로고에도 일종의 티저 기법이 숨어 있다는 사실을 아는 사람은 많지 않다. 대표적 사례가 애플컴퓨터와 스타벅스.

애플과 스타벅스 로고

사과 한쪽을 베어 먹은 듯한 모양의 애플컴퓨터 로고에는 온갖 해석이 난무한다. 우선 '깨물다(bite)'라는 영어 단어에서 컴퓨터 연산단위인 '바이트(byte)'를 떠올리도록 만든 언어유희라는 풀이가 있다.

또 다른 해석은 애플 창업자 스티브 잡스가 창고에서 컴퓨터를 만들 때 사과를 한 입 먹고 컴퓨터 위에 올려놓은 것에서 아이디어를 얻었다는 설도 있다. 거창한 설명도 있다. 창세기에 나오는 이브가 사과를 따먹고 원죄를 지었듯 컴퓨터의 발명이 인류에게 중요한 전환점이라는 걸 표현했다는 설명도 있다. 다양한 '설' 중에서 가장 유력한 것이 천재 수학자 앨런 튜링에 대한 존경심에서 만들어졌다는 설이다.

옥스퍼드대학 교수였던 튜링은 1940년 독일군의 암호를 해독하는 컴퓨터를 개발해 연합군의 승리에 결정적으로 기여한 인물이다. 그러나 동성애자인 그는 52년간 남자를 밝혔다는 죄명으로 영국 정부에 의해 체포되었고, 괴로워하다가 결국 청산가리를 넣은 사과를 먹고 자살했다. 스티브 잡스는 평소 튜링에 대한 존경심을 회사 로고에 재치 있게 담았다고 한다.

세계적 커피숍 체인인 스타벅스 로고 한가운데는 긴 머리의 여자가 있고, 이 여자의 양쪽으로 인어 꼬리 모양이 있다. 가장 흔한 해석은 이 로고가 그리스 신화에 나오는 꼬리가 두 개 달린 인어 '사이렌'을 표현했다는 설이다. 사이렌이 아름다운 노래로 뱃사람을 유혹한 것처럼 커피로 고객을 유혹하겠다는 뜻을 담았다는 것이다. 하지만 사이렌은 예전부터 커피 운반선에 매다는 깃발에 그려졌기 때문에 '커피를 안전하게 수호해 온다.'는 뜻이 있다는 설명도 있다.

또 다른 해석은 고대 이집트에서 숭배된 풍요의 여신 '이시스'라는 설명이다. 여섯 갈래로 난 머리카락이 이시스 여신의 상반신을 덮고 있는데, 이는 6대륙을 상징한다고 전해진다.

브랜드 컨설팅사인 인터브랜드 코리아의 박상훈 사장은 "애플과 스타벅스처럼 소규모 창업으로 시작된 회사는 로고를 만들 때 큰 의미를 부여하거나 회사 정체성을 담으려는 생각을 하지 못했기 때문에 뚜렷한 해석이 존재하지 않는다."고 풀이한다.

▌자료 : 매일경제, 2005년 6월 18일자 인용

② 캐릭터

캐릭터(character)라는 것은 심벌마크의 특별한 타입으로 가공 혹은 실제의 인물이나 동물 등을 소재로 한 것이다. 브랜드 캐릭터는 라이센싱의 대상이 되기도 한다.

옥시의 습기제거제 "물먹는 하마"는 세상에 나온 지 올해로 20년이 됐다. 옥시에 따르면 그 동안 총 2억 개가 팔려 나갔다고 한다. '물먹는 하마'는 출시이래 습기제거제 시장에서 한 번도 시장점유율 1위 자리를 빼앗기지 않은 생활용품 업계의 대표적인 히트상품이다. 물먹는 물보, 물먹는 물소, 물먹는 공룡, 물먹는 코끼리, 물먹는 해마 등 '물먹는 동물'류의 유사상표만도 10여 개가 넘을 정도다. 초기에 옥시는 전 직원의 사내공모를 통하여 제품 네이밍을 하였다. 처음 채택된 안은 '내 친구 하마'였다고 한다. 최종 결정단계에서 '흡습'이라는 기능을 설명해

그림 7-8 강력한 캐릭터들의 예

말보로 에너자이너 그린 자이언트

AUNT BETTY 맥도널드

Elsie's 더그 보이 미쉐린

브랜딩 따라잡기 15

파격 · 단순… 기업 CI가 젊어진다

20~30대 겨냥 밝은 색상 아이콘 로고 많아…

'나비, 비행기 날개, 화살표, 구름, 꽃, 무지개….' 최근 기업 CI(Corporate Identity; 기업 이미지통합) 변경에 나선 기업체의 로고에 들어가는 심벌(Symbol)들이다. 기업체의 얼굴에 해당하는 CI에 파격적이고 창의적인 디자인들이 속출하고 있다. 중후하고 각진 이미지나 글씨 위주의 80~90년대식 로고는 사라지고, 대신 20~30대를 겨냥한 밝은 색상의 아이콘(Icon)을 붙인 로고가 대세이다. 전문가들은 기업 위주에서 소비자를 중시하는 쪽으로 CI 지향점이 바뀌어가고 있다고 분석한다.

파격 · 가벼움이 대세

올 초 그룹의 새 로고는 '금호 아시아나'(KUMHO ASIANA)라는 영문 글자 뒤에 비행기 날개(wing)를 단순화한 붉은 색채의 화살표 모양을 달고 있다. 그룹 홍보실 관계자는 "파격과 창의성을 중시했다."면서 "단순해 보이지만 한번 보면 잊히지 않는 게 특징"이라고 말했다.

SK그룹이 지난해 말 내놓은 새 로고 역시 나비 모양의 '행복날개'를 오른쪽 위에 달았다. 굵은 글씨에 딱딱한 이미지를 줬던 'SK'라는 두 글자도 소비자의 거부감을 줄이기 위해 선을 가늘게 했다. SK그룹은 시안 검토과정에서 젊은 직원들의 선호도를 우선시 했다고 한다. 행복날개 로고는 각 계열사 순회 설명회 중 20~30대 직원이 많은 SK커뮤니케이션즈에서 가장 큰 호응을 얻었다고 한다. LG손해보험도 이달 초 LIG손해보험으로 회사명을 바꾸면서 CI를 바꿨다. 새 CI는 로고 위에 오렌지, 블루, 그린의 세 가지 색채로 구성된 '희망구름'이라는 아이콘을 달았다.

공기업도 얼굴 바꾸자 붐

한국수자원공사는 지난 3월 무지개를 연상시키는 주황, 파랑의 띠로 구성된 새 로고를 선보였다. 산업은행도 영문 약자(KDB)를 대문자에서 소문자로 바꾼 새 CI를 내놓았다. 일반적으로 80~90년대 글자 중심의 로고가 최근 아이콘 위주로 바뀌면서 권위주의가 사라지고 소비자 친화적인 경향이 두드러지게 나타나고 있다.

▎자료 : 한국경제, 2005년 3월 26일자 인용

주는 '물먹는'을 덧붙여 제품명이 정해졌다. "물먹는 하마" 브랜드를 통해 소비자에게 제품 기능에 대한 정보를 압축적으로 전달함과 동시에 '하마 캐릭터'를 활용해 친근감을 심어줄 수 있어 생활용품 분야에서 가장 성공적인 네이밍 사례라 할 수 있다.

이처럼 파워 브랜드들은 강력한 캐릭터를 지니고 있다. 〈그림 7-8〉에서처럼 말보로 담배의 '말로로 맨', 미쉐린 타이어의 '미쉐린 맨' 등 익숙한 캐릭터들을 볼 수가 있다.

2. 패키지: 0.5초의 광고

구매결정의 70% 이상이 구매 시점에서 이루어지기 때문에 패키지는 광고와 판매 양쪽 모두에서 중요한 역할을 한다. 그리고 통합적 브랜드 커뮤니케이션 과정에서 패키지는 소비자가 제품을 구매하기 전에 보는 마지막 '광고'일 뿐 아니라, 제품을 사용할 때 보는 유일한 '광고'이다. 그래서 이것은 하나의 광고 메시지 이상의 가치를 가지고 있고, 제품 메시지의 일부라고 볼 수도 있는 것이다.

패키지의 범주에는 용기의 물리적 외관을 비롯하여 디자인, 색상, 모양 그리고 원재료 등이 포함된다. 패키지는 마케터에게 다음과 같은 중요한 수단으로 사용된다: 보호 · 보존, 브랜드의 식별과 의미나 이미지의 제공기능이 그것이다.

❶ 용기나 포장으로써의 패키지의 기본 기능은 운송 또는 보관 중에 있어서의 보호, 가정 내의 보관의 용이화, 소비의 간편화로 요약된다.

❷ 하지만 패키지를 브랜드 요소로써 볼 경우,[6] 브랜드의 식별과 의미나 이미지의 공급이 기본 기능이라고 할 수 있다. 패키지의 강도나 구조보다 외관이 중요한 것이다. 또한 패키지는 브랜드 요소 중에서 유일하게 촉각에 호소하는 요소이다. 물리적으로 존재한다는 것은 다른 요소에서는 찾아볼 수 없는 특징이기도 하다.

따라서 브랜드 요소로써의 중요한 역할을 수행하는 패키지는 다음과 같은 수단이 된다.

6) 青木幸弘, 恩蔵直人 (2004), 제품 · 브랜드 전략, 有斐閣 ARMA, pp.155-157.

❶ 패키지는 브랜드 인지의 중요한 수단이 된다. 예를 들어 "코카콜라"라는 단어에서 무엇을 떠올리는가를 물었을 때, 대부분의 사람들은 존재감이 있는 독특한 병의 형태라고 대답할 것이다(브랜딩 따라잡기 16).

❷ 용기나 포장으로써의 패키지는 인지적인 면에서 뿐만 아니라 이미지적인 면에서도 브랜드 자산의 구축에 공헌하고 있다. 소비자가 브랜드에 대해 갖는 이미지는 브랜드의 외관과 관련된 것일 경우가 많기 때문이다. 예를 들어 만약 높은 품격을 지향한다면, 포장 디자이너는 소비자가 무엇을 품격 높은 것으로 생각하는지를 조사해봐야 한다. 이것은 화장품, 향수, 스포츠 액세서리, 일부 사치품과 같은 소위 '비이성적 제품들에 있어 특히 중요하다. 이성적인 선택보다는 환상, 충동, 혹은 신비감에 영향을 받아 상품 선택이 이루어지기 때문이다.

이처럼 구매시점 당시 마케팅 메시지를 전달하고, 제품정보를 주고, 사용용도를 알려 주기 위해서, 패키지는 다양한 형태, 색상, 크기, 그리고 흥미로운 그림 혹은 질감을 사용한다. 패키지는 구매가 이루어진 후에도 소비자의 가정에서 지속적으로 촉진활동을 하고 브랜드 이미지를 강화한다. 그러므로 열고 닫기가

표 7-2 패키지 개발에 있어서의 기대와 우려

소비자	생산자	마케팅 중개자 (소매상/도매상)	소비자 보호집단	정부기관
용이성(사용, 보관시) 편리성 내용물 표시 사용법 제품의 수명 폐기 방법 비상시를 위한 무료 전화번호 성능 보장 안전성 보장 환경 안전성(생분해성) 재활용 가능성	견고함 매력성 안전성(이용자에게 그리고 제품을 위해) 비용 : –재료비 –제작비 –인건비 –운송비 –보관비 변화요구 가벼움(안전하면서) 손상방지 포장크기(판촉공간 대 재료비) 재료확보 용이성	견고성(케이스와 포장의) 편리함(이동의) 손상방지 차별 가능성 안정성(이용자에게 그리고 제품을 위해) 용이성 : –보관 –선반에 쌓기 –적재 –재고조사 (컴퓨터로) 가격표를 위한 공간	안전한 포장 환경적인 안전 (TODF분해성 등) 건강에 해가 되지 않는 포장 정보 제공 : –내용물 표시 –사용법 –비상시를 위한 무료 전화번호 –보증서 –유효기간 재활용 가능성 지역 규제에 충실함	허위가 없을 것 환경에 해를 주지 않을 것 생분해성 건강에 위험하지 않을 것 전면적인 안전 : –다룰 때의 안전 –사용할 때의 안전 적절한 표시 : –내용물 표시 –사용 지침 –특정 제품에는 유효기간 재활용 가능성 지역 규제에 충실함

자료 : William F. Arens (1999), Contemporary Advertising, 7/e(Boston: McGraw–Hill), p.669, 역서.

편해야 하고, 다루기 쉬워야 한다.

패키지 기획은 두 가지 중요한 단계를 포함한다. 개념화와 제작이 그것이다. 개념화 과정에서 고려해야 할 중요한 집단들이 있다. 그것은 소비자, 제조업자, 마케팅 종사자, 소비자 운동집단, 그리고 정부기관이다. 이들 집단들의 상치되는 관심은 패키지가 어떻게 만들어지는가에 영향을 미친다(표 7-2).

패키지의 변경

패키지는 소비자 기억을 중심으로 제품을 인식하게 하는데 가장 효과적인 역할을 하기 때문에 가독성, 제품의 특성 전달능력, 그리고 잔상효과 등을 고려하여 디자인되어야 한다. 패키지가 소비자의 브랜드에 대해 갖는 이미지에 미치는 영향력은 상상 이상으로 크다. 이 때문에 패키지 변경은 소비자 효과에 있어서 상당히 영향력을 갖은 전략으로 간주된다. 새로운 패키지는 제품의 혁신성을 전달하는 힘이 있다. 또한 여러 조사에서도 '새로운(new)'과 같은 말을 패키지에 표기함으로써 소비자의 평가가 높아진다는 결과가 나왔다. 실제로 화장품의 경우, 자주 패키지를 바꾸는 이유도 목표고객들이 새로운 패키지를 좋은 상품으로 인식하는 경향이 있기 때문이다.

그러나 패키지의 지속성 또한 매우 중요하다. 패키지에는 그 브랜드다움을 느끼게 할 수 있는 기본 요소가 많이 포함되어 있기 때문이다. 예를 들어 '코카콜라'의 빨간색 표시는 그 브랜드다움의 기본 요소라 할 수 있다. 이를 바꿀 경우, 소비자에게는 브랜드 그 자체가 변한 것처럼 인식되어질 위험성이 있으며 이제까지 축척해 온 브랜드 자산을 잃어버리게 되기 쉽다.

3. 색상

"디자인과 색상으로 소비자 눈을 유혹하라." 최근 모든 제품들의 기능은 거의 평준화가 돼 이제는 색상으로 승부를 건다. 색상 변경을 통한 소비자 지각을 바꾸려고 노력한 펩시(Pepsi)의 사례를 보면 색상의 중요성을 알 수 있다(브랜딩 따라잡기 17). 다음에서는 색상의 역할과 색상 적용시의 기본원칙들에 대해서 살펴보기로 한다.

브랜딩 따라잡기 16

코카콜라의 역사

세계시장을 석권하고 있는 코카콜라가 미국의 조지아 주 애틀랜타에서 처음 판매된 지 110년이 넘었다. 코카콜라社는 세계 청량음료시장 5대 브랜드 중 코카콜라, 다이어트 코크, 환타, 스프라이트 등 4개를 보유하고 있는 세계적으로 성공한 대표적 기업이다.

애틀랜타라고 하면 불후의 명화 〈바람과 함께 사라지다〉의 무대가 된 곳으로, 넓은 미국에서 조지아 주만큼 보수적인 곳도 없다. 1996년 올림픽이 열린 애틀랜타 시에 본사를 두고 있는 코카콜라 회사가 올림픽 유치에도 큰 역할을 했다고 함은 그 영향력이 크다는 것을 의미한다.

"나의 혈관을 흐르고 있는 것은 피가 아니고 코카콜라이다."라고 호언한 前부사장 에드우드 폴리오의 말에 나타나고 있는 바와 같이 코카콜라社는 조지아 주의 기질을 나타내고 있는 완고한 회사이다.

코카콜라의 명성, 인지도, 신뢰도 등을 만드는 독특한 병 모양과 상표는 콜라라는 의문의 액체를 감싸고 있는 가장 성공한 포장이다. 포장을 통해 제품의 차별성 부각을 성공시킨 코카콜라병, 단순한 포장을 넘어 신화가 되고 있는 이 병의 디자인은 포장이 얼마나 강력한 마케팅 무기이며, 기업 이미지의 상징물이 될 수 있는지를 여실히 증명하고 있다.

최초의 코카콜라 병은 해친슨 마개를 한 유리병을 1894년부터 사용하고, 1900년에 왕관마개로 바꿨다. 1915년에는 스커트형의 병이 만들어져 다음해부터 시판되었는데, 그 유리병은 섹시한 여성의 나체나 남성의 심벌을 연상시키는 것으로도 유명하다. 코카콜라를 대표하는 컨투어병(스커트보틀)은 1915년 인디애나 루트(Root) 유리공장의 알렉산더 사무엘슨과 얼 알 딘에 의하여 디자인 고안되었다. 그리고 1915년 11월 18일 특허등록을 마쳤다.

코카콜라社의 소비자 조사에 의하면 세계의 소비자들은 코카콜라 병에 대하여 5단계의 심미적 만족감을 갖고 있는 것으로 조사되었다. 소비자들은 병 모양 자체가 '아름다운 형태'인 데다 콜라 맛의 '궁극적인 즐거움', '손으로 잡았을 때의 감각' 등과 연결되고 병 모양이 주는 '특별한 모양으로써의 상징성', '사회적 명성' 등으로 국경이나 문화에 관계없이 공통적으로 나타나고 있다고 한다.

① 색상의 역할

패키지 색상은 제품 자체에 대한 소비자 인식에 영향을 미친다.

이제 기업들은 차별적인 색상을 가진 브랜드를 구축하는 데 많은 마케팅 비용을 지출하고 있다. 예를 들면, 최근 제약회사의 마케팅 전략은 색상에서 더욱 두드러진다. 보기 좋은 약이 효과가 좋다는 말도 있듯이 알약에 패션 바람이 불고 있는 것이다. 알약은 희고 둥글어야 한다는 고정관념을 깨고 다양한 모양과 색상으로 단장한 알약들이 속속 등장하고 있다. 파란색 알약 "비아그라(Viagra)"는 '블루 다이아몬드'라는 별칭을 얻으며 남성 치료제로 이미지를 굳혔다. 반면 경쟁약품인 "시알리스"는 노란색이어서 부드럽고 여유 있는 느낌을 준다.

이처럼 색상은 감성을 환기시키고, 브랜드 개성을 표현하며, 브랜드 연상을 자극하는데 활용된다. 어떤 색상들은 브랜드 아이덴티티를 통일화시켜주며, 또 어떤 색상들은 제품과 사업의 라인을 차별화시켜 줌으로써 브랜드 체계를 명확화하는데 활용된다. 전통적으로 브랜드 색상은 심벌, 워드마크, 슬로건 등에 사용된다.

또한 브랜드 색상은 용기 및 패키지에 연계하여 형성되므로 패키지와 함께 디자인 측면에서 고려된다고 할 수 있다. 예를 들어, 대부분의 소비자는 오렌지색 병의 색깔이 진할수록 내용물인 오렌지 음료가 달다고 상상하며 우유는 흰색, 탄산음료는 파란색의 패키지를 기대하는 경향이 있다. 또한 Budweiser의 어두운 맥주병은 맥주 맛이 진하다고 생각되며, 반면 Miller의 투명한 맥주병은 Budweiser의 맥주에 비해 맥주 맛이 진하지 않다고 생각한다. 그러나 실제 맥주 맛은 그 반대이다(우측 상단의 그림 참조).

② 색상 적용 시의 기본 원칙들

제품 구매 결정 시에 약 60%는 색상에 기초한다고 한다. 이처럼 중요한 색상을 선정하는데 있어서 다음과 같은 원칙들을 고려할 필요가 있다.

❶ 브랜드 인지를 용이하게 하고 브랜드 자산을 구축하는 색상을 소유하라. 가능하다면 기업들은 브랜드가 독특한 색상을 소유하기를 좋아한다. 예를 들면 코카콜라는 붉은색(red)을 채택하여 세계적으로 널리 알려져 있으며 수용되고 있다. 또한 코닥칼라는 노란색(yellow)을 채택하여 널리 수용되고 있다(그림 참조).

❷ 색상은 문화에 따라 다른 함축의미를 가진다. 따라서 진출하고자 하는 시장과 문화를 충분히 조사한 후에 그에 맞는 색상을 선택해야 한다.

❸ 브랜드 의미를 구축하고, 함축의미를 확장할 수 있는 색상을 사용해야 한다. 색상에 따라 다양한 의미가 있다(브랜드 심리학 15).

13 (1997)

15 (1998)

14 (1998)

코닥의 색상 적용 예

브랜딩 따라잡기 17

소비자의 지각을 변화시키기 위해 노력한 펩시

때때로 마케터들은 변화를 통해 브랜드 이미지를 강화하려고 노력한다. 최근의 한 가지 예는 펩시의 친숙한 빨간색, 하얀색, 파란색 캔이 파란색 바탕에 흰 글씨의 캔으로 바뀐 것이다. 펩시의 3억 달러 캠페인 계획은 디자인을 글로벌화하고 브랜드 이미지의 일관성을 유지하기 위해 디자인되었다. 1996년 중반 유럽에서 시작되어 점차 전 세계에 퍼졌고, 1998년 미국에서 정리되었다. 펩시는 잘 알려진 포장을 바꾸는 결정을 "전 세계를 통해 동일한 모습, 동일한 느낌을 주는(have one look and one feel around the world)" 세계적 브랜드로 거듭나기 위한 것이라고 설명했다.

변화를 위한 아이디어는 코카콜라가 펩시보다 3대 1 정도 많이 판매되고 있던 해외 판매를 개선하기 위한 펩시의 필요에서 시작되었다. 펩시는 경쟁제품보다 더 눈에 띄고 차별화되기를 원했을 뿐만 아니라 전 세계시장을 만족시키는 세계적인 이미지로 거듭 나길 바랐다. 펩시는 세계적으로 성공한 또 다른 펩시제품 펩시 맥스를 연구하고 색상에 대한 이미지 컨설턴트와 공동작업을 통해 파란색 켄이 소비자들을 만족시키고 코카콜라의 용기로부터 캔과 병을 구별시키는 방법이라고 판단했다.

펩시의 움직임은 확실히 시선을 끌었다. 펩시는 영국의 유력신문(데일리 미러(Daily Mirror))의 1면 제호란을 파란색으로 물들이고, 신디 크로퍼드와 안드레 애거시 같은 유명인사를 모델로 기용한 펩시의 대대적인 광고와 촉진은 캠페인 시작 후 48시간 만에 인지도를 70% 가깝게 끌어올렸다. 캠페인을 시작한 지 2년 만인 1998년까지 펩시는 190개의 세계시장에 파란 캔을 출시했다.

비록 매출이 디자인 변경 후에 즉각 두드러지게 상승하지는 않았지만 펩시는 장기적으로 옳은 결정을 했다고 믿었다. 펩시의 핵심 소비자 집단인 10대들은 인터넷 MTV와 같은 케이블 채널 접근과 여행 등을 통해 점점 세계화되었다. 10대들 가운데 지각의 일관성은 브랜드 이미지와 세계적 포지션을 강화시켰다. 펩시 블루 프로젝트를 헤드라인으로 사용하는 것을 그만 둔 이후에도 전 세계적으로 "콜라가 주는 즐거움(Joy of Cola)" 캠페인을 실시했고, 2001년 초반에는 하나의 세계적인 메시지를 유지하기 위해 "펩시가 주는 즐거움"으로 바꾸었다. 미국에서는 전 대통령 후보 밥 돌을 광고 모델로 사용했는데 TV 광고에서 그는 '파란색의 작은 친구'를 격찬했다. 밥 돌이 과거 비아그라를 선전할 때 사용한 유머러스한 모습과 어구를 이용한 것이다.

새로운 펩시 비주얼

▎자료 : Henry Assael (2004), Consumer Behavior: A Strategic Approach, Houghton Mifflin, p.177, 역서.

브랜드 심리학 15

색상이 미치는 심리적 영향

민족적 태생이나 문화는 색상의 선호도에 있어서 중요한 역할을 한다. 일례로, 빨강, 노랑, 주황과 같은 따뜻한 색은 적극적 반응을 자극하고 만들어내는 경향이 있다. 따뜻한 기후에 사는 사람들은 대체로 이 색상들에 가장 많은 반응을 보인다. 특정한 색상의 조합은 특정 민족을 연상케 한다. 빨강과 어우러진 금속광택의 금색은 중국을 연상시킨다. 청록색과 베이지는 미국 남서부의 인디언 종족을 떠오르게 한다.

색상은 선호하는 생활양식(lifestyle)을 알 수 있게 해준다. 빨강, 파랑, 노랑과 같은 밝은 색들은 명확한 느낌을 주는 흰 스트라이프와 어울리므로 스포츠 경기 때, 팀 색깔로 종종 이용된다. 따라서 이 색상들은 스포츠를 좋아하는 생활양식을 떠오르게 한다.

우리가 사계절 동안 경험하는 색깔들은 색상들을 배합하고 특정의 계절 색으로 옷을 입거나 집을 장식하는 개개인의 기질을 추측하는데 도움을 준다. 예를 들어 노랑, 초록, 밝은 파랑과 같은 봄 색깔들은 신선하고 풍성함을 나타낸다. 짙은 파랑, 짙은 보라, 검정색과 같은 겨울 색상들은 차갑고, 냉정한 태도가 연상된다.

우리는 자고 나면 새롭게 충전이 되는 느낌을 항상 받기 때문에 에메랄드 초록, 딸기색, 연노랑과 같은 아침의 색상은 에너지와 결합된다. 퇴근 후 집에서 휴식을 취할 때는 일몰의 아름다운 색이 나타나므로 분홍, 청록색, 밝은 주황색과 같은 일몰 색상들은 휴식과 묵상의 분위기를 연상하게 한다.

어떤 색상들은 분명하지 않은 것도 있다. 보라색과 나뭇잎 색은 따뜻한 색과 차가운 색의 중간이다. 이 색들은 색의 농도에 따라 둘 중 어떤 느낌도 받을 수 있다. 더욱 자세히 말하자면 다음과 같다.

빨강

피와 불의 상징이다. 파랑 다음으로 사람들이 선호하는 색이지만 보다 다용도로 이용되며 가장 높은 '행동지수'를 지닌 뜨거운 색이다. 스프, 냉동식품, 육류에 적절하다. 강한 남성미를 전달하므로 면도크림 용기에 많이 이용되기도 한다.

갈색

이것도 남성미를 나타내는 색으로 땅, 나무 , 원숙함, 나이, 온기, 안락함을 연상시키는 색이다. 판매하는 어떤 제품과도 어울린다. 심지어, 화장품(Revlon의 Braggi)같은 것을 판매하는데 사용될 수 있는 색깔이다.

노랑

특히 검정과 같이 사용될 때 소비자의 시선을 가장 많이 끄는 색이다. 곡물, 레몬, 선탠제품들에 적합한 색이다.

초록

건강과 신선함의 상징으로도 쓰여 박하 제품과 청량음료(7Up)에 많이 이용된다.

파랑

소구력이 큰 가장 차가운 색으로 냉동식품에 효과적이다. 만약 보다 밝은 색상을 가미하면 좀 더 부드러운 색을 띨 수 있다(Yoplait 요구르트, Lowenbrau 맥주, Wondra 밀가루).

검정

세련됨과 고급 상품을 전달하거나 고가상품의 구매를 자극하는데 이용된다. 배경색으로 적당하여 다른 색을 돋보이게 한다.

주황

특히 갈색을 띠는 주황은 식용품에 가장 적당한 색이다. 이 색은 가을을 환기시켜 식품 종류에 적합하다.

❙자료 : Willian F. Arens (1999), Contemporary Advertising(7th Edition), (Boston: McGraw-Hill), p.438, 역서.

제4절 브랜드 요소의 선택과 통합

각 브랜드 요소에는 장점과 함께 단점이 있으며 만능이라고는 할 수 없다. 이 때문에 브랜드 자산을 최대화하기 위해서는 다양한 브랜드 요소를 믹스시킬 필요가 있다(그림 7-9). 복수의 요소를 이용함으로써 각 브랜드 요소가 각각의 약점을 보완하게 된다.

동시에 마케터는 복수의 브랜드 요소를 믹스시킬 필요가 있다. 이는 브랜드 요소가 서로 강화되게끔 선택하는 것으로 바꿔 말하자면 시너지 효과, 즉 1+1이 3이 되도록 조합하는 묘수를 발견해내는 것을 말한다.

이와 같이 브랜드 요소들을 적절하게 선택하고 통합시킴에 따라 브랜드다움이 확립되어 브랜드는 보다 강력한 것으로 성장하게 되는 것이다(〈그림 7-9〉의 월풀 브랜드를 상상해 보아라.).

그림 7-9 브랜드 요소-월풀

자료 : Duane E. Knapp (2000). The Brand Mindset™. McGraw-Hill. p.129.

[생각해볼 문제]

1. 좋아하는 브랜드 2개를 예로 들어, 각각의 브랜드 요소를 기입해 보자. 브랜드가 갖추고 있지 않은 요소들에 대해서는 X를 기입해 보자.

브랜드 표현요소	브랜드1	브랜드2
브랜드 네임 로고 심벌 캐릭터 슬로건 징글 색상 패키지		

2. 위에서 확인된 브랜드 요소들에 대해 브랜드 요소의 선정기준에 따라 브랜드 자산에 기여하는 능력을 평가해 보자.

3. 브랜드 자산에 강력하게 기여하는 슬로건의 예들을 들어 보자. 왜? 그리고 브랜드 자산에 바람직하지 않게 기여하는 슬로건의 예를 들어 보자. 왜, 그렇다고 생각하는가?

4. 당신이 구입할 기회가 가장 많은 음료를 떠올려 보자. 그 장면을 그려 보아서 무엇이 구입할 때 표적이 되고 있는가, 또 경쟁상품과 비교했을 때, 그 표적이 판매에 있어서 어떠한 기능을 하고 있는가에 대해서 토론해 보자.

제4부

브랜드 마케팅 프로그램의 계획과 실행

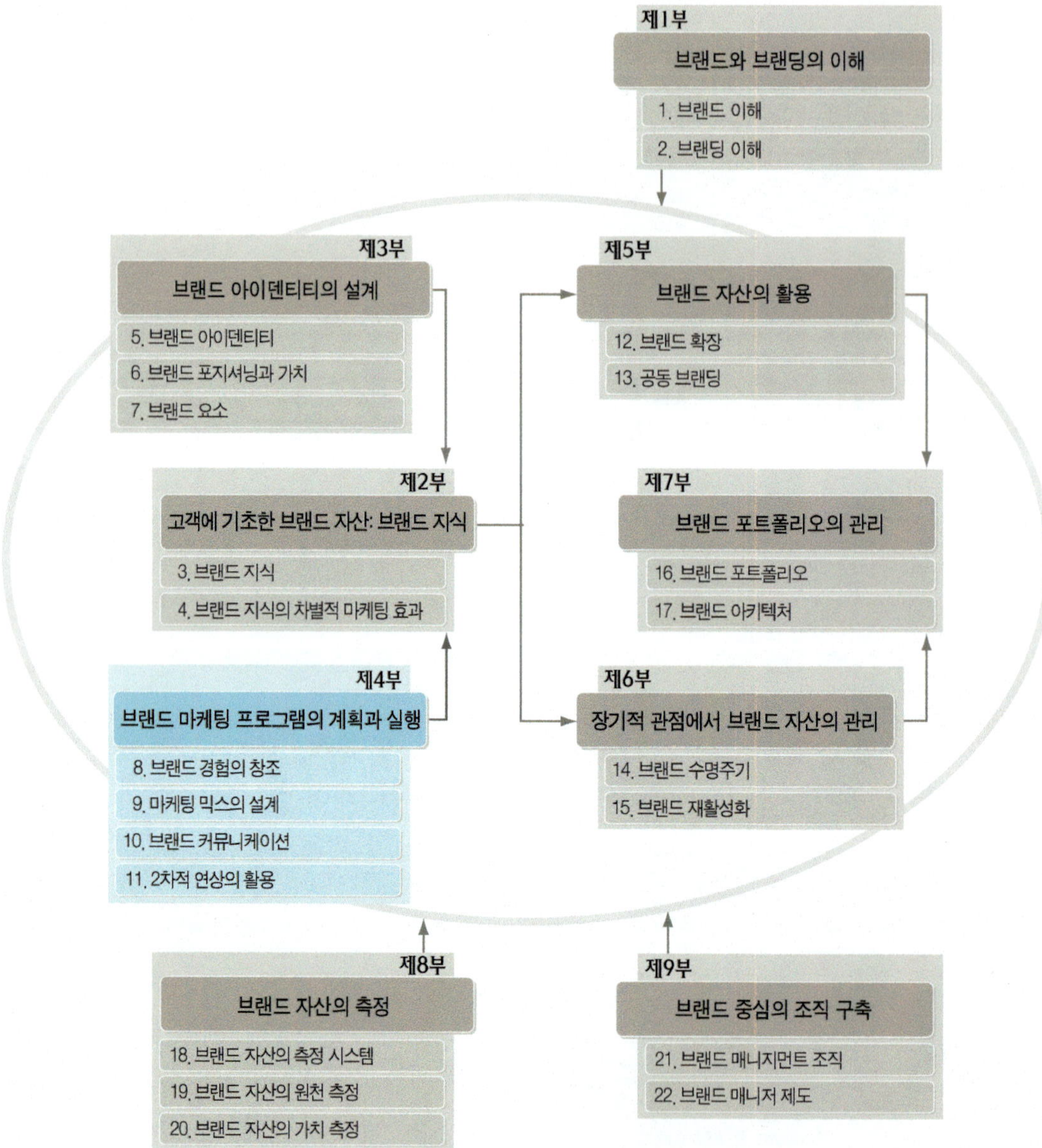
제1부
브랜드와 브랜딩의 이해
1. 브랜드 이해
2. 브랜딩 이해
제3부
브랜드 아이덴티티의 설계
5. 브랜드 아이덴티티
6. 브랜드 포지셔닝과 가치
7. 브랜드 요소
제5부
브랜드 자산의 활용
12. 브랜드 확장
13. 공동 브랜딩
제2부
고객에 기초한 브랜드 자산: 브랜드 지식
3. 브랜드 지식
4. 브랜드 지식의 차별적 마케팅 효과
제7부
브랜드 포트폴리오의 관리
16. 브랜드 포트폴리오
17. 브랜드 아키텍처
제4부
브랜드 마케팅 프로그램의 계획과 실행
8. 브랜드 경험의 창조
9. 마케팅 믹스의 설계
10. 브랜드 커뮤니케이션
11. 2차적 연상의 활용
제6부
장기적 관점에서 브랜드 자산의 관리
14. 브랜드 수명주기
15. 브랜드 재활성화
제8부
브랜드 자산의 측정
18. 브랜드 자산의 측정 시스템
19. 브랜드 자산의 원천 측정
20. 브랜드 자산의 가치 측정
제9부
브랜드 중심의 조직 구축
21. 브랜드 매니지먼트 조직
22. 브랜드 매니저 제도

제8장

브랜드 경험의 창조

이번 장의 주요 이슈

브랜드가 소비자에게 제공하는 경험의 창조를 통하여 브랜드 자산은 구축된다. 이러한 브랜드 경험의 창조활동은 소비자의 브랜드 지각에 영향을 주는 브랜드 접촉점(touchpoint)에서의 모든 마케팅 활동들을 포함한다.

먼저 이번 장에서는 브랜드 자산 구축의 중심원리로써 브랜드 경험의 창조에 대하여 다음과 같은 주요 이슈들을 살펴볼 것이다. 이어지는 제8장, 제9장 및 제10장에 걸쳐 브랜드 경험을 제공하는 주요 수단들에 대해 설명할 것이다.

❶ 경험이란 무엇이며, 브랜드 자산 구축의 중심원리로써 브랜드 경험이 왜 중요한 것인가?

❷ 소비자 행동에 있어서 브랜드 경험으로부터 구매행동에 이르기까지 어떤 과정들을 거치게 되는가?

❸ 브랜드 경험의 접촉점(touchpoint)을 어떻게 설계해야만 하는가?

❹ 브랜드 경험의 접촉점을 설계하는 데 있어서 지켜야 할 원칙은 무엇인가?

제1절 경험의 중요성

경제 침체로 인해 기업들의 비용 절감에 의한 저가격 경쟁은 더욱더 치열해지고 있는데 가격경쟁만으로는 기업은 살아남을 수 없다. '가치창조'라는 말은 있지만 어떠한 방향으로 가치를 창조해 나가면 좋을까? '보다 편리한'이라는 가치를 추구하여 결과적으로 과잉기능을 행한다든지, '보다 싸게'라는 가치에 매달려 가격경쟁에서 뒤쳐진다든지 하는 상황이 벌어지고 있다.

이와 같은 상황에서 새로이 각광받고 있는 '경험(experience)'[1]을 핵심가치로 여기는 새로운 경제단계로의 이행이 시작되었다(그림 8-1). 파인(B.J. Pine)과 길모어(J.H. Gilmore)는 그의 저서 『경험경제』[2]에서는 "제품에서도 서비스에서도 부가가치가 없어지고 차별성이 사라져버리면 일용품화되어버릴 것이다."라고 주장하고 있다. 일용품은 대체 가능하며, 가격만이 경쟁의 기준이 된다. 현재 많은 기업들이 비용절감, 저가격화의 압력 앞에서 고군분투하고 있는 것은 기업이 제공하는 제품 또는 서비스가 일용품화되었기 때문이다. 이러한 일용품화의 위험성에서 벗어나기 위해서는 기능이나 편리성이라는 가치를 초월한, 보다 고차원의 가치 즉, 경험이라는 가치를 실체화한 상품 혹은 서비스를 제공하는 방향으로 비즈니스를 전환시켜 나갈 필요가 있다(표 8-1).

경험이라는 개념은 결코 새로운 것이 아니다. 디즈니사는 1955년 로스앤젤레스 교외의 애너하임에서 최초로 디즈니랜드를 오픈했을 때, "오락에 있어서 새로운 경험의 제공"이라는 말로 자신들이 제공하는 가치를 표현하였다. 단순히 오락

---

1) 영어 'experience'는 한국어로 '경험' 또는 '체험'이라는 두 가지 의미를 가지고 있다. 한국어의 '경험'은 '체험'보다 넓은 개념이며 내면적인 의미를 포함하고 있다. 마찬가지로 '체험'이 개개인에 따라 다른 '경험'이 되는 경우가 있다. '장(場)'에 있어서의 '체험'은 특정의 맥락에서 '경험'되어지는 것이기 때문이다. 예를 들어 '체험학습'에서 학생들은 모두 같은 체험을 하지만 개개인에 학생은 각각 다른 '경험'을 하고 있는 것이 된다.

2) B.J. Pine and J.H. Gilmore (2000), 경험경제.

그림 8-1 경제적 가치의 진화

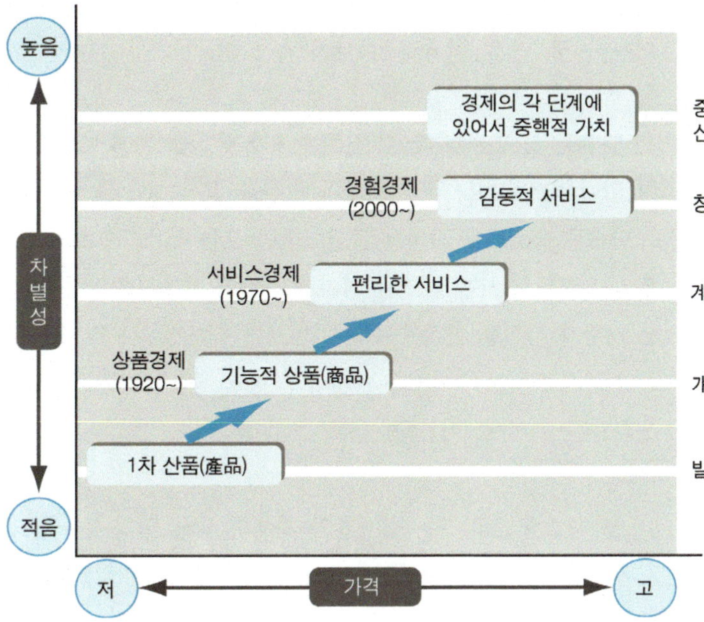

자료 : B.J. Pine and J.H. Gilmore (2000). 경험경제.

을 위한 서비스가 아닌 '잊을 수 없는 기억에 남는 감동'을 연출한다는 경험이라는 가치를 확실히 지향한 비즈니스를 계속해서 전개해 오고 있는 것이다. 실제로 부모가 아이들을 디즈니랜드에 데리고 가는 것은 거기에서 행해지는 오락을 즐기기 위해서뿐만 아니라 그 후 몇 년 동안, 경우에 따라서는 수십 년 동안 가족이 함께 하는 저녁식사 시간에 화제가 될 수 있기 때문이다.

또한 스타벅스는 고객에게 단순히 커피를 파는 게 아닌 문화, 즉 경험을 판매한다(브랜딩 따라잡기 18). 고객들은 대단히 이국적인 분위기와 서비스를 제공받음으로써 보다 고급화된 커피를 마시는 경험을 구매한다. 이를 낸시 올소리니(Nancy Orsolini)는 다음과 같이 얘기를 하고 있다. "스타벅스는 고객들에게 제3

표 8-1 생일파티의 케이크

단계	가 치	내 용	시대
일용품	1~3센트	어머니가 버터, 설탕, 계란 등으로 만든 케이크	베이비붐 시절
공산품	1~2달러	제과회사에서 만든 다양한 형태의 케이크	60~70년대
서비스	10~20달러	동네제과점에서 주문/배달을 통해 케이크 구입	80년대
경험재	100~200달러	Club Disney 등 전문 서비스 업체를 통해 생일파티(경험)를 의뢰	최근

의 장소를 제공해 준다. 회사도 아니고 집도 아닌 제3의 장소. 이곳에서 고객들에게 피신처를 제공해 준다." 스타벅스의 경험을 좀 더 쉽게 이해하기 위해 슐츠 회장이 한 말을 인용하여 보자:

스타벅스를 방문해 종업원들에게서 가장 많이 들은 말은 '우리는 커피를 파는 기업'이 아니라는 말이다. 커피회사가 커피를 팔지 않으면 무엇을 판다는 것인가…

단순한 음료로써 커피만을 팔았다면 오늘의 스타벅스는 탄생하지 않았을 것이다. 우리는 커피 장사를 하면서 커피의 무한한 가능성을 발견했다. 커피는 사람과 사람, 또 사람과 사회를 연결해 주는 매개체이며 가정이나 직장에서 느끼지 못하는 평온한 공간을 제공해준다. 그것을 나는 '스타벅스 경험'(Starbucks experience)이라고 부른다. 우리 제품은 바로 이 '스타벅스 경험'이다.

스타벅스 경험이라는 걸 좀 더 자세히 말해 달라…

우리는 모두 매우 불안정한 세계에 살고 있다. 미국뿐만이 아니다. 우리는 아버지 세대보다 100시간을 더 일한다. 휴대전화, 호출기, 팩스, PDA 등 고도의 기술이 우리 생활을 편하게 했지만 그만큼 심적 부담과 스트레스는 많아지고 있다. 사람과 사회 사이에 발생하는 고도의 긴장감에 스타벅스가 있다. 스타벅스에 와서 커피를 마시고 잠시 눈을 감으면 다른 세상을 만나게 된다는 게 우리가 얻은 경험이다. 일주일에 2,300만 명의 고객이 스타벅스를 찾는다. 더 중요한 사실은 한 명의 고객이 스타벅스를 찾는 횟수는 한 달에 18번이다. 그런 고객에게서 나는 큰 깨달음을 얻었다. 스타벅스는 브랜드와 고품질의 커피뿐만 아니라 스타벅스가 창출하는 편안하고 마음을 안정시키는 공간을 팔고 있다는 점이다. 내가 스타벅스를 처음 만났을 때 매료된 열정, 그것을 고객들도 느끼는 것이다.

이처럼 경험을 제공하는 비즈니스는 최근 점점 더 확대되고 있다. 대형 쇼핑몰에서는 쇼핑이라는 행동을 단순히 상품을 구입하는 수단적인 행동으로 간주하는 것이 아니라, 인간적인 경험의 접점으로써 간주하여 보다 편하고 기억에 남는 경험으로 연출되도록 하는 움직임이 구현되고 있다. 최근 고급 슈퍼마켓에서는 음악, 라이브 등의 엔터테인먼트, 멋진 분위기, 무료 음료수, 비디오 장치가 장착된 원형극장, 유명한 스타 게스트(guest), 고객의 참가에 따라 '점포를 극장처럼 운영'하여 고객을 크게 늘리고 있다.

브랜딩 따라잡기 18

커피가 있는 문화공간을 판다

스타벅스는 이미 마이크로소프트(MS)와 함께 시애틀을 상징하는 기업이다. 오늘날 스타벅스를 키워놓은 하워드 슐츠 사장은 자서전 『커피 한 잔의 성공신화』를 통해 이렇게 회고한다. "스타벅스가 세계적인 브랜드로 성장한 후 뒤돌아 보건대 나는 어떤 마케팅 서적에도 있지 않는 독특한 방법으로 브랜드를 만들었다는 사실을 깨달았다." 그가 말하는 독특한 방법은 의외로 단순했다. 스페셜 커피 시장 가능성을 높이 산 그는 커피를 단지 소비재로 판매하는 것이 아니라 특별한 질과 서비스 그리고 만남의 공간을 제공하는 브랜드화한 커피 서비스를 제공하면 반드시 성공할 수 있다고 확신했다. 당시 커피판매점을 브랜드화 한다는 것은 그 누구도 상상하지 못했던 새로운 발상이었다.

실제로 스타벅스는 그리 요란한 홍보활동을 한 적이 없다. 커피 한 잔을 마시러 온 고객들에게 커피 한잔 이상 그 무엇인가를 제공하고자 했던 노력이 스타벅스를 가장 유명한 커피전문점 브랜드로 성장시킨 것이다. 외국시장을 개척할 때도 크게 다르지 않았다.

시애틀 본사에서 만난 토머스 양 국외 마케팅담당 수석 부사장은 "한국에서도 그랬지만 일본시장에 처음 진출할 때도 신문·방송 등에 단 한 푼도 광고비를 사용하지 않았다."고 설명했다. 이미 소비자 가슴 속에 자리 잡고 있는 "스타벅스" 브랜드 파워를 믿었기 때문이다. 이런 믿음은 결코 자만이 아님은 금방 증명됐다. 어떤 광고나 홍보활동이 없었음에도 불구하고 개장 첫날 스타벅스 매장에는 스타벅스 커피를 마시기 위한 고객들로 가득 찼던 것이다. 이렇게 소비자 발길을 끌어 모으는 스타벅스 브랜드의 힘은 무엇일까?

토머스 양 마케팅 담당 수석부사장은 스타벅스 마케팅의 가장 기본적인 개념으로 4P를 제시했다. 사람, 제품, 장소, 프로모션이다. 스타벅스에서는 최고 커피(제품), 함께 있고 싶은 친구들(사람), 아늑하고 세련된 공간(장소)을 공유할 수 있다는 개념이다. 이를 극대화할 수 있는 프로모션은 세 가지를 어울리게 만드는 약방의 감초 구실을 한다.

그는 "스타벅스는 소비자에게 감성이나 정서적 측면에서 독특하고 차별된 경험을 전달한다."며 "이런 경험을 통해 축적된 장기적 릴레이션십이 바로 스타벅스 브랜드의 근본적인 힘"이라고 정의했다.

물론 스타벅스가 가장 자랑하는 최고라고 자부하는 것은 커피 맛이다. 생산한 지 1시간이 지난 커피는 바로 폐기하고 최고의 향과 맛을 유지시킨다. 이런 독특한 노하우가 스타벅스의 출발이다. 그렇다고 스타벅스 커피가 세계에서 가장 맛있느냐는 질문은 의미 없다. 고객들에게 감성과 욕구를 어떻게 더 많이 충족시킬 수 있느냐가 그들에게 훨씬 중요한 의미를 갖기 때문이라는 설명이다.

마케팅 전문가들은 그래서 스타벅스 성공을 대표적인 '감성 마케팅' 사례로 꼽는다. 스타벅스 매장에 들어서면 클래식 음악소리와 절묘한 조화를 이루는 에스프레소 기계의 커피 가는 소리, 매장을 가득 채우는 풍부한 커피 향, 입 안 가득 채우는 깊은 커피맛, 옹기종기 모여 있는 사람들이 대화하는 가운데 느껴지는 편안함을 모두 만끽한다. 이런 감성적 자극이 모여 스타벅스 브랜드를 형성하고 소비자들이 스타벅스를 생활의 일부분으로 느끼게 만든다는 것이다. 스타벅스는 이제 단순한 커피브랜드 차원을 넘어 커피 이상으로 정서적 일체감을 주는 문화적 상징으로 성장했다.

스타벅스가 갖는 브랜드 파워는 가격에서도 잘 나타난다. 유사한 품질 수준을 유지하는 A사 카페라테는 1,700원 불과하지만 스타벅스 카페라테는 3,500원 판매되고 있다. 이에 대해 양 부사장은 "소비자에게 스타벅스는 선택이 아닌 생활이 됐기 때문"이라고 설명했다. 매일경제는 2년 전부터 스타벅스 지수를 발표하고 있다. 전 세계 주요 도시 커피 값이 얼마인지를 비교함으로써 각국 물가수준과 환율 적정성을 따져보기 위한 것이다. 영국 이코노미스트지도 같은 뜻에서 올해부터 '라테지수'를 발표하고 있다. 맥도날드 빅맥지수가 활용되는 것과 마찬가지다. 스타벅스는 지금 전 세계 문화와 삶의 상징이 되고 있는 것이다.

▌자료 : 매일경제, 2004년 3월 25일자 인용

제2절 브랜드 경험으로부터 구매행동에 이르는 과정

번드 H. 슈미트 교수의 저서 『경험 마케팅』에서 고객의 브랜드 경험에 중점을 둔 사고방식은 제품의 기능이나 혜택에 중점을 둔 전통적인 마케팅 전략의 반성에서 생겨났다.[3] 이것은 상품 그 자체보다 제품이 고객에게 주는 경험이 구매행동에 영향을 준다는 사고방식에 입각한 것이다.

고객의 브랜드 경험으로부터 구매행동에 이르는 과정을 모델화하면 〈그림 8-2〉와 같다.[4] 다음에서는 브랜드 경험으로부터 구매행동에 이르는 과정의 주요 개념들에 대해 알아볼 것이다.

그림 8-2 브랜드 경험으로부터 구매행동에 이르는 과정

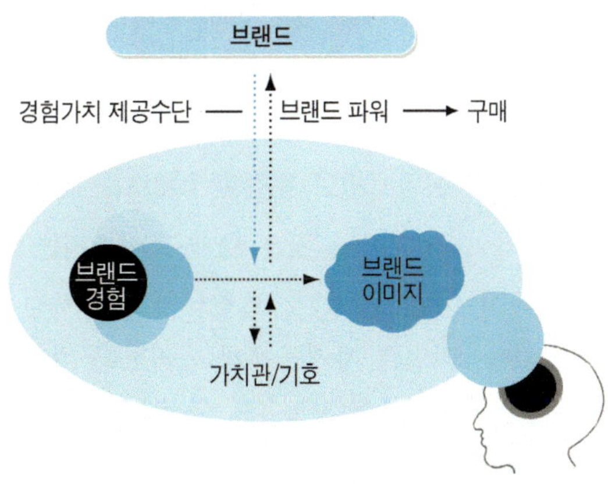

3) Bernd H. Schmit (1999), Experiencial Marketing, The Free Press, p.32.
4) Rio Kobayashi (2002), 경험가치창조의 브랜드 전략, Globis Management Review, Vol.1 (Winter), pp.4-15.

1. 브랜드 파워

브랜드 파워는 고객의 마음을 브랜드로 향하게 하고 구매행동을 환기시키는 힘인 것이다. 예를 들면 가격도 기능도 제조공장도 같은 프린터기를 HP와 현주컴퓨터 2종류의 브랜드로 판매한다고 하면 HP가 더 많이 팔릴 것이다. HP라고 하는 브랜드는 현주 브랜드보다 컴퓨터에 있어서 '구매를 환기시키는 힘'이 강하다고 말할 수 있다(제3장 제1절을 참조하기 바란다.).

2. 브랜드 이미지

그럼 구매를 환기시키는 힘은 무엇에서 기인하는가 하면, 그 브랜드에 대한 고객의 인식, 결국 브랜드 이미지이다. 브랜드 이미지는 '브랜드 연상'과 '브랜드 강도'로 구성되어진다. 애니콜은 디자인이 좋다든지, 고급적이라든지, 이같이 어떤 브랜드에 대한 고객의 인식 내용이 브랜드 연상이며 핸드폰을 말하자면 우선 애니콜을 떠올리는 상기의 순위, 인상의 강함이 이미지의 강도이다.

구매의사 결정에 있어 브랜드 연상과 강도가 하는 역할은 크다. 기업에 있어서는 고객의 머릿속에 어떤 연상을 만들면 가장 구매에 연결시킬 수 있을까를 찾아서 그 제품의 카테고리 안에 얼마나 강한 브랜드 강도를 구축하느냐가 과제이다(브랜드 이미지와 관련된 내용은 제3장 제3절을 참고하기 바란다.).

브랜드 아이덴티티와 브랜드 이미지

여기서 주의해야 할 것은 브랜드 이미지는 고객 한 사람 한 사람의 마음속에 존재한다고 하는 것이다. 브랜드의 소유자인 기업은 브랜드 이미지를 소유할 수는 없다. 기업은 자기들에게 유리한(구매환기의 힘이 강한) 브랜드 이미지의 목표를 설정할 수 있다(목표로 하는 브랜드 이미지를 브랜드 아이덴티티라 부른다. 상세한 내용은 제5장을 참조하기 바란다.). 그러나 브랜드 아이덴티티가 기업이 의도한 대로 고객의 이미지로써 뿌리 내리기까지에는 다음과 같은 장애를 제거할 필요가 있다.

첫 번째는 기업이 목표로 하는 브랜드 이미지(이를 브랜드 아이덴티티라 한다.)가 고객에게 전달되어야 한다. 어떠한 매력적인 제품이 있어도 그 매력을 모르는 고객에게는 존재하지 않는 것과 같다.

최근 고객만족이라는 키워드 하에 기업이 고객을 알려는 시도에 대해서 많이 논의되고 있지만 아무리 고객의 니즈를 파악하였다해도 고객이 그 기업이나 제품에 대해 모르면 비즈니스는 시작될 수 없다. 좋은 제품을 만들었는데 왜 안 팔릴까 고민하는 기업은 우선 고객에게 그 상품의 매력이 전해졌는가, 어떤가를 조사해봐야 한다. 특히 같은 카테고리 안에 여러 개의 경쟁제품이 있는 경우, 얼마간의 광고나 PR을 했다해도 다른 정보 노이즈에 섞여 사라져버리면 의도한 메시지가 고객에게 전해지지 않는 경우가 많다.

두 번째는 전달되어진 브랜드 아이덴티티를 고객에게 이해, 공감, 감동시켜야 한다. 예를 들면, 많은 광고나 PR 전략에도 첫 번째 조건을 명확히 하고 의도한 메시지로 고객에게 전달했다해도 그것만으로 충분하지 못하다. 메시지가 전해져도 그 내용에 대해서 고객이 납득할 수 있는 것은 제한되어 있기 때문이다. 납득되지 않는 메시지는 구입행동을 유도할 수가 없다.

3. 브랜드 경험

브랜드 경험이란 고객의 일생 과정에서 하나의 브랜드와의 접점에 있어서 누적하여 쌓은 모든 것이다.[5] 브랜드 경험은 그 브랜드와의 최초 대면 장소에서 시작되고 그 후 여러 가지 TPO(시간, 장소, 상황)로 관계방식의 축척을 통해 고객의 머릿속에 브랜드 이미지를 형성한다.

브랜드 경험은 광고라고 하는 간접적인 형태를 취하는 것도 있으며 점포 내에서 혹은 친구의 집에서 보는 직접적인 형태를 취하는 일도 있다. 경험의 깊이도 보는 것과 듣는 것이라는 얕은 관계에서부터, 만져 보고 구매하거나 사용해 보는 것 등의 깊은 관계가 있다. 즉, 브랜드는 오감으로 형성되는 것이다. 브랜드는

---

5) 슈미트 교수는 경험가치를 과거에 발생한 개인의 경험과 체험이 아니고 지금 "어떤 자극에 반응하여 발생하는 개인적인 사건"이라 정의하고 있다. 이러한 관점은 경험가치를 시계열로 파악하는 사고방식과는 차이가 있다.

제품 · 서비스에 있는 것이 아니라 오감을 통해 고객의 가슴속에 자리 잡고 있다. 일례로 포장지의 촉감이나 색깔로 브랜드의 독창성을 표현한다면 사람의 촉감이나 시각에 오래도록 머물게 할 수 있다. 커피숍이나 노래방에 한 발 들여 놓을 때 풍기는 냄새도 독자적인 브랜드 형성에 독특히 한몫 한다. 그러므로 오감에 호소할 수 있는 방법을 여러모로 궁리해야 한다. 관련 결과가 긍정적 또는 부정적인 경험으로 축적되고 그 집적 결과가 현 시점에서의 브랜드 이미지가 된다.

브랜드의 경험에도 특히 중요한 것은 그 브랜드의 처음 접촉인 '최초의 경험'이다. 긍정적이었거나 부정적이었던 최초의 경험을 통한 인상은 그 후의 브랜드 이미지 형성에 큰 영향을 미친다.

4. 가치관 · 기호

브랜드 경험이 브랜드 이미지를 형성하는 과정은 개인적인 것이기 때문에 동일한 브랜드 경험이 동일한 브랜드 이미지가 된다고는 할 수 없다.

예를 들면 하이트 맥주가 쓰다고 말하는 사람이 있고, 쓴맛이 오히려 좋다고 느끼는 사람도 있을 것이다. 루이뷔통 가방을 가진 것을 자랑스럽게 생각하는 사람이 있는가 하면 부끄럽다고 생각하는 사람도 있을 것이다.

브랜드 이미지는 고객 개인의 머릿속에 형성되는 것인 이상 개인의 가치관과 기호에 크게 좌우된다고 할 수 있다. 가치관이나 기호는 브랜드 경험이 브랜드 이미지를 형성해 가는 때에 필터(filter)의 역할을 한다. 그러한 반면에 브랜드 경험이 가치관이나 기호에 영향을 주기도 한다.

전통적인 마케팅에 있어서는 가치관이나 기호에 일정한 패턴을 발견해서 고객을 세분화하고 각각의 세분시장에 맞는 브랜드 전략을 수립하는 방법이 강구되어 왔다(제6장 제2절을 참조하기 바란다.). 이것에 대해 경험 마케팅에 있어서 브랜드 자체가 고객의 마음에 새로운 가치관이나 기호를 창조한다고 하는 관점이 중요해지고 있다.

5. 브랜드 경험을 제공하는 수단들

슈미트 교수는 제품이나 광고, 판매원 등 기업이 고객에게 브랜드 경험을 제공하는 것을 경험 제공수단이라 부르고, 이를 커뮤니케이션, 심벌(시각적 · 언어적 아이덴티티와 표시물), 제품의 외형(product presence), 공동 브랜딩, 공간 환경, 웹사이트와 전자매체, 인적 요소 등 7가지 카테고리로 분류하고 있다(표 8-2).

슈미트의 브랜드 경험의 제공수단은 모든 기업이 통제할 수 있는 도구라고 하는 전제에 기초하고 있으나 실제로는 기업의 통제가 미치지 않는 경험 제공수단도 많다. 예를 들면 기존 고객이 잠재 고객에게 브랜드 경험을 제공하는 입소문 등은 기존 고객이 경험의 제공자가 된다.

광고는 기업에 있어서 좋은 메시지만 선택할 수 있다. 그러나 입소문의 경우는 기존 고객이 기업의 생각 · 의도에 관계없이 자신의 가치관이나 기호를 반영한 브랜드 경험을 전한다. 그 때문에 기업은 고객이 이야기하는 내용까지는 통제할 수가 없다.

인터넷의 커뮤니티에 올려진 브랜드에 관한 발언도 통제할 수가 없다. 기업이 무리하게 통제하려고 하면 그 의도 자체가 반감을 사서 더욱 더 부정적인 메시지를 낳는 경우가 발생한다.

표 8-2 브랜드 경험의 제공수단들

브랜드 경험 제공수단들	형 태
커뮤니케이션	광고, 잡지, 카탈로그, 연간 보고서 등
시각과 언어에 의한 아이덴티티	네임밍, 로고와 문양, 심벌마크 등
제품의 위형	제품 디자인, 패키지, 브랜드 캐릭터 등
공동 브랜딩	이벤트 마케팅과 스폰서, PPL(제품 삽입) 등
공간 환경	빌딩 · 오피스 · 공장, 소매공간, 공공공간 등
웹사이트와 전자매체	인터넷 광고, 전자상거래 등
인간	판매원, 기업의 대표자, 서비스 제공자 등

자료 : Bernd H. Schmitt (1999), Experiential Marketing, The Free Press, p.72.

제 3 절 오감을 통한 브랜드 경험의 창조

외부 자극들은 여러 채널을 통해 수용될 수 있다. 우리는 간판광고를 보고, 방울소리를 들으며, 캐시미어 스웨터의 부드러움을 느끼고, 새로운 아이스크림 향을 맛보며, 가죽점퍼에서 나는 냄새를 맡을 수 있다.

오감에 의해 수용된 외부 자극들은 많은 유형의 반응을 생성시킨다. 예를 들어 외부 환경에서 전달되어지는 감각 자료(예: 라디오에서 나오는 노래를 듣는 것)는 젊은 시절의 첫 댄스파티에서의 기억을 촉발시키고, 그날 데이트 때 자신의 향수 냄새 또는 자신의 뺨 위에 남아 있는 그녀의 머리카락의 촉감을 떠오르게 만드는 것과 같은 내적 감각 경험들을 생성시킬 수 있다(브랜드 심리학 16). 이처럼 브랜드 경험을 생성시키는 감각자료는 오감을 통해서 수용된다. 다음에서는 오감[6]을 통한 브랜드 경험의 창조에 대해 살펴보도록 한다.

1. 시각

마케터들은 광고와 점포 디자인 및 포장 등의 시각적 요소들에 크게 의존하고 있다. "그림은 수천 마디의 말만큼 가치가 있다."라는 속담이 있다. 마케팅 메시지로써 시각적 요소들은 흔히 제품의 속성을 충분히 표현해 준다. 시각에서 가장 중요한 요소는 색채이다(브랜딩 따라잡기 19). 색채들은 상징적 가치와 문화적

6) Michael R. Solomon (1996), Consumer Behavior: Buying, Having, and Being(3rd ed), Englewood Cliffs, NJ: Prentice Hall, pp.51-68.
Henry Assael (2004), Consumer Behavior: A Strategic Approach, Houghton Mifflin, pp.179-183.

브랜드 심리학 16

소비자의 지각과정

지각은 우리가 즐기는 활동에서부터 우리와 관련된 사람들 그리고 우리가 구입하는 제품들에 이르기까지 우리가 행하는 모든 것을 좌우한다. 한 범주 내에 있는 여러 상표들을 각각 소비자가 어떻게 지각하는지에 따라 그중 어느 것을 선택할 지가 결정된다. 우리가 여러 가지 자극을 해석하며 이해하는 방법을 말할 때 지각이라는 단어를 쓰는데, 다음 그림에서 보듯 지각과정은 다음과 같은 중요한 요소를 내포하고 있다.

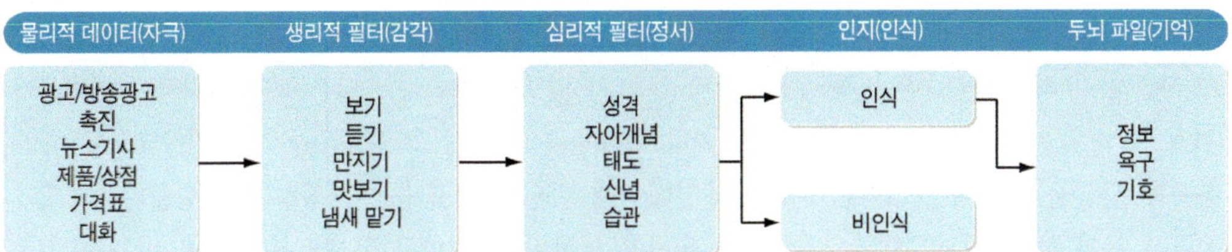

소비자 지각과정 모델

자극(stimulus)

자극은 우리의 감각을 통해서 받아들이는 물리적 정보를 말한다. 우리는 일상생활에서 수많은 자극을 경험하는데, 예를 들어 다양한 색상과 냄새, 그리고 소리 등이 있다. 신문에서 영화 광고를 볼 때 신문에 쓰인 활자, 그림, 사진들의 모음을 보고 그것이 영화 광고임을 판단한다. 바로 그것이 자극이다.

지각적 필터

지각에서 다음으로 중요한 요소는 자극을 감각하고 해석하는 것이다. 어떤 자극이라도 지각되기 위해서는 먼저 일련의 지각적 필터(perceptual screen), 즉 원치 않은 메시지로부터 우리를 보호해 주는 잠재의식의 필터를 뚫고 들어와야 한다.

여기엔 두 가지 필터가 있는데, 생리적 필터와 심리적 필터가 그것이다. 생리적 필터는 보기, 듣기, 만지기, 맛보기, 냄새 맡기의 5감으로 이루어져 있다. 이들은 들어오는 자료를 탐지하고, 그 물리적 자극의 차원과 강도를 측정한다. 또한 우리는 육체적 감각 차원에서만 한계를 가지는 것이 아니라 느낌이나 관심 차원에서도 한계를 갖는다. 고객들은 주관적 정서 기준에 따라 정보를 평가하고, 걸러내며, 개인화하기 위한 작업을 하는데 심리적 필터를 사용한다. 이들 필터는 소비자의 성격 및 본능적 인간 욕구와 같은 선천적 요인들과 자기 개념, 흥미, 태도, 신념, 과거 경험 및 라이프스타일과 같은 학습된 요인들에 근거한다. 또한 심리적 필터는 소비자가 까다롭거나 복잡한 자료를 정리하는데 도움을 준다.

인지

지각의 제3의 열쇠는 자극을 이해하는 것, 즉 인지(cognition)다. 우리가 일단 자극을 감지하고 이것이 우리의 지각적 차폐막을 뚫고 들어오면, 우리는 자극을 이해하고 수용할 수 있게 된다. 이제 지각이 발생한 것이고, 그 자극은 그 순간 고객의 '현실' 속에 도달한다. 그러나 우리 각각은 자기만의 현실을 갖고 있다. 예를 들어 어떤 사람은 Taco Bell이 광고하는 Taco를 멕시코 음식으로 생각하며, 또한 어떤 사람은 그것이 진짜 멕시코 음식이 아니라고 인지하는 사람도 있다.

두뇌파일

머릿속은 마치 기억의 은행과도 같다. 그 은행에 저장된 기억을 우리는 두뇌파일 또는 지각파일이라고 부른다. 우리의 머릿속은 온통 두뇌파일로 가득 차 있으며, 우리는 수많은 복잡한 자극에 대처하기 위해 그 파일 속에 있는 제품 자료들과 기타 자료들을 중요성, 가격, 품질, 모양, 키워드에 따라 분류해 등급을 정한다. 그러나 하나의 파일에 7개 이상의 상표명을 저장하기는 힘들다. 그래서 보통은 불과 한두 개 정도만을 저장한다. 우리의 한정된 기억 때문에 새로운 파일을 만드는 일을 꺼려하고, 새로운 정보를 받아들이기를 피한다.

소비자들이 어떤 상표를 사용해서 얻은 경험은 그것에 관한 그들의 지각을 강화시키는 효과가 있다. 그리하여 일단 새로운 지각이 우리의 두뇌파일 속으로 들어오게 되면, 그 정보는 우리 머릿속 기억은행의 한 부분을 바꾸게 된다.

▌자료 : William F. Arens (1999), Contemporary Advertising(7th Edition), (Boston: McGraw-Hill), pp.167-170. 역서.

브랜딩 따라잡기 19

시각적 브랜드

시각적으로 코카콜라 브랜드를 살펴보자. 이 브랜드는 아주 분명한 색상 감각을 갖고 있다. 코카콜라가 어디에 있든, 아주 심플하게 그 브랜드는 붉은색과 흰색을 띠고 있다. 코카콜라는 이러한 색상을 매우 신중히 결정하였다. 1950년대 코카콜라를 대대적으로 판촉하기 전까지 전통적인 산타클로스는 코카콜라의 흰색과 붉은색의 옷을 입는다. 흰색과 붉은색, 역동적인 리본, 글자체, 로고는 수세기 동안 일관되게 사용되었고, 코카콜라 브랜드를 한번 보고 나면 기억할 수 있는 확실한 이미지를 구축했다. 시각적으로 최고의 브랜드로 자리 잡은 것이다.

▌자료 : Martin Linstrom (2005), Brand Sense: How to Build Powerful Brands through Touch, Taste, Smell, Sight and Sound, The Free Press, p.46, 역서.

의미들이 풍부하다. 빨간색은 따뜻함과 함께 관능적이고 위협적으로 생각된다는 증거가 있다. 보다 기본적인 수준에서 볼 때 빨간색은 활력의 근원이다. 이에 반해 푸른색은 편안함으로 간주된다. IBM은 냉담하며 거리감이 느껴지는 것처럼 인식되는 기업을 보다 친화적이고 친근한 이미지로 전달하려는 목적으로 로고를 푸른색으로 선택하였다.7)

또한 빨간색, 흰색, 푸른색의 전시는 미국인과 프랑스인 모두에게 애국심을 유발시킨다. 그와 같은 강력한 문화적 의미들은 색채를 많은 마케팅 전략의 핵심 측면으로 만들고 있다. 색채 선택은 패키지와 광고 및 심지어는 점포 장식에까지도 신중하게 이루어진다.

색채가 유발하는 지각적인 기대들은 실제로 제품과 사상에 대한 소비자의 경험에 영향을 줄 수 있다. 색채의 선택은 흔히 포장 디자인이 핵심 쟁점이다. 이러한 선택들은 일상적으로 사용되고 있다. 이제 색채는 기업에서 아주 중요한 고려요인이 되었다. 어떤 색채 조합들은 한 회사와 강하게 연관되어 있어서,

7) Red Symbols Tend to Lure Shoppers Like Capes Being Flourished at Bulls, Wall Street Journal(September 18, 1995), p.A9B.

브랜딩 따라잡기 20

청각적 브랜드

오늘날 브랜드 구축 과정에서 두 번째로 많이 활용되는 것은 청각의 사용이다. 청각 기술이 100년 이상 되었지만, 청각의 사용은 아직 인간이 시각을 활용하는 수준까지는 이르지 못했다. 브랜드 구축에 시각을 활용한 것과 동일한 기준에서 바라볼 때, 인텔은 소리를 가장 뛰어나고 일관되며 기억에 남을 수 있게 활용하는 회사이다.

1998경에 인텔의 광고와 브랜드 구축 캠페인에 사용된 짧고 독특한 인텔 인사이드 음은 컴퓨터 외부에서는 알 수 없는 인텔 칩의 존재를 알렸다. 파도소리와 같은 인텔의 효과음은 인텔 로고만큼이나 독특하게 사람들의 머릿속에 자리 잡았다. 사실 상당수의 사람들은 인텔의 로고보다 그 파도소리를 더 좋아했다.

▎자료 : Martin Linstrom (2005), Brand Sense: How to Build Powerful Brands through Touch, Taste, Smell, Sight and Sound, The Free Press. p.48, 역서.

그 조합들은 그 회사의 트레이드 드레스(tradedress)[8]로 알려지게 되며 그 회사는 이들 색채를 독점적으로 이용할 수 있다. 예를 들어 Eastman Kodak사는 법정에서 노랑, 검정, 빨강으로 이루어진 트레이드 드레스를 성공적으로 방어했다.

수많은 경쟁 브랜드들에 있어서, 포장의 색채는 중요한 판매 촉진책이 될 수 있다. 미국 화장품 방문판매회사인 Mary Kay는 항상 제품과 로고에 핑크색을 사용하여 왔다. 현대적인 여성들에게 어필하기 위하여 Mary Kay는 세련감이 있는 흰색을 사용하기 시작하였고, 보수적인 스페인에서는 현대적인 여성에게 어필하기 위하여 신감각의 색채를 사용하고 있으나, 배경은 기본적인 핑크색을 사용한다. 또한 러시아에서는 중산층 주부나 저임금 여성들에게 어필하기 위하여 옅은 라벤더 색과 부드러운 이미지를 사용한다.

8) 차별적인 포장, 배치, 배경색 등 차별화된 외관은 품질과 그 제품의 원천을 나타내는 지표와 같은 마크기능에 기여한다. 이러한 트레이드 드레스는 트레이드마크와 같이 법적 보호를 받을 수 있다. 예를 들면, 건물의 인테리어나 외관, 제품의 패키징 등은 법적 보호의 대상이 된다.

2. 소리

음악과 소리(sound) 또한 마케터에게는 중요하다. 광고주들은 지위와 권위를 전달하기 위해 높낮이가 분명한 음악을 전통적으로 사용한다. 또한 광고주들은 같은 음이 반복되는 음악을 빈번히 사용하고 브랜드에 대한 긍정적 연상을 만들기 위해 배경음악을 사용한다(브랜딩 따라잡기 20). 소비자들은 매년 수백만 달러어치의 음향기기를 구입한다.

광고의 징글(jingle: 메시지가 음악적으로 제시되는 광고)은 브랜드 인식을 유지시켜준다. 배경음악은 원하는 분위기를 창출해 준다. 최근에 축하인사 카드 제조업자들은 소비자에게 자신의 소리를 다른 사람에게 전달할 수 있는 능력을 판매함으로써 번창하고 있다. Hallmark Cards사는 보내는 사람이 마이크로 칩에 10초 동안 개인적인 메시지를 녹음할 수 있는 '녹음 가능한 축하인사 카드(recordable greeting cards)'를 판매하고 있다. 이 메시지는 카드를 열면 자동적으로 나오게 된다. 소리의 많은 측면들이 사람의 감정과 행동에 영향을 줄 수 있다.

3. 냄새

향기는 정서를 자극하거나 고요한 감정을 창출하고, 추억을 불러일으키거나 스트레스를 완화시킬 수 있다(브랜딩 따라잡기 21). 향기에 대한 반응들 가운데 일부는 다른 경험들과 초기 연합의 결과에서 비롯된다. 한 마케터가 지적한 일례는 다음과 같다. "베이비 파우더 향은 편안함과 따뜻함, 만족감을 나타내기 때문에 자주 사용되는 향 가운데 하나이다."

이러한 향기의 중요성은 화장품과 식품에서 특히 중요하다. 한 연구에서 두 가지 다른 향을 똑같은 화장지에 첨가했다. 소비자들은 한 화장지는 우아하며 비싼 것으로 지각하고, 다른 화장지는 부엌에서 사용하는 제품으로 지각했다. 향기 역시 교차 문화적 차이가 있다. 서구사회에서 향수의 사회적 역할이 일본에서는 결코 성립될 수 없다. 좁은 공간에 모여 살기 때문에 일본 소비자들은 깨끗함을 가치 있다고 여기며, 체취를 제거하려는 수단으로 이러한 제품을 사용할

브랜딩 따라잡기 21

후각적 브랜드

자기만의 독특한 향기를 가진 브랜드는 놀랍게도 극소수이다. 사실 〈포춘〉 선정 1,000대 기업 가운데 3퍼센트 이하만이 향기를 잘 활용하고 있는 것으로 나타났다. 그러나 브랜드의 시각과 청각이 독특할 필요가 있듯이 후각도 마찬가지이다. 어떤 경우에는 알아차리기 어려울 정도로 너무도 잘 어우러질 기묘한 향기를 사용해야 한다.

▎자료 : Martin Linstrom (2005), Brand Sense: How to Build Powerful Brands through Touch, Taste, Smell, Sight and Sound, The Free Press. p.54, 역서.

필요성을 느끼지 못한다. 실제로 상당수의 일본인들은 향수를 다른 사람의 사생활에 대한 침해라고 간주한다.

4. 촉각

촉각(touch) 자극이 소비자 행동에 미치는 효과에 대한 연구가 상대적으로 적긴 하지만, 상식적으로 관찰해 볼 때 이 감각 채널이 중요하다는 것을 알 수 있다(브랜딩 따라잡기 22). 사치스러운 마사지나 한 줄기 겨울바람이라도 피부 감각에 근거하여 분위기가 이완되거나 자극을 받는다.

촉각은 심지어 판매 상호작용에서도 하나의 요인으로 제시되어 왔다. 예를 들어 한 연구에서 식사시중을 드는 사람과 접촉한 식사손님은 팁을 더 많이 주고, 슈퍼마켓에서 상품을 진열하는 사람이 고객과 접촉하면서 식료품에 대한 설명을 하게 되면 쇼핑객들은 더 많은 새로운 스낵제품을 구입하고 그 상표에 대한 쿠폰을 상품과 더 많이 교환하기도 한다.

촉각 단서들은 상징적 의미를 가진다. 사람들은 섬유와 다른 제품들의 질감

브랜딩 따라잡기 22

촉각적 브랜드

브랜드의 질감은 어떤 것인가? 상당수의 기업들은 촉감을 활용하지 않고 있다. 그러나 〈포춘〉 선정 1,000대 기업 가운데 82% 정도는 촉감활용이 가능한 기업이다. 촉감을 잘 활용하고 있는 브랜드 가운데 하나가 유럽 최고의 가전회사 뱅앤올룹슨이다. 1943년에 처음 상품을 출시한 이후, 뱅앤올룹슨은 품질뿐만 아니라 디자인에도 심혈을 기울였다. 그들이 이룩한 많은 혁신들 가운데 하나는 TV, 라디오, CD, 테이프 레코드를 비롯해 각 방의 전등까지 조절할 수 있는 올인원 리모컨이다. 이 리모컨은 1985년에 발명되었는데, 품질이 우수하면서 감각적으로 단순화된 기구로 발전되었다. 다른 회사들도 비슷한 리모컨을 출시하였지만 뱅앤올룹슨의 리모컨은 묵직하고 튼튼하며 매우 독특했다. 이런 감각에 대한 진지함이 이어폰과 모든 액세서리, 전화, 스피커에 이르는 뱅앤올룹슨의 모든 제품들에 반영되었다.

▌자료 : Martin Linstrom (2005), Brand Sense: How to Build Powerful Brands through Touch, Taste, Smell, Sight and Sound, The Free Press. p.56, 역서.

(texture) 및 기본적인 제품의 품질을 연결시켜 생각한다. 의류, 침구, 가구에서 지각된 풍부성 또는 원단(material)의 질, 즉 부드러움 여부와 유연성 여부 등이 '느낌'과 연결된다. 비단과 같이 부드러운 섬유는 호화품으로, 데님은 실용적이고 질긴 것으로 인식되었다. 희귀한 원단, 또는 부드러움이나 세련미가 요구되어 처리 수준이 뛰어나야 하는 섬유들은 고가이고, 고급품인 것으로 여겨진다. 마찬가지로 더 가볍고 더 고아한 섬유들은 여성적인 것으로 생각된다. 딱딱함은 흔히 남성들에게 가치가 있지만, 부드러움은 여성들에 의해 추구된다.

5. 미각

미각(taste) 또한 소비자의 브랜드 지각을 형성하는 감각적 요인이다(브랜딩 따라잡기 23). 이 미각 수용기들은 분명히 많은 제품들을 경험하는데 공헌하고 있다. "향신료 회사(flavor houses)"라 불리는 특별한 회사들은 소비자들의 변화하는 기호를 충족시키기 위해 새로운 맛을 개발하는데 전념하고 있다. 이들의 연구는 소비자들이 칼로리와 지방은 적으면서 맛이 좋은 식품을 지속적으로 요구하기 때문에 특히 중요하다.

Quaker Oats사가 소규모 쌀과자 제조업체를 인수하여 앞서 언급한 추세를 이용하기로 결정했을 때, 소비자들은 과자의 맛이 마치 스티로폼(styrofoam)과

브랜딩 따라잡기 23

미각적 브랜드

맛은 음식과 음료산업을 제외하고는 대부분의 브랜드와 어울리기 어려운 감각이다. 그러나 브랜드 플랫폼을 기반으로 하여 브랜드와 맛을 아주 잘 조합할 수 있다. 사실 〈포춘〉 선정 1,000대 브랜드들 가운데 16% 가까이가 자신의 브랜드 플랫폼에 맛을 첨가할 수 있었지만, 지금까지 시도조차 하지 않고 있다. 그러나 콜게이트(Colgate)는 예외적이다. 콜게이트는 자사에서 만들어낸 독특한 치약 맛을 특허 냈다. 하지만 칫솔 또는 치실 같은 제품들에는 이 독특한 맛을 활용하지 않고 있다. 그래서 비록 자신들의 제품 전체에 걸쳐 '콜게이트란 바로 이거야.'와 같은 이미지 메이킹을 한 것처럼 보이지만, 치약 이외에 다른 제품들에서는 이 독특한 맛을 느낄 수 없기 때문에 아직 전체적인 일관성을 보여주지는 못한다.

이렇게 완벽한 일관성을 띠고 있지 못하지만, 콜게이트가 브랜드 확장 전략의 일부로써 맛을 활용할 여지는 아직도 많이 남아 있다. 그래도 콜게이트는 상품에 독특한 맛을 적용한 탁월한 브랜드 가운데 하나로 꼽을 수 있다.

▎자료 : Martin Linstrom (2005), Brand Sense: How to Build Powerful Brands through Touch, Taste, Smell, Sight and Sound, The Free Press, p.60, 역서.

브랜딩
따라잡기
24

식품이름 딴 브랜드 유행

브랜드 네임을 듣고 나면 '어떤 맛이 날까'를 생각하게 된다. 하지만 실제로는 먹는 것과 전혀 관련이 없다. "섹시 쿠키"는 패션 내의 전문업체 좋은사람들의 속옷 브랜드이고, "바닐라비"는 영캐주얼 의류업체 F&F가 내놓은 여성 캐주얼.

기존의 상식을 깨는 새 브랜드 전략이 뜨고 있다. 특히 패션, 화장품, IT 제품에 식품을 소재로 한 브랜드는 소비자에게 친근한 느낌을 전달하면서도 호기심을 유발하는 장점이 있기 때문이다. SK텔레콤이 운영하고 있는 음악 포털사이트 이름은 "멜론", SK커뮤니케이션즈의 게임 포털사이트 이름은 "땅콩", 게임 전문업체 써니와이앤케이의 게임 포털사이트는 "캔디바"다. 아무 식품이나 브랜드로 사용하는 것은 아니다. 브랜드 네임을 지을 때 나름대로 의미가 담겨져 있다. 비비안은 올 초 신상품을 출시하면서 "카푸치노 볼륨 브라"라는 이름을 붙였다. 카푸치노의 거품처럼 가볍고 부드러운 착용감을 나타내고 있다는 비비안의 설명이다. 프랑스 유아복 "타티네 쇼콜라"의 경우 '버터빵'과 '초콜릿'의 합친 말로, 아이들이 좋아하는 간식을 준비하는 엄마의 사랑을 표현한 것이라고 한다. "섹시 쿠키"의 경우, '쿠키'라는 단어가 속어로 '매력적인 여자'라는 뜻으로 쓰여 제품의 콘셉트와 맞아떨어진다는 게 회사 측의 설명이다. 저가 화장품 "스킨 푸드"는 쌀, 콩, 와인, 홍삼, 꿀 등의 자연 추출물을 함유한 화장품을 만들고 있다.

또 식음료 업체들 간에는 서술형 브랜드 작명전도 한창이다. 매일유업의 "맛있는 우유 속에 바나나 과즙"과 "소화가 잘되는 우유", 풀무원의 "비벼 먹고 쌈으로 먹는 강된장", 해찬들의 "자글자글 끓여낸 강된장", 오뚜기의 "씻어 나온 맛있는 쌀" 등이 대표적인 예이다.

▎자료 : 조선일보, 2005년 9월 30일자 인용

같다고 불평했으며 판매도 저조했다. 이 회사는 버터를 바른 팝콘처럼 맛이 있는 쌀 과자를 개발하기로 계획했다. 이 새로운 맛은 여러 다른 제품들과 같이 완벽해서 쌀 과자 산업의 전체 판매액이 이제는 매년 1억 달러를 상회하고 있다.

맛을 기억해 내기란 매우 어렵다. Allison과 Uhl은 소비자들을 대상으로 라벨을 제거한 세 가지 맥주의 맛에 대해 블라인드 테스트를 하였다. 이때 소비자들은 세 가지 맥주의 맛이 모두 비슷하다고 평가하였으며, 대부분의 소비자들은 자신들이 애호하는 맥주를 확인하지 못하였다. 그러나 라벨을 보여주었을 때 소비자들은 그들이 평소에 마시던 브랜드에 강한 선호를 나타냈다. 이 연구는 우리에게 맛은 객관적 기준이 아니라는 사실을 확인시켜준다.

한마디로 맛은 소비자의 마음속에서 브랜드 이미지와 복잡하게 연관되어 있다는 것을 알 수 있다.

지금까지 설명한 직접적 미각 활용 외에 간접적으로 미각을 활용하는 방법으로, 최근에 몇몇 기업들은 식품 이름을 브랜드 네임에 반영하고 있다. 예를 들면 섹시쿠키(속옷 브랜드), 바닐라비(영캐주얼 브랜드), 카푸치노 볼륨브라(브래지어 브랜드) 등 기존의 상식을 깨는 브랜드 전략을 추구하고 있다. 이들 브랜드들은 실제로 먹는 것과는 전혀 관련이 없다(브랜딩 따라잡기 24). 이러한 미각적 브랜드 네임의 활동을 통하여 소비자의 브랜드 지각을 형성하고 있다.

제4절 브랜드 경험의 접촉점 설계

소비자가 브랜드를 접촉하여 느끼고 경험하는 순간은 브랜드 경험의 접점이다. 예를 들면 웹사이트를 방문하거나, 배달 및 수리를 나온 종업원과 만나거나, 또는 광고나 영화를 보는 순간 브랜드를 경험하게 된다. 따라서 브랜드 경험의 각 접점에서 얼마나 커뮤니케이션을 효과적으로 하는가가 매우 중요하다고 할 수 있다.

1. 브랜드 경험의 접점이 메시지를 창조한다

접점으로써의 공간, WEB, 제품 · 서비스 그 자체는 기업이 물건을 만드는 데에 있어서 어떠한 가치관이나 미의식으로 둘러싸여 있는가를 여러 상세한 내용을 통해서 표현하는 기호이기도 하다.

두 기업, 나이키와 스타벅스에서 브랜드 전략담당 매니저로써 2개 브랜드를 세계적인 브랜드로 육성한 베드버리(S. Bedbury)는 노스헐리웃에 있는 유명한 엔터테인먼트 기업의 본사 빌딩을 방문했을 때의 놀라움을 소개하고 있다. 그 기업의 빌딩에 들어선 순간 장소를 잘못 찾은 게 아닌가 싶을 정도의 위압감이 들어, "이것이 그 테마파크 기업의 본사 빌딩인가?" 하는 놀라움과 동시에 디즈니와의 차이를 한층 더 실감했다고 한다. 오피스라는 장소도 느끼고 해석되는 기호인 것이나.

이벤트 또한 브랜드 세계를 공유하는 접점이 된다. 2002년 9월 일본 하라주쿠 오모테산도에 오픈한 루이뷔통은 그 오프닝 이벤트로 진구우 미술관을 전부 빌려 "루이뷔통 월드"를 표현하는 성대한 파티를 열었다. 미술관을 전부 빌린 것도 그렇지만 그 이상으로 그 미술관의 건물 자체를 스크린으로 하여 루이뷔통(LV)의 로고마크를 띄운 것은 누구라도 깜짝 놀랄 만한 일임과 동시에 "루이뷔통"이라는 브랜드의 막대한 힘을 느낄 수 있다.

2. 브랜드 경험의 접점을 디자인한다

엄밀히 말하자면 '경험'을 100퍼센트 디자인한다는 것은 있을 수 없는 일이다. 그것은 이미 말했던 것처럼 '경험'이 개인적인 것이기 때문이다. 하지만 '경험'의 접점을 디자인한다는 것은 가능하다. 그 '접점'이라는 것은 브랜드와 다양한 이해관계자가 만나는 상호작용을 미치는 영역(인터페이스)의 장이며 구체적으로는 위에서 말한 바와 같이 점포공간이나 WEB, 상품이나 서비스 그 자체, 광고, 이벤트, 오피스 공간, 점원이나 사원, 경영간부와 같은 사람 등 다양하다. 디즈니랜드의 경우, 이러한 '접점'을 세어 본다면 800개 정도가 된다고 한다.

이처럼 이들 기업들은 그들 브랜드에 대한 고객경험을 강화하기 위하여 모든 브랜드 경험의 접촉점에서 고객과의 상호작용을 한다.

그림 8-3 총합적인 브랜드 경험의 설계

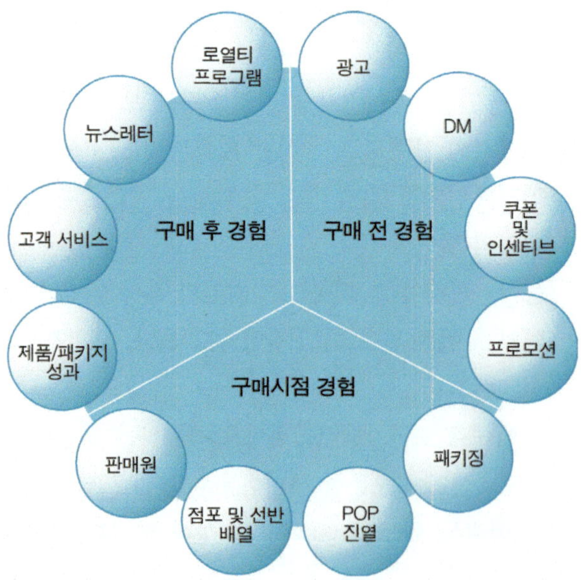

브랜드 경험의 접촉점을 설계하기 위한 하나의 방법으로써 〈그림 8-3〉처럼 고객경험을 3단계로 나누어서 설명할 수 있다[9]—(1) 구매 전 경험, (2) 구매시점 경험, 그리고 (3) 구매 후 경험.

1 구매 전 경험

구매 전 경험 접점은 기업과 거래하기를 결정하기 이전에 잠재 소비자가 브랜드와 상호작용하는 것을 말한다. 구매 전 접점의 상호작용은 브랜드에 대한 기대와 인식을 구체화시키고 그것의 관련성을 집어넣기 위해 디자인되어진다. 구매 전 경험 접점은 경쟁 브랜드를 뛰어넘어 그 브랜드의 혜택과 소비자의 개인적인 니즈와 욕구를 만족시키기 위한 혜택을 이해시키는 데 도움을 줄 것이다.

2 구매시점 경험

구매시점의 경험 접점은 브랜드를 고려하는 단계에서 실제 구매를 하는 것으로 소비자를 변화시킨다. 상호작용에서 이들 접점의 주목적은 제공물에 대한 가치기대를 최대화시키고 소비자가 브랜드를 선택하는 의사결정에 대해 확신을 주입시키는 것이다.

3 구매 후 경험

구매 후 경험 접점은 판매 후 활동을 말하는 것이며, 소비자의 경험을 최대화하는 것이다. 구매 후 경험 접점의 목표는 사용, 구매에 대한 기대를 뛰어 넘거나 충족시키는 브랜드 약속을 전달하고 브랜드 충성도, 옹호 등을 증가시키는 것이다.

시간과 자원의 부족으로 인해 기업은 모든 개별 접점에 중점을 두고 소비자들과 지속적으로 브랜드 경험을 끌어내는 것에 제한을 받는다. 그래서 많은 브랜드 매니저들은 브랜드 경험을 끌어내기 위해 구매 후 경험 접점에 대한 자원의 재 분배를 시도한다.

---

9) Scott Davis & Tina Longoria (2003), Harmonizing Your 'Touchpoints', Brandpackaging(January/Febuary).

제5절 브랜드 경험 창조를 위한 지침

브랜드 경험의 창조라는 관점에서 독창성, 일관성(시간적 일관성, 공간적 일관성), 그리고 이노베이션, 이들 세 요소를 브랜드 전략의 지침으로 설정함으로써 브랜드가 구매행동을 강력하게 환기시키는 비밀이라 할 수 있다. 다음에서는 브랜드 경험 창조를 위한 지침에 대해 살펴볼 것이다.

1. 독창성

브랜드 경험 중에 특히 중요한 '최초의 경험'을 보다 인상 깊게 하는 것은 바로 브랜드의 독창성이다. 최초의 경험이 자신이 그때까지 상상도 하지 않았던 독창적인 것일 때 경험이 강력한 브랜드 이미지와 연결된다.

예를 들면 스타벅스는 '최초의 실내 금연 점포에서 커피를 마신다.'는 체험, 야후는 '최초의 인터넷 검색사이트에서 검색을 한다.'라는 체험이라는 새로운 경험을 제공한 브랜드들이다.

루이뷔통의 독창성은 제품 자체만이 아니고 브랜드 로고를 디자인 패턴으로 사용한 아이디어에 있다. 세상에 가방 제조업자는 여럿 있지만 가방의 형태는 기능적 요건에 따라 제약을 받기 때문에 외형을 차별화하는 것이 어렵고, 브랜드 네임을 보지 않으면 어느 회사의 가방인지 알 수 없는 경우가 많았다. 그러나 루이뷔통의 로고는 한눈에 그것이 루이뷔통의 가방이라고 알 수 있는 지금까지 없었던 경험을 창조했다.

2. 시간적 일관성

'변하지 않는 것'이 브랜드 경험을 중시하는 마케팅에 있어서는 매우 중요하다. 브랜드 이미지는 브랜드 경험의 축적에 의해 구축되므로 시간적 일관성이 강한 브랜드 이미지를 낳는다. 예를 들면, 한 고객이 20년 전에 처음 본 루이뷔통의 모노그램 가방이 지금도 같은 상점에서 팔리고 있는 것을 보고 있을 때 시간의 흐름 속에도 변하지 않는 보편적 가치를 느낄 수 있다.

실제로는 이와 같은 일관성을 유지할 수 없는 기업이 많지만 그 이유의 첫째는 '싫증난다.'라는 것이다. 그것도 고객이 싫증내는 것이 아니라 기업이 싫증을 내는 것이다. 기업의 담당자는 그 브랜드에 푹 빠져 있기 때문에 어떻게 해서든 변화를 주고 싶어 한다. 자신이 질렸기 때문에 고객도 질렸을 것이라고 생각해 버리고 새로운 브랜드를 만들려 하는 것이다.

두 번째로 사내 인사의 문제이다. 하나의 브랜드를 한 사람이 담당하는 것은 기껴해야 수년의 일일 것이다. 그래서 담당이 바뀌었을 때 후임자는 전임자와 같은 일을 하고 있다고 평가되어지지 않는다. 어떻게든 전임자와는 다른 것을 하려고 생각한다. 그래서 변하지 말아야 될 것까지 변하고 마는 일도 있다.

시간적 일관성을 유지하기 위해 유효한 수단은 브랜드 규정을 명확히 하고 브랜드 전략에 규칙(rule)을 도입하는 일도 있다(제5장 제1절을 참조하기 바란다.).

3. 공간적 일관성

루이뷔통의 경우 파리, 뉴욕, 동경, 서울과 세계 주요 도시에 점포를 운영하고 있으면서도 그 어디에서도 동질의 브랜드 경험을 제공하고 있다.

사람의 유동성이 높고 국경을 넘어 같은 브랜드를 접할 기회가 많은 지금,

지역의 독창성은 브랜드 이미지의 확산에 연결되어지고 있다. 강한 브랜드 이미지를 구축하기 위해서는 공간적으로도 일관성을 갖게 하는 것이 필요하다. 공간이라고 해도 지리적인 공간만이 아니고 경험의 제공수단 사이에서의 일관성도 중요하다. 광고로 고급 이미지를 추구해도 판매원의 대응이 미숙해 제품의 디자인 품질이 높아져도 품질이 떨어진다고 하는 브랜드 경험에 혼란이 생기고 고객은 긍정적인 브랜드 이미지를 구축할 수 없다.

패키지, 심벌, 광고, 카탈로그, 판매원, 웹사이트 등 고객과의 모든 접점에 일관성이 요구된다. 최근 고객과 브랜드 접점을 통합하여 관리하려고 하는 사고방식이 생겨나고 있지만 이것은 정말 브랜드 경험의 공간적 일관성을 유지하는 것을 목적으로 하고 있다.

4. 이노베이션

이노베이션은 일관성과 대립되는 개념이 아니다. 중요한 것은 변하지 말아야 하는 부분과 변해야 할 부분의 명확한 구분이다. 브랜드 규정의 표현방식은 시대의 변화에 맞춰 변하지 않으면 안된다. 그렇게 하지 않으면 결과적으로 '시대에 뒤쳐짐'이라는 부정적인 브랜드 이미지가 정착되고 만다.

예를 들면, 루이뷔통의 경우 그 브랜드의 기본적인 품질, 제조시스템, 디자인, 심벌이 변하지 않았고, 지금도 이후에도 변하지 않을 것이다. 그 반면 새로운 소재, 시대의 변화에 맞추어 항상 이노베이션을 계속하는 것이다. 루이뷔통의 상점을 방문하면 '언제 상점에 가도 새롭고 놀라게 된다.'라고 하는 경험은 루이뷔통의 이노베이션에 따른 것이다.

여기에 루이뷔통이 장기간에 걸쳐 브랜드 파워를 유지하고 있는 이유가 있다. 루이뷔통의 이노베이션에 대한 활동은 이벤트, 후원 등에 있어서도 찾아볼 수 있다. 2002년 6월 후쿠오카와 부산에서 열렸던 "로보캅"이라고 하는 로봇 세계대회에 루이뷔통이 협찬하고, 인간형 로봇의 경기부문 "루이뷔통 휴마노이도 캅"의 우승 트로피를 제공했다. 루이뷔통이라는 패션 브랜드와 로봇이라는 최첨단 공학과는 관계가 전혀 없다고 보이지만 양자의 공통 키워드는 이노베이션이다. 이노베이션이라는 것은 새로운 경험의 창조행위라 할 수 있다.

[생각해볼 문제]

1. 당신이 흔히 접하고 있는 브랜드를 하나 선정하여 그 브랜드가 당신에게 어떠한 경험을 제공하고 있는지, 자신에게 질문하는 형식으로 생각해 보자.

2. 앞 문항에서 생각한 브랜드의 경쟁 브랜드에 대해서도 동일한 방법으로 어떠한 경험을 제공하고 있는지 생각해 보시오. 2개의 브랜드 간의 경험 차이가 당신의 브랜드에 대한 취향과 어떻게 관련되어 있는지 정리하여 요약해 보자.

3. 고객의 브랜드에 대한 경험이 브랜드 자산으로써 축적되는 과정에 대해서, 자신의 체험에 기초하여 구체적인 사례를 들어서 기술해 보자.

4. 여러분이 실제로 사용하고 있는 브랜드를 하나의 예로 들어, 그 브랜드에 관한 체험의 장면을 구매 전, 구매 시, 구매 후로 분류하여 그 브랜드에 있어서 무엇이 가장 중요한 접촉점으로 되고 있는지에 대해서 고찰해 보자.

제9장

마케팅 믹스의 설계

이번 장의 주요 이슈

브랜드 아이덴티티는 제품, 가격, 유통, 촉진 등의 마케팅 변수들에 의해 보다 구체화된 모습을 띠게 된다. 그 결과 소비자들은 기업이 의도했던 브랜드 이미지를 형성하게 된다. 따라서 이번 장에서는 브랜드 자산 구축에 기능을 하는 마케팅 믹스변수들과 관련된 주요 이슈들을 살펴본다.

❶ 마케팅 믹스변수들이 브랜드 자산의 구축에 있어 어떤 역할들을 수행하는가? 또한 마케팅 믹스 활동을 브랜드에 어떻게 적용해야 하는가?

❷ 기능적 브랜드, 상징적 브랜드 그리고 경험적 브랜드 등 브랜드 유형에 따라 마케팅 믹스 전략을 달리해야 하는가?

제1절 브랜딩에 있어 마케팅 믹스변수들의 역할

사람들은 흔히 브랜드 자산 구축이 어떤 창의적인 광고를 통해서 원하는 일련의 관련 이미지들을 만들어 내는 것이라고 잘못 생각하고 있다. 광고는 많은 브랜드들, 특히 이미지에 기초하여 경쟁자들과 차별화되는 브랜드를 개발하는데 중요한 역할을 한다. 그러나 광고를 통해서 전달하고자 하는 이미지를 지지하기 위한 제품, 가격, 그리고 유통경로를 가질 때라야 성공할 수 있다.

다음 장에서 더 자세히 논의되겠지만 광고는 브랜드 구축에 있어 좀 더 핵심적인 역할을 하는 마케팅 믹스 요소일 뿐이다. 브랜드를 개발하고 발전시켜 나가는 데에는 마케팅 믹스 요소를 통합적으로 운영해야 한다.

1. 제품 전략

어떤 제품이라도 그 브랜드의 기반은 제품과 서비스에 있다. 이것은 소비자가 궁극적으로 구매하고 사용하는 것이다.

제품은 강력한 브랜드 구축의 핵심이다. 제품에 있어 최우선으로 고려되어야할 것은 품질이다. 공급과잉시장에서 품질은 최소한의 요건이다. 특히 품질은 공학적인 제품 측면보다는 소비자의 지각품질(perceived quality)이 중심 개념이다.

지각품질이란 고객의 지각에 기초한 총합적인 품질의 것을 말한다. 또 지각품질은 고객의 지각에 기초한 경쟁제품과 비교한 해당 브랜드의 우위성을 표현하고 있다(브랜드 심리학 17). 기술적으로 우수한 것에 의해서 당장 소비자가 갖고 싶어 한다고 생각할 수가 없다. 오히려 소비자가 생각하는 제품의 품질이 제품의 판매에 결정적으로 중요한 역할을 부과한다.

브랜드 심리학 17

지각 품질

소비자들이 특정의 제품에 대하여 지각하고 있는 품질이란 제품이나 서비스가 원래 의도하는 바에 따라 소비자들이 소유하고 있는 전반적인 품질이나 우수성에 대한 지각으로 정의할 수 있다. 소비자들이 갖고 있는 인식이란 점에서 지각된 품질은 실질적 또는 객관적 품질(즉 제품이나 서비스가 우수한 서비스를 제공하는 정도), 제품 위주 품질(재료의 성질과 양, 모양, 서비스 내용), 그리고 제조 품질(세부사항의 준수, 무결함률 목표)과는 차이가 있다.

소비자들이 특정 제품에 대하여 지각하고 있는 품질은 고객의 지각이나 평가가 관련되기 때문에 반드시 객관적으로 결정될 수는 없다.

소비자들이 특정 제품에 대하여 지각하고 있는 품질은 만족도와는 다르다. 고객은 성취 정도에 대해 낮은 기대 때문에 만족할 수도 있으나 높은 지각된 품질이라고 반드시 낮은 기대와 일치하는 것은 아닐 수 있다. 소비자들이 특정 제품에 대하여 지각하고 있는 품질은 또 태도와도 다르다. 열등한 품질이라도 매우 싼 가격이라면 긍정적인 태도가 형성될 수 있고 반대로 좋은 품질이라도 가격이 비싸면 부정적인 태도가 형성될 수 있다.

소비자들이 특정 제품에 대하여 지각하고 있는 품질은 브랜드에 대한 눈에 보이지 않는 전반적인 감정으로써 브랜드에 따라다니는 신뢰성과 성능 등 제품의 특성을 포함한 내면적 차원에 기초하고 있다. 소비자들이 특정 제품에 대하여 지각하고 있는 품질을 이해하기 위해서는 이러한 내면적 차원을 정의하고 측정하는 것이 유용하지만 소비자들이 특정 제품에 대하여 지각하고 있는 품질은 어디까지나 하나의 종합적이고 전반적인 구성 개념이다.

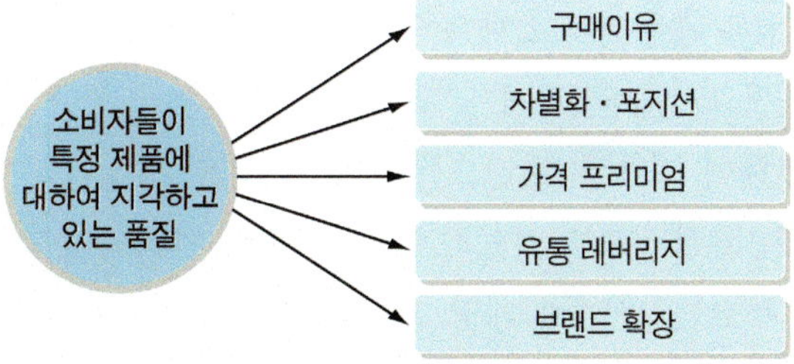

지각품질의 가치

소비자들이 특정 제품에 대하여 지각하고 있는 품질은 구매 이유, 차별화 · 포지션, 가격 프리미엄, 유통 레버리지, 브랜드 확장 등과 같은 가치를 기업에게 제공한다.

❙자료 : David A. Aaker (1991), Managing Brand Equity: Capitalizing on the Value of a Brand Name, The Free Press, pp.85-90.

지각품질에 있어서 좋아하는 평가나 지각에 영향을 미치고 있는 것에는 제품의 성능, 특징, 품질 적합성, 신뢰성, 내구성, 서비스, 스타일과 디자인 등을 포함하고 있다.

또 서비스의 경우에는 설비나 종업원 등 주로 보여 지는 것이 품질을 실체적으로 나타내고 있는가, 신뢰할 수 있는가, 종업원이 필요한 지식을 준비하고 있는가, 능력이 높은가 등의 점들을 들 수가 있다.

2. 가격 전략

기본적으로 가격결정은 비용에 기초하거나 가치에 기초하게 되며 기업이 목표로 하는 브랜드 이미지에 따라 가격을 설정해야 한다(브랜딩 따라잡기 25). 비용에 기초한 가격 결정은 측정된 비용을 인상시키는 결과를 초래하고 반면에, 가치에 기초한 가격 결정은 고객들이 기꺼이 지불할 수 있는 가격을 추정하게 된다.

또는 브랜드 이미지 역시 가격 결정에 있어서 구체적인 영향을 끼친다. 각각의 브랜드 이미지는 가격을 결정하는데 분명한 요소가 된다. 다음과 같은 예를 보자.

❶ 포지셔닝에 있어 이용 상황에 기초를 둔 브랜드는 편익에 기초한 브랜드보다는 때로는 가격 프리미엄을 점하는데 훨씬 더 좋은 기회를 가진다. 게토레이는 립톤 아이스티보다 더 높은 가격을 결정할 수 있다. 이용 상황에 기초를 둔 브랜드의 구입은 충동적이고 매우 구체적이어서 종종 고객들은 대안을 생각조차 안하기 때문에 더 높은 가격을 책정할 수 있다.

❷ 건강에 기초한 브랜드는 높은 가격을 책정할 수 있다. 어떤 지역에서는 에비앙은 본질적으로 천연의 순수한 물로 인식되어 리터당 50달러라는 엄청난 가격을 부르는 반면에 해당 지역의 지하수는 리터당 단지 몇 센트밖에 되지 않는다(브랜딩 따라잡기 26).

한편으로 가격 또한 브랜드 이미지를 좌우하는 변수이다. 브랜드 설계 시 목표로 하는 이미지에 부합되는 가격대를 전략적으로 구상해야 한다. 특히 포지셔닝 전략에 있어서 가격 전략은 저가격 전략, 프리미엄 전략, 명성 전략이 있다.

저가격 전략은 가능한 한 최저가로 다른 브랜드화된 제품과 경쟁하기 위해서 선택하는 것이다. 반면에 프리미엄, 명성 전략은 소비자에게 브랜드화된 제품을 차별시키기 위한 가격경쟁은 회피한다. 명성 전략에서의 차별 수준은 매우 높다.

❶ 저가격 정책을 선택한다면 이 전략은 효율성과 저가로 경쟁하는 것은 필수적 선택이다(적은 이윤). 만일 저가격의 브랜드 포지셔닝을 따른다면, 적정한 품질을 강조하지 않을 것이다. 이 전략에서 브랜드 네임은 저가격을 나타내는 지각 신호의 기능을 할 뿐이고, 브랜드 네임은 소비자에게 제품에 대한 가치를 약간 추가해 주거나, 추가해 주지 않는다.

저가격 전략에서는 마케팅 커뮤니케이션을 위한 이용 가능한 예산은 없고 차별점도 없다. 따라서 저가격 전략에서 소비자에게 접근하기 위해서는 프리미엄, 명성 전략에 근거한 성공한 제품의 내적 속성과 저가격 전략에 기초한 브랜드화된 제품의 내적 속성을 일치시키는 것이 오히려 더 낫다. 즉 모방 전략이다. 모방을 통해서 저가격 제품을 다른 성공한, 시장에서 더 높게 포지션된 제품과 일치시키는 것이다. 이러한 모방 전략은 시장에 더 높게 포지션된 제품이 없을 때는 불가능하다.

❷ 프리미엄 전략에 따른다면, 브랜드화된 제품의 가격은 제품에 대해 기꺼이 비용을 지불하려는 소비자의 수(즉 해당 제품의 수요)와 경쟁 제품의 가격수준에 의해서 결정된다. 저가격 전략과 반대로 프리미엄 브랜드는 소비자에게 의미있는 브랜드를 만들 수 있는 많은 가능성을 제공한다. 이것은 또한 명성 전략을 따를 때에도 가능하다. 특정한 고품질이 브랜드에게 주어질 것이고, 이러한 고품질은 내적 속성과 관련될 뿐만 아니라, 브랜드화된 제품에 의미를 가지는 목표고객과도 관계가 있다. 브랜드화된 제품의 가격은 소비자에게 특수한 정신적 의미를 지닌다. 가격이 너무 낮거나, 너무 비싸다면 소비자들은 불만을 갖게 될 것이다.

만일 브랜드화된 제품이 차별적 이점을 가진다면, 프리미엄과 명성 전략만이 성공할 것이다. 이러한 차별점은 유형적, 무형적 측면에 근거한다. 유형적 차별화를 위해서는 지속적인 브랜드화된 제품의 혁신을 필요로 하는데 이는 종종 대규모의 투자를 요구한다. 이 경우 마케팅 커뮤니케이션은 소비자에게 차별점을 전달하는데 유용하다. 브랜드화된 제품의 변경이 증가하며, 혁신의 주기가 상당히 짧아질 것이다. 또한 무형적 측면에 근거해서 차별화되어지는 브랜드는 마케

브랜딩 따라잡기 25

가격 결정

경쟁적 가격 전략

경쟁상 대등한 가격으로 또는 그보다 낮게 가격을 결정한다. 광고는 크고 눈에 잘 띄는 가격과 함께 다양한 제품을 보여주며, "우리는 어느 누구보다도 비싸게 팔지 않습니다."라고 자랑한다. 경쟁상황을 끊임없이 모니터해야 하는데, 반격을 초래할 수도 있다.

고가 전략

최초 가격은 제품을 개발하는데—또는 상점을 꾸미고, 장식하며, 재고를 비축하고 촉진하는데—소요된 비용을 충당하기 위해 비교적 높게 결정한다.

침투 가격 전략

시장에 빠르게 침투하기 위해 최초 가격을 낮게 결정한다. 사업이 진전됨에 따라 점차 더 수익을 낼 수 있는 수준으로 가격을 올린다. 처음에 하는 광고에서는 저가격을 강조하고, 나중에는 상점의 서비스나 품질, 선택의 다양성, 또는 편리함을 강조한다.

촉진적 가격 전략

새로운 계열의 장비를 소개하거나 구 계열의 것을 처분하기 위해 특별 저가로 판매한다. 전형적인 전술로는 한 개 값으로 두 개를 준다든지 월말 세일을 하는 것들이 있다. 수요를 자극하거나 신상품을 위한 공간을 만들기 위한 것이다.

염가 매출품 가격 전략

상점으로의 통행을 만들어 내고 다른 정상가 상품들을 팔기 위해 한 가지 상품을 선정해서 '원가 이하로 판다'는 광고를 한다. 염가 매출품을 내놓는 기업들은 재고로 그 물품을 가지고 있어야 하며, 정상가 상품으로 고객들이 옮겨가지 않을 수도 있음을 생각해야 한다. 사기성 짙은 미끼판매(bait-and-switch) 광고는 많은 지역에서 불법이며, 어디서나 비윤리적이다.

명성 가격 전략

비가격 경쟁이다. 그 기업을 최고의 상품, 최선의 서비스, 무료배달 체제를 제공하고 호화롭고 편리한 환경에 친절하며 제품에 정통한 직원을 배치한다. 광고는 가격을 아예 언급하지 않을 수 있다.

브랜딩 따라잡기 26

에비앙

에비앙(Evian)은 프랑스 동남쪽 알프스 자락에 위치한 인구 2만 5천의 소도시로, 레만 호를 사이에 끼고 스위스와 마주하고 있다. 에비앙 "레뱅"이라고도 불리는 이 도시는 '알프스의 진주'라는 찬사에 걸맞게 유럽인들이 가장 즐겨 찾는 휴양지로 유명하다.

에비앙이 세상에 알려지게 된 것은 프랑스혁명이 나던 해인 1789년으로 거슬러 올라간다. 신장결석을 앓던 레세르라는 후작이 한 노인의 권유로 이곳의 샘물을 마시고 완쾌되자, 감탄한 나머지 광천수에 대한 효능을 알리기 시작한 게 오늘날 '에비앙 생수'의 효시라고 한다. '에비앙'이라는 말은 물을 뜻하는 켈트어의 '에부아'에서 나왔다고 하는데 알프스의 만년설이 녹아 흘러내린 물은 애초부터 효험이 있었던 듯하다.

그 후 이 물은 약으로 알려져 '카샤(취수원 이름)'라는 이름으로 팔렸고, 마시는 물로 프랑스정부의 판매허가를 받은 것은 1878년이었다. 세계 최초의 상업용 생수인 셈이다. 현재 연간 13억 l 를 생산하면서 해외 120여 개국에 수출하는 에비앙은 세계인이 즐겨 마시는 생수의 대명사로 자리를 굳혔다.

자료 : 한국경제, 2003년 5월 30일자 인용

팅 커뮤니케이션에 의존한다. 결론적으로 마케팅 커뮤니케이션은 차별화를 위한 가장 중요한 요인이다.

3. 유통 전략

소비자들은 광고, 점포에 있는 제품, 친구와 친척들의 의견, 그리고 쇼핑경험에 따라서 점포 이미지를 형성한다. 그 제품이 유통되는 채널(점포)의 이미지는 브랜드 이미지 그 자체이다. 소비자들은 동일한 브랜드를 이마트나 홈플러스에서 판매될 경우에 비하여 롯데백화점에서 판매되는 경우에 더 차별적으로 지각할 것이다. 한 연구에서 동일한 카펫 견본을 소비자에게 평가하도록 제공했다. 각 견본에는 다소 유명한 점포명이 부착되었다. 가격이 동일함에도 소비자들은 유명하지 않은 점포명이 부착된 견본보다 유명한 점포명이 붙은 견본을 더 높게 평가했다. 따라서 제품과 가격이 동일함에도 긍정적 점포 이미지는 긍정적인 브랜드 이미지를 형성하였다.

이처럼 브랜드의 유통채널 선택은 단지 브랜드를 효과적으로 고객의 손에 전달할 판매점을 찾는 데에만 국한된 것이 아니다. 유통채널은 또한 브랜드 이미지에 부합되게 브랜드의 전체적인 계획을 강화시킬 수 있어야 한다. 가장 기본적인 선택은 그 브랜드의 제품 및 서비스를 고객에게 직접 유통시키느냐 아니면 몇몇 중개상을 거쳐 유통시키느냐 하는 것이다. 고객에게 직접 판매하는 것은 강력한 지불가치 포지셔닝을 가진 브랜드에 의해서 전형적으로 행해지는 방법이다. 이러한 브랜드는 중간 유통단계를 없앰으로써 비용을 절약하고 그 절약비용 혹은 그 일부를 고객에게 되돌려 주는 것이다.

또 다른 브랜드의 경우 브랜드 아이덴티티 측면을 강조하는 경우에도 직접 판매를 수행한다. 예를 들어 전 세계 여성의 삶을 풍요롭게 한다는 철학을 가지고 있는 Mary Kay 화장품 회사는 고객과의 연결방법을 여성에 의해 여성에게 직접 판매하고 있다. 회사의 설립자인 Mary Kay Ash는 "특히 우리는 고객과의 접촉을 소중히 한다."고 말한다. 브랜드 개성에 초점을 맞추는 브랜드 또한 브랜드의 특징을 전달하기 위해서 직접 판매를 선택한다. 화장품 브랜드인 Yves Rocher는 자사의 내추럴 뷰티 제품들을 그들 자신의 매장, 뷰티센터, 우편, 인터넷 그리고 인적판매를 통해서 판매한다. Yves Rocher 브랜드 개성은 '누구보다 여성의 본성을 더 존중합니다.'라는 회사의 슬로건에서 추론할 수 있듯이 진실성과 친절함의 표현이다. Yves Rocher의 직접 판매는 고객에게 보다 더 다가가는 하나의 방법이다.

그러나 다른 어떤 브랜드는 브랜드가 너무 구체적이고 복잡한 것을 요구하기 때문에 고객들과의 직접 접촉을 오직 판매 대리인을 통해서만 허용한다. 이는 기술적인 특징과 문제해결과 같은 포지셔닝 측면에 매우 의존하는 브랜드의 경우이다. 제록스와 IBM과 같은 기술회사들 사이에서는 대량판매가 산업시장뿐만 아니라 자국의 소비자 시장에서도 여전히 일반적이다.

브랜드 아이덴티티를 강조하는 브랜드들은 종종 그들의 유통채널의 선택을 주의 깊게 살펴야 한다. 예를 들어 브랜드 자체의 강한 유산을 가지고 있는 브랜드들은 일반적으로 가격 할인정책을 피하는데, 이것은 단순히 그런 유형의 점포와 관계를 맺는 것이 브랜드에게 이익이 되지 않으며 심지어 결과적으로 낮은 가격이 브랜드에 해가 될 수 있기 때문이다.

구체적인 개성을 가지고 있는 브랜드들은 최소한 그들 브랜드 개성에 해를 주지 않는 판매점을 추구한다. 그러한 브랜드의 경우, 일반적으로 소비자들에게 보다 구체적인 브랜드 경험을 제공하기 위해서 자체 매장을 운영한다. 이러한 자체 매장을 운영하는 예들은 Emporio Armani와 Versace와 같은 패션산업에서 많이 볼 수 있으나 Nike Town과 같은 스포츠 의류나 Apple store와 같은 컴퓨터, 하겐다즈와 같은 아이스크림 등 다른 카테고리에서도 찾을 수 있다.

4. 촉진 전략

촉진은 브랜드를 소비자에게 알리는데 결정적인 역할을 하는 변수이다. 아무리 좋은 브랜드도 촉진의 도움 없이는 소비자의 기억 속에 자리 잡을 수 없다. 촉진이야말로 소비자와 커뮤니케이션할 수 있는 가장 효율적인 수단이기 때문이다. 촉진에는 광고, 판매촉진, 홍보, 인적 판매 등 다양한 방법이 있다. 출시하고자 하는 브랜드의 포지셔닝에 걸 맞는 커뮤니케이션 전략을 수립하여 가장 효율적인 매체 구성으로 소비자를 설득할 때 그 브랜드의 성공 가능성은 높아진다. 촉진 전략은 이어지는 제10장 브랜드 커뮤니케이션 편에서 상세하게 설명할 것이다.

지금까지 살펴본 모든 마케팅 믹스 활동은 고객과의 접촉점에서 좋은 브랜드 경험을 창출하는 것에 최고의 목표를 둔다. 좋은 브랜드 경험은 브랜드에 대한 좋은 인상을 제공하고 이는 곧 호의적인 브랜드 이미지를 형성하게 한다.

제 2 절 브랜드 유형에 따른 마케팅 믹스 전략

"어떻게 브랜드 자산을 구축하는가?"에 대한 대답은 매우 복잡하다. 브랜드 자산 구축은 '원하는 포지셔닝이 무엇인가'라는 비전에 따라 방향이 정해지고, 이것은 마케팅 믹스와 관련된 모든 의사결정을 통해 실행된다. 서로 다른 마케팅 믹스 요소들의 상대적인 중요성은 기업이 창조하고자 하는 브랜드의 유형이 무엇인가에 따라 변한다.

일반적으로 브랜드 유형은 매슬로우의 욕구계층구조에 따라 〈그림 9-1〉과 같이 3가지의 브랜드 유형으로 구분할 수 있다. 앞 절에서는 일반적인 마케팅 믹스 요소들을 다루었지만, 지금부터는 브랜드 유형에 따라 마케팅 믹스 요소들을 어떻게 해야 하는지에 대해여 살펴보기로 한다.[10] 이들 내용들은 제6장의 제3절에서 상세하게 다룰 것이다.

그림 9-1 소비자 욕구에 따른 브랜드 유형

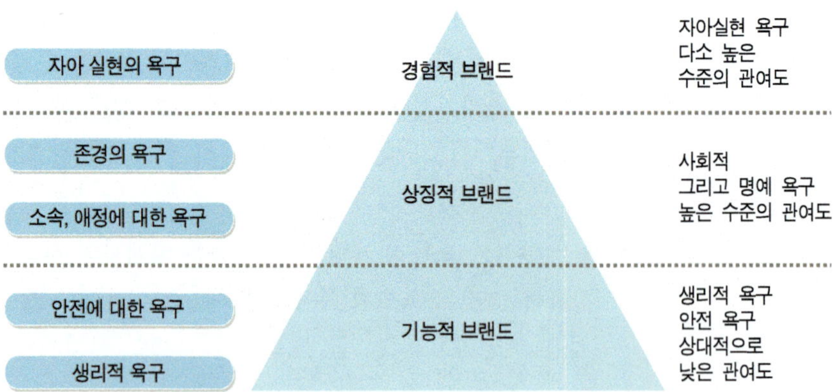

10) Edited by Dawn Iacobucci (2001), Kellogg on Marketing: The Kellogg Marketing Faculty of the Kellogg School of Management, John Wiley & Sons Inc., pp.149-174(역서)에 기초하여 작성.

1. 기능적 브랜드

기능적 브랜드들은 소비자들의 기능적인 필요를 충족시키기 위해서 구매된다. 예를 들어 옷을 세탁하고, 통증을 가라앉히는 것 등이 기능적인 목적이라고 할 수 있다. 따라서 기능적 브랜드의 이미지는 제품의 외형적인 특성과 기본적인 기능과 연결되어 있다. 대체로 성공한 기능적 브랜드들은 구매자의 마음속에서 특정 제품군과 강하게 연결되어 있으며, 같은 제품군 내 다른 브랜드들과 많은 관련 이미지들을 공유하고 있다. 예를 들어, 타이드(Tide)는 깨끗한 세척과 거의 동의어이다. 기초적인 욕구를 넘어서서 많은 기능적 브랜드들이 뛰어난 성능이나 뛰어난 가격을 제공함으로써, 똑같거나 유사한 기능을 제공하는 경쟁자들로부터 차별화된다.

뛰어난 성능

질레트는 기능적 브랜드의 대표적인 사례이다. 질레트는 젖은 면도를 위한 제품군, 그리고 그 제품군에 속하는 제품의 기능—깨끗하고 편안한 면도 제공—과 강하게 연결되어 있다. 그림에서처럼 질레트의 마하 3의 광고에서 뛰어난 성능을 강조하고 있다.

뛰어난 가격

기능적인 브랜드를 차별화시킬 수 있는 다른 한 가지 대안은 제품과 관련된

질레트 마하 3

기본적인 기능들이 얼마나 경제적으로 제공될 수 있는가이다. 저렴한 가격은 시간을 절약하거나 구매과정에서의 말다툼을 줄여주거나 혹은 돈을 절약함으로써 제공될 수 있다. 맥도날드는 저렴한 가격에 제공되는 기능적인 브랜드이다. 소비자들은 '맥도날드'하면 '패스트푸드' 혹은 '가격에 비해 높은 혜택' 등을 떠올린다.

기능적인 브랜드는 소비자들이 음식, 집, 건강, 혹은 안전 등과 같은 그들의 육체적인 필요와 관련된 가장 기본적인 목적들을 달성하게 함으로써 고객들과의 관계를 형성한다. 소비자들의 요구사항과 경제적 여건은 저마다 다르기 때문에, 뛰어난 품질이나 저렴한 가격에 초점을 맞추는 브랜드 모두 그 제품군 시장에서 성공할 수 있다. 일부 소비자들은 깨끗하고 편리하게 면도되는 면도기를 좋아하는 반면, 어떤 소비자들은 적당히 잘 작동하기만 한다면 가장 저렴한 제품을 좋아한다.

기능적 브랜드의 관리

기능적인 브랜드를 만들기 위해서는 자원을 제품요소(뛰어난 성능을 위해서)에 집중시키거나, 아니면 유통경로와 가격요소(저렴한 가격을 위해서)에 집중시켜야 한다. 광고의 역할은 브랜드와 제품군 사이의 관계를 강화시키고 그 브랜드가 경쟁 브랜드보다 뛰어나다는 메시지를 전달하는 역할을 한다.

2. 상징적 브랜드

상징적 브랜드는 주로 이미지를 투영시킴으로써 가치를 창출한다. 이들 브랜드가 경쟁자와 차별화되는 이유는 뛰어난 제품에 기초할 수도 있으나 구매자들이 그들 브랜드가 독특한 연상 이미지, 혹은 상징의 집합을 제공한다고 보기 때문이다. 상징적 브랜드는 제품이 상대적으로 차별화되지 않았거나, 품질을 평가하기 어렵거나, 혹은 그 제품을 소비하는 다른 사람에게 보이는 제품군(자동차, 옷, 술 등)에서 만들어진다.

이러한 상황에서 그 브랜드와 관련된 이미지가 그 제품을 다른 브랜드와 구별시키고, 혹은 다른 사람들에게 자신이 어떤 집단에 속한다거나 혹은 어떤 성취를 이루었다는 것을 나타내는 '배지(badge)' 역할을 함으로써 가치를 부가한다. 또한 그 브랜드의 독특함과 유일함을 정의하고 구매자들로부터 높은 가치가 부여되는 상징을 창조하기도 한다. 종종 상징적 브랜드는 기능적 브랜드로부터 발전되기도 하는데, 이는 제품의 기능적인 측면을 좀 더 추상적으로 만들고, 그 기능들을 좀 더 감정적인 소비자 목적과 연결시킴으로써 가능하다.

많은 제품군 시장에서 경쟁의 심화로 인해 의미 있는 차별화가 불가능해지면서 상징적 브랜드의 중요성이 부각되었다. 상징적 브랜드는 다음과 같이 여러 가지 방법으로 창출될 수 있다.

제품 특성에 기초한 이미지

일부 브랜드는 독특한 제품 기능을 이용하여 이미지를 창조하기도 한다. 이러한 사례로는 워터맨(Waterman) 만년필로써 단지 글씨가 잘 써진다는 이유만으로는 400달러라는 가격을 정당화하기란 어렵다. 그러나 워터맨은 지위와 세련된 취향을 표현하는 수단이 된다. 그것은 다음 세대로 계속 이어져 사용할 수 있는 유산으로까지 묘사된다. 더욱이 워터맨은 다양한 종류의 제품들을 선보임으로써 사용자들의 성격을 매우 세밀하면서도 세련된 방식으로 표현할 수 있도록 해준다.

사용자 이미지

브랜드는 누가 그 브랜드를 사용하는가에 초점을 맞춤으로써 이미지를 창조하기도 한다. 즉 브랜드를 사용하는 사람들의 특징이 브랜드의 가치를 대변한다.

1970년대 중반에 창업된 나이키(Nike)는 마이클 조던(Michael Jordan), 존 맥켄로(John McEnroe) 그리고 보우 잭슨(Bo Jackson)과 같은 유명 선수들을 광고에 등장시킴으로써 개인적인 성취, 승리 그리고 유일함 등의 이미지를 창조했다.

광고

상징적 브랜드를 창조하는 고전적인 방법은 광고를 통해서이다. 흔히 이것은 제품 기능이나 유명인 사용자 이미지에 의존하지 않고 생생하게 관련된 이미지를 만들어낼 수 있는 방법이다.

펩시는 광고를 통해 발전된 상징적 브랜드의 좋은 예이다. 코카콜라와 대치되는 브랜드로써 펩시는 처음에는 낮은 가격, 경쟁자 모방 전략으로 선도자의 시장점유율을 차지하고자 했다. '5센트로 두 배 더 많이'가 광고 슬로건이었고, 이는 같은 가격에 좀 더 많은 가치를 제공하는 것에 초점을 맞춘 것이었다. 그러나 이러한 노력은 코카콜라의 주도적인 입지를 더욱 강화시키는 결과만 초래했다. 펩시는 뒤이어 '새로운 세대의 선택(The Choice of a New Generation)'이라는 광고를 통해 젊은 소비자들을 위한 음료수라는 점을 강조했고, 좀 더 최근에는 '다음 세대(Generation Next)'라는 문안으로 광고를 했다. 젊은 구매자들과 연관된 이미지를 창조함으로써, 펩시는 코카콜라를 나이든 소비자들의 음료수로 규정해버렸고, 이로써 경쟁우위를 차지하게 되었다.

상징적 브랜드의 관리

상징적 브랜드는 소비자와의 정서적인 유대감을 형성할 때 성공한다. 이들 브랜드들은 더 큰 사회집단에 속하고자 하거나 다른 사람들로부터 존경을 받고 싶거나 혹은 특정한 이미지에 의해 자아를 정의하고 싶어 하는 소비자들의 욕구를 만족시키려고 한다. 광고와 다른 형태의 의사소통 수단들(홍보, 이벤트, 스폰서, 판촉)은 이미지 브랜드를 발전시키는데 주도적인 역할을 한다. 왜냐하면 이러한 브랜드들의 가치는 제품의 기능보다는 그 제품을 사용하는 행동 자체가 어떤 의미를 가지는가에 대한 공유된 해석에서 나오기 때문이다.

상징적 브랜드를 관리하기 위해서는 상당한 시간과 자원이 필요하다. 이들 브랜드를 정의하는 이미지는 소비자의 마음속에서 창조되어야 한다. 코카콜라와 같은 세계적 브랜드가 되기 위해서는 어렵고 끝없는 작업이 이어져야 한다. 이러한 브랜드들이 성공을 유지하기 위해서는 새로운 소비자들이 코카콜라가 제공하는 이미지를 접하고 받아들일 수 있도록 끊임없이 노력해야 한다.

3. 경험적 브랜드

경험적 브랜드는 어떤 점을 강조하는가에 따라 상징적 브랜드와 차이를 보인다. 상징적 브랜드는 그 제품이 무엇을 나타내는가에 초점을 맞추는 반면, 경험적 브랜드는 소비자가 그 브랜드와의 상호작용에서 어떻게 느끼느냐에 초점을 맞춘다. 브랜드 경험은 소비의 시점에서 브랜드와 소비자에 의해서 동시에 창조되며, 독특하며 매우 개인적이다. 따라서 경험적 브랜드는 같은 사람에게도 때에 따라 다르게 경험될 수 있다.

경험적 브랜드는 유형의 제품을 포함하지만, 꼭 그럴 필요는 없다. 또한 어떤 제품이 경험적 브랜드의 일부일 경우에는 그 제품의 소유권이 소비자에게로 옮겨가지 않을 수도 있다. 대신 제품, 환경, 그리고 서비스는 서로 합쳐져서 순간적이고 다양한 감각으로 지각될 수 있는 제품과의 만남을 창조해낼 수 있다. 이러한 브랜드와의 만남은 반복될 수 있고, 혹은 고객과의 확장된 접촉을 내포하기도 한다. 따라서 경험적 브랜드를 창조하는 데는 '장소'와 '사람'의 요소가 특히 중요하다.

디즈니는 경험적 브랜드의 대표적인 사례라고 할 수 있다. 디즈니 월드를 방문하는 사람들은 아이들의 얼굴에 퍼지는 즐거움을 보는 경험을 구매하고, 아마도 그들 스스로 어린 시절의 환상 속으로 되돌아갈 수 있는 기회를 사는 것일지도 모른다. 기념품들은 구매되긴 하지만 제품 자체의 가치보다는 포괄적인 경험의 기억들을 되살릴 수 있도록 하는데 주된 가치가 부여될 것이다.

경험적 브랜드의 관리

경험적 브랜드는 두 가지 해결과제에 당면한다. 첫째는 브랜드 경험을 일관되게 유지시키는 능력이다. 버진 애틀랜틱 항공사(Virgin Atlantic Airways)는 비행 운송 서비스를 제공하는데, 단순히 비행기를 타는 것이 아니라 기억에 남을 만한 경험을 창출하는 데 기초한다. 버진은 일등석 승객들에 대해 오토바이나 운전기사를 대동한 리무진을 이용하여 공항까지 태워준다. 뿐만 아니라 클럽하우스 라우지에서, 고객들은 미용실, 서재 그리고 오락실 등의 시설을 사용할 수 있고 음료와 스낵을 제공받을 수 있다.

경험적 브랜드 관리에 있어서 두 번째 해결과제는 같은 브랜드에 대한 소비자의 기대가 발생한다는 사실이다. 처음 방문한 디즈니 월드와 세 번째 방문한 디즈니 월드가 같은 느낌으로 다가올까? 이 문제를 다루기 위한 한 가지 전략은 경험을 지속적으로 확장시키고, 경험의 수준을 높이는 것이다.

4. 요약

지금까지 브랜드의 세 가지 유형에 대하여 논의했고, 이는 곧 마케팅 믹스 요소 중 어떤 것이 중시되는가에 의한 분류를 의미한다.

〈표 9-1〉에서는 브랜드의 유형을 세 가지의 구별되는 집단으로 나누어 정리했다. 그러나 세 가지 구분을 한쪽은 제품초점, 다른 한쪽은 고객초점을 나타내는 하나의 연장선상에 놓여 있는 것으로 보는 것 또한 유용하다. 한쪽 극단에는 기능적인 브랜드가 있는데, 기능적 브랜드는 공장에서 만들어지고 소비자들이 원하는 때에 언제라도 제공될 수 있다. 반대편에는 경험적 브랜드가 있는데, 경험적 브랜드는 소비가 일어남과 동시에 그것을 소비하는 사람들의 적극적인 참여로 발생한다. 상징적 브랜드는 이들 중간에 속한다. 상징적 브랜드는 공장에서 제조되기는 하나, 브랜드의 가치는 많은 부분에 있어 소비자들이 다른 사람에게 그것을 드러내 보이는 것으로부터 발생한다.

일반적으로 어떤 브랜드든지 세 가지 구분 중 특정의 하나에 속하지는 않는다. 브랜드나 제품군이 무엇이건 간에 그 제품을 애용하는 사람들은 좀 더 감성적으로 제품에 깊이 빠져 있는 경우가 있고, 그 브랜드를 이미지나 경험적인 특성을 가진 것으로 평가할 수도 있다.

표 9-1 브랜드 유형에 따른 마케팅 믹스 전략

브랜드 유형	차별화의 기준	강조되는 마케팅 믹스	소비자 욕구와 관여도	경영상 해결과제
기능적 브랜드 타이드, 델컴퓨터	뛰어난 성능 혹은 뛰어난 가격	제품, 가격 혹은 유통	생리적 욕구, 안정 욕구, 상대적으로 낮은 관여도	경쟁력 우위 유지
상징적 브랜드 애플 코카콜라	바람직한 이미지	커뮤니케이션	사회적 그리고 명예욕구 높은 수준의 관여도	변화하는 환경에서 브랜드 전통과 소비자 욕구 사이에서 균형유지
경험적 브랜드 디즈니 새턴	독특하고 참여하는 경험	서비스 제공 (유통(장소)과 사람)	자아실현 욕구, 다소 높은 관여도	서비스 제공의 일관성, 소비자 기대의 위험

자료 : Edited by Dawn Iacobucci (2001), Kellogg on Marketing: The Kellogg Marketing Faculty of the Kellogg School of Management, John Wiley & Sons Inc., p.173. 역서.

[생각해볼 문제]

1. 어떤 제품 카테고리를 선정하여 가격 전략과 인지된 가치의 관점에서 그 카테고리에 있는 모든 브랜드를 서술하여 보자. 가능하다면, 브랜드의 가격 전략의 역사(history)를 검토해 보자. 이러한 브랜드들이 적절하게 가격을 설정하고 조정하고 있는가? 당신이라면 무엇을 다르게 할 것인가?

2. 대형 마트를 방문해 보자. PB(private brand) 브랜드의 정도를 관찰해 보자. 당신이 생각하기에 어떤 카테고리에서 PB가 성공적인가? 왜?

제10장

브랜드 커뮤니케이션

이번 장의 주요 이슈

브랜드 아이덴티티가 개발되면 그 다음으로 중요한 전략적 요구는 표적시장에 그것을 전달하는 것이다. 따라서 이번 장에서는 브랜드를 소비자에게 알리고, 이미지를 구축하는데 결정적인 역할을 하는 브랜드 커뮤니케이션과 관련된 주제들을 다룬다.

❶ 브랜드 커뮤니케이션이 소비자들의 브랜드에 대한 지식 형성에 어떻게 기능하는가?

❷ 브랜드 커뮤니케이션이 소비자 행동에 어떻게 영향을 미치는가?

❸ 일반적인 브랜드 커뮤니케이션의 수단들에는 어떤 것들이 있으며 각각의 수단들이 어떤 역할들을 수행하는가?

❹ 통합 브랜드 커뮤니케이션이란 무엇이며 왜 필요한가, 또한 그 원리는 무엇이며 어떻게 수행해야 하는가?

제 1 절 브랜드 커뮤니케이션의 모델

선호하는 브랜드 이미지가 고객의 마음속에서 자연스럽게 형성(바람직한 브랜드 지식의 형성)되도록 기업은 브랜드 아이덴티티의 내용을 고객에게 전달하는 것이 중요하다. 브랜드 커뮤니케이션은 기업이 스스로 의도한 브랜드 의미(브랜드 아이덴티티)와 고객이 지니는 브랜드 의미(브랜드 이미지)를 다이내믹하게 연결시켜주는 데에 있다(그림 10-1).

이러한 브랜드 커뮤니케이션이 소비자들의 브랜드 지식형성에 어떻게 기능하는지에 대하여 다음에서 살펴보기로 한다.

1. 브랜드 커뮤니케이션 처리과정

소비자들이 광고와 여러 형태의 브랜드 커뮤니케이션에 어떻게 접근하며 처리

그림 10-1 브랜딩 과정

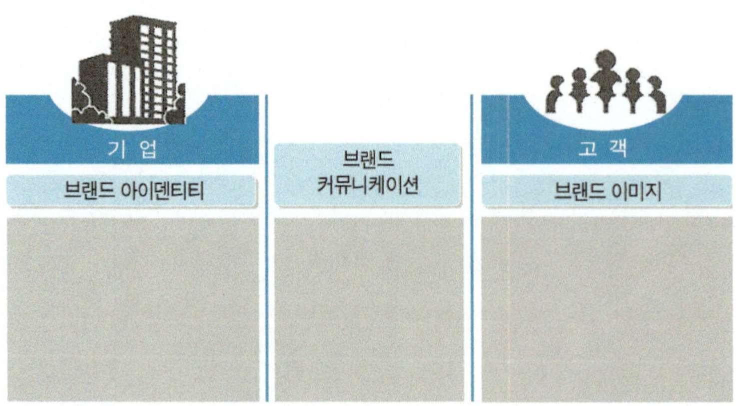

하는가? 〈그림 10-2〉는 광고와 브랜드 커뮤니케이션의 메시지가 어떻게 소비자들에게 수용되고 기억에 저장되는가를 보여주고 있다.[11)]

일반적으로 동일 소비자들에게 광고 메시지를 전달하려고 하는 다수의 송신자들이 있다. 이러한 모든 메시지들은 TV나 잡지, 내부 조직원, 브랜드에 관한 뉴스 스토리, 혹은 구전 등과 같은 여러 형태의 미디어를 통하여 보내진다. 중요한 점은 여러 미디어를 통하여 동일 소비자들에게 도달하여 영향을 미치려는 다수의 송신자들이 있다는 점이다. 〈그림 10-2〉에서 보여주는 것처럼, 커뮤니케이션 통로에는 노이즈(방해 잡음)가 있다. 어떤 경우에 이러한 노이즈는 외부로부터 오지만, 그러나 점점 마케터들이 동일 소비자를 대상으로 커뮤니케이션을 시도함에 따라 단순히 많은 메시지에 의해 노이즈가 생성될 수 있다.

소비자들이 메시지의 흐름을 통제하고 커뮤니케이션의 양을 넘쳐나지 못하게 하는 중요한 원천은 바로 지각적 필터라 할 수 있다. 지각적 필터는 특정의 아이템, 이벤트, 혹은 활동에 주의를 집중하게 하고 그리고 여러 감각이나 경험을 성공적으로 여과하게 하는 소비자의 능력이라 할 수 있다. 지각적 필터는 우리가 살고 있는 복잡한 세상을 대처하게끔 하는 여과과정이다. 또한 지각적 필터는 소비자들로 하여금 입수된 정보를 재빨리 분류하여 중요한 정보들을 확인하게끔 한다. 지각적 필터는 받아들일 수 있는 정보나 경험을 여과하여 선택하게끔 하는데 사용된다.

메시지의 부호화(encoding)와 해독(decoding)의 개념은 지각적 필터에 있어

그림 10-2 커뮤니케이션 처리과정

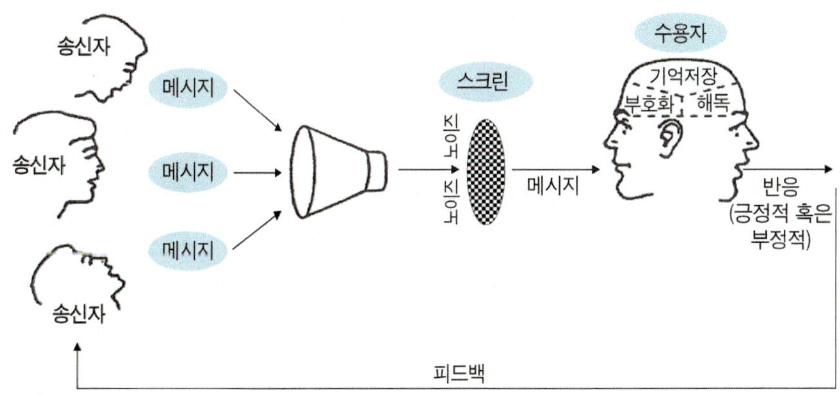

11) Don E. Schultzand & Stanley I. Tannenbaum (1989), Essentials of Advertising Strategy, 2d ed. (Lincolonwood, III: NTC Business Books), p.32.

중요하다. 모든 커뮤니케이션은 수신하여 부호화된 감각(지각)이다. 다른 말로 하면, 모든 소리, 색상, 톤(tones), 일러스트레이션(illustrations), 향기, 크기 등은 암호의 형태로 있다. 브랜드 커뮤니케이션의 성공에 있어 중요한 요소 중 하나는 바로 소비자(수용자)는 부호화된 브랜드 메시지에서 송신자가 의도한 것을 획득하는데 있다. 지각적 필터 과정을 통하여 소비자는 그들이 이해하는 패턴이나 요소들을 끊임없이 추구한다. 만약 패턴이 없다면 혹은 소비자가 사용된 부호를 이해하지 못한다면, 메시지는 수용될 수 없으며 그 결과 어떤 커뮤니케이션도 발생하지 않는다.

일단 소비자들이 마케터가 개발하여 전달한 부호를 통하여 정보를 분류한다면, 송신자들이 보내는 정보의 형태가 확인되고 그러한 정보를 처리할 것인가 말 것인가를 결정할 것이다. 만약 정보가 처리된다면, 광고의 경우에 즉각적으로 처리하든지 혹은 나중에 사용하기 위해 저장할 것이다. 예를 들면 TV의 직접 마케팅 광고(television direct marketing advertisement)의 경우에 즉각적인 반응이 있을 것이다. 광고주인 DHC 통신판매회사에서 화장품을 제안한다. 소비자는 광고를 보고 구매하기로 결정하고 수신자 요금으로 전화를 하여 주문을 한다. 메시지가 전달되고 소비자는 반응을 한다. 따라서 두 당사자 간에 성공적인 거래가 이루어진다. 이러한 경우에, 수신자 요금으로 전화해서 주문을 하는 것이 소비자로부터의 피드백이라 할 수 있다.

하지만 많은 브랜드 커뮤니케이션 상황에서, 소비자들의 결정은 즉각적이지 않다. 종종 소비자들은 광고된 브랜드를 사려고 하지 않으며 그러한 특정의 순간에 구매할 처지에 있지 않다. 이러한 경우, 광고된 브랜드가 소비자들에게 흥미가 있다면, 나중에 활용하기 위해 광고 메시지를 저장할 것이다.

2. 소비자들은 정보를 어떻게 저장하는가?

소비자들이 광고 메시지에 즉각적으로 행동이나 반응을 하지 않기 때문에 정보가 고객의 기억 속에서 어떻게 처리되고 저장되는지를 이해하는 것이 중요하다. 〈그림 10-3〉은 이러한 과정을 단순화한 예이다. 소비자들은 지속적으로 그들의 환경에 주의를 기울이며 소리, 시각, 냄새 등에 있어서 패턴을 찾는다. 이것은

그림 10-3 정보처리과정

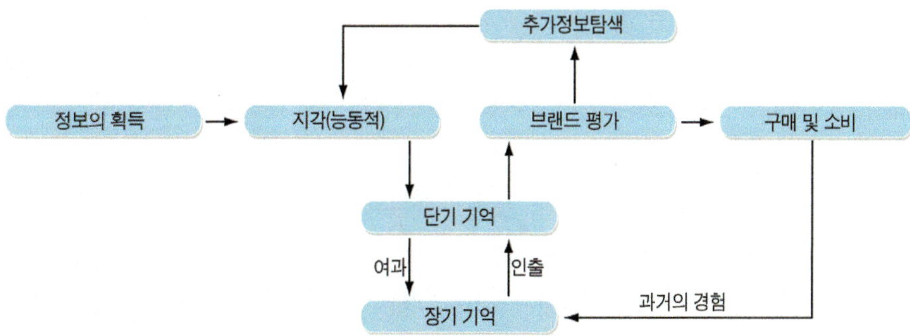

자료 : Henry Assael (2004), Consumer Behavior: A Strategic Approach, Houghton Mifflin, p.196.

소비자들이 세상을 이해하는데 유용하다. 보통 소비자들은 그들이 이해하지 못하는 것을 스크린한다. 이것의 좋은 예는 언어 인식이다. 만일 우리가 영어로 말한다면, 다른 영어로 말하는 사람들에 의해 소리가 의미를 가지며 그 결과 수용되기가 쉽다. 중국어, 힌두어로 말하는 소리는 영어 사용자에게는 아무 의미 없다. 그리고 쉽게 거절된다.

여과 과정은 두 가지 기억형태 중 하나를 수반한다. 단기 기억(short-term memory)은 저장해야 할 정보와 무시해야 할 정보를 결정하는 여과수단으로 작용한다. 반면에 장기 기억은 보다 복잡하고 자세한 정보에 의미를 부여하고, 연결시킨다. 사실 단기 기억은 기간이 짧고, 매우 제한되었다. 이것의 예로 대부분의 사람이 전화번호를 처음 들을 때 그 전화번호를 기억할 수 없다. 또한 거기에는 정보를 저장할 공간이 없다.

장기 기억은 개인의 전체적인 역사(history)를 저장하는 영역이다. 소비자들이 경험하는 모든 것은 여기에 저장되어진다. 그리고 정보는 노드(node)와 네트워크(link)의 형태로 저장되어진다. 하나의 노드는 특정 개념의 기본적인 요소를 포함하지만, 그러나 노드는 뇌에 저장되어 있는 다른 노드와 관계되고, 강화되고, 연결되어진다. 예를 들면, 미키 마우스(Mickey Mouse)를 보자마자, 소비자들은 자동적으로 미키마우스와 관련된 다른 노드에 연결된다. 이러한 노드들은 Walt Disney, Disney World의 방문, Birthday, Parade, the Disney Store, the Disney Catalog를 포함할 것이다. 활성화 확산(spreading activation)이라 불리어지는 노드와 연결과정은 사람들마다 다르다. 그 경험도 다르고, 연결도 다르며, 관계 또한 다르다. 다양한 형태의 브랜드 접촉을 확립하려고 하는 브랜드 커뮤니케이션 캠페인을 전개할 때 이것을 이해하는 것은 중요할 것이다.

애플 컴퓨터를 생각해 보자. 무슨 이미지가 떠오르는가? 애플의 로고, 컴퓨터, 그래픽, 무엇? 너의 기억에 저장되어 있는 브랜드 이미지는 애플 컴퓨터를 불러내는 노드와 연결되어진다. 어떤 회사에 대해서도 완전히 같은 경험을 가진 사람은 아무도 없다.

소비자의 눈에 브랜드가 독특성의 개념을 가질 때 그들의 마음에 도달하기 시작한다. 마케터는 수천수만의 소비자의 마음속에 독특한 브랜드 이미지를 구축하는데 도움을 준다(상세한 내용은 제3장을 참조하기 바란다.).

3. 소비자들은 브랜드 정보를 어떻게 활용하는가?

브랜드 커뮤니케이션에 의해 전달된 정보는 고객의 마음속에 다음과 같이 3가지 형태로 저장된다:

❶ 대상이 그들의 속성과 관련되어 있다. 우리가 특정의 제품을 생각할 때, 많은 속성들을 그 제품에 연결시킨다. 예를 들면 치약은 튜브로 나타나며 그것은 어떤 향, 색상을 가진다.

❷ 대상은 다른 대상과 관련되어 있다. 예를 들면 치약은 칫솔, 치실(dental floss), 욕실 등등과 관련되어 있다.

❸ 정보는 장기간에 걸쳐서 저장된다. 우리는 저장 시스템 즉 메모리(memory: 기억)를 통하여 때에 맞춰 정보를 저장하기도 하고 인출하기도 한다. 종종 우리는 특정의 사건에서 기억하고 있었던 것을 회상할 수 있다. 시간에 걸쳐 정보를 저장하고 인출할 수 있는 이러한 능력은 왜 사람들이 브랜드에 대한 특정의 경험을 기억하고 관련시키는지를 설명하고 있다. 이러한 시간에 걸쳐 정보를 저장하고 인출할 수 있는 능력은 사람들이 어떤 브랜드에 대한 나쁜 경험을 왜 잊어버리는 것이 어려우며 혹은 왜 좋은 경험을 기대하는지를 설명하고 있다.

이러한 세 가지 정보저장 형태는 브랜드 지식에 모두 기여를 하고 있다. 제3장의 〈그림 3-4〉에서 보여주는 것처럼, 브랜드 지식은 브랜드 인지와 브랜드 이미지라고 하는 두 가지 주요한 구성요소를 가지고 있다(이에 대한 상세한 설명은

제3장을 참고하기 바란다.).

① 브랜드 인지

소비자들은 브랜드 네임, 심벌, 색상, 패키지, 광고, 그리고 그들이 시간에 걸쳐 노출된 특정의 브랜드와 관련된 요인들을 인지하고 회상하며 연상을 한다. 브랜드 인지는 브랜드 지식의 가장 단순한 형태라 할 수 있다.

이것은 주로 종합적인 브랜드 인식에 대한 다양한 조각의 청각적, 시각적 데이터의 관계에 의존한다. 성공하기 위해서 소비자가 정신적 요소, 브랜드 형태, 그 모든 요소들과 그것과의 관계를 장기 기억으로부터 기억해내는 것이 필요하다.

② 브랜드 이미지

브랜드 이미지는 주로 브랜드 연상을 통하여 창조된다. 소비자들은 브랜드를 호의적이냐 비 호의적이냐와 같은 개념과 관련시킨다. 브랜드 연상을 통하여 브랜드가 소비자에 무엇인가를 의미하게 된다. 브랜드는 특정의 욕구를 충족시켜 줄 수 있으며 혹은 어떤 가치를 지니게 된다. 브랜드 연상이 강하면 강할수록, 더 호의적이면 호의적일 수록, 그리고 더 독특하면 독특할수록 브랜드는 경쟁 브랜드에 의해 쉽게 모방될 수 없다.

브랜드에 대한 상호 관련된 지식의 노드(node)는 소비자 연구자들에게 많은 주목을 받아왔다. 그들은 스키마(schemas)[12]를 통해서 소비자 기억 속에 연상 지도(association map) 만들기를 시도하였다. Peter와 Jerry C. Olson(1993)은 "스키마는 어떤 개념에 대한 사람들의 지식을 나타내는 상호 관련된 의미의 연상 네트워크이다."[13]라고 하였다. 제3장에서 설명하였던 데로 브랜드 관련된 스키마를 브랜드 연상 네트워크라 부른다(브랜드 연상 네트워크에 대하서는 3장을 참조하기 바란다.).

마케터는 해당 제품(브랜드)의 브랜드 연상 네트워크가 무엇인지를 찾아내는 것이 필요하다. 어떤 종류의 생각, 이미지, 느낌이 소비자로 하여금 경쟁자의 브랜드와 우리의 브랜드에 대해 연상할까?

---

12) 신념의 군집을 스키마(schema)라 한다. 기억의 과정 맥락에서 어떤 마디(브랜드와 같은)가 다른 마디의 군집을 이끌어내는 경우에 스키마가 발생한다. 마케팅에 있어서 이러한 스키마는 소비자의 브랜드 이미지와 기업 이미지라고 할 수 있다.

13) J. Paul Peter & Jerry C. Olson (1993), Consumer Behavior and Marketing Strategy, 3rd ed.(Homewood III.: Irwin), p.68.

제 2 절 브랜드 커뮤니케이션의 효과

브랜드 커뮤니케이션이 어떻게 구매와 관련된 소비자 행동에 영향을 미치는가? 브랜드 커뮤니케이션 수단 중 가장 대표적인 광고에 있어서 소비자 행동에 미치는 효과론에 관해 논의를 전개한다.

광고효과론은 광고의 경제적, 사회적 관점에서의 거시적 효과와 기업적, 광고관리적 관점에서의 미시적 효과 등 다양한 접근들이 행하여져 오고 있다. 특히 후자 중에는 소비자의 심리나 태도에 어떠한 효과를 줄 수 있을까 하는 광고관리적 시점으로부터의 광고효과론 내지는 광고효과 모델은 실무적인 필요성에 의해 여러 학자 및 실무가들에 의한 다양한 접근들이 시도되었다.

또 한편으로는 광고가 수신자에게 어떠한 의미를 부여하는가의 의미생성에 대한 이해는 특히 브랜드 매니지먼트에 있어서 중심적인 문제이다.

1. 소비자 행동에 끼치는 광고의 영향

커뮤니케이션을 통한 소비자 반응은 인지적, 감정적, 행동적 반응의 단계에 따라 여러 모델들이 제시되고 있다. 그중에서 AIDA 모델의 변형인 AIDMA와 DAGAMR에 대해 다음에서 살펴보기로 한다.

1 AIDMA

원래 세일즈의 경험을 살려 만들어졌다는 아이드마(AIDMA)는 상품에 대한 주의·관심에서 구매에 이르기까지의 소비자 행동에 광고가 어떻게 영향을 미치고 있을까 하는 광고효과계층 모델로써도 이해되어져 왔다.

초기에는 AIDA가 잘 알려져 있다. 이 모형에 따르면, 광고는 소비자들의 눈이나 귀를 자극하여 주의(A: Attention)를 기울이게 하고, 광고에 등장한 제품이나 기업에 관심(I: Interest)을 가지게 하여, 사고 싶다는 욕구(D: Desire)를 발생시키는데 성공하면 소비자들의 선택행동(A: Action)을 유도할 수 있다.

그러나 아이다 모형은 소비자가 광고에 직접적인 반응을 한다는 가정 하에서 이루어지고 있는데, 실제 소비자들은 광고를 보고도 직접적인 반응을 하지 않고 지연반응을 하는 경우가 많다. 이 경우 욕구와 행동의 중간 단계에 확신(C: Conviction)을 두어 AIDCA 혹은 기억(M: Memory)을 넣어 AIDMA 모형으로 설명하고 있다.

2 DAGMAR

코리(R.H. Colley)는 커뮤니케이션에 있어서 추상적인 광고의 목적을 구체적으로 측정 가능한 광고 목표로 변환하는 방법인 다그마(DAGMAR: Defining Advertising Goals for Measured Advertising Results) 모형을 제안하였다.[14)]

커뮤니케이션 과제는 광고 시청자가 브랜드나 대상물이 궁극적으로 수용되기까지 심리적 단계를 순차적으로 통과한다고 보는 효과계층구조(hierarchy-of-effects)에 근거를 두고 있다. 광고는 커뮤니케이션 효과계층을 따라 미인지－인지－이해－확신－행위 과정을 거치게 된다고 보았다.

광고를 시청하는 소비자는 특정 브랜드를 모르는 시점에서 출발하여 인지단계로 한 단계 올라간다. 다음으로 브랜드에 대해 학습하면서 그 브랜드의 구체적인 특성은 무엇이고, 경쟁자와 어떻게 다르며, 누구에게 혜택을 제공하는가를 이해하게 된다. 그리고 태도를 가짐으로써 확신하게 된다. 마지막으로 처음으로 브랜드를 시험 구매하거나 전시장을 방문하거나, 정보를 요청하거나 하는 행위가 나타난다.

---

14) Colley R.H. (1961), Defining Advertising Goals for Measured Advertising Results, Association of National Advertisers, Inc.

2. 광고의 브랜드 의미생성 이론

앞에서 살펴본 AIDMA, DAGMAR이론은 광고 커뮤니케이션의 내용인 '의미'에 대한 시점의 부재이다. 이들 광고효과 모델은 모두다 외부에서의 영향과정이나 의사결정의 '프로세스'의 규명을 목표로 하고 있으며 의미는 원래 주어진 것으로써의 커뮤니케이션이라는 프로세스의 외부에 놓여 블랙박스인 채로 남아 있게 된다.

이렇게 현재까지의 광고이해에 대해 일괄적인 비판의 계기를 마련한 것이 의미의 시점을 제시한 기호론 패러다임이다.

기호학적 관점에서 볼 때 모든 마케팅 메시지들은 대상, 기호 또는 상징, 그리고 해석소라는 세 가지 기본 구성요소를 가지고 있다.[15] 대상(object)은 메시지의 초점(말보로 담배)이 되는 제품이고, 기호(sign)는 그 대상이 의도한 의미(말보로의 카우보이)를 나타내는 감각적 심상이다. 해석소(interpretant)는 도출된 의미(거칠고 억세며 개인주의적인 미국인)이다 이 관계가 〈그림 10-4〉에 나타나 있다.

기호학자인 Peirce에 따르면, 기호는 세 가지 방법 중 한 가지로 대상에 관련되어 있다. 기호를 도상기호(icon), 지표기호(index), 상징기호(symbol)로 구분하고 있다. 도상기호는 대상을 닮을 수도 있고 대상에 연결될 수도 있으며 관습적으로 관련될 수도 있다. 도상은 어떤 방식으로든 그 제품과 닮은 기호이다. 지표는

그림 10-4 기호학적 의미해석에서 요소들 간의 관계

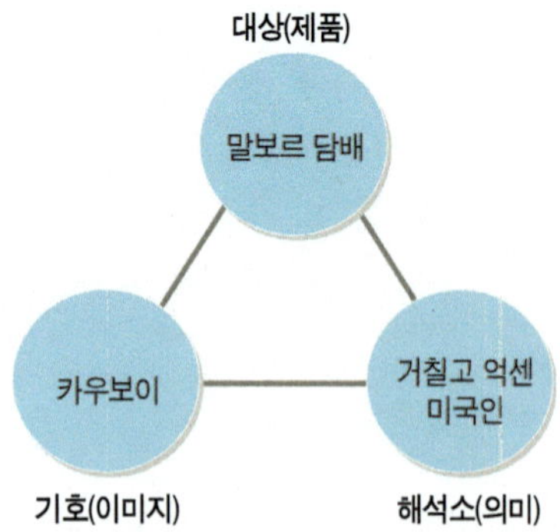

15) Michael R. Solomon (1996), Consumer Behavior; Buying, Having, and Being(3rd ed.), Englewood, NJ: Prentice Hall, pp.79-81, 역서.

어떤 속성을 공유하고 있기 때문에 연결되는 기호이다. 상징은 관습적이든 합의에 의한 것이든 제품에 관련된 기호이다.

특히 상징의 사용은 마케터들이 소비자에게 제품 속성을 전달해 줄 수 있는 강력한 수단이 된다. 예를 들어 고가의 차들이나 디자이너의 패션 또는 다이아몬드와 같은 보석류(모두 성공의 상징으로 인식되는 것들)는 제품을 풍요 또는 세련과 연계시키기 위해 자주 광고에 등장한다.

이러한 기호학이라는 연구분야를 광고의 의미를 해석하는데 특출한 위치를 차지하고 있는 윌리안슨(J. Willianson)은 광고 해석을 자동차의 분해 수리로 비유하면서 11개의 잡지광고를 분석하였다.[16] 그중 하나의 사례를 살펴보자.

샤넬 NO.5 광고에서는 영화배우로서 세계적 명성을 얻은 프랑스 배우 까뜨리느 드뇌브가 PERFUM NO.5 CHANEL PARIS라고 적혀 있는 배우의 얼굴 크기의 큰 향수병을 안고 있는 것으로 영상화되고 있다. 잡지나 영화세계에서 그녀를 통해 존재하고 있는 기호체계를 이용하고, 이 체계에서 기표[17](까뜨리느 드뇌브)와 기의(우아, 세련, 아름다음 등) 사이의 관계를 이용하여 샤넬 NO.5 향수의 의미로 전이를 도와주고 있다. 얼굴과 향수병의 병치에는 아무런 논리적 필연성이 없음에도 그 넌센스가 눈에 들어오지 않고 어떤 의미가 본래 제품에 구비되어 있는 것으로 착각하게 된다.

16) Judirs Williamson (1987), Decoding Advertisement: Ideology and Meaning in Advertising, (Lodon: Marion Boyars).

17) 스위스 언어학자 페르디낭드 소쉬르(Ferdinand de Saussure, 1857-1913)는 기호로써 언어 표면에 나타난 것이 기표(記表, signifier)와 그 이면에 숨어 있는 의미(記意, signified)와의 양자간의 관계로 파악하고 있다. 기표와 기의는 언어 공동체의 관습이나 사회적 협약에 의해 설정된다.

제 3 절 브랜드 커뮤니케이션 수단들

마케터들은 브랜드 · 제품에 관한 정보를 전달하기 위해 여러 브랜드 커뮤니케이션을 개발한다. 일반적으로 브랜드 커뮤니케이션의 수단은 광고, 판매촉진, PR, 인적판매 등으로 구분할 수가 있다. 〈표 10-1〉에서처럼 이들 브랜드 커뮤니케이션 수단의 효과는 소비자의 구매의사결정 단계에 따라 상이하다고 할 수 있다. 주의를 끄는 것에 목표를 둔다면 광고 및 PR이 효과적이며, 행동을 불러일으키는 데에는 판매촉진과 인적 판매가 효과적이라 할 수 있다.

다음에서는 이와 같은 역할들을 수행하는 커뮤니케이션 수단들에 대하여 살펴보기로 한다.

1. 광고

광고는 제품, 브랜드, 기업 혹은 점포에 대한 정보를 커뮤케이션하기 위해 비용을 지불하는 비 인적 커뮤니케이션이다. 광고는 소비자들의 감정과 인지에 영향을 미치기 위해 의도된다.—제품과 브랜드에 대한 소비자들의 평가, 감정,

표 10-1 주요 커뮤니케이션 수단들의 특성 비교

구 분	광고 (Advertising)	판매촉진 (Sales Promotion)	PR (Public Relations)	인적판매 (Personal Selling)
기본 목적	인지도 구축	매출증대	신뢰형성	판매 및 관계 형성
소구 방법	감성적	이성적	감정적	이성적
기간	장기	단기	장기	단/장기
이익 기여도	보통	높음	낮음	높음

그림 10-5 100년 전의 코카콜라 광고들

그림 10-6 광고 캠페인 상위 10

1. Volkswagen, "Think small", Doyle Dane Bernbach, 1959.
2. Coca-Cola, "The pause that refreshes", D'Arcy Co., 1929.
3. Marlbore, "The Marlboro Man", Leo Burnett Co., 1955.
4. Nike, "Just do it", Wieden & Kennedy, 1988.
5. McDonald's, "A diamond is forever", N.W. Ayer & Son, 1948.

지식, 의미, 신념, 태도, 그리고 제품과 브랜드 관계된 이미지. 사실 광고는 소비자의 마음속에 이미지와 의미를 창출하고 유지하는 이미지 관리로써 특징지어져 왔다. 심지어 광고는 첫째로 감정과 인지에 영향을 미치지만, 궁극적인 목적은 소비자들의 구매행동에 영향을 미치는 것이다. 광고의 마케팅적 기능은 다음과 네 가지로 요약할 수 있다.

❶ 브랜드 인지의 형성이다. 새로운 제품을 출시할 때 마케터는 브랜드 네임을 소비자에게 알리고자 하며 이를 통해 시장에서 브랜드에 대한 인지도를 형성할 수 있다.

❷ 브랜드의 선호 형성이다. 광고는 제품과 정보(제품의 속성이나 기능)을 제공하여 궁극적으로 브랜드에 대한 선호를 형성시키는 기능을 수행한다.

❸ 경쟁 브랜드와 차별화 기능이다. 광고는 자사 제품을 경쟁 브랜드와 차별하여 소비자를 유인하는 기능을 가진다.

❹ 브랜드 충성도 증대이다. 광고는 브랜드에 대한 충성도를 높일 수 있는 효율적인 수단이다. 브랜드 지식이나 신념이 형성되어 있을 경우 광고는 브랜드에 대한 충성도를 높이거나 유지하는 기능을 갖는다. 광고는 소비자에게 좋은 브랜드 이미지를 형성하는 방향으로 접근되어야 하고 브랜드 이미지 광고는 계속 일관성 있게 동일한 이미지를 유지하여야 한다(그림 10-5). 예를 들면, 말보로 담배는 말을 탄 카우보이를 통하여 수십 년 동안 일관되게 광고하고 있다(그림 10-6).

광고는 다양한 미디어를 통하여 전달되어진다.－인터넷, TV, 라디오, 프린터(잡지, 신문), 빌보드(전광판), 사인 등과 같은 다양한 미디어를 통하여 전달될 수 있다(표 10-2). 전형적인 소비자들이 매일 많은 광고에 노출되어 있지만, 많은

표 10-2 주요 미디어 유형별 특성

미디어 유형	장 점	단 점
신문	유연성, 적시성, 지역시장 커버리지가 좋음, 넓은 수용범위, 높은 신뢰성	짧은 수명, 낮은 재생산성, 낮은 전파 독자층
TV	시각, 청각, 동작을 결합, 감각에 소구, 높은 주목도, 높은 도달률	높은 비용, 높은 소음, 짧은 노출시간, 낮은 청중 선택성
직접우편	청중 선별가능성, 유연성, 동일 미디어 내에서 광고 경쟁 없음, 개인화	상대적인 고비용, 정크(junk) 메일 이미지
라디오	대량 사용, 높은 지역적 인구통계적 선택성, 낮은 비용	소리만 전달 가능, 낮은 주의 집중, 비표준화된 요금 구조, 짧은 노출시간
잡지	높은 지역 인구통계적 선택성, 신뢰성과 품격, 고품질 재생산성, 긴 수명, 좋은 전파 독자층	긴 광고 구매 리드 타임, 낭비적 유통, 광고 기재 위치에 대한 보장이 없음
옥외	유연성, 높은 반복 노출, 낮은 비용, 낮은 경쟁	제한된 청중 선택성, 크리에이티브 한계
전화번호부	뛰어난 지역 커버리지, 높은 신뢰성, 넓은 도달률, 낮은 비용	높은 경쟁, 긴 광고 구매 리드 타임, 크리에이티브 제한
뉴스레터	높은 선택성, 높은 통제성, 상호 작용성, 낮은 비용	비용이 높아질 수 있음
브로슈어	유연성, 높은 통제성, 메시지의 극화(dramatize) 가능	과잉 생산이 비용 상승 초래 가능
전화	많은 사용자, 개인적 접촉 기회	자원자를 이용하지 않으면 상대적으로 높은 비용
인터넷	높은 선택성, 상호의존성, 상대적 저비용	일부 국가에서 사용자수가 작은 뉴미디어

자료 : Philip Kotler (2003), A Frame Work For Marketing Management(Second Edition), Prentice Hall, p.441, 역서.

브랜딩 따라잡기 27

화장품 최초의 브랜드 '박가분'을 아시나요?

화장품 중에 빠질 수 없는 것이 화장분이다. 한국 화장품의 효시는 1915년에 생긴 박가분이다. 상품이름에서 알 수 있듯이 '박가(朴家)'가 만든 '분'으로, 구한말의 거상으로 일제 강점기에 대표적인 한인기업으로 성장한 박승직 상점의 계열사인 박가분 제조본포에서 만든 화장품이다.

1922년에는 동아일보와 조선일보에 우리나라 최초의 화장품 광고를 하기도 했다. 1923년 동아일보에 실린 박가분 광고를 보면 원안에 '박'자를 넣은 등록상표가 새겨진 박가분 갑을 싣고 젊은 여인이 오른손을 들어 그 박가분을 가리키고 있다. 그리고 옆에 작은 글씨로 "참 곱기도 합니다. 한번 시험하서요. 향수도 일이 없습니다."와 "말보다 실지가 제일이외다."라는 부인들의 추천사가 실려 있다. "죽은 깨와 여드름이 업서지며 얼골에 잔티가 업시 피부가 윤택하고 고아"지게 하는 박가분이 만들어주는 세계는 고우면서도 복스럽고 후덕한 미인의 고전적인 세계다. 그래서 박가분은 "부인화장품계의 패왕"인 것이다. 이 광고문안은 "조선사람은 조선 것을 아모조록 만니 씁시다."라고 하면서 애국심을 자극하고 있다. 한편 "경성생산품 품평회 심사장 공학박사 삼산희삼랑 씨의 심사상을 받았다"라고 기술적인 공인을 받았다는 것을 내세우고 있다. 또 "향내만 취하지 마시고 얼룩이 안지는 박가분을 항상 바르시면 살빛이 고와지고 모든 풍증과 땀띠와 잡티가 사라지고 윤택하여집니다. 귀부인 화장하실 때 박가분을 콩알만치 떼어 손바닥에 놓고 물을 조금 떨어뜨리고 개이면 백배 이상 불어나서 안면에 만족하게 바르게 됩니다."라고 화장품 사용법을 자세히 알려주는 광고도 있다.

박가분은 독특한 광고를 했다. 광고의 크기는 늘 지금의 돌출광고와 비슷한 2단 6센티 정도였다. 더러 한문을 쓰기도 했으나 거의 한글 전용이었고, 상표와 주소만 한자로 썼다. 한글은 알지만 한문은 모르던 당시 여성들이 사용자라는 점을 고려한 것이다. 또 항상 테두리를 사용했고, 헤드라인은 카피 위에 오른쪽에서 왼쪽으로 썼다.

박승직 상점의 명성과 이런 광고 전략으로 박가분은 1920년대에 선풍적인 인기를 끌었다. 1936년 매일신보에 실린 광고에는 '박가 화장품'의 자매상품으로 박가분 백분, 박가수 백분, 박가 구리무 등이 소개되어 있어 박가 화장품의 성장을 알 수 있다.

▎자료 : 광고로 읽는 한국사회문화사(마정미 지음, 개마고원) 中에서

이러한 메시지들은 낮은 수준의 주목과 이해를 받고 있을 뿐이다. 따라서 마케터들이 광고 메시지를 개발하고 고객에게 노출하는 미디어를 선택하고 소비자들의 주목을 획득하여 적절한 이해를 유발시키는 것이 주요한 도전이다(브랜딩 따라잡기 27).

2. 판매촉진

판매촉진은 단기적인 매출 향상을 위해 중간 판매자(표 10-3), 소비자, 판매원에게 다양한 인센티브를 주는 것을 말한다. 판매촉진은 소비자들에게 구매를 직접적으로 유도한다. 광고는 구매해야하는 이유를 제공하지만 판매촉진을 구매할 동기를 제공한다.

판매촉진에는 여러 유형의 판촉수단들이 있다(표 10-4).—쿠폰을 통한 일시적인 가격 인하, 리베이트, 그리고 멀티팩 판매; 콘테스트와 내기; 경품권; 시사회와 전시회; 구매시점 진열(POP); 무료 샘플; 그리고 프리미엄 및 선물—판매촉진의 핵심 키는 '오늘 제품을 판매하는 것'이지 '내일 제품을 판매하는 것'이 아니다. 판매촉진은 소비자들에게 점포 내에서 그 제품을 선택하게 하여 그것에 대한 반대급부를 제공함으로써 그것을 구매하게 한다. 요약하면, 대부분의 판매촉진은 소비자의 직접적인 구매행동을 유인하는데 초점이 맞추어져 있다. 판매 촉진의 긍정적 효과는 다음과 같다.

❶ 효과적인 판매촉진은 많은 것을 달성할 수 있게 해준다. 우선 브랜드에 눈에 보이는 즉각적이며 추가적인 가치를 더해 준다. 스내플(Snapple)의 독창적

표 10-3 주요 중간상 대상의 판촉 수단들

가격할인	지정된 기간 동안 구매한 경우에 표시가격에서 일정금액을 할인해 주는 것
공제	소매상이 제조업체의 제품을 취급하는데 대한 대가로 지불되는 돈, 광고 공제는 소매상이 제조업체의 제품을 광고해주는 대가로 받는 돈, 진열 공제는 특별 제품 진열을 한 대가로 지불하는 돈
무료 제품	특정 수량을 구매하거나 특정 상품을 취급해 주는 중간상에게 추가적인 상품을 제공하는 것

자료 : Philip Kotler (2003), A Frame Work For Marketing Management(Second Edition), Prentice Hall, p.448, 역서.

표 10-4 주요 소비자 대상 판촉 수단들

샘플	제품이나 서비스를 무료로 제공하는 것
쿠폰	특정제품을 구매할 경우 명시된 만큼 할인해주는 증서
현금 환불 제공 (리베이트)	구매 이후에 가격을 할인해 주는 것, 소비자가 구매증서를 제조업체에 보내면 구매액의 일부를 되돌려 줌
가격 팩	패키지나 레이블에 표시하여 정상가격에서 할인해 주는 것
사은품(선물)	특정제품을 구매하는 대가로 무료 또는 저가로 지급하는 상품
빈도 프로그램	어떤 기업의 제품에 대한 구매 빈도와 강도에 대해 보상해 주는 것
현상경품 (콘테스트, 공개 현상경품, 게임)	현상경품(prizes)은 소비자에게 구매의 대가로 현금, 여행, 혹은 상품을 얻을 기회를 제공하는 것, 콘테스트는 소비자에게 이름을 적어내게 해서 추첨하는 것, 게임은 소비자가 구매할 때마다 제공하는 빙고, 빈칸 채우기 등의 놀이로 상을 탈 기회를 제공하는 것
애호도 보상	특정 판매자에 대한 애호도에 보상하기 위해 제공하는 현금 혹은 포인트
무료 사용	잠재고객을 무료로 제품 사용에 참여시켜서 구매를 유도하는 것
제품 보증	판매자가 제품이 명시된 대로 성능을 발휘할 것임을 약속하는 것 또는 판매자가 특정기간 동안 고장 수리를 약속하거나 환불을 약속하는 것
결합(tie-pin) 판촉	둘 혹은 그 이상의 브랜드나 기업들이 연합으로 쿠폰, 리베이트, 콘테스트를 제공하여 고객 흡인력을 높이는 것
교차 판촉	어느 브랜드를 이용하여 또 다른 비경쟁 브랜드를 광고하는 것
구매시점 전시 및 시연	구매시점에서 일어나는 전시와 시연

자료 : Philip Kotler (2003), A Frame Work For Marketing Management(Second Edition), Prentice Hall, p.447, 역서.

인 매체 구매로 인해 소매 유통업자들에게 망고 매드니스의 가치가 순식간에 높아졌다. 이는 바로 판매 촉진을 부가 도구라고 말하는 이유이다.

❷ 판매촉진을 통하여 즉각적 가치를 추가시키게 되므로 판매량이 광고가 장기적인 시장 가치 즉 브랜드자산을 구축하는데 도움을 주는 반면에 판매촉진은 시장 판매량을 늘리는데 도움을 준다. 마지막으로 브랜드를 사용하거나 사용하도록 동기를 부여하는데 있어서 광고보다 더욱 더 효과적일 수 있다.

이에 반해 판매촉진은 부정적 효과도 있다. 광고비용을 줄이면서 판매촉진의 비중을 과도하게 늘리면 이윤이 감소한다. 또한 단기적으로 시장점유율에는 긍정적인 효과를 가져올 수 있지만 브랜드 태도나 장기적인 시장점유율에는 부정적 효과를 가져올 수 있다. 즉 판매촉진은 단기적 수익을 목적으로 행하여지기 때문에 장기적인 브랜드 자산의 구축이라는 목적을 달성하는데 어려울 수 있다.

3. 인적 판매

인적 판매는 잠재구매자와 판매자 간의 직접적인 인적 상호작용을 포함한다. 인적 판매는 적어도 두 가지 이유에서 강력한 프로모션의 방법이 될 수 있다.

❶ 판매원과의 인적 커뮤니케이션은 그 제품 그리고(혹은) 의사결정에 소비자의 관여수준을 높일 수 있다. 따라서 소비자들은 그 제품에 관해 판매원이 제시하는 정보에 주의를 기울이고 이해하게끔 좀 더 동기부여가 될 수 있다.

❷ 상호 커뮤니케이션의 상황은 각각의 잠재고객의 정보적 욕구에 적합한 판매 제안을 판매원으로 하여금 채택하게끔 한다.

생명보험, 자동차와 같은 소비자 제품은 전통적으로 인적 판매가 보다 유효하다. 소매에서 과거 20년 동안 인적 판매는 감소되어져 왔다. 그러나 태평양[18]의 방문판매는 고객 서비스와 인적 판매를 통해 차별적 이점을 달성하였다.

❸ 또 다른 것은 전화에 의한 인적 판매, 텔레마케팅이다. 텔레마케팅은 직접 대면 판매와는 매우 다르다. 텔레마케터는 하루에 2분씩 20~50통화를 대본을 보며 한다. 대조적으로 전통적인 영업판매자는 고객의 니즈를 맞추기 위해 즉석에서 대본을 만들어 수행한다.

4. PR(Public Relations)

PR은 공중(public)의 이익에 입각해서 각 개인이나 조직의 정책 및 절차를 밝혀서 공중의 이해와 수락을 얻기 위하여 계획을 세우고 실시하는 관리 기능이라고 한다. PR은 매우 다양하고 광범위한 개념이기 때문에 광고, 판매촉진, 및 인적 판매 등의 다른 촉진 믹스와 결합하면, 선호 형성이라는 궁극적인 목표 이외에도 브랜드 인지도 제고와 브랜드에 대한 긍정적인 태도 형성 및 구매 행동 촉진 등의 긍정적인 영향을 미친다. 예를 들면, 다양한 워드 프로세스 소프트웨어를 비교하는 PC World 아티클은 소프트웨어 마케터에게 비용 지불 없이

18) 현재는 아모레퍼시픽(Amorepacific)으로 사명이 변경되었다.

표 10-5 PR의 주요 수단

출판물	기업들은 표적시장에 도달하고 영향을 미치기 위해 출판물에 의존한다. 이들은 연차 보고서, 보로슈어, 논문집, 뉴스레터, 잡지, 시청각 자료 등이 이에 해당한다.
이벤트	기업들은 컨퍼런스, 세미나, 야유회, 전시회, 박람회, 콘테스트, 그리고 기념회 등을 통해 표적 공중들에게 도달하고 신제품이나 기타 기업 활동들에 대한 시선을 끈다.
스폰서십	기업들은 스포츠 및 문화행사 그리고 관심을 끄는 행상에 스폰서가 됨으로써 브랜드와 기업명을 촉진할 수 있다.
뉴스	PR 전문가의 주요 업무 중 하나는 기업, 제품, 그리고 구성원에 관한 호의적인 뉴스를 찾고 만들어서 그 내용이 보도되도록 하고 기자 회견에 참가하는 일이다.
연설	점차 기업 경영자들은 미디어의 질문에 답하고, 협회나 판매 미팅에서 연설해야 하는데 이러한 활동에 기업 이미지를 높일 수 있다.
공중 서비스 활동	기업들은 좋은 명분에 시간과 돈을 투자하면서 신용을 쌓을 수 있다.
아이덴티티 미디어	기업들은 일반인들이 즉각적으로 인식할 수 있는 시각적 아이덴티티가 필요하다. 시각적 아이덴티티는 기업 로고, 브로슈어, 문서양식, 명함, 건물, 유니폼, 의복 등에 의해 표현된다.

자료 : Philip Kotler (2003), A Framework for Marketing Management(Second Edition), Prentice Hall, p.448, 역서.

유용한 정보를 제공한다. 비슷하게 잡지. 신문, 뉴스 매거진, 라디오 토론, TV토크쇼에서는 소비자에게 제품 정보를 제공한다. PR의 주요 수단들은 〈표 10-5〉에 기술되어 있다.

기업들은 핵심 공중들과 성공적인 관계를 유지하기 위한 구체적인 단계를 밟는다.[19] PR부서는 전형적으로 (1) 언론 관계(press relations: 가장 유리한 측면의 기업 관련 뉴스와 정보를 제공하는 것), (2) 제품 홍보(product publicity: 특정 제품을 홍보하는 것), (3) 기업 커뮤니케이션(corporate communication: 내외부 커뮤니케이션 수단을 동원하여 조직의 이해를 촉진하는 것), (4) 로비(lobbying: 정책 입안자들과 정부 관리들을 상대로 정책 입안과 규제를 촉진하거나 저지하는 것), (5) 카운슬링(counseling: 호의적 혹은 위기의 시기에 공중 관련 이슈들과 기업 포지션 그리고 이미지에 관해 경영자에게 조언하는 것)의 기능을 수행한다.

19) Philip Kotler (2003), A Framework for Marketing Management(Second Edition), Prentice Hall, p.449, 역서.

제4절 통합 브랜드 커뮤니케이션

시장의 세분화, 뉴미디어의 확산, 그리고 소비자 지식의 증대 따라 기업들은 통합적 브랜드 커뮤니케이션을 통해 더 광범위한 수단과 메시지를 사용할 필요가 생겼다.

이번 절에는 통합 브랜드 커뮤니케이션의 배경, 원리, 그리고 앱솔루트 보드카의 통합 브랜드 커뮤니케이션의 사례에 대해 살펴볼 것이다.

1. 통합 브랜드 커뮤니케이션의 개념

브랜드 커뮤니케이션을 논할 때, 해당 브랜드에 대한 매체 광고에 한정하여 논의하는 경우를 흔히 접하게 된다. 물론 매체 광고가 브랜드 커뮤니케이션에 있어서 가장 효과적이며 강력한 수단 중에 하나임은 분명하지만, 그것이 브랜드 커뮤니케이션의 전부라고 할 수는 없다. 브랜드 커뮤니케이션을 특정 브랜드와 소비자가 서로 메시지를 주고받는 상호작용으로 규정할 때, 이것은 단순한 매체 광고 이상의 범위로 확대된다. 제품의 로고나 패키지 디자인에서부터 판촉 활동과 직원의 서비스까지 브랜드 커뮤니케이션의 훌륭한 매개체가 될 수 있다.

최고의 온라인 브랜드 중에 하나로 평가받고 있는 Amozon.com은 매체 광고 대신 적극적인 언론홍보활동(PR)과 고객 접점인 웹 사이트에서의 상호작용을 브랜드 커뮤니케이션 수단을 활용하였다. Amozon은 시기적절한 혁신적인 제품이나 서비스를 바탕으로 한 PR이 브랜드 커뮤니케이션 툴로써 얼마나 중요한가를 증명해 주는 사례라고 할 수 있다.

최근에 브랜딩 성공 사례로 자주 언급되는 스타벅스는 매장 내 인테리어와 분위기, 친절한 직원 그리고 스타벅스의 로고 등을 통해 브랜드 커뮤니케이션을 수행하였다.

이상의 사례에서 볼 수 있듯이 마케터들은 각기 브랜드에 대한 커뮤니케이션 채널을 광고에만 국한할 것이 아니라 다양한 브랜드 커뮤니케이션 기법들을 효과적으로 활용한 통합 브랜드 커뮤니케이션(IBC: Integrated Brand Communication) 차원에서 전략을 개발해야 한다.

미국광고대행사협회(AAA)의 정의를 원용하여 정의하면 통합 브랜드 커뮤니케이션은 광고, 인적 판매, 판매촉진, 그리고 PR 등의 다양한 커뮤니케이션 수단들의 전략적 역할을 평가하고, 분산된 메시지의 통합을 통해 명확하고, 일관성 있게, 최대의 커뮤니케이션 효과를 제공하기 위해 여러 수단들을 결합하는 총합적 브랜드 커뮤니케이션 계획이다.

따라서 IBC의 궁극적인 목표는 일관성 있는 브랜드 관련 메시지의 제공을 통해 소비자에게 명확한 브랜드 이미지를 제공함으로써 강력한 브랜드 자산을 구축하는 것이라 할 수 있다.

2. 통합 브랜드 커뮤니케이션의 배경

과거에는 광고, 판촉, 홍보 등 다양한 마케팅 커뮤니케이션 수단들이 각자 다른 마케팅 활동으로 인식되어 활용되어 왔으나 최근 들어 기업들이 커뮤니케이션 활동에 대한 효율화에 대한 문제에 직면하게 되었다. 이와 같은 문제들을 해결하기 위해 나타난 통합 브랜드 커뮤니케이션 활동이 중요하게 된 것은 다음과 같은 몇 가지 명백한 이유가 있다. 다음에서 제시하는 요소들은 향후 마케터들이 어떻게 브랜드 커뮤니케이션 활동을 전개해야 하는가에 대한 명확한 방향을 설정해 주고 있다.[20]

① 언어적 커뮤니케이션에서 시각적 커뮤니케이션으로

지금 40살이 넘은 세대들은 확실히 언어적 커뮤니케이션 시대에서 성장했다고

---

20) 한상설, BIT.

할 수 있을 것이다. 이들 소비자들은 쓰기와 읽기 등이 중심이 되었으며, 접촉하는 미디어 또는 뛰어난 영상매체는 아니었을 것이다. 그러나 그 이후 시대는 점차 새로운 매체의 발달로 인한 시각적 커뮤니케이션이 급속히 발달하게 되었다. 이들 소비자들은 텔레비전, 영화, 인터넷, MTV 등을 가까이 다루며 성장하였을 것이다. 이처럼 이러한 세대 간의 커뮤니케이션 방법의 차이는 기업의 방법이나 마케팅 활동에도 큰 변화를 요구하고 있다.

요즘에 10대들의 커뮤니티를 살펴보면, 그들은 너무도 쉽고 자연스럽게 장비 및 기기를 조작하고 Icon, Symbol, Sign 등을 선택하며 상호전달하며 그것들을 쉽게 이해하고 있다. 말하자면 그들은 언어적 커뮤니케이션 대신 시각적 커뮤니케이션을 활용함으로써 이전 세대보다 훨씬 빠르고 효율적으로 커뮤니케이션 한다는 것이다. 이러한 사회 전반에 걸친 변화를 통해 다양한 영역에 적용되고 있으며 특히 마케팅에 있어서도 통합 브랜드 커뮤니케이션이 왜 필요한지를 여실히 보여주는 요인이 되고 있다.

② 기능적 문맹

언어적 사회에서 시각적 사회로 전이되면서 주요 사회적인 문제를 수반하게 되는데, 이는 기능적 문맹이 바로 그것이다. 전통적으로 문맹은 주어진 자료를 읽지 못하고 이해하지 못하는 것이다. 하지만 오늘날에는 정서적으로 이해를 하지만 기능적으로 이해하지 못하는 층이 증가한다는 것이다. 이러한 기능적 문맹이 심화되면서 전달하고자 하는 메시지를 시각화함으로써, 전달하고자 하는 것을 쉽게 이해하도록 도움을 줄 필요성이 대두되게 된 것이다. 따라서 브랜드 커뮤니케이션도 더욱 더 Icon, Symbol, Picture, Sound들을 사용할 필요가 있고 기능적으로 이해시키기보다는 정서적으로 이해시키려는 접근이 강하게 요구되는 것이다. 통합적 브랜드 커뮤니케이션은 분명 기능적 문맹을 피해서 브랜드 커뮤니케이션을 효율적 효과적으로 하게 하는 수단이 되는 것이다.

③ 미디어의 분화

기술은 통합 브랜드 커뮤니케이션을 수행하는데 있어 중대한 역할을 수행하여 왔다. 한때, 광고주는 TV광고 도달률을 높이기 위하여 불특정 다수에게 막대한 투자를 함으로써 비효율을 초래해 왔다. 그러나 기술 및 다양한 미디어 발전은 고객을 세분화하고 매력적인 고객을 선별하여 그들에게 집중할 수 있는 환경을 만들어 줌으로써 브랜드 커뮤니케이션의 효율성을 강화하는 역할을 했다. 일대일 마케팅 역시 다양한 미디어 발전의 결과로 가능하게 된 것이라고 볼 수 있다. 이론적으로는 개인적·선택적으로 고객에게 접근하게 되면, 미디어 분산효과로 인해 오히려 통합적인 브랜드 커뮤니케이션에 역행하는 것처럼 보일 수 있다. 하지만, 고객들이 더욱 더 다양한 매체에 노출되어 있다는 사실을 감안하면 이러한 매체들을 간과할 수는 없다. 소비자들에게 다양한 매체를 제시하더라도 메시지의 일관성과 명확성을 유지하게 되면 미디어 분산의 부정적인 효과를 상쇄할 수 있는 것이다. 즉, 통합적 브랜드 커뮤니케이션이 얼마나 일관성 있게 실행되어 지는가에 따라 브랜드 커뮤니케이션의 성패가 달려 있는 것이다.

④ 지각의 중요성

최근에 마케터들이 직면한 또 하나의 이슈는 소비자들이 구매를 결정할 때 사실(facts)보다는 인식된 지각(perception)에 대한 의존도가 더욱 증가하고 있다는 사실이다. 이성적으로 추론된 정보보다는 그들이 생각하는 것이 옳고 그들이 지각하는 것이 중요하다고 여기며 그들의 인식과 지각에 따라 구매의사결정을 내린다. 소비자들은 품질이 크게 차이가 없다고 생각하는 제품들, 즉 생활용품 등을 구매할 때는 이성적인 판단보다는 오히려 가격할인, 덤, 행사 등에 의하여 보다 크게 영향을 받는다. 제품이나 브랜드의 수준이 차이가 없다고 인식하게 되면 그들의 구매의사결정에 가장 중요한 요인은 가격일 수밖에 없다. 그들이 인식하고 지각하는 것 이외의 정보는 대체로 점포 매대에서 얻어지고 그 정보에 근간을 두고 구매의사결정을 하게 된다는 것이다. 이렇듯 소비자들이 구매시점 및 구매현장에서 얻어진 정보에 근간을 두고 구매의사결정을 하는 경향이 강해짐에 따라, 마케터들은 과거와는 달리 그들 활동에 있어서 구매시점과 현장정보를 효과적이고 효율적으로 제시하는 방법에 보다 역점을 두어야 한다. 일반적으로 구매시점에서 소비자들은 자신이 충분한 정보를 가졌다고 생각하기 때문에 더 상세한 정보를 요구하지 않을 수 있다. 사실 소비자의 지각은 옳지 않을 수도 있지만, 소비자들이 알고 있는 것이 바로 그들이 알기를 원하는 것이고 필요한 모든 것일 수도 있다. 만약 소비자 지각이 소비자들에게 실체(reality)라면 마케터가 전달하려고 의도된 지각은 일관성이 있어야 한다. 그렇지 않으면 소비자들은 그들이 알기를 원하는 것이 아니므로 그냥 무시해 버릴 수도 있다. 즉 일관성 있는 메시지를 전달하여 관심을 유발하지 않으면 소비자들이 접촉할 기회조차 잃어버릴 수 있다.

결론적으로, 과거 소비자에 비하여 오늘날 소비자에게 정보를 전달하고 이해시키고 설득하려는 커뮤니케이션 과정에서 통합적으로 접근하는 것은 매우 중요한 이슈가 됨은 틀림없는 사실이다. 마케터는 시장에서의 소비자 정보처리과정 및 구매 의사결정과정이 근본적으로 변화되고 있는 배경을 정확히 이해하는 것이 바로 효율적인 커뮤니케이션 전략의 출발이라 하겠다.

3. 통합 브랜드 커뮤니케이션의 원리

통합 브랜드 커뮤니케이션의 원리(그림 10-7)는 일관성과 보완성(C&C: Consistency & Complementarity)에 기초를 두고 있다.[21] 일관성은 여러 커뮤니케이션 수단들이 서로 지켜야 하는 최소한의 사항이다. 즉 여러 수단들이 모순적인 메시지를 전달해서는 안된다는 것이다. 자주 일어나는 커뮤니케이션의 불일치는

그림 10-7 일관성과 보완성의 원칙에 의한 통합 브랜드 커뮤니케이션

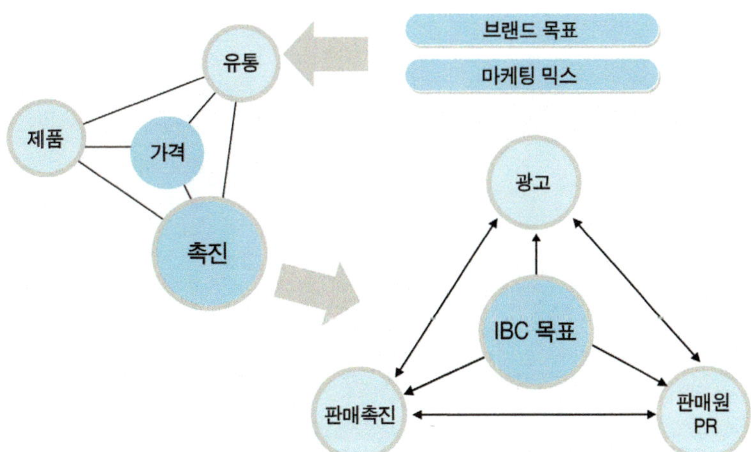

자료 : 박충환 외 (2004), 시장 지향적 마케팅 관리, 박영사, p.291, 일부 수정.

21) 장대련 · 한민희 (2001), 광고론, 학현사, p.121. 본래는 '통합 마케팅 커뮤니케이션'으로 되어 있으나 본서에서는 '통합 브랜드 커뮤니케이션'으로 칭하기로 함.

광고와 가격간의 관계이다.

광고상 고급스러운 이미지를 전달하고자 하면서 본의 아니게 경쟁사에 비해 저렴한 가격을 부착했을 때 소비자는 모순적인 이미지를 갖게 된다.

보완성은 여러 커뮤니케이션 수단들이 상호 부족한 부분을 보충하는 경우를 의미한다. TV에 방영되는 광고는 경쟁 광고들의 수가 무수히 많기 때문에 광고는 기억하지만 광고주를 기억하지 못하거나 잘못 기억하는 경우가 허다하다. 광고의 가장 중요한 목표가 소비자로 하여금 광고주를 정확히 인식시키는 것이므로, 이러한 문제를 해결하기 위한 방법으로 제품 포장에 광고의 주요 단서를 삽입할 수 있다. 즉 소비자가 광고와 광고주를 정확하게 연결할 수 있도록 단서를 제공함으로써 광고의 효과를 높일 수 있다.

4. 통합 브랜드 커뮤니케이션 사례

통합 브랜드 커뮤니케이션의 궁극적인 목적은 일관성 있는 브랜드 관련 메시지의 제공을 통해 소비자에게 명확한 브랜드 이미지를 제공함으로써 강력한 브랜드 자산을 구축하는데 있다.

통합 브랜드 커뮤니케이션은 오케스트라에 비유될 수가 있을 것이다. 만약

그림 10-8 앱솔루트 보드카의 통합된 브랜드 커뮤니케이션의 활동

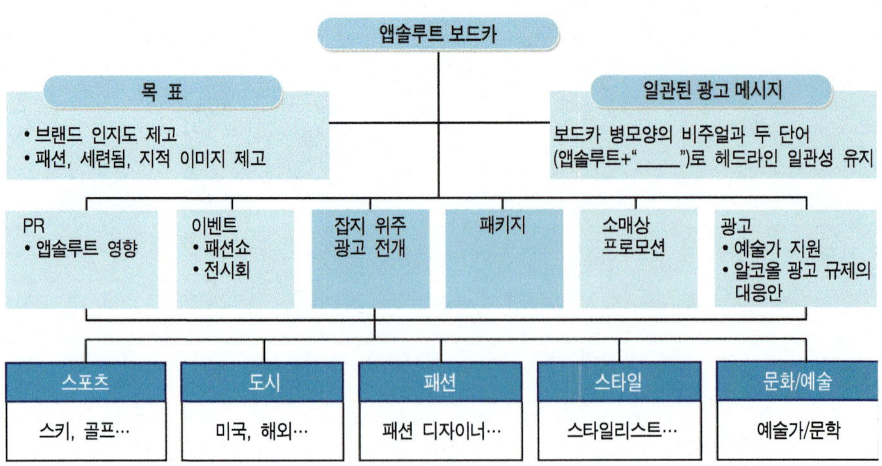

악기들이 조화를 이루지 못하면 오케스트라는 음악이 아니라 불협화음을 낼 것이다. 마찬가지로 브랜드 커뮤니케이션에 있어서도 이와 같은 통합 브랜드 커뮤니케이션의 관점에서 접근해야 한다.

통합 브랜드 커뮤니케이션을 잘 수행한 앱솔루트의 사례를 살펴보자. 〈그림 10-8〉은 앱솔루트 보드카의 통합된 브랜드 커뮤니케이션의 활동을 잘 보여주고 있다.

보드카의 기원

Vodka의 기원을 살펴보면 12세기경부터 러시아 농민들이 마시기 시작했다고 한다. Absolute Vodka의 기원을 살펴보면 15세기부터 스웨덴에서도 보드카 제조기술이 발달했고, 19세기에 새로운 증류방법의 도입으로 상품화시켰다. 이 방법으로 만든 보드카를 'Absolute Pure Vodka'라고 불린다.

Absolute Vodka의 성공요인

제품 포지셔닝, 술병 디자인, 광고 캠페인을 들 수가 있다. 특히, 앱솔루트

그림 10-9 앱솔루트 보드카의 광고

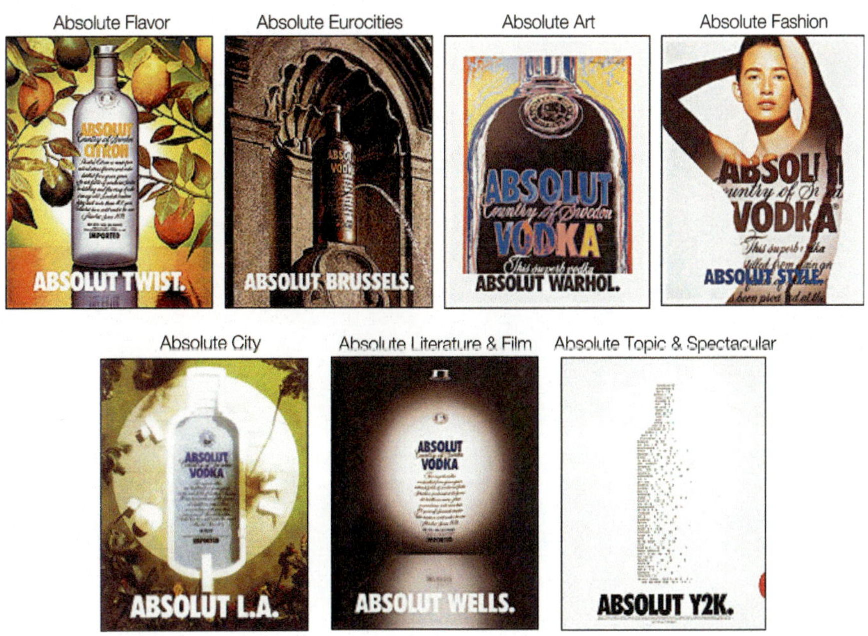

병을 이용한 광고 캠페인을 통한 일관된 메시지 전달을 통하여 앱솔루트 광고의 경쟁력을 높였다. 앱솔루트 광고의 큰 흐름은 일관성은 유지하되 전체 광고를 10여 개의 테마로 나눌 수 있을 정도로 변화의 스펙트럼을 형성하고 있는 점을 들 수가 있다.

철저히 제품(package)이 중심인 광고, 늘 다음 편을 기대하는 광고, 결코 변하지 않으면서 늘 변화하는 앱솔루트 보드카 광고 캠페인은 커뮤니케이 활동의 일관성을 철저히 준수하고 있다는 점을 잘 보여주고 있다. 앱솔루트 병은 주인공+Absolute ~의 형태를 유지하고 있다(그림 10-9).

이러한 독특한 잡지광고는 광고 수집의 유행을 불러 일으켰고, 심지어 2~3달러에 판매되기도 하였다. 도서관의 잡지에는 앱솔루트 광고가 모두 뜯겨져 도서관에 불침번이 생기기도 하였으며 잡지사에서는 오히려 광고를 실으려고 교섭을 하였고 미술관에서 전시되기도 하였다. 또한 이와 같은 광고를 통하여 보드카는 싸구려라는 인식을 바꾸었다.

[생각해볼 문제]

1. 브랜드를 하나 선정하여 모든 마케팅 커뮤니케이션 수단들을 모으자. 브랜드가 마케팅 커뮤니케이션을 효과적으로 선택과 통합이 되어져 있는가? 브랜드가 여러 다양한 미디어의 강점을 활용하고 있으며 그들의 약점을 보완하고 있는가? 브랜드가 커뮤니케이션 프로그램을 얼마나 명백히 통합하고 있는가?

2. 인기 있는 이벤트를 하나 선정하자. 스폰서들(sponsors)은 누구인가? 그들이 브랜드 자산을 어떻게 구축하고 있는가? 그들이 다른 마케팅 커뮤니케이션과 스폰서십(sponsorship)을 통합하고 있는가?

3. 통일성이나 일관성이 느껴지는 커뮤니케이션의 사례를 들어서, 커뮤니케이션에서 전개하고 있는 메시지, 톤 앤 매너(tone & manner)에 대해서 언급해 보시오. 당신 브랜드는 시장에서 어떻게 지각되고 있는가?(전반적인 인상을 적어 보자.) 시장에서의 당신 브랜드의 지각과 실체를 다섯 개 정도 목록으로 적어 보자.

4. 브랜드의 핵심 메시지는 무엇인가?(15자 정도로 적어 보자.) 브랜드의 핵심 메시지에 관해 다음의 질문에 자격이 없는 것에 표시를 하고 그 내용들을 토론해 보자.
   (1) 당신의 브랜드 메시지는 심플하고 명쾌한가?
   (2) 브랜드 메시지가 시장에서 당신 브랜드를 차별화시킬 수 있는가?
   (3) 그것이 진실인가?
   (4) 그것은 관련성이 있는가?
   (5) 그것은 당신 브랜드의 가치와 일관성이 있는가?

제11장

2차적 연상의 활용

이번 장의 주요 이슈

이번 장에서는 자사의 브랜드 이외에 사람, 장소, 사물, 그리고 다른 브랜드 등 자사의 브랜드에 영향을 미치는 모든 것들을 지칭하는 개체(이들 개체들은 고객의 마음속에 독자적인 브랜드 지식구조를 가지고 있다)들을 활용해 자사의 브랜드 지식을 창출할 수 있는 방법들에 대하여 살펴볼 것이다.

❶ 2차적 연상을 활용한 브랜드 지식의 창출이란 무엇이며 그 원리는 무엇인가?

❷ 브랜드 지식을 창출하는 2차적 연상의 원천들에는 어떤 것들이 있는가?

제 1 절 2차적 연상을 활용한 브랜드 지식의 창출

브랜드 지식을 창출하는 방법은 다양하다. 경쟁이 치열한 시장 환경에서 직접적인 브랜드 마케팅 프로그램만으로 브랜드 지식을 창출하기는 쉽지가 않다. 이의 극복방법으로 최근 새로이 각광받고 있는 방법으로써 자사의 브랜드 이외에 사람, 장소, 사물, 그리고 다른 브랜드 등 자사의 브랜드에 영향을 미치는 모든 것들을 지칭하는 개체들을 활용해 자사의 브랜드 지식을 창출할 수 있다. 이는 브랜드와 간접적으로 관련된 연상(2차적 연상)을 활용하는 것이다.

예를 들어 2차적 연상에 대하여 설명해 보자. 어떤 소비자에게 있어서 맥도날드는 '미국적'을 연상시킬 것이다. 그리고 그는 미국적이라는 것에서부터 '활발함'을 연상할 수도 있다. 그렇게 되면 활발함이라는 이미지가 언제부터인가 맥도날드에게도 부여되어 '맥도날드=활발함'이라는 연상이 만들어지는 것이다. 원래 브랜드와는 직접적으로 관련성이 적은 연상(여기에서는 활발함)이 브랜드와 직접적으로 관련된 연상(여기에서는 미국적)을 매개로 하여 브랜드로 전이된 것이다. 이와 같이 다른 연상에서 차용된 연상을 2차적 연상이라고 한다.

이처럼 브랜드가 어떤 다른 사람(예를 들면, 모델, 유명인 등), 장소(예를 들면, 원산지), 사물 혹은 다른 브랜드와 연결되면서 (1) 새로운 브랜드 지식이 창조되거나, (2) 기존의 브랜드 지식에 영향을 미치게 되는 것이다.

1. 2차적 연상을 활용한 브랜드 지식의 창출원리

2차적 연상을 활용한 브랜드 지식의 창출원리는 이미지 전이의 효과로 설명될 수가 있다. 많은 연구들에 따르면 원산지 효과, 유명인 효과, 공동 브랜딩 혹은

그림 11-1 이미지 전이의 9가지 방법

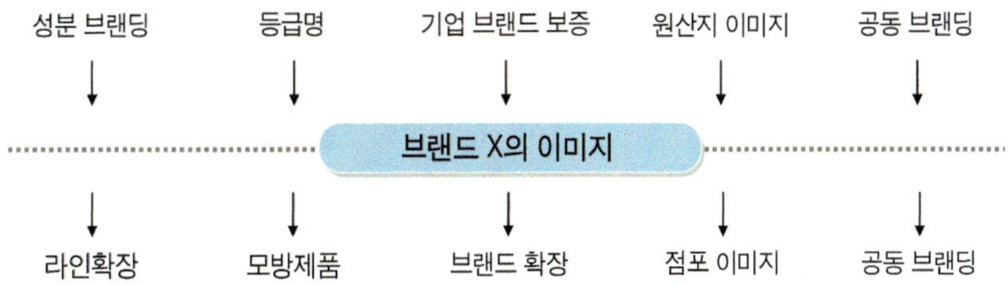

이미지 전이는 9가지의 상황에서 중요한 역할을 수행한다. 윗 줄의 5가지 항목은 브랜드 X의 이미지로 이미지 전이를 할 수 있다.
그것은 이미지에 긍정적 기여를 할 수 있다. 차례로 브랜드 X의 이미지는 아랫줄에 언급된 다른 브랜드에 기여할 수 있다.

성분 브랜딩 효과, 기업 브랜딩 효과 등에서 이미지 전이 효과를 연구하였다(그림 11-1).

이론적으로 〈그림 11-2〉에서처럼 브랜드에 연계된 개체(예를 들면, 장소, 사람, 다른 브랜드, 사물 등)에 따라 각기 다른 유형의 2차적 지식이 추론된다. 예를 들면, 이벤트의 경우는 경험의 창출에 더욱더 도움이 되며, 사람의 경우에는 감정의 도출에 더욱더 효과적이다. 또한 다른 브랜드(즉 공동 브랜딩, 성분 브랜딩 등의 경우)는 특정 속성이나 혜택에 특히 유효하다. 동시에 하나의 개체는 다차원의 지식과 연계될 수도 있는데, 이러한 다차원의 지식들은 브랜드 지식에 직접적 혹은 간접적으로 영향을 미칠 수 있다.

예를 들면, 브랜드를 대의명분과 연계시켜 보자. '에이본(Avon)'의 '유방암 박

그림 11-2 브랜드 지식의 전이

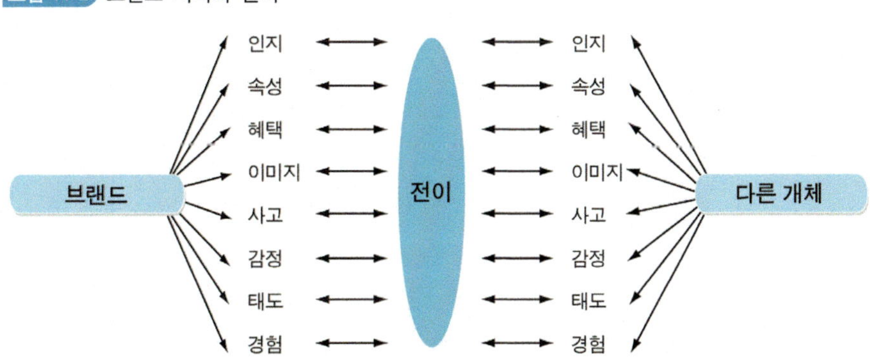

자료 : Kevin Lane Keller (2003), Brand Synthesis: The Multidimensionality of Brand Knowledge, Journal of Consumer Research, 29(March), p.599.

멸 운동(Breast Cancer Crusade)' 캠페인과 연계는 브랜드 지식에 많은 영향을 미친다. 대의명분 마케팅 프로그램(유방암 박멸 운동 캠페인)은 상기와 재인을 통하여 브랜드 인지도를 구축할 수 있으며, 사용자 이미지(예를 들면, 친절과 관대함)와 브랜드 개성(예를 들면, 성실한) 같은 속성의 관점에서 브랜드 이미지를 향상시키며, 브랜드 애착(예를 들면, 사회적 인정과 자기 존중)을 환기시키고, 브랜드 태도(예를 들면, 신뢰성과 좋아함과 같은 신뢰성 판단)를 구축하고, 그리고 경험(예를 들면, 대의명분과 관련된 활동에 참여와 참여의식을 통하여)을 창출한다.

2. 2차적 연상 활용 시의 고려요인

어떤 브랜드가 다른 연결된 대상의 지식(연상)과 어떻게 상호작용을 하는지에 대한 보다 깊은 이해는 매우 중요하다. 따라서 세 가지 요인들이 어떤 브랜드를 다른 대상과 연결함으로써 발생하는 레버리징 정도를 예측하는데 특히 중요하다. 다른 개체의 지식을 자사의 브랜드에 효과적으로 전이시키는데 고려되는 세 가지 요인은 다음과 같다.22)

❶ **개체의 지식** : 다른 개체의 지식이 브랜드 지식과 같은 차원에 적용될 수 있어야 한다. 다른 개체에 브랜드로 전이될 만한 지식이 존재하는가?

❷ **개체 지식의 유의미성** : 주어진 개체의 특정 지식이 브랜드와 관련성을 가져야 하며, 이러한 지식이 브랜드에 어느 정도 유의미한가?

❸ **개체 지식의 전이 가능성** : 어떤 잠재적으로 유의미한 지식이 개체에 존재하고 브랜드에 가능한 한 전이될 수 있어야 하며 이러한 지식은 실제적으로 어느 정도 브랜드와 연결되고 그리고 기존의 지식에 영향을 미칠 수 있어야 한다.

22) Kevin Lane Keller (2003), Brand Synthesis: The Multidimensionality of Brand Knowledge, Journal of Consumer Research, 29(March), pp.595-600.

제 2 절 2차적 연상의 원천

자사의 브랜드 이외에 사람, 장소, 사물, 그리고 다른 브랜드 등 자사의 브랜드에 영향을 미치는 개체들을 브랜드 지식창출을 위해 활용할 수 있다(그림 11-3). 다음에서는 2차적 연상으로 빈번하게 활용되는 주요 원천들에 대하여 살펴보기로 한다: 제3자의 보증, 원산지 이미지, 공동 브랜딩, 성분 브랜딩, 보증 브랜드.

그림 11-3 브랜드 지식 창출을 위해 활용할 수 있는 2차적 원천들

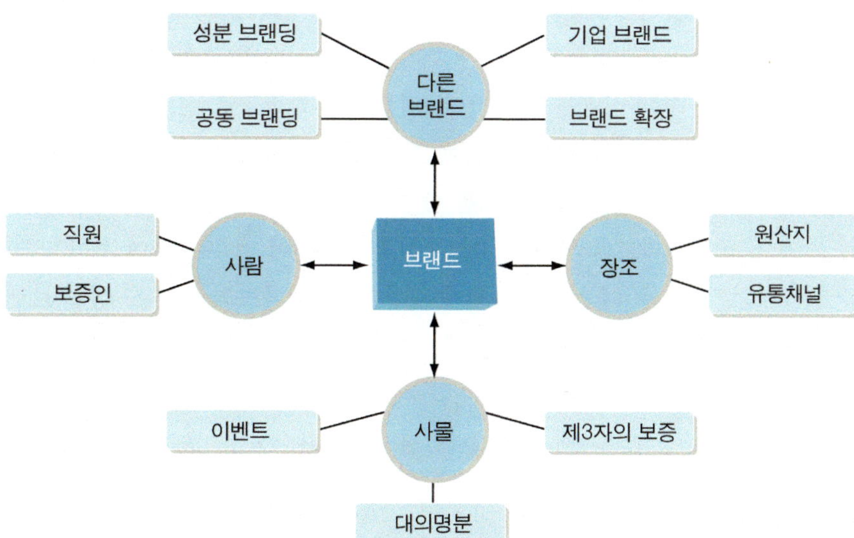

자료 : Kevin Lane Keller (2003), Brand Synthesis: The Multidimensionality of Brand Knowledge, Journal of Consumer Research, 29(March), p.598.

1. 제3자의 보증: 품질마크

브랜드 개발(brand development)에서 품질마크 혹은 보증마크(qualification mark or a certificate)의 사용은 소비자들의 마음속에 브랜드 네임이 상기시키는 연상이나 속성에 도움을 줄 수 있다. '품질마크(qualification mark)'라는 용어는 제품에 대한 평가를 언급하는데 사용되는 반면, '보증(certificate)'이라는 용어는 ISO(International Standards Organization) 보증의 경우처럼, 제품생산과정에 대한 평가를 뜻한다. 품질마크와 보증은 소비자들에게 제품의 품질에 관한 내용이나 제품이 사회적으로 신뢰할 수 있는 방법으로 생산되었는지 여부에 관한 내용을 제공해 줄 수 있다. 앞으로는 품질마크와 보증 모두 간단히 '품질마크'로 언급하기로 한다.

품질마크는 생산자에 의해 생산된 하나 이상의 브랜드화된 제품(브랜드가 부착된 제품)들에 사용될 수 있다. 품질마크는 브랜드 네임에 더하여 추가적인 차별화 마크(additional distinguishing mark)로 사용된다. 또 다른 측면에서 품질마크의 실제적 특성은 그것이 특정 '약속'을 포함한다는 것이다: 품질에 관한 것, 제품이 만들어진 방식에 대한 사회적 신뢰에 관한 것. 품질마크와 보증(endorsement)을 혼동하지 않기 위해서, 품질마크가 독립된 기관에 의해 제공된 것이다. 이러한 점을 바탕으로 품질마크에 대한 정의를 내리면 다음과 같다.

품질마크는 제품에 대한 추가적인 차별화 마크로써 언급되고, 제품의 품질에 대한 신호를 의미하며, 제품이 사회적으로 신뢰할 수 있는 방식으로 생산되고 그것이 독립된 기관에 의해 보증해줌을 뜻한다.

실제로 품질마크를 제공하는 기관의 독립성의 정도는 천차만별이다. 몇몇 품질마크의 경우에, 프로모션적인 측면이 너무 강하여 소비자들이 기관의 독립성에 대해 의구심을 가지기도 한다. 품질마크의 사용과 성분 브랜드는 서로 비슷한 결과가 나타날 수 있다. 성분 브랜드와 마찬가지로 품질마크와의 연결은 그 이름이 소비자들에게 의미를 지닐 경우에만 필요하고 그럴 경우에만 품질마크가 브랜드 이미지에 영향을 미칠 수 있다.

2. 원산지 이미지

원산지 이미지는 소비자들이 도시, 지역, 국가에 대해 지니고 있는 전형적인 이미지(stereotypical images)와 관련이 있다. 특정 지역의 이미지가 브랜드의 이미지에 긍정적으로 영향을 미칠 수 있을 경우에만 특정 지역과의 연결이 가능하다. 원산지 이미지를 브랜드에 연결시키는 다양한 방법들이 다음에 제시되어 있다(그림 11-4):

1. British Airways, Nippon Steel처럼 브랜드 네임에서 원산지 이미지를 직접적으로 언급하는 것.
2. Alessi, Lamborghini처럼 브랜드 네임 그 자체에 간접적으로 원산지 이미지를 언급하는 것.
3. ‘Made in...’이라는 라벨을 통해 커뮤니케이션하는 것.
4. ‘Ikea, the impossible store from Sweden’과 같이, 브랜드 네임(Ikea)과 함께 슬로건(the impossible store from Sweden)을 사용하는 것.
5. 브랜드 네임에 더불어서 국기와 같은 국가의 심벌을 나타내는 것.

그림 11-4 원산지의 예

또한 몇몇 브랜드 네임은 국가와 관련된 연상을 떠오르게 한다는 점에 주목해야 한다. 예를 들어, "노키아(Nokia)"는 그 이름이 말하듯이 일본 브랜드가 아니라 핀란드 브랜드이다. 미국에서, "하이네켄(Heineken)"이라는 브랜드 네임은 그 브랜드가 네덜란드 것임에도 불구하고 독일 것처럼 들린다. 미국의 아이스크림 브랜드인 "하겐다즈(Häagen-Dazs)"의 경우는 미국 것임에도 덴마크 것처럼 들리는 것은 이 기업 창업자의 부인이 이 이름을 만들었는데, 이 브랜드 네임이 낙농국가로 잘 알려진 덴마크를 연상시키기 때문이다.

3. 공동 브랜딩

공동 브랜딩은 브랜드들 간의 제휴(alliance)의 경우와 관련이 있다. 공동 브랜딩은 다음과 같이 세 가지 형태로 구분할 수 있다(공통 브랜딩과 관련한 상세한 내용은 제13장을 참조하기 바란다.):

❶ **제품 수준에서의 공동 브랜딩** : 두 개의 브랜드화된 제품에 기반을 두어서 새로운 하나의 브랜드화된 제품이 만들어지는 경우(예: 하겐다즈 with Baileys).
❷ **유통 수준에서의 공동 브랜딩** : 하나의 브랜드화된 제품이 또 다른 브랜드화된 제품과 일시적으로 공동으로 팔리거나 각자가 탄탄한 유통 네트워크를 지니고 있는 시장에 상대방의 브랜드화된 제품을 유통시키는 경우.
❸ **커뮤니케이션 수준에서의 공동 브랜딩** : 브랜드화된 한 제품이 다른 브랜드와 함께 커뮤니케이션을 전개하는 경우.

4. 성분 브랜드

성분 브랜드(ingredient or component brand)는 완성품 브랜드(branded article)의 구성요소로써 사용되는 브랜드이다. 성분 브랜드가 완성품 브랜드의 구성요소(component)로써만 구매될 수 있지 개별적으로는 구매될 수 없다. "미쉐린"같은 타이어 브랜드가 교통수단의 구성요소(component)로써만 사용된다 하더라도, 이는 또한 개별적으로 구매될 수 있기 때문에 성분 브랜드가 아니다. 또한 구성요소에 부착된 브랜드 네임이 구성요소(component)로써만 사용된다. 소비재(fast-moving consumer goods)에 속하는 성분 브랜드의 예는 라이크라(Lycra)를 들 수가 있다. 내구성 소비재(durable goods)에 속하는 예는 Dolby, Gore-Tex, Intel이다.

성분 브랜드들 중 유명한 완성품 브랜드에 속하고 완성품 브랜드의 광고에서 외현적으로 언급(organic shampoo의 성분 브랜드인 glucasil의 경우처럼)되는 경우도 있고 반면, Intel이나 NutraSweet와 같은 몇몇 성분 브랜드들은 직접적으로 광고를 행하고 있다. 성분 브랜드 자체를 광고하는 것(Intel의 경우처럼)의 목적은 가능한 많은 잠재고객에게 그 성분을 알림으로써 브랜드화된 제품의 제조업자가 소비자들에게 그 성분의 장·단점에 대해 말할 필요가 없게 하기 위해서이다. 커뮤니케이션의 목적을 최종 소비자에게 둠으로써, 완성품 브랜드는 성분 브랜드를 통하여 유인효과(소비자들이 잘 알려지지 않은 성분 브랜드가 들어 있는 것보다 잘 알려진 성분 브랜드가 들어 있는 완성품 브랜드를 보다 선호할 것이라는 가정을 토대로 한)를 유도할 수 있다.

이미지 전이과정을 통해서, 성분 브랜드의 긍정적 이미지는 완성품 브랜드의 이미지에 긍정적인 영향을 미칠 수 있다. 이러한 전략에서, 이미지 전이의 원천(기반영역)은 성분 브랜드이고 표적영역은 완성품 브랜드이다. 예를 들어, 성분 브랜드인 Intel은 완성품 브랜드의 지각된 품질에 긍정적 영향을 미칠 수 있다. Intel의 이미지가 매우 강력하기 때문에, 부정적 피드백의 가능성은 적다. 여러 연구들에 따르면 성분 브랜드가 완성품 브랜드의 이미지에 영향을 미칠 수 있는 범위는 완성품 브랜드 이미지가 다소 덜 확실할 때 증가함을 보여주었다. 반대로 완성품 브랜드가 뚜렷한 이미지를 지니고 있을 경우에는, 성분 브랜드는 보다 적은 수의 연상만을 추가한다. 이를 요약해 보면 다음과 같다.

❶ 성분 브랜드의 인지도가 높을수록, 이는 완성품 브랜드에 대한 소비자들의 태도에 보다 강력한 영향을 미친다.

❷ 성분 브랜드의 인지도가 높을수록, 성분 브랜드에 미치는 완성품 브랜드의 영향력은 약화된다.

5. 보증 브랜드

브랜드의 잠재 가치를 개발하는데 있어서, 확장 전략 대신 사용될 수 있는 것이 보증 전략(endorsement strategy)이다. 확장 전략에서 모든 제품이 하나의 동일한 브랜드 네임을 가지는 반면, 보증 전략에서는 신제품은 그 제품만을 위한 독특한 브랜드 네임을 가지게 된다. 이러한 독특한 브랜드 네임과 더불어, 보증 전략에서는 새로이 브랜드화된 제품은 보증자(endorser)라고 불리는 브랜드 네임과 함께 제시된다(보통은 기업명). 이 전략에서 보증자의 기능은 보증의 역할을 한다.

기업이 보증 전략을 사용하는 데에는 일반적으로 두 가지 이유가 있다.

① 친숙한 브랜드 네임을 통해 새로운 브랜드의 판매와 수용을 촉진하기 위해서다.

② 기업의 활동영역을 소비자와 경쟁사, 그리고 다른 투자자에게 명확하게 하기 위해서다.

[생각해볼 문제]

1. 우리가 살고 있는 나라에 대하여 생각해 보자. 다른 나라에 살고 있는 소비자들에게 어떤 이미지를 가질까? 글로벌 시장에서 우리나라의 이미지를 레버리지하는데 매우 효과적인 제품 혹은 서비스가 있는가?

2. 여러분들의 마음속에 어떤 소매업자가 가장 강력한 이미지와 자산을 가지고 있는가? 그 소매업자들이 판매하고 있는 브랜드에 관해서 생각해 보자. 그 브랜드들이 소매업자의 자산에 공헌을 하고 있는가? 반대로 그 소매업자의 이미지가 그들이 판매하고 있는 브랜드의 이미지에 도움을 주는가?

제5부

브랜드 자산의 활용

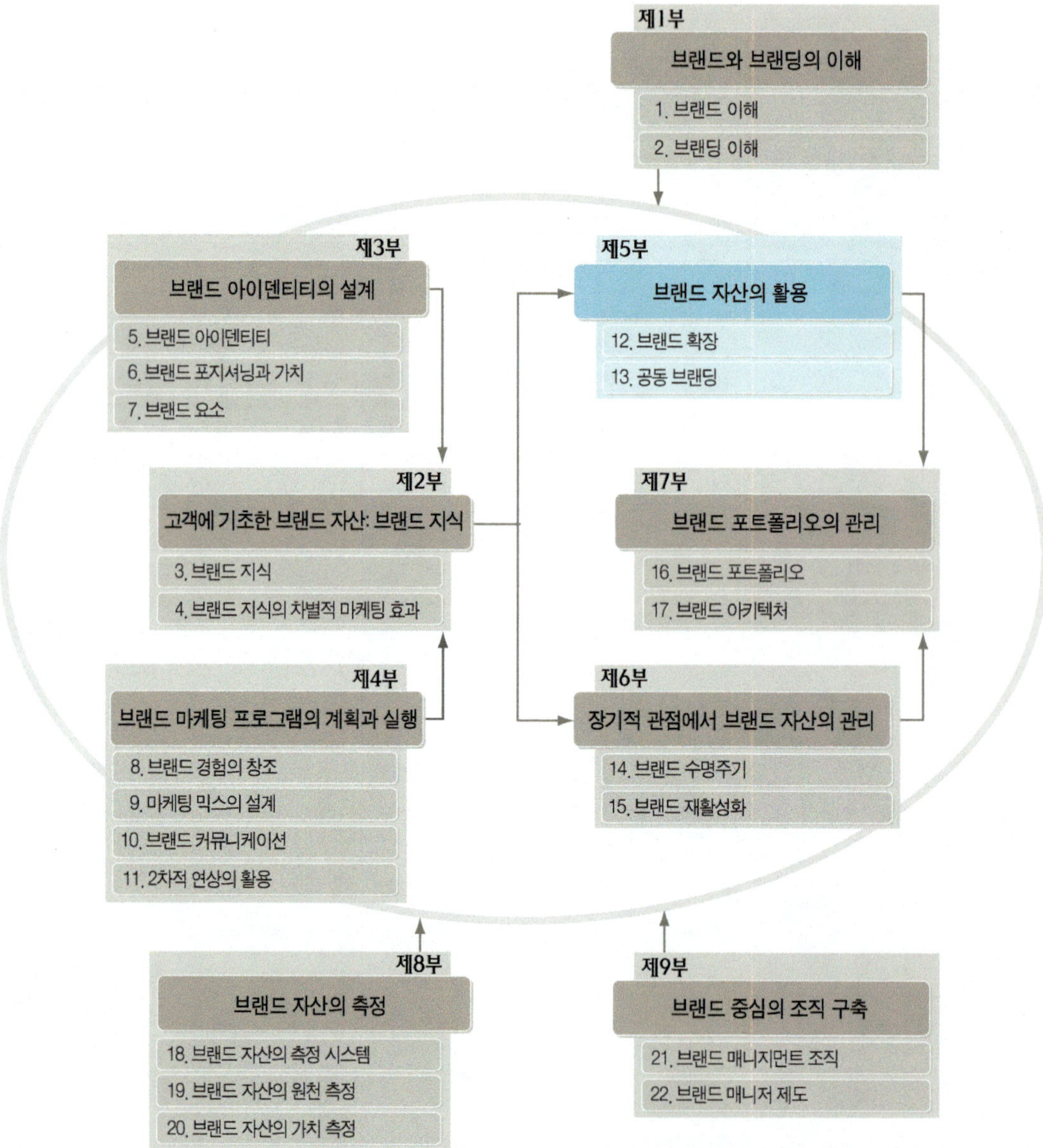
제1부
브랜드와 브랜딩의 이해
1. 브랜드 이해
2. 브랜딩 이해
제3부
브랜드 아이덴티티의 설계
5. 브랜드 아이덴티티
6. 브랜드 포지셔닝과 가치
7. 브랜드 요소
제5부
브랜드 자산의 활용
12. 브랜드 확장
13. 공동 브랜딩
제2부
고객에 기초한 브랜드 자산: 브랜드 지식
3. 브랜드 지식
4. 브랜드 지식의 차별적 마케팅 효과
제7부
브랜드 포트폴리오의 관리
16. 브랜드 포트폴리오
17. 브랜드 아키텍처
제4부
브랜드 마케팅 프로그램의 계획과 실행
8. 브랜드 경험의 창조
9. 마케팅 믹스의 설계
10. 브랜드 커뮤니케이션
11. 2차적 연상의 활용
제6부
장기적 관점에서 브랜드 자산의 관리
14. 브랜드 수명주기
15. 브랜드 재활성화
제8부
브랜드 자산의 측정
18. 브랜드 자산의 측정 시스템
19. 브랜드 자산의 원천 측정
20. 브랜드 자산의 가치 측정
제9부
브랜드 중심의 조직 구축
21. 브랜드 매니지먼트 조직
22. 브랜드 매니저 제도

제12장

브랜드 확장

이번 장의 주요 이슈

우리는 지금까지 신규 브랜드를 출시할 경우 브랜드 자산을 창출하고 구축하는 방법들에 대하여 살펴보았다. 지금부터는 잘 확립된 브랜드 자산을 활용하는 방법들에 대하여 살펴볼 것이다. 브랜드 자산의 활용 전략으로 브랜드 확장(라인 확장과 카테고리 확장)과 공동 브랜딩으로 구분할 수 있다.

이번 장에서는 신제품 도입 시에 기존 브랜드를 활용하는 전략인 브랜드 확장에 대해 살펴볼 것이다. 이어지는 제18장에서는 공동 브랜딩에 대해 설명한다.

❶ 기업은 지속적인 성장을 해야 하는데 이에 대한 하나의 방법이 신제품 개발이다. 이러한 신제품 개발과 동반하여 브랜딩 문제에 직면하게 된다. 그러면 신제품 도입 시에는 어떤 브랜딩 방법이 있는가?

❷ 기업은 잘 구축된 브랜드를 신제품 출시에 적극적으로 활용한다. 이러한 브랜드 확장의 배경은 무엇이며, 확장의 종류에는 어떤 것이 있는가?

❸ 일반적으로 브랜드 확장은 신제품 도입의 초기 시장 정착을 용이하게 하는 데 도움을 준다. 반면 기존에 잘 구축된 브랜드 의미를 희석화시키는 함정도 있다. 구체적으로 브랜드 확장은 어떤 이점이 있으며 함정은 무엇인가?

❹ 기업들은 브랜드 확장을 적극적으로 활용하고 있다. 실패한 확장도 있고 성공한 확장도 있다. 그러면 실패를 최소화하기 위해 브랜드 확장 시에 고려해야 하는 요인들은 무엇인가?

❺ 성공적인 브랜드 확장을 위해 수행해야 하는 의사결정 과정은 무엇인가?

제 1 절 신제품 도입 시의 브랜드 네이밍 방법

브랜드 확장에 대한 논의는 성장에 대한 기업 자원의 고려로부터 시작한다. 유용한 틀로써, Keller(2003)는 안소프(Ansoff)의 제품/시장 성장 매트릭스를 인용하여 설명하고 있다.[1] 〈표 12-1〉에서 보여주는 것처럼, 성장 전략은 기존 제품을 활용하느냐 아니면 신제품을 활용하느냐 여부로 그리고 기존 고객이나 시장을 목표로 삼느냐 아니면 신규 고객이나 시장을 목표로 삼느냐에 따라 다양한 성장 전략을 범주화하고 있다. 성장 전략의 맥락에서 중요한 점은 신제품 도입은 기업의 장기적인 경쟁우위를 유지하기 위해서 중요하다는 것이다.

기업의 성장 전략으로 효과적인 신제품의 개발과 도입을 관리하는 것과 관련하여 항상 브랜드 네이밍과 관련된 이슈가 뒤따르게 된다. 따라서 신제품에 브랜드를 부여하는 방법에 대해서 다음과 같은 세 가지의 방법 중 하나를 선택할 수 있을 것이다(표 12-1).

❶ 기업이 신규 제품에 대해 개별적으로 신규 브랜드를 개발할 수 있다. 하나의 제품에 하나의 브랜드를 부여하는 방식으로 이를 개별 브랜드 전략이라 하며, 이는 다른 브랜드와 관련 없이 신규 브랜드 하에 신제품을 도입하는 전략이다.

❷ 기업은 기존에 잘 구축된 브랜드를 신제품에 적용할 수 있다. 이는 브랜드

표 12-1 안소프의 제품/시장 성장 매트릭스

구 분		제 품	
		신규	기존
시장	신규	다각화 전략	시장개척 전략
	기존	제품 개발 전략	시장침투 전략

1) Kevin Lane Keller (2003), Strategic Brand Management: Building, Measuring, and Managing Brand Equity(Second Edition), Prentice Hall, p.576-581.

표 12-2 신제품 도입 시의 선택 가능한 세 가지 브랜드 전략 비교

구분	단일 브랜드 전략	보증 브랜드 전략	개별 브랜드 전략
기업 브랜드의 선택 옵션	복수의 제품 전략	기업 브랜드 보증	개별 브랜드
제품 브랜드의 선택 옵션	확장	하위 브랜드	개별 브랜드
브랜드 네임 전략	단일 브랜드 네임	복합 브랜드 네임	복수의 브랜드 네임
평가 –브랜드와의 적합성 –마케팅 예산 –성공의 가능성 –부정적 이미지의 전이	 높음 낮음 높음 낮음	 보통 보통 보통 보통	 낮음 높음 낮음 낮음

확장 전략으로써 기존 제품의 브랜드를 신제품에 활용하는 전략이라 할 수 있다.

❸ 기업은 신규 브랜드와 기존 브랜드를 결합하여 사용할 수 있다. 가장 빈번하게 활용하는 형태로써 이를 보증 브랜드 전략이라 한다. 이는 보증 브랜드의 지원 하에 신규 브랜드 및 신제품을 도입하는 전략으로, 주로 기업 브랜드 혹은 패밀리 브랜드가 보증역할을 수행한다.

이와 같은 신제품 도입 시의 선택 가능한 세 가지 브랜드 전략의 특징이 〈표 12-2〉에 잘 나타나 있다. 이들 전략은 신제품에 대한 기존 브랜드(기업 브랜드)와의 적합성, 마케팅 투입 예산, 신제품의 성공 가능성, 그리고 부정적 이미지의 전이 정도 등의 관점에서 각기 다른 특징들을 보여주고 있다.

이어지는 내용에서는 신제품 도입 시에 기존 브랜드를 활용하는 브랜드 확장에 대하여 상세하게 살펴볼 것이다.

제 2 절 브랜드 확장의 개념

오늘날 점차 많은 기업들이 브랜드를 기업의 중요한 자산으로 인식하기 시작하면서 브랜드 자산을 창출하고, 강화하며, 유지하는 것에 대한 중요성이 강조되고 있다. 강력한 브랜드 자산을 보유하는 것의 장점 중 하나는 브랜드 확장이 용이하다는 것이다.

브랜드 확장(brand extension)이란 기존의 브랜드 네임을 새로운 제품 카테고리에 적용하는 것이다. 이것은 다른 제품과 서비스에 기존에 잘 구축된 브랜드를 사용하는 것으로, 기존 브랜드가 지니고 있는 이미지를 다른 제품과 서비스로 전이시키는 것이다. 이처럼 최근에 각광을 받고 있는 브랜드 확장이 빈번이 활용되는 배경과 확장의 종류에 대해 살펴보기로 한다.

1. 브랜드 확장의 배경

전통적인 브랜드 개념은 매우 제한적이며 브랜드는 단지 하나의 제품을 지칭하는 이름일 뿐이었다. 즉, "하나의 브랜드=하나의 제품=하나의 속성 혹은 혜택"의 등식이 성립될 뿐이다. 이처럼 브랜드가 하나의 제품과 하나의 속성, 혜택만의 관계로 형성되어 있다면, 원칙적으로 다른 제품에 이러한 브랜드를 사용할 수가 없다. 이와 같은 개념을 고려할 경우 브랜드는 엄격한 명칭의 형태, 즉 제품의 이름일 뿐이다. 이러한 고전적인 브랜드 개념은 브랜드 확장의 기회를 전혀 허락하지 않는다. 피앤지(P&G)는 모든 신제품에 특정의 브랜드 네임을 부여하여 브랜드 관리를 수행해 왔다.

그러나 최근에 오면서 P&G도 기존의 브랜드 관리방식에서 탈피하여 잘 구축된 브랜드를 신제품 출시 시에 활용하는 확장 전략을 전개하고 있다. 예를 들면

그림 12-1 브랜드 확장 사례—P&G의 크레스토

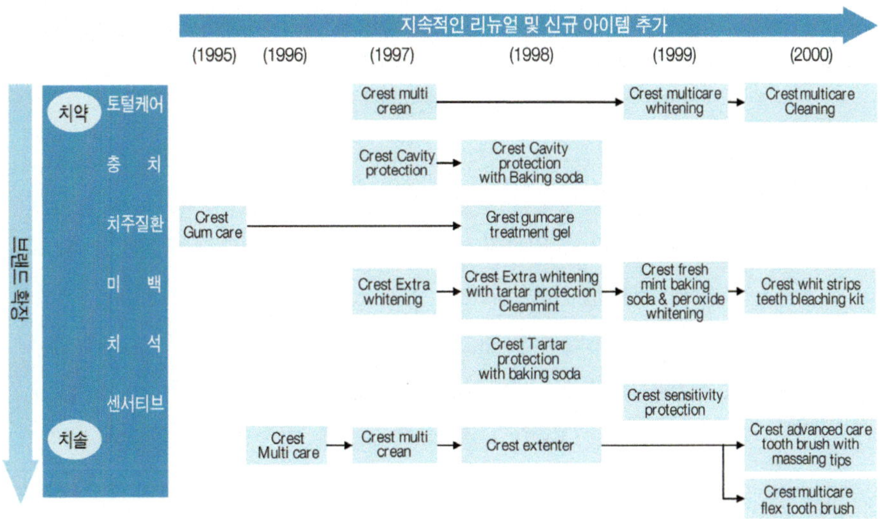

아이보리 비누는 바디 크린져, 샴푸 등으로 확장하고 있고, 특히 크레스토(crest)는 성공적인 확장의 대표적 사례로 꼽히고 있다(그림 12-1).

이러한 브랜드 확장이 최근에 기업들에 있어서 인기 있는 전략이 되고 있다. 〈그림 12-2〉에 보여주는 것처럼, 질레트(Gillette)는 30년 넘게 면도기에 초점을 맞추어 새로운 기능을 통하여 차별성을 추구해 왔지만 과거 10년 동안 탈취제,

그림 12-2 브랜드 구축과 최초의 확장 도입 기간의 비교

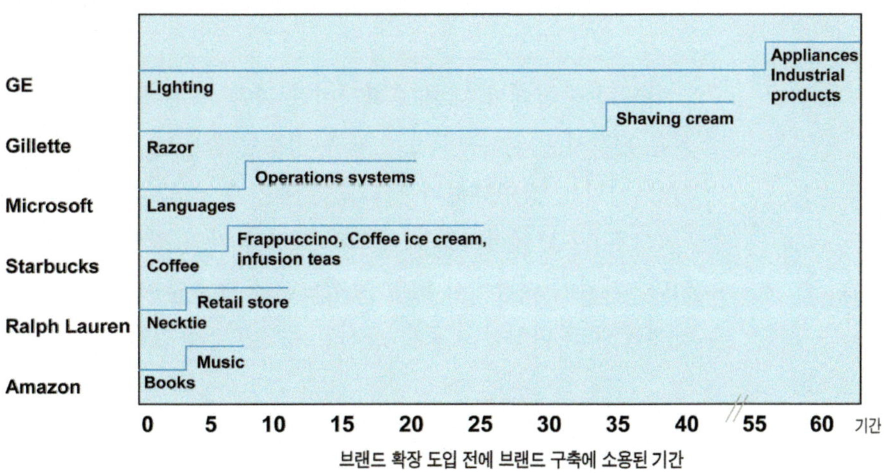

퍼스널 케어(personal care) 제품으로 브랜드를 확장해 오고 있으며, 스타벅스, 랄프 로렌(Ralph Lauren)과 같은 신규 브랜드들은 보다 많이, 보다 빠르게 그들 브랜드를 확장하고 있다. 특히, 스타벅스는 돈 되는 건 뭐든지 진출하고 있는 것을 볼 수 있는데, 영화, 음반, DVD 판매 등의 사업에 브랜드 자산을 활용하여 진출하고 있다.

그러면 왜 이처럼 최근에 오면서 기업들이 인기 있는 전략으로 브랜드 확장을 추구해 오고 있는가? 변화하는 시장 역동성과 증가하는 글로벌 경쟁으로 브랜드의 역할은 매우 중요해지고 있다. 브랜드 마케터들은 신제품 실패의 위험뿐만 신제품 도입의 비용, 둘 다를 줄이면서 보다 손쉽게 성장을 달성할 수 있는 방법들을 찾고 있다. 따라서 신제품을 출시하는 대중적인 방법은 기존 제품군 내에서 시장 또는 다른 제품 카테고리에 기존의 잘 구축된 브랜드 자산을 활용하는 것인데, 이러한 인기 있는 전략의 배경을 요약하면 다음과 같다.

1. 시장의 경쟁구도 가속화
2. 신제품 출시에 따르는 마케팅 비용의 증가
3. 타 기업과의 기술과 제품의 차별성 미약
4. 신제품 수용에 대한 소비자의 불안심리
5. 신제품의 낮은 성공률 등 여러 요인들을 들 수가 있다.

2. 브랜드 확장의 종류

마케팅 문헌에서 브랜드 확장이란 말은 타우버(Edward Tauber)[2]에 의해서 처음으로 사용되었는데 그는 제품 범주와 활용된 브랜드 네임을 축으로 기업의 성장 기회를 범주화하여 카테고리 확장과 라인 확장으로 구분하였다.

〈그림 12-3〉에서처럼 카테고리 확장과 라인 확장 간에는 핵심적인 차이점이 있다. 기업이 시장에서 단일 브랜드만을 활용할 경우에, 동일의 하나의 브랜드 하에서 여러 다양한 제품을 출시할 수 있다. 동일 제품군 내에서 기존의 브랜드

2) Edward M. Tauber (1988), Brand Leverage: Strategy for Growth in a Cost-Control World, Journal of Advertising Research, (August/September), pp.26-30.

그림 12-3 브랜드 확장의 옵션

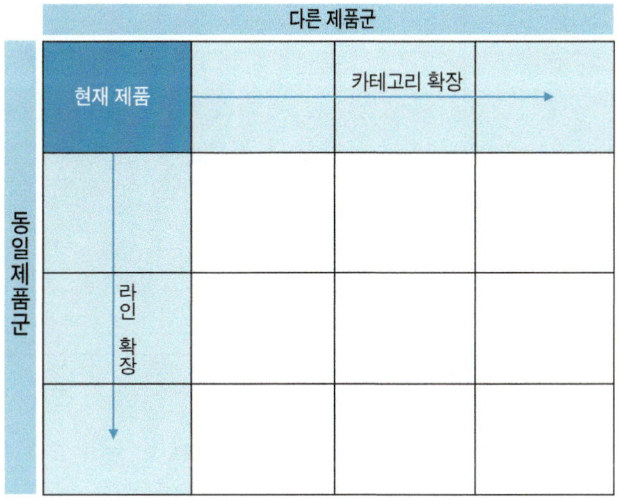

네임 하에서 새로운 세분시장으로의 제품 도입을 라인 확장(line extension)이라 부른다. 또한 서로 다른 제품군에 기존의 브랜드 네임을 활용하여 새로운 제품을 도입하는 것을 카테고리 확장(category extension)이라 부른다.

1 라인 확장

기존의 브랜드 네임과 동일한 제품군 내에서 새로운 제품을 출시하는 것을 라인 확장이라고 한다. 라인 확장에서는 다양한 변형된 제품들이 공통의 브랜드 네임을 갖는다(그림 12-4). 라인 확장에서는 가격에서 차이가 없는 제품들(수평적 라인 확장)과 가격에서 차이가 있는 다른 제품들(수직적 라인 확장)과의 구별이 가능하다(수평적 라인 확장의 예: 페리오 치약은 브레쓰 케어, 검 케어, 캐비티 케어, 센서티브, 토털 케어, 토털 화이트닝 케어/수직적 라인 확장의 예: Mercedes의 중형차 소형차 모델). 수평적 라인 확장은 특히 빠르게 움직이는 소비 제품에서 볼 수 있다. 반면 수직적 라인 확장은 특히 내구재에서 빈번하게 볼 수 있다.

Kirmani 등(1999)은 수직적 라인 확장의 소비자 반응에 대해 연구하였다.[3] 그들은 자동차시장에서 명성 있는 브랜드와 그렇지 않은 브랜드에 대한 소비자

---

3) A. Kirmani, S. Sood, and S. Bridges (1999), The Ownership Effect in Consumer Responses to Brand Line Stretches, Journal of Marketing, Vol.63, No.1, pp.88-101.

그림 12-4 라인 확장

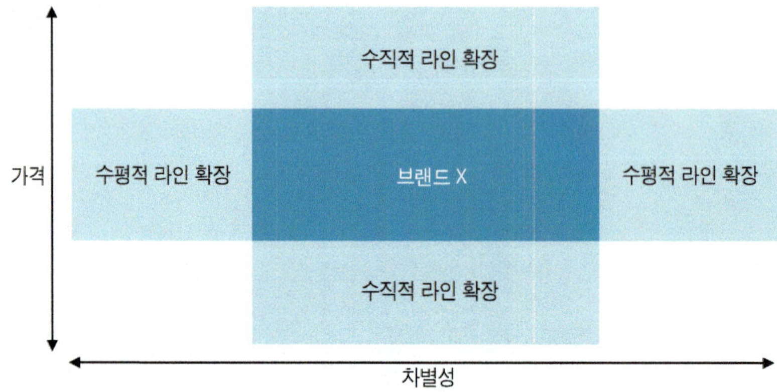

반응을 측정하였다(명성 있는 브랜드란 소비자의 특권 지위를 나타내줄 수 있는 브랜드). 명성 있는 브랜드(BMW 연구) 소유자들은 하향 라인 확장(저가모델 출시)에 대해서 비소유자들보다 더 부정적으로 반응하는 것으로 나타났다. 그에 반해서, 상향 라인 확장에 대해서는 더 긍정적으로 반응하였다. 연구자들은 이러한 결과를 "BMW 소유자들은 비소유자들보다 자신들만의 독점성(exclusivity)을 유지하고자 한다."고 설명하였다. 놀랍게도 이러한 현상은 명성 있는 브랜드들과 중첩되는 가격대를 지닌 명성이 없는 브랜드들에서는 나타나지 않았다. 명성이 없는 브랜드들(Acura 연구)에서는 소유자들은 상향 라인 확장뿐만 아니라 하향라인 확장에서도 긍정적인 반응을 보였다. 명성 있는 브랜드들의 사례에서 연구자들은 의류 브랜드에서도 유사한 결과를 발견하였다(Cavin Klein).

라인 확장 전략의 목적은 현존하는 고객집단 내에서 수익을 증가시킬 수 있으며, 기존 고객을 유지하고 혹은 새로운 고객을 끌어들일 수 있다. 따라서 라인 확장 전략의 목적을 다음과 같이 3가지로 나타낼 수 있다.

❶ 라인 확장은 공격 전략으로 사용될 수 있다. 대부분의 경우에 라인 확장은 현존하는 고객 세분시장에서 사용량을 증가시켜준다. 새로운 맛을 도입함으로써, 패키지 내용을 다양하게 함으로써, 그리고 제품의 개선을 도입함으로써 새로운 고객집단을 이해시킬 수 있다. 다시다는 한때 17개의 하위 브랜드가 있었으며 현재는 쇠고기 다시다, 멸치 다시다, 조개 다시다, 냉면 다시다, 쇠고기 다시다 골드 등의 브랜드가 있다. 80년대 들어 생활수준이 향상되면서 소비자들은 자연

식품, 건강식품을 찾기 시작했고, 이러한 소비자들의 의식변화에 맞추어 천연 조미료 '다시다'가 소비자들의 마음속에 자리를 잡았다. 이 과정에서 쇠고기, 멸치, 조개 등 제품의 원료를 중심으로 라인 확장을 통해 모 브랜드인 다시다를 강화시키는데 성공했다.

❷ 라인 확장은 현존하는 시장의 방어를 위하여 도입될 수 있다. 빠르게 변화하는 소비재의 경우에 수평적 라인 확장은 경쟁사의 성공을 무기력하게 하기 위하여 도입될 때, 방어적인 동기라 할 수 있다. 지난 1982년 동아제약에서 국내 최초로 구강청정제 '가그린' 브랜드를 출시하였다. 가그린은 소비자의 기호, 판매가격 재조정, 사용법 등을 계속 점검하면서 때를 기다렸고 결국 1996년 말경에 재판매하기 시작하였다. 그 후 LG생활건강의 "덴타가글", 한미약품의 "케어가글", 일동제약의 "센스타임" 등 후발주자들이 하나씩 구강청정제 시장을 진입하면서 국내에 구강청정제 시장이 형성되었다. 1996년 재출시 후, 가그린은 다양한 브랜드 · 마케팅 활동을 전개하며 매출 증대 및 브랜드력 강화에 힘썼다. 가그린은 충치예방의 가그린 민트, 입 냄새 제거 및 구강 살균의 가그린 덴트를 출시하여 라인 확장을 했다. 이는 후발 경쟁 브랜드들의 입지를 약화시키며 자신의 시장을 방어하기 위한 올바른 마케팅 전략으로 판단할 수 있다.

❸ 라인 확장은 시장을 재자극하기 위하여(제15장의 브랜드 재활성화 전략편을 참조하기 바란다.) 활용될 수 있다. 어떤 경우에 라인 확장은 시장을 다시금 활기를 띠게 하는 재활성화의 수단으로 활용된다. 감소하고 있는 시장에 새로운 자극을 줌으로써 라인 확장은 소비자들에게 흥미를 끌고 따라서 소비자 수요를 증가시키게 된다. 예를 들면, 최근 젊은 층을 타깃으로 한 비타500이 출시된 후 박카스의 시장을 상당부분 잠식하였다. 그리하여 박카스는 젊은 층을 대상으로 리포지셔닝한 "박카스F"와 타우린 함량을 2배 늘린 "박카스D"를 출시하여 브랜드 재활성화를 도모하고 있다.

② 카테고리 확장

서로 다른 제품군 간에서 기존의 동일한 브랜드 네임 하에서 새로운 제품의 도입하는 것을 카테고리 확장(category extension)이라 부른다. 예를 들면 아이보리 비누(vs. 샴푸), 버진 콜라(vs. 레코드, 항공기) 등을 들 수가 있다. 타우버는 카테고리 확장의 유형 7가지를 다음과 같이 분류하여 제시하고 있다:[4)]

❶ 동일한 제품을 다른 형태로 확장하는 경우다. 다른 제품 범주로 진출하는 가장 손쉬운 방법 중의 하나는 기존 제품의 형태를 바꾸는 것이다. 식품을 음료 형태로 바꾸거나 냉동식품을 선반 보관용 식품으로 바꾸는 경우를 말한다. 돌(Dole)의 '파인애플 통조림'으로 '파인애플 소스'를 만든 것이 동일 제품을 다른 제품 범주로 확장한 예라 할 수 있다.

❷ 기존 브랜드 제품의 차별적인 스타일, 성분 또는 구성요소를 도입하여 새로운 범주로 확장하는 경우다. 기존 제품의 형태를 바꾸어 확장하는 전략의 대안으로써 기존 제품의 원료, 성분을 이용하여 다른 범주의 신제품을 개발하는 것을 고려해볼 수 있다. 한 가지 맛이나 요소를 가지고 있으면 다른 범주에서 독특한 새로운 제품을 만들 수 있다. 가령 아세로라향 '껌'에서 아세로라향 성분을 이용하여 '음료수'를 생산하는 것이 이러한 확장의 예라 할 수 있다.

❸ 기존 브랜드 네임을 보완제품(companion products)에 사용하는 확장의 경우이다. 시장에는 서로 보완적 성격을 갖는 제품이 있게 마련이고, 이러한 보완제품은 브랜드 확장의 기회를 제공한다. 가령, 동서식품에서 커피와 크림을 동시에 판매하는 것과 가전업체에서 TV와 보완관계를 가지고 있는 비디오를 동일 브랜드로 판매하는 것 등이 전형적인 예라 할 수 있다. 또한 코닥 카메라는 코닥 배터리를 판매하고 있다.

❹ 동일 고객 프랜차이즈와 관련된 제품으로 확장하는 경우다. 동일한 고객군에게 또 다른 제품을 판매하기 위하여 브랜드 확장을 시도하는 경우이다. 이러한 확장은 고객이 원하는 제품이고 기존 브랜드에 대해 호의적 신념을 형성하고 있을 경우이어야 한다. 가령, 거버(Gerber) 보험회사가 비자(Visa) 여행자수표를 자신의 고객에게 제공하는 경우이다. 또한 시어즈(Sears)는 그들의 거대한 소비자군을 활용하여 시어즌 은행으로 확장하였다. 국내에서는 최근에 SK그룹의 OK 캐시백 고객군을 이용하여 신용카드로 확장한 경우를 생각할 수 있다.

❺ 기존 제품에 반영된 핵심역량(전문기술)을 이용하여 다각화를 모색할 때 확장을 이용한다. 이러한 유형은 가장 효과적인 것으로, 기업이 특별한 노하우나 경험을 갖고 있으며 그러한 사실을 소비자가 신뢰하는 제품 범주로 확장하는 것이다. 소비자는 혼다(Honda)가 훌륭한 '소형 엔진'을 생산하는 것으로 알고

4) Edward M. Tauber (1988), Brand Leverage: Strategy for Growth in a Cost Controlled World, Journal of Marketing Research, 28(August/September), pp.26-30.

있다. 이러한 소비자의 신념을 바탕으로 혼다는 '잔디 깎는 기계'로 사업을 확장하였다.

❻ 브랜드의 차별적인 이점, 속성, 고유한 특징 등을 이용한 확장의 경우다. 제품의 속성, 편익, 특징 등에서 생성되는 브랜드 이미지나 연상을 브랜드 확장에 이용할 수 있다. 소비자에게 호의적이며 뚜렷이 지각되는 브랜드 이미지는 확장의 효과를 증대시킬 것이다. 전형적인 예로 "아이보리"를 들 수 있다. 소비자는 아이보리를 순한 비누로 지각하고 있으며, 순한 샴푸를 원했다. 아이보리 샴푸는 이러한 소비자의 욕구를 충족시켜주기 위하여 확장된 제품이다. 또한 풀무원의 건강과 무공해 속성을 기반으로 두부에서 콩나물, 된장 등으로 확장을 하였다.

❼ 브랜드의 차별적인 이미지(디자이너 이미지) 또는 명성을 이용한 확장의 경우다. 브랜드는 지위를 나타내며 제품 및 사용자의 이미지를 창출할 수 있다. "피에르 가르뎅"과 같은 디자이너 라벨이 수많은 제품 범주에 등장하는 것은 바로 디자이너 이미지를 통한 브랜드 확장으로 이해할 수 있다. 또한 "캘빈 클라인(Calvin Klein)"의 옷과 액세서리, "포르쉐(Porsche)"의 자동차와 선글라스 등의 경우를 예로 들 수 있다.

3 라이선싱

특별한 형태의 확장으로 라이선싱(licensing)을 들 수가 있다. 잘 알려진 브랜드 네임을 다른 제조업자의 제품에 부착할 수 있도록 허락하는 것이 라이선싱이다. 디자이너 이름, 제조업자, 유명인, 연예인, 기업, 심지어 만화 캐릭터까지 라이선싱된다. 다양한 제품에 이러한 브랜드 네임이 부착되면서 즉시적인 인지도와 암묵적인 품질 인정을 받게 된다. 캘빈 클라인, 크리스찬 디올 등의 이름은 특히나 다양한 제품군에 폭넓게 라이선싱되고 있다.

기업은 보통 그들의 이름이나 트레이드마크를 브랜드 확장의 형식으로 라이선싱함으로 새로운 제품 카테고리로 진입한다. 아니면 순수한 프로모션 목적으로 '언제나 코카콜라'라는 슬로건이 의류, 장난감, 커피 머그 등에 다양하게 활용되도록 한다. 지방자치단체 혹은 연방정부 등도 이제 그들의 이름을 새로운 수입원으로 활용하기 위해 라이선싱하는 추세이다.

그림에서처럼 라이센싱의 대표적인 브랜드로 아놀드 파마를 들 수가 있다. 1929년 미국 펜실베이니아 주에서 출생한 아놀드 파마는 아버지의 영향을 받아

성공적인 브랜드 라인선싱의 예–
아놀드 파마

어려서부터 골프에 입문하게 되었으며, 세계적인 골퍼로서 그의 인생은 1954년 미국 아마추어 챔피언십의 우승에서 비롯되었다. 아놀드 파마는 자신의 이름을 이용한 라이선싱 사업을 최초로 시도한 운동선수이기도 하며, 한국에서는 1981년 동일 레나운에 의해 소개된 이후 20여 년 동안 꾸준한 사랑을 받아오는 브랜드로, 2000년에는 골프웨어 부문의 대고객 인지도 1위를 차지하기도 했다.

우산 모양 마크의 아놀드 파마는 이제 지구상의 어느 곳에서도 찾아볼 수 있는 세계인의 브랜드로 성장하였으며, 이렇게 아놀드 파마의 세계화를 가능하게 했던 큰 힘은 바로 성공적인 라이선싱 프로그램의 전개에 있다.

제 3 절 브랜드 확장의 두 칼날

확장은 브랜드 노출을 증가시킴으로 기존 브랜드에 도움을 줄 뿐만 아니라 신제품에 기존의 이미지를 제공해주기 때문에 보편적으로 사용된다. 그러나 이와 동시에 확장이 기존 제품의 가치를 감소시키는 방향으로 브랜드 이미지를 변화시킬 가능성뿐 아니라 그리 어울리지 않는 제품에 확장되었을 경우에는 모 브랜드의 이미지가 확장제품으로 거의 아무런 가치도 전달하지 못할 가능성 또한 존재한다.

이처럼 브랜드 확장에는 이점과 함정의 두 칼날을 동시에 가지고 있다. 특히 브랜드 확장의 이점에 도취되어 무분별한 확장으로 기존의 브랜드 자산에 치명적인 문제점을 초래할 수도 있다는 점을 간과해서는 안된다. 다음에서는 브랜드 확장의 이점과 함정에 대해 구체적으로 살펴보도록 한다.

1. 브랜드 확장의 이점

브랜드 확장의 이점은 상당히 많이 논의된 주제이다. Keller(2003)는 기존의 연구들을 분류하여 브랜드 확장의 이점에 대하여 다음과 같이 설명하고 있다.

1 기존에 잘 구축된 브랜드를 활용함으로써 신제품의 수용을 촉진시킨다

이미 상당한 시장 지위를 누리고 있는 브랜드를 그대로 이용함으로써 소비자들이 신제품 브랜드를 즉시 인지할 수 있고 브랜드에 의해 전달된 인상을 아무런 저항 없이 수용하게 된다. 모 브랜드에 대한 친숙성 및 지식이 존재할 때 확장 신제품에 대한 소비자의 지각된 위험을 본질적으로 감소시켜 준다. 잘 알려져 있고 선호하는 브랜드가 지닌 이점 중의 하나는 소비자가 지속적으로 브랜드의 우수한 성능을 기대한다는 점이다. 이와 유사하게 브랜드 확장의 경우, 소비자는 브랜드에 대한 기존 지식 그리고 신제품과 기존 지식의 관련성을 바탕으로 하여 신제품의 성분과 성능에 대해 추론하고 예상할 수 있다. 예를 들어, 소니(Sony)가 멀티미디어 응용에 맞춰 신형 개인용 컴퓨터를 도입하였을 때, 소비자들은 다른 소니 제품에 대한 경험과 지식 때문에 그 제품이 완전히 새로운 것보다는 소니라는 브랜드가 붙은 제품에 대해서 편안함을 느낄 가능성이 더욱 많을 것이다.

신제품의 수용에 영향을 미치는 요인들에 대한 조사연구에 따르면, 신제품의 초기 시험 구매를 예측하는 가장 중요한 요소는 이미 알려진 기업 브랜드(혹은 패밀리 브랜드—브랜딩 따라잡기 28)가 어느 정도로 관련되어 있느냐는 것이다. 제너럴 일렉트릭, 휴렛팩커드, 모토로라 등과 같은 이미 잘 알려진 기업 브랜드가 그 브랜드에 결부된 광범위한 제품들 때문에 구체적인 제품 연상을 결여하고 있다 할지라도, 제품을 도입하고 그 제품을 '보증' 할 수 있는 기업 브랜드의 명성은 소비자에게 위험을 감소시켜주는 중요한 요소가 될 것이다. 따라서 전문 기술과 신용의 관점에서 본 기업의 신뢰성에 대한 지각은 브랜드 확장을 도입하는 데 있어서 중요한 연상이 될 것이다.

② 호의적인 모 브랜드는 유통망을 확보하는데 관련된 비용을 줄인다

소매업자들은 확장제품을 재고로 보유하고 촉진하는데 보다 더 긍정적이다. 확장 신제품을 도입함으로써 비롯되는 잠재적으로 증가된 소비자 수요 때문에, 소매상들에게 확장제품의 재고를 보유하여 판매촉진을 하도록 확신시키는 것이 좀 더 쉬울 것이다.

③ 마케팅 커뮤니케이션과 관련된 혜택

브랜드 인지도가 이미 존재하기 때문에, 모 브랜드를 활용함으로써 브랜드 확장의 프로모션 활동 즉, (1) 신제품 도입에 소요되는 마케팅 비용을 절감시키고, (2) 촉진비용의 효율성을 증가시킨다.

기업이 슈퍼마켓에 신제품을 출시하는데 소요되는 금액의 40~80%를 절감할 수 있다. 왜냐하면 유통에서 소매상과의 밀고 당기는 판촉행위들은 신규 브랜드를 통한 신제품 출시보다는 확장을 통한 신제품 출시의 경우 감소될 수 있기 때문이다.

브랜딩 따라잡기 28

패밀리 브랜드

패밀리 브랜드 개념

브랜드는 기업이 소비자에 대해서 소비자 니즈를 어떻게 충족해 갈 것인가를 주장하는 것으로 경쟁사의 제품과의 차별화를 도모하는 것이다. 따라서 브랜드 콘셉트가 소비자 니즈에 맞는다면 소비자는 그 브랜드에 좋은 이미지를 형성, 경쟁력의 원천이 된다.

일반적으로 패밀리 브랜드는 상품 전체를 포괄하는 통일 브랜드로써 폭넓은 소비자층에 안정감, 신뢰감을 제공한다. 동시에 세분시장별 소비자 니즈에 맞는 특징 있는 개별 브랜드(즉 하위 브랜드)를 투입함으로써 주요 세분시장의 고객을 획득할 수 있다. 예를 들면, 그림에서처럼 대상기업은 "청정원"이라는 패밀리 브랜드 하에서 다양한 카테고리로 개별 브랜드(하위 브랜드)를 투입하는 패밀리 브랜드 전략을 추구하고 있다.

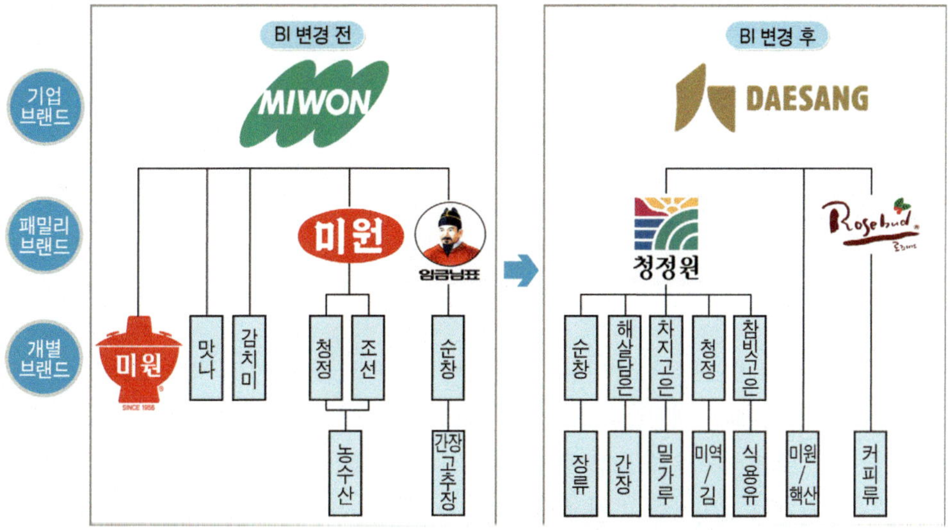

〈그림 1〉 청정원의 패밀리 브랜드 전략

이러한 패밀리 브랜드 전략은 〈그림 1〉에서처럼 공통 이미지를 소구하고 각 소비자 세분시장의 니즈를 충족시키는 개별 브랜드를 활용함으로써 효과적이다. 이러한 패밀리 브랜드를 개발하기 위한 논리적인 방법이 다음 〈그림 2〉에 잘 나타나 있다. 세분시장에서 공통의 브랜드 콘셉트를 추출하여 패밀리 브랜드의 콘셉트로 활용함으로써 전체 세분시장을 포괄하여 폭넓은 소비자층에

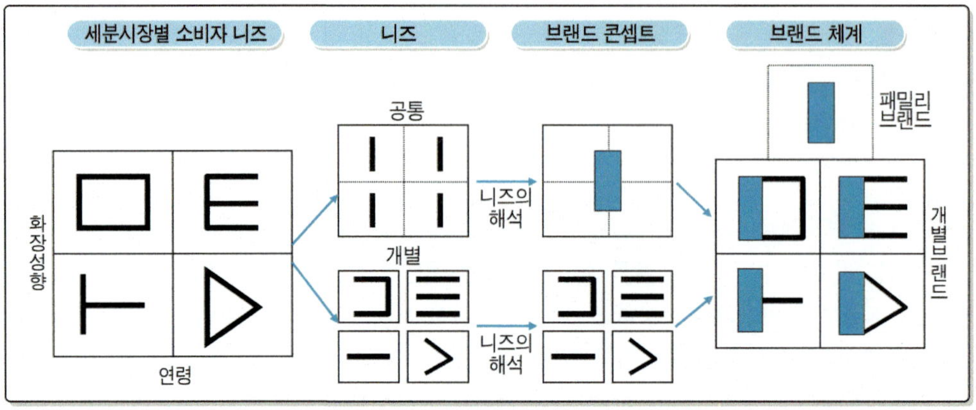

〈그림 2〉 패밀리 브랜드 전략의 구축 틀

소구할 수 있다.

패밀리 브랜드의 구축 방법

일반적으로 패밀리 브랜드를 구축하기 위해서는 기존에 잘 알려진 브랜드를 확장하거나(예, 2080 치약에서 2080 칫솔, 2080 구강청정제, 2080 어린이 치약 등), 출시시점부터 전략적으로 패밀리 브랜드를 도입하는 방법이 있다. 특히 출시 시점부터 패밀리 브랜드를 도입할 경우에 전략적이고 효과적인 브랜드 관리를 위해 가능한 브랜드 확장의 범위를 계획하고 브랜드 이미지를 손상 없이 이를 가능케 하는 전략적인 노력을 브랜드 아이덴티티 구축단계에서부터 실행하는 것이 필요하다(예, 청정원, 하우젠 등).

제품이 출시된 후 여러 효율성이 파생되는데 한 예로써 브랜드가 다수의 제품에 관계된 패밀리 브랜드인 경우 광고는 더 많은 비용효과를 보게 된다.

촉진비용의 효율성 증가 측면을 고려해볼 때(커뮤니케이션의 관점에서 보면), 브랜드 확장으로써 신제품을 도입하는 하나의 명백한 이점은 도입 캠페인이 브랜드와 신제품 모두에 대해 인식을 창출하는 것이 아니라 단지 신제품 자체에 초점을 맞추면 된다는 데 있다. 일반적으로 기억 속의 모 브랜드에다 신제품을 연결하는 것이 기억 속에 처음으로 브랜드를 인지시킨 다음에 거기에다 신제품을 연결시키는 것보다는 더욱 용이할 것임에 틀림없다.

④ **브랜드 네임, 로고, 심벌, 포장, 캐릭터, 슬로건 등 신규 브랜드의 개발비용이 들지 않는다**

신규 브랜드 요소들을 개발하는 것은 하나의 예술이고 과학이다. 필요한 소비자 리서치를 실시하고 브랜드 네임, 로고, 심벌, 포장, 캐릭터, 슬로건 등을 설계하는 데 엄청난 많은 비용이 소요되고, 또한 성공하리라는 보장도 없다. 그러나 기존의 브랜드를 활용함으로 신규 브랜드 요소의 개발비용이 들지 않는다.

⑤ **포장과 라벨링에서의 효율성 증가를 도모할 수가 있다**

유사하거나 실질적으로 동일한 확장 브랜드의 포장과 라벨은 생산비용을 줄여주고, '광고판(billboard)' 효과를 창출함으로써 소매점에서 좀 더 부각될 수 있을 것이다. 예를 들면, 페리오 치약은 브레쓰 케어, 검 케어, 캐비티 케어, 센서티브, 토털 케어, 토털 화이트닝 등 다양한 영역으로 확장하여 진열에 있어서 광범위하고 통일된 공간 확보를 통한 광고판 효과를 발휘하고 있다.

⑥ **긍정적 피드백 효과**

모 브랜드 이미지와 관련된 이점으로 브랜드 확장은 모 브랜드에 대해서 다음과 같은 긍정적인 피드백 효과를 가진다.

❶ 확장은 소비자에게 브랜드 의미를 명백하게 하여 경쟁영역의 경계를 규정해줄 수 있다. 브랜드의 의미를 확대시키고자 시도한 제록스(Xerox)의 사례를 보자. 문서의 복사가 점차적으로 전통적인 종이 복사에서 전자 복사로 대체되고 있음을 깨닫고서, 제록스는 사무용 복사기의 제품 라인을 확장시켜 디지털 프린터, 스캐너, 문서작업 소프트웨어 등과 같은 다른 제품들을 포함시켰다. 제록스는 기존의 소비자 이미지를 바꾸고 제록스의 새로운 능력을 좀 더 훌륭하게 반영하기 위하여 야심에 찬 광고 캠페인과 마케팅 캠페인을 시작하였다. 모든 제록스 광고, 마케팅 관련 도구들, 제품에 대해서 새로운 로고가 만들어졌다. 새로운 로고는 모든 광고 전단지의 오른쪽 윗부분에서 붉은색 '엑스(X)'의 도안으로 구성되었다. 새로운 로고는 디지털의 모습을 전달하고 회사의 기술에 대한 약속을 상징화하고자 했다. 그 로고와 함께 실린 광고 캠페인에서는 "문서 회사(The Document Company)"란 슬로건을 사용하였다(그림 참조).

이는 긍정적 희석효과를 활용한 제록스사의 성공적인 브랜드 확장사례라 할 수 있다. 우리는 제록스하면 복사기를 떠올릴 정도로 제록스는 복사기의 대명사이다. 제록스는 한때 '복사'를 의미하는 고유명사가 될 정도로 "제록스=복사기"라는 식의 브랜드 이미지가 너무 강했다. 제록스의 경영진들은 어떻게 해서든 '복사기'라는 일차원적 브랜드 콘셉트를 탈피하려고 갖은 노력을 다했는데 결국 긍정적 희석효과를 사용하여 성공하였다. 팩스기와 컴퓨터 등(기존 복사기와 약간 비유사한 제품군)으로 서서히 확장을 시도한 결과 제록스 브랜드를 '서류, 문서와 관련된 브랜드'라는 식으로 보다 넓게 포지셔닝을 시킬 수 있었던 것이다. 이후 제록스는 사무용 용지 등 더욱 다양한 제품군에 쉽게 진출할 수 있게 되었으며 신제품 개발에 더욱 박차를 가할 수 있게 되었다.

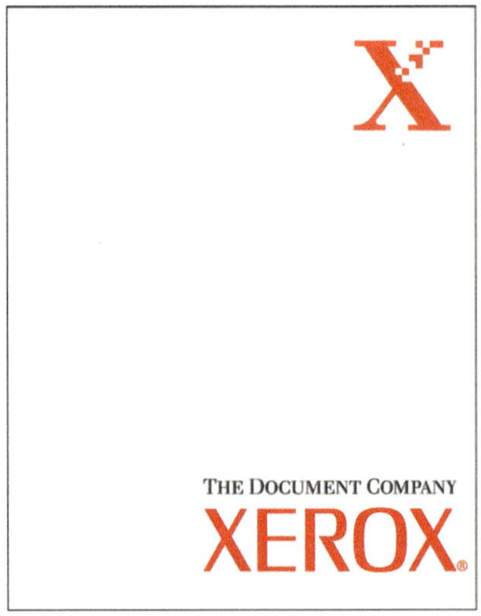

제록스의 광고 포맷

반면 P&G의 "아이보리"의 경우 샴푸, 식기세척액(기존의 비누, 세정 이미지와 강하게 연관된 유사한 제품군)으로 확장을 하는 바람에 기존의 '부드럽고 순함'이라는 이미지를 희석시키지 못하고 오히려 더 강화시키는 결과를 낳기도 하였다.

우리나라 기업의 경우도 자사 브랜드의 폭이 좁아 고착된 브랜드 콘셉트(이미지)를 가지고 있는 경우의 예를 들면 "풀무원"의 경우 신제품 출시 시 가장 힘든 것이 자사 브랜드의 콘셉트(이미지)가 고착화되어 있다는 점이다. '건강 지향'이라는 콘셉트가 워낙 강하여 새로운 제품군으로 진출할 때 예를 들면 화장품으로의 진입 시 기존의 건강 지향의 고착된 콘셉트가 아름다움의 상징성을 강조하는 화장품 콘셉트와의 혼란을 야기할 수 있다는 점이다. 또한 맛을 지향하는 제품군의 경우도 마찬가지로 건강 지향과 맛 지향의 혼란을 야기할 수 있는 위험이 초래될 수 있다. 따라서 일차원적인 고착된 브랜드 콘셉트를 가진 경우 단계적으로 유사성이 적은 제품군으로 서서히 브랜드 확장을 해나가면, 긍정적 희석효과를 거둘 수가 있다.

❷ 기존의 브랜드 연상의 호의도를 향상시키고 또한 새로운 브랜드 연상을 추가하거나 혹은 기존의 브랜드 연상과 신규 브랜드 연상을 혼합함으로써, 브랜

드 확장은 모 브랜드의 이미지를 향상시킬 수 있다.

성공적인 브랜드 확장으로부터 나오는 바람직한 성과는 모 브랜드의 연상을 강화시키고, 호감성을 향상시킴으로써, 그리고 새로운 브랜드 연상을 첨가시킴으로써 모 브랜드 이미지를 강화시킬 수 있다.

브랜드 확장이 모 브랜드의 이미지에 영향을 미치는 하나의 일반적인 방법은 모 브랜드의 핵심적인 브랜드 연상을 구축하는 것이다. 브랜드의 핵심연상이란, 그 브랜드가 거느리고 있는 모든 제품을 특징지어 주고 그 결과 소비자가 강력한 연상을 갖게 되는 속성과 이점을 말한다. 예를 들어, 나이키는 조깅화로부터 운동화, 운동복, 운동장비 등으로 브랜드를 확장시켰고 그 과정에서 '최고의 성능'과 '스포츠'에 대한 나이키의 연상을 더욱 강화시켰다.

❸ 브랜드의 재활성화를 도모한다. 때때로 브랜드 확장은 브랜드에 대한 관심과 호감을 새롭게 하는, 즉 브랜드에 활력을 불어넣는 수단이 될 수 있다(상세한 내용은 제15장의 브랜드 재활성화 편을 참조하기 바란다.).

❹ 순차적 브랜드 확장을 용이하게 한다. 성공적인 브랜드 확장의 또 다른 이점은 추가적인 브랜드 확장의 토대로 기여한다는 데 있다. 가령, Levi's사는 Levi-strauss 청바지의 확장제품인 Levi's Docker(면바지)의 성공을 발판으로 Docker Authentics라는 한 단계 높은 제품라인의 속옷과 의류시장까지 연속적으로 확장을 하였다.

⑦ 경쟁에 대한 효과적인 방어

브랜드 확장은 다양성을 추구하는 소비자들을 흡수할 수가 있다. 특히 라인 확장의 경우에 소비자에게 한 제품 범주 상에서 다양한 제품을 제공함으로써, 싫증나고 질렸기 때문에 변화를 필요로 하는 소비자는 그 브랜드를 떠나지 않고서도 확장된 다양한 다른 제품들을 선택할 수 있다.

게다가 어떤 범주에서 효과적으로 경쟁하기 위해서는, 함께 모여 통일된 제품 라인을 형성하는 다수의 품목을 보유하는 것이 필요할 것이다.

지속적으로 라인을 확장시킴으로써, 새로운 시장의 추세 또는 소비자 수요의 변화에 부응을 할 수 있다. 특히 경쟁자가 새로운 유형의 제품이 출시하여 성공을 거둘 때마다 확장을 통한 후발 전략을 채택하여 유사한 상품을 도입할 수 있다.

2. 브랜드 확장의 함정

전술한 바와 같이 브랜드 확장을 통한 잠재적인 이점에도 불구하고, 브랜드 확장에는 여러 가지 함정을 초래할 수 있다(그림 12-5). Keller(2003)는 브랜드 확장의 몇 가지 함정을 언급하고 있다: (1) 모 브랜드의 자산 저하, (2) 신제품 지원을 하지 못함, 그리고 (3) 신규 브랜드 개발 기회의 상실.

1 모 브랜드 자산의 저하

확장이 기업에게 매력적인 여러 이점을 가지고 있기는 하지만 여전히 많은 함정들이 존재하고 있다. 일반적으로 확장 전략에서 분류되는 3가지의 함정이 있다: 자기잠식, 확장 실패 시 모 브랜드 이미지 손상, 그리고 모 브랜드 이미지 희석화.

자기잠식

확장 전략의 함정 중의 하나는 소비자들이 기존의 모 제품보다 확장제품을 더 선호할 수도 있다. 이러한 문제는 라인 확장의 경우에 발생하는 것으로 새로이 확장된 제품이 기존의 제품을 잠식할 수 있음을 늘 유의해야 한다. 확장제품 자체는 성공했지만 모 브랜드의 매출을 잠식하는 것으로 비록 어떤 브랜드 확장의 매출이 높고 목표를 달성했다고 할지라도, 그 성과는 단순히 소비자가 모

그림 12-5 브랜드 확장의 함정

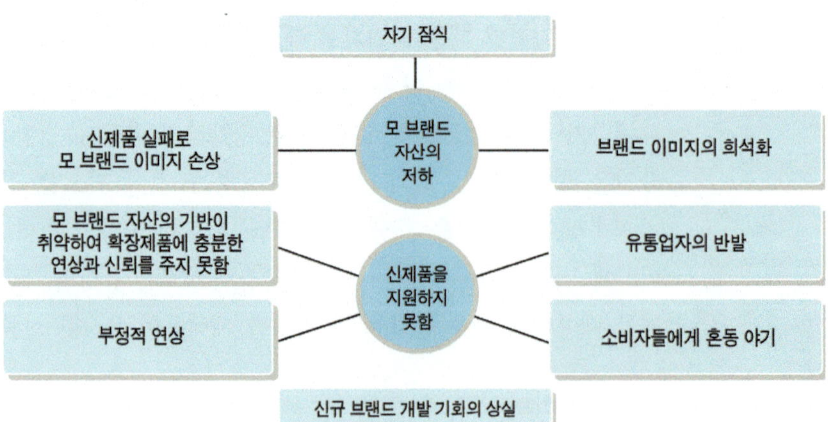

브랜드의 제품으로부터 확장제품에 소비를 전환함으로써, 즉 모 브랜드의 매출을 감소시킴으로써 발생할 가능성도 있다.

그러나 종종 매출 상의 변동이 '자기 잠식(cannibalization)'의 한 형태로 생각될 정도로 반드시 바람직하지 않는 것만은 아니다. 바꿔 말하면, 소비자는 그 범주 내에 라인 확장이 이뤄지지 않았다면 그 라인 확장 대신에 경쟁 브랜드로 바꿨을 지도 모른다.

모 브랜드의 이미지 희석화

여러 번의 확장의 결과 브랜드는 더 이상 어떤 특정의 연상을 환기시킬 수가 없는 함정이 있다. 이와 같은 브랜드 이미지의 대체를 브랜드 희석(brand dilution) 현상이라 한다. 이는 확장제품 자체는 성공했지만 기존의 제품 범주에서 소유하고 있는 브랜드 정체성을 감소시킬 수 있다. 하나의 브랜드에 다수의 제품을 연결시킴으로 초래하는 위험성 중의 하나는 그 브랜드가 속해 있는 어떤 제품과도 강력하게 동일시되지 않는다는 점에 있다. 그래서 브랜드 확장은 기존 브랜드의 정체성을 모호하게 하고 브랜드 인식을 감소시킬 수 있는 것이다.

이것은 확장의 속성이 모 브랜드의 속성과 비일관적이거나 또는 충돌하는 것으로 보일 때 일어난다.

이런 잠재적인 함정은 알 리스(Al Ries)와 잭 트라우트(Jack Trout)에 의해서 널리 알려졌는데, 그들은 1981년에 "라인 확장의 함정(line extension trap)"이란 개념을 소개하였다.

그러나 이질적인 제품들에 브랜드를 부착하고도 여전히 개별 소비자의 마음속에 적정수준의 지각된 품질(perceived quality)을 소유하고 있는 회사들의 측면에서 볼 때, 이처럼 브랜드를 희석시키는 효과에 대한 반대되는 유명한 사례들도 존재한다. "오뚜기"는 아주 광범위한 제품 포트폴리오를 지닌 기업 브랜딩 전략을 채택하고 있으며 여러 식품류의 제품들을 판매하여 강력한 명성을 얻었다.

모 브랜드 이미지 손상

실패한 브랜드 확장은 소비자들이 모 브랜드와 연관된 기존에 지식으로 가지고 있는 호의적인 태도를 감소시킴으로써 모 브랜드 이미지를 손상시킬 수도 있다. 불행하게도 이러한 부정적인 피드백 효과가 종종 발생한다.

② 신제품 지원을 하지 못함

브랜드 확장으로 인해 신제품의 수용성에 영향을 미치는 경우도 있지만, 특히 역효과가 나타나는 경우도 있다. 이것은 다음과 같은 함정이 뚜렷이 나타나는 것에서 기인한다.

취약한 모 브랜드 자산의 기반

모 브랜드 자산으로부터 브랜드 확장이 충분한 연상과 신뢰를 부여받지 못하면, 소비자의 인지를 도와주지 못하고 그 결과 진입 시장에서 경쟁으로부터 공격에 대응할 수가 없다.

제품 속성에 대한 부정적 연상

예를 들면 높은 칼로리 식품으로 인지된 브랜드를 다이어트(diet) 식품으로 확장하게 되면 제품 속성에 부정적 연상으로 작용하게 된다.

유통업자의 반발

많은 브랜드가 수없이 다양한 형태로 나오고 있다. 그 결과, 식품점이나 슈퍼마켓이 어떤 하나의 제품 범주 상에 있는 모든 다른 브랜드를 제공하기란 불가능하다. 게다가 소매상들은 종종 많은 라인 확장이 단지 '동일한' 제품들, 즉 한 제품 범주 상의 기존 브랜드를 모방한 제품들이고, 그래서 설령 공간이 있다해도 진열할 필요가 없다고 느낀다.

소비자에게 혼돈야기

여러 다양한 라인 확장의 경우에 어떤 제품이 진품인지에 대해서 소비자에게 혼동을 주거나 실망시킬 수 있다. 더욱이 엄청난 수의 신제품과 브랜드가 끊임없이 쏟아져 나오고 있기 때문에, 많은 소매상들에게는 이들 제품들을 진열하거나 전시할 공간이 물리적으로 충분하지 않다. 결과적으로, 소매상이 소비자에게 광고를 해버린 확장제품을 갖추지 못하거나 갖추지 않으려고 한다면 일부 소비자들은 그 제품을 찾을 수 없어 실망하게 될 것이다.

3 신규 브랜드 개발 기회의 상실

모 브랜드 자산의 기반이 취약하여 확장제품에 충분한 연상과 신뢰를 주지 못할 경우 새로운 브랜드를 개발할 기회를 놓칠 수 있다. 브랜드 확장에서 쉽게 간과되는 위험 중의 하나는 브랜드 확장으로써 신규 제품을 도입함으로써 회사가 독특한 이미지와 자산을 지닌 신규 브랜드를 개발하는 기회를 놓친다는 점이다. 예를 들어, 리바이스가 닥커스 바지—캐주얼 바지에 관심이 있는 고객층을 끌어들였다—를 도입했을 때의 혜택에 대해서, 제너럴 모터스가 새턴—'과거 방식으로 파는 과거와 동일한 차'에 싫증난 소비자들을 끌어들였다—을 도입했을 때의 혜택에 대해서 고려해 보자. 각각의 이들 브랜드는 그 자체의 고유한 연상과 이미지를 창출하여 다른 회사가 판매하는 기존의 다른 브랜드들에 존재하는 연상 이미지와는 완전히 다른 시장으로 진출하였다. 그러므로 브랜드 확장으로 신제품을 도입하는 것은 신규 브랜드를 창출할 수 있는 기회를 놓친다는 측면에서 보면 잠재적으로 엄청난 숨은 비용이 들 수 있다.

제 4 절 브랜드 확장의 원리: 브랜드 지식의 전이

브랜드 확장에 있어 모 브랜드로부터 확장제품으로의 브랜드 지식의 전이와 관련하여 모 브랜드의 지식, 지식의 의미성, 지식의 전이성과 같은 세 가지 요인이 어떻게 기능하는가에 대해 많은 이슈들이 발생한다. 이러한 이슈들에 대해 다음의 이미지 전이 원리로 설명할 수가 있다. 여기서 모 브랜드는 '기반영역'을 말하고 확장제품은 '표적영역'을 말한다(그림 12-6).

이미지 전이에서, 소비자들에게 중요한 연상들이 기반영역에서 표적영역으로 전이하게 된다. 연상의 전이를 위해서는 적어도 기반영역(source)과 표적영역(target)이라는 두 개체는 반드시 필요하게 된다. 무엇인가가 전이되기 위해서는 기반영역에서는 소비자의 마음속에 있는 연상을 환기시켜야만 한다. 기반영역에서는 연상이 연역적으로 추론된다. 반면 표적영역에서는 귀납적 추론(inductive inference)이 발생하게 된다. 이는 기반영역의 연상들이 표적영역의 이미지에 부과된다고 할 수 있다.

만약 우리가 이미지 전이의 활용을 통하여 기반영역으로부터 표적영역으로 연상을 전이하려고 한다면, 이것은 기반영역과 표적영역이 공통의 무엇인가를

그림 12-6 브랜드 지식의 전이

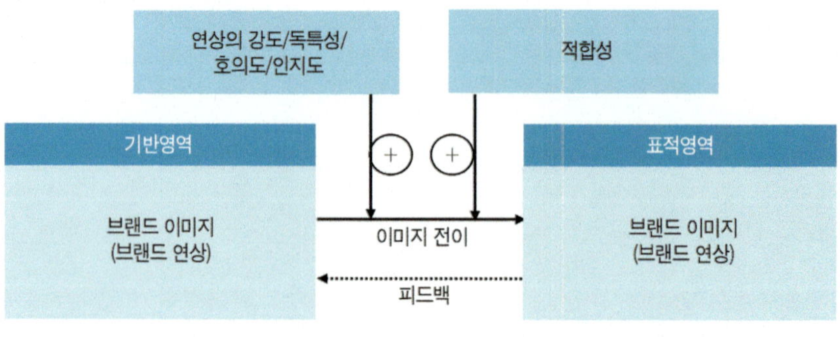

가지고 있어야 한다는 것을 의미한다. 결국 소비자는 기반영역과 표적영역을 서로 관련시킬 수 있어야만 한다. 또한 공통의 측면 외에도 기반영역이 어떤 브랜드 연상을 환기시키는 것이 필요하다. 결국 전이될 수 있는 무엇인가가 있어야만 한다. 이러한 두 가지의 조건들이 충족되었을 경우, 소위 심리학에서 말하는 일관성 이론을 통하여 기반영역에서 표적영역으로 연상의 전이가 발생할 수 있다는 논리가 성립될 수 있다(브랜드 심리학 18).

이러한 이미지 전이과정에 대해 기반영역과 표적영역은 스펀지(sponges)에 비교될 수 있다. 스펀지는 물을 머금었을 때만이 물을 내뿜을 수가 있다. 그것은 바로 기반영역이 연상을 전이시키기 위해 연상이 스며들어 있어야만 한다는 것을 의미한다. 표적영역은 거의 물을 머금지 않은 스펀지일 것이다. 그러나 또한 표적영역은 물(즉 연상)로 채워질 수 있다. 표적영역이 거의 연상으로 채워져 있지 않은 경우에, 표적영역은 기반영역으로부터 쉽게 연상을 흡수할 수가 있다. 이러한 개념들은 무임승차의 개념과 일치한다(표적영역은 기반영역보다 이러한 과정에서 더 많은 연상을 흡수할 수 있다는 것을 의미한다.). 스펀지라는 은유의 토대 위에서, 우리는 흠뻑 젖은 이미지는 텅 빈 이미지보다 변화하기가 더욱더 어렵다는 것을 우리는 생각할 수 있다. 결국, 물로 가득한 스펀지는 더 이상의 물을 흡수할 수가 없다. 이러한 개념은 표적영역으로부터 기반영역으로 발생할 수 있는 피드백에 있어서 매우 중요하다. 피드백의 경우에, 표적영역은 기반영역의 이미지에 영향을 미칠 수 있다. 그러한 피드백은 긍정적일 수 있지만 또한 부정적일 수도 있다. 스펀지라는 은유로부터 생각의 꼬리를 쫓아서 기반영역의 이미지가 이미 명료한 연상으로 채워져 있을 때 그리고 기반영역의 연상이 긍정적이고 강력할 때(즉, 물로 가득 채워진 스펀지) 피드백의 가능성은 작아진다는 것을 생각할 수 있다. 하나의 예를 들어보면, 만약 기반영역으로써 코카콜라의 이미지와 표적영역으로써의 점포 이미지를 고려할 때, 다음과 같은 사항이 분명해진다.

❶ 코카콜라와 같은 브랜드는 점포 이미지에 기여할 수 있다. 예를 들면, 소비자들은 점포가 높은 품질의 구색을 갖추고 있다고 이해 할 것이다.

❷ 관계된 점포의 이미지는 코카콜라의 이미지에 어떤 영향도 미치지 않는다. 그러므로 점포가 새로이 리뉴얼된 점포이거나 간에 점포의 이미지는 코카콜라의 이미지에 중요하지 않다.

브랜드 심리학 18

이미지 전이에 적용되는 인지적 일관성 이론

Heider의 인지적 균형이론(cognitive balance theory)은 두 개인과 한 사물간의 관계에 대한 통찰을 제공한다. 이 이론은 두 개인 모두 서로 각각을 알고 사물에 친숙하다는 것을 가정한다. 이 균형이론은 관계의 감정적인 측면을 강조한다. 이 이론의 전제는 두 개인은 일관되고 균형 잡힌 관계를 만들기 위해서 항상 노력한다는 것이다. 불균형의 상태에서는 개인 A는 균형상태를 만들기 위해서 사물에 대한 관계 혹은 개인 B에 대한 관계를 변경할 것이다.

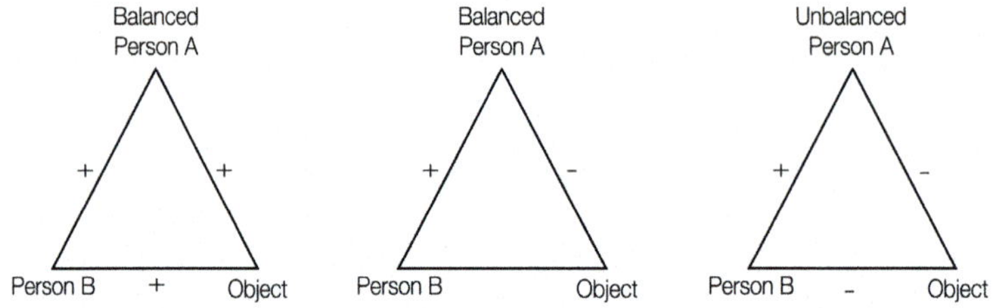

일치이론(The congruence theory)은 균형이론의 특수한 경우로 관계의 가치를 고려한다는 점에서 차이가 있다. 균형이론에서는 관계가 긍정 혹은 부정이냐만 다루지만, 일치이론은 수적인 가치를 할당한다. 따라서 균형이론은 정성적인 성격이지만, 일치이론은 정량적인 성격을 가지고 있다.

만약에 이 두 가지 이론을 이미지 전이에 적용시켜본다면, '개인 A'는 '소비자'로 '개인 B'는 '정보원'으로 '사물'은 '타깃'으로 바꿔서 생각해볼 수 있다.

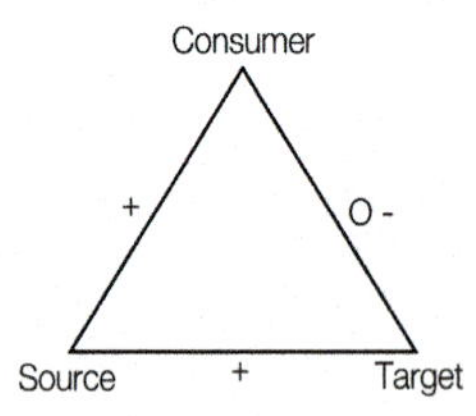

이미지 전이과정의 하나는 소비자가 정보원에 대해서 긍정적인 태도를 가지고 있고 정보원이 타깃과의 긍정적인 관계를 가지고 있다고 가정한다. 이러한 초기 상황에서 타깃은 소비자로부터 어떠한 연상도 없다 이러한 소비자와 타깃의 관계는 긍정적인 관계도 부정적인 관계도 아니다. 이러한 경우, 소비자와 정보원의 강한 관계는 소비자와 타깃 간의 긍정적인 관계를 형성하게 할 것이다.

자료 : Heider F. (1958), The Psychology of Interpersonal Relations, Wiley, New York.

제5절 브랜드 확장 시 고려해야 하는 요인들

기존의 브랜드 자산을 활용하는 브랜드 확장에 관한 대부분의 연구들은 성공적인 브랜드 확장을 위해 요구되는 조건들을 주로 탐색해왔다. 이들 연구들은 (1) 모 브랜드의 특징, (2) 기존 제품 범주와 확장제품 범주 간의 적합성, (3) 확장제품군의 특징, (4) 브랜드 확장이 모 브랜드에 미치는 피드백 효과, (5) 대안적 브랜딩 전략의 역할, 그리고 (6) 확장 이후의 포지셔닝 전략 등으로 범주화시킬 수 있다.

1. 모 브랜드의 특징

브랜드 확장 시 고려해야 하는 첫 번째 요인은 모 브랜드의 특징에 관한 평가라 할 수 있다. 브랜드 확장은 궁극적으로 잘 구축된 브랜드를 활용하는 전략이므로 모 브랜드의 특징에 대해 살펴보는 것이 가장 중요하다고 할 수 있다.

① 모 브랜드에 대한 친숙성 및 감정과 확장제품의 평가 간에는 정의 관계가 존재한다

모 브랜드에 대한 호의적인 태도는 확장제품이 호의적으로 수용될 수 있는 가능성을 증가시켜 주지만, 그러나 높은 친숙성을 가지고 있지만 낮은 충성도를 가지고 있는 브랜드는 소비자들의 확장제품에 대한 평가에 부정적인 영향을 미친다.

② 브랜드 연상(이미지)이 확장제품의 평가에 영향을 미친다. 즉, 고품질의 브랜드가 평균 품질의 브랜드보다 훨씬 확장 범위가 넓다

고품질의 브랜드는 성능의 측면에 있어서 좀 더 확실하고 전문적이고 신뢰할 수 있는 것으로 보인다. 그 결과, 비록 소비자가 생각하기에 브랜드와 전혀 어울리지 않는 상대적으로 거리가 먼 확장이라 할지라도, 소비자는 고품질의 브랜드에 대한 이점을 의심하지 않을 것이다. 그러나 브랜드가 품질에 있어서 평균적인 것으로 보이는 경우, 모 브랜드의 호의적인 속성들은 별로 도움이 되지 않고, 소비자는 관련 회사의 능력이나 동기에 대해 의문을 갖게 될 가능성이 많다. 그러므로 강력한 브랜드를 구축하는 하나의 중요한 이점은 그 브랜드가 다양한 범주로 더욱 쉽게 확장될 수 있다는 점에 있다. 가령, 프록터 앤드 갬블(P&G)은 아이보리(Ivory) 브랜드의 '순함'과 '품질'이라는 강력한 연상을 이용하여 다양한 제품 범주, 즉 아이보리 샴푸, 아이보리 컨디셔너로 확장하는 데 성공하였다.

③ 해당 제품 범주의 본보기로써 보이는 브랜드 즉, 해당 범주에서 전형성이 높은 브랜드는 그 제품 범주를 넘어서 다른 제품 범주로 확장하기가 어려울 것이다

우선 제품 범주의 본보기 혹은 전형성이란 어떤 제품 범주에 있어서 가장 대표되는 브랜드 즉, 그 제품 범주의 대표주자로 떠올리는 브랜드가 바로 전형성이 높은 브랜드라 할 수 있다.

이러한 전형성이 매우 높은 브랜드는 소비자가 그 브랜드에 대해 다른 식으로 생각하기란 어려울 것이다.[5] 즉, 해당 상품부문에서 대명사로 여겨지는 브랜드의 경우, 브랜드를 말하면 그 제품부문을 떠올리고 그 제품을 말하면 그 브랜드를 상기하게 되는 것이다. 예를 들면 제록스, 크리넥스, 지프(Jeep), 화이바 글라스(Fiber Glass), 일본의 경우 화학조미료의 아지노모토, 샤프펜의 샤프, 스테이플러의 호치키스, 헤드폰 스테레오의 워크맨, 또한 한국의 경우 대일밴드, 미원, 박카스, 에프킬라 등을 들 수가 있다. "이 서류를 제록스 해서 미국으로 페덱스 해 주세요.", "호치키스 좀 주세요." 이러한 브랜드들은 자신의 사업분야를 상징하는 대명사가 되었다.

이와 같은 제품 범주를 대표하는 브랜드를 다른 제품 범주로 확장하는 것은

---

5) Peter H. Farquhar, Julia Y. Han, Paul M. Herr, and Yuji Ijiri (1992), Strategies for Leveraging Master Brands, Marketing Research(September), pp.32-43.

매우 어려울 것이다. 이러한 전형성이 높은 브랜드의 확장원리를 설명하기 위해 적합성(fit)과 레버리지(leverage)의 개념을 도입할 수 있다.[6]

브랜드가 적합성과 레버리지를 모두 가질 경우에 새로운 제품 범주에서 성공적인 확장을 할 수가 있다. 적합성은 소비자가 기존 브랜드와 연계된 신제품을 보고 설득될 수 있을 때 존재한다. 또한 브랜드가 새로운 제품 범주로의 확장된 제품에 전달해주는 이점의 단위로써 '경쟁력 있는 레버레지'는 소비자가 단순히 브랜드를 알고 있다는 것 하나만으로도 해당 제품 범주에 있어서 경쟁 브랜드보다 브랜드 확장을 통하여 진입한 신제품이 더 좋다는 것을 느끼게 할 수 있을 때 존재한다.

확장 범위와 레버리지는 서로 역의 관계에 있는데 높은 적합성의 경우 확장 범위는 넓으나, 약한 레버리지(차별적 힘)를 가진다. 반면에 어떤 제품 범주의 전형성을 가진 브랜드는 최상의 레버리지를 갖지만 적합성은 가장 낮다. 이러한 관점에서, Farquhar 등 그의 동료들(1992)은 어떤 제품 범주 내에서 지배적인 위치를 차지해 이미 강력한 연상 이미지를 구축하고 있는 브랜드를 지배적 브랜드(master brand)라고 부르며, 이것은 그의 강력한 연상이 오히려 확장에 방해가 되어 근접한 제품 범주를 초월하여 먼 거리의 브랜드 확장이 어렵다고 주장한다. 만약 브랜드가 해당 제품 범주를 너무 과도하게 대표하거나 본보기로 보여진다면, 소비자가 그 브랜드에 대해 다른 식으로 생각하기란 어려울 것이다.

예를 들면 샘표식품의 커피시장으로의 확장과 도브 비누의 스킨케어 시장으로의 확장 등이 모두 실패로 끝났던 것은 실로 그들이 기존의 제품 범주에서 지배적 브랜드라는 이유의 숙명이었다고 생각된다. 이들 브랜드는 특정 제품 범주와의 강력한 연상을 구축하고 있기 때문에 브랜드 자체가 해당 제품 범주의 범위를 확정하는 기능이 강하게 작용하는 브랜드라고도 할 수 있다.

④ 구체적인 속성의 연상은 추상적인 혜택 연상에 비해 확장하기가 더 어려운 경향이 있다

시장의 선도 브랜드들이 잠재적으로 직면하는 확장 영역에 대한 제한은 많은 경우에 그 브랜드들이 강력하고 구체적인 제품 속성 연상을 가지고 있다는 사실

6) Edward M. Tauber (1988), Brand Leverage: Strategy for Growth in a Cost Controlled World, Journal of Marketing Research, 28(August/September), pp.26-30.

에 의해서 제한을 받게 된다. 일반적으로 좀더 추상적인 속성 연상에 비해서 구체적인 속성 연상은 확장 범주로 널리 전달되지 않을 것이다. 예를 들어, 아커와 켈러(1991)의 연구는 다음과 같은 사실을 보여주었다.[7] 즉, 가상적인 하이네켄(Heineken)의 팝콘으로의 확장은 잠재적으로 맛이 나쁘거나 맥주 맛이 나는 것으로, 가상적인 비달 사순(Vidal Sassoon)의 향수로의 확장은 적합하지 않은 샴푸 향이 강할 것으로, 가상적인 크레스트(Crest)의 츄잉껌으로 확장은 치약 맛이 나거나 맛이 신통치 않다는 것으로 소비자들은 반응했다.

반면에, 좀더 추상적인 연상은 그 자체의 무형적인 특성 때문에 광범위한 제품 범주에서 좀 더 적절한 것으로 보일 것이다. 예를 들어, 아커와 켈러의 연구에 따르면 부아넷(Vuarnet) 브랜드는 아주 다른 제품 범주들—스포츠 웨어, 시계, 지갑, 스키 등—에 대한 뛰어난 확장 능력을 가지고 있었다. 이런 경우, 보완성을 통해서 그 확장이 부아넷 브랜드와 관련된 '유행의' 속성을 가지고 있었을 것이라는 추론이 나오고, 그러한 연상은 여러 확장의 상황에서 가치가 있었다.

2. 기존 제품 범주와 확장제품 범주 간의 적합성

브랜드 확장에 관한 많은 연구들 중 가장 빈번하게 다루어지고 있는 영역은 기존 제품 범주와 확장제품 범주 간의 적합성의 개념화에 관한 것이다.

1 전반적인 유사성

모 브랜드가 호의적인 연상을 가지고 있을 경우, 모 브랜드와 확장제품이 서로 유사하다고 지각될 때 브랜드 확장은 성공한다.

소비자가 브랜드 확장을 평가하는 과정을 좀 더 잘 이해하기 위해 학계의 많은 연구가들은 범주화 관점(categorization perspective)을 채택하였다. 마케팅 상황에 범주화 개념을 적용한다면, 소비자들은 브랜드와 제품에 관한 범주 지식을 사용하여 마케팅 환경을 단순화시키고 구조화시켜 해석한다.

---

7) David A. Aaker and Kevin Lane Keller (1991), Consumer Evaluations of Brand Extensions, Journal of Marketing, 54(January), pp.27-41.

범주화 관점에 따르면, 만약 기존 브랜드의 제품 범주와 밀접하게 관련되거나 유사한 제품 범주로 브랜드 확장을 도입하게 된다면, 소비자는 모 브랜드에 대한 기존의 태도를 확장제품으로 쉽게 전이한다. 반면에, 만약 소비자가 유사성에 대해 확신을 갖지 않는다면, 소비자는 브랜드 확장에 대해서 좀 더 상세하고 꼼꼼하게 평가하는 것으로 기대된다. 이런 경우, 브랜드 확장에 대해 추론되는 특정 연상의 호감도가 브랜드 확장평가의 1차적인 결정요소가 된다. 따라서 소비자의 브랜드 확장평가에 대한 범주화 관점은 2단계 과정으로 이뤄진다.

❶ 소비자는 기존의 제품 범주와 확장제품 범주 사이에 '적합성'이 있는지 여부를 평가하여 결정한다.

❷ 만약 양자가 잘 어울린다면, 소비자는 모 브랜드에 대한 기존의 태도를 확장제품으로 전이하는 것으로 기대된다. 만약 양자가 잘 어울리지 않는다면, 소비자는 그 브랜드에 대해 좀 더 세밀하게 평가할 가능성이 많다. 이 경우, 소비자의 평가는 확장 상황에서 두드러지게 나타난 브랜드 연상의 힘과 호감성과 독특성에 의존하게 된다.

이런 개념과 일치하는 연구로, 아커와 켈러는 6개의 브랜드로부터 확장된 20개의 확장제품에 대한 소비자의 반응을 조사하였고, 소비자가 기존 제품 범주와 확장제품 범주에 대해 서로 적합하다고 지각하고 모 브랜드에 대해 고품질이라고 지각하면 브랜드 확장에 대해서 더욱 호의적으로 평가한다는 것을 발견하였다.

따라서 소비자가 확장제품과 모 브랜드 사이에 적합성이나 유사성이 있다고 본다면, 소비자는 브랜드 확장에 대해서 호의적으로 평가할 가능성이 더욱 높다. 적합성이 부족하면 잠재적으로 브랜드 확장이 실패할 가능성이 높게 된다.

② 유사성을 평가하는 차원들

〈그림 12-7〉에서처럼, 유사성을 평가하는 차원들은 다양하다. 유사성(적합성)을 평가하는 차원에는 제품 관련 속성과 혜택뿐만 아니라 사용상황이나 사용자 유형과 관련한 비제품 관련 속성이나 혜택 등이 있다.

모 브랜드에 대해 소비자가 가지고 있는 연상은 잠재적인 적합성의 토대로 작용한다. 대부분의 학계 연구가들은 유사성 평가는 모 브랜드와 확장제품 범주 사이의 두드러지게 공유된 연상의 함수라고 가정한다. 특히, 공통된 연상들이

그림 12-7 적합성 차원들

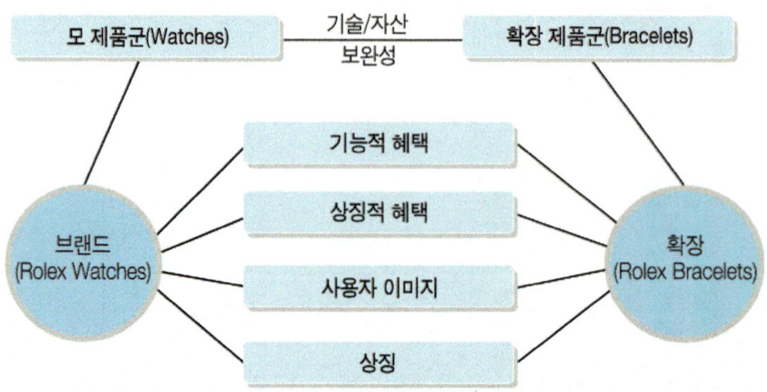

자료 : David A. Aaker (1991), Managing Brand Equity: Capitalizing on the Value of a Brand Name, The Free Press, p.220.

많고 차별적인 연상들이 적을수록 전반적인 유사성에 대한 지각은 더욱 커지게 된다.

Park, Milberg와 Lawson(1991)의 연구

Park, Milberg와 Lawson(1991)[8]의 연구에 따르면, 기존 제품군과 확장제품군 간의 관련성 즉, 제품 차원에 바탕을 두고 유사성에 관한 이전의 연구들이 브랜드 콘셉트 일관성의 효과와 함께 평가될 필요가 있음을 밝혔다. 브랜드 확장의 평가는 기존 브랜드와 확장제품의 인지된 유사성에 의존하며 그러한 적합성은 제품 차원의 유사성과 브랜드 콘셉트의 일관성의 함수이다. 이러한 관계들은 〈그림 12-8〉에 잘 나타나 있다.

소비자들은 모 브랜드의 제품과 확장제품 간의 제품 차원의 유사성과 모 브랜드 콘셉트와 확장제품 간의 콘셉트 일관성을 고려한다. 기능 지향 브랜드(예를 들면, Timex 시계)와 명성 지향 브랜드(예를 들면, Rolex 시계)에 대해, 브랜드 확장이 브랜드 콘셉트 일관성과 제품 특징의 유사성으로 행해졌을 때, 소비자들은 가장 호의적인 반응을 취한다. 또한 이들 두 요소간 영향은 브랜드 콘셉트의 성격에 따라 어느 정도 차이가 난다. 브랜드 콘셉트가 확장제품의 콘셉트와 일관성을 이룰 때 명성 지향의 브랜드는 기능 지향의 브랜드보다 낮은 유사성을

8) Park C. Whan, Sandra Milberg and Robert Lawson (1991), Evaluation of Brand Extension: The Role of Product Feature Similarity and Brand Concept Consistency, Journal of Consumer Research, Vol.18(September), pp.185-193.

그림 12-8 브랜드 확장의 평가과정

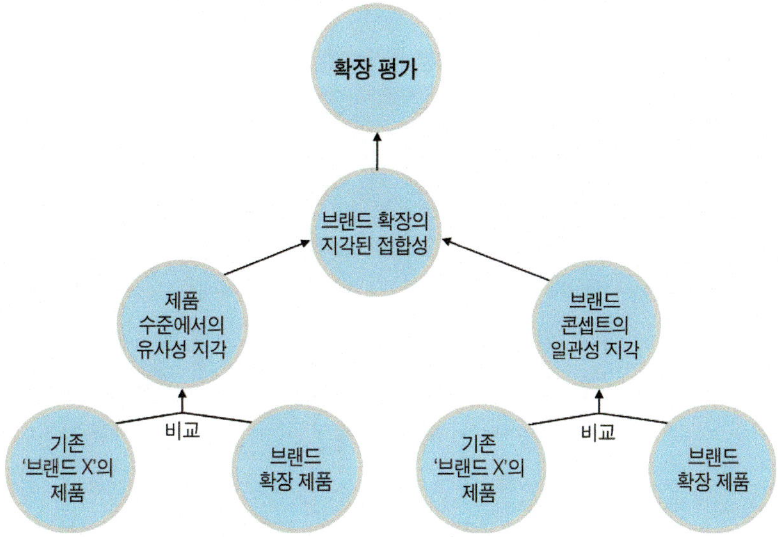

갖는 제품으로 보다 큰 확장성을 갖는다.

예를 들면, 제품군간의 유사성만으로는 설명할 수가 없고 브랜드 콘셉트의 일관성에 의해서 설명할 수 있는 맥도날드(McDonald)와 웬디(Windy)의 장난감 제품으로 확장의 경우, 제품 특성의 차원에서 장난감 제품은 햄버거와 적합성이 매우 떨어지지만 맥도날드의 캠페인 'Falk and Fun'의 측면에서 보면 장난감은 웬디보다는 맥도날드에 더 적절한 제품 확장으로 여겨진다. 이는 'Fun'이라는 맥도날드의 브랜드 콘셉트가 장난감과 연관성이 있기 때문이다.

요약하면, 기능지향 브랜드의 확장 시 확장된 제품이 기능지향의 콘셉트를 반영할 때 소비자들은 더욱더 긍정적인 반응을 하며, 명성지향 브랜드의 확장 시 확장된 제품이 명성 콘셉트를 반영할 때 더 긍정적으로 반응한다.

Bronearczyk와 Alba(1994)의 연구

또 다른 하나의 연구로써 Broniarczyk와 Alba(1994)[9]는 두드러진 브랜드 연상의 인지에 대한 중요성을 강력하게 주장하였다. 브랜드의 특정 연상은 한 브랜드를 경쟁 브랜드와 차별화하는 속성 또는 편익으로 정의될 수 있다. 이것은 브랜드

9) Broniarczyk, Susan M. and Josheph W. Alba (1994), The Importance of the Brand in Brand Extension, Journal of Marketing Research, 31(May), pp.214-228.

가 현저한 속성과 관련되어 있으며 그러나 이러한 연상이 그 자체로써 경쟁 브랜드 혹은 제품군과 강력하게 연관되어 있다는 것을 의미하지는 않는다.

Bronearczyk and Alba(1994)는 다음과 같이 세 가지 연구 결과를 제시하였다:

❶ 모 브랜드 연상이 확장 카테고리 안에서 현저하고 관련이 있다면, 모 브랜드와 제안된 확장제품군 간의 지각된 유사성이 부족하더라도 이는 극복될 수 있다.

❷ 브랜드의 특정 연상은 관련되지 않은 제품 카테고리에 대한 브랜드 확장을 용이하게 한다. 특정한 브랜드 연상은 브랜드 확장 판단에서 제품 카테고리 유사성의 역할을 중재한다; 브랜드 확장 상황에서 유사한 확장이지만 모 브랜드의 현저한 연상이 가치있게 고려되지 않는 경우보다 유사한 확장은 아니지만 모 브랜드의 현저한 연상이 가치있는 것으로 받아들여진다면 전자보다는 후자가 선호될 것이다.

❸ 어떤 브랜드 확장을 위한 적합성의 경계는 모 브랜드에 대한 지식에 의해서 결정된다.

이상의 경우를 예를 들어보면, 비록 클로즈업(Close-Up) 치약이 크레스트(Crest) 치약만큼 호의적인 평가를 받지 못한다 할지라도, 클로즈업 브레쓰 민트(Close-Up breath mint)로의 확장은 크레스트의 것에 비해 더욱 호의적인 평가를 받았다. 또한 크레스트의 칫솔로의 확장은 클로즈업의 확장보다 더욱 호의적으로 평가를 받았다.

결과적으로 이들은 모 브랜드의 두드러진 핵심적인 연상이 확장제품 범주에 적절하다면, 모 브랜드의 제품 범주와 확장제품 범주 사이의 적합성에 대한 지각의 부족은 극복될 수 있다는 것을 보여주었다.

Aaker와 Keller(19991)의 연구

적합성의 지각은 기술상의 공통성이나 제조상의 공통성 또는 필요한 보완성이나 상황적인 보완성 등에 기초한다.

이처럼 적합성 지각은 또한 속성들이나 혜택들보다는 다른 요건들을 기초로 할 수 있다. 소비자의 지각을 수요 측면과 공급 측면에서 고려하면서, 아커와 켈러(1991)[10]는 모 브랜드와 확장제품 사이의 지각된 적합성은 수요 측면의 관점에서 제품 사용상의 지각된 대체성(perceived substitutability)과 보완성뿐만 아니라 공급 측면의 관점에서 회사가 확장제품을 만드는 데 필요한 기술과 자산을 가지고 있다는 지각된 능력(perceived ability)이라는 경제적 개념과 관련될 수 있다는 사실을 보여주었다. 그러므로 잔디 깎는 기계, 자동차 등의 모터를 제조하는 혼다의 지각된 전문기술은 혼다가 도입하고자 하는 소형 모터가 부착된 다른 기계류에 대한 적합성을 지각하는 데 도움을 줄 것이다.

그러나 적합성에 대한 이런 지각들은 소비자의 관련 제품 범주에 대한 지식 여부에 달려 있을 것이다. Muthukrishnan와 Weitz(1990)[11]에 의해서 입증된 것처럼, 전문지식을 가지고 있는 소비자는 기술적인 공통성이나 제조상의 공통성을 사용하여 적합성을 평가하고, 제조 공정에 사용되는 기술, 설계와 제작, 재료와 성분 등에 기초하여 유사성을 고려할 가능성이 많다. 반면에 다소 지식이 부족한 '비전문적인' 소비자는 포장, 형태, 색상, 크기, 용도 등과 같은 피상적인 지각요건들에 기초하여 유사성을 평가할 가능성이 많다. 특히, 이들은 실험을 통해서 다소 지식이 부족한 소비자들은 테니스 라켓과 골프채보다 테니스 라켓과 테니스 신발 사이에 적합성이 있다—실제적으로 전자가 제조상의 공통성을 더 많이 공유하고 있다는 사실에도 불구하고—고 보는 경향이 많았다는 사실을 보여주었다. 반면에 좀 더 지식이 있는 소비자의 경우는 반대의 결과가 나온다. 왜냐하면 그들은 테니스 라켓과 골프채를 제조하는데 관련된 기술적인 시너지를 인지하고 있었기 때문이다.

3. 확장제품군의 특징

브랜드 확장을 고려할 때, 진입하고자 하는 확장제품군의 특징 또한 브랜드 확장 평가에 영향을 미친다.

10) David A. Aaker and Kevin Lane Keller (1991), Consumer Evaluations of Brand Extensions, Journal of Marketing, 54(January), pp.27-41.

11) Muthukrishnan A.V., and Barton A. Weitz (1990), Role of Product Knowledge in Brand Extensions, in Advances in Consumer Research, Vol.18, eds. Rebecca H. Holman and Michael R. Solomon, (Provo, UT: Association for Consumer Research), pp.407-413.

① 만들기 쉬운 것으로 보이는 제품군으로 확장하는 것이 어려울 수 있다

일부 적절해 보이는 브랜드 확장도 관련된 확장제품의 성격 때문에 실패할 수 있다. 만약 그 제품이 만들기에 비교적 쉬운 것으로 보인다면 고품질 브랜드는 모순된 것으로 보일 것이고, 반대로 소비자는 그 브랜드 확장이 비합리적인 가격 프리미엄을 누리려 할 것이며, 너무 비쌀 것이라고 짐작할 것이다.

예를 들어, 아커와 켈러는 하이네켄 팝콘, 비달 사순 향수, 크레스트 면도용 크림 등과 같은 가상적인 브랜드 확장은 실험대상자들로부터 상대적으로 형편없는 점수를 받았는데, 부분적으로는 확장 범주의 모든 브랜드들이 품질에 있어서 거의 동일한 것으로 보였기 때문인데, 이는 제안된 브랜드 확장이 기존 제품보다 우수할 가능성이 없다는 점을 제시해준다.

반면에 확장 범주가 만들기에 어려운 것으로 보인다면, 그와 같은 브랜드는 잠재적으로 품질에 있어서 아주 다양하고, 비록 소비자가 확장 브랜드의 품질 수준이 어느 정도일 것인가에 대해서 확신하지 못한다 할지라도, 브랜드 확장이 그 스스로를 차별화시킬 수 있는 기회는 보다 크다.

② 브랜드 확장을 해당 제품 범주의 수명주기 상에서 초기에 도입하느냐 성숙기에 도입하느냐에 따라 그 효과에 차이가 난다

Sullivan(1992)의 연구결과에 따르면[12] 수명주기 상 초기 진입의 브랜드 확장은 초기에 새로운 브랜드로 진입하거나 후기에 브랜드 확장을 통한 진입보다 확장의 성과를 볼 수 없다는 것을 밝혔다. 연구 결과 그는 다음과 같이 주장하였다.

❶ 브랜드 확장은 신규 브랜드의 제품보다 평균적으로 후기에 도입된다.

❷ 수명 주기 상에서 초기 진입의 브랜드 확장은 초기에 신규 브랜드로 진입하거나 후기의 브랜드 확장을 통한 진입보다 생존할 가능성이 더욱 낮다.

❸ 브랜드 확장은 진입순서가 제대로 통제가 되면(적기에 시장에 진입을 하는 경우) 신규 브랜드의 제품을 통하여 진입하는 것보다 평균적으로 보다 높은 시장 점유율을 획득할 수 있다.

❹ 브랜드 확장이 수명주기에 있어서 초기에 진입을 할 경우 초기의 새로운

---

12) M.W. Sullivan (1992), Brand Extensions: When to Use Them, Management Science, 38(6), pp.793-806.

브랜드로 진입하는 것보다 낮은 시장점유율을 획득한다.

즉각적인 브랜드 인지, 알려진 이미지, 품질의 확신 때문에 초기 시장에 잘 구축된 기존의 브랜드를 확장하고 싶은 유혹을 받기 쉽다. 하지만 초기의 빈번한 신제품의 실패와 포지셔닝의 혼란으로 브랜드 확장이 초기에 도입될 때 잘 구축된 기존의 브랜드를 위험에 빠뜨리게 된다. 결국 브랜드 확장은 새로운 브랜드의 제품보다 후기에 도입하는 것이 중요하다. 일반적으로 초기 시장 진입자들은 보다 큰 시장점유율을 획득하는 것으로 알려져 있다. 하지만 브랜드 확장의 경우에 있어서 시장 진입순서와 광고가 뒷받침되어 준다면 후기에 진입하는 브랜드 확장은 평균적인 시장점유율보다 큰 시장점유율을 획득할 수 있다.

4. 브랜드 확장이 모 브랜드에 미치는 피드백 효과

브랜드 확장의 결과로 모 브랜드에 나타날 수 있는 피드백 효과에 대한 연구결과를 살펴보면 다음과 같다.

① 성공적인 브랜드 확장은 모 브랜드의 이미지 강화에 기여할 뿐만 아니라 순차적 브랜드 확장을 용이하게 한다

앞에서 언급했던 것처럼, 성공적인 브랜드 확장은 브랜드의 의미와 이미지를 변화시킬 수 있다. 브랜드 확장은 연상의 힘과 호감성과 독특성을 향상시킴으로써 모 브랜드의 이미지를 도울 수 있다. 예를 들어 아커와 켈러에 따르면, 모 브랜드에 대해 소비자가 아직 강력한 태도를 가지고 있지 않았을 때에 브랜드 확장의 성공적인 도입을 통해 처음에는 단지 평균적인 품질로만 지각되었던 모 브랜드에 대한 평가가 향상되었다고 한다. 마지막으로, 확장제품 범주의 속성에 의해 모 브랜드와 연결되는 연상은 또한 그 브랜드에 대한 기본적인 핵심 이점을 분명하게 해주는데 도움을 줄 것이다.

만약 확장이 브랜드의 의미와 이미지를 변화시킨다면, 소비자에게 적절하지 않는 것으로 보일 지도 모르는 먼 거리로의 순차적 브랜드 확장은 더 많은 의미를 만들어낼 것이고 훨씬 적합한 것으로 보일 것이다. 유사성이 높은 범주를 중심으로 단계적, 지속적으로 확장해 나가는 순차적 브랜드 확장(sequential brand extension)을 수행하는 것이 일반적이다. 일례로, 켈러와 아커는 서서히 '단계'를 밟아나감으로써, 즉 점차적으로 거리가 멀어지는 일련의 확장을 도입함으로써, 결국 브랜드는 직접적으로 진입하기에 대단히 어려운 혹은 심지어 불가능한 제품 범주로 진출할 수 있을 것이다.[13]

던힐(Dunhill) 브랜드는 자체의 의미를 변화시키기 위한 순차적인 브랜드 확장의 좋은 사례들을 제공해준다. 던힐은 처음에 흡연 액세서리(파이프, 담뱃갑, 라이터)로 확장되었던 담배 브랜드로 시작하였다. 담배 브랜드를 구축한 다음에, 그 브랜드는 다른 남성용품 액세서리(벨트, 책상 장식 품목, 의류)로 확장되었다. 최근에 그 브랜드는 다시 남성용 방향제와 패션 품목으로 확장되고 있다. 이런 모든 확장 활동의 결과로 던힐 브랜드는 이제 선도적인 담배 브랜드뿐만 아니라 '남녀용 고급제품과 액세서리'를 대표하고 있다.

② 패밀리 브랜드의 경우 확장을 통한 브랜드 자산효과

패밀리 브랜드(브랜딩 따라잡기 28)란 여러 종류의 다른 제품들이 한 브랜드 네임을 공유하는 것을 말하는데, 예를 들면 "존슨즈" 베이비 샴푸, "존슨즈" 베이비 로션, "존슨즈" 베이비오일 등의 제품들을 판매하고 있는 "존슨즈(Johnson & Johnson)"가 이에 해당된다. 이와 대비되는 단일 브랜드(individual brand)의 예로는 오랫동안 비누제품 한 가지만을 출시해 왔던 "아이보리"를 들 수 있다(물론 최근에는 바디 클렌저 등 몇 가지 관련 제품영역으로 브랜드 확장을 한 바 있다.). 지금까지의 브랜드 확장연구들은 단일 브랜드일 때에 관한 것들이 대부분이었다. 그러나 브랜드 확장이 보편적인 브랜드 관리 및 신제품 출시 전략으로 자리잡아가고 있는 추세에 비추어 볼 때, 더 이상 단일 브랜드로부터의 브랜드 확장보다는 여러 종류의 제품들이 속해 있는 패밀리 브랜드로부터의 브랜드 확장이 현실에서 점차 더 많이 이루어진다고 할 수 있다.

이와 같은 패밀리 브랜드의 경우, 모 브랜드의 여러 제품들 중에 가장 대표가 되는 제품을 깃발제품(flagship product)라 한다. 일반적으로 모 브랜드에 대한 소비자 인식과 여러 개별 제품에 대한 소비자 인식은 변화되지만 깃발제품에

13) Keller, Kevin Lane and David A. Aaker (1992), The Effects of Sequential Introduction of Brand Extension, Journal of Marketing Research, 24(February), pp.35-50.

그림 12-9 패밀리 브랜드의 경우 확장을 통한 모 브랜드 자산 효과

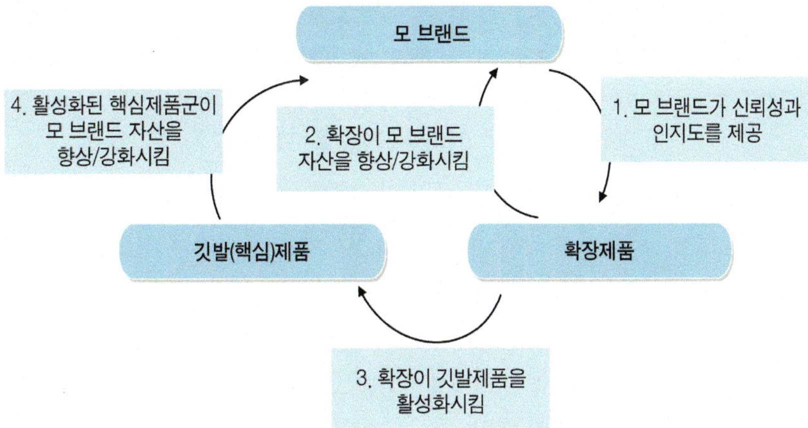

대한 소비자 인식은 잘 변화하지 않는 것이 특징이다.

따라서 패밀리 브랜드의 경우 확장을 통한 모 브랜드의 피드백 효과를 보면 다음과 같다. 모 브랜드가 신뢰성과 인지도를 제공함으로써 확장제품의 평가에 영향을 미치게 되고 이는 확장이 모 브랜드 자산을 향상 강화시키게 된다. 더불어 확장제품은 깃발제품의 평가에 영향을 미치게 되고 이로 인해 활성화된 깃발제품이 모 브랜드 자산을 향상·강화시켜 모 브랜드에 영향을 미치게 된다(그림 12-9).

③ 성공적이지 못한 브랜드 확장과 모 브랜드 사이에 강력한 적합성의 토대가 존재한다면, 전자는 후자를 손상시킨다

학계의 조사와 업계의 경험으로부터 나온 일반적인 지침에 따르면, 관련 유사성이나 적합성이 높을 때 성공적이지 못한 브랜드 확장—가령, 동일 범주상의 실패한 라인 확장의 경우—은 잠재적으로 모 브랜드를 손상시킬 수 있다고 한다. 예를 들어, Roedder, John, Deborah and Loken(1990)의 연구에 따르면,[14] 건강과 미용 보조 분야의 모 브랜드에 대한 품질지각은 좀 더 낮은 품질을 지닌 유사한 제품 범주(가령 샴푸)로 확장할 경우에 감소하였다. 그러나 상이한 제품 범주(즉, 화장용 티슈)에서 제안된 확장이 이뤄졌을 때에는 모 브랜드에 대한 지각은 영향을 받지 않았다.

14) Roedder, John, Deborah, and Barbara Loken (1990), Diluting Brand Equity: The Impact of Brand Extension, Working Paper, Carson School of Management, University of Minnestoa.

5. 대안적 브랜딩 전략의 역할

〈그림 12-10〉에서 보여주는 것처럼 브랜드 확장에 있어서 대안적 브랜드 전략은 다음과 같이 여러 유형들로 나누어 볼 수 있다:

❶ 브랜드 확장은 기존 제품의 브랜드를 신제품에 활용하는(예를 들면 Disney store) 방법이 있다.

❷ 보증 브랜드의 지원 하에 신규 브랜드를 신제품 도입(예를 들면 매리어트가 호텔로 브랜드 확장을 한 경우 Courtyard by Marriott의 형태를 취하는 것이다.) 하는 방법이 있다.

❸ 브랜드 확장의 대부분은 제품 자체의 일반명칭을 활용하는 경우보다는 기존 브랜드에 추가적인 네이밍을 사용하는 하위 브랜딩 전략(예를 들면 Disney's Animal Kingdom)이 주류를 이루고 있다.

❹ 연결네임을 활용하여 브랜드 확장을 전개하는 하는 경우도 있다(이를테면 Nescafe).

이와 같은 대안적 브랜딩 전략의 유형에 기초하여, 특히 수직적 라인 확장과 전형성이 높은 브랜드의 확장 시 대안적 브랜딩 전략에 대해 살펴볼 것이다.

1 라인 확장에 있어 하위 브랜딩 전략

라인 확장에 있어 수직적 확장은 어려울 수 있고 종종 하위 브랜딩 전략을 필요로 한다.

그림 12-10 대안적 브랜딩 전략의 유형

서술자 역할을 하는 브랜드와 결합된 확장	Disney Store
강한 하위 브랜드와 결합된 확장	Disney's Animal Kingdom
보증 브랜드를 활용한 확장	The lion king by Disney
연결 네임(linked name)을 활용한 확장	Nescafe, Nestea, Nesquik

Motley와 Reddy(1998)는 수직적 브랜드 확장(상향 확장 혹은 하향 확장)에 관한 다양한 브랜딩 전략의 역할을 조사하였다.[15] 이들 조사연구에 따르면, 직접적인 브랜드 확장으로는 하향 시장으로의 진입이 보다 유리하며 반대로 하위 브랜드를 통한 브랜드 확장의 경우에는 상향 시장으로의 진입이 보다 유리한 것을 밝혀냈다. 그들은 하위 브랜드를 통한 브랜드 확장이 직접적인 브랜드 확장 전략보다 유리한 전략이라는 것을 제안하고 있으며 이는 결과적으로 하위 브랜딩이 브랜드 확장에 대하여 보다 높은 프레스티지 연상으로 귀결되기 때문이다. 따라서 하위 브랜드를 통한 브랜드 확장 전략은 비유사한 브랜드 확장 시에 소비자의 확장 브랜드에 대한 평가를 향상시키고 부정적인 상호작용 효과로부터 기존 브랜드를 보호함으로써 유익하고 효과적인 전략으로 증명되었다.

하급시장으로의 라인 확장

이는 브랜드의 하향 확장 전략으로써 브랜드가 현재의 목표시장보다 하위의 시장에 진출하기 위한 전략이다.

그러나 이런 확장 전략에 있어서 발생될 수 있는 위험성은 모 브랜드 이미지가 어떤 식으로든 실추되거나 손상될 수 있다. 그 결과 대부분의 회사는 자사의 저가 품목과 구별하는 수단으로써 하위 브랜딩을 채택한다(그림 12-11). 즉, 하위 브랜드를 이용한 하향 확장은 어떤 특징이나 품질을 보유하고 있다는 것을 암시하는 하위 브랜드를 이용함으로써 고객이 제품을 구별하기가 쉬우며, 하위 브랜

그림 12-11 하급시장으로의 라인 확장

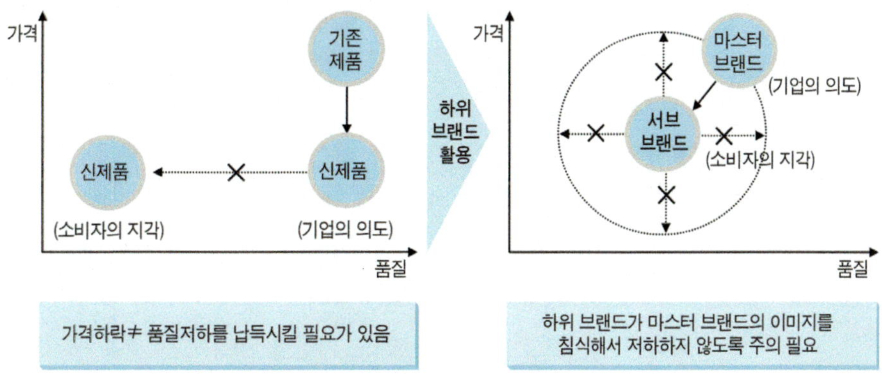

15) Motley, Carol and Srinivas K. Reddy (1998), Vertical Extensions: Leveraging Brand Equity to Move Up and Down Market, Working Paper, University of Illinois, Urbana-Champaign.

드를 활용한 하위 시장으로의 진출은 고급호텔, 고급차 등에서 쉽게 볼 수 있다.

하위 브랜드 전략을 활용할 경우 주의할 점은 (1) 기업이 활용한 하위 브랜드와 기존 브랜드와의 자기잠식(cannibalization)을 방어하는 것, (2) 기존 브랜드와 다른 고객층의 증가에 따라 기존 브랜드의 이미지가 희석화되는 것을 피하는 것이며, 이러한 위험을 피하기 위해 하위 브랜드에 Value economic, Light 등 보급형 제품이라는 것을 고객에게 알릴 수 있는 네이밍을 이용하는 경우도 있다.

상급시장으로의 라인 확장

이는 브랜드의 상위 확장 전략으로써 브랜드가 현재의 목표시장보다 상위의 시장에 진출하기 위한 전략으로써 많은 경우 브랜드의 상위 확장은 하위 확장에 비해서 많은 어려움이 있다.

그러나 기술과 품질, 서비스 등의 관점에서 시장의 리더로 인식되어지는 것으로, 기존 제품을 포함한 브랜드 이미지의 향상으로 이어지는 것을 기대할 수 있다. 또한 상위시장에서 확고한 지위를 구축하는 것으로 로열티가 높은 고객을 획득할 수 있고 하위시장의 가격 경쟁력을 피해서 높은 수익률을 확보할 수 있는 가능성이 있다. 브랜드의 상위시장으로의 확장에는 일반적으로 두 가지 방법에 의해 행해지고 있다.

❶ 신규 브랜드의 구축으로 도요타 자동차는 미국에서 고급 승용차 렉서스를 판매하고 있지만, 그다지 "도요타"라고 하는 이름을 이용하고 있지 않다. 이는 소비자가 브랜드에 대한 기존 지식을 바꾸려 하지 않는다는 우려 때문에 도요타는 고급차 모델을 별도의 이름인 렉서스(Lexus)를 도입하게 되었다. 이미 밝혀진 것처럼, 새로운 차의 이름을 도입한 이래 이들 브랜드 라인의 제품이 향상되었고, 그 결과 이들 브랜드는 자체의 결점을 극복하고 고급 자동차 시장으로 쉽게 진출하였다. 사실 도요타 제품 라인의 최하위의 자동차였던 캠리(Camry)는 품질면에서 렉서스와 너무 가까웠고, 그 결과 렉서스의 주요 경쟁상대들 중의 하나인 BMW는 캠리와 렉서스가 동일하다는 비난 광고를 내보내기도 하였다.

❷ 하위 브랜드를 활용함으로써 신규 브랜드를 구축하는데 막대한 비용을 피하는 방법으로써 기존 브랜드 자산을 이용하는 것을 생각할 수 있는데 고객이 기존 브랜드가 지닌 연상을 지렛대로 하여 신규 브랜드의 연상을 확산시킬 수 있다.

브랜드에 수식어구(modifiers)를 사용하여 주목할 만한 품질 향상을 나타내는 것이 가능한데, 울트라 드라이 팸퍼스(Ultra Dry Pampers), 엑스트라 스트렝스 타이레놀(Extra Strength Tylenol) 등이 바로 그러한 경우이다. 이와 같이, 기존 브랜드의 우수한 품질이라는 것을 표시하기 위해 Super, Gold, Royal, Premium 등의 접두어 혹은 접미어를 붙여서 소비자가 보다 잘 이해할 수 있게끔 하고 있다. 앞에서 언급했던 것처럼 Farquhar, Herr와 그들의 동료들은 이런 간접적인 확장의 수단은 대표 브랜드의 상급 시장으로 이동할 때 직접적인 확장보다 덜 위험할 것이라는 점에 주목하였다. 그들은 고객의 시야로부터 마스터 브랜드를 감추라고 권장하였다.

② 전형성 높은 브랜드의 확장 시 대안적 브랜딩 전략

Farquhar, Herr 그리고 그의 동료들(1992)은 전형성이 높은 브랜드의 확장 시 흥미로운 접근방법을 개발하였다. 그들은 대표 브랜드(master brand)의 강력한 연상이 종종 직접적으로 다른 제품 범주로 확장하는 것을 어렵게 만든다는 점을 인식한 후, 이들은 브랜드의 계층구조를 고려한 대표 브랜드의 연상을 활용함으로써 대표 브랜드를 간접적으로 확장시키는 전략을 제시하였다. 특히, 그들은 대표 브랜드의 확장을 위한 4가지 주요한 지침을 다음과 같이 기술하고 있다.

❶ 하위 브랜딩은 대표 브랜드 수준보다 아래에 기존의 브랜드 계층구조에 새로운 요소를 도입하여 대표 브랜드의 의미를 재 정의하거나 변형시킨다(가령, Dupont Stainmaster capet).

❷ 하위 브랜딩은 대표 브랜드 수준보다 위에 기존의 브랜드 계층구조에 새로운 요소들을 첨가하여 제품 개선을 나타낸다(가령, Eveready Energizer batteries).

❸ 브랜드 번들링(brand bundling) 또는 '크로스 브랜딩(cross branding)'은 공동 브랜딩(co-branding) 등을 통하여 대표 브랜드를 강화시킨다(가령, Citibank AAdvantage Visa card).

❹ 브랜드-브리징(brand-bridging)은 거리가 먼 제품 범주로 확장하고자 할 때 신규 브랜드를 보증하기 위하여 대표 브랜드를 활용한다(가령, T/Gel의 치료할 수 있는 기능성 샴푸는 출시 초기에 뉴트로지나의 보증을 받았다.).

이러한 전략들은 추가적인 브랜드나 브랜드 요소들을 통합하여 브랜드 확장에 대해 일정한 거리를 창조하여 브랜드 자산을 구축하는 여러 방법들을 발견함으로써 모 브랜드 또는 대표 브랜드를 보호하는 여러 수단으로 제시되었다.

6. 확장 이후의 포지셔닝 전략

브랜드 확장 이후 확장제품을 어떻게 광고하는 것이 효과적인지 즉 광고 유형에 따라 소비자 반응이 다르게 나타난다. 일반적으로 브랜드 확장에 대한 가장 효과적인 광고 전략이란 모 브랜드를 상기시켜주는 것보다 오히려 확장제품에 대한 정보를 강조하는 전략이다.

기업이 새로운 제품군으로 진출할 경우에 부득이하게 적합성이 낮은 제품군으로 브랜드 확장을 해야 하는 경우가 있다. 특히, 제품군이 다양하지 못하여 브랜드 범주가 매우 좁은 기업의 경우에는 기존의 제품군과 유사하지 않은 새로운 제품군으로 확장해야 하는 경우가 발생하게 된다. 이러한 경우에 기업의 브랜드 포지셔닝 전략에 따라 브랜드 확장의 태도가 달라지는데, 아커와 켈러(1990)는 적합성이 낮은 제품군으로 확장 시 기존 브랜드의 좋은 품질을 부각시키는 것보다 확장제품의 속성을 강조하는 정교화 광고가 확장평가에 더 긍정적 영향을 미친다고 하였다. 그들은 정교화 광고의 효과는 기존 제품과 확장제품 간 적합성이 낮을 경우에 뚜렷이 나타나며, 기존 브랜드의 이미지가 상징적인 경우보다 기능적인 경우에 더욱 효과적이라는 것을 실증연구를 통하여 밝힌 바 있다.

또한 전성률과 은희성(1999)도 광고유형에 따른 소비자의 브랜드 확장 평가에 관한 연구[16]에서 브랜드 확장에 있어서 가장 효과적인 광고 전략은 확장제품에 대한 정보를 강조하는 전략이라는 것을 밝힌 바 있다.

그들은 관련성 광고와 정교화 광고를 구체적으로 설명하였는데, 관련성 광고는 모 브랜드의 품질을 암시하는 단서를 소비자에게 제공하여 모 브랜드의 긍정적인 측면을 더욱 부각시키고 이러한 기존 제품과 확장제품 간의 관련성을 강조하여 이를 통해 확장제품의 잠재적이고 부정적인 요소들을 감소시키는 것으로

16) 전성률 · 은희성(1999), 광고유형에 따른 소비자의 상표확장평가에 관한 연구, 광고연구, 봄(42호).

보았다. 또한 정교화 광고를 모 브랜드와의 관련성을 강조하기보다는 확장제품에 대해 바람직하지 않은 신념의 발전을 차단시킬 수 있도록 확장제품이 가지고 있는 현저한 특성이나 속성들을 강조함으로써 소비자들에게 소구하려는 것이다.

실험결과에 따르면, 정교화 광고가 관련성 광고보다는 효과적인 전략이다. 또한 기존 제품과 확장제품간 유사성이 낮을수록 정교화 광고가 유리한데, 이는 모 브랜드에서 형성된 지식이 확장제품으로 전이되기 어려우므로 확장제품의 특징을 강조하는 정교화 광고가 관련성 광고보다 확장평가에 보다 효과적이다.

제 6 절 브랜드 확장의 의사결정 5단계

브랜드 확장이 모두 성공적으로 도입되는 것은 아니다. 브랜드 확장의 성패는 사실 어떠한 방법에 바탕을 두고 그것을 행하는가에 의존하게 되며 따라서 어느 점을 고려하여 브랜드 확장을 행할 것인가가 중요한 문제가 된다. 학계의 연구와 실무에서의 경험은 브랜드 확장을 도입하는 적절한 방법과 관련하여 수많은 원칙을 제시해주고 있다.

브랜드에 기초한 신제품의 도입은 브랜딩과 제품을 모두 포함하는 관점으로써 브랜딩 의사결정이 제품 개발과정의 마지막 개발 단계에서 수행하는 것이 아니라 초기에 의사결정을 한다는 점이다. 그 결과 브랜드 자산의 강화, 희석화 등과 같은 브랜드 자산과 관련된 이슈가 확장개발과정의 초기단계에서부터 고려된다.

따라서 브랜드에 기초한 신제품 도입의 초점은 제품 그 자체뿐만 아니라 전반적인 브랜드 상황에서의 개발에 초점을 맞추어야 한다. 이것은 제품 특징 유사성과 브랜드 개념의 일관성과 같은 적합성에 대한 요소뿐만 아니라 모 브랜드에 대한 품질의 문제 등 브랜드 확장과 관련된 요소들을 모두 다루게 된다.

그림 12-12 성공적인 브랜드 확장의 의사결정 과정

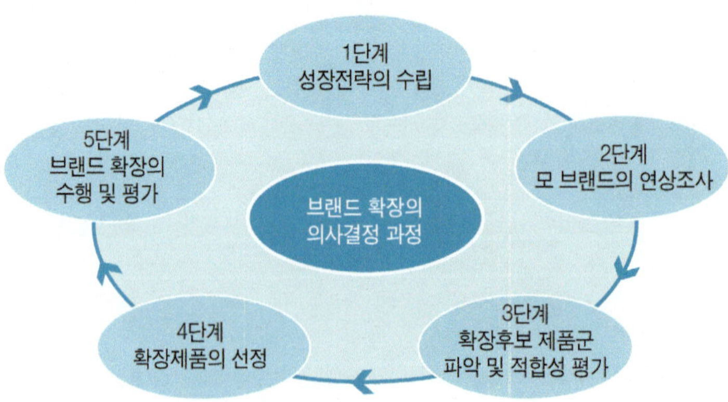

따라서 성공적인 브랜드 확장 도입을 위해 5단계 과정에 따라 단계별로 고려해야 할 요인들을 살펴보는 것이 중요하다(그림 12-12).

1. 1단계: 성장 전략의 수립

신제품과 브랜드 확장에 대한 배경으로써 먼저 회사의 성장 원천을 살피는 것이 가치 있을 것이다. 성장 전략으로써 안소프의 제품 · 시장 성장 매트릭스로 설명될 수 있다. 〈표 12-1〉에서처럼, 성장 전략은 기존 제품을 포함하느냐 아니면 신제품을 포함하느냐 여부로 그리고 기존 고객이나 시장을 목표로 삼느냐 아니면 신규 고객이나 시장을 목표로 삼느냐 여부로 분류될 수 있다.

〈표 12-1〉의 매트릭스에 입증되는 것처럼, 비록 기존 제품이 기존 고객 시장을 더욱 파고들거나 신규 고객시장으로 확장하는데 사용될 수 있다고 할지라도, 신제품 도입은 종종 회사의 장기적인 성공에 대단히 중요하다. 소비자 행동, 기업 능력, 경쟁 활동 등과 관련된 수많은 요소들이 신규 제품이나 시장을 성공적으로 개발하는데 영향을 미칠 것이다.

그렇다면 기업의 성장 전략으로 브랜드 확장은 어떤 의미를 지니는가? 안소프의 제품 · 시장 확장 매트릭스(표 12-1)를 중심으로 살펴보면 첫째, 시장개척 전략에서의 브랜드 확장 전략은 매우 효과적이고 효율적인 전략적 도구가 될 것이다. 다각화 전략의 경우 비관련 다각화의 경우보다는 관련 다각화의 경우에 브랜드 확장은 더 효과적인 도구가 된다. 아커 교수는 기업이 관련분야의 다각화를 추구하는 동기로 브랜드를 들고 있다. 그에 의하면 브랜드란 쉽게 조직 외부로 이전 가능한 자원이며 새로운 제품계열로 진입하는 데에는 특히 유명 브랜드가 중요한 역할을 한다는 것이다.

따라서 브랜드 확장을 기업의 성장 전략으로써 사용하고자 한다면 우선 기존 브랜드의 위치를 정의하고 확장의 범위와 방향을 파악해야 한다. 이것은 브랜드 확장을 전략적으로 관리하기 위한 첫 번째 단계인 것이다.

2. 2단계: 모 브랜드의 연상 조사

모 브랜드의 핵심 연상을 도출하기 위하여 비 구조화된 조사기법(정성조사)를 활용하여 브랜드의 목표고객과 토의함으로써 브랜드 연상을 조사한다. 브랜드 확장을 성공적으로 수행하기 위해서는 기본적으로 적합한 자격을 갖춘 모 브랜드를 선택하는 것이다. 기본적 가정은 보다 강한 브랜드 자산을 가지고 있을 때 확장에 보다 큰 레버리지를 제공한다는 점이다. 즉, 브랜드 확장을 행하는 경우에 먼저 문제가 되는 것은 모 브랜드가 소유하고 있는 브랜드력(brand strength)에 있다. 여기서 말하는 브랜드력이란 해당 브랜드를 부여하는 것으로 높아진 경쟁 우위의 정도 다시 말하면 해당 브랜드의 지각품질의 정도를 의미한다. 아커와 켈러에 따르면 확장 신제품에 대한 모 브랜드를 부여하는 것으로 어느 정도 그러한 성과가 높아지는가는 우선 그 브랜드가 지니고 있는 지각품질의 정도에 의존한다. 브랜드 확장의 성과에 영향을 미치는 지각품질은 브랜드 연상으로부터 형성되는 것으로, 브랜드 연상이 해당 브랜드의 지각품질로써 경쟁우위에 어느 정도 공헌하는가는 브랜드 연상이 다음의 네 가지 측면에 있어 어떠한 특성을 가지고 있는가에 따라 의존하게 된다. 이러한 브랜드 연상의 파악은 소비자의 브랜드 지식구조에 대한 질적인 측정과 양적인 측정에 대하여 상세하게 규명하는 것이 요구된다. 특히 모 브랜드에 대한 인식의 깊이와 폭에 대해서 그리고 모 브랜드 연상의 힘과 호감성과 독특성의 깊이와 폭에 대해서 완전히 이해하는 것이 중요하다. 실제적이고 바람직한 지식 구조를 밝히는 것은 가능한 브랜드 확장을 밝히는 데 도움을 주고 또한 브랜드 확장의 성공 가능성과 관련된 결정을 지도하는데 도움을 준다.

1 브랜드 연상의 강도

브랜드 연상의 강도는 소비자가 브랜드에 대해 상기된 연상을 그 브랜드가 부여된 제품 특성으로써 어느 정도 확신하고 있는가를 말하며, 브랜드 연상과 제품과의 연관성의 정도를 나타낸다. 일반적으로 연상을 지지하는 제품 속성은 여러 개 존재하는 동시에 그것이 유기적으로 결합해 있는 정도로 브랜드 연상은 강해지는 경향이 있다.

② 브랜드 연상의 독특성

브랜드 연상 중에서 경쟁 브랜드의 것과 유사한 것이 있는 반면 차별점이 존재한다. 연상이 해당 브랜드의 경쟁우위를 높이는 지각품질로써 유효하게 작용하는 것은 브랜드 연상의 차이, 즉 브랜드 연상이 경쟁 브랜드와 비교하여 어느 정도 독특함이 있는가가 중요하게 된다.

③ 브랜드 연상의 호의도

브랜드 연상은 소비자가 얼마나 호의적으로 평가하느냐에 따라서 차이가 난다. 마케팅 프로그램의 성공은 호의적인 브랜드 연상 창조에 반영된다. 브랜드 연상이 유효한 지각품질로써 기능하는가는 최종적으로 해당 브랜드를 어느 정도 호의적으로 판단하는가, 즉 연상을 어느 정도 호의적으로 간주하고 있는가에 영향을 받는다.

④ 브랜드 연상의 추상성

지속적인 경쟁우위의 확보라고 하는 점에서 브랜드 연상을 생각할 수 있다면, 브랜드 연상이 어느 정도 추상적인가 하는 것도 브랜드력에 있어서 중요한 요인이 된다. 추상적 연상은 보다 광범위한 전이와 보다 높은 적합성을 가진다. 반면 구체적이고 차별적 연상은 신뢰를 제공하여 보다 높은 레버리지를 제공해 준다.

3. 3단계: 확장제품의 후보군 파악 및 적합성 평가

브랜드 매니저들은 앞에서 설명한 브랜드 확장에 있어 적합성의 구성 개념에 기초하여 모 브랜드와 적합한 혹은 그렇지 않은 확장제품을 도출해 낸다.

이러한 잠재적인 확장제품군이 모 브랜드와 적합한 지의 정도를 목표 소비자의 평가를 조사한다. 여기서 목표 소비자는 확장제품을 구입할 가능성이 높은 대표성이 있는 고객을 표본 집단으로 활용하는 것을 명심해야 한다.

브랜드 심리학 19

확장후보 제품군의 파악

브랜드 확장에 대한 여러 연구들에 따르면, 확장 성공의 열쇠는 브랜드와 확장제품 간의 적합도(fit)이다. 이 맥락에서, 적합도(fit)는 기존 브랜드의 의미를 지닌 확장제품의 적합성, 일치를 뜻한다. 그러므로 브랜드가 어떻게 확장되는지를 이해하는 것의 핵심은 브랜드가 소비자에게 의미하는 바가 무엇인지를 이해하는 것이다.

따라서 현재의 브랜드 의미를 파악하고 확장가능한 카테고리를 쉽고 풍부하게 평가, 진단할 수 있는 방법이 요구된다.

아래의 과업절차는 브랜드 의미를 측정하는데 있어 응답자들에게 일련의 가능한 신제품들과 특정 브랜드와의 적합성 여부를 판단하게 하고, 이러한 판단(judgments)에 순위를 매기고 이를 설명할 것을 요구한다.

Task #1

참가자는 특정 브랜드 네임이 적힌 카드 한 장과 제품 목록이 적혀있는 40장의 카드를 받게 된다. 이 제품들은 다양한 아이템들을 포함한다. 이 제품 목록은 모든 브랜드와 모든 참가자들에게 동일하게 사용된다. 참가자들은 제품 목록에 제시된 제품들을 특정 브랜드 네임에 적합한 것과 그렇지 않은 것으로, 즉 두 그룹으로 나눈다.

Task #2

일단 브랜드에 적합한(fit) 것과 그렇지 않은 제품으로 나누고 나면, 참가자들은 적합하지 않은 카테고리에 속한 제품만을 고려하도록 지시받는다. 그들은 이 그룹의 제품 중에서, 특정 브랜드 네임과 가장 적합하지 않는 제품을 10개 고르게 된다. 이 과정이 완성되면, 참가자들은 이 10개 제품 중에서 그 브랜드 네임과 가장 적합하지 않는 제품을 하나 고르게 되고, 그 제품이 다른 것보다 더 적합하지 않는 이유에 대해 말한다. 면접자들은 그 제품을 선택한 이유에 대해 자세히 논한 뒤, 참가자들은 그 다음으로 브랜드와 적합하지 않는 제품을 고르고 또 다시 그 이유가 밝혀질 때까지 이에 관해 얘기하게 된다. 이 절차는 브랜드와 적합하지 않는 제품으로 선택된 10개의 제품 각각에 있어 반복되어 수행된다.

이 수행의 핵심은 제품의 선택에 있는 것이 아니라 그러한 선택 이면에 담겨있는 이유를 찾는데 있다. 이것을 통하여 어떤 어휘가 브랜드와 가장 어울리지 않는지를 확인할 수가 있고, 이를 통해 이러한 확장은 피할 수가 있다.

Task #3

이제 참가자는 그들이 앞에서 브랜드와 적합하다고 한 카테고리에 속한 제품만을 고려하도록 지시받는다. Task #2의 절차와 매우 유사하게, 그들은 브랜드와 가장 적합한 제품 10개를 고르게 된다. 그런 뒤 그들은 그 중에서 브랜드와 가장 적합한 제품 하나를 고르게 되고, 면접자들은 이 선택에 내재되어 있는 이유를 찾게 된다. 이 절차는 Task #2에서처럼 선택한 10개 제품 모두에 있어 수행된다. 만일, 참가자가 브랜드와 적합한 제품으로 고른 제품이 10개 미만일 경우에는, 그들은 나머지 제품 목록을 다시 고려하고 난 뒤 10개가 될 때까지 브랜드와 적합한 제품을 고르게 된다. 이런 절차를 통해 10개가 채워지게 되면 마찬가지로 선택한 이유에 대해 설명하게 된다.

Task #2와 마찬가지로, 이 수행의 목적은 브랜드와 알맞은 제품을 알고자 하는 것이 아니라 참가자들이 브랜드 의미를 정의하는 주 속성을 파악하고자 하는데 있는 것이다. 또한, 참가자들에게 제품을 순서대로 나열하게 함으로써, 참가자들에게 브랜드의 속성들에 순서를 매기게 할 수 있다.

Task #4

참가자들은 또한 제품 목록에 제시된 40개의 제품 이외에 브랜드와 잘 어울린다고 생각되는 제품 2개를 말할 것을 요구받는다. 경험상, 대부분의 참가자들은 그들이 생각한 제품이 이미 제시된 목록에 포함되어 있다고 말하지만, 목록에 없는 제품을 말한 참가자들은 이 제품들을 기존의 제품들과 비교하여 순서를 매기게 된다. 이 과제는 범주화 과업(categorization task)에서 사용되는 제품 목록 때문에 발생할 수 있는 한계를 극복하기 위해 고안된 것이다.

전체적으로, 지금까지 설명된 일련의 과업은 브랜드 확장에 대한 소비자들의 평가에 있어서 브랜드 의미와 그 핵심요소를 정의할 수 있게 한다. 또한 잠재고객들의 마음속에 확장 브랜드가 될 수 없는 것을 이해하게 해준다.

▌자료 : Gillian Oakenfull (1998), A Hierarchical Categorization Procedure for Measuring Brand Meaning, A Dissertation Presented to the Faculty of the College of Business Administration: University of Houston(September).

① 확장제품의 후보군 파악

회사가 진입해야 할 제품과 시장을 선택할 때, 소비자, 회사, 그리고 경쟁에 관련된 여러 기준들을 따라 확장 후보제품군을 선정한다. 소비자 요소들과 관련하여 가능성 있는 확장제품의 후보군을 밝히기 위해서, 마케터들은 소비자가 보기에 브랜드 이미지와 적합한 것으로 보이는 제품 범주를 고려해야 한다. 가능한 확장대상은 소비자 리서치와 브레인스토밍을 통해서 후보 제품군을 선정할 수가 있다. 만약 신제품을 도입하려고 할 경우는 제시된 브랜드를 통하여 판매를 고려할 수 있는 제품이 어떤 것인지 소비자에게 물어보는 것이 도움이 될 것이다.

② 브랜드에 대한 확장 신제품의 적합도

브랜드 확장의 후보로서의 적합성은 해당 브랜드를 부여하는 제품으로써 적절한가를 평가하는 것이다(브랜드 심리학 19). 그러한 이유는 브랜드에 대한 확장 신제품의 적합도가 높으면 기존 브랜드가 가지고 있는 브랜드 연상이 해당 신제품에 이행되는 가능성이 높게 되는 것이다.

적합성 평가 시에는 인지된 보완성 · 대체성 · 기술의 관련성, 확장제품을 제조하는데 있어서의 인지된 어려움, 제안된 확장제품에 대한 태도, 그리고 이미지 · 개성 · 지위 · 콘셉트의 유사성 등의 차원들을 고려하게 된다.

4. 4단계: 확장제품을 선정

가장 높은 적합성을 나타내는 확장제품이 가장 성공의 가능성이 높다고 할 수 있다. 만약 모 브랜드와 적합성이 다소 낮은 제품군을 선정하기를 원한다면 어떤 적합성의 구성개념(관련성, 인지, 신뢰성, 전이성)이 부족한 지를 확인하여 부족한 적합성을 높일 수 있는 광고나 마케팅을 통하여 브랜드에 대한 소비자 평가를 변경시키도록 추구한다.

5. 5단계: 브랜드 확장의 수행 및 평가

브랜드 확장의 결과로써 모 브랜드의 핵심가치에 있어 어떤 변화가 일어났는지를 주의 깊게 브랜드를 조사해야 한다. 즉, 브랜드 확장이 모 브랜드에 미치는 피드백 효과를 평가해야 한다.

확장 신제품이 시장에 도입된 후에 브랜드 연상을 형성하는 것이 첫 번째 요소가 되며, 이들이 모 브랜드 또는 기존 제품의 성과에 영향을 미친다. 이러한 브랜드 확장이 지니고 있는 간접 피드백 효과가 모 브랜드의 유지 강화를 목적으로 하고 있는 최고의 브랜드 전략에 대해서 중요한 의미를 지니고 있는 것은 이미 서술한 바와 같다. 간접 피드백 효과가 모 브랜드에 어떻게 작용하는가는 먼저 확장 신제품의 성패에 달려 있다. 즉, 소비자가 확장 신제품을 호의적으로 받아들인 결과로써 상응하는 성과를 획득하게 되면, 해당 브랜드에 대한 평가 즉 기존 브랜드의 브랜드력도 똑같게 높아지는 것이 지금까지의 연구로부터 명확하게 되었다.

[생각해볼 문제]

1. 현재 담당하고 있는 브랜드를 고려할 때, 지렛대로 활용할 수 있는 가능성을 지닌 연상 이미지는 어떤 것인가? 그것은 어떤 신제품을 지원할 수 있는가? 기존 브랜드가 신제품을 향상시킬 수 있는가? 그 이유는? 브랜드가 신제품에 나쁜 영향을 미칠 수 있는가? 확장이 브랜드에 미치는 영향을 평가해 보자.

2. 현재 담당하고 있는 해당 산업에서의 브랜드 확장 사례를 규명해 보자. 그리고 해당 산업 이외의 산업에 대해서도 브랜드 확장 사례를 규명해 보자. 그런 다음 그 확장을 평가해 보자. 어떤 브랜드 전략이 사용되었는가? 그 브랜드 전략이 사용된 이유는 무엇인가? 전략을 평가해 보자.

3. 미래의 성장성과 수익을 염두에 두고 현재 담당하고 있는 브랜드가 속해 있는 시장의 건전성을 평가해 보자. 상향시장 또는 하향시장으로 진출함으로써 기업의 미래가 긍정적이고 덜 위험해질 수 있는가? 상향시장(고급시장)의 고객과 경쟁자를 분석하고 그 시장을 평가해 보자. 신규 진출 시 어떻게 차별화할 수 있는가? 상향시장에 진입하기 위해 현재의 브랜드를 어떻게 레버리지 할 수 있는가? 하향시장(저가시장)의 고객과 경쟁자를 분석하고 그 시장을 평가해 보자. 신규 진출 시 어떻게 차별화할 수 있는가? 하향시장에 진입하기 위해 현재의 브랜드를 어떻게 레버리지할 수 있는가?

제13장

공동 브랜딩

이번 장의 주요 이슈

최근에 브랜드와 관련되어 각광받고 있는 영역 중의 하나는 공동 브랜딩이다. 공동 브랜딩이란 하나의 제품에 잘 알려진 둘 이상의 브랜드를 결합하는 것이다. 이를 적절히 활용한다면, 강력한 브랜드를 레버리지하는 효과적인 방법이 된다. 그런데 아직까지 공동 브랜딩에 대해 통용되는 정의는 다양하다. 이번 장에서는 실무와 학계에서 논의되고 있는 공동 브랜딩에 대한 주요 이슈들을 살펴볼 것이다.

❶ 공동 브랜딩은 연구자에 따라 각자 조금씩 상이하게 해석하는 것 같다. 공동 브랜딩이란 무엇이며 이점은 무엇인가? 또한 공동 브랜딩에는 어떤 유형들이 있는가?

❷ 공동 브랜딩 옵션을 어떻게 평가할 것인가?

❸ 성분 브랜딩이란 무엇이며 어떤 유형들이 있는가? 그리고 성분 브랜딩의 효과는 무엇인가?

제1절 공동 브랜딩

최근의 브랜드 관리 영역에 있어 나타나고 있는 현상들은 어떤 공통점을 가지고 있다. 브랜드 네임이 가치 있는 자산이기 때문에 부분보다 총합이 보다 크다 (2+2=5?)는 시너지 제휴를 형성하기 위하여 다른 브랜드와 결합될 수 있다는 점이다. 다음에서는 공동브랜딩의 정의 및 유형에 대해 살펴보기로 한다.

1. 공동 브랜딩의 정의

마케터들이 신제품 개발을 통한 성장을 도모하려 할 때, 시장은 이미 경쟁 브랜드들로 뒤덮인 상태이다. 따라서 신제품의 독특한 포지션(unique position)을 확립하기가 매우 어려움이 있다. 이 때문에, 80~90%의 신제품이 시장에서의 독특한 포지션(position)을 확립하는데 실패한다.

이러한 실패의 위험을 최소화하기 위해 기존의 성공적 브랜드를 활용하는 방법이 있다. 성공적 브랜드는 소비자들에게 품질을 보증하며, 신제품을 소개하는데 지렛대 역할(leverage)을 할 수 있다. 브랜드를 활용하는 가장 보편적인 방법으로 브랜드 확장이 있다(브랜드 확장은 제12장에서 상세히 설명하고 있다.).

또 하나의 방법은 공동 브랜딩(co-branding)으로 지난 10년 간 사용이 급격히 증가해온 브랜딩 전략인데, 이는 신제품 개발에 대한 대안적 방법이다. 이미 잘 알려진 둘 이상의 브랜드를 하나의 제품에 결합하는 것으로, 모 브랜드들이 지닌 브랜드 파워의 시너지 효과를 얻을 수 있다.

이러한 공동 브랜딩에 대해 아직까지 통용되는 정의는 없다. 때로는 브랜드 제휴(brand alliance)와 복합 브랜딩(composite branding)과 상호 가변적으로 사용되기도 한다.

공동 브랜딩에 대한 광의의 정의는 광고(advertisements), 제품(products), 제품 진열(product placements), 유통(distribution outlets)과 같은 마케팅 맥락에서 둘 이상의 브랜드를 연합하는 것이다.

그러나 협의의 공동 브랜딩은 단일의 제품이나 서비스를 창출하기 위해 둘 이상의 브랜드를 결합하는 것이다. 이러한 정의를 채택하는 이유는 다음과 같다.

❶ 공동 브랜딩이 둘 이상의 브랜드를 사용하여 단일 제품을 창출하는데 관련된다는 점에 대해서는 일반적인 동의가 이루어지고 있으며, 이는 공동 브랜딩을 여타의 브랜드 제휴(branding alliance)와 구별해주는 기준이다.

❷ 신제품 개발을 통한 성장을 도모하기 위해 브랜드 확장의 시도에 대한 대안이 되고, 따라서 브랜드 매니저들이 사용할 수 있는 매력적인 제품 도입 전략이라 할 수 있다.

2. 공동 브랜딩 전략의 유형

지금까지의 공동 브랜딩에 대한 연구 결과를 바탕으로 다음에서는 공동 브랜딩 전략의 유형에 대해 설명할 것이다.

1 지금까지의 공동 브랜딩에 대한 연구 결과

공동 브랜딩은 브랜드 확장의 특별한 경우로 어떻게 브랜드 자산이 신제품에 전이되는가? 그리고 어떻게 신제품이 브랜드 자산에 영향을 주는가?

공동 브랜딩에 대한 연구에서 관심을 두는 두 영역에는 (1) 두 모 브랜드가 소비자의 공동 브랜드에 대한 지각에 어떠한 영향을 미치며, 소비자의 공동 브랜드에 대한 지각은 모 브랜드에 어떠한 영향을 미치는가? (2) 라인 확장과 카테고리 확장과 같은 다른 신제품 개발 전략과 비교하여 볼 때 공동 브랜딩이 갖는 상대적인 장점은 무엇인가? 이러한 상대적인 장점을 평가하기 위해서는 (1)에 대한 이해가 선행되어야 하기 때문에, 최근까지 대다수의 연구들이 (1)의 주제를 다루어 왔다.

공동 브랜딩에 대한 연구들

공동 브랜딩에 대한 연구들은 주로 공동 브랜딩의 실제 사례보다 가상제품에 한정하여 수행되었다.

❶ Simonin & Ruth(1998)의 연구(자동차와 전기 요소 간의 공동 브랜딩에 대한 연구)에 따르면,[1] 모 브랜드 간의 지각된 일치도와 모 브랜드 이미지 간의 지각된 유사성이 공동 브랜드에 대한 태도에 긍정적으로 영향을 미치는 것으로 나타났다. 이러한 결과는 모 브랜드 제품군과 확장제품군 간에 지각된 유사성이 더 클수록 브랜드 확장에 대한 태도가 더 호의적이었음을 시사하는 브랜드 확장에 대한 선행연구의 결과와 일치한다.

또한 더 친숙한 모 브랜드가 덜 친숙한 모 브랜드에 비해 공동 브랜드에 대한 태도에 더 큰 영향을 미쳤는데 이는 태도 접근성에 대한 개념을 지지하는 것이다.

마지막으로, 공동 브랜드가 모 브랜드에 미치는 파급효과(post-effect)는 덜 친숙한 모 브랜드에서 더 강력했음이 확인되었다.

요약해 보면, 강력한 모 브랜드는 약한 모 브랜드보다 공동 브랜드에 대한 지각에 더 큰 영향을 미치지만 공동 브랜드에 의한 파급효과는 영향을 덜 받는다.

❷ 주도 브랜드(primary brand)와 보조 브랜드(secondary brand) 간의 공동 브랜딩에 관한 연구 결과에 따르면, 보조 브랜드는 공동 브랜드에 의한 부정적 파급효과의 영향을 거의 받지 않는데, 특히 잘 알려져 있고 평판이 좋은 브랜드일 경우 그러하다. 또한, 보조 브랜드는 공동 브랜드가 실패한 경우에 브랜드 혼탁과 혼동의 영향을 비교적 받지 않는다. 따라서 공동 브랜딩 협정은 보조 브랜드에 비해 주도 브랜드가 더 큰 위험을 감수하게 하는 경향이 있다.

❸ Park 등(1996)의 연구[2]는 Godiva(고급 초콜릿)와 Slim-fast(체중감소 제품) 간의 가설적인 공동 브랜딩을 사용하여, 보완성(complementarity)이 공동 브랜딩 제품에 대한 평가에 미치는 영향을 조사하였다(그림 13-1).

브랜드 속성 평가를 통해 두 브랜드 간의 보완성을 확인하였는데 Godiva는

---

1) Simonin B.L. and Ruth J.A. (1998), Is a Company Known by the Company It Keeps? Assessing the Spillover Effects of Brand Alliances on Consumer Brand Attitudes, Journal of Marketing Research, Vol.35(February), pp.30-42.

2) Park C. Whan, Jun Sung Youl and Allan D. Shocker (1996), Composite Branding Alliances: An Investigation of Extension and Feedback Effects, Journal of Marketing Research, Vol. 33(November), pp.453-466.

그림 13-1 복합 브랜딩

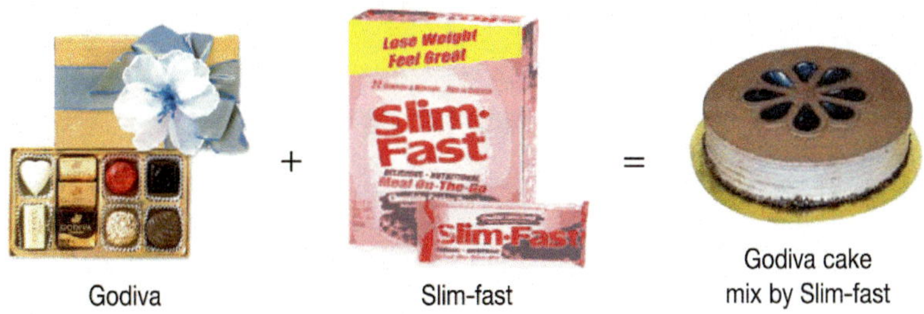

맛의 풍부함 면에서 높게 평가된 반면, Slim-fast는 열량 함유량 면에서 높게 평가되었다. 전반적인 브랜드 평가에서 Godiva는 상당히 호의적으로 평가되었지만, Slim-fast는 그보다 유의하게 낮은 평가를 받았다.

이러한 특징을 가진 각각의 브랜드를 활용하여 직접적인 단일 브랜드 확장을 시도한 경우로써 Godiva 케이크 믹스는 맛있지만 열량이 높을 것으로 지각되었고, Slim-fast 케이크 믹스는 열량은 낮지만 맛이 없을 것으로 지각되었다.

반면 이들 두 브랜드를 활용한 복합 브랜드를 통한 확장의 경우에 Slim-fast cake mix by Godiva & Godiva cake mix by Slim-fast의 두 가지 형태로써 두 브랜드의 바람직한 속성(맛과 저 열량)을 모두 지닌 것으로 평가되었다.

또 다른 복합형태로써 Godiva & Häagen-Dazs 간의 가설적인 공동 브랜딩을 사용하여, 보완성이 공동 브랜딩 제품에 대한 평가에 미치는 영향을 조사하였다.

두 제품 간 연합을 통해 전반적으로 매우 호의적인 평가를 받았지만, 보완성 면에서는 낮게 평가되었다(두 제품 모두 풍부한 맛과 고열량의 제품으로 지각됨). 선택과 선호 평가에서 이 두 브랜드 간의 결합은 Godiva/Slim-fast 공동 브랜딩과 차이가 있었으며, Godiva와 Slim-fast의 단일의 브랜드 확장과 유사하였다.

요약해 보면, 보완성이 공동 브랜딩의 핵심 소구일 수 있음을 파악할 수 있다. 이는 보완성이 모 브랜드 각각의 바람직한 속성을 포함한 공동 브랜딩을 가능하도록 해주기 때문이다.

❹ 높은 품질(high-quality) 또는 높은 이미지(high-image) 브랜드와 낮은 이미지 브랜드 간의 연합에 대한 연구로써 Rao 등(1999)의 연구에 따르면,[3] 높은 품질(high-quality) 브랜드는 파트너 브랜드에 대한 품질 지각에 영향을 줄 수

3) Washburn J.H., Till B.D. and Priluck R. (2000), Co-branding: Brand Equity and Trial Effects, Journal of Consumer Marketing, Vol.17, No.7, pp.591-604.

있다. 예를 들면, Coca-Cola에 NutraSweet을 사용함으로써 NutraSweet가 보증하는 Coca-Cola는 성분의 안전성에 대한 걱정을 경감시켜준다.

또한, Washburn 등(2000)의 연구에 따르면[4] 낮은 품질의 브랜드가 높은 품질의 브랜드보다 더 많은 혜택을 보지만, 파트너인 높은 품질의 브랜드에 손해를 주지는 않는다. 따라서 명성 있고 강력한 브랜드는 공동 브랜드의 파트너가 약한 브랜드라 할지라도 비교적 손실을 입지 않는다.

예를 들면, Dufont사의 경우 Dufont는 Silverstone, Kevlar, StainMaster 등의 자사 브랜드를 다양한(high-equity primary brand~low-equity mark) 제조사에 공급하는데, Dufont의 공동 브랜딩은 매우 성공적이었고, 몇몇 경우는 시장 지배 및 독점적 위치를 획득하였다.

지금까지의 선행연구들의 요약

지금까지의 선행연구들을 요약하면 다음과 같이 3가지로 요약할 수 있다.

❶ 공동 브랜딩 제품은 각각의 모 브랜드의 현저한 속성을 획득할 수 있으므로, 공동 브랜딩에서는 상대 브랜드 간에 강력한 상호 보완이 이루어짐으로써 브랜드 확장에 대한 매력적인 대안이 될 수 있다.

❷ 공동 브랜딩 제품에 대한 지각은 모 브랜드에 파급효과를 미치는데, 인지도가 낮은 브랜드가 더 영향을 받는 경향이 있다.

❸ 높은 지위(high-status)의 모 브랜드와 낮은 지위(low-status)의 모 브랜드 간 연합이 높은 지위의 브랜드에 반드시 손해를 입히는 것은 아니다.

2 공동 브랜딩 전략의 유형

〈표 13-1〉은 공동 브랜딩 전략의 유형을 확인하는데 도움이 되는 프레임워크(framework)를 설명하고 있다.[5] 그림에서 설명하는 것처럼 제품의 보완성(product complementarity)과 목표시장(target market)의 차원을 활용하여 각 전략의 특징에 대하여 설명할 것이다.

---

4) Rao A.R., Qu L. and Ruekert W. (1999), Signaling Unobservable Product Quality through a Brand Ally, Journal of Marketing Research, Vol.36, No.2, pp.258-268.

5) Lance Leuthesser, Chiranjeev Kohli, Rajneesh Suri (2003), 2+2=5? A Framework for Using Co-branding to Leverage a Brand, Brand Management, VOL.II, NO.I(September), pp.35-47.

표 13-1 공동 브랜딩 전략의 유형

구분		목표시장	
		기존	신규
제품 보완성	확장된	이미지 향상을 통한 시장침투확대의 공동 브랜딩	이미지 향상을 통한 신규 시장 접근의 공동 브랜딩
	핵심	속성 추가를 통한 시장침투확대의 공동 브랜딩	속성 추가를 통한 신규 시장 접근의 공동 브랜딩

제품의 보완성 차원

제품의 보완성 차원은 핵심 보완성과 확장된 보완성으로 구분하여 설명할 수 있다.

❶ **핵심 보완성(core complementarity)** : 모 브랜드들이 공동 브랜드의 핵심 혜택(core benefit)에 의미 있는 기여를 하는 상황을 말한다. 예를 들면 성분 공동 브랜딩(Dell computer with 'Intel inside')은 각 브랜드의 속성이 제품의 중요한(본질적인) 기능에서 요구된다.

공동 브랜드가 핵심 보완성을 수반하는가에 대한 평가는 쉽지 않다. 소비자 관점에서 본 제품의 이점(benefit)에 대한 조사 및 제품의 결정적 속성(determinant attributes; 소비자가 중요하고 경쟁제품과 차별화되는 것으로 간주하는, 만족스러운 속성)에 대한 목록 조사가 필요하다. 두 브랜드 모두 결정적 속성에 기여한다면 핵심 보완성이 존재한다. 핵심 보완성은 파트너가 공동 브랜딩의 성공에 기여하고 있음을 보증한다.

❷ **확장된 보완성(extended complementarity)** : 핵심 보완성이 존재하지 않는다면, 확장된 보완성도 가능하다. 이는 어떤 브랜드가 공동 브랜드에 브랜드 파워를 빌려주는 경우이다. 즉, 강력한 브랜드가 인지도나 품질 이미지(quality-image)가 낮은 파트너에게 품질 지각(quality perception)을 빌려주는 것이다. 유사한 이미지의 두 브랜드가 시너지 효과를 기대하고 연합하는 것도 가능하다.

핵심 보완성과 확장된 보완성은 분류 목적에서 볼 때 상호 배타적이지만, 핵심 보완성을 지닌 제품에 확장된 보완성이 존재하지 않은 것은 아니다. 공동 브랜딩 파트너가 핵심 및 확장된 보완성 모두에 기여할 수도 있다. 예를 들면, 오랫동안

AMD는 저비용으로 유사한 기능을 하는 마이크로 프로세서를 공급함으로써 Intel과 경쟁해 왔으나, Intel의 강력한 브랜드 네임과 이미지가 AMD의 가격적 이점을 상쇄하였다.

목표시장의 차원

이것은 공동 브랜딩이 다른 시장의 프랜차이즈 브랜드를 통해 새로운 시장에 대한 접근기회의 제공이 가능하다. 사실상 한 파트너가 상대 파트너의 시장에 대한 접근성을 획득하거나, 공동 브랜드가 두 파트너 모두에게 새로운 시장을 개발할 기회를 제공할 수도 있다. 공동 브랜드의 목표시장이 파트너의 기존 시장과 다르다면, 공동 브랜딩은 효과적인 새로운 시장개발 전략이다. 그러나 공동 브랜드의 목표시장이 동일하다면 공동 브랜딩은 시장침투 전략이다.

이상에서처럼 보완성과 목표시장을 축으로 하는 공동 브랜딩 전략에는 다음과 같은 네 가지 전략이 있다: 속성 추가를 통한 시장침투확대의 공동 브랜딩, 신규 시장 접근의 공동 브랜딩, 이미지 향상을 통한 시장침투확대의 공동 브랜딩, 이미지 향상을 통한 속성 추가를 통한 신규 시장 접근의 공동 브랜딩.

속성 추가를 통한 시장침투확대의 공동 브랜딩

이 전략에는 공동 브랜드의 핵심 혜택에 도움이 되는 파트너를 선택함으로써 시장 침투를 확대하는 것이다. 구성요소 또는 성분 공동 브랜딩(component or ingredient co-branding)과 복합 브랜딩(composite branding)이 이에 해당한다.

❶ **성분 브랜딩** : 예를 들면, 고객들이 인텔 칩이 제공하는 기능과 신뢰성에 높은 가치를 부여하기 때문에, 컴퓨터 제조사가 인텔과 공동 브랜딩을 하기로 선택하는 것이다. 이러한 상황에서 고객 가치(customer value)는 두 브랜드 모두에 깊게 연결되고, 많은 경우에 있어서 컴퓨터 브랜드(computer brand)보다 인텔에 더 강하게 연결된다.

그 자신의 독자적인 강력한 프랜차이즈가 없다면 공동 브랜딩 전략만으로는 경쟁우위의 차별적 이점을 제공하지 못하기 때문에, 이것은 컴퓨터 제조사에게 위험이 될 수 있다. 따라서 Dell과 같은 성공적인 제조사는 Intel과 직접적으로 관련되지 않는 분야(뛰어난 서비스와 고객만족을 제공함으로써)에서 성공을 거두었다. 대안적으로, 공동 브랜딩 파트너는 구성요소(component) 공급자와 독점적인 협정을 맺거나, 주문제작 방식으로 구성요소를 제작하는 협정을 맺고자 할 수 있다.

핵심 보완성이 높은 공동 브랜딩에서 나타날 수 있는 또 다른 위험은 공동 브랜딩 파트너가 궁극적으로 경쟁자가 될 가능성이 있다는 점이다. IBM이 DOS 운영시스템을 개발하기 위해서 Microsoft와 파트너가 되었을 때, 결국 Microsoft가 퍼스널 컴퓨터 오퍼레이팅 시스템 분야에서 우세한 지위에 도달하게 되었다는 점은 잘 알려진 사실이다. 당시에 Microsoft는 IBM에 비해 브랜드 자산이 거의 없었음에도 불구하고 이러한 현상이 나타났다. 따라서 핵심 보완성이 상당히 높은 경우에, 미래의 공동 브랜딩 협정을 맺을 파트너가 장차 경쟁자가 될 수 있는 가능성이 어느 정도인지를 조사해야만 한다.

② 복합 브랜딩 : 복합 브랜딩(composite branding)은 서로 보완적 능력을 활용한 공동 브랜딩으로써 둘 이상의 브랜드화된 제품에 기반을 두어서 새로운 하나의 브랜드화된 제품으로 탄생하는 것이다. 즉 단 하나의 독특한 제품을 창출하기 위해 둘 이상의 잘 알려진 브랜드를 결합하는 공동 브랜딩의 형태이다.

이러한 복합 브랜딩은 두 브랜드 모두가 비교적 높은 브랜드 부가가치를 지니고 있을 경우에 가장 적합하다. 복합 브랜딩은 주도 브랜드(header brand)와 수식 브랜드(modifier brand)로 구분된다. 공동 브랜딩화된 제품이 속해 있는 제품군에 있어서 어느 것이 주도 브랜드가 될 지를 해당 브랜드의 소비자 지각에 기초하여 결정지을 수 있다. Häagen Dazs-Baileys 제품은 특정 맛의 아이스크림이기 때문에, Häagen Dazs가 주도 브랜드가 되고 Baileys가 수식 브랜드가 된다.

일반적으로 다음의 세 가지 조건이 충족될 때만이 복합 브랜딩으로 인정할 수 있는데 그 내용은 다음과 같다:

첫째, 두 브랜드 네임이 모두 소비자에게 커뮤니케이션 된다. 두 브랜드 네임이 모두 소비자에게 소구하는데 사용되어야만 한다: 만약 두 브랜드 네임 중 하나가 더 눈에 띄거나 덜 두드러지는 방식으로 사용된다면, 이는 공동 브랜딩라고 말할 수 없다. 공동 브랜딩의 확실한 예가 앞서 언급했던 Baileys liqueur 맛의 하겐다즈 아이스크림의 경우이다. 여기서, 두 브랜드 네임 모두 직접적이고 눈에 띄는 방식으로 사용되었다. 만일 하겐다즈가 포장에 Baileys라는 브랜드 네임을 표기하지 않는다면, 이는 공동 브랜딩이라 할 수 없다.

둘째, 각각 독립적인 브랜드이어야 한다. 이는 각각의 브랜드가 서로 다른 기업에 속하거나 서로 다른 사업영역에 속하는 경우이다. 하겐다즈와 Baileys의 경우에 이것이 잘 나타난다: 비록 이 두 브랜드가 같은 기업 소유이지만, 이들은 서로 다른 사업 영역에 속해 있다. 만일 이러한 기준을 지키지 않는다면, 분명 공동 브랜딩과 보증 브랜드 전략(endorsement strategy) 간에 혼동이 있을 것이다.

셋째, 이 브랜드들이 또한 각자 독립적으로도 사용된다는 것이다. 하겐다즈 또한 Baileys 리큐어(달고 향기 있는 독한 술) 맛 이외에도 다른 여러 가지 맛의 아이스크림을 사용한다. Baileys 그 자신은 또한 위스키 리큐어(whisky liqueur)의 브랜드 네임으로 사용된다. 이 기준은 복합 브랜딩과 성분 브랜드를 혼동되지 않도록 하는 것과 관련이 있다. 성분 브랜드의 경우에는, 제조업자들이 시장에 브랜드로써 그들의 성분을 내놓는 것을 의미한다. 사실 성분 브랜드의 생산자는 그들 브랜드에 대해 소비자들로 하여금 인력 효과(pull effect)를 창출하고자 하고, 이를 통하여 완성품 브랜드의 제조업자를 앞지르려고 한다. 복합 브랜딩의 경우에 비록 한 브랜드가 다른 브랜드화된 제품에서 하나의 성분으로 사용됨에도 불구하고(하겐다즈에서 Baileys의 경우처럼), 이는 Baileys의 전략이 Intel과 같은 성분 브랜드의 생산자 전략과 동일함을 의미하는 것이 아니다.

요약하면 앞서 말한 기준들을 바탕으로 복합 브랜딩을 정의하면 (1) 서로 다른 기업이 소유하거나 다른 사업 영역에 있고, (2) 각각이 독립적으로도 사용되며, (3) 둘 다 제휴를 통한 부가가치의 득을 보고 이에 기여하는 두 브랜드 네임을 가진 하나의 새로운 제품의 출시를 뜻한다.

속성 추가를 통한 신규 시장 접근의 공동 브랜딩

이 전략은 새로운 고객 기반을 도입하지만 공동 브랜드의 핵심 혜택에 도움이 되는 파트너를 선택함으로써 새로운 시장을 개발하는 것이다. 소매상 공동 브랜딩은 이러한 목적을 달성하기 위해 상당히 인기 있는 방법이다. 파트너의 고객 베이스에 접근할 수 있게 됨으로써, 소매상 공동 브랜딩은 투자를 증가시키지 않고서 판매 및 이윤을 상당히 증가시킬 수 있다.

소매상 공동 브랜딩은 두 가지 개별 서비스를 다양화된 단일 서비스로 결합하는 것이기 때문에, 편리성이 중요시되는 소매상 분야에 그러한 전략을 주로 적용해왔다는 점은 놀라운 일이 아니다. Carl's Jr(햄버거)/Green Burrito(멕시코 음식), Togo's(샌드위치)/Baskin Robbins(아이스크림), Circle K(편의점)/76(주유소)과 같은 결합이 그것을 예증한다. 이러한 예들이 예증하는 바와 마찬가지로, 소매상 공동 브랜딩은 상호 배타적인 공급을 함으로써(예: 한꺼번에 Carl's 햄버거와 Green Burrito를 모두 구매하는 고객은 거의 없다), 대체로 같은 구매 시기를 목표로 하는 제품들을 결합한다; 아니면, 다른 구매 시기를 목표로 하지만 한번 들어 왔을 때 함께 구매할 수 있는 제품들을 결합하는 것도 가능하다 (Togo's/Baskin Robbins, Circle K/76).

이미지 향상을 통한 시장침투확대의 공동 브랜딩

이 전략은 공동 브랜드의 핵심 기능에서 필수적이지는 않지만, 그럼에도 불구하고 공동 브랜드의 이미지와 가치를 상승시키는, 긍정적 브랜드 이미지와 연상에 기여하는 파트너를 선택함으로써 시장 침투를 확대하는 것이다.

이미지 향상을 통한 시장침투확대의 공동 브랜딩은 공동 브랜드로 결합된 특정 제품 속성보다는 그 브랜드와 연결된 긍정적 연상을 위해 공동 브랜드를 선택하는 것이다.

자동차 제조사가 고급제품 시장용 모델에 디자이너 라벨을 사용하는 것이 이 전략의 예이다.[6] Ford 자동차사가 Explorer sports 용도의 차량에 'Eddie Bauer' version을 도입하였을 때, 그 차종은 더 저렴한 다른 Explorer version에 비해 더 많이 판매되었다. 최근까지 Ford는 백만 대 이상의 Eddie Bauer 차량을 판매하였다. 분명히, 디자이너 라벨은 'Limited'와 같은 좀 더 일반적인 라벨보다 더 큰 차별성을 부가한다. 이러한 전략이 차별성을 부여해주기는 하나, 그러한 차별성에 대한 통제에 있어서 한계가 있을 수 있다. Eddie Bauer 라벨이 여전히 성공적이라 할지라도, Ford사는 앞으로 문제를 겪게 될 수 있다. Eddie Bauer의 모회사인 Spiegel은 심각한 재정난을 겪고 있는데, 이는 전체 판매의 60%에 해당하는 Eddie Bauer에 상당부분 원인이 있다. 1990년대에, Eddie Bauer는 쇼핑몰에서 공격적인 확장을 시도하고, X세대 고객을 겨냥하여 아웃도어 이미지를 변화시켰으나 성공적이지 못하였다. 이후에 다시 전통적인 시애틀-하이커 룩으로 되돌렸으나, 판매가 현저히 감소하였다. 머지않아, Ford는 Explorer에 대한 포지

---

6) David A. Aaker (2004), Brand Portfolio Strategy: Creating Relevance, Differentiation, Energy, Leverage, and Clarity, The Free Press, pp.282-286, 역서.

셔닝에서 이것을 조정해야만 할 것이다. 따라서 공동 브랜딩 파트너를 이미지에 근거하여 선택한 경우에, 그러한 이미지의 안정성이 중요한 요소가 된다.

이미지 향상을 통한 신규 시장 접근의 공동 브랜딩

이 전략은 강력한 이미지를 제공하고 새로운 고객에 접근하도록 해주는 파트너를 선택하는 것이다. 신용카드 공동 브랜딩이 이미지 향상을 통한 신규 고객접근의 공동 브랜딩의 예이다. 규모 면에서 신용카드 공동 브랜딩은 모든 다른 형태를 능가한다; 전 세계에서 발행되는 모든 신용카드 가운데 약 40~50%가 공동 브랜드화되어 있으며, MasterCard와 Visa는 2만여 개 이상의 공동 브랜드화된 프로그램(co-branded programme)을 보유하고 있다. 공동 브랜드화된 신용카드, 특히 'affinity'와 'rewards' 카드는 신용카드사와 연계된 브랜드(secondary brand)에 의해 제공되는 시장부문을 결합한다. Affinity 카드(예: 대학과 자선단체와 연결된 신용카드)는 연계된 조직에 이익을 주기 때문에, 이러한 카드 사용자들은 자신이 구매할 때마다 그것이 조직에 이익이 된다는 점을 인식한다. 반면에, Rewards 카드(예: 자동차, 항공사, 숙박, 소매상 신용카드)는 연계된 브랜드를 더 많이, 더 지속적으로 사용하도록 고무시키기 위해서 할인이나 포인트와 같은 이익을 카드 소지자에게 직접적으로 제공한다. 신용카드 발행사에게 있어서, 이러한 비즈니스의 중요한 측면은 공동 브랜딩 파트너의 고객 리스트에 대한 접근성이고, 이는 새로운 고객을 획득하는 매우 매력적인 수단을 제공한다.

제2절 공동 브랜딩 옵션의 평가 틀

공동 브랜딩이 성립되기 위한 필요한 조건은 공동 브랜딩이 품질 지각을 끌어올릴 수 있다는 개념에서 예측될 수 있다. 다시 말하면 공동 브랜딩은 소비자가 공동 브랜딩 제품을 요구하며 그것에 기꺼이 지불한다면 바람직하며, 성공할 가능성이 있다. 따라서 속성이 현존하는 제품에 추가된다면 그러한 속성들은 그 제품의 객관적 평가를 향상시켜야만 한다. 다음에서는 가망성 있는 공동 브랜딩을 평가하는 접근방법을 제시하고 있다.[7)]

1. 공동 브랜딩 옵션의 평가 틀

〈그림 13-2〉는 무브랜드 제품과 비교하여 하나(혹은 그 이상)의 브랜드 네임으로 인해 점차 증가하는 가치를 어떻게 평가하는가를 보여주고 있다. NutraSweet(이는 품질을 보증해주는 브랜드, 가치 있고 그리고 독특한 속성을 제공해 주는 브랜드로 여기서는 제1의 브랜드라 부른다.)와 Diet Coke(이는 완성품의 유명 브랜드, 유용한 속성을 필요로 하는 브랜드로 여기서는 제2의 브랜드라 부른다.)에 나타나는 공동 브랜딩의 선택 옵션을 예로 평가하여 보도록 한다.

〈그림 13-2〉에서 브랜드가 부착되지 않은 무상표 제품(셀a)은 NutraSweet(셀b), Diet Coke(셀c) 혹은 NutraSweet와 Diet Coke 모두(셀c)와 비교가 된다. 브랜드가 부착되지 않은 상황(셀a)과 비교하여 세 가지 유형의 브랜드가 부착된 상황(셀b, 셀c, 셀d)에서의 소비자 선호는 여러 브랜드가 부착된 제품에 대한

7) Akshay R. Rao & Robert W. Ruekert (1994), Brand Alliances as Signals of Product Quality, Slogan Management Review(Fall), pp.87-97.

그림 13-2 공동 브랜딩 옵션의 평가 틀

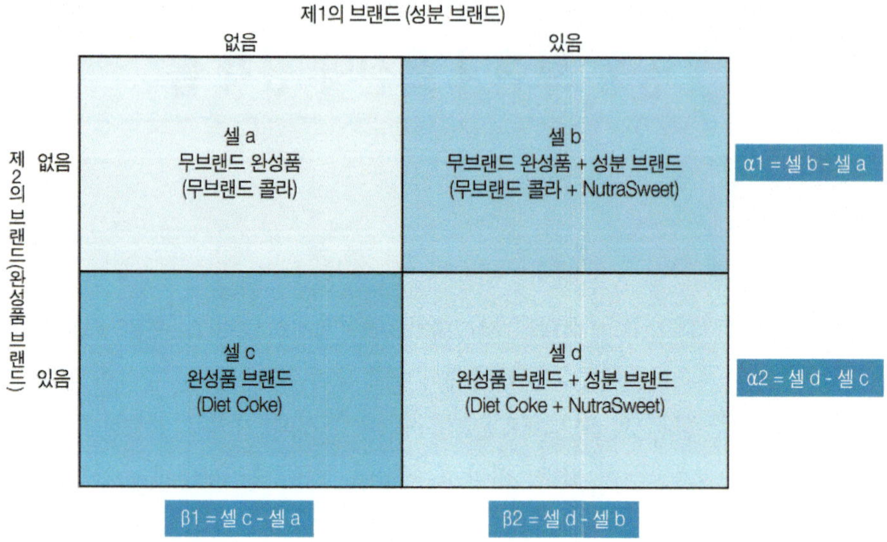

수요를 측정할 수 있게끔 한다.

다양한 브랜드가 부착된 상황의 가치를 평가하기 위하여 다음의 4가지를 비교하여 설명하고자 한다.

제1의 브랜드로써 단 하나의 브랜드가 부착된 경우에 있어서의 기여 정도(α 1)

(셀a)에 대해 (셀b)와 관련된 선호는 NutraSweet 제품이 무브랜드 제품보다 선호되고 있는 정도를 반영하고 있다. 즉, 무브랜드 콜라(셀a)와 비교하여 무브랜드 콜라에 성분 브랜드 NutrSweet를 추가했을 경우(셀b)의 선호정도로써 그림에서는 (α1=셀b-셀a)로 나타난다.

제1의 브랜드로써 그의 파트너 제품(여기서는 제2 브랜드)에 대한 기여 정도(α 2)

(셀c)에 대해 (셀d)와 관련된 선호는 Diet Coke과 NutraSweet 모두의 제품이 Diet Coke보다 선호되고 있는 정도를 반영하고 있다. 이러한 양은 파트너가 존재할 때 NutraSweet 브랜드와 관련된 증가하는 선호의 측정을 제공하고 있다. 즉, 완성품 브랜드 Diet Coke(셀c)와 비교하여 완성품 브랜드 Diet Coke에 성분 브랜드 NutraSweet를 추가했을 경우(셀d)의 선호정도로써 그림에서는 (α2=셀d-셀c)로 나타난다.

제2의 브랜드로써 단 하나의 브랜드가 부착된 경우에 있어서의 기여 정도(β 1)

(셀a)에 대해 (셀c)와 관련된 선호는 Diet Coke이 무브랜드 제품보다 선호되고 있는 정도를 반영하고 있다. 이러한 양은 Diet Coke 브랜드와 관련된 증가하는 선호의 측정을 제공하고 있다. 즉, 무상표 콜라(셀a)와 비교하여 완성품 브랜드 Diet Coke(셀c)의 선호정도로써 그림에서는 (β1=셀c-셀a)로 나타난다.

제2의 브랜드로써 그의 파트너 제품(여기서는 제1의 브랜드)에 대한 기여 정도 (β 2)

(셀b)에 대해 (셀d)와 관련된 선호는 Diet Coke과 NutraSweet 모두의 제품이 NutraSweet보다 선호되고 있는 정도를 반영하고 있다. 이러한 양은 Diet Coke 브랜드와 관련된 증가하는 선호의 측정을 제공하고 있다. 즉, 무상표의 콜라에 성분 브랜드 NutrSweet가 추가된 경우(셀b)와 비교하여 완성품 브랜드 Diet Coke과 성분 브랜드 NutrSweet가 결합된 경우(셀d)의 선호 정도를 나타낸다. 그림에서는 (β2=셀d-셀a)로 나타난다.

각 선호의 측정은 여러 질문에 대한 해답에 유용할 것이다. 그러나 하나의 중요한 질문에 대한 해답이 있다. 홀로 있는 것(무브랜드 혹은 개별의 단 하나의 브랜드 부착)에 대해 공동 브랜딩을 하는 경우의 혜택은 무엇인가? 가령 α1, α2가 제로(0)보다 크다고 한다면 NutraSweet 브랜드는 강력한 브랜드라는 사실이다. 반면 β2가 제로(0)보다 크다면 NutraSweet는 Diet Coke과의 공동 브랜딩으로부터 혜택을 보고 있다는 것을 의미한다. 마지막으로 α2가 β2보다 크다면 NutraSweet는 Diet Coke보다 보다 많은 선호를 제공한다는 것을 의미하며 따라서 Diet Coke은 NutraSweet와의 공동 브랜딩을 하고자 할 것이다.

시간에 걸쳐 가치 변화를 고려해 봄으로써 동적인 변화들을 도입할 수가 있다. 예를 들면 1980년대 초에 α1, α2는 NutraSweet에게는 거의 제로(0)에 가까웠다. 그러나 지금은 훨씬 높다. 결과적으로 NutraSweet는 다이어트 세분시장에서 완성품 브랜드의 후원자로써 역할을 하고 있다. 따라서 NutraSweet는 Diet Shasta, Sugar-Free Yoplait와 같은 제품에 대한 품질의 시그널을 제공해주고 있다.

2. 공동 브랜딩 옵션의 평가 시 고려요인들

상기와 같은 공동 브랜딩 옵션을 평가할 때 브랜드 매니저들은 어떤 요인들을 고려해야만 하는가? 가장 간단한 형태로 비용-혜택(cost-benefit) 분석의 요소들을 고려할 수 있다. 비용과 혜택요소의 예시적인 지표들이 〈표 13-2〉에 나타나 있다.

① 공동 브랜딩의 혜택

공동 브랜딩이 품질에 대한 시그널을 제공하도록 형성되어, 제품 품질에 대해 관심을 가지는 현재의 고객 혹은 잠재적인 고객이 충분하리만큼 많이 있어서 공동 브랜딩의 형성을 통하여 품질 증진이 실제적으로 판매증가를 발생시킬 경우에 그러한 전략이 가치가 있을 것이다. 품질에 대한 요구는 품질에 대한 구매자들

표 13-2 공동 브랜딩 시 고려해야하는 이슈들

구분	고려 이슈들	Yes	No
혜택	구매자의 품질 민감도 • 구매자들은 높은 품질에 대해 기꺼이 지불하려고 하는가? • 구매자들은 품질 요소에 민감한 제품을 사용하는가? • 구매자들은 낮은 품질의 제품을 판매하는 판매자들을 응징하는데 알려져 있는가? • 선택 가능한 대안들의 인지된 혹은 객관적인 품질에 있어서 다양한 변수들이 있는가?		
	구매자들의 품질평가 능력 • 제품군이 상대적으로 새로운가? • 빈번하게 구매되는 제품인가? • 구매자들은 제품을 잘 알고 있는가? • 구매자들이 품질평가 도구를 소유하고 있는가? • 오랜 사용 후에만 제품의 품질이 관찰될 수 있는가?		
비용	사용료 • 많은 잠재적인 공동 브랜딩 대상이 있는가? • 공동 브랜딩이 예측하지 못하는 이유로 결별할 것 같은 가능성이 있는가? • 가망성이 있는 공동 브랜딩 대상들이 다양한 시장에서 존재하는가? • 공동 브랜딩으로 인해 불균형적인 연상이 발생하지 않는가?		
	기회비용 • 일단 공동 브랜딩이 형성되고 난 후, 공동 브랜딩이 깨지는 것을 예방하는 장치가 있는가? • 미래에 공동 브랜딩을 더욱더 매력적이게 하는 기술적 개발이 있는가? • 공동 브랜딩에 있어서 비용을 많이 들게 하는 규제환경에 변화가 있을 것인가?		

의 선호(품질 민감도), 그리고 품질을 평가할 수 있는 구매자들의 능력 등 두 가지의 요인에 의하여 주로 주도된다.

구매자의 품질 민감도

구매자들은 품질에 대한 선호에 있어서 각기 다르다. 자동차를 구매하는 학생들은 4년 정도 지나면 그것을 대체하려고 계획하므로 품질보다는 가격에 더 민감적이다. 반대로 새로운 지위와 부를 반영하는 차를 구매하고자 하는 대학 졸업생은 단순한 기능 이상의 차를 구매하고자 할 것이다. 새로운 지위와 부를 추구하는 개인들은 여러 구매의사결정영역에서 가격보다는 품질을 더 강조하게 될 것이다.

구매자들의 품질에 민감한 정도는 (1) 시장에서 품질 변화의 정도, (2) 잘못 선택을 함으로써 발생할 수 있는 위험 정도, (3) 구매와 실제 품질의 관계간의 시간 갭(즉, 종종 관찰할 수 없는 품질에 대해서 실제의 품질은 오랫동안 드러나지 않는다. 예를 들면, 내구성은 오랫동안 드러나지 않는다.) 등 여러 요인에 의해 영향을 받을 것이다.

구매자들의 제품 품질의 평가 능력

두 가지의 중요한 제품 요인들이 구매자들이 품질을 평가할 수 있는 정도에 영향을 미친다.

첫째, 제품 사용에 대한 기회가 크면 클수록 지난 구매와 사용 동안 발생한 학습 때문에 구매자들이 구매 전에 제품을 더욱더 많이 평가할 것이다. 다시 말하면 구매 빈도가 크면 클수록 제품 품질의 관찰과 미래의 품질을 예측할 수 있는 기회가 더 많이 존재한다. 결과적으로 공동 브랜딩 전략은 경험 속성에 대한 품질 지각을 강화할 수 있도록 한다.

둘째, 제품의 상대적인 새로움이다. 보다 새로운 제품은 성능에 관한 정보에 있어서 빈약한 것으로 특징지어 진다. 그러한 환경에서 공동 브랜딩 전략은 관찰할 수 없는 품질에 관한 정보를 전달하는데 적절하다고 할 수 있다. 다시 말하면 거의 품질 관련 정보가 존재하지 않는 신제품의 품질에 대한 관심이 기존 제품보다 훨씬 클 것이다. 따라서 신제품의 경우에 공동 브랜딩 전략은 품질 지각을 강화시켜 줄 것이다.

② 공동 브랜딩의 비용

공동 브랜딩 전략을 고려할 때, 두 가지 중요한 비용 요인을 명심할 필요가 있다: 사용료, 기회비용.

사용료

품질의 시그널을 제공해주는 브랜드 네임의 사용에 대해 썬키스트와 같은 사용료가 직접 비용이라 할 수 있다. 브랜드 네임의 사용에 대한 사용료는 많은 요인들에 의하여 영향을 받는다.

첫째, 제품 실패의 위험이 크면 클수록 브랜드 사용료는 더 많이 지급된다.

둘째, 브랜드가 상처받기 쉬우면 쉬울수록 공동 브랜딩 브랜드의 제품이 낮은 품질로 된다면 브랜드는 더욱 더 위험하게 될 것이다. 따라서 공동 브랜딩을 요청받은 브랜드의 명성이 사용료를 증가시키게 될 것이다.

셋째, 제1의 브랜드(즉, 성분 브랜드)에 대한 특정 파트너의 혜택이 크면 클수록 제1의 브랜드에 대한 공동 브랜딩의 가치는 더욱 크게 될 것이다. 따라서 보다 많은 사용료를 지급하여야 할 것이다. 반대로 제2의 브랜드(완성품 브랜드)에 의해 나타나는 혜택이 크면 공동 브랜딩을 통하여 제1의 브랜드에 사용료가 적게 지급될 것이다.

기회비용

또 다른 비용 요인은 기회비용이다. 제1의 브랜드가 계약조건 혹은 시장조건 때문에 단 하나의 제2의 브랜드와의 공동 브랜딩을 함에 따라 특정 브랜드와 공동 브랜딩을 통한 장기 비용은 다른 잠재적인 공동 브랜딩의 비용과 혜택을 고려하여 평가될 필요가 있다. 만약 결별이 협정조건 때문에 옵션이 아니라면 혹은 두 브랜드가 시장에서 서로 강력하게 연관되어 있기 때문에 결별이 옵션이 아니라면 두 파트너는 각자 브랜드의 미래성과의 불확실성을 고려할 필요가 있다. 예를 들면 두 브랜드가 고객의 마음속에 강하게 연결되어 있다는 인식은 보다 싼 무상표의 인공감미료(aspartame)에 접근이 용이하다고 하더라도 NutraSweet의 계속된 관계를 이끌어간다. 그러므로 만약 Diet Coke이 NutraSweet와 거래를 끊는다해도, NutraSweet와 Diet Pepsi는 시장에서 이들의 관계를 알리는데 어떤 시간도 소요되지 않을 것이다.

제3절 성분 브랜딩

앞에서 설명한 대로, 성분 브랜딩이란 완성품 브랜드를 구성하는 재료, 기술, 부품 등을 별도 브랜드로 육성하는 것을 의미한다. 즉, 브랜드화된 제품에 포함되는 원재료나 부품 그 자체로 브랜드 자산을 지니는 것이다. 〈그림 13-3〉에서처럼 Dupont, Intel, 프라이팬 코팅재로 알려진 Teflon이나 얼룩 방지제인 Stainmaster, 인공 감미료 NutraSweet 등 이들은 모두 높은 인지도를 달성한 성분 브랜드들이라 할 수 있다. 이번 절에서는 성분 브랜딩의 유형과 성분 브랜딩의 효과에 대해 살펴볼 것이다.

1. 성분 브랜딩의 유형들

많은 유명한 성분 브랜드들이 있다. Intel, Gore-Tex, Lycra, Teflon, Dolby, NutraSweet 등 이들은 모두 높은 인지도를 달성한 성분 브랜드들이라 할 수 있다. 이들 성분 브랜드들은 '집중화된 성분 브랜드', '다양한 성분 브랜드', '독점

그림 13-3 성공한 성분 브랜드들

눌음방지 코팅　　인조탄성섬유　　방수섬유

브랜딩 따라잡기 29

인텔의 기술 우위를 바탕으로 브랜드 구축

산업재 마케팅에 브랜드 마케팅을 처음으로 도입한 인텔은 1991년 IBM, 컴팩 등이 판매하는 컴퓨터에 'Intel Inside'라는 로고를 부착토록 하고 대대적인 광고 캠페인을 실시하였다. 이전까지 사용했던 286, 386, 486 등의 명칭은 인텔 CPU의 브랜드 이름이었음에도 법적인 보호를 받지 못하였다. 경쟁사들이 똑같은 숫자를 사용하면서 CPU 성능을 나타내는 일반명사로 변질이 되었다.

이에 인텔은 인텔 칩(CHIP)이 들어 있다는 하나의 메시지를 전달하기 위하여 1998년까지 8년간 34억 달러의 비용을 지출하였다. 인텔은 공동 광고 프로그램에 참여하는 PC 메이커들에게 칩 금액의 6%를 환불하여 주었다.

IBM, 컴팩 등 PC 선도업체들은 몇 년 후 이 캠페인에서 탈퇴하려 했지만 결과적으로 실패하게 되었다. 캠페인 초기 어느 광고대행사 사장은 "컴퓨터를 구입하는 사람은 성능에만 관심이 있지 그 속에 어느 회사의 칩이 있는지는 관심이 없을 것"이라고 혹평을 하였다. 당초 예상과는 달리 소비자들이 좋은 반응을 보였고 IBM, 컴팩 등은 인텔의 힘을 너무 키워 준다고 판단하여 1994년 캠페인 탈퇴를 선언하였다. 'Intel Inside'를 원하는 소비자들의 목소리가 줄어들지 않자 이들은 어쩔 수 없이 캠페인에 다시 복귀하고 말았다.

인텔은 90% 이상의 인지율과 80% 이상의 시장점유율을 기록하였다. PC 메이커들은 인텔 칩을 탑재할 경우 최소 10% 정도 가격을 올려 받을 수 있다고 판단하고 있다.

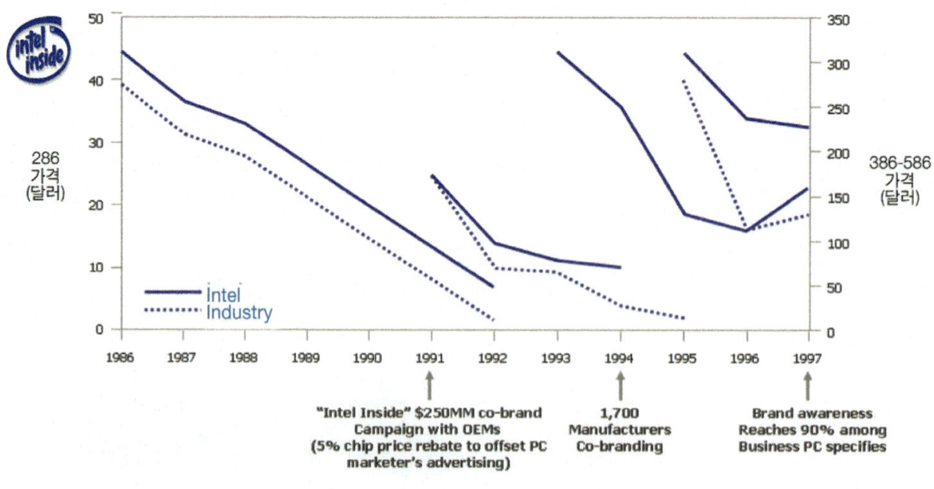

인텔의 마이크로 프로세스 가격 추이

적 성분 브랜드' 등 세 가지 범주로 구분할 수가 있다.[8)]

1 집중화된 성분 브랜드

이러한 범주에는 Dolby, Intel, Gore-Tex 등이 포함되고 있다. 이들 브랜드들은 기술을 제공하는데 있어서 공통의 기원을 가지고 있다. 좁게 집중화된 가치 제안으로 시작하여 이들은 단일의 브랜드 노선을 가지고 있다. 이들의 브랜드와 기술의 우수성을 레버리지하기 위하여 그들은 브랜드를 구축하는데 많은 투자를 하고 있다. 이들은 종종 고객에게 직접 독특한 판매 소구점을 커뮤니케이션함으로써 가치사슬에서 가치를 발생하는 힘을 이동시키도록 관리해 오고 있다. 제한된 확장과 분명한 가치 제안이라면 이러한 단일의 브랜드가 보다 강력한 전략이 될 수 있다. 인텔은 하나의 생생한 사례를 보여주고 있다(브랜딩 따라잡기 29).

'컴퓨터 칩'하면 인텔을 떠올리듯 전 세계 개인용 컴퓨터의 80% 가량에 인텔 마크가 찍혀 있다. 컴퓨터 칩을 브랜드화한 인텔의 성공은 모든 것은 브랜드로 통한다는 명제를 증명한 사례다. 컴퓨터 앞에 붙은 인텔 스티커와 모든 컴퓨터 CF에서 딩동댕동 음악소리와 함께 "인텔 인사이드"라고 말하는 남자의 목소리는 이제 얼굴에 붙어 있는 코처럼 당연시 된다.

그러나 1991년 처음 인텔이 자사의 컴퓨터칩을 브랜드화 했을 때 소비자들이 모양도, 냄새도 감지할 수 없는 컴퓨터 내부의 반도체를 브랜드화 한다는 것에 업계는 비웃었다. 그러나 제품과 광고에 인텔의 브랜드를 덤으로 붙여주고 칩 구입 시에 가격의 5%를 환불받는다는 조건을 컴퓨터 제조회사들은 선뜻 수락했다. 이로 인해 인텔의 경쟁사들이 맥을 못 추고 소비자들이 인텔만 찾게 되자 IBM과 컴팩 같은 대기업들이 남 좋은 일만 시켜준다며 공동광고 탈퇴를 선언했지만 이미 대세는 넘어간 상태였다. 두 회사는 스타일을 구기면서 탈퇴를 번복했고, 1997년 인텔은 브랜드 가치에서 이미 나이키를 가볍게 제쳤다.

이 같은 전략에 힘입어 인텔이란 브랜드는 곧 차별성을 의미하게 됐다. 사실 대부분의 사람은 마이크로 프로세스가 어떤 기능을 하는지 조차 모를 때가 허다했지만 왠지 모르게 기타 제품보다 우수하다는 인식을 심어준 것이다.

이처럼 집중화된 성분 브랜드는 품질 기술을 공급하는데 이들 회사의 능력을

8) Tom Blackett and Bob Boad (1999), Co-Branding: The Science of Alliance, Macmillan Business, pp.66-81.

집중하여 전문화되어 있다. 이들은 종종 고객에게 직접 독특한 판매 소구점을 커뮤니케이션함으로써 가치사슬에서 가치를 발생하는 힘을 이동시키도록 관리해 오고 있다.

② 다양한 성분 브랜드

앞서의 집중화된 성분 브랜드와 비교하여 다양한 성분 브랜드를 소유한 회사들은 가치사슬의 여러 단계에 참여하고 있으며 여러 비즈니스 영역에 걸쳐 위치해 있다. 이들은 그들의 기술을 간접적으로뿐 아니라 직접적으로 활용하고 있으며 비즈니스의 넓은 영역에 영향을 미치고 있다.

이러한 범주에는 Monsanto and NutraSweet, DuPont de Nemours and Lycra (브랜드 따라잡기 30), Teflon 등이 있다. 이들 회사들은 비슷한 특징들을 가지고 있다. 많은 제품의 포트폴리오와 기술의 공급과 제조, 서비스에 있어서 활발하다. DuPont de Nemours는 아마도 가장 우수한 성분 브랜드의 회사일 것이다. 매우 강력하고 분명한 전략을 통하여 개별 브랜드를 구축하여 왔다.

- 98% 이상의 소비자들이 DuPont와 그의 명성을 알고 있다.
- 3명 중 2명이 DuPont는 고품질 제품의 공급자로 인식하고 있다.
- 10명 중 8명이 DuPont의 이름을 보았을 때 제품을 구매하고 싶어 한다.
- DuPont의 브랜드 네임을 완성품 브랜드와 연계시키는 것은 구매 관심과 신뢰성을 10% 정도 증가시키는 효과가 있다. 비록 섬유분야이지만 의류영역에 있어서 듀폰의 관여는 매우 강하다.

③ 독점적 성분 브랜드

조직 내부에서 개발되었건 혹은 외부로부터 취득되었건 간에 Nike's AirMax, DriFit와 같은 독점적 브랜드를 포함하는 것으로 엄밀하게 따지면 일반적인 성분 브랜딩 범주에 포함되지 않는다. 그들 자신의 기업 환경에 브랜드화되어 이러한 기술들은 다른 환경에서 활용되지 못하며 보통 제품의 차별화 혹은 브랜드의 속성 등 한정된 역할을 한다. 많은 기업들이 이러한 차별화 요소를 브랜드화하는 방법으로써 많이 활용되고 있다.

하지만 기업들이 성분 브랜드와 관련되어 있는 이상 이러한 성분 브랜드를

브랜딩 따라잡기 30

라이크라

라이크라는 속옷부터 일반 옷 등 모든 카테고리에 걸쳐 광범위한 의복에 편안함과 신축성을 더해주는 성분이다. 라이크라는 직물(천) 그 자체는 아니고 직물성분이다. 라이크라는 신축성 있는 파이버(fiber)에 대한 듀폰 브랜드이다. 이것은 독자적으로 사용되지 않고 다른 파이버와 혼합된다. 이것은 신축성의 속성을 가지고 있고 늘어났다가 다시 회복되는 신축성을 가진 성분이라 할 수 있다.

1958년에 듀폰은 '파이버 K'를 발명하여 후에 '라이크라®'라는 이름이 붙여졌다. 1994년에는 'Nothing moves like Lycra®' 캠페인을 전개하여 웨이브 모양의 새로운 라이크라® 로고를 탄생시켰다.

❙ 자료 : http://www.lycra.com

이해하고 포함시키는 것은 중요하다. 이와 같은 성분 브랜드는 위에서 언급한 성분 브랜드의 형태들과 동일하다고 소비자들은 인식하고 있다.

독점적 성분 브랜드는 그들 자신이 통제하는 브랜드 환경에서 배타적으로 활용되는 기술들이다. 이러한 기술들은 조직 내부에서 개발되거나 혹은 독점권을 가지고 외부에서 사오기도 한다. 이러한 범주에 속하는 브랜드는 다음과 같다.

- AirMax by Nike
- DriFit by Nike
- DMX by Reebok
- Trinitron by Sony

이러한 기술들을 브랜드화 함으로써 제조업자들은 보호환경 하에서 브랜드 자산을 구축할 수 있다. 이들 기술들은 종종 현존하는 속성들(예를 들면 나이키의 성능과 혁신)을 더하기도 하고 혹은 강화하기도 하며 브랜드 내에서 새로운 아이디어를 도입하거나 제품을 차별화시키기도 한다.

보통 이러한 기술들은 제품의 통합 부분이며 독특한 광고 노출을 필요로 하지 않는다. 통제의 분명한 이점이 있지만, 그러나 독점적 성분 브랜드는 많은 함정들을 가지고 있다. 이들은 우수한 품질과 광고에 의하여 자신의 브랜드를 구축하는 힘이 부족하다. 많은 경우에 있어서 소비자들은 현존하는 기술의 재이용 버전이 팔리고 있다는 인상을 가지고 있다.

스포츠용품 브랜드를 살펴보면 이러한 독점적 성분 브랜드의 특징을 이해하는데 도움을 준다. 나이키는 독점적 기술을 포지션시키키기 위한 브랜딩 활용에 있어서 매우 성공적이었다. 나이키는 수년간에 걸쳐 매우 직접적인 가치제안으로 기술을 구축하였다. 신발에서 기술의 진화는 AirMax로부터 AirZoom, TunedAir로 진행되어 왔다. 'Air'의 개념은 우산 브랜드로써 구축되었으며 반면 두 번째의 구성성분 이름은 Air의 특징을 정확하게 정의하였다. 의류에 있어서 나이키는 'Fit'(DriFit, StormFit, ClimaFit, 그리고 ThermaFit)로 신발에서의 브랜드 전략과 유사함을 볼 수가 있다. 이러한 유연하고 혜택 지향의 접근은 수년간에 걸쳐 기술을 확립하는데 보다 분명한 지름길이다. 이러한 전략은 독점적 성분 브랜딩의 특성을 인정하고 있다. 그것은 바로 소비자 중심적이어야만 하며 이해하기가 용이해야만 한다.

1999년에 나이키는 'Alpha' 브랜드를 출시함으로써 기술을 브랜드화하는데 한 발짝 진일보하였다. 'Alpha'에 있어 명백하게 진술된 의도는 다음과 같은 것이 아니다.

- 서브 브랜드
- 의류
- 기술 등

오히려 Alpha는 다음과 같은 것이다.

- 운동선수를 위한
- 최대의 성과를 내는 제품을 창조하려는 약속
- 스포츠맨의 욕구에 응답
- 의류, 신발, 그리고 액세서리를 포괄하는 개념
- 보다 높은 성과를 내는 라벨

나이키의 진화와 더불어 이러한 조치들은 고객들의 선택을 단순화시키도록 설계되어 있다. Alpha는 제품범위를 초월하여 확장하는 품질의 표준이며 나이키의 최상의 우수점을 확인시키도록 설계되었다.

또 다른 좋은 예는 SONY의 Trinitron이다. OEM 환경에서 그의 존재에도 불구하고 Trinitron 브랜드는 유일하게 SONY TV에 특징되어있다. 그것은 보다 우수한 품질의 보증으로써 포지션 되어 있다. 트레이드마크를 공유하지 않도록 결정함으로써 SONY는 분명히 그의 제품과 경쟁사간의 제품 간에 차이점을 분명하게 나타내고 있다. 그러한 전략은 그 자신의 제품에 차별점을 부여하는 것이며 반면, 동시에 그의 기술을 활용하는 것이다.

이처럼 앞에서 언급한 성분 브랜딩과는 다르게 독점적 성분 브랜드는 보다 뚜렷한 역할을 가지고 있다. 즉, 속성을 더하거나 강화시키며 브랜드에 새로운 개념을 도입하거나 또한 전반적인 제품의 차별점을 강화시키는 역할을 하고 있다.

2. 성분 브랜딩의 효과

성분 브랜딩의 효과는 〈그림 13-4〉에서 제시된 것처럼 소비자, 기업, 그리고 제휴기업들에서 나타날 수 있다.

효과 1: 정보전달 효율의 향상

브랜드란 정보의 축약기능을 하는 우수한 도구다. 브랜드가 전달하는 의미로써는 속성(attribute), 편익(benefit), 가치(value), 문화(culture), 개성(personality), 사용자(user) 등이 있다. 이와 같은 의미는 브랜드라고 하는 수 · 문자의 네이밍, 로고, 그래픽(포장)을 통해서 소비자에게 전달되는 것이다.

그래서 소비자는 브랜드를 인식해서 브랜드에 관한 지식을 보유하는 것이고, 그 후 정보처리의 효율화를 도모하게 되는 것이다. 성분 브랜드에 있어서도 이러한 효과는 똑같이 적용된다. 특히, 성분 브랜드는 브랜드가 전달하는 의미 중 속성, 편익, 가치라고 하는 물성적 기능(hard function)에 관한 부분이 크다는 점을 생각할 수 있다.

그림 13-4 성분 브랜딩의 효과

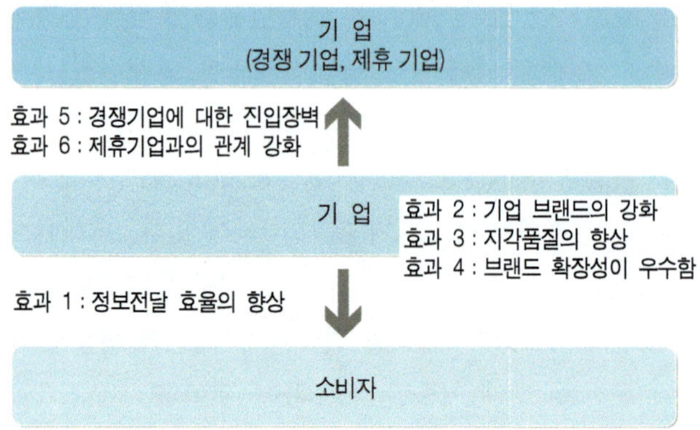

효과 2: 기업 브랜드의 강화

성분 브랜드가 구성요소로 존재하고 있다고 하는 특성상 기업이 지닌 제품 전체에 대해 수평적으로 기능할 수 있다.

기업 브랜드+제품 브랜드+성분 브랜드와 같은 브랜드 계층을 지닌 제품에 있어서 각 브랜드의 관계를 〈그림 13-5〉와 같이 도식할 수 있다.

복수의 제품을 지닌 기업의 경우에 기업 브랜드가 지닌 이미지의 범위 내에서 각 제품 브랜드의 이미지가 배치되어 있다. 한편, 성분 브랜드는 각 제품의 구성요소로써 수평적으로 배치되어 있고 이러한 범위는 기업 브랜드가 제공하고 있는 제품 브랜드 전체에 적용된다.

이것은 성분 브랜드가 제품 브랜드가 지닌 브랜드 이미지의 범위를 넘어서 기업 브랜드가 지닌 브랜드 이미지에 접근할 수 있다는 것을 의미한다. 제품이 복수로 존재하는 경우에 있어서는 '기업 브랜드의 이미지'>'개별 제품 브랜드의 이미지'가 되고, '성분 브랜드의 이미지'>'개별 제품 브랜드의 이미지'라고 하는 상황이 전개된다. 이 경우 어떤 분야에 있어서(예를 들면 안전성 등)는 '기업

그림 13-5 기업 브랜드, 제품 브랜드, 성분 브랜드의 관계

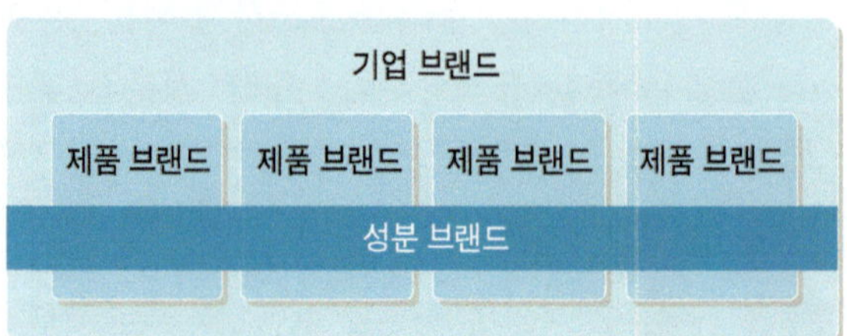

브랜드의 이미지'='성분 브랜드의 이미지'가 성립된다.

이와 같이 성분 브랜드가 제품 브랜드보다 기업 브랜드를 강화할 수 있다는 것을 생각할 수 있다.

효과 3: 지각품질의 향상

제품 브랜드의 경우 성분 브랜드에 의해 제품 브랜드의 인지도가 상승하게 되면 지각품질이 상승하게 된다.

또한 성분 브랜드는 품질보증으로 이용되는 경우가 많다. 예를 들면 Intel의 팬티엄(Pentium)이라고 하는 브랜드의 CPU는 PC의 기능을 보증한다.

효과 4: 브랜드 확장성이 우수함

확장된 브랜드에 속해 있는 성분 브랜드(요소기술 브랜드)는 시장 투입의 위험 등을 감소시킬 수 있는 한편, 모 브랜드 이미지가 희석화되는 가능성의 우려를 방지할 수 있다. 일반적으로 제품 브랜드에 관해서는 모 브랜드가 지닌 이미지에 적절하게 상응하는 제품으로 확장한 경우에 모 브랜드의 이미지가 희석화되는 위험이 존재한다.

그러나 성분 브랜드는 제품의 일부를 구성하는 요소로써의 특징을 지니고 있기 때문에 브랜드 확장이 행한 경우에도 확장제품의 브랜드가 지닌 이미지의 영향을 받는 것이 상대적으로 최소화된다.

효과 5: 경쟁 기업에 대한 진입장벽

Intel의 예를 살펴보자. AMD사가 중앙연산장치(CPU)를 모방함으로써(당시의 X86시리즈와 같은 단순한 기호로써 명칭을 부여한 CPU) Intel은 팬티엄(Pentium)이라는 브랜드 네임을 채용하고 이와 더불어 동시에 Intel Inside 캠페인을 전개하였다. Intel의 CPU는 타사의 CPU와는 다르다는 것을 인식시키는데 성공하였다. 이와 같은 성분을 브랜드화함으로써 경쟁사로부터 기술의 모방을 방지할 수 있다.

효과 6: 제휴 기업과의 관계 강화

성분 브랜드가 다른 기업의 제휴관계를 강화하는 예를 살펴보자. 인텔의 펜티엄 프로세스를 발매했을 경우, 'Intel Inside'라고 부르는 포로모션 활동을 수행했다. Intel의 팬티엄 프로세서(Pentium processor)를 탑재한 PC업체가 광고를 행하고 있었는데 'Intel Inside' 로고를 사용하고 이러한 대가로 Intel은 광고비의 일부를 지원하였다.

이러한 결과로 Intel은 팬티엄 프로세서(Pentium processor)의 인지도를 높일 수 있고 이것은 단독으로 프로모션을 행한 경우보다 비용이 절감된다.

한편 PC업체는 브랜드 인지도가 향상된 팬티엄 프로세서(Pentium processor)를 사용함으로써 소비자의 지각품질을 향상할 수 있고 또한 Intel의 광고비 일부를 지원받음으로써 마케팅 비용을 절감할 수 있다. 양자의 관계는 윈-윈(Win-Win)의 관계가 형성되고 양자의 관계는 강화된다.

[생각해볼 문제]

1. 성분 브랜딩으로써 성공한 사례를 하나 들어서 어떤 과정을 거쳐 왔는지 기술해 보자.

2. 인텔의 브랜드 자산 구축과정을 설명해 보자.

3. 복합 브랜딩 전략의 성공적인 사례를 들어보자. 왜 성공하였는지 구체적으로 설명해 보자.

제6부

장기적 관점에서 브랜드 자산의 관리

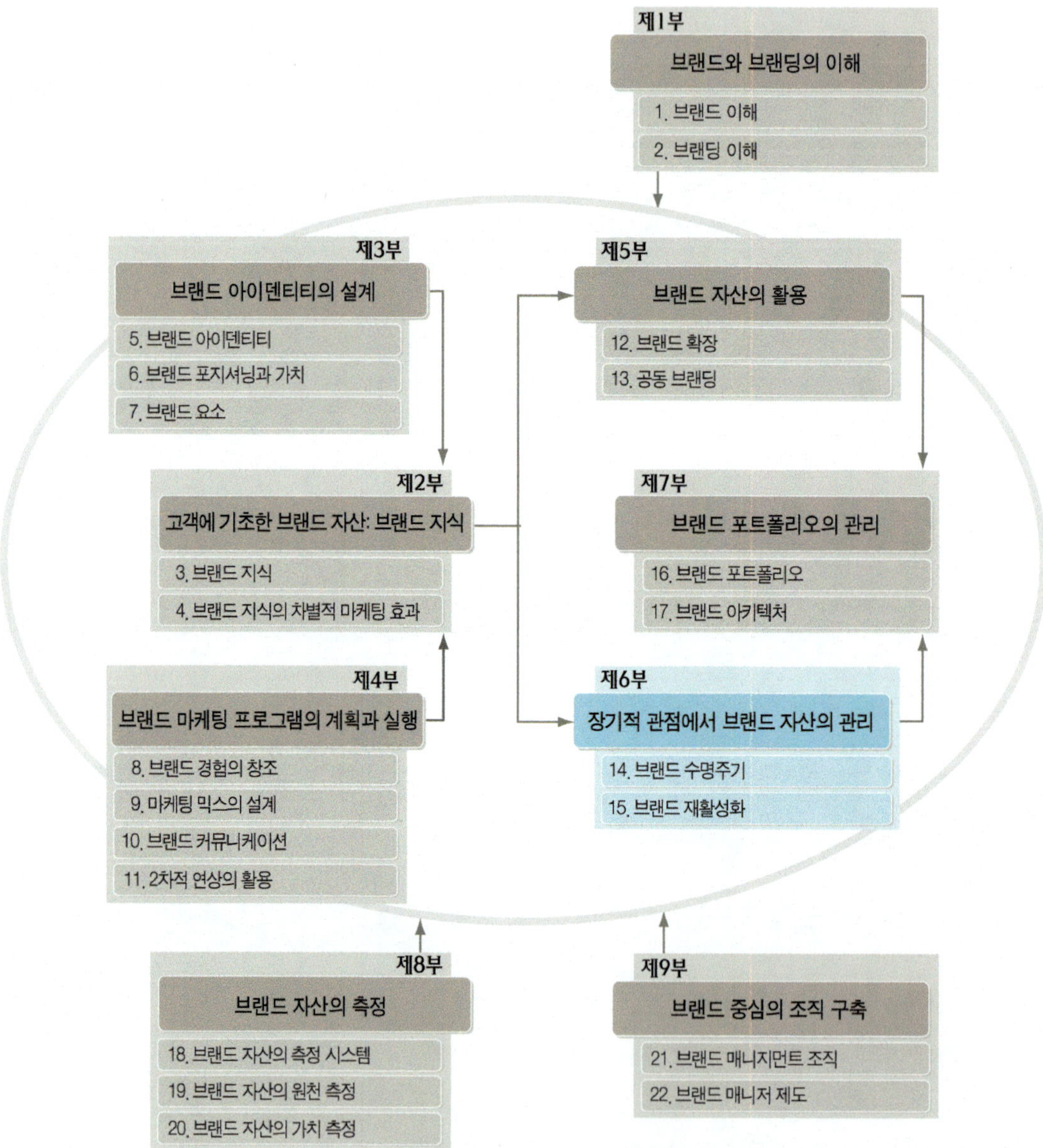
제1부
브랜드와 브랜딩의 이해
1. 브랜드 이해
2. 브랜딩 이해
제3부
브랜드 아이덴티티의 설계
5. 브랜드 아이덴티티
6. 브랜드 포지셔닝과 가치
7. 브랜드 요소
제5부
브랜드 자산의 활용
12. 브랜드 확장
13. 공동 브랜딩
제2부
고객에 기초한 브랜드 자산: 브랜드 지식
3. 브랜드 지식
4. 브랜드 지식의 차별적 마케팅 효과
제7부
브랜드 포트폴리오의 관리
16. 브랜드 포트폴리오
17. 브랜드 아키텍처
제4부
브랜드 마케팅 프로그램의 계획과 실행
8. 브랜드 경험의 창조
9. 마케팅 믹스의 설계
10. 브랜드 커뮤니케이션
11. 2차적 연상의 활용
제6부
장기적 관점에서 브랜드 자산의 관리
14. 브랜드 수명주기
15. 브랜드 재활성화
제8부
브랜드 자산의 측정
18. 브랜드 자산의 측정 시스템
19. 브랜드 자산의 원천 측정
20. 브랜드 자산의 가치 측정
제9부
브랜드 중심의 조직 구축
21. 브랜드 매니지먼트 조직
22. 브랜드 매니저 제도

제14장

브랜드 수명주기

이번 장의 주요 이슈

지금부터는 장기간에 걸쳐 브랜드 자산을 관리하기 위한 방법들을 살펴보기로 한다. 롱셀러 브랜드를 유지하기 위해서는 브랜드 수명주기의 관리가 필요하다. 이번 장에서는 브랜드 수명주기와 관련된 주요 이슈들을 다룬다.

❶ 제품 수명주기와 마찬가지로 브랜드의 수명주기도 존재하는가? 존재한다면 어떤 단계를 따르는가?

❷ 브랜드의 수명주기는 어떻게 진단할 수 있는가?

❸ 롱셀러 브랜드로 유지하기 위해서는 브랜드 수명주기를 어떻게 전략적으로 관리해야만 하는가?

제 1 절 브랜드 수명주기의 개념

제품 수명주기와 마찬가지로 브랜드의 수명주기도 존재하는가? 브랜드 수명주기는 어떤 형태를 취하는가? 다음에서는 브랜드 수명주기와 관련된 개념들에 대해 논의를 전개할 것이다.

1. 브랜드 수명주기는 존재하는가

장기간에 걸쳐 브랜드 자산의 관리에 있어서 제품수명주기와 마찬가지로 "브랜드 수명주기는 과연 존재하는가?"라는 의문을 가질 수 있다.

일반적으로 제품과 서비스의 수명주기는 존재한다는 것이 〈그림 14-1〉에서 보여주고 있다. 새로운 제품이 시장에 소개되면, 초기(embryonic)에는 판매량이 아주 적다(도입기). 하지만 시장 인지도가 높아지면서 급속히 늘어난다. 이런 태아기를 거친 후에 시장 수요가 늘어나면서 다른 경쟁사들이 시장에 진입하기

그림 14-1 브랜드 수명주기는 존재하는가?

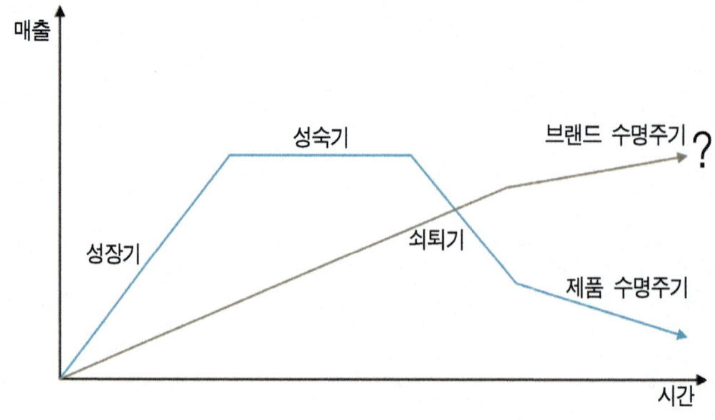

시작한다(성장기). 이후에 시장은 성숙기에 접어들고, 판매량은 조금씩 줄어든다. 하지만 여전히 공급업자들 간의 경쟁은 치열하다. 새로운 상품이 소비자들을 유혹하기 시작하면, 쇠퇴기가 시작된다. 수요가 줄어들고, 곧 판매량도 감소하게 된다.

이와 같은 제품 수명주기처럼 아직까지 브랜드 수명주기의 개념은 브랜딩과 관련된 책에 그렇게 많이 나타나 있지 않다. 이것은 제품과는 다르게 브랜드는 수명주기를 가지지 않는다는 것을 의미하는가? 사실 브랜드가 수명주기를 가지는지 혹은 가지지 않는지에 대한 의문은 많은 논란거리이기도 하다.

그러나 Murphy(1990)[1]에 따르면 많은 우수한 브랜드들은 수명에 제한이 없다고 한다. 브랜드의 탄생과 성장, 그리고 시장가치를 높임으로써 그 브랜드를 구입하거나 사용하는 사람의 삶에 있어서 브랜드가 어떤 의미를 갖도록 해주면 브랜드의 수명은 지속적으로 진화할 수 있다는 것이다. 우리 주변에는 장수를

표 14-1 브랜드의 역사

해외 사례				국내 사례	
Levi's	1850	Volvo	1926	샘표간장	1954
Burberrys	1856	Seven-Up(7 Up)	1929	진로	1954
Heineken	1864	Mars	1932	펩시콜라	1954
Campbell's	1869	Philip Morris	1933	럭키치약	1955
Heinz	1869	KitKat	1935	칠성사이다	1956
Agfa	1873	McDonald's	1937	금성사	1959
Coca-Cola	1886	Nescafe	1938	미원	1959
Maggi	1886	M&Ms	1941	박카스	1961
Kodak	1887	Burger King	1954	삼양라면	1963
Philips	1891	Fa	1954	하이타이	1966
Pepsi-Cola	1898	Fanta	1955	오리온 초코파이	1976
Aspirin	1899	Sony	1955	비너스 스타킹	1981
Harley-Davision	1903	Bic	1958		
Gillette	1905	Barbie	1959		
Dunhill	1907	Sprite	1961		
Rolex	1910	Benetton	1965		
Nivea	1911	Nike	1972		
Boeing	1916	The Body Shop	1976		
Del Monte	1916	Swatch	1982		
Adidas	1920	Eternity	1988		
Marlboro	1924				

주) 위에서 언급한 시장 도입년도는 제품 패키지 상에 나타난 정보에 기초하고 있다. 다소는 브랜드 등록년도와 시장 도입년도는 다를 수 있다.

1) Murphy J.M. (1990), Brand Strategy, Director Books, Cambridge.

누리고 있는 브랜드가 무수히 많다. 브랜드는 진화를 거듭하며 100년 이상을 지속해 오고 있는 브랜드들이 무수히 많다. 인터브랜드에서 매년 브랜드 자산평가 목록에서 상위에 랭크되어 있는 브랜드들은 100년 이상 지속하고 있다(표 14-1). 이렇게 본다면 브랜드의 수명은 영원할 수도 있다는 것을 보여주고 있다.

그러나 브랜드는 성장할 수도 있고 쇠퇴할 수도 있다. 브랜딩 과정이 수년간 소요된다는 사실은 브랜드 수명주기의 존재를 받아들이는 것이다. 주의 깊은 브랜드 관리를 하지 않으면 브랜드는 제품 수명주기와 같은 일반적인 형태를 따르게 된다(그림 14-2a).

하지만 잘 관리된 브랜드는 지속적으로 번영할 수 있다(그림 14-2b). 연구들에 의하면 시장을 리딩하고 있는 많은 브랜드들은 그의 위치에 있어서 늘 변화가 없이 여전하다는 것을 보여주고 있다. 지속적으로 브랜드 관리를 통하여 수명을 영원히 고객의 마음속에 자리 잡게 할 수 있다.

그러나 오늘날 브랜드가 직면하는 도전 중의 하나는 브랜드의 수명주기가 명백하게 짧아지고 있다는 점이다. 많은 브랜드들은 수년 동안 그들의 시장을 리드해 오고 있지만, 반면 어떤 브랜드들은 수명주기가 보다 짧아지고 있다. 브랜드는 생존할 수도 있고 사라질 수도 있다. 어떤 브랜드는 진부화되거나 혹은 끊임없이 변화하는 고객의 취향으로부터 사라질 수 있다. 그러나 잘 계획된 전략으로 브랜드는 고객과 관련성을 지속적으로 가질 수 있으며 거의 무한정으로 유지될 수가 있다(브랜딩 따라잡기 31, 32).

그림 14-2 브랜드 수명주기의 유형

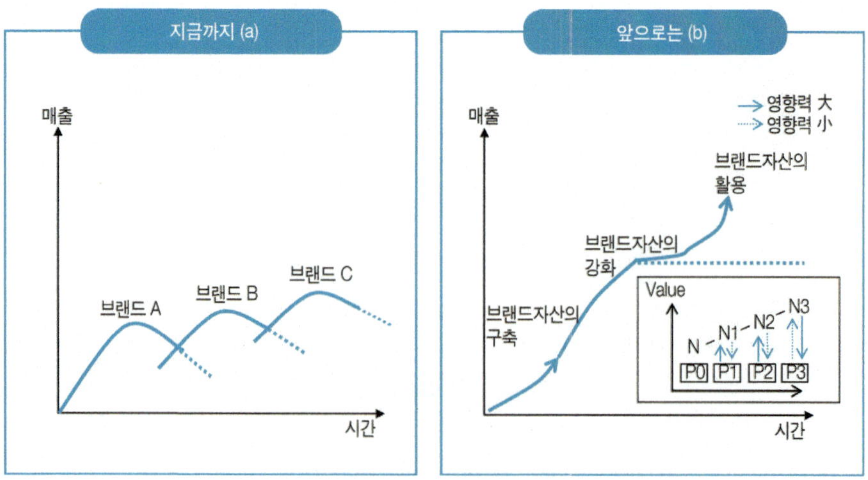

브랜딩 따라잡기 31

우리나라 "4대 장수상품"을 아시나요

우리나라에서 가장 오래된 장수상품으로는 동화약품의 '활명수'를 들 수 있다. 1897년에 대량으로 제조되기 시작했지만, 부채표 활명수라는 상표를 사용하기 시작한 것은 1910년부터였다.

1960년대부터 우리 사회가 근대화 과정을 밟기 시작하고, 특히 1970년대부터 소비생활의 폭이 확대되면서 식음료 및 과자류 등에서 장수상품의 종류가 늘어나기 시작했다. '박카스', '새우깡', '칠성사이다', '초코파이', '하이트' 등의 상품은 당대 소비자의 관심을 끌었던 히트상품이었을 뿐만 아니라 오늘날까지도 소비자들의 사랑을 받고 있는 장수상품이다.

삼양라면

❶ 40여 년 원조의 자존심 '삼양라면'. 1963년 첫 제품을 출시한 삼양은 1969년 업계 최초로 베트남에 라면을 수출하기 시작했다. 해외 수출은 현재 미국, 러시아, 유럽을 비롯하여 동남아시아, 중동, 중남미 등 세계 30여 개국에 달하고 있다. 특히, 1988년 서울올림픽을 거치면서 세계 각국에 '삼양라면'과 '컵라면'이 소개되면서 라면류, 스낵, 유가공 제품도 외국인들에게 눈길을 끌었다.

❷ 순수한 그 맛 그대로 '진로(眞露)'. 두꺼비라는 상표로 우리에게 친숙한 진로소주는 1954년 처음 소비자들에게 선보였다. 진로라는 제품 이름은 생산지인 진지(眞池)의 '진(眞)'과 순곡(純穀)으로 소주를 증류할 때 술방울이 이슬처럼 맺힌다하여 '로(露)'를 선택해 지었다고 한다. 1959년 말 진로는 국내 최초의 CM송이자 그 시절 최대 인기곡이었던 '야야야 야야야 차차차—'로 시작되는 '진로 파라다이스'를 통해 국내 주류시장을 선도했다. 진로는 현재 일본을 비롯, 유럽, 동남아시아 등 세계 60여 개국에 수출하고 있다. 진로의 상징은 원래 진로의 전신인 진천양조상회의 창업 초기의 '원숭이'였으나, 1960년대 들어 '두꺼비'로 바뀌 오늘에 이르고 있다.

진로

❸ 우리의 입맛을 바꿔놓은 '샘표간장'. 샘표간장은 집에서 담가먹는 게 일반적이었던 간장을 유통 시장으로 전환시킨 대표적 조미식품이다. 1954년 5월 10일에 등록된 '샘표' 간장의 상표는 '샘물처럼 솟아라'는 의미로 만들어졌다고 한다. '샘표' 간장은 "보고는 몰라요. 들어서도 몰라요. 맛을 보고 맛을 아는 샘표간장…"이라는 가사로 시작되는 CM송으로도 유명하다. 한자의 샘 '천(泉)'

자를 기반으로 하고 있는 샘표의 CI는 초창기의 것과 크게 달라지지는 않았으나, 최근 들어 보다 자연친화적이고 '삶의 여유'를 표현하는 방향으로 제품의 라벨을 새롭게 교체했다.

④ 미래를 꿈꾸는 생활가전의 역사 'LG(금성사)'. 별 모양을 가지고 왕관을 연상시킨 상표 마크와 금성의 영문 표기인 'Gold Star'는 20세기 후반 한국인들에게 가장 친근한 상표 중하나다. 금성사는 우리나라에서 라디오, 세탁기 등 전자제품을 처음으로 내놓은 국내 가전업체의 원조다. '드디어 출현! 금성라듸오'라는 카피로 소개된 국산 1호인 금성사의 A-501 라디오는 스위치, 섀시, 트랜스, 소켓 등 주요 부품의 60% 이상을 국산화해 제조한 국내 최초의 전자제품이었다. 1962년부터 라디오 상품을 미국과 홍콩에 수출하기 시작한 금성사는 이후 냉장고와 텔레비전에서도 괄목할 만한 수출 성과를 이뤄냈다.

샘표

LG

▌자료 : 세계일보, 2006년 8월 30일자 인용

브랜딩 따라잡기 32

장수 브랜드엔 사랑이 '물씬'

아이보리 비누나 코카콜라는 100년 이상 소비자에게 사랑을 받고 있는 브랜드다. 우리나라에서는 OB맥주(48년), 박카스(63년), 새우깡(71년), 오리온 초코파이(74년) 등 식음료 제품이 중심이 돼 20~30년 간 소비자에게 사랑받는 장수 제품군을 형성하고 있다.

지난해 한국능률협회가 발표한 식음료부문 파워 1위 브랜드를 살펴보면 외국계를 제외한 31개 브랜드 중 절반에 가까운 14개가 20년 이상 된 장수 브랜드인 것으로 집계됐다.

74년 출시된 빙그레 투게더와 바나나맛우유, 해태제과 에이스는 30년을 넘긴 장수 브랜드로 자리매김했다. 샘표, 동원, 오뚜기 등 특정 제품군에서 인기를 얻고 있는 중견 식품회사의 기업 브랜드 중심 제품도 다수 포함돼 있다.

이진용 서울산업대 경영학과 교수는 "상당한 규모의 매출을 유지하면서 오랜 기간 탁월한 실적을 유지하는 '롱런 브랜드'를 구축하려면 롱런 브랜드의 유형과 조건, 브랜드 이미지의 일관성과 차별성에 대해 검토해야 한다."고 말했다.

어떤 브랜드가 장수하나

롱런 브랜드의 첫째 유형은 오래된 장수 브랜드를 재활성화(revitalization)하는 것이다.

한때 시장에서 인기를 얻었지만 지금은 별 영향력이 없는 브랜드에 집중 투자해 제품을 살려내는 것이다. 이 교수는 연양갱, 부라보콘, 삼양라면을 적극적인 브랜드 재활성화에 성공한 대표사례로 꼽았다.

또 시장에서 히트한 브랜드를 롱런 브랜드로 전환하거나 초기 단계부터 장기적인 계획 아래에서 롱런 브랜드를 구축하는 방법도 제안했다. 마이크로소프트의 윈도95가 대표적인 사례다. 회사 측은 기획 단계부터 이 제품의 출시를 확신하고 제품 뒤에 연도를 붙이는 방식으로 차별화한 브랜드를 만들어 왔다.

이 교수는 "롱런 브랜드가 되기 위해서는 경쟁 브랜드와 차별된 이미지, 시장변화에 적응해 일관성 있는 이미지를 유지해야 한다."며 "특히 소비자 요구를 브랜드에 반영하는 것이 중요하다."고 설명했다. 일례로 풀무원은 사회 전반에서 깨끗한 환경과 웰빙 라이프에 대한 높은 관심에 힘입어 고객 기반을 넓혀가고 있다.

또 삼성 래미안, LG건설 자이, 현대 아이파크와 같은 건설회사들은 소비자들의 생활공간 고급화 욕구에 따라 고품격 공간의 이미지를 브랜드에 담아내고 있다.

빅모델에 너무 의존하지 말라

일본 아지노모토에서 수십 년간 브랜딩을 담당한 하토리 키요시 광고 컨설턴트는 "빅모델 의존은 브랜딩에 악수로 작용한다."며 "모델을 배제한 표현에 묘수가 존재한다."고 지적했다. 그는 광고회사 오리콤이 최근 발간한 오리콤 브랜드전략연구소 총서 『꼭 지켜야할 브랜딩 10가지 원칙』에서 일단 눈에 띄는 광고를 내보내고 싶은 광고주에게는 빅모델이 강력한 지원군이 되지만 장기적으로 빅모델 광고는 브랜딩 실패의 원인이 된다고 말했다.

광고주 의도와 달리 빅모델을 사용한 광고는 제품보다 모델에 더 쉽게 눈이 갈 뿐 아니라 한 명의 모델이 여러 개의 광고에 출연하게 되면 브랜드 차별화가 어려워지기 때문이다.

모델 인기도에 따라 브랜드 자체가 위협받을 수도 있다. 이는 인기 모델의 수명이 점차 짧아지는 요즘에는 그만큼 감수해야 할 위험이 높다는 것을 뜻한다.

그는 아지노모토 재직 당시 제작한 3,000건 이상의 광고 중 대다수가 빅모델을 사용한 광고였지만 모두 결과는 좋지 않았다고 덧붙였다. 키요시 씨는 광고주 입장에서 빅모델 광고를 선호하게 되는 배경으로 15초의 속박(짧은 시간에 연연해 영향력만을 고려), 유사 제품과 힘겨루기(경쟁사 모델에 뒤지지 않는 빅모델 기용), 단기적 효과에 대한 열망(광고 인지도 상승) 등을 꼽았다.

그래도 빅모델 광고를 하려면…

기업 입장에서 경쟁사와 모델 광고전쟁을 피할 수 없는 상황이 닥칠 수도 있다.

이 경우에는 모델을 이겨내는 제품을 만들고 모델과의 관계를 오랫동안 유지하는 전략이 필요하다. 빅모델에 제품이 묻혀버리지 않도록 주의하고 특히 다른 광고에서 드러나는 모델의 개성과 차별화할 수 있는지 검토해야 한다. 모델과의 관계를 오랫동안 유지해야 하는 것은 광고의 힘이 '지속성'에서 나오기 때문이다. 제품이나 광고 전략에 큰 변동이 없는 한 같은 모델을 통해 제품 이미지를 꾸준히 세워가는 것이 중요하다.

오리콤 측은 "모델이 전제가 되면 아이디어의 폭이 한정되기 때문에 모델이 없는 것에서 발상을 시작하라."고 조언했다.

❙ 자료 : 매일경제, 2005년 12월 1일자 인용

2. 일반 제품에서 브랜드로의 진화

브랜드는 가장 일반적인 제품 형태(generic form)에서 시작해서 가장 독특한 것 즉, 브랜드로 이어지는 하나의 연속체이다.[2] 브랜드 관리의 관점은 브랜드가 초기에는 브랜드로 태어나지 않는 코모디티(제품 형태)로 태어난다는 사실에 기초를 두고 있다.

그림 14-3 유형의 제품에서 무형의 브랜드로

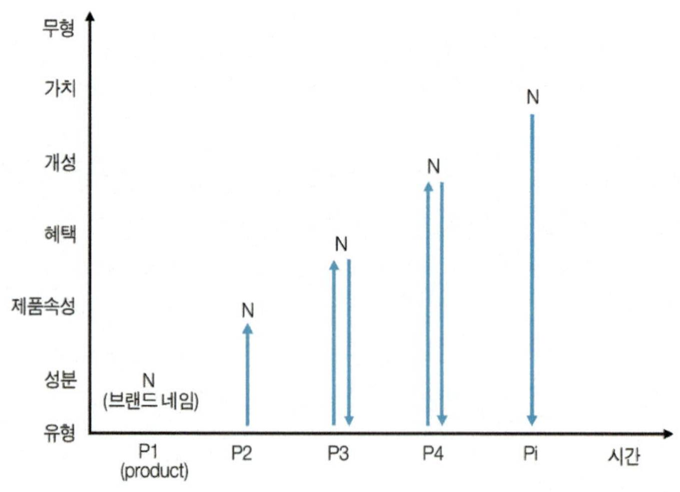

2) Jean-noël Kapferer (2001), Reinventing the Brand, Kogan Page, pp.32-34.

〈그림 14-3〉에서 보여주는 것처럼 브랜드는 끊임없이 진화할 수 있다는 논리다. 브랜드는 제품이 아니다. 그러나 브랜드는 브랜드로 시작하는 것이 아니다. 브랜드는 목표고객의 요구에 부합되고 동시에, 경쟁자들과 차별적인 제품이나 서비스로부터 시작한다. 브랜드가 되기 위해서는 무엇보다도 새로운 제품임을 스스로 증명할 수 있느냐가 가장 중요하다. 나이키는 고무바닥의 운동화로, 로커스트(Lacoste)는 셔츠로, 그리고 로레알(L'Oreal)은 염색약으로 시작했다. 필 나이트(Phil Knight)가 나이키(Nike) 브랜드를 세상에 내놓을 때도 유통업자들에게 나이키의 가치보다는 나이키 운동화가 가진 따라올 수 없는 최고의 품질, 족궁(발의 움푹 패인 부분)을 지탱하는 운동화의 최고 품질로 승부를 걸었었다.

만약 나이키 소비자들에게 나이키에 대해서 묻는다고 해보자. 소비자들은 즉각적으로 '나이키-미국, 이상적인 개인상'이라고 떠올리기보다는 나이키 운동화를 신고 싶도록 만들어 주는 그 질적인 면을 먼저 떠올릴 것이다. 소비자들에게는 유형의 것(제품)이 우리가 소위 말하는 브랜드의 핵심가치보다 우선이다. 이것은 시간의 흐름상으로도 그렇고(왜냐하면 소비자들이 제품진열대에 놓인 제품을 보는 것이 브랜드와의 첫 조우가 되기 때문에) 심리학적으로도 그렇다. 브랜드에 대해 설명할 때, 소비자들은 유형의 것에서 무형의 것, 명확한 것에서 추상적인 것, 제품에서 이미지, 수단에서 목적의 방향성을 띄며 말한다. 어느 정도의 시간을 거치는 동안, 나이키 같은 브랜드는 점차 광고를 통한 이미지와 스폰서십을 통해 몹시 정교하게 선택된 개성(personality)을 하나씩 만들어 간다. 이런 과정이 통합되면, 나이키라는 브랜드는 드디어 독특하며 뛰어난 브랜드가 될 뿐 아니라 다른 그 무엇과도 바꿀 수 없는 부가적인 특별함을 얻게 된다. 이것이 브랜드의 감성적인 요소로써, 브랜드의 특별한 성격을 구성하게 된다.

이처럼 브랜드는 하나의 제품으로부터 시작해서 다양한 제품으로 계속해서 성장을 한다는 점이다. 루이뷔통(Louis Vuitton)은 귀족들을 위한 가방 제조업자로 시작해서 지금은 다양한 제품 카테고리를 포함하는 고급 브랜드가 되었다. 브랜드는 새로운 제품과 이를 통한 브랜드 성장의 파도타기를 한다. 이러한 과정들이 지속되는가? 이와 같은 방법으로 잘 관리되는 브랜드는 지속적으로 성장하는가?

한 가지는 확실하다. 즉 이와 같은 방법으로 관리되지 않고 또한 단 하나의 제품군에 머물고 있는 브랜드는 제품 수명주기의 지배를 받는다. 특정의 제품을 지칭하는 제록스(Xerox), 폴라로이드(Polaroid) 등은 시장에서 극명하게 수명주기의 지배를 받고 있다는 사실을 알 수 있다.

제 2 절 브랜드 수명주기의 진단 모델 : 영앤루비컴

브랜드 수명주기를 진단하는 모델로써 인터 브랜드사의 브랜드 자산평가모델(BAV: Brand Asset Valuator)을 들 수가 있다. 이 모델은 브랜드 강도와 브랜드 위상을 측정하기 위한 2차원의 평면도를 활용하여 브랜드 수명주기를 설명하고 있다. Y&R(Young & Rubicam)은 56가지 항목으로 구성된 설문지를 활용하여 매년 8차례 브랜드를 측정하고 있으며 다음 네 가지 차원에서 평가가 이루어진다[3]: 차별화(differentiation), 적절성(relevance), 호감(esteem), 지식(knowledge).

1. 브랜드의 건강도를 나타내는 네 개의 차원

BAV로부터 파악할 수 있는 가장 중요한 점은 브랜드가 구축되는 과정은 제품 구입과정과는 다른 점이 있다는 것이다. 지금까지 일반적으로 브랜드는 소비자의 구매 결정과정(인지 → 흥미 → 욕구 → 행동)과 같은 프로세서를 거쳐서 구축되는 것이라고 했지만, 브랜드 구축의 프로세서는 구매 결정 프로세서와 달리, 차별성으로부터 출발해 다음에는 관련성, 호감/존중, 인지/이해라고 하는 단계를 거쳐 구축되는 것이다. 이러한 네 단계의 축에 따라 브랜드 구축모델 〈그림 14-4〉를 인터 브랜드사는 제안하고 있다.

차별성

브랜드 구축의 출발점은 차별성이다. 브랜드는 '차별성을 지니고 있다'고 소비

3) Young & Rubicam, The Story of the Y&R BrandAsset® Valuator Investigation, http://yr.com/bav. Young & Rubiam (1995), Brand Asset® News, Vol.1/2.

그림 14-4 BAV(Brand Asset Valuator)

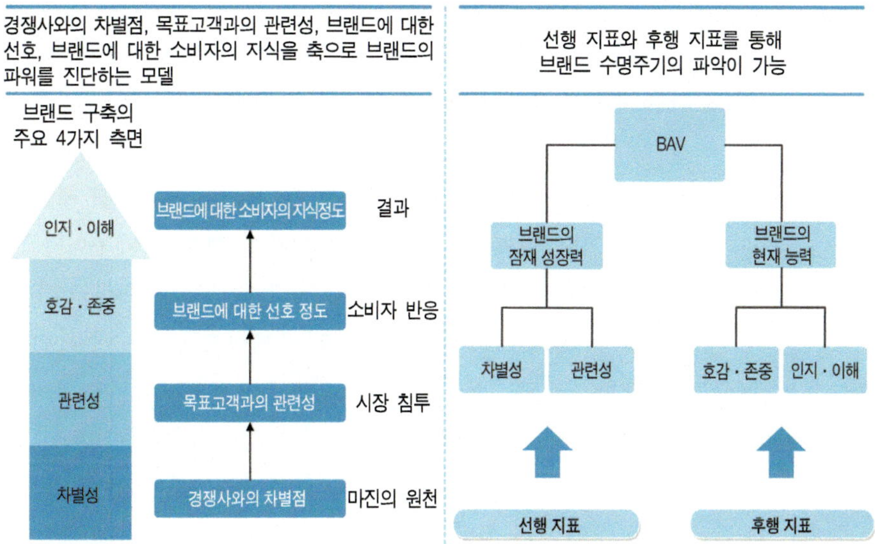

자가 느끼기 시작하면서 확립된다. 차별성은 브랜드의 존재 이유 바로 그것으로써 브랜드가 성장해서 브랜드 파워를 유지하는데 불가결한 요소이다.

따라서 브랜드 구축에 있어서 제1단계는 차별성의 확립이다. 차별성은 소비자가 어느 정도 강한 브랜드 아이덴티티(identity)를 느끼고 있는가를 나타내는 지표로써, Aaker 교수의 정의에 따른 브랜드 연상(brand associations)과 관련이 있는 개념이다. 이 점수(score)가 높다고 하는 것은 그 브랜드가 고유의 특성이나 개성을 지니고 있다고 소비자가 느끼는 것을 나타내고 있다.

브랜드 연상 즉 브랜드로부터 강하게 연상되는 것은 브랜드 아이덴티티로 되어 경쟁 브랜드와 식별되어 차별적 우위를 구축하는 기반이 된다. 그러나 차별성만으로는 불충분하다.

그 브랜드가 독특하게 차별화되어 있다고 해도 그것이 소비자에게 '나에게 적절하나'고 느끼지 않으면 그 브랜드는 받아들이지 않고 끝나 버리고 만다.

관련성

관련성은 브랜드 구축의 두 번째 축이다. 브랜드가 소비자에게 얼마나 도움이 되는 것으로 인식되고 있는지 또 소비자 욕구에 응할 수 있는 능력을 가지고 있는지를 나타낸다. 관련성은 자신과의 심리적 거리라든가 관련의 깊이를 표시하는 개념으로 브랜드 로열티(brand royalty)와 가까운 개념이다.

브랜드 로열티를 측정하는 어프로치로써는 재구매율 등의 행동 척도로 측정하는 어프로치가 일반적이지만, Aaker 교수도 지적하고 있듯이 실제의 구입이라고 하는 행동에 따라 소비자 의식면에 있어서의 로열티의 강도를 파악하는데는 한계가 있다. 왜냐하면 특별 판매된 경우에 있어서 가격적 요인이라든가, 적극적인 이유도 아닌 관습적, 무의식적으로 늘 결정된 브랜드를 구입하고 있는 소비자도 구매 데이터 상에서는 로열티 사용자로 보이기 때문이다.

BAV에는 철저히 소비자 의식, 지각 상에서의 브랜드 파워를 측정하는 것을 목적으로 하고, 의식면에서 강도를 표현하는 지표로써 관련성이라고 하는 축을 설정했다.

브랜드가 차별성을 지녀, 그 차이가 소비자에게 적절하다고 감지되면 그 결과로써 그 브랜드는 소비자로부터 높은 평가를 얻을 수 있다.

호감 · 존중

호감은 브랜드를 성공시키기 위한 세 번째 축이다. 호감은 소비자가 개인적으로 그 브랜드를 어느 정도 높이 평가하고 있는가를 측정하는 것으로써 품질평가와 매우 상관이 높고, 지각품질에 상응하는 개념이다. 즉, 브랜드가 소비자의 기대에 얼마만큼 응해 왔는가 하는 실적에 영향을 받는다. 품질이나 인기라고 하는 요소가 호감과 밀접한 관계가 있다.

인지 · 이해

인지는 브랜드 구축의 네 번째 축으로 브랜드가 구축되어 성공했던 결과로써 최종적으로 달성되는 것이다. 인지는 소비자가 그 브랜드를 어느 정도 잘 알고 있는가, 브랜드의 특징도 포함해서 어느 정도 이해되고 있는가를 측정한 것으로써 단순한 인지도 이상의 것이다.

지금까지 브랜드 인지도를 높이는 것이 브랜드 구축의 출발점이라고 믿어왔지만 BAV는 이러한 사고방법에 새로운 관점을 제공하고 있다. BVA 모델은 소비자와 브랜드의 관계가 시간의 경과와 함께 어떻게 변화해 가는가를 나타낸다. 이 관계는 우선 차별성에서 시작된다. 브랜드가 갖는 무엇인가가 소비자의 눈에 멈추고 '좀더 깊이 알고 싶다'라고 하는 흥미를 갖게 된다.

그 후 소비자의 흥미는 그 브랜드가 자신의 가치관이나 라이프스타일에 맞는지 어떤지 하는 점으로 이동한다. 여기서 일치하는 것이라고 판단되어지면 연관성이 있는 것이다. 다음에 품질에 대한 그 브랜드의 평판이나 인기, 그리고 소비자에게 제안한 기대에 얼마만큼 응해 왔는가가 호감 · 존중으로 연결되어진다.

마지막으로 소비자는 그 브랜드를 실제로 사용하고 이해를 더욱더 깊게 하는 일이 가능하면 브랜드에 대한 인지 · 이해가 형성되어진다는 단계에 이른다.

이처럼 새로운 브랜드는 광범위하게 인지되기 전에 먼저 소비자에게 적절히 의미가 있는 차별성을 지닌 브랜드로 구축되지 않으면 안된다. 단순히 많은 미디어 투입에 의해 인지도를 올리는 것뿐으로는 신제품의 성공을 보장하지 않는다.

2. 브랜드의 발전단계를 나타내는 파워 그리드

〈그림 14-5〉는 네 개의 기본 지표로부터 브랜드 위상을 매트릭스 상에서 보여주기 위해 종축에는 브랜드의 잠재 성장력, 횡축에는 브랜드의 현재 능력이라고 하는 두 개의 축을 사용하고 있다. 그래서 이 두 개의 축에 의해 구성된 '파워 그리드(power grid)' 상의 위치에 따라서 브랜드 파워 즉 현재의 브랜드력뿐만 아니라 잠재력도 진단하는 구조를 고안하였다(표 14-2).

그림 14-5 브랜드 수명주기 모델: 파워 그리드

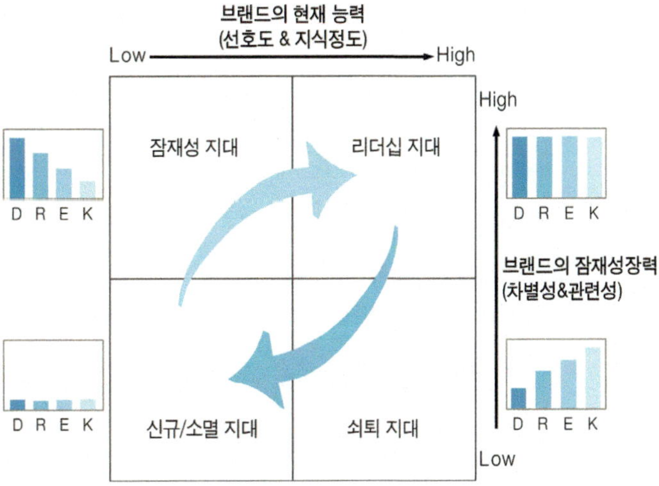

표 14-2 브랜드 잠재 성장력과 현재 능력

브랜드의 잠재 성장력 (차별성×관련성)	브랜드의 현재 능력 (호감×지식)
강력한 브랜드가 되려면 실질적인 브랜드의 차별성을 먼저 부각시킨 후 그 브랜드의 관련성을 인식시켜야 함 예) 벤츠 승용차는 차별성은 크나 관련성이 낮음	브랜드 능력은 소비자의 브랜드에 대한 지각과 인기를 반영하는 것임 예) 술 · 담배는 소비자의 지각은 높으나 호감이 낮음

파워 그리드는 브랜드의 성장 정도가 어느 단계에 있는가를 명확하게 하여, 향후 어느 방향으로 나아가야 하는지에 대해서 명쾌하게 설명해 주는 것이다. 신규 브랜드는 왼쪽 좌표의 하단에 가장 낮은 브랜드의 현재 능력과 잠재 성장력을 가지고 시작한다. 이것이 왼쪽의 상단으로 이동하게 되는데 이는 브랜드의 잠재 성장력이 현재 능력보다도 더 높은 곳에 위치한다. 이러한 좌표에 위치하는 브랜드는 니치 브랜드(niche brand)이거나 혹은 미실현의 잠재 브랜드이다.

가장 높은 이익을 실현하기 위해서 브랜드는 전략적으로 오른쪽의 상단으로 이동한다. 이 좌표에는 리더십 브랜드가 위치한다. 파워 그리드 상에서 리더의 영역에 위치한 브랜드는 잠재 성장력과 현재 능력이 모두 강하고 장래 주력 브랜드로 될 가능성을 지니고 있다고 진단한다.

그러나 이러한 위치에 있는 브랜드를 계속 유지하기 위한 노력을 태만히 한다면 쇠퇴의 길을 맞이하게 된다. 브랜드가 그의 파워를 계속 유지하기 위해서는 브랜드에 끊임없이 활력을 계속해서 주지 않으면 안된다. 이러한 활력의 부족은 구분해서 분석해 보면 차별성의 부족으로부터 생긴 것을 알 수가 있다. 따라서 브랜드가 곤경에 빠질 때 첫 번째 잠식되는 것은 차별성이며 이러한 차별성의 잠식으로 인해 리더십 브랜드가 쇠퇴하는 원인이 된다. 차별성에 있어서 이러한 손실은 새로운 고객과 새로운 세분시장으로 브랜드를 확장할 수 있는 능력을 감소시킨다. 결과적으로 만질 수 없는 무형의 가치에 있어 엄청난 손실이다.

2분면에 있는 브랜드는 브랜드 재활성화 대상 브랜드라 할 수 있다. 3분면에 있는 브랜드는 기업이 있어서 재활성에 대한 도전이라 할 수 있다. 브랜드 재활성화는 브랜드를 1사분면 혹은 4사분면으로 다시 이동시킬 수 있다.

BAV는 시장에서 제품의 팔림새에 선행하는 소비자 의식의 척도로 브랜드 파워를 평가 · 진단하는 시스템이고, 지금까지 없었던 새로운 통찰을 제공하는 것이다.

제3절 브랜드 수명주기의 전략적 관리: BCM

목표시장에 브랜드 이미지를 전달하는 것은 기본적인 마케팅 역할이다. 또한 브랜드의 장기적인 성공은 시장 진입에 앞서 브랜드 의미(brand meaning)를 선택하고, 그 의미를 이미지의 형태로 조작하고, 그 이미지를 장기간에 걸쳐 유지하는 것은 마케팅의 핵심 역할이다. 이러한 전략적 브랜드 이미지 관리를 위한 규범적 사고의 틀로써 Park 등(1986)은 BCM(brand concept management) 모델을 제시하고 있다[4](그림 14-6).

포지셔닝 전략은 이미지를 통합적으로 다룬 개념이기는 하지만, 이미지는 장기적으로 어떻게 관리해야 할 것인가에 대해서는 설명해 주지 못한다. 이러한 문제점 때문에 브랜드 이미지를 장기적으로 관리하는 구조인 BCM이 제시되었다. BCM은 브랜드의 수명주기 전반에 걸쳐 브랜드 콘셉트를 계획, 실행, 통제하는 것을

그림 14-6 BCM

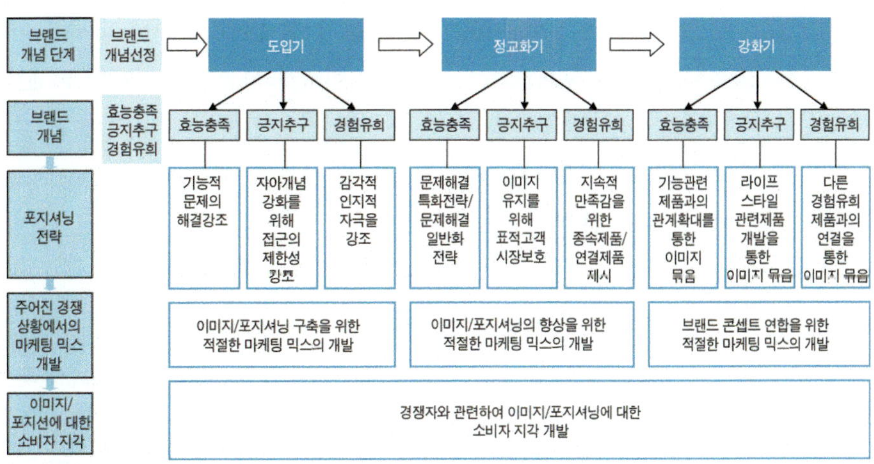

4) C. Whan Park, Bernard J. Jaworski, & Deborah J. MacInnis (1986), Strategic Brand Concept-Image Management, Journal of Marketing(October), pp.135-145에 기초하여 정리.

말한다. 브랜드 콘셉트란 소비자의 근본적인 욕구로부터 도출된 것으로 기업이 전달하고자 하는 브랜드의 의미를 말한다. 이러한 브랜드 콘셉트는 시장 진입 이전에 선택되어서 브랜드 포지션의 범위를 설정해 준다. 브랜드 콘셉트가 설정된 후, 설정된 브랜드 콘셉트는 세 단계의 관리과정을 거친다. 즉 브랜드 콘셉트를 정의하고, 관리한다는 것은 브랜드 이미지를 개발, 유지, 그리고 관리한다는 것을 의미한다.

따라서 BCM은 장기간에 걸친 브랜드 이미지 관리를 위한 장기적인 틀을 제공하고 브랜드 수명주기 상 도입기, 정교화기, 강화기의 3단계의 전략적 콘셉트 관리를 통하여 브랜드 가치를 증대시키기 위한 장기적 기준과 틀을 제시해준다.

1. 브랜드 콘셉트의 선정

콘셉트란 누구에게도 이해가 되는 명확한 짧은 문구로 사물의 본질을 표현한 것이다. 이 제품은 어떠한 것인가, 누가 어떻게 사용하는가, 장점이 무엇인가 등을 한 마디로 표현한 것이라고 말할 수 있다. 콘셉트는 브랜드 계획의 근간·출발점으로써 브랜드 선택에 있어서 어떤 소비자의 가치와 태도가 작용하는가를 파악하기 위해서는 브랜드 콘셉트에 관한 분석이 불가결하다. 브랜드 콘셉트는 지금까지 제품의 기능적 특징, 즉 기능·용도·용법·편익이라고 하는 4개의 요소로부터 구성되어 있다고 할 수 있는데, 최근에는 이와 같은 기능적 요소를 강조하는 콘셉트보다는 상징적 의미의 가치를 강조하는 콘셉트의 중요성이 증대되고 있다. 여기에는 기능적 콘셉트, 상징적 콘셉트, 경험적 콘셉트의 3개로 구분이 된다. 이러한 브랜드 콘셉트를 선정할 때 주의해야 할 사항들에 대하여 검토해 보도록 한다.

기능적 콘셉트(효능 충족)

브랜드 콘셉트를 선정, 구별하는 가장 중요한 요소는 '소비자의 욕구'이다. 기능적 콘셉트는 소비자의 기능적 욕구와 결부되어 있다. 즉, 소비자가 소비와 관련된 문제를 해결하여 위해서 특정의 소비를 바라는 욕구로 정의된다. 예를 들면, 현재의 문제를 해결해고 잠재적 문제를 예방하고, 고갈을 해소하는 등과 같은 것은 전부 기능적 욕구의 충족에 의해서 가능하다. 그런데 기능적 콘셉트는 외부적으로 발생된 소비자 욕구를 충족하도록 고안되지 않으면 안된다.

상징적 콘셉트(긍지 추구)

기업이 제품의 기능에만 초점을 맞추는 것은 현대의 시장에는 더 한층 부적절해서 충분하지 못하다. 특히 브랜드 이미지는 3개의 콘셉트 중에도 상징적 콘셉트에 관련하여 형성, 발전되는 것으로 기업들은 소비자에게 '제품 그 자체'만이 아니고 '상징'도 같이 판매하고 있는 것을 깨닫지 않으면 안된다. 현재의 문화에 있어 어떠한 의미를 부여하는가, 또는 사회 · 문화적 규범에 일치하는가를 공히 고려하지 않으면 안된다.

경험적 콘셉트(경험 유희)

소비자는 재미있는 것이나 공상에 흥미를 가지기도 하고, 스스로 체험한 것에 기쁨을 가지는 경우가 있다. 이전의 소비자 행동 연구에서는 거의 무시된 것과 같은 소비자의 감각적 만족을 추구하는 욕구에 최근 소비자 행동연구의 주목이 집중되고 있다. 최근의 소비자 연구는 소비자 행동의 상징적 면과 심미적인 면에 초점을 맞추고 있다(제8장 브랜드 경험 창조 편을 참조하기 바란다.). 이러한 심미적은 면은 소비자의 감각적 즐거움, 즐거운 레져활동, 공상, 심미적 쾌락, 감각적 반응 등을 가르치고 있다. 즉, 5감(시각, 청각, 촉각, 후각, 미각)에 소구하는 모든 것을 지칭한다고 할 수 있다. 소비는 환상, 느낌, 쾌락을 포함하는 일련의 경험적 측면의 행위의 연속이다.

현재의 정보처리 모델과 경험적 측면의 비교를 통하여 소비의 중요한 하나의 측면 즉, 소비행위의 경험적 측면을 인식하는 것이 가능하다.

2. 브랜드 콘셉트의 관리

브랜드 콘셉트와 이미지의 관계는 브랜드의 수명단계(도입기, 정교화기, 그리고 강화기)를 통해서 관리되어야 한다.

❶ 도입기에는 기업이 선택한 브랜드 콘셉트를 소비자들이 잘 이해하도록 함으로써 기업이 원하는 브랜드 이미지가 소비자의 마음속에 형성되도록 만든다. 즉 도입기에는 신제품 혹은 수정된 제품의 시장 진입에 있어 형성하고자 하는 브랜드 이미지 확립을 마케팅 활동들로 구성된다. 어떠한 제품군의 경우라도 도입기의 목적은 소비자를 직접 점포 내로 유도해 제품을 구매하는 것보다는 브랜드에 대한 호의적인 태도를 형성시킴으로써 선호도를 제고하는데 있다.

❷ 브랜드 콘셉트 관리는 정교화기에 들어서면서 도입기에서 발전된 제품의 가치를 증진시키는데 초점을 맞추고 있다. 경쟁 제품수의 증가, 소비자의 브랜드 지식 습득 등으로 인해 실질적 제품의 가치가 소비자 인식과 연결되는 것이 정교화기에서는 가장 중요하다.

❸ 전략적 브랜드 콘셉트 관리모델 상에서 브랜드의 강화기(fortification)에 이르면 일단 가치가 제고된 브랜드로부터 보상(reward)을 받을 수 있는 방법으로 즉, 브랜드의 장기적인 운영관리의 일환으로 기획될 수 있다. 다시 말해, 이는 강화된 브랜드 이미지를 자사의 다른 제품군에서 생산된 다른 제품의 이미지에다 연결시키는 것으로써 예컨대 '아이보리 비누'를 '아이보리 샴푸'에 연결시켜 이미지 일괄 판매를 도모하는 경우를 들 수 있다. 유사한 이미지를 갖고 있는 복합제품들은 서로 상호 강화를 통해서 서로 각각의 브랜드 이미지를 강화시켜 준다. 따라서 모든 브랜드는 이 전략으로부터 혜택을 나누어 가질 수 있다. 그러나 강화전략에 의한 브랜드 이미지의 강화는 브랜드의 가치제고 단계가 끝났다는 것을 의미하는 것은 아니다. 가치제고는 브랜드의 생명이 계속되는 한 계속되어져야 한다. 강화단계는 브랜드의 장기적 성공을 위해서 필요한 것이다. 강화기의 중요성은 다음과 같다.

첫째, 유사한 이미지를 가진 브랜드들이 상호 보완하여 상승효과를 가져오기 때문에 특정의 단일 브랜드들에 대한 커뮤니케이션 비용이 감소되어진다.

둘째, 유사한 이미지 또는 유사한 콘셉트를 가진 브랜드들은 회사 이미지를 전달하는 역할을 도와주며 광범위한 소비자의 욕구를 만족시켜 주고 있다는 회사의 관련성을 가르쳐 줄 수 있다.

3. BCM의 각 단계에 있어서 포지셔닝 전략

앞에서 살펴본 것처럼 브랜드 콘셉트의 3가지 유형을 구분하는 것은 중요한 과제다. 도입기, 정교화기, 강화기의 포지셔닝 전략은 브랜드 콘셉트의 유형에 따라 차이가 있다. 기능적 콘셉트에 의한 브랜드 관리상의 포지셔닝 전략은 상징적 또는 경험적 콘셉트에 의한 브랜드 관리에는 부적절하다고 할 수 있다. 각각의 브랜드 콘셉트와 BCM의 각 단계에 따른 포지셔닝 전략이 차이가 있는데, 마케팅 믹스에 의한 이러한 전략의 실행은 기업이 당면한 구체적인 경쟁상황에 의해 좌우된다. 여기에는 일반적인 포지셔닝 전략에 따라서 검토해 보자. 각 브랜드 매니저 또는 마케팅 관리자는 자사 브랜드의 경쟁상황을 파악하여 보다 구체적으로, 보다 정교화된 포지셔닝 전략을 입안, 실행하지 않으면 안된다.

1 도입기의 포지셔닝 전략

도입기에 있어서 브랜드 포지셔닝 전략은 다음의 정교화기에서 그 이미지가 발전되는 것을 염두에 두고 장기적인 비전에서 행하여져야만 한다. 도입기의 포지셔닝은 정교화기의 포지셔닝 전략을 용이하게 하는 기초 작업이 되는 것이다. 이 단계에서 각각의 콘셉트별 포지셔닝 전략은 다음과 같다(표 14-3).

표 14-3 도입기의 포지셔닝 전략

	기능적 콘셉트 브랜드	상징적 콘셉트 브랜드	경험적 콘셉트 브랜드
전략	• 소비자가 일상생활에서 부딪힐 수 있는 실질적인 문제를 해결 • 브랜드 개념을 명확하게 전달 • 거래의 장벽(장소, 시간)을 낮춤.	• 자아개념 강화를 위하여 구매의 제한성을 강조(사치품) • 수행방법 –비표적 고객에게는 대중 홍보를 통해 인식을 높이되, 구매 장벽을 높임. –표적 고객에게는 개별공력 통해 선호도를 높여주고, 구매 장벽을 낮춤.	• 제품의 사용경험을 통해 감각적으로나 인지적으로(두뇌활동 지각) 즐거움을 얻을 수 있다는 점을 강조 • 수행방법 –광고는 소비와 관련된 경험적, 환상적 측면을 강조 –시용(trial)을 강조
사례	• 클로락스(1913년) 더 하얗게, 더 밝게–액체 표백제 출시 • 바셀린(1865년) 다목적 약용크림	• 비잔 호텔 : 거래 장벽을 높임 –예약손님에 한함 –호텔의 맴버십 클럽, 골프 회원권 • 아만다 냉장고 : 크기의 장벽 • 르녹스 도자기 : 가격의 장벽 • 롤스로이스 자동차 : 품위의 장벽	• 마텔의 바비(Barbie) 인형 • 레고(Lego) –시용크기 포장은 3달러, 큰 박스는 60–80달러

기능적 콘셉트 브랜드

기능적 콘셉트를 지닌 브랜드의 마케팅 믹스 요소는 소비자의 소비 관련 문제를 해결하기 위해 브랜드의 기능적 성과에 강조점을 두어야 한다. 여기에는 경쟁자의 브랜드와 차별화하기 위한 노력이 필요하다.

상징적 콘셉트 브랜드

상징적 콘셉트를 지닌 브랜드의 마케팅 믹스의 요소는 집단 구성원으로부터의 인정과 자아 이미지(제2장의 브랜드 심리학 7을 참조하기 바란다.)와 관련한 브랜드 이미지를 강조해야 한다. 상징적 이미지 · 포지셔닝을 구축하기 위한 세 가지 방법이 있다.

❶ '프리미엄 가격'을 설정하는 것이다. 이를 통하여 사용자의 자아 이미지를 높여 줄 뿐만 아니라, 비표적 고객들의 구매를 제한시키므로 이러한 이미지를 지속시킬 수도 있다.

❷ 표적 고객들만이 접근할 수 있는 특정의 지역에 유통을 제한하는 함으로써 브랜드의 구입을 어렵게 하는 것 등을 들 수가 있다.

❸ 상징적 이미지를 구축하기 위한 방법으로는 브랜드의 특성에 기초해서 타깃 고객의 이미지와 연계된 브랜드의 디자인, 스타일 등 브랜드 특성에 근거하여 확립될 수 있다.

경험적 콘셉트 브랜드

경험적 콘셉트의 포지셔닝은 브랜드 이미지를 감각적인 만족 또는 지각적 자극에 초점을 두어서 전달해야 한다. 예를 들면, 제품 · 브랜드에 생동감 있는 패키지나 독특한 감각적 특징을 부여하는 것이다. 소비자에 있어서 즐거움 혹은 기쁨 등의 경험적 편익이 마케팅 믹스 노력에 있어서 소구되지 않으면 안된다.

② 정교화기의 포지셔닝 전략

장기적인 브랜드 콘셉트-이미지 관리(BCM)에 있어서 가장 중요한 것은 정교화기에 브랜드 가치증대를 위한 노력이다. 정교화기의 포지셔닝 전략은 도입기에 있어서의 포지셔닝 노력의 연장이다. 그러나 이 단계에서는 마케팅 믹스 요

표 14-4 정교화기의 포지셔닝 전략

	기능적 콘셉트 브랜드	상징적 콘셉트 브랜드	경험적 콘셉트 브랜드
전략	• 문제를 사안별로 특화하여 해결, 또한 일반화하여 해결 • 수행방법 –특화전략은 특정한 기능별로 다양한 제품을 만들어 준다. –일반화 전략은 한 가지 제품을 가지고 여러 가지 효능을 추구하도록 한다.	• 도입기와 유사, 다만, 부가적인 제약을 도입하여 치밀한 통제를 지속함. • 수행방법 –모든 고객에게 제품이 고급이라는 것을 일깨워 주고, 비표적 고객이 더욱 구매하기 어렵도록 거래 장벽을 높이고 오히려 동경심을 부추김. –유사품, 모조품 주의 –하부시장 진출을 지양	• 감각적 · 감성적 자극을 내버려두면 저절로 약화되어 만족감이 떨어지기 때문에 만족감을 계속 유지시켜주는 것이 과제. • 새로운 욕구를 자극하고 새로이 시장을 창출하는 다 브랜드 전략을 추구 • 수행방법 –종속제품 전략은 주 제품과 연관하여 사용할 수 있는 액세서리(부속제품) 제공 –연결제품 전략은 주 제품과 수평적으로 연결된 제품들로 하나의 제품망을 형성
사례	• 특화전략 –운동화 : 조깅화, 테니스화 등 –감기약 : 목감기, 열감기 등 • 일반화전략 –Arm&Hammer(베이킹 소다 제품) : 냉장고 탈취용, 카펫 습기제거, 양치 사용, 땀냄새 제거 등에 사용	• 벤츠 : 벤츠는 지속적으로 고급제품 유지 • 르녹스 : 접시 가장자리에 금줄을 두르고 가격을 인상하여 제품의 가치를 유지 • 비잔 : 점포 수를 제한	• 종속제품 전략 : 바비인형은 청바지, 드레스, 장식품, 인형집 가구, 자동차 등을 출시 • 연결제품 전략 : 시리얼은 옥수수, 쌀, 땅콩, 건포도 등을 출시

소를 시장상황의 변화에 적응하지 않으면 안된다(표 14-4).

기능적 콘셉트 브랜드

기능적 콘셉트를 지닌 브랜드의 포지셔닝 전략으로는 두 개의 기본적인 전략을 생각할 수 있다. 즉, 소비관련의 문제해결에 있어서 특화(전문화) 전략과 일반화 전략이 있다.

❶ 특화(전문화) 문제해결 전략은 보다 특정의 기능적 문제나 한정된 욕구만을 만족시킴으로써 제품의 기능적 가치에 대한 인식을 증대시키는 전략이다. 제품에 관한 고객의 지식수준이 높고, 구매 · 사용빈도가 특수한 경우에는 이러한 전문화 전략이 효과적이다. 따라서 이러한 전략은 보다 큰 잠재력을 지닌 작은 세분시장에 집중하는 경우에 적절한 전략이다. 그러나 이 전략은 다양한 경쟁압력이 상존한다. 특정의 욕구에 대해서 복수 브랜드를 운용하는 기업은 경쟁사가

다양한 소비자 욕구를 모두 만족시키는 단일 브랜드를 제공하는 경우 위협을 받게 된다. 예를 들면, 어떤 기업이 충치와 미백의 용도를 위한 차별적 시장에 진입하기로 한다면, 이러한 각각의 브랜드는 모든 용도를 수행할 수 있는 단일 브랜드보다 취약하게 인식될 수 있다. 따라서 제품 특화(전문화) 전략을 장기적으로 수행하고자 할 경우 결국 소비자에게 다양한 사용 상황에 맞춘 다양한 편익을 지속적으로 확대해 나가는 전략이 필요하게 된다.

❷ 일반화 문제해결 전략은 종전의 특화된 용도를 벗어나 브랜드를 다양한 상황에 걸쳐서 그 제품을 사용하게 하는 것이다. 특화된 용도에서 벗어나 브랜드를 다양한 상황에 걸쳐서 활용하는 멀티 브랜드 전략의 선택은 기능적 콘셉트의 브랜드 전략에 있어서는 다음과 같은 이유로 부적절한 것이라 말할 수 있다.

첫째, 다른 상황에서 사용되는 동일의 기능을 공유하는 3~4개의 브랜드를 생산하는 경우와 소비자 욕구를 동시에 충족시키는 단일 브랜드를 생산하는 경우와 비교하면 소비자가 느끼는 만족은 후자가 크다고 할 수 있다.

둘째, 멀티 브랜드 전략이 사용되면 자기잠식만을 초래할 수 있다.

셋째, 멀티 브랜드 전략은 관리 및 자원배분 비용을 증대시킨다. 동일 기업 내의 브랜드간의 상호출혈경쟁은 멀티 브랜드 전략의 단기적 이익을 감소시키며 장기적으로 보면 각 브랜드간의 시장 포지셔닝 상의 지위를 하락시키게 되는 것이다.

상징적 콘셉트 브랜드

상징적 콘셉트를 지닌 브랜드의 포지셔닝 전략은 고객들이 소속되기를 원하는 집단이나 자아 이미지와의 상호연계 관계를 강화하는 것이다. 따라서 비표적 고객의 소비를 억제함으로써 표적시장을 보호하는 데 초점을 두고 있다. 정교화기의 포지셔닝 노력은 도입기의 포지셔닝 노력의 연장인데, 여기에서는 비표적 시장의 소비를 통제하는 것이 필수과제가 되는 것이다. 이처럼 정교화기의 포지셔닝 전략은 소위 시장방어 전략이라 한다. 이는 공급측면에서 비표적 세분시장에 있어서 디마케팅(demarketing)과 수요측면에서 표적·비표적 양시장에서의 마케팅을 지속적으로 수행해서 브랜드의 배타성을 유지·확보하는 브랜드 전략이다.

시장방어 전략의 중요한 목적은 브랜드의 이미지·포지셔닝을 유지하는 것이다. 시장을 방어하기 위해서 마케팅 믹스요소를 효과적으로 이용해야 한다. 단기적 이익만을 추구하게 되면, 브랜드의 이미지 관리가 매우 어렵게 된다. 상징적 콘셉트의 브랜드 수명을 연장하는 유일의 방법은 이미지 관리라 할 수 있다. 시장에서 장기적인 성공은 시장방어 전략을 통하지 않고서는 달성될 수가 없다. 왜, 상징적 이미지를 지닌 제품이 짧은 라이프사이클을 지녔는가는 거의가 이와 같은 포지셔닝 전략을 취하지 않은 결과라 할 수 있다. 장기간에 있어 성공을 한 상징적 콘셉트의 브랜드는 이러한 시장방어 전략을 효과적으로 수행한 것이다.

경험적 콘셉트 브랜드

감각적 · 지각적 자극을 강조하는 경험적 브랜드는 소비가 빈번하게 이루어지는 특성을 가진 경우가 많다.

기능적 브랜드의 포화는 브랜드가 기능적 욕구를 지속적으로 충족시켜 줌으로써 해결될 수가 있고, 상징적 콘셉트의 브랜드와 연관해서는 집단 및 자아 이미지와의 결부를 통해서 브랜드가 적절하게 관리 · 유지되어 별로 문제가 되지 않는다. 그러나 경험적 브랜드는 소비가 통제되지 않으면 소비가 포화상태에 이르게 되어 이미지를 손상시키게 된다. 경험적 콘셉트를 지닌 브랜드의 포지셔닝 전략은 두 가지 전략이 사용된다.

❶ 제품의 액세서리들을 제공하는 것으로써 이 전략은 해당 브랜드와 연결된 액세서리의 도입을 말한다. 브랜드 액세서리 전략은 브랜드의 보충적인 위성제품을 만드는 것으로 브랜드 콘셉트의 가치를 증대시킨다.

❷ 여러 브랜드가 서로 상이한 유형의 자극을 제공하는 브랜드 네트워크를 만드는 것이다. 이것은 멀티 브랜드 전략의 채용을 통해 브랜드 스위칭을 조성하고, 이를 통해 어느 한 제품의 실증이나 포화상태를 감소시킨다. 이와 같은 멀티 브랜드 전략의 채용은 자기잠식을 초래할 수도 있다. 그러나 이 경우의 자기잠식은 제품에 대한 권태나 실증을 줄여서 기존 고객이 지속적으로 기업 내에 남아 있게 해주는 긍정적인 측면을 기대할 수 있다.

③ 강화기의 포지셔닝 전략

강화기의 목적은 브랜드 이미지를 다른 제품의 카테고리로 확대하는 것이다. 이러한 포지셔닝 전략은 기존의 브랜드 이미지를 새로운 타제품 카테고리의 제품

표 14-5 강화기의 포지셔닝 전략

	기능적 콘셉트 브랜드	상징적 콘셉트 브랜드	경험적 콘셉트 브랜드
전략	• 성능 면에서 관련 있는 제품들을 묶어 관계 확대하여 브랜드의 총체적인 이미지 강화 • 동일한 브랜드 아래 관련 제품들이 다양하게 구성되므로 제품들 간에 포트폴리오 상의 균형을 이루는 것이 중요	• 라이프스타일을 보여줄 수 있는 제품 개발 및 관련 제품들로써 세트 형성 • 이미지 일괄 판매 • 시너지 추구	• 경험을 통해 즐거움을 유발할 수 있는 다양한 제품과 연결시켜 전체 이미지를 강화해 나감.
사례	• 클로락스 –스프레이, 화장실 청소제, 싱크대 청소제 • 맥도날드 –햄버거는 홍보용으로 활용하고(수익성 낮음), 반면 프렌치 후라이는 판매용으로 하여 수익의 원천으로 삼음. 또한 청량음료는 수익으로, 그리고 생선버거는 구색용으로 활용함으로 적절한 포트폴리오를 구축	• 르녹스 –부엌에서 쓰는 모든 제품을 판매 –그릇, 크리스털 물컵, 은제 과일 그릇, 촛대 장식용 도자기 • 비잔 –신사복 관련 제품 통합관리 –옷, 신발, 지팡이, 향수, 넥타이	• 바비 –인형, 바비잡지(루머), 바비게임(주사위) –각국의 여성모습, 자동으로 움직이는 인형 • 레고 –장난감 수준을 벗어나 책상, 의자, 책장 등 아이들이 실제로 쓸 수 있는 가구 생산 ☞DIY(Do–It–Youself)

이미지와 연결시키는 전략을 이미지 묶기 전략(image bundling strategy)이라 한다. 이러한 목적은 브랜드 콘셉트의 일관성을 유지하고 개별적 제품들을 통합하는 하나의 포괄적 이미지를 창출하는 것이다. 어떤 경우에는 그 이미지가 기업의 이미지를 나타내고, 어떤 경우에는 제품 라인 내의 모든 제품의 일반적인 이미지를 반영하기도 한다(이를 패밀리 브랜드 전략이라 하는데 이에 대한 상세한 내용은 제12장의 〈브랜딩 따라잡기 28〉를 참조하기 바란다.). 이때 신제품에 대한 마케팅 믹스활동은 기존 제품 개념들과 연계를 창출하고, 이미지를 묶어주는데 초점이 맞추어져야 할 것이다(표 14-5).

기능적 콘셉트 브랜드

기능적 콘셉트의 브랜드 경우, 새로운 기능이 추가된 제품을 개발 · 판매함으로써 이미지 강화를 시도하는 것이 가능하다.

상징적 콘셉트 브랜드

상징적 콘셉트와 관련해서 이미지 통합 전략의 경우 브랜드 이미지 강화의 기본은 그 브랜드의 기존 제품과는 다른 카테고리의 제품을 시장에 도입하는 것이다. 상징적 콘셉트와 결부된 브랜드 이미지 통합 전략은 라이프사이클 이미지를 창출할 수 있도록 한다. 고객은 동일의 브랜드 네임이 부착된 신제품에 대해서 그 브랜드의 기존 제품과 결부하여 추론하는 경향이 있다.

경험적 콘셉트 브랜드

경험적 콘셉트와 결부되어 있는 브랜드도 특정의 이미지를 타 제품 카테고리에 결부한 통합 전략으로 강화될 수 있다. 예를 들면, 레고(Lego)사는 어린이를 대상으로 자가 조립책상, 의자, 책장 등을 출시하여 어린이용 조립장난감 제품계열을 확대시켜 나갔다. 이러한 상호 관련성은 시너지 효과를 발휘하고 각 브랜드의 의미를 강화시켜 준다.

④ 종합 : 욕구형태별/수명단계에 따른 포지셔닝 전략

이상에서 살펴본 내용을 기초하여 〈표 14-6〉은 욕구형태별/수명단계에 따른 포지셔닝 전략 사례를 요약하여 보여주고 있다. 목표시장에 브랜드 이미지를 전달하는 것이 중요한 마케팅의 활동으로 오랫동안 간주되어 왔다. 시간에 걸쳐 브랜드의 이미지를 선택해서 실행하고 그리고 통제하는 브랜드 콘셉트 관리를 위한 틀은 소비자의 욕구형태에 따른 브랜드 콘셉트를 선택해서 도입하고 정교화하여 강화하는 연속적인 과정으로 구성된다. 브랜드 콘셉트가 포지셔닝 전략을

표 14-6 욕구형태별/수명단계에 따른 포지셔닝 전략 사례

	기능적 콘셉트 (클로락스)	상징적 콘셉트 (Brook brothers)	경험적 콘셉트 (바비인형)
도입기	• 더 하얗게 색상이 선명하게 나오는 옷을 만들어 줍니다(1913년 액체 표백제 시장 출시).	• 신중하고 능력 있는 남성들의 정장(1818년 시장 출시)	• 세련된 10대를 위한 액세서리(1959년 출시)
정교화기	• 문제해결 일반화전략 제품 사용을 면으로부터 합성섬유까지 확대	• 시장보호를 위한 포지셔닝이 필요 –시장지위를 지키기 위해 마케팅 믹스를 엄격하게 관리 –비판적 고객에 대한 디마케팅	• 브랜드 액세서리 필요 –Barbie와 남자친구인 Ken을 위하여 의상, 집, 가구, 자동차, 보석과 같은 관련 제품들을 내놓음.
강화기	• 브랜드 이미지의 연결을 시도 Clorox Pre-Wash(세탁 전 얼룩제거제), Tackle Cleaner(끈적거림 제거제), 신선한 향기가 나는 가정용 세척제	• 구두, 모자 등으로 브랜드 이미지 연계	• 바비잡지, 바비게임, 바비부틱 등으로 브랜드 이미지 연계

제시하고 브랜드 이미지를 향상시킨다. 이러한 콘셉트-이미지 연결을 유지하기 위한 방법은 브랜드 콘셉트가 기능적, 상징적 혹은 경험적이냐에 따라 달려있다. 이러한 연결을 유지하면 브랜드의 마케팅 성과를 향상시킬 수 있다.

4. BCM의 전략적 시사점

지금까지 살펴본 BCM은 기업의 관점에서 보면 장기간에 걸쳐 브랜드 이미지를 관리하는 방법과 틀을 제공해 준다. 유익한 도구를 활용하기 위해서 고려해야 할 몇 가지 사항들을 살펴보면 다음과 같다.

❶ 브랜드 콘셉트는 장기간에 걸쳐 경쟁적 이점을 달성하기 위하여 개발되고, 장기적인 투자로써 조명되어져야 한다. BCM은 브랜드 이미지 관리의 장기적인 틀을 제공하고 있다. 이러한 틀은 이미지를 기능적, 상징적, 경험적 욕구로 구분하고, 이를 도입, 심화, 강화 단계로 확장해가는 장기적인 전략이다.

❷ BCM 틀을 채택함으로써 여러 장점을 확보할 수 있다. 시장에서 브랜드의 장기적인 생명력을 증가시키며, 이를 위한 모든 결정은 전체 계획에 기본을 두고 진행해야 한다.

BCM을 통하여 다른 제품을 도입하는데 관련된 비용을 줄일 수 있으며, 또한 신제품 도입 시 강화기로 이동하는 시간이 줄어든다.(Ivory 비누 → 샴푸, 분말 Tide → 액체 Tide)

❸ 브랜드 콘셉트 선택 및 단계별 이동 시에 기업의 자원, 역량, 이미지, 현재 제품의 수준 등을 고려해야 하며, 확고한 지침 없이 콘셉트를 바꾸어서는 안된다. 즉 단계가 진행되면서 원래의 개념으로부터 논리적으로 확장되어야 한다. 또한 다음 단계로 이동 시 자사와 관련된 제반 상황(즉, 매출, 손익, 경쟁자의 출현, 가격, 광고)을 면밀히 분석하여야 한다.

[생각해볼 문제]

1. 영앤루비컴의 브랜드 수명주기 진단 모델을 활용하여 여러분이 지금 매니지먼트하고 있는 브랜드의 포지션을 파악하여 그에 대한 대응책을 수립해 보자.

2. 일반적으로 한국은 브랜드가 단명하고, 미국은 장수 브랜드가 많다고들 하는데, 그 이유에 관해서 상세하게 서술해 보자.

3. 장수 브랜드 2개를 선정하여 보자. 이를 전략적 브랜드 이미지 관리의 규범적 사고의 틀인 BCM 모델을 활용하여 욕구형태별/수명주기에 따른 포지셔닝 전략을 설명해 보자.

제15장

브랜드 재활성화

이번 장의 주요 이슈

장기간에 걸쳐 롱셀러 브랜드를 유지하기 위해서는 브랜드의 수명주기 상에서 쇠퇴기에 접어들 경우에 브랜드 재활성화가 요구된다. 이번 장에서는 브랜드 재활성화와 관련된 이슈들을 살펴보기로 한다.

❶ 브랜드가 쇠퇴기에 접어든 경우 새로운 브랜드를 출시하고 기존 브랜드는 소멸시킬 것인가? 아니면 브랜드를 재활성화하는 것이 필요한가?
❷ 쇠퇴기에 접어든 브랜드를 재활성화하기 위해서는 어떤 방법들이 있는가?

제1절 브랜드 재활성화

유령 브랜드(ghost brands)는 선반에서 사라지는 브랜드이다. 이러한 브랜드들은 삶과 죽음의 경계를 걷고 있으며 종종 선반 아래로 강등되어 있다. 이러한 브랜드를 소유하고 있는 기업들은 다음과 같은 4가지의 전략적 선택을 할 수 있다: 첫째 브랜드를 재활성화(revitalization)하는 것, 둘째 젖소(cashcow) 브랜드로 활용하는 것, 셋째 브랜드를 매각하는 것, 넷째 브랜드를 제거시키는 것. 이번 절에서는 브랜드 재활성화의 개념, 배경에 대해 살펴볼 것이다. 이어지는 제2절에서는 쇠퇴기에 접어든 브랜드를 재활성화하는 방법들에 대해서 살펴볼 것이다.

1. 브랜드 재활성화의 개념

브랜드의 성공여부는 시간이 지남에 따라 얼마나 혁신적이고, 소비자와 관련되어 있으며, 선호되느냐에 달려 있다. 브랜드들은 시대에 뒤진 이미지, 제품의 진부화, 제품이 모방되는 것, 품질 하락 등을 통제하는 정규적인 관리를 통하여 롱런할 수 있는 잠재력을 지닐 수 있다(브랜딩 따라잡기 33).

그러나 몇몇 브랜드들은 소비자들의 욕구 변화 혹은 더 우월한 경쟁자 때문에 쇠퇴하게 되고 몇몇 다른 브랜드들은 지속적인 관리와 투자를 소홀히 하는 무책임한 경영인 때문에 희생을 당하기도 한다. 이러한 브랜드들은 소비자들의 기억 속에서 점점 멀어질 뿐만 아니라 재무적인 성과에서도 압박을 받는다.

경쟁우위를 유지하여 시장에서 리더의 자리를 지키기 위해서 브랜드는 제품, 명성, 시장 포지션을 보호해야 한다. 또한 신제품의 개발과 기존 제품의 개선은 브랜드를 지속적으로 성장시키기 위해 필요 불가결한 일이다.

그림 15-1 브랜드 재활성화: 새로운 생명의 주입

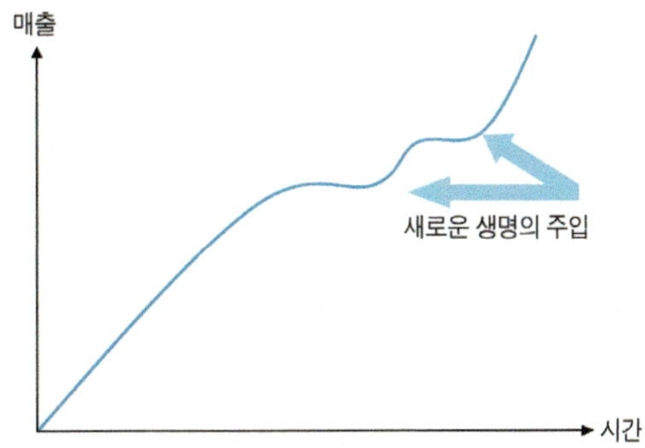

많은 주택 소유자들이 종종 새 집을 구하기보다 살던 집을 고치고 수리하여 더 좋은 집으로 만들어 간다. 마찬가지로 브랜드 매니저들은 엄청난 비용을 들여 신제품을 출시하기보다 기존의 브랜드를 재활성화하는 데 관심을 돌리는 것은 가치 있는 일이다. 브랜드가 그의 정체성을 잃고 있는 것처럼 보일 때 브랜드에 새로운 생명을 불어넣을 수 있다. 이것은 제공가치를 새롭게 하는 것에 초점을 맞춤으로써 달성할 수 있다.

제14장 〈그림 14-1〉에서 보여주는 것처럼, 제품의 수명주기와 브랜드 수명주기가 서로 관련이 있다는 사실을 고려해 봄으로써, 〈그림 15-1〉에서처럼 브랜드 재활성화가 왜 필요한 지를 이해할 수가 있다. 여기에서 브랜드 재활성화 전략은 새로운 생명의 주입(injections of new life)으로써 명명될 수가 있다. 이러한 새로운 생명의 주입은 기업들로 하여금 브랜드 이미지를 향상시켜 매출을 증가시키게 된다.

따라서 브랜드의 생명을 연장하기 위해서 기업은 그 제품에 새로운 생명을 주입하는 훌륭한 마케팅 기법을 활용할 필요가 있다.

2. 브랜드 재활성화의 배경

브랜드 재활성화는 다음과 같은 여러 가지 이유들에 기인하는데, 이들을 살펴보면 다음과 같다.

브랜딩 따라잡기 33

'해태제과 부라보콘' 지킬 건 지키는 힘 바꿀 건 바꾸는 지혜

1970년 4월 출시된 부라보콘은 우리나라 최초의 콘(cone; 깔때기 모양) 아이스크림이었고, 국내 최장수 아이스크림 브랜드로 기네스북까지 올라 있다. "12시에 만나요 부라보콘~"으로 시작되는 CM도 너무 귀에 익어 향수를 불러일으킨다. 작년 매출이 4백억 원이었고, 36년간 총 33억 개, 8천억 원어치가 팔려 나갔다. 33억 개를 길이로 환산해 보면 경부고속도로를 7백여 회 왕복하거나 지구를 14바퀴 정도 돌 수 있는 길이인 55만 2천 킬로미터에 달한다.

유행을 많이 타고 사람들의 기호도 급변하는 아이스크림 시장에서 36년간 브랜드를 유지할 수 있었던 요인은 뭘까? 맛이나 포장 디자인, 광고판촉 등은 변해 왔지만 제품 콘셉트의 일관성을 유지해온 결과라고 전문가들은 분석한다.

그런 부라보콘이 올 들어 변신을 시도했다. 단순히 포장지나 바꾸는 정도가 아니라 '장수 브랜드의 혁신'이라고 불릴 만큼 획기적인 탈바꿈이었다. 소비자 조사결과 가장 큰 문제점은 아이스크림 시장에서 가장 중요한 1020세대들 사이에 부라보콘이 '구세대들이 먹는 전통적인 아이스크림'으로 인식되고 있는 것이었다. 위기 타개를 위해 신세대 취향에 부합되는 제품으로의 이미지 쇄신이 필수적이었다. 철저한 시장조사 자료를 바탕으로 전면 개편작업에 착수하였다.

올해 출시된 리뉴얼 부라보콘은 바닐라 · 초코 청크 · 피스타치오 레볼루션 등 아이스크림 전문점에서나 맛볼 수 있던 3가지 고급스러운 맛으로 재편했다. 또한 사회 전반에 만연한 웰빙 열풍으로 프리미엄 아이스크림을 찾는 소비자가 증가하고 있다는 점에 착안, 기존 콘 아이스크림 제품들이 원가문제로 잘 사용하지 않았던 고급 시럽(syrup; 녹인 설탕), 크림, 토핑(topping; 위에 얹어 맛을 내는 재료) 등 원료와 100% 천연색소를 사용해 프리미엄급 웰빙 아이스크림으로 거듭났다. 포장도 신세대들의 성향을 적극 반영해 36년간 마크였던 하트 무늬를 없애고 감각적인 원색 색상을 도입했다. 광고도 젊은층에게 인기 높은 다니엘 헤니를 광고 모델로 전격 기용, 부라보콘을 젊고 세련된 아이스크림 이미지로 부각시켰다. 결과는 성공적이었다. 4~5월 매출이 70억 원으로 작년 같은 기간보다 60% 신장해 업계를 놀라게 했다. 크라운 · 해태제과 윤영달(尹泳達) 회장은 "전통의 힘을 지키면서도 혁신을 이뤄 나가는 것이 장수 브랜드를 지켜가는 힘"이라며 "특히 빙과시장에서 안주하면 수십 년 성공 브랜드를 이어가기 어렵다."고 말했다.

Ⅰ자료 : 조선일보, 2006년 6월 14일자 인용

❶ 새로운 경쟁자가 해당 카테고리에 나타나서 현재의 제품으로부터 수익을 얻으려고 한다. 따라서 시장의 점유율을 되찾기 위해 새로운 형태를 출시해야만 한다.

❷ 해당 제품 혹은 서비스의 카테고리가 쇠퇴하고 있으며 따라서 여러 많은 브랜드들이 가만히 있을 때, 어떤 브랜드는 재활성화를 활용하려고 한다. 다른 브랜드들이 가만히 있는 반면에 환경이 산만할 때 어떤 브랜드는 가망고객에게 보다 명확하게 브랜드 메시지를 전달하기 위해 브랜드를 재활성화하는 것은 의미가 있다.

❸ 브랜드 재활성화는 새로운 비주얼 아이덴티티(visual identity)를 개발하고 목표고객에게 브랜드 표현을 통일화하는 것뿐만 아니라 카테고리 리더십을 커뮤니케이션하기 위해 필요할 수도 있다.

❹ 재활성화는 브랜드 이미지가 목표고객과 관련성이 점점 떨어짐에 따라 시장점유율이 감소하게 되는데 이때 필요하다. 즉 고객의 마인드 세어(mind share)는 명확하게 시장점유율(marker share)로 전환된다. 제품을 리포지션하거나 혹은 재활성화가 프로모션 활동에 중요할 수가 있다.

❺ 강력한 연상을 개발함으로써 브랜드 연상망은 더 많은 노드(node)로 강화된다. 브랜드가 독특한 차별점을 잃게 됨에 따라 새로운 이미지를 갖는 제품 혹은 브랜드의 재활성화를 추구하는 것이다.

❻ 충성고객이 어떤 세대에 집중해 있는 경우, 시간의 흐름과 함께 중심적인 이용자의 연령도 상승하게 된다. 그에 따라 브랜드 자신이 나이를 먹는 것처럼 보이게 된다. 이러한 현상을 브랜드 가령효과라 한다(그림 15-2). 브랜드의 가령효과는 여성용 미용제품과 위생용품 등에 현저하게 나타나고 있다. 가령 효과가

그림 15-2 브랜드 가령효과

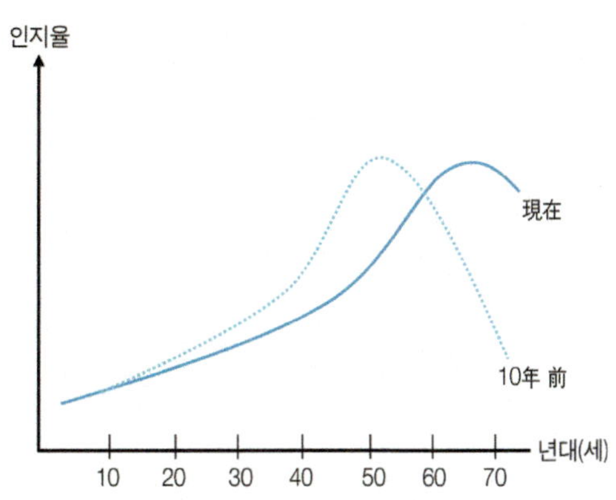

나타나게 되는 경우 새로운 브랜드를 도입하거나 빈번하게 모델을 바꾸거나, 항상 새로운 세대에 호소할 수 있는 수단을 검토하지 않으면 안된다.

❼ 브랜드가 더 이상 고객의 니즈와 욕구를 충족시키지 못하면 그 고객들은 다른 니즈와 욕구를 충족시키는 제품으로 이동하게 된다. 예를 들면 고객의 니즈가 가격(price)에서 가치(value)로 이동하는 경우 등을 들 수가 있다. 이 경우 브랜드 재활성화가 요구된다.

❽ 제품에 대해 고객이 잘 모르거나 고객 경험이 부족할 경우에는 높은 임팩트나 인지를 달성할 수 있는 새로운 콘셉트를 개발하는 것이 요구된다.

❾ 재활성화는 브랜드 아이덴티티를 현대화할 수도 있다. 브랜드가 활기를 잃게 될 경우에는 포지셔닝 혹은 패키지 디자인의 재활성화가 신속하게 요구된다. 예를 들면 현재의 패키지 디자인이 웰빙의 트렌드를 커뮤니케이션하지 못할 경우에는 신속하게 패키지 디자인을 완벽하게 개조하는 것이 필요하다.

브랜딩 따라잡기 34

명품 브랜드 '바람둥이 소비자 변심 막기' 비결 있다

브랜드가 널리 알려지면서 독특함과 신선함을 유지하는 게 쉽지 않다. 확실한 가치와 방향성을 제시하지 못하는 브랜드는 언제든 도태될 수 있다.

브랜드의 세계는 냉혹하다. 너무 빨리 변하는 소비자를 따라가자니 힘이 부치고, 잘 되는 것 같아 내버려 두면 소비자는 언제 그랬느냐는 듯 등을 돌린다. 그렇다고 대중에게 너무 가까이 다가가면 '싸구려 브랜드'로 낙인 찍혀 고급 이미지가 손상되기도 한단다.

'브랜드의 핵심 가치는 유지하되 새로운 색깔을 덧칠해 소비자의 호기심을 자극하라'는 게 브랜드 담당자들의 영원한 숙제다.

영원한 브랜드는 없다

미국의 고급 디자이너 브랜드 '아이작 미즈라히'는 판매를 늘리기 위해 2003년부터 할인점 '타깃'에 자매 브랜드를 선보이고 기존 브랜드의 10분의 1 값에 팔았다. 아이작 미즈라히의 매출은 크게 늘었지만 고급 이미지는 서서히 퇴색됐다.

영원할 것 같은 브랜드도 눈 깜짝할 사이에 명성이 무너질 수 있다. 1878년 탄생한 P&G의 아이보리 비누는 수십 년 동안 '순수함'의 대명사로 인식됐다. 그러나 순수한 이미지에 안주한 결과 아이보리 비누는 1950년대 이후 유니레버의 도브에 시장을 내줬다. 국내 패션 브랜드의 부침(浮沈)은 더 심하다. 10년 이상 장수한 브랜드는 손에 꼽을 정도. 이 때문에 브랜드 담당자들은 늘 가슴을 졸인다.

브랜드는 신비로운 연인 같아야

브랜드를 생선에 비유한다. 내버려 두면 썩어 버린다. 신선도를 유지하기 위해 물을 자주 갈아주는 것도 생선이나 마찬가지이다. 알면 알수록 새로운 것, 선물상자 안의 작은 선물상자처럼 끝없이 호기심을 자극하는 것, 인기 브랜드 담당자들은 브랜드의 생명력 유지를 위해 '신비스러움'이 중요하다고 입을 모은다. 신비로운 파트너에 매료돼 불꽃이 튀는 연애관계처럼 말이나.

캐주얼 브랜드 빈폴은 17년 동안 '빈폴 레이디', '빈폴 골프' 등 쉼 없는 브랜드 확장 전략을 통해 신선한 브랜드 이미지를 유지한 것으로 평가받는다. 소비자와 '연애관계'를 가장 잘 유지하는 곳은 명품업체들. 명품은 구매력이 떨어지는 소비자들도 '짝사랑'에 빠지게 하는 힘이 있다. 설렘과 신비스러움을 발견할 수 있는 브랜드가 긴 생명력을 유지할 수 있다.

▮자료 : 동아일보, 2006년 1월 16일자 인용

제 2 절 브랜드 재활성화의 방법

소비자의 기호 변화나 새로운 경쟁자의 출현, 기술혁신을 비롯한 시장 환경의 변화에 따라 과거 시장을 이끌어 왔던 브랜드도 쇠퇴의 길로 접어드는 경우가 있다.

오래된 브랜드는 시대에 뒤쳐진 것처럼 보인다. 그래서 때때로 브랜드 매니저들은 새로운 생명력을 그들의 브랜드에 주입시킬 필요가 있다(브랜딩 따라잡기 34). 브랜드는 잠재력과 능력을 잃게 되는 순간이 온다. 하지만 이런 브랜드에 잘 듣는 약은 있을 수 없다.

이와 같은 상황에 직면할 경우 브랜드를 재활성화하기 위한 접근방법으로는 주로 다음의 4가지 방법을 활용한다.

1. 기존 시장에 있어서 사용량의 확대

여기에는 1회당의 소비량을 확대하는 방법과 사용빈도를 확대하는 방법이 있다. 위험이 있는 포지셔닝 변경을 수반하는 방법보다 비교적 실행하기 쉬운 접근 방법이라고 할 수 있다.

❶ 1회당 소비량을 확대하는 방법에는 주로 용량 크기를 증대하거나 팩 판매를 하거나 하는 방법들이 있다.

❷ 사용빈도를 확대하는 방법에는 판매 채널의 확대를 통한 소비자의 구매 용이성을 지원해 줌으로써 사용빈도를 확대할 수 있다. 또한 광고에 의한 주의를 환기시키거나 특별한 사용기회에서 일상적인 사용기회로 변경시키는 방법이 있다. 예를 들면, 보령제약의 겔포스의 경우를 예로 들 수 있다. 겔포스는 초기에

'속쓰림'에 초점을 둔 위장약에서 점차 시장의 확대를 위해서 새로운 사용상황으로 술 마시기 전과 술 마신 후의 새로운 음주 사용상황에서의 속쓰림으로 확장하였다.

2. 제품라인의 확대

브랜드를 재활성화하는 방법의 하나로 제품 라인을 확대하는 것이다. 이에는 브랜드 확장과 브랜드 스위칭 전략(brand switching strategy)이 있다.

❶ 상위의 고급 제품군의 확장을 하거나(상향 확장), 혹은 염가 제품군으로의 하향 확장을 통한 접근방법이 있다(세부 내용에 대해서는 제12장 브랜드 확장편을 참조하기 바란다.).

❷ 확장의 특별한 방법으로써 브랜드 스위칭 전략을 통하여 브랜드 재활성화를 도모하는 방법이다. 시장의 트렌드가 급격히 바뀌거나 브랜드 노후화가 진행되었을 때, 신규 브랜드를 개발하여 시장에 진입하여야 한다. 하지만 신규로 브랜드를 출시할 경우 초기 마케팅 비용이 막대하게 소요되기 때문에 기존의 브랜드를 최대한 활용하는 방안을 강구하여야 한다. 한 가지 방법으로 브랜드 스위칭 전략이 있는데 이는 신규 브랜드와 브릿지 브랜드(bridge brand)를 병행하여 사용하다가 점차 기존 브랜드를 희석(dilution)시켜 나가다가 삭제하여 신규 브랜드로 스위칭하는 것을 말한다.

하나의 예를 들면(그림 15-3), LG생활건강의 "한스푼"은 효소세제가 주종을 이루었던 세제시장에서 '농축세제'라는 혁신적인 제품 카테고리를 창출하여 이 시장에서 대표 브랜드가 되었다. 농축세제는 곧 한스푼으로써 의미가 명확화됨

그림 15-3 한스푼의 브랜드 진화

으로써 오히려 또 다른 시장으로의 확장에 장애가 되었다. 결국 "한스푼"을 브릿지 브랜드로 활용하여 "한스푼 Tech"로 브랜드 스위칭을 시도하였다. 〈그림 15-3〉에서처럼 초기에는 한스푼을 강조하면서 "Tech"를 보조적인 의미로 제시하였으며, 점차 "Tech"를 부각시키고 "한스푼"은 보증 브랜드로의 역할을 수행하게 했다. 이제는 "한스푼"은 자취를 감추고 "Tech"로 완전히 전이하여 독자적인 브랜드 역할을 수행하고 있다.

3. 새로운 시장의 개척

새로운 사용방법을 발견하는 것으로 신시장을 개척하는 방법이다. 예를 들면, 정확한 시간을 알리기 위한 도구로써 시계는 1인이 1개만을 가지고 있으면 충분하였다. 그러나 액세서리로써 수요를 환기시킴으로써 1인이라도 몇 개의 시계를 가질 수 있는 시장을 개척할 수 있다. 또한 표백제를 곰팡이 제거제로 새로운 사용방법을 개척하는 것도 있다.

4. 포지셔닝의 변경

브랜드가 강력하고 바람직한 이미지를 형성하고 있지 않은 경우나 경쟁상대와의 차별화가 명확하지 않은 경우에는 포지셔닝의 변경이 필요하다. 이에는 커뮤니케이션 내용을 변경하는 것과 브랜드 요소를 변경하는 것 즉, 리뉴얼을 통한 포지셔닝의 변경 방법이 있다.

① 커뮤니케이션 내용의 변경

커뮤니케이션 내용을 변경하는 것으로 새로운 슬로건을 제시하거나 제품 특징의 변경을 통한 캠페인을 통해 포지셔닝을 변경할 수 있다. 예를 들면, 아디다스는 한때 유행에 뒤쳐진 브랜드로써 인식되어 있었다. 그러나 스포츠 선수에게는 최초의 슈즈라는 점을 강조하는 광고에 의해 소비자 이미지를 눈에 띄게 개선하였다.

또 하나의 가장 성공적인 리포지셔닝 전략의 예는 밀러 하이 라이프(Miller High Life)의 사례이다. 1970년 이 브랜드는 소득 수준이 높은 소량 음주자 세분시장을 겨냥하였으나, 필립 모리스(Philip Morris)가 합병한 후에는 대량 음주자이며, 노동자를 목표고객으로 소구하도록 리포지셔닝되었다. 1970년대 초에 시작된 '밀러 타임(Miller Time)' 캠페인은 일과 후 밀러를 즐기는 노동자를 부각시켰으며, 맥주시장의 점유율도 3.4%에서 21.9%까지 끌어올리는 성과를 올렸다. 그러나 이러한 성과는 쉽게 얻어지지 않는다. 소비자 마음속에 뿌리 깊게 심어져 있는 브랜드에 대한 인식을 변화시키기 위해 밀러는 무려 5년이라는 시간과 장기적인 커뮤니케이션 노력을 기울였다.

또 하나의 예는 미국을 대표하는 말보로(Marlboro) 브랜드이다(상세한 내용은 제6장 제4절을 참조하기 바란다.). 말보로는 남성이 꿈꾸는 자유, 강인한 독립정신, 그리고 그들의 이상향을 반영한다. 그러나 처음부터 말보로가 지금과 같은 남성적인 이미지로 소비자에게 다가간 것은 아니었다. 1954년까지의 말보로는 여성용 담배였다. 그러나 담배의 주 소비층은 남성이었기에 판매 부진이 뒤따랐고 따라서 필립 모리스는 새로운 아이덴티티를 담기 위한 노력을 시작하였다. 필립 모리스는 우선 제품 면에서 남성적 이미지와 튼튼한 재질, 정열을 상징하는 붉은색, 강렬한 로고로 남성적 아이덴티티를 강조하였다. 또한 이들은 카우보이를 내세워서 멋진 남자다움과 남자의 인생을 대변해주는 일관된 메시지를 전하였다.

이러한 리포지셔닝으로 인하여 1975년 말경 말보로는 20년 만에 미국 담배시장을 완전히 석권하게 된다. 그러나 리포지셔닝 전략에 있어 간과해서는 안 되는 점은 상당한 마케팅 비용을 부담해야 한다는 것이다. 특히 시장 선도자와의 경쟁은 더욱 그렇다. 이러한 예는 필립 모리스가 세븐업(7-Up)을 합병하여 리포지셔닝 전략을 구사한 예를 보면 알 수 있다. 그 당시 세븐업은 펩시(Pepsi), 코크(Coke)와의 직접적인 경쟁을 하기 위해서 1978년도에 실시하였던 언콜라(Uncola) 캠페인을 하지 않고 리포지셔닝에 의해 1983년도에 무카페인 캠페인을 실시하였다. 그 결과 새로운 포지셔닝 노력은 성공적으로 보였고 매출액이 증대되었다. 그러나 시장 선도자인 펩시와 코크가 무카페인 제품을 시장에 출시하고 이에 맞서기 위해 마케팅 비용을 증대하자 이에 맞설 수 없게 되었으며, 세븐업은 다시 1988년 언콜라 캠페인으로 돌아설 수밖에 없었다(제6장 제1절을 참조하기 바란다.).

② 브랜드 요소의 변경

포지셔닝 변경을 보다 확실하게 하기 위하여 패키지 디자인, 로고 등의 브랜드 요소를 지속적인 새로운 모습으로 선보이는 것이다.

1989년 암 앤드 해머(Arm & Hammer)의 베이킹 소다(Baking Soda)는 가정에서 빵 굽는 것이 줄어들고 패키지용 제빵 제품이 도입됨에 따라 매출이 줄어들고 있었다. 암 앤드 해머는 그들의 베이킹 소다를 냉장고, 냉동기, 부엌 싱크대의 배수 등의 천연 냄새 제거용으로 리포지셔닝하였고, 매출은 급상승하였다.

Arm & Hammer

제조업자들은 브랜드 이미지를 재활성화하여 판매를 증대시키기 위하여 그들의 패키지를 바꾸거나 브랜드에 적용하고 있는 특징들을 변경해 왔다. 우측 그림에 나타난 것처럼 암 앤드 해머(Arm & Hammer)사는 천연 방취제로의 브랜드 확장을 적용한 훌륭한 본보기이다. 이것은 제품에 대한 전반적인 새로운 '수명'의 결과를 가져왔으며, 동시에 기존 브랜드의 인식과 자산을 재강화시켰다.

그러나 이러한 새로운 로고나 새로운 패키지의 경우에는 잘 활용되지 않는 방법인데, 왜냐하면 사람들이 새로운 로고를 보고 이전에 자신이 알던 브랜드를 회상하지 못할 지도 모르기 때문이다. 회사의 입장에서 브랜드 자산이란 오랜 시간 동안 자사의 제품을 구입해 왔던 소비자가 자회사의 로고와 강력하게 밀착되는 것과 같다.

로고나 패키지를 업데이트하는 가장 좋은 방법은 점진적인 변화의 과정을 밟는 일이다. 아주 사소한 부분이지만, 여전히 혁신적인 모습으로 거듭나는 것이 핵심이다. 따라서 소비자는 여전히 로고를 알아보긴 하지만, 뭔가 새로워진 느낌

그림 15-4 Shell사의 로고의 변천과정

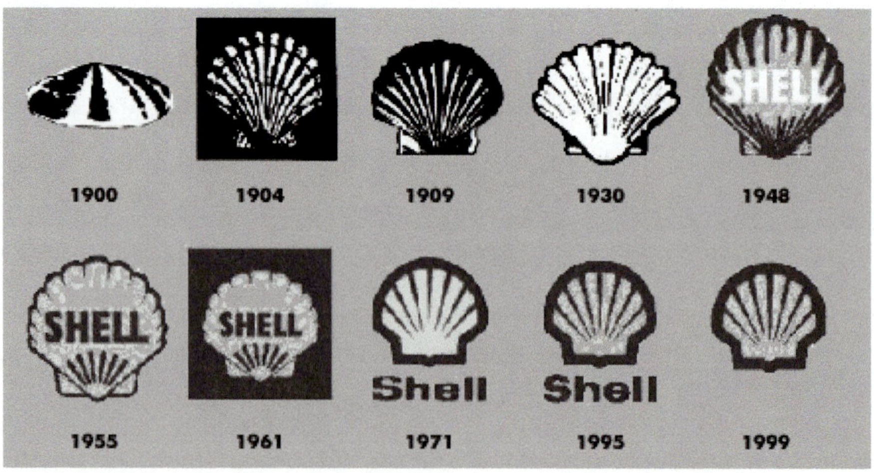

을 갖도록 해야 한다(브랜딩 따라잡기 35). 갑작스런 변화는 고객의 신뢰를 잃고, 또한 만약 성과가 기대에 미치지 못할 때는 악의적인 반응으로 돌변하기도 한다. 점진적인 반응이 가장 잘 받아들여지는 편이다.

좋은 예로 Shell사의 로고 변화과정을 살펴보자(그림 15-4). 1897년도에 처음 등장한 가리비 모양의 로고 이후로 현재까지 10번 정도의 새로운 로고를 선보였다. Shell은 "가리비 모양은 전통적으로 바다의 상징이며, 고객을 위한 새로운 아이디어와 신제품, 새로운 길을 찾으려는 우리의 노력을 반영해 주는 것"이라고 말한다.

변화를 받아들이는 고객의 오해를 최소화하면서 새로운 모습을 자연스럽게 받아들일 수 있도록 하는 것이 중요하다. 로고나 브랜드 이름 등은 인식요소에 속한다. 이를 잃는다면, 원래의 브랜드와 연결되어 있던 모든 감정적인 연상들을 모두 잃게 될지도 모른다.

이와 같이 포지셔닝이 브랜드 아이덴티티의 변경으로 이어지는 경우에는 이에 수반하는 위험을 고려하여 신중하게 행할 필요가 있다.

브랜딩 따라잡기 35

빙그레 '바나나맛 우유' 감성 채워 신세대 공략

빙그레 바나나맛 우유는 편의점에서 잘 팔리는 베스트셀러다. 바나나맛 우유는 올 상반기 훼밀리마트에서 판매 개수 순위(담배 제외) 1위, GS25에서는 참이슬 소주에 이어 두 번째로 많이 팔렸다.

1974년 첫 선을 보인 빙그레 바나나맛 우유의 인기는 식을 줄 모르고 있다. 빙그레 바나나맛 우유는 하루 70만 개씩 팔린다. 작년 한 해 2억 4,000만 개가 팔렸고, 출시 이후 현재까지 25억 개가 팔려 나갔다. 그동안 팔린 바나나맛 우유는 총 60만 톤으로 서울 강남구 코엑스 아쿠아리움 수족관을 260번 채울 수 있는 양이다. 2004년 가공 우유로써는 최초로 '한 해 매출 1,000억 원 브랜드'로 이름을 올린 바나나맛 우유는 작년에도 1,100억 원의 매출을 올렸다.

변함없는 모양과 맛

부침(浮沈)이 심한 식음료 부문에서 바나나맛 우유가 32년 동안 브랜드를 유지하며 인기를 누려온 비결은 무엇일까? '변함없는 항아리 모양의 용기에 한결같은 맛, 트렌드를 읽는 마케팅 전략' 때문이라고 전문가들은 분석한다.

1974년 빙그레 개발부. 신제품 개발을 놓고 밤샘 아이디어 회의가 계속됐다. 당시 정부는 국민건강 차원에서 우유 소비를 장려했다. 문제는 국민 상당수가 체질상 흰 우유를 소화시키는 효소가 부족해 설사를 하는 경우가 많다는 점이었다. 업체에서는 유당(乳糖)이 잘 소화되게 하는 가공유 개발에 뛰어들고 있었다. 빙그레가 착안한 것은 바나나였다. 바나나는 고급 과일의 대명사였고, 어린이들이 좋아하는 과일이었다. 값싼 우유로 비싼 바나나맛을 즐길 수 있어, 바나나맛 우유는 시장에 내놓자마자 어린이는 물론 어른들에게도 큰 인기를 끌었다.

바나나맛 우유는 처음 나올 때에 비해 비타민 D · E가 첨가됐지만 맛은 변화가 없다. 용기의 항아리 모양과 크기(240㎖)는 32년 전 그대로다. 용기에 쓰인 '바나나맛 우유'라는 로고 디자인만 조금 바뀌었을 뿐이다.

신세대를 공략하는 감성 마케팅을 추가

바나나맛 우유에 시련이 닥친 것은 1980년대 후반이었다. 젊은 층에서 바나나맛 우유는 '오래된 이미지'에 '아이들이나 마시는 우유'로 인식하기 시작한 것이다. 1990년대 초, 빙그레 바나나 우유가 트레이드마크인 항아리 모양의 용기를 고집하는 동안 다른 회사들은 각양각색의 패션 용기를 앞 다투어 내놓으면서 젊은 층을 끌어갔다. 1990

넌대 중반 바나나맛을 낸 경쟁제품이 매출 100억 원대를 기록하며 빙그레 바나나맛 우유를 쫓아왔다. 빙그레는 유행을 따라가느냐, 전통을 이어가느냐의 갈림길에 놓였다.

빙그레 마케팅실이 분주하게 움직였다. 1998년부터 2년간 소비자 조사 등에 10억 원을 투입, 마케팅 분석 작업에 들어갔다. 조사 결과 소비자들은 맛에는 불만이 없었다. 빙그레는 대학생을 주요 타깃으로 '오래됐다'는 이미지를 없애기 위해 감성 마케팅 전략을 세웠다. '사랑과 우정의 메신저', '마음까지 채워주는 든든함'과 같은 이미지를 심는 작전이었다. 맛은 검증됐으니 타깃을 젊은 층으로 확대하면 된다는 분석에 따른 것이었다. 마케팅 전략을 조정한 이후 매년 평균 20~30%씩 매출이 성장했다. 바나나맛 우유는 '그냥 놔두어도 기본 이상은 하는 제품'에서 빙그레 전체 매출의 20%를 책임지는 대표 브랜드로 거듭났다.

바나나맛 우유가 전통을 중시한다고 해서 유행에 둔감하다는 얘기는 아니다. 빙그레는 지난 3월 기존의 바나나맛 우유와 별도로 다이어트에 관심이 많은 20~30대 젊은 층을 겨냥, 지방 함량을 기존 가공 우유의 절반 아래로 낮춘 '바나나맛 우유 라이트'를 내놓았다.

빙그레 마케팅실 이창엽 상무는 "전통의 맛과 품질은 최대한 지키면서 장기적으로 바나나맛 우유의 브랜드 가치를 높이기 위한 마케팅에 주력할 것"이라고 말했다.

자료 : 조선일보, 2006년 7월 20일자 인용

[생각해볼 문제]

1. 쇠퇴하고 있는 브랜드를 하나 선정하여, 브랜드를 재활성화시키기 위해 어떤 제안을 할 것인가? 이 장에서 설명한 브랜드 재활성화 방법들을 적용해 보자. 어떤 전략이 가장 잘 적용될 것 같은가?

2. 제품 카테고리를 하나 선정해 보자. 그 카테고리에서 지난 10년간 리딩 브랜드의 역사를 조사해 보자. 브랜드 자산을 어떻게 관리해 왔는가 특징을 기술해 보자.

3. 브랜드를 하나 선정해 보자. 지난 5년간 브랜드 자산을 관리한 노력들을 평가해 보자. 여러분은 마케팅 프로그램에 있어서 어떤 변화를 제안할 수 있는가?

제7부

브랜드 포트폴리오의 관리

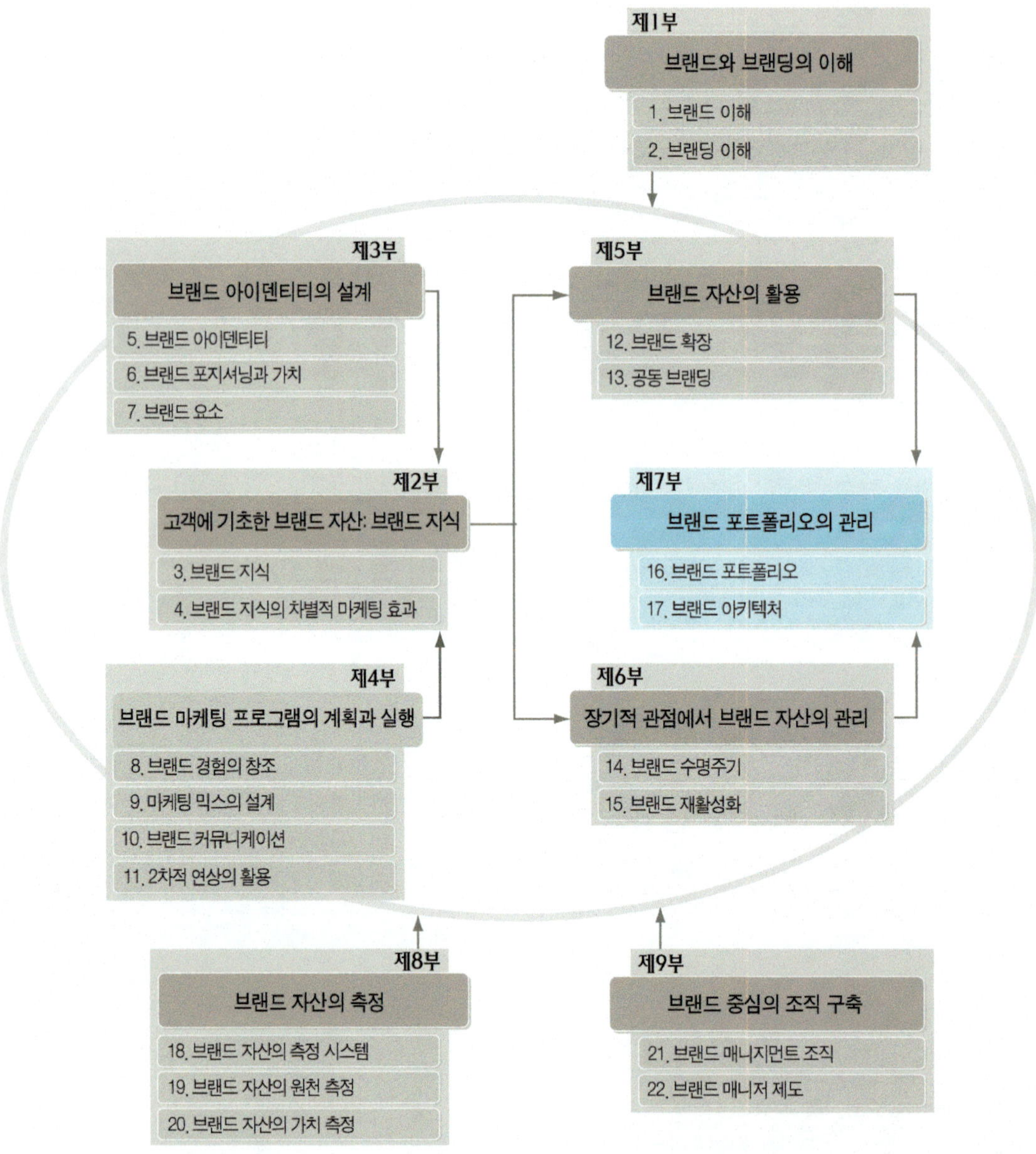
제1부
브랜드와 브랜딩의 이해
1. 브랜드 이해
2. 브랜딩 이해
제3부
브랜드 아이덴티티의 설계
5. 브랜드 아이덴티티
6. 브랜드 포지셔닝과 가치
7. 브랜드 요소
제5부
브랜드 자산의 활용
12. 브랜드 확장
13. 공동 브랜딩
제2부
고객에 기초한 브랜드 자산: 브랜드 지식
3. 브랜드 지식
4. 브랜드 지식의 차별적 마케팅 효과
제7부
브랜드 포트폴리오의 관리
16. 브랜드 포트폴리오
17. 브랜드 아키텍처
제4부
브랜드 마케팅 프로그램의 계획과 실행
8. 브랜드 경험의 창조
9. 마케팅 믹스의 설계
10. 브랜드 커뮤니케이션
11. 2차적 연상의 활용
제6부
장기적 관점에서 브랜드 자산의 관리
14. 브랜드 수명주기
15. 브랜드 재활성화
제8부
브랜드 자산의 측정
18. 브랜드 자산의 측정 시스템
19. 브랜드 자산의 원천 측정
20. 브랜드 자산의 가치 측정
제9부
브랜드 중심의 조직 구축
21. 브랜드 매니지먼트 조직
22. 브랜드 매니저 제도

제16장

브랜드 포트폴리오

이번 장의 주요 이슈

브랜드 포트폴리오 혹은 다양한 브랜드의 군을 관리하는 것은 또 다른 차원에서 도전을 요구한다. 브랜드 포트폴리오를 다룰 때, 도전은 단 하나의 브랜드를 구축하는 것이 아니다. 각기 다른 강점과 제한성을 가지고 있는 브랜드 군(collection of brand)을 구축하는 것이다. 하나의 브랜드에 대한 최적의 결정은 다른 브랜드에 대해서는 최적이 아닐 수 있다. 성공적인 브랜드 포트폴리오 전략을 구축하는 것은 비즈니스에 관한 모든 것이며 어려운 선택이다.

오늘날 직면하는 비즈니스 환경에서 포트폴리오 전략은 기업으로부터 초점과 주목을 받고 있다. 강력한 브랜드를 구축하는 것만이 장기적인 재무적 성공을 보장하지 않는다. 기업들은 강력한 브랜드 포트폴리오를 필요로 한다.

이번 장에서는 기업이 여러 브랜드 군을 최적으로 관리하는 방법들로써 브랜드 포트폴리오 전략을 살펴봄으로써 다음과 같은 질문에 해답을 제공해 줄 것이다.

❶ 기업은 왜 복수의 브랜드를 운영하게 되는가? 복수 브랜드 운영을 통하여 얻을 수 있는 이점은 무엇인가?

❷ 브랜드 포트폴리오와 브랜드 아키텍처는 무엇을 의미하는가?

❸ 지속적인 성장을 추구하기 위해 브랜드 포트폴리오를 어떻게 구축해야 하는가? 또한 방만한 브랜드 포트폴리오를 어떻게 합리화해야 하는가?

❹ 성공적인 브랜드 포트폴리오의 관리를 위해서 준수해야 할 원칙은 무엇인가?

제 1 절 복수 브랜드 운영의 배경

다음에서는 기업이 시장에서 단일의 브랜드만을 운용할 경우 어떤 전략적 선택이 있는지를 설명한다. 이어서 동일한 시장에서 복수의 브랜드를 활용하는 것은 단일의 브랜드를 사용하는 경우에 비하여 어떤 이점을 제공할 수 있는지를 살펴본다.

1. 단일 브랜드 운용 시의 전략 옵션들

단일 브랜드 전략은 지속적인 혁신을 통하여 경쟁자들에 대해서 리더를 유지할 수 있다면, 혹은 모방하기 어려운 광고를 통하여 소비자들에게 브랜드에 대한 경험의 세계를 창출할 수 있다면 성공할 수 있다.

❶ 지속적인 혁신을 위해, 연구개발에 많은 투자는 보다 싼 제품에 대한 차별적 경쟁우위를 유지하는데 필요하다.

❷ 또한 모방하기 어려운 마케팅 커뮤니케이션은 비 제품관련 연상에 기초를 두는 브랜드 이미지의 형성에 공헌해야만 한다.

이와 같이 기업이 시장에서 단일의 브랜드를 활용할 때, 동일 브랜드 하에서 여러 다른 제품의 변형(variant)들을 출시하는 것을 결정할 수 있다. 기존에 존재하는 브랜드 하에서 동일 제품군 내에서 새로운 제품을 도입하는 것을 라인 확장(line extension)이라 한다. 라인 확장에서 상이한 제품 변형들은 하나의 공통된 브랜드를 가진다. 라인 확장에서 가격 차원에서 서로 다르지 않은 변형의 제품으로의 확장과 가격 차원에서 서로 다른 변형의 제품으로의 확장 간에 구분을 할 수 있다. 전자를 수평적 확장이라 하고 후자를 수직적 확장이라 한다. 수평적 확장의 예는 치약시장에 있어서 충치예방용, 구치용 등으로 동일의 페리오(Perio) 브랜드를 활용하는 것이다. 수직적 확장의 예는 자동차 브랜드에서 서로 다른 가격 등급이다. 메르세데스 벤츠(Mercedes-Benz)는 상위의 모델 외에 시장에서 보다 작고 보다 싼 모델을 가지고 있다. 수평적 라인 확장은 주로 빨리 변화하는 소비재(fast-moving consumer goods)에서 나타난다. 반면 수직적 확장은 내구재(durable consumption goods)에서 나타난다. 수직적 확장에서 보다 값싼 제품의 변형을 제공함으로써 시장을 방어할 수 있다.

지금까지 설명한 단일 브랜드 전략 하에서 선택 대안들이 제12장의 〈그림 12-4〉에 요약되어 있다. 그림에서 브랜드 X는 지속적인 혁신과 커뮤니케이션을 통하여 성공적인 브랜드를 구축할 수 있으며, 이러한 브랜드는 수직적 라인 확장 그리고/혹은 수평적 라인 확장에 활용될 수 있다. 이 그림에서 수직 축은 가격 차원(낮은 가격에서 높은 가격)과 수평 차원은 차별화 차원(소비자들의 차별적 욕구나 욕망을 언급)이다. 단일 브랜드 전략은 혁신과 광고 커뮤니케이션을 통하여 성공할 수 있으며, 잘 구축된 브랜드는 지속적인 경쟁우위의 이점을 제공할 수 있다.

그러나 단일 브랜드 전략의 불리한 점은 경쟁자가 그 시장에서 탁월한 포지션을 달성하기가 쉽다는 점이며 따라서 소비자들에게 매력적인 선택 대안이 되기가 쉽다. 따라서 기업들은 어떤 시장에서 여러 브랜드를 활용함으로써 그와 같은 위협적인 상황을 미리 막을 수 있다.

2. 경쟁의 원천들

브랜드의 경쟁 원천을 확인하려면, 〈그림 16-1〉에서 보여주는 것처럼 Porter (1985)의 다섯 가지 경쟁 모델을 활용할 수 있다.[1] 이 모델의 중심 포인트는 소위 내부 경쟁(internal competition)이다. 내부 경쟁이란 동일 제품군에서 직접

1) Porter M.E. (1985), Competitive Advantage: Geating and Sustaining Superior Performance, The Free Press, New York.

적이고 현존하는 경쟁을 언급하고 있다. 이러한 내부 경쟁 외에 다른 두 가지의 경쟁 원천은 외부 경쟁과 잠재 경쟁으로 불린다. 브랜드의 외부 경쟁은 공급자(suppliers)와 소비자를 포함한다. 잠재 경쟁은 잠재적인 진입자와 대체자에 의한 경쟁을 포함한다. 〈그림 16-1〉은 다섯 가지의 경쟁의 원천 모델을 체계적으로 보여주고 있다. 이러한 모델을 브랜드 적용해 보자.

내부 경쟁은 다섯 가지 경쟁 원천의 중심축을 형성한다. 이 영역에서 브랜드들은 가격 차원에서 구분할 수 있다. 또한 소비자들의 다양한 욕구와 욕망에 융합으로써 차별화의 관점에서 구분할 수 있다. 브랜드 매니저들은 경쟁이 내부 경쟁에 있는 경쟁자들로 제한되지 않는다는 사실을 고려해야만 한다. 공급자, 고객과 다른 파트너들은 또한 내부 경쟁분야로 진입할 수가 있다.

브랜드의 외부 경쟁은 공급자와 고객을 포함한다. 전방위 수직적 통합은 공급자들이 내부 경쟁분야로 진입할 때이다. 컴퓨터 시장에서 마이크로 프로세서(microprocessor)의 생산자로써 인텔(Intel)은 인텔 컴퓨터를 도입할 수 있다. 공급자들이 관계하는 한, 전방위 수직 통합의 위협은 내부 경쟁영역에서 생산자에 의한 후방수직통합의 위협과 관계가 있다. 즉, 내부 경쟁영역에서 생산자들이 후방수직통합의 어떤 징후도 보이지 않는다면, 공급자 역시 내부 경쟁영역으로의 진입경향이 거의 없다.

특히 빠르게 변하는 소비재에 있어서의 경쟁의 원천은 소매상이다. 다섯 개의 경쟁의 원천 모델에 따라 소매상은 소비자 범주에 속한다. 적절한 가격 · 품질을 제공함으로써 유통업자 소유의 브랜드(private brand)는 과거 수년 동안 제조업자 브랜드와 경쟁하여 왔다.

내부 및 외부 경쟁 외에도, 어떤 브랜드는 소위 잠재 경쟁(신규 진입자와 대체자)에 직면할 수 있다. 내부 경쟁 분야의 하나의 예로써 아이스크림 시장을 보면,

그림 16-1 포트의 경쟁 모델

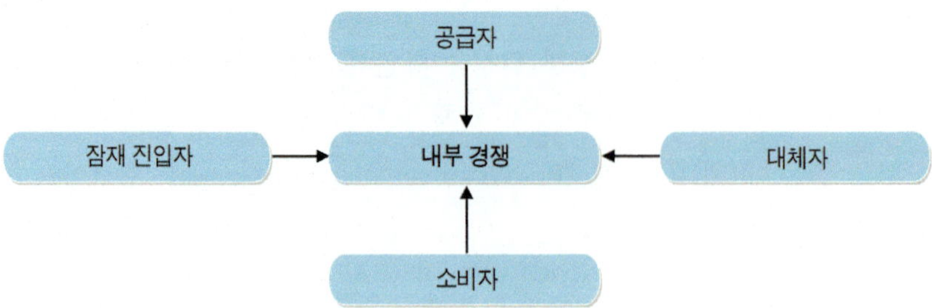

초콜릿 제조업자가 그 시장에서 신규 진입자로 보일 수 있다.

신규 진입자 외에, 대체자가 또 다른 잠재적 경쟁의 형태이다. 대체자가 내부 경쟁에 진입하는 하나의 보기는 감미료 시장에서 볼 수 있다. 만약 자연 감미료를 내부 경쟁이라 한다면, 대체자로써 인공 감미료를 지적할 수 있다. 인공 감미료는 설탕시장에 있어 무서운 경쟁자이다. 성분 브랜드인 NutraSweet는 저칼로리 제품에 널리 사용됨으로써 자연 감미료 시장의 대체제가 되었다.

이처럼 브랜드 전략에서 포트의 경쟁 모델(Porter's five competitive forces model)의 가치는 이 모델이 가능성 있는 경쟁자들을 가려낼 수 있다는 데 있다. 가능한 경쟁위협을 방지하기 위해서는 전략적 조치를 취할 필요가 있다. 기업들은 이러한 경쟁 위협에 대처하기 위해 복수의 브랜드를 운영하는 전략을 취해 왔다. 다음에서는 복수 브랜드 운영의 이점을 살펴보도록 한다.

3. 복수 브랜드의 운영

복수 브랜드의 운용을 통하여 기업은 다음과 같은 여러 이점을 누릴 수가 있다.

- 복수 브랜드의 운용을 통해, 소비자들에게 한 기업의 포트폴리오에 속하는 브랜드화된 제품을 구매할 수 있는 기회를 증가시켜준다.
- 복수 브랜드의 운용을 통해, 기업은 규모의 경제로부터 이익을 얻을 수 있다.
- 복수 브랜드를 운용함으로 인해 어떤 전략적 이점을 누릴 수 있다.
- 복수 브랜드의 운용을 통해 위험 분산의 정도를 높일 수 있다.
- 복수 브랜드를 운용함으로써, 시너지 효과를 얻을 수 있다.
- 복수 브랜드의 운용은 브랜드 확장의 토대를 제공한다.

❶ 위에서 언급한 첫 번째 이점과 관련하여, 복수 브랜드의 운용을 통해 소비자들은 한 기업의 포트폴리오에 속하는 브랜드화 된 제품을 구매할 수 있는 기회가 증가한다. 이것은 소비자들이 어느 정도 무작위로 제품을 선택한다고 가정한다.

이러한 가정과 관련된 논의는 소비자들의 브랜드 충성도와 관련된다. 브랜드를 규칙적으로 바꾸는 소비자들의 욕구에 부응하기 위해 동일 시장 내에서 여러 브랜드를 운용하는 것은 매우 중요하다. 그러한 경우에 제품을 선택할 가능성이 단일의 브랜드만을 제시하는 경우보다 훨씬 크다고 할 수 있다.

❷ 두 번째 이점으로 기업은 여러 규모의 이점을 얻을 수 있다. 이는 기업에게 진열, 매체 비용, 유통채널, 포장 등에서 이점을 제공한다. 예를 들면, 여러 큰 기업에 있어서 동일한 패키징 형태는 하나의 제품군에서 여러 브랜드에서 발견될 수 있다. 예를 들면 P&G의 여러 샴푸 브랜드(Head & Shoulders, Pantene and Vidal Sassoon)에서 보여진다. 하지만 이러한 패키징의 표준화는 여러 다른 브랜드의 독특성의 지각에 해를 끼칠 수 있다.

❸ 세 번째 이점은 전략적인 측면에서의 이점이다. 기업이 단일의 브랜드 전략을 추구하는 상황과 비교하여 여러 브랜드를 사용함으로 인해 잠재적 경쟁자에 대한 시장 진입 장벽을 높일 수 있다.

예를 들면, 복수 브랜드 운영에 있어서 브랜드의 역할을 명확히 하기 위하여, 요새 브랜드(bastion brand), 측위 브랜드(flanker brand), 전투 브랜드(fighter brand), 그리고 프레스티지 브랜드(prestige brand)로 구분하여 운용할 수 있다(브랜딩 따라잡기 36). 이렇게 함으로써 잠재적 경쟁자에 대한 시장 진입 장벽을 높일 수 있다(브랜드 심리학 20).

❹ 네 번째 이점은 여러 브랜드 운용을 통해 위험 분산의 정도를 높일 수 있다. 브랜드 개발의 성공은 기업 내의 관리의 질뿐만 아니라 경쟁에서의 성공과 여타의 외적 요소들(예를 들면 부정적 홍보와 같은)에 또한 달려 있기 때문에 성공적인 브랜드 개발을 통한 위험 분산의 정도를 높일 수 있다. 여러 브랜드의 활용은 기업을 브랜드 개발과정에서의 실패에 덜 민감하게 만들어 준다.

❺ 다섯 번째 이점인 시너지 효과의 발생은 기업에게 보다 높은 수익성으로 표현될 수 있다. 동일 카테고리 내에 복수의 브랜드를 운영하는 경우, 각자의 브랜드 매니저들은 내부 경쟁을 통하여 최대한의 성과를 낼 수 있도록 각자 브랜드를 관리할 것이다. 하지만, 최근에 기업들은 브랜드간의 어떤 조정이 더욱 더 유리하다는 것을 확신하게 되었다. 어떤 제품군에 있어서 브랜드간의 조정을 하게 되는데 이를 카테고리 관리(category management)라고 한다. 카테고리 매니저의 업무는 균형 잡힌 브랜드 포트폴리오를 개발하는 것이고, 따라서 브랜드간의 자기 잠식(cannibalization)을 최소한으로 줄일 수 있다.

브랜딩 따라잡기 36

브랜드 포트폴리오에 있어 4가지 유형의 브랜드

브랜드 포트폴리오의 핵심은 각자의 브랜드를 경쟁자의 공격으로부터 기업의 가장 이익이 나는 브랜드로 보호하는 것이다. 여기서 기업의 가장 이익이 나는 브랜드를 요새 브랜드로 부르기로 한다. 그림에서처럼 요새 브랜드가 어떻게 측위 브랜드, 전투 브랜드, 그리고 프레스티 브랜드와의 관계에서 보호되는지를 다음에서 설명하여 보자.

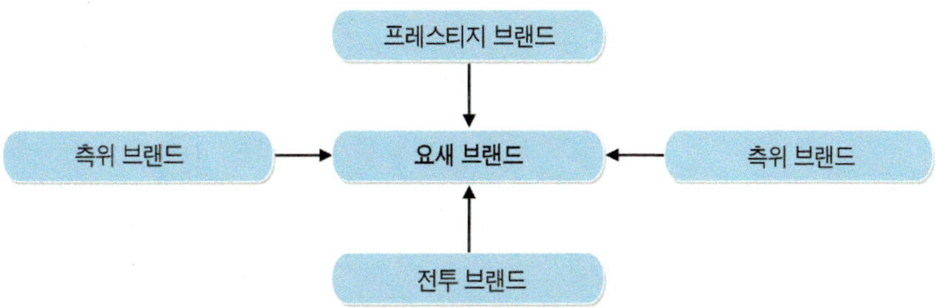

포트폴리오에 있어 4가지 유형의 브랜드

요새 브랜드

기업의 가장 핵심이 되는 브랜드로 이는 프리미엄 전략에 기반을 두고 있다. 브랜드 부가가치의 관점에서 요새 브랜드는 높은 사회심리학적 의미를 지님으로써 높은 수준의 지각된 성과(perceived performance)를 지니게 된다. 일반적으로 이러한 브랜드는 또한 높은 시장점유율을 지닌다. 즉, 요새 브랜드를 한마디로 표현한다면 이는 생산자의 입장에서 가장 높은 가치를 지니는 브랜드라고 할 수 있다.

측위 브랜드

일반적으로 측위 브랜드는 요새 브랜드와 동일한 가격대를 구성하지만 요새 브랜드와는 다른 소비자의 욕구를 만족시켜 준다.

전투 브랜드

요새 브랜드가 경쟁사의 디스카운트 브랜드(discount brand)로부터 공격받는 것을 막기 위해 사용하는 브랜드를 말한다.

프레스티지 브랜드

작은 구매 집단을 목표로 하는 브랜드인데, 이러한 브랜드는 높은 품질(high quality)과 고급품(luxury)에 대한 욕구를 만족시켜준다.

이러한 네 가지 유형의 브랜드에 있어서의 재무적, 전략적, 경영 관리적 측면에서 각기 다른 이점들을 가지고 있다(표). 예를 들면, 측위 브랜드의 경우 전략적 측면에서는 요새 브랜드를 보호해 주는 역할을 수행함으로써 전략적 측면에서는 매우 중요하지만 재무적 측면에서는 큰 기여를 하지 못하는 것을 볼 수 있다.

이처럼 기업은 경쟁사가 어떤 세분시장에 발을 들여놓을 수 있는 가능성을 거의 유지할 수 없게 브랜드 포트폴리오를 구축함으로써 장기간 매출을 보호할 수가 있다.

4가지 유형의 상대적 이점 비교

브랜드 유형	이 점		
	재무적	전략적	경영 관리적
요새 브랜드	높음	높음	높음
측위 브랜드	낮음	높음	중간
전투 브랜드	중간	높음	낮음
프레스티지 브랜드	높음	중간	중간

❻ 마지막 이점으로 복수 브랜드 운용은 확장과 관련하여 단일 브랜드에서의 확장에서 보다 더 확고한 기반을 제공할 수 있다. 즉, 하나의 브랜드 운용 시에 그 브랜드를 통하여 확장을 할 경우 그 브랜드가 위험에 처해 있을 경우, 그 결과는 기업에게 막대한 영향을 미칠 수가 있다. 이러한 상황은 단 하나의 넓게 가지를 낸 과일나무만을 가진 과수원의 상황과 비교할 수 있다. 만약 하나의 과일나무의 뿌리나 줄기가 치명적인 손상을 입을 경우, 그 과일나무의 미래는 위협을 받을 뿐만 아니라 과일나무의 수확도 거의 기대할 수가 없을 것이다. 과수원에 여러 나무를 심어서 가꾸는 것은 이러한 위험들을 줄일 수가 있다. 그러므로 어떤 브랜드에 확장을 도입하기 전에, 복수의 브랜드를 구축하여 확장의 확고한 기반을 마련하는 것은 중요하다. 어떤 하나의 브랜드를 확장하기 전에 복수의 브랜드 개발을 수행하는 것은 바람직하다.

브랜드 심리학 20

유인효과를 통한 미끼상품 전략과 복수제품 전략

유인효과(attraction effect)란 기존의 브랜드보다 열등한 동종의 신규 브랜드를 의도적으로 투입하여 기존의 브랜드로 고객을 유인하는 효과를 보고자 할 때 사용되는 전략을 의미한다. 따라서 신규 브랜드의 진입으로 인하여 그와 비슷한(그리고 우월한) 위치에 있는 기존 브랜드의 점유율이 오히려 높아지는 현상을 초래한다. 다시 말해서, 경쟁대안 A와 B로 구성된 기존의 선택집합에 새로운 대안 C가 진입할 경우 C는 대안 B에 열등한 대안이므로 소비자들의 대안에 대한 평가에 영향을 미칠 이유가 없음에도 불구하고 일반적으로 대안 C의 진입으로 인해 소비자들이 대안 B를 선택하는 확률이 증가하게 된다는 것이다. 유인효과의 발생원인은 다음과 같은 4가지의 이론으로 설명 가능하다(그림):

❶ 범위원칙(range principle)이다. 이것은 소비자들이 선택 집합에 속한 대안들을 평가할 경우 객관적 속성들을 주관적으로 지각한 후 심리적인 속성들로 변환시켜 범주평가를 하는데, 이럴 경우 객관적인 속성의 값이 가장 높아서 심리적인 속성에서도 가장 높은 대안에 가능한 한 가장 높은 평가점수를 부여하고, 가장 낮은 대안에게는 가장 낮은 점수를 부여하고, 나머지 대안들에게는 속성 값의 차이에 따라 비례하여 점수를 부여하여 각 대안들의 범주평가에 차이가 나도록 인식한다는 것이다. 따라서 범위효과를 이용하여 유인효과의 발생 원인을 살펴보면, 선택집합에 경쟁대안에 비하여 열등한 속성의 범위를 확장시켜주는 ADA대안을 추가시킬 경우 표적대안과 경쟁대안의 상대적인 심리적 거리(psychological distance)를 좁혀주는 지각상의 편의(perceptual bias)가 발생하고, 이러한 범위효과는 유인효과를 발생시킬 수 있다는 것을 의미한다.

❷ 빈도원칙(frequency principle)이다. 이것은 대안들의 범주평가는 선택집합에 속한 각 대안들의 서열적인 위치에 비례하여 행해진다는 것을 의미한다. 즉, 선택집합에 속한 대안들의 빈도분포가 어떠한가에 따라 각 대안들의 범주평가는 영향을 받는다는 것이다. 따라서 범위-빈도이론에 의해 행해지는 대안의 최종적인 범주평가는 범위원칙에 의한 범주평가와 빈도원칙에 의한 범주평가의 가중 평균된 점수에 의해 이루어진다. 따라서 빈도원칙이란 표적대안보다는 열등하지만, 경쟁대안보다는 우수한 유인대안을 추가할 경우 표적대안과 경쟁대안 간의 상대적인 심리적 거리를 넓혀주는 지각상의 편의가 발생하여 유인효과가 발생한다는 것을 말한다.

❸ 손실회피원칙(loss aversion principle)이다. 손실회피원칙이란 중립적인 준거점(neutral reference point) 밑에 있어서 생겨나는 손실이 준거점 위에 있어서 생겨나는 같은 크기의 이득보다 크게 보인다는 것을 의미한다. Puto는 유인효과의 발생 원인을 타협 효과(compromise effect)로 이해하려 하였다. 즉 소비자들은 표적대안과 경쟁대안만으로 이루어진 기존의 선택집합에 상대적으로

열등한 대안(RIA)이 추가되면 기존의 표적대안 보다 덜 위험한 안전한 대안(safe 또는 compromise)으로 인식하기 때문이라고 생각하였다.

④ 대체효과(substitution effect)이다. 이것은 유사성을 가정으로 한 것으로 기존의 선택집합에 새로운 대안이 추가될 경우, 그와 가장 유사한 대안의 선택확률을 가장 많이 잠식한다는 것을 의미한다. 이런 원리를 바탕으로 생각해볼 때, 새롭게 추가된 유인대안은 표적대안에 가장 비슷하도록 설계되었기 때문에 경쟁대안보다 비슷한 표적대안의 선택확률을 상대적으로 더 많이 잠식할 것으로 보인다. 따라서 유인대안의 추가로 인해 발생하는 유사성에 의한 대체효과는 부의 유인효과(negative attraction effect)를 발생시킨다.

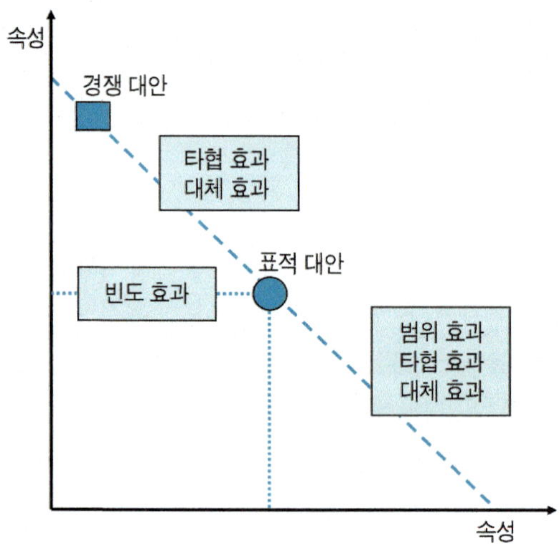

유인효과의 발생원인

▎자료 : 방승환 (2002), 「브랜드 이미지와 제품의 복잡성이 유인 효과에 미치는 영향에 관한 연구」, 한양대 박사학위 논문.

제 2 절 브랜드 포트폴리오 전략의 개념

앞 절에서 기업이 단일 브랜드를 운용하는 것보다 복수의 브랜드를 운영하는 것이 여러 이점을 가진다는 것을 살펴보았다. 그렇다고 무조건 여러 브랜드를 운영하는 것이 모두 기업에게 이점을 제공하는 것은 아니다. 씨줄과 날줄처럼 얽혀 있는 수많은 브랜드 관계를 시너지 효과, 레버리지, 그리고 명확성을 창출하며 연관성을 유지하고, 차별적이고 활력을 제공하는 브랜드를 구축해 나가는 지혜는 기업들의 브랜드 관리의 초점이 되고 있다. 이의 해결방법이 브랜드 포트폴리오 전략(brand portfolio strategy)으로써 다음에서는 이들의 개념에 대해 살펴본다.

1. 브랜드 포트폴리오 전략

일반적으로 기업수준에서는 하나의 브랜드와 제품, 카테고리를 관리하는 것이 아니고 다양한 브랜드와 제품, 카테고리를 관리하는 것이 일반적이다. 왜냐하면, 기업은 지속적인 성장을 추구해야 하는데 이의 달성방법으로 다양한 제품영역으로 진출하게 되고 그와 더불어 다수의 브랜드를 운영하게 된다. 또한 인수합병을 통한 신규 사업으로의 진입 등을 추구하게 된다. 그 결과 기업은 복잡하고 비효율적인 제품, 카테고리, 그리고 많은 브랜드를 소유하게 되고 이로 인해 복잡한 브랜드 포트폴리오를 구성하게 된다.

이의 해결방법이 브랜드 포트폴리오의 관리로써 기업이 보유하고 있는 많은 브랜드들을 효율적으로 관리하고, 또 상호간에 상승효과(synergy effect)를 주기 위해서이다. 브랜드 포트폴리오를 방치하게 되면 지나치게 산만해져서 각각의 역할이 모호해질 뿐만 아니라 기업의 장기적인 전략을 수행하는 데에 오히려 장애가 될 수 있다. 따라서 브랜드 포트폴리오 전략은 기업들에게 다음과 같은 질문에 해답을 제시한다:

❶ 복수의 브랜드를 어떻게 운영할 것인가의 관점으로 브랜드 포트폴리오에 추가해야만 하는가? 브랜드를 어떻게 우선순위화 할 것인가? 그리고 너무 많은 브랜드를 가지고 있는 것은 아닌가? 브랜드를 제거(가지치기)해야만 하는가?
❷ 기업들에게 최적의 브랜드 구조를 개발하는 방법을 제공하며 잠재적으로 서브 브랜드, 보증 브랜드, 성분 브랜드와 같은 브랜딩 요소를 활용하는 방법을 알려준다(브랜드 포트폴리오 전략에서 브랜드 구조를 정립해 주는 하나의 방법이 후술하게 되는 제17장의 브랜드 아키텍처이다.). 따라서 브랜드 포트폴리오 전략은 기업이 이익이 나는 성장을 이끄는 여러 브랜드와 브랜딩 요소를 어떻게 활용하는 지에 대한 윤곽을 표시한다.

오늘날 기업들은 무분별한 브랜드 개발, 브랜드 확장, 그리고 브랜드 인수들을 통하여 복잡한 브랜드 구조를 가지고 있다. 이러한 상황에서 브랜드 포트폴리오 혹은 여러 다른 브랜드의 군을 관리하는 것은 또 다른 차원에서 도전을 요구한다. 브랜드 포트폴리오를 다룰 때, 도전은 단 하나의 브랜드를 구축하는 것이 아니다. 각기 다른 강점과 제한성 가지고 있는 브랜드군(collection of brand)을 구축하는 것이다. 하나의 브랜드에 대한 최적의 결정은 다른 브랜드에 대해서는 최적이 아니다. 성공적인 브랜드 포트폴리오 전략을 구축하는 것은 비즈니스에 관한 모든 것이며 어려운 선택이다.

오늘날 직면하는 비즈니스 환경에서 포트폴리오 전략은 기업으로부터 초점과 주목을 받고 있다. 강력한 브랜드를 구축하는 것이 장기적인 재무적 성공을 보장하지 않는다. 이제 기업들은 강력한 브랜드 포트폴리오를 필요로 한다(브랜딩 따라잡기 37).

브랜딩 따라잡기 37

소비자 중심적 브랜드 포트폴리오

브랜드 포트폴리오의 보다 확장적인 접근의 하나의 예는 Sam Hill and Chris Lederer의 논문(HRB, June, 2001, "See Your Brands Through Your Customer's Eyes")에 나타나 있다. 그들은 브랜드 포트폴리오의 개념을 재정의하였는데 전통적인 포트폴리오 개념의 사용보다 훨씬 큰 의미를 띄고 있다.

그들의 접근에서 브랜드 포트폴리오는 소비자의 구매의사결정에 영향을 미치는 모든 브랜드를 언급하고 있는데 이들 모든 브랜드가 기업이 소유하건 소유하지 않건 간에 즉, 브랜드 확장, 공동 브랜드, 성분 브랜드, 브랜드 제휴 파트너 등 Hill and Lederer는 브랜드 포트폴리오 분자(brand portfolio molecule)라 불리는 새로운 3차원적 모델을 개발하였다.

델(Dell)의 브랜드 포트폴리오를 예를 들어보면 팬티엄과 윈도우를 포함시켜야 한다. 시티뱅크 역시 아메리카 항공사를 포함시킬 수 있다.

이와 동시에 포트폴리오에 한 회사가 보유하고 있는 모든 브랜드를 포함시켜서는 안 되는 경우도 많이 있다. 유니레버의 도브와 레베2000 비누가 그러한 예다. 조사 결과를 보면 도브 소비자들에게 레베2000이라는 비누는 관련이 없는 브랜드로 여겨진다. 즉, 레베2000이라는 비누가 도브를 구매하는 의사결정에 아무런 영향을 주지 못한다는 것이다. 그 결과 레베2000은 도브의 브랜드 포트폴리오에서 제외되었다.

이제 브랜드 포트폴리오를 새로운 방식으로 접근할 때, 전통적인 브랜드 맵핑 접근법은 의미를 잃게 된다. 관례적으로 브랜드 맵핑을 할 경우 기업 브랜드를 맨 위에 위치하고 그 기업의 모든 브랜드들이 단순한 하이어라키(hierachy)에 의해 배열된다.

필립 모리스의 브랜드 맵을 예로 들어 보면 필립 모리스가 엄브렐라 브랜드(umbrella brand)가 되어 그 하위에 밀러(Miller), 크래프트(Craft) 등등의 사업 브랜드로 배열되어 있음을 알 수 있다. 또 각각의 사업 브랜드들은 개개의 제품이나 제품 카테고리 브랜드를 거느리고 있다.

크래프트의 경우 맥스웰 하우스를, 맥스웰 하우스는 마스트 브랜드를 거느리고 있다. 이러한 하이어라키의 장점은 기업이 보유하고 있는 브랜드를 한눈에 보여줄 수 있다는 것이다. 그러나 그것의 단점은 조직 내 브랜드 매니저들의 상하관계를 강조하는 내부적인 시각만을 반영한다는 점이다. 이는 고객을 경시하는 관점인 것이다.

그렇다면 어떤 방법을 통해 조직의 질서와 같은 겉모양을 유지하면서 구매자의 관점을 더 우선시킬 수 있을까? 그에 대한 대답은 360도의 시야를 갖는데 있다. 내부 조직의 기능과 외부시장으로부터의 지각을 모두 반영할 수 있는 시각을 말하는 것이다. 다시 말해 브랜드 맵핑은 3차원적으로 되지 않으면 안된다는 것이다.

브랜드 포트폴리오 분자

3차원적인 브랜드 맵핑은 우리에게 브랜드 포트폴리오 분자를 얻게 해준다. 분자 지도에서 개별 브랜드들은 원자의 형태를 갖는다. 그리고 그것들은 그 브랜드들을 어떻게 보고 있는지를 반영하는 방법대로 묶여진다.

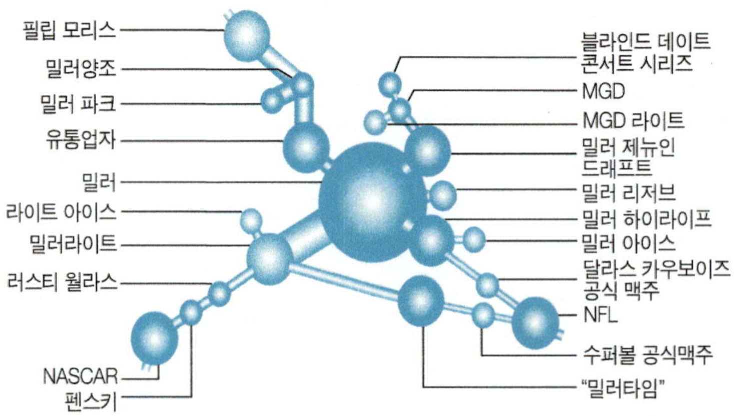

밀러 하이라이프 브랜드 분자

"밀러 하이라이프 브랜드 분자" 구조모형을 살펴보기로 하자(그림). 밀러 하이라이프는 필립 모리스의 자회사인 밀러사의 맥주 브랜드 가운데 하나다. 이러한 분자모형은 밀러 하이라이프가 다른 기업의 브랜드들뿐만 아니라 밀러사 내의 다른 브랜드들과 가지고 있는 복잡한 연계관계를 보여준다.

모든 분자구조에서 중앙에 위치한 브랜드는 그 브랜드가 맵핑이 되고 있는 브랜드건 아니건 간에 소위 선도 브랜드(lead brand)라고 불리는 가장 영향력이 큰 브랜드이다. 분자구조 내에 광범위한 종류의 브랜드들이 포함되어 있는 것에 주목할 필요가 있다. 그중 몇 개는 밀러 라이트나 밀러 제뉴인 드래프트와 같이 밀러가 보유한 다른 브랜드들이다.

또한 분자구조에는 밀러가 스폰서하고 있는 조직의 브랜드인 MASAR나 NFL 등이 포함되어 있는데, 이들 역시 소비자들이 형성하는 하이라이프라는 브랜드에 대한 지각에 영향을 준다. DALFFJ 제뉴인 드래프가 후원하는 록 콘서트 시리즈인 블라인드 데이트도 포함되어 있다. 그 이유는 그것이 젊은 세대가 가지고 있는 밀러라는 이름에 대한 지각에 영향을 주었기 때문이다.

크래프트나 말보로 같은 필립 모리스의 다른 브랜드들은 포함되어 있지 않다. 그것들은 맥주 구매자들의 의사결정에 거의 또는 전혀 영향을 미치지 않기 때문이다. 그림에서 보여주는 것처럼,

원자의 크기, 색깔, 위치를 사용해 각 브랜드의 역할을 의미한다. 포트폴리오 내에서 가장 큰 원자는 선도 브랜드이다. 중간 크기의 원자는 전략적 브랜드를 나타낸다. 전략 브랜드들은 구매자에게 강한 영향을 주는데, 현재 고객들이 경쟁자로부터 잠식당하는 것을 막거나("밀러타임"이라는 슬로건이 하이라이프에 대해 그런 것처럼) 제품에 새로운 사용자들이 현혹되도록 하는(밀러 제뉴인 드래프트가 그런 것처럼) 역할을 수행한다.

포트폴리오 내에서 가장 작은 원자는 지원브랜드(support brands)인데 이들은 고객과의 거래를 마무리하는데 도움을 줄 수 있다. 밀러가 스폰서하는 댈러스 카우보이즈와 수퍼보울은 하이라이프를 지원하는 역할을 수행한다. 다른 원자와 연결되어 있을 뿐만 아니라 개방된 연계를 가진 모든 크기의 원자들은 매듭(nodes)이라고 부를 수 있다. 이러한 브랜드들은 다른 포트폴리오와의 연결고리를 제공한다. 하이라이프의 예에서는 필립 모리스와 NASCAR, NFL이 매듭들이다. 원자의 색깔은 그 브랜드가 고객의 구매의사 결정에 긍정적인 영향(초록색), 부정적인 영향(적색), 또는 중립적인 영향(청색)을 준다는 것을 의미한다. 하이라이프 분자에서 "밀러타임"이라는 슬로건은 초록색인데 이는 하이라이프를 마시는 사람들 사이에 강한 연대의식을 심어 줌으로써 긍정적인 영향을 미치기 때문이다.

반면, 밀러 라이트는 적색인데 이는 영양가가 높은 맥주를 마시는 사람들에게 하이라이프의 소구점을 약화시키기 때문이다. 밀워키 브루어즈의 야구장인 밀러파크는 중립적인 영향을 주기 때문에 청색으로 나타낸다. 구매자들이 어떤 브랜드에 대해 알고는 있지만 아직 그것과 관련된 강한 긍정 또는 부정적인 감정을 개발하지 않았으면 중립적이라고 판단한다. 위치는 두 가지 면을 나타낸다. 첫 번째는 근접성인데 이는 시장 포지셔닝 상의 관련성을 의미한다. 밀러 제뉴인 드래프트와 밀러 리저브는 둘 다 하이라이프와 가깝게 위치해 있는데, 이것은 그것들이 유사하게 포지셔닝되어 있기 때문이다(이것은 소비자들이 혼동할 가능성이 있다는 것을 의미한다.).

위치의 두 번째 의미는 연결이다. 원자들 간의 연결은 브랜드에 대한 기업의 관계를 의미한다. 직접적인 연결(밀러와 라이트 간의)은 밀러 매니저가 라이트와 직접적인 관계를 갖고 있다는 것을 의미한다. 몇 개의 링크로 연결된 것은(밀러와 NFLDL이 그런 것처럼) 간접적인 관계임을 나타내준다.

연결고리의 두께는 통제의 정도를 나타낸다. 링크가 좀더 두꺼울수록 밀러의 매니저가 다른 브랜드를 통제하기 쉽다는 것을 의미한다. 하이라이프의 브랜드팀이 자매 브랜드인 밀러 제뉴인 드래프트에 유리한 영향을 줄 수 있는 반면, NASCAR에는 거의 영향을 줄 수 없다. 결국 시장에서는 고객의 선택에 영향을 주는 많은 변수들이 발생하고 있는 것이다. 분자구조의 유용성은 이러한 모든 영향 요인들을 명백하게 도식화시켜 드러내 보여줄 수 있다는데 있다.

▮자료 : Chris Lederer, Sam Hill (2001), See Your Brands Through Your Customer's Eyes, HBR(June)/ Sogang Harvard Business(November/December 2001), pp.119-131.

2. 브랜드 아키텍처와 브랜드 포트폴리오 전략 비교

브랜드 아키텍처는 브랜드 포트폴리오 전략의 중요한 구성요소라 할 수 있다. 브랜드 포트폴리오 전략이 보다 전략적 초점을 제공해주는데 반해, 브랜드 아키텍처는 좀 더 전술적인 초점을 제공한다.[2] 〈표 16-1〉과 〈그림 16-2〉에서 보여주는 것처럼, 브랜드 아키텍처는 포트폴리오 내의 브랜드 간 명확성과 시너지를 달성하기 위한 것으로 최적의 브랜드 구조를 밝혀준다(브랜드 아키텍처에 대해서는 이어지는 제17장에서 상세하게 설명할 것이다). 반면, 브랜드 포트폴리오

표 16-1 브랜드 아키텍처 대 브랜드 포트폴리오 전략 비교

브랜드 아키텍처	브랜드 포트폴리오 전략
질문의 예 • 기업이 브랜드 포트폴리오를 어떻게 최상으로 구조화하고 커뮤니케이션할 수 있는가? • 이 브랜드를 무엇이라 부르는가? 그것은 마스트 브랜드(master brand)와 연계시켜야만 하는가?	질문의 예 • 15%의 수익을 내는데 적절한 브랜드인가? 그리고 적절한 카테고리인가? • 기업이 상향시장과 하향시장의 성장을 달성하는데 브랜드를 어떻게 활용할 수 있는가?
주요 목적 • 포트폴리오 내의 브랜드간 명확성과 시너지를 달성하는 것	주요 목적 • 포트폴리오 내의 브랜드를 전략적으로 육성하고, 레버리징하고, 보호함으로써 포트폴리오 가치를 극대화 하는 것

그림 16-2 브랜드 아키텍처 대 브랜드 포트폴리오 전략 비교

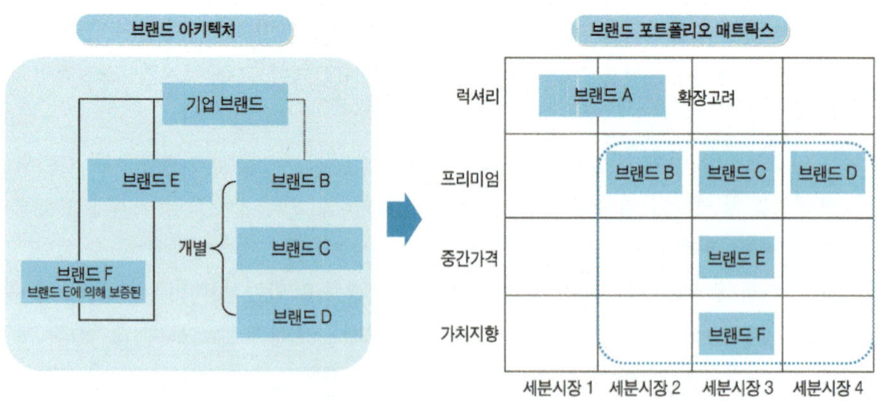

2) Phrophet (2005), Brand Portfolio Strategy: Managing and Investing in the Right Brands to Drive Business Results, www.marketingpower.com/brandingseries.

전략은 포트폴리오 내의 브랜드를 전략적으로 육성하고, 레버리징하고, 보호함으로써 포트폴리오 가치를 극대화한다.

〈그림 16-3〉의 예를 살펴봄으로써 브랜드 아키텍처와 브랜드 포트폴리오의 개념[3]을 쉽게 이해할 수 있을 것이다. 〈그림 16-3〉에서 좌측은 브랜드 아키텍처를 보여주고 있다. 전체적으로 보면 Gap Inc.은 의류시장에서 4개의 브랜드를 운용하고 있다. 특히 Gap 브랜드 하에서 다양한 하위 브랜드를 구축하고 있다. 갭(Gap)은 베이비 붐 세대를 위한 여성 옷으로의 새로운 진입은 또 하나의 하위 브랜드군을 형성하고 있다: GapBaby, GapMaternity, Baby Gap, GapKids. 이처럼 Gap 브랜드는 여러 계층구조를 형성하지만 Gap이라는 마스터 브랜드 하에서 운영되고 있음을 볼 수가 있다.

반면 〈그림 16-3〉의 우측은 브랜드 포트폴리오 매트릭스를 보여주고 있다. Gap Inc.은 의류시장에서 소비자들의 니즈에 기초한 세분시장에 다양한 브랜드를 투입하고 있다. 이는 단일의 브랜드를 활용한 다양한 세분시장으로의 진입의 어려움을 복수의 브랜드 출시를 통하여 각 세분시장에 진입하고 있음을 알 수 있다.

그림 16-3 GAP의 브랜드 포트폴리오 전략

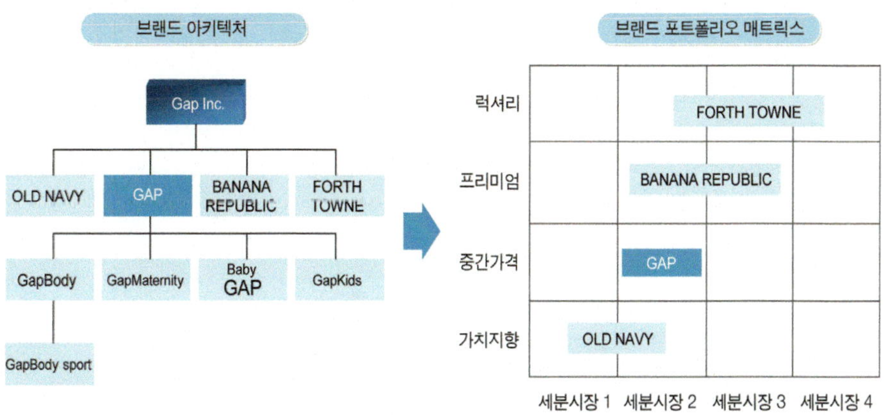

3) David A. Aaker, Erich Joachimsthaler (2000), Brand Leadership, The Free Press.

브랜딩 따라잡기 38

Estee Lauder의 브랜드 포트폴리오

Joseph Lauder와 Estee Lauder에 의해 1946년에 창업되어, 현재 세계 110여 개국 약 9,000개 이상의 점포에서 skin care, make-up, fragrance, hair care 제품을 판매하고 있다. 이들이 가지고 있는 브랜드는 Estee Lauder, Clinique, Aramis, Origins, Prescriptives, M.A.C., Bobbi Brown, Tommy Hilfiger, La Mer, Aveda, Donna Karan, Jane, Stila, Jo Malone, Kate Spade 등 다양한 브랜드 포트폴리오를 구성하고 있다. 이들이 포트폴리오를 구성하는 방법으로는 다음과 같이 세 가지 방법을 통해서 이루어진다(표 참조).

❶ 기업 내부에서 직접 출시를 통해 브랜드를 육성하는 것으로 Estee Lauder, Clinique, Prescriptives, Origins, Aramis 등이 대표적인 브랜드라 할 수 있다.

❷ 외부의 자본 참여나 합병을 통하여 취득하는 것으로 M.A.C., Bobbi Brown, Aveda, Jane, Stila, Jo Malone 등이 있다.

❸ 브랜드 라이선싱을 통한 방법으로 Tommy Hilfiger, Donna Karan, Kate Spade 등의 브랜드가 있다.

Estee Lauder의 브랜드 포트폴리오

구분	주요 브랜드	출시년도
출시	Estee Lauder Aramis Clinique Prescriptive Origins	1946 1964 1968 1979 1990
합병	M.A.C Bobbi Brown Aveda Jane Stila	1994 1996 1997 1997 1999
라이선싱	Tommy Hilfiger Donna Karan	1993 1997

제 3 절 브랜드 포트폴리오의 구축과 합리화

이번 절에서는 브랜드 포트폴리오의 구축과 합리화에 대해 살펴본다. 먼저 포트폴리오 구축을 위한 3가지 전략에 대해 살펴볼 것이다. 이어서, 시간이 지남에 따라, 기업은 그와 같은 모든 브랜드를 더 이상 지원할 수가 없기 때문에 브랜드 포트폴리오를 합리화해야 하는데 어떻게 합리화할 것인지에 대한 방법들을 제시할 것이다.

1. 브랜드 포트폴리오의 구축

기업이 성장을 추구하기 위한 브랜드 전략의 옵션은 관련 있는 브랜드를 인수함으로써, 다른 브랜드와 공동 브랜딩을 통하여, 그리고 자체적으로 브랜드 개발을 통해서 달성할 수 있다(브랜딩 따라잡기 38). 어느 전략이 가장 바람직한지는 세 가지의 기준에 기초하여 전략을 판단함으로써 결정될 수 있다〈표 16-2〉: 브랜드 포트폴리오 구축의 속도, 브랜드의 시장 포지션에 대한 통제 여부, 그리고 재무적 투자의 규모.

표 16-2 브랜드 포트폴리오 구축을 위한 세 가지 전략

전략	평가 기준		
	속도	시장 포지션의 통제	투자
브랜드 개발	느림	보통	보통
브랜드 인수	빠름	높음	높음
공동 브랜딩	보통	낮음	낮음

브랜드 인수(brand acquisition)

브랜드 인수는 브랜드 개발과 비교하여 브랜드 포트폴리오 구축의 가장 빠른 방법이다. 브랜드 인수 시 가장 중요한 고려 기준은 그 브랜드의 시장 지위이다. 이 전략은 브랜드의 시장 지위에 대한 통제를 완벽하게 할 수 있다. 반면 이 전략은 브랜드 인수에 필요로 하는 재무적 투자는 매우 높다. 이와 같은 브랜드 인수를 최고의 전략으로 활용하는 기업은 바로 '질레트'이다(브랜딩 따라잡기 39).

공동 브랜딩(co-branding)

공동 브랜딩을 행할 때, 기업은 보통 외국 브랜드를 채택하는 경우가 많다. 어떤 측면에서 채택된 브랜드는 그 자신의 브랜드 포트폴리오의 구성요소로 볼 수 있다. 공동 브랜딩을 통하여 브랜드 포트폴리오를 구축하는 속도는 자체 브랜드 개발보다 훨씬 빠르지만, 브랜드 인수보다는 더 많은 시간을 필요로 한다. 공동 브랜딩에 있어서 시장 지위에 대한 통제의 정도는 상대적으로 약하며, 또한 재무투자는 매우 낮다고 할 수 있다. 지금은 결별했지만 LG의 유통 지배력과 IBM의 기술력을 바탕으로 노트북 시장을 공략하기 위해 공동 브랜딩(IBM Thinkpad)을 행한 것은 좋은 본보기라 할 수 있다.

브랜드 개발(brand development)

자체적인 브랜드 개발(brand development)은 상대적으로 많은 시간이 소요된다. 이 전략은 브랜드의 시장 지위의 통제에 대해 높지도 낮지도 않은 특징을 가지고 있다. 다른 전략들과 비교하여 브랜드 개발은 많은 재무적 투자가 요구된다. 또한 새로운 브랜드의 도입과 개발은 실패의 위험이 높다는 점이다.

이상에서 살펴본 것 중에서, 특히 기업들은 특정의 시장상황에서 브랜드를 개발할 것인가 혹은 인수할 것인가에 대한 문제에 직면하게 된다. 브랜드 개발과 브랜드 인수의 두 가지 경우를 비교하여 살펴보면 다음과 같다.

때때로 브랜드를 인수하는 것은 의미가 있다. 〈표 16-3〉은 브랜드를 인수할 것인가 브랜드를 개발할 것인가를 평가하는 체크리스트를 보여주고 있다. 낮은 성장성과 비 매력적인 시장에서 브랜드를 개발·구축하는 것은 너무 많은 비용을 필요로 한다. 일반적으로 잘 구축된 브랜드를 이기는 것보다 경쟁 브랜드 혹은

브랜딩 따라잡기 39

'질레트' 브랜드 인수가 최고의 전략

브랜드 왕국 질레트의 성공 핵심요소는 유명 브랜드 인수 전략이다. 질레트의 성장사는 브랜드 인수의 역사라 해도 지나친 말이 아니다. 질레트는 브랜드라는 무형자산의 중요성을 일찌감치 깨달았던 셈이다.

1901년 면도기와 면도날 회사로 출발했던 질레트는 48년 헤어스타일 제품으로 유명한 가정용품 업체 '토니' 브랜드를 인수하면서 본격적인 브랜드 왕국 건설에 나선다. 67년에는 세계 최초로 전기면도기를 개발한 독일 브라운을 합병해 종합 면도기 업체로 발돋움했다. 84년에는 칫솔 업체 오랄비, 96년에는 건전지 업체 듀라셀을 인수했다.

주력사업은 아니지만 55년 볼펜 등 문구용품 제조업체인 페이퍼메이트를, 78년 수정액 '화이트' 제조업체인 리퀴드페이퍼, 87년과 93년에 필기구업체인 '워터맨'과 '파커'를 차례로 인수해 문구사업에도 뛰어들었다. 질레트의 브랜드 인수 전략은 한국에서도 이어졌다. 96년과 99년 차례로 토종 건전지 브랜드 '썬파워'와 '로케트'의 상표권을 사들였던 것.

질레트의 브랜드 전략은 간단명료하다. 이미 소비자들에게 알려져 있는 유명상표를 인수해 자신의 우산 아래 포함시키는 방식이다. 폴 팍스 글로벌마케팅 디렉터는 "인수대상을 선정할 때는 브랜드 가치를 가장 먼저 따진다."며 "여기에 기존 제품의 유통망을 더 강화해줄 수 있는지 감안해 인수여부를 결정한다."고 말했다.

소비재 회사로 동일한 유통채널에 의한 상승효과를 거둘 수 있을 때에만 인수대상이 됐다는 의미다. 질레트에 인수된 오랄비 칫솔, 듀라셀 건전지는 편의점이나 슈퍼마켓의 계산대 앞 진열대에 나란히 진열돼 팔리고 있다.

질레트의 브랜드 관리 성공의 또 다른 비결은 유명 브랜드라는 자부심에 안주하지 않고 끊임없이 세상의 변화를 읽고 오히려 변화를 이끌어낸데 있다. 시대 변화에 따른 시장의 변화에 발 빠르게 대응하는 데 성공했다는 얘기다. 소비자의 취향이 바뀌는 데 맞춰 한 발 앞서 변화를 이끌어냈다고도 볼 수 있다. 남성 전유물로만 여겼던 면도기를 여성용으로도 바꿔 기존의 제모제를 밀어내고 여성면도기 시장을 만들어낸 것은 대표적인 사례다.

폴 팍스 디렉터는 이에 대해 "질레트는 소비자들에게 더 좋은 제품을 선택할 기회를 주는 것을 사명으로 생각하고 있다."고 표현했다.

브랜드 관리의 한편에는 공격적인 마케팅도 자리 잡고 있다. 지난해 93억 달러(약 11조원) 매출에 20억 달러(약 2조 3,000억 원) 순익을 올린 질레트는 총매출의 9%가량, 우리 돈으로 1조원을 광고비로 지출했다. 재능 있는 마케팅 전문가라면 국적과 나이를 불문하고 적극적으로 스카우트해 전폭적인 지원을 하고 있다.

본사와 지역의 브랜드 전략을 각각 달리 가져간 점도 중요했다. 본사는 브랜드 획득과 개발, 신제품 개발, 브랜드 가이드라인과 광고 전략을 세우고 각국 지사에서는 지역민의 요구에 맞게 광고를 세밀하게 조정한다.

폴 팍스 디렉터는 브랜드 인수와 제품 개발 노력, 공격적 마케팅의 3박자가 어우러져 이뤄낸 질레트 브랜드 성공 비법을 한마디로 요약했다. "우리는 언제나 브랜드만 생각합니다."

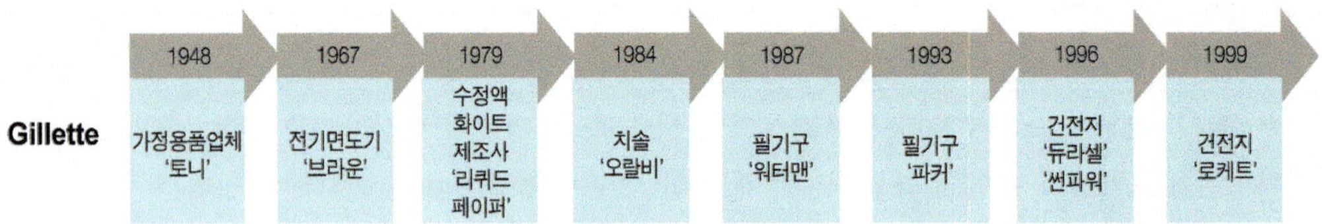

질레트의 브랜드 인수 역사

▌자료 : 매일경제, 2004년 3월 27일자 인용

표 16-3 브랜드 개발과 인수

구분	브랜드 개발	브랜드 인수
시장 매력성		
시장 성장성	높음	낮음
경쟁 강도	약함	강함
소매점의 파워	약함	강함
상대적 인수비용		
산업 매력성	높음	낮음
기업 평가	충분히 평가된	과소평가된
잠재성의 리스트럭처링	낮음	높음
브랜드의 잠재성	실현된	미 실현된
인수의 잠재적 시너지		
공동비용 감소	낮음	높음
마케팅 능력	변화되지 않음	증가된
보완성	낮음	높음
관련 매니지먼트 전문성	낮음	전이
브랜드의 전략적 기회		
제품 성과	획기적인	모방
포지셔닝 콘셉트	신규	성숙
시장 기회	높음	낮음
기업 상황		
성장 잠재력	높음	낮음
현금 상태	평균	풍부
마케팅/R&D 능력	강함	약함

경쟁사의 소매진열을 인수하는 것이 더 효율적이다. 이러한 시장 유형에서의 이점은 상대적 인수비용이 낮을 수 있다는 점이다. 종종 주식시장은 이러한 활기가 없는 기업을 과소평가하고 인수 후에 특정 부분을 떼어내어서 판매하는데 리스트럭처링(restructuring)의 가능성이 있다.

인수의 진정한 잠재적 시너지가 있을 때—인수자가 공동의 비용을 줄일 수 있을 때, 혹은 인수 후 그 브랜드로 인해 마케팅 역량을 향상시킬 수 있을 때—인수가 가능하다. 마지막으로 전략적 기회와 기업의 현금상황이 주요한 역할을 한다. 만약 기업의 현재 제품이 모방(me-too) 제품이고, 제한된 스킬을 가지고 있지만 그러나 풍부한 현금이 성숙한 제품의 포트폴리오로부터 생긴다면, 이때 인수는 매력적이다. 반대로 만약 이러한 것들이 성장시장에서 작동하면서, 기업이 잠재적으로 강력한 브랜드를 보유하고 있고, 기업 내부에 강력한 마케팅과 연구개발 스킬이 있다면, 기업자신의 브랜드를 개발하고 구축하는 것이 오히려 유리하다. 지금까지 설명한 이러한 5가지 요인(표 16-3)이 브랜드 구축과 인수간의 판단을 하는데 주요한 기준이 된다.

2. 브랜드 포트폴리오의 합리화

앞에서는 주로 브랜드 포트폴리오의 개발에 대해 논의했는데, 그러나 1990년대 후반에 많은 기업들은 그들의 브랜드 포트폴리오를 합리화(구조조정)하려는 계획을 세우기 시작했다. 예를 들어, 1999년 유니레버(Univer)는 1,600개의 브랜드를 600개로 줄이겠다고 발표하였고, 유니레버 전체 브랜드의 60%가 기업의 전체 이익의 8%만 기여한다는 것이 알려지게 되었다. 대부분의 시장에서, 브랜드의 구축 및 유지는 점점 많은 비용이 들게 되고, 브랜드 포트폴리오 합리화는 주주기치를 증가시켜준다는 짐과 또한 유능한 브랜느 매니저가 부속하다는 점과 같은 이유로 브랜드 포트폴리오의 합리화를 강조하게 되었다.

브랜드 포트폴리오의 합리화에 있어서 중요한 요점은 대부분의 경우에 재무적 목적에 기반을 두고 있지만, 브랜드가 전략적 목적(즉, 경쟁사의 진입을 지연시키것 등) 또한 지니고 있음을 반드시 알고 있어야 한다. 브랜드 포트폴리오의 과도한 합리화로 인해 전략적 위치를 잃어버리게 되고, 보다 작고 유연한 기업들이 이러한 빈자리를 차지하게 될 수도 있다.

이와 같은 논점들에 대한 해답을 다음의 Nirmalya Kumar(2003)가 제안한 브랜드 포트폴리오를 합리화하기 위한 접근방법[4]에서 찾아본다.

1 간단한 테스트

먼저 다음과 같은 질문들에서 시작한다(표 16-4). 10개 항목의 질문은 어떤 기업이 너무 많은 브랜드들을 소유하고 있다면, 그 기업이 브랜드 합리화 프로그램에 착수할 필요성을 결정하는데 해답을 줄 것이다.

만약 'Yes'에 대한 응답이 0~2개이면, 브랜드 합리화 가능성이 낮다고 할 수 있다. 3~6개이면 브랜드 합리화 가능성을 고려해야 하며, 7~10개이면 최우선적으로 브랜드 합리화 프로그램을 실행해야 한다.

'Yes'에 대한 응답이

- 0~2개 : 브랜드 합리화 가능성이 낮음
- 3~6개 : 브랜드 합리화 가능성을 고려
- 7~10개 : 최우선적으로 브랜드 합리화 프로그램을 실행

표 16-4 간단한 테스트: 당신 회사는 너무 많은 브랜드를 가지고 있는 것은 아닌가?

	Yes/No
우리 브랜드의 50% 이상이 해당 카테고리에서 손해를 보고 있거나 지지부진한 브랜드인가?	
너무 많은 브랜드로 인하여 광고와 마케팅에 있어서 경쟁자들과 경쟁할 수 없는가?	
규모가 작은 브랜드들로 인하여 손해를 보고 있는가?	
기본적으로 같은 제품을 서로 다른 나라에서 서로 다른 브랜드로 팔고 있는가?	
포트폴리오 내의 브랜드들이 타깃 세분화, 제품라인, 가격, 유통채널이 중복되고 있는가?	
고객들이 우리 브랜드들끼리 서로 경쟁하고 있다고 생각하는가?	
소매상들이 우리 브랜드 포트폴리오의 일부분을 차지하고 있지 않은가?	
브랜드 하나에 광고비 지출을 늘리면, 다른 브랜드들의 매출이 감소하는가?	
우리는 브랜드들 전반에 걸쳐 자원할당 의사결정 논의에 과도한 시간을 소비하는가?	
우리의 브랜드 매니저들은 서로를 가장 큰 경쟁자로 간주하고 있지 않은가?	
Total	

4) Nirmalya Kumar (2003), Kill a Brand, Keep a Customer, Harvard Business Review(December), pp.86-95. 번역자료(민민식)에 기초하여 작성.

② 현상 파악

현명한 CEO들은 브랜드 포트폴리오 공동감사(joint audits)에 있어서 상위 경영자 그룹에 의해 브랜드 합리화 프로세스를 시작하게끔 한다. 대부분의 관리자들이 어떤 브랜드가 돈이 되고 있고, 얼마나 많은 브랜드들이 수익성이 없는지 알고 있지 못하기 때문에 이러한 감사를 수행하는 것이 유용하다. 각 브랜드들의 수익성을 산출하기 위하여, 회사는 각 브랜드에 고정 비용과 공통비용을 할당하여야 한다.

지역본부나 제품그룹 혹은 마케팅본부에 있는 상위 매니저들이 보통은 가장 먼저 브랜드 감사업무를 수행한다. 어떻게 그 일을 수행하는지 살펴보자: 각 매니저들은 그 회사 포트폴리오 내의 모든 브랜드 리스트, 글로벌 시장점유율, 연간매출, 그밖에 데이터를 워크시트에 기입한다(그림 16-4).

워크시트의 란은 여러 지역들 중에서 각 브랜드가 팔리는 곳을 나타내며, 각 지역 내에 개별 브랜드에 대해서, 두 가지 데이터를 기입하고 논의한다.

❶ 경영자들은 '지배적인 브랜드', '강력한 브랜드', '약한 브랜드', 'NP(not

그림 16-4 브랜드 감사 워크시트

브랜드	글로벌 시장점유율	브랜드				매출 (%)	이익 (%)	현금상태
		미국		라틴 아메리카	아시아 태평양			
A	15%	Strong / Fun				17%	20%	현금 창출자
B	7%	Weak / Value				8%	10%	현금 사용자
C	3%							
D	1%							
E	> 1%							
F	> 1%							

시장위치 :
지배적인 브랜드(해당 지역에서 #1)
강력한 브랜드(해당 지역에서 #2 혹은 #3)
약한 브랜드(해당 지역에서 #4 이하)
NP(해당 지역에서 시장 위치가 존재하지 않음)

브랜드 포지셔닝 :
Quality, value, upscale, adventurous
premium, safe, reliable, trustworthy,
aggressive, cheap, etc.)

present)'와 같이 해당 브랜드의 시장 포지션을 특징화한다. 일반적으로, 해당 브랜드가 시장 선도자이면 그 브랜드는 '지배적인'이고, 해당 카테고리에서 2위나 3위이면 '강력한', 그렇지 않으면 '약한'이다.

❷ 매니저들은 해당 브랜드의 가치제안(value proposition)을 파악하기 위하여 'value', 'upscale' 혹은 'fun'과 같은 하나의 단어를 사용한다.

마지막으로 상위 매니저 그룹은 각 브랜드들의 수익성을 검토하고, 그 브랜드가 '현금 창출자(cash generator)'인지, '현금 중립자(cash neutral)'인지, 혹은 '현금 사용자(cash user)'인지를 결정한다.

③ 포트폴리오 가지치기

다음 단계에서 회사는 그들이 얼마나 많은 브랜드를 필요로 하며 유지하기를 원하는지 결정한다. 일반적으로 기업들은 두 개의 서로 다르지만 보완적인 모델, 즉 포트폴리오 접근법(portfolio approach)과 세그먼트 접근법(segment approach)을 활용하여 포트폴리오 가지치기를 전개한다:

포트폴리오 접근법

여러 산업과 여러 국가의 수많은 시장에서 브랜드 포트폴리오를 효율적으로 관리하는 기업들은 우선 엄격한 선택기준을 정함으로써 그들이 얼마나 많은 브랜드들을 계속 유지할 것인지를 결정한다. 실제, 포트폴리오 접근법 사용은 회사의 발 빠른 전략 재평가를 가능하게 한다.

몇몇 기업들은 매우 일반적인 변수들을 사용한다. 예를 들면, GE방식에서 그들은 시장점유율이나 수익률, 혹은 둘 모두를 평가함으로써 그들의 세분시장에서 오직 1위나 2위 브랜드들만 유지할 것인가를 결정해야 한다. 또 다른 어떤 기업들은 그들 세분시장의 특별한 환경에 따라 변수들을 구성한다. 예를 들면, 빠르게 성장하는 산업 내에 있는 기업들은 종종 급속히 성장하는 잠재력을 가진 브랜드를 유지하고자 한다. 이와 유사하게, 판매를 위해 소매업자들에게 의존적인 제조업자들은 쇼핑객들을 상점 안으로 끌어들이는 브랜드들에 집중하기를 선호한다. 개별 변수들은 양자택일의 기준이 아니다. 그래서 기업들은 종종 변수들을 혼합하기도 한다.

1999년에 브랜드 합리화 프로그램을 시작한 유니레버(Unilever)의 사례를 가지고 포트폴리오 접근법을 설명해 보자. 그 당시, 유니레버는 그들의 포트폴리오에 크노르 수프(Knorr soups), 스키피 땅콩버터(Skippy peanut butter), 헬만스 마요네즈(Hellmann's mayonnaise)와 같은 몇몇의 빅 브랜드(big brand)를 보강하기 위하여 베스트푸드(Bestfoods) 인수를 결정하였다. 사실, 베스트푸드 인수 후 유니레버 포트폴리오 내의 브랜드 수는 1,600개 이상으로 팽창하였다. 회사의 최고 경영진은 회사가 그러한 모든 브랜드들을 필요로 하지 않는다는 것과 만일 그런 브랜드들 중 상당수를 탈락(제거, 매각, 합병, 도태)시킨다면 아마도 더 높은 수익을 얻을 수 있다고 결론을 내렸다. 유니레버는 다음과 같은 3가지 기준 모두를 충족시키는 브랜드만 유지하기로 결정하였다.

❶ **브랜드 파워(brand power)** : 그 브랜드는 해당 시장에서 1위나 2위가 될 수 있는 잠재성을 가져야만 한다. 그것은 또한 소매업자들이 손수 물건을 상점으로 운반하는 브랜드가 되어야만 한다. 예를 들면, 도브 비누(Dove soap)와 립톤 차(Lipton tea)는 이러한 두 가지 요구를 충족시킨다.

❷ **브랜드 성장 잠재력(brand growth potential)** : 그 브랜드는 해당 브랜드가 현재의 고객들에게 어필하고 있고, 미래에 소비자들의 욕구를 충족시킬 수 있는 능력 모두에 근거한 성장 잠재력을 보여주어야만 한다.

❸ **브랜드 규모(brand scale)** : 비록 그 브랜드가 글로벌 브랜드가 아닐 지라도 회사가 마케팅 커뮤니케이션이나 마케팅 혁신과 기술적 혁신을 수행하는데 있어서 투자를 정당화할 수 있을 만큼 크거나 수익성이 있는 브랜드이어야 한다.

이러한 측정변수들을 제시한 후, 런던에 있는 유니레버 본사는 회사를 통틀어서 제품 및 지역 팀들에게 모든 그들의 브랜드에 대해서 측정변수들을 적용하도록 요청하였고, 회사가 유지해야만 하는 브랜드들을 제안하였다. 여러 번의 협상은 제품 및 지역 팀들과 마케팅 본부 간에 핵심 브랜드들을 정의하는데 확신을 주었다. 결국, 유니레버는 이러한 프로세스를 통하여 유니레버 회사 수익의 92%를 점유하고 있는 것으로 나타난 400개 브랜드들을 유지하기로 결정하였다. 포트폴리오 내의 나머지 1,200개 브랜드들은 탈락(제거, 매각, 합병, 도태)의 대상으로 선정되었다. 포트폴리오 접근법을 적용함으로써, 유니레버는 거의 1년에 걸쳐 150개 국가의 1,600개 브랜드들을 치밀하게 조사할 수 있었다.

세그먼트 접근법

기업들은 다양한 방법으로 개별 시장에서 유지하는 브랜드들을 결정한다. 몇몇 비즈니스에서는 각 개별시장에 집중하기 위한 브랜드들을 선별하기 위하여 시장점유율과 성장 잠재력 같은 모든 포트폴리오에 적용했던 것들과 유사한 일반적인 측정변수들을 적용한다. 또 다른 방법은 새로운 세그먼트를 채우기 위한 브랜드들을 규명(identify)하거나 시장의 세그먼트를 재조정하기 위한 좀 더 유용한 측정변수들을 찾아내는 것이다. 예들 들면, 몇몇 기업들은 가격이나 제품의 특징보다는 소비자의 욕구에 기초하여 시장을 나눈다. 그것은 포트폴리오를 가지치기하고 좀 더 효과적으로 경쟁자들과 결쟁하는 것을 가능하게 한다.

④ 브랜드 청산하기

기업이 제거대상에 대한 모든 브랜드들을 정의한 후, 관리자들은 4개의 내부 리스트(합병, 매각, 회석, 청산—실행하는데 있어서 가장 복잡한 것부터 가장 단순한 순서대로) 중 한 가지로 제거대상 브랜드를 정하기 전에 제거대상 브랜드 하나하나를 재평가할 필요가 있다.

브랜드 합병하기

기업들은 종종 특히 제거 대상의 브랜드들이 미래에 성장할 지도 모르는 틈새시장을 점유하고 있거나, 극소수의 일정 고객 이상을 보유하고 있을 때, 브랜드를 탈락시키기보다는 합병을 선호한다. 관리자들은 제품의 특징, 속성, 가치제안 혹은 타깃 브랜드의 이미지를 그들이 유지하기로 계획한 다른 브랜드로 전이시킨다. 관리자들은 그들이 해당 브랜드를 탈락시키는 거의 같은 시점에서 브랜드 전이를 수행한다. 전후가 아니라 광고를 교체하거나, 대체된 브랜드 사용 시도를 소비자들에게 소개하는 프로모션을 집행함으로써, 마케터들은 소비자들을 다른 브랜드로 전이시킨다.

게다가 전이에는 비용이 수반된다. 그래서 현명한 기업들은 브랜드 합병을 전개하는데 대체로 인색하다. 두 회사의 합병으로 생성된 회사가 브랜드로써 그들의 기업명을 사용하는 것은 단일 기업 브랜드로의 전이를 위한 선택의 여지가 없다는 것을 알 수 있다. 그들이 브랜드를 통합하는데 필요한 속도는 종종 주위의 환경에 달려 있다. 적대적 합병이나 논란의 소지가 있는 인수 후에, 대부분의 기업들은 완전히 새로운 브랜드 네임으로의 재빠른 전환을 선호한다. 완전히 새로운 아이덴티티를 채택함으로써, 이러한 기업들은 고객들에게 그들의 합병으로 인해 새로운 가능성을 확보하게 되었다는 신호를 줄 수 있다. 예를 들면, 산도즈(Sandoz)와 시바-가이기(Ciba-Geigy)는 1996년 노바티스(Novartis)로 합병하였다. 기업들은 또한 두 개의 스위스 은행이었던 UBS와 SBS가 1998년 UBS로 합쳐진 것처럼, 두 개의 브랜드 중에 하나를 탈락시킬 수도 있다. 이것은 합쳐진 비즈니스가 하나의 브랜드를 다른 하나의 브랜드로 고객들을 전환시킬 수 있을 때와 새로운 브랜드를 구축하기 위한 시간이 없을 때 적절하며, 강력한 브랜드의 자산을 약한 브랜드로 확장하는 부가적인 효익을 갖는다. 그러나 두 브랜드 모두 동등하게 강할 때, 현명한 기업은 좀 더 점진적인 전이 전략을 채택한다. 그들은 듀얼 브랜드나 둘 중에 약한 브랜드를 탈락시키기 전에 얼마 동안 다른 브랜드의 서브 브랜드로 사용함으로써, 두 브랜드 모두를 사용한다. 예를 들면, 2001년에 P&G는 Biz 표백제나 Clearasil, 스킨케어 브랜드와 같은 Spic & Span과 Cinch 클렌저 브랜드를 매각하고, 최근에 그 영역에 Punica와 Sunny Delight 브랜드를 투입하였다. 그들 모두 수익성이 있었지만, P&G가 집중하기를 원치 않는 카테고리에 있었다.

브랜드 젖 만들기

기업이 제거하기를 원하는 브랜드 중 몇몇은 아직 소비자들에게 인기가 있을지도 모른다. 만일 전략적이거나 감성적인 이유 때문에 브랜드 매각이 가능하지 않다면, 기업은 수익을 위해 판매 성장을 희생함으로써 브랜드를 희석시킬 수 있다. 기업은 그러한 브랜드들에 대해서 모든 마케팅과 광고 지원을 중단하고 판매대에서 가장 잘 팔리는 최소한의 일부만 남겨둔다. 그들은 또한 유통비용을 절감하려고 시도하며, 통신망을 통해서만 판매함으로써 소매업자 마진을 줄인다. 결국, 해당 사업부는 이러한 브랜드들을 관리하는 팀에서 대부분의 매니저를 철수 시킨다. 매출이 서서히 감소함으로써, 회사는 그들이 완전히 철수할 준비가 될 때까지 이러한 브랜드로부터 수익을 극대화한다.

브랜드 제거하기

기업들은 소매업자나 소비자 반발을 무시하고 곧바로 대부분의 브랜드를 제거할 수 있다. 이것은 기업들이 진열공간이나 구매자들로부터 뭔가 문제를 겪고 있는 지역의 브랜드들에 해당한다. 고객들을 유지하기 위하여 기업들은 그들의 다른 브랜드 샘플이나 할인쿠폰을 제공하거나, 대체 브랜드에게 지불한 일부 금액을 환불해 주거나 교환해 준다. 그리고 회사는 얼마 동안 제거된 브랜드 네임에 대한 법률적 권리를 유지하는 것이 중요하다. 그렇지 않으면, 죽은 브랜드들은 유령이 되어 다시 되돌아올 수도 있다. 예를 들면, 1993년 P&G는 화이트 클라우드(White Cloud)와 챠민(Charmin)으로 팔고 있던 2개 브랜드를 챠민(Charmin) 산하의 단일 브랜드 전 품목으로 전환하였다. P&G는 화이트 클라우드 상표권에 대한 권리가 말소되었을 때 이를 고지하지 않았다. 1999년 어느 약삭빠른 사업가가 그 브랜드를 낚아채어, 월마트(Wal-Mart)에 팔았고, 소매업자들은 그 이후로 챠민과 경쟁하기 위하여 화이트 클라우드를 사용하였다. 화아트 클라우드는 최근 포춘(Fortune)의 한 논평가가 무덤에서 나와 P&G를 따라다니는 유령이라고 언급할 정도로 '죽지 않은' 브랜드였다.

⑤ 핵심 브랜드 육성하기

브랜드 포트폴리오 합리화 과정의 마지막 4번째 단계는 파괴적이지 않은 창조적인 과정이다. 기업들은 브랜드를 제거함과 동시에 남아 있는 브랜드들의 성장을 위한 투자가 필요하다. 그러나 많은 CEO들은 그들이 브랜드를 탈락시킴으로써 이익이 급증하기 때문에 그렇게 하기를 꺼려한다. 그들은 또한 브랜드 합리화가 판매업자나 영업사원을 의기소침하게 한다는 것을 잊어버린다. 그것은 브랜드를 확산했을 때만큼이나 문제를 불러일으킬 수 있다. 침체국면에서 사기가 꺾인 관리자들은 조직을 떠난다. 기업은 혁신과 리스크에 대한 욕망 상실과 경쟁자들이 공격적으로 움직이는 것을 감지하라. 기업들은 만일 그들이 브랜드를 살리려고 애쓰거나 통찰력 있게 신규 브랜드를 런칭하거나 다른 브랜드들을 취득하는 것에서 자유로워져, 그들의 관리시간과 자원을 재투자한다면 브랜드 제거의 효익을 볼 수 있다. 제거 프로그램은 몇 가지 방법으로 자원을 효율화시킨다. 소수나 큰 브랜드에 집중하는 것은 기업이 그들의 공급망, 마케팅, 매출에 있어 더 좋은 규모의 경제 달성을 가능하게 한다. 비용은 합리화된 제품라인과 더 나은 재고 최적화로 인하여 감소한다. 브랜드 팀과 판매력을 합병함으로써, 회사는 영업비와 관리비 지출을 축소하고 집중화된 마케팅과 광고는 경쟁자들에 더 큰 충격을 줄 수 있다. 그와 동시에 합리화 프로세스는 성장을 위한 몇 가지 기회들을 창출한다. 기업들은 훨씬 강력해진 브랜드를 만들거나 그 회사의 전반적인 제품라인 내의 틈을 채우기 위하여 제거된 브랜드의 제품이나 독특한 속성을 끌어들임으로써 핵심 브랜드를 강화할 수 있다. 이와 유사하게, 특정 지역이나 특정 국가의 브랜드 제거는 핵심 브랜드의 지리학적 발판을 확장할 수 있는 기회를 갖게 한다. 의심할 여지없이 성장은 현명한 브랜드 합리화 프로그램의 존재 이유이다.

브랜드 포트폴리오 합리화 프로그램 구축은 마케터 혼자만의 과업이 되어서는 안된다. 특히 기업들은 그들이 브랜드를 제거할 때 축소되기 때문에, 그것은 최고 경영층의 위임이 있어야만 한다. 브랜드 제거에 따른 이익 청산은 프로그램 초기에 발생하는 반면, 수익의 회복은 그들이 제거한 브랜드의 수에 따라 3년에서 5년 사이에 발생한다. 그래서 분명하게 최고 경영층은 그들의 업적 달성을 위해서 시간계획만큼이나 재무적인 목표에 동의할 필요가 있다. 또한 최고 경영층은 다음 분기에 늘어난 주당 순이익 평가하기를 좋아하는 주주들로부터도 시간을 벌어야 한다. 그래서 제대로 행해진 브랜드 포트폴리오 합리화 프로그램을 통하여 기업은 미래 성장을 위해 준비된 수익성 있는 브랜드를 소유할 수 있는 것이다.

제4절 성공적인 브랜드 포트폴리오 관리

다음에서는 성공적인 브랜드 포트폴리오 관리를 위한 5가지 핵심 요인들에 대하여 살펴볼 것이다:

1. 핵심 브랜드를 구축하여 확장하라.
2. 기회에 대처하기 위해 포트폴리오에 브랜드를 추가하라.
3. 복잡성을 피하라.
4. 필요하다면 브랜드를 가지치기하라.
5. 포트폴리오 의사결정에 시니어 매니저를 참여시켜라.

1. 핵심 브랜드를 구축하여 확장하라

브랜드를 확장하는 것은 강력한 성장의 동인이 될 수 있다. 성장을 동인하기 위해 여러 방법으로 브랜드를 활용할 수 있다. 예를 들면 라인 확장, 카테고리 확장 그리고 공동 브랜딩을 들 수가 있다.

브랜드를 확장하는 것은 좋은 방법이다. 예를 들면 규모의 경제(진열, 매체비용, 패키징 등)를 구축할 수 있고, 소비자의 선택의 폭을 넓혀준다. 또한 강력한 브랜드를 활용하는 것은 신규 제품의 도입을 용이하게 한다. 유통업자로부터의 저항을 줄여줄 수 있으며 기존 브랜드가 가지고 고객 기반을 활용함으로써 신규 제품의 구매를 촉진할 수 있다.

모든 브랜드는 사실상 어느 정도는 확장이 가능하다고 할 수 있다. 어떤 브랜드는 독특한 포지셔닝 하에서 하나 이상의 제품으로 움직여 줄 수 있는 여지가 있다. 또 어떤 브랜드는 제한된 확장성을 가지고 있을 뿐이다. 어찌되었건 모든 브랜드는 어느 정도의 확장이 가능하다고 할 수 있다(브랜드 확장과 관련한 좀더 자세한 내용은 제12장을 참조하기 바란다.).

너무 멀리 브랜드를 확장하는 것을 피하라

너무 멀리 브랜드를 확장하는 것은 모 브랜드에 대해 나쁠 뿐만 아니라 확장제품에도 나쁘다. 브랜드는 어떤 방향으로만 확장을 할 수 있다.

확장은 모 브랜드의 포지셔닝을 약하게 할 수 있다. Al Ries and Laura Ries[5]의 "브랜딩 불변 22법칙" 중 팽창의 법칙(law of expansion)에 따르면 브랜드 파워는 그 브랜드가 커버하고 있는 영역에 반비례한다. 또한 축소의 법칙(law of contraction)에서 브랜드는 초점을 좁힐수록 보다 강하게 된다. 라인 확장(line extension), 메가 브랜딩(mega-branding), 다양한 가격, 그리고 대부분의 정교한 마케팅 기법들은 신규 브랜드를 구축하는 것보다 브랜드를 가능한 이용하는 것에 관한 것이다. 가능한 이용하는 것은 단기적으로 쉽게 돈을 벌 수 있을지는 몰라도, 장기적으로 브랜드를 서서히 파괴시키는 것이다. 따라서 브랜드를 확장하고자 하는 경우에는 다음과 같은 질문을 해보자.

❶ 신규 제품에 대한 충분한 비즈니스 기회가 존재하는가?
❷ 기존의 브랜드가 신규 제품을 강화할 것인가?
❸ 신규 제품이 모 브랜드를 다치게 하지는 않는가?
❹ 모 브랜드와 신규 제품 간의 적합성이 존재하는가?

이처럼 신규 제품 출시 시에 기존 브랜드를 활용하는 것은 많은 제약 요건들이 따르는 것을 여러 브랜드에서 볼 수 있다. 다음과 같은 경우에는 신규 브랜드를 출시하는 것이 최상의 전략일 수가 있다.

❶ 현존하는 브랜드를 보호해야 하는 경우, 핵심 모 브랜드가 희석화되는 모험을 해서는 안 되는 경우, 그리고 자기 잠식을 최소화해야 하는 경우에는 신규

5) Al Ries and Laura Ries (1998), The 22 Immutable Laws of Branding: How to Build a Product or Service into a World Class Brand, Harper Colins Publishers Inc.

브랜드를 활용한다.

❷ 신규 진입자를 억제해야 하는 경우, 신규 제품은 자기의 독창적인 정체성을 창출해야 하고, 또한 현존하는 모 브랜드로부터 부정적인 후광효과의 위험을 제거해야 하는 경우에는 신규 브랜드를 출시해야 한다.

❸ 특히 새로이 진입하는 영역이 기존의 브랜드와 실제적으로 매우 다를 경우에는 신규 브랜드를 출시하는 것은 매우 중요하다.

이와 같이 새로운 브랜드를 추가하는데는 다음과 같은 4가지의 중요한 필요조건이 고려되어야 한다:

❶ 비즈니스 기회가 매력이 있어야 한다.

❷ 신규 브랜드는 매우 차별적이어야만 한다.

❸ 마케팅 자원이 신규 브랜드를 구축하는데 충분해야만 한다. 신규 브랜드를 출시하는 데는 종종 매우 많은 비용이 소요된다.

❹ 기업은 장기간 비즈니스를 관리할 수 있을 만큼 역량을 가지고 있어야만 한다.

2. 기회에 대처하기 위해 포트폴리오에 브랜드를 추가하라

브랜드를 추가함으로써(브랜드를 인수하거나 혹은 신규 브랜드를 개발) 브랜드 포트폴리오를 확장하는 것은 기업이 수행하는 가장 중요한 조치 중의 하나이다. 각각의 신규 브랜드는 기회, 리스크, 복잡성을 초래한다. 기업들은 항상 신규 시장에 타깃팅할 때, 혹은 획기적인 신제품을 출시할 때, 포트폴리오에 브랜드를 추가하는 것을 고려한다.

신규 브랜드를 출시하는 가장 명백한 시점의 하나는 기업이 신규 시장—현존하는 카테고리 내에서 신규 세분화 혹은 전적인 새로운 카테고리—을 추구할 때이다. 만약 현재 포트폴리오에 있는 브랜드가 신규 기회와 잘 조화가 되지 않으면, 현재의 브랜드로 확장하는 것보다 포트폴리오에 신규 브랜드를 출시하는 것이 의미가 있다.

또한 제품이 여러 사용자에게 다르게 포지션 된다면, 다른 브랜드 하에서 동일한 제품을 출시하는 것은 전략적 의미가 충분히 있다.

기업이 획기적인 기술 혹은 신제품 개념을 가질 때, 현존하는 브랜드로 확장하는 것이 최상인지 신규 브랜드를 도입하는 것이 최상인지에 대해서 주의 깊게 고려해야만 한다. 현존하는 브랜드 하에서 신제품을 출시하는 것은 최근의 연상군을 제품에 부여할 수 있고 이것은 실제적으로 장기적인 소구에는 한정적일 수 있다.

반대로 신규 브랜드를 도입하는 기회로 활용하는 것은 높은 수준의 매출을 달성할 수 있고, 장기 성장으로 이끌 수 있다. 중요하게도 신규 브랜드는 그 자신만의 아이덴티티를 창출할 수 있다. 이것은 특히 현존하는 브랜드가 제한된 소구를 가질 때 중요하다. 물론 시장에 신규 브랜드를 구축하는 것은 하나의 도전이며 많은 비용이 소요된다.

브랜드를 포트폴리오에 추가하는 것을 평가할 때, 기업은 3가지 중요한 것을 행하여야 한다: 신규 브랜드가 포트폴리오 내에 현재 브랜드와 확실하게 차별적이어야만 한다; 재무적 수입이 플러스여야 한다; 기업이 신규 브랜드를 관리하기 위한 마케팅 자원을 가지고 있어야만 한다.

3. 복잡성을 피하라

일반적으로 기업의 포트폴리오는 너무 복잡하다. 브랜드는 시간에 걸쳐 확장하는 경향이 있다. 종종 기업들은 유사한 브랜드를 인수하여 브랜드 포트폴리오를 확대시킨다.

또한 신제품 출시 시 기존 브랜드에 하위 브랜드를 도입함으로써 제품 패키지에 나타나는 브랜드의 구조는 매우 복잡한 형태를 띄고 있다. 다음과 같은 8가지의 유형들이 패키지 상에 나타나고 있다:

- 형태 1 : 마스터 브랜드
- 형태 2 : 마스터 브랜드+라벨
- 형태 3 : 마스터 브랜드+하위 브랜드

- 형태 4 : 마스터 브랜드+하위 브랜드+라벨
- 형태 5 : 보증 브랜드+마스터 브랜드
- 형태 6 : 보증 브랜드+마스터 브랜드+라벨
- 형태 7 : 보증 브랜드+마스터 브랜드+하위 브랜드
- 형태 8 : 보증 브랜드+마스터 브랜드+하위 브랜드+라벨

이와 같은 복잡성은 좋은 브랜드 포트폴리오 전략의 적(enemy)이다. 복잡성은 다음과 같은 결과들을 초래한다:

❶ 포트폴리오 내의 여러 브랜드들은 명확하지 못한 포지셔닝을 가지게 되고 그 결과 각 브랜드간의 차별성이 모호하게 된다.

❷ 복잡한 브랜드 포트폴리오는 고객과 유통업자 모두에게 혼란을 초래하게 된다.

❸ 복잡한 브랜드 포트폴리오는 마케팅 비용의 집행에 있어 비효율적이고 분산된 지출로 이어진다. 많은 브랜드를 보유하고 있는 기업들은 여러 브랜드를 지원하기 위해 많은 비용이 소요된다. 이것은 미디어뿐만 아니라 생산 및 디자인에서의 엄청난 투자를 필요로 한다.

❹ 내부 분쟁을 초래한다. 브랜드 매니저들이 좀 더 체계적으로 보다 큰 그림을 보지 않고 어떤 브랜드가 지원받을 가치가 있는가에 대한 논쟁으로 바로 뛰어든다는 점이다. 보다 좋은 접근방법은 시장에서 성장기회를 확인하여 이러한 기회들을 공략하기 위해 기업의 어떤 브랜드 자산을 활용할 수 있는지 그리고 어떤 브랜드를 지원할 것인지를 고려하는 것이다.

따라서 성공의 핵심은 첫째, 단순함이 최상이다. 집중되고 단순화될수록 브랜드는 보다 더 강력한 힘을 발휘하게 된다. 또한 보다 효율적인 효과적인 마케팅 코스트를 집행할 수 있다. 둘째, 항상 주도 브랜드(primary brand)를 가져라. 복잡한 브랜드 구조 하에서 소비자의 구매 동인자 역할을 수행하는 주도 브랜드를 가져야 한다. 셋째, 반드시 브랜드와 관련된 모든 것이 포지셔닝과 일관되어야 한다. 즉 모든 마케팅 활동들은 브랜드 포지셔닝을 중심으로 일관되게 수행되어야 한다.

4. 필요하다면 브랜드를 가지치기하라

과수나무가 가을에 1등급의 과일 열매를 맺기 위해서는 매년 겨울에 가지치기를 하듯이, 브랜드를 가지치기하는 것은 브랜드 포트폴리오 관리에서 핵심과정이다. 브랜드 포트폴리오 관리에 있어서 브랜드 확장, 브랜드 취득, 그리고 시장·경쟁 포지션의 변경 등으로 인해 다루기 힘든 브랜드 포트폴리오의 결과들을 초래하게 된다. 따라서 필요하다면 브랜드 가지치기를 해야 한다:

1. 브랜드는 영원히 생명을 누릴 필요는 없다.
2. 브랜드는 시간에 걸쳐 수와 복잡성에 있어서 증가하는 경향이 있다.
3. 기업은 종종 가기치기를 무시한다.
4. 가지치기는 다른 브랜드에 대한 자원을 허용한다.

그러면 브랜드를 가지치기하기 위한 방법들에는 어떤 것들이 있는가? 일반적으로 4가지 방법이 있다(그림 16-5): 수확, 철수, 결합, 그리고 제거. 먼저 브랜드를 가지치기 하는데 있어서 포지셔닝의 중복수준을 이해하는 것이 중요하다. 여러 브랜드 운영은 명확하지 않은 포지셔닝 혹은 기존 자사 내에서의 다른 브랜드와의 중복되는 포지셔닝을 가질 수 있다.

그림 16-5 브랜드 포트폴리오 의사결정 매트릭스

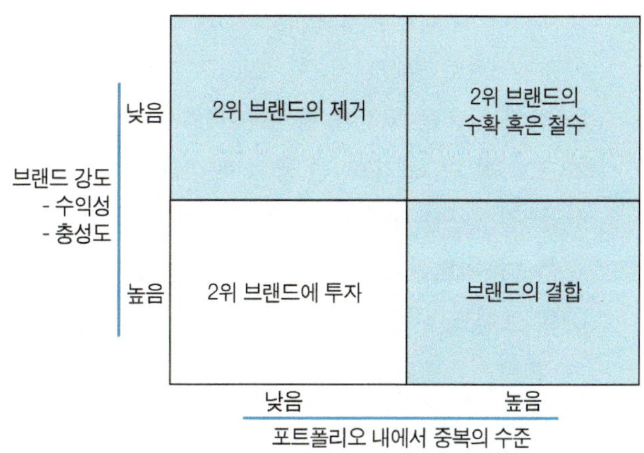

❶ 수확하라. 최대한 비용을 줄이고, 핵심고객에 초점을 맞춘다. 그러나 여기서 주의해야 할 것은 비용 감소로 인한 매출감소를 초래되는 경우 오히려 이익이 감소하는 하는 경우가 발생할 수 있다. 따라서 수확의 방법을 택할 경우에는 이익 흐름을 유지하는 것을 명심해야 한다.

❷ 제거하라. 브랜드를 제거하는 방법에는 브랜드 매각이 있다. 그러나 이러한 경우에 발생하는 하나의 도전은 오히려 다른 경쟁자의 진입을 조장하는 것이다. 이것은 반드시 피해야 한다.

P&G의 옥시돌(Oxydol)의 예를 들어보자.[6] 옥시돌은 유명 장수 브랜드로 74년의 역사를 자랑하는 P&G 최고의 합성세제 브랜드이다. Tide조차 그 역사는 55년밖에 되지 않는다.

샘플링과 할인쿠폰이라고 하는 판촉기법으로, "Slice of Life"라고 불리는 광고기법을 미국에서 최초로 사용한 것도 이 제품이다. 1933년부터 시작된 인기 라디오 드라마 〈마 파킨즈〉의 스폰서가 되어, 미국 광고사상 "Soap Opera"라고 하는 새로운 개념을 가져온 것도 Oxydol이다. 말하자면, 20세기의 소비재 마케팅기법은 그 대부분이 Oxydol에 기원하고 있다.

이와 같은 기원을 두고 있는 그 유명한 장수의 옥시돌 브랜드를 P&G는 포트폴리오 매니지먼트의 차원에서 2000년 3월 처분하기로 했다. 확실히 매출액은 이미 절정기인 1992년의 8,000만 달러에서 5,000만 달러로 격감하고 있었다. Tide와 비교하면 0(Zero)이 두 개나 적다. 또한 취급점은 미국의 전체 소매점의 약 15%까지 떨어지고 있었다. 연간 매출 10억 달러를 넘는 메가 브랜드를 철저하게 중시하는 전략을 취하기 시작한 P&G의 경영진이라면, 당연히 처분의 대상이 될 수밖에 없는 물거품의 브랜드였다.

그러나 그 물거품의 브랜드가 P&G의 손을 떠나고 나서 2년도 채 지나지 않아 매출이 8배로 증가되어, 현재도 그 기세는 멈출 줄을 모른다. 브랜드의 이미지도 한 번에 젊음을 되찾아 활성화되었다. 이러한 사례에서 보는 것처럼 놓아준 고기가 오히려 큰 고기가 된 꼴이다. 따라서 브랜드를 매각할 경우 오히려 새로운 신규 경쟁자를 키우는 꼴을 초래할 수 있기 때문에 반드시 경계해야 한다.

❸ 다른 브랜드와 결합하여 점차적으로 리포지션하라. 포트폴리오 내에 있는 다른 브랜드 하에 함께 공존하도록 브랜드를 결합하는 것이다. 이러한 경우에

6) P&G가 처분한 'Oxydol'이 기적의 부활, 국제상업, 2001년 11월호, pp.50-52.

주의해야 할 것은 기존에 확보된 소비자들이 다른 브랜드로 구매를 바꾸는 경우가 발생할 수 있다. 즉 브랜드 결합이 오히려 브랜드 변경으로 인식하여 기존에 축적된 이미지와는 전혀 다른 지각을 하게 된다. 브랜드 결합에는 신중해야 한다. 점차적으로 리포지션해야 한다.

❹ 철수하라. 시장에서 완전히 철수하는 것이다. 철수의 경우에 주의해야 할 점은 시장에서 브랜드 네임을 확실히 제거해야 한다.

5. 포트폴리오 의사결정에 시니어 매니저를 참여시켜라

브랜드 포트폴리오 의사결정은 기업에 있어서 가장 높은 수준에서 이루어져야 한다. 이것은 다음과 같은 이유에서 기인한다.

❶ 포트폴리오 의사결정은 매우 중요하다. 브랜드 포트폴리오 의사결정만큼 중요한 영향을 주는 의사결정은 없다.

❷ 포트폴리오 의사결정은 장기적 관점을 요구한다. 왜냐하면 의사결정은 기업의 다가올 미래에 대해 영향을 미치기 때문이다. 단기적인 재무목표에 책임을 지고 있는 브랜드 매니저는 단기결과를 최대화하기 위한 동기를 분명히 가지고 있다. 하지만 단기적 사고는 브랜드 포트폴리오 의사결정을 동인하지 않는다. 단기에 브랜드를 단절시킬 어떤 의미도 없다. 그러한 조치는 단기적으로 마이너스의 재무적 영향을 미치기 때문이다. 하지만 장기적 관점에서 브랜드를 단절시키는 것이 최적의 접근이 될 수 있다. 비슷하게 현존하는 브랜드 하에서 신규 제품을 출시하는 것이 단기적으로 최적화할 수 있지만, 실질적으로 장기의 잠재성은 보다 적을 수 있다.

❸ 포트폴리오 결정은 종종 브랜드간의 상충(trade off)관계를 필요로 한다. 포트폴리오 관리에 있어서 목적은 부분을 최대화하는 것이 아니라 전체를 최대화하는 것이다. 특정 브랜드의 결과를 책임지고 있는 브랜드 매니저들은 포트폴리오에 있어서 다른 브랜드를 돕는데 그들 자신의 결과에 해를 끼치는 것에 흥미가 없다. 따라서 시니어 매니저들이 의사결정자가 되어야 한다.

[생각해볼 문제]

1. 하나의 기업을 선정하여 보자. 그 기업의 브랜드 포트폴리오의 특징을 서술하여 보자. 여러분은 그 기업의 브랜드 포트폴리오를 어떻게 향상시킬 것인가?

2. 두 개의 제품군을 선정하여 두 제품군에서 시장 리더의 브랜드 포트폴리오를 비교하여 보자.

3. 코카콜라 브랜드에 대해 다음의 이슈들을 검토해 보자.
첫째, 코카콜라는 단일 브랜드 혹은 개별 브랜드 모델을 사용하고 있는가?
둘째, 포트폴리오가 어떻게 잘 기능하는가?
셋째, 새로운 브랜드로써 XX를 도입한다고 할 때 가장 최상의 접근은 무엇인가?

제17장

브랜드 아키텍처

이번 장의 주요 이슈

기업은 단일의 제품, 단일의 카테고리, 단일의 브랜드만을 소유하는 것은 아니다. 복잡한 브랜드, 제품, 그리고 카테고리를 소유하는 것이 현실이다. 이와 같은 복잡한 브랜드, 제품 그리고 카테고리를 소유한 경우에 어떻게 효율적으로 브랜드를 관리할 것인가? 이러한 문제점에서 출발한 것이 브랜드 포트폴리오 전략으로써 이에 대해서는 제13장에서 전반적으로 살펴보았다. 포트폴리오 전략 수립을 위한 하나의 유용한 해결 방법이 브랜드 아키텍처이다. 다음과 같은 브랜드 아키텍처와 관련된 이슈들에 대해서 살펴볼 것이다.

❶ 기업은 여러 브랜드와 제품, 카테고리를 가지고 있다. 왜 이와 같은 복잡한 브랜드 구조를 소유하게 되는가?

❷ 복잡한 브랜드 구조를 체계적으로 구축하기 위한 옵션들에는 어떤 유형들이 있는가?

❸ 체계적인 브랜드 구조를 구축하기 위해 기업은 어떤 의사결정의 단계를 따라야만 하는가?

제 1 절 브랜드 아키텍처의 개념

오늘날 기업들은 복잡한 브랜드, 제품, 그리고 카테고리를 소유하는 것이 일반적인 현상이다. 이와 같은 복잡한 브랜드, 제품 그리고 카테고리를 소유한 경우에 어떻게 효율적으로 브랜드를 관리할 것인가?

1. 복잡한 브랜드 구조의 출현

브랜드의 기능은 고객의 마음속에 연상을 환기시키는 것이다. 제품·서비스에 부착된 브랜드는 명확성을 제공하며 구매과정을 용이하게 한다. 명확성의 장점은 하나의 제품에 하나의 브랜드 연결이다. 즉, 하나의 브랜드=하나의 제품이라는 등식이 성립한다.

이처럼 가장 단순한 시나리오로, 기업은 하나의 제품에 하나의 카테고리만

그림 17-1 단순한 브랜드 아키텍처[1)]

1) 그림 17-1, 3, 4, 5, 6, 7은 Kellogg On Branding 세미나(2004, 9.12~9.15)에서 "Managing of Brand Portfolio" 세션의 내용을 인용.

존재하는 단일의 브랜드만을 소유한다. 기업과 브랜드는 동일의 이름이다. 〈그림 17-1〉은 이러한 단순한 브랜드 구조를 보여주고 있다.

예를 들면, Red Bull은 단 하나의 브랜드 포트폴리오를 가지는 기업이다.[2] 이 기업은 단일의 브랜드만을 소유하고 있다. 이 기업은 1984년에 단 하나의 제품(8.3 oz 에너지 드링크)으로 창업되었다. Red Bull은 거의 20년 동안 다른 제품을 도입하지 않았다. 2003에 Red Bull Sugar Free를 시장에 도입하였다. 그러나 브랜드 포트폴리오는 계속하여 단순화하였다. 즉 하나의 기업에 하나의 브랜드, 하나의 카테고리 그리고 2개의 제품만을 가지고 있다. 좁은 제품라인에도 불구하고 그 기업은 눈부신 성과를 가져왔다. 2004년에 1조 캔(can) 이상을 판매하였으며 이는 단순한 브랜드 구조가 강력한 성과를 낳고 있다는 증거를 제공하고 있다.

Red Bull(www.redbull.com)

그러나 기업은 지속적 성장을 추구하려 한다. Red Bull처럼 하나의 브랜드, 그리고 하나 혹은 두 개의 제품만을 가지고 있는 기업은 별로 없다. 기업들은 보통 여러 많은 브랜드를 가지고 있다. 이들 브랜드들은 종종 많은 상이한 제품을 가지고 있으며 때로는 여러 상이한 카테고리에 걸쳐 있다. 종종 각 브랜드는 하위 브랜드와 보증 브랜드를 포함하는 브랜드 구조를 가지고 있다. 기업은 동일의 제품 카테고리에서 여러 브랜드를 가지고 있다. 또한 여러 상이한 카테고리에 브랜드가 걸쳐 있다. 〈그림 17-2〉에서 보여주는 브랜드 구조는 가장 현실적이고 빈번한 형태라 할 수 있다.

〈그림 17-2〉의 예에서, 기업은 4개의 서로 다른 브랜드를 가지고 있다. 이들 중 3개는 하위 브랜드를 가지고 있으며 하나는 하위 브랜드에 또 다른 하위 브랜드(sub-sub brand)를 가지고 있다. 브랜드는 다양한 제품군에서 기능하고

2) Edited by Alice M. Tybout and Tim Calkins (2004), Kellogg on Branding: The Marketing Faculty of the Kellogg School of Management, John Wiley & Sons, Inc., p.108.

그림 17-2 복잡한 브랜드 구조

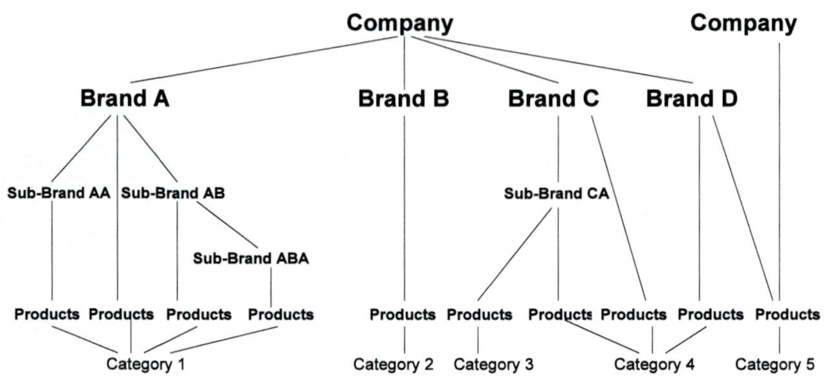

있다. 또한 동일한 카테고리에 다양한 브랜드가 포진되어 있다.

PepsiCo.는 복잡한 브랜드 구조를 가지고 있는 기업의 전형적인 예이다. 그 기업은 수백 개의 다양한 브랜드를 관리하고 있다. 웹사이트에 180개의 서로 다른 브랜드 리스트가 있다. 그러나 이들은 가장 잘 알려진 브랜드들이다. 기업의 브랜드는 복잡한 구조를 나타내고 있다. 예를 들면, PepsiCo.는 Frito-Lay를 소유하고 있다. Frito-Lay는 여러 제품에 걸쳐 주도 브랜드(primary brand)로써 역할을 수행한다. Frito-Lay는 또한 Doritos와 같은 브랜드에서는 보증 브랜드 역할을 한다. Doritos는 Edge와 같은 하위 브랜드를 가지고 있다. Edge는 Doritos와 Tostitos를 포함하여 Frito-Lay 브랜드에 퍼져 있는 하위 브랜드이다. Doritos Edge 제품에 보증 브랜드(Frito-Lay)가 있고, 주도 브랜드(Doritos), 그리고 하위 브랜드(Edge)로 구성되어 있다. 또한 이러한 브랜딩 요소들은 다양한 다른 제품에서도 나타난다. 이러한 모든 브랜딩 요소들은 PepsiCo.가 소유하고 있다.

이처럼 과거에는 일반적으로 하나의 브랜드에 하나의 제품이었지만 지금 대부분의 기업들은 진부한 단일 브랜드를 운용하는 경우는 거의 없다. 즉 기업 수준에서는 하나의 브랜드와 제품, 카테고리를 관리하는 것이 아니고 다양한 브랜드와 제품, 카테고리를 관리하는 것이 일반적이다.

왜냐하면, 기업은 지속적인 성장을 추구해야 하는데 이의 달성방법으로 다양한 제품영역으로 진출하게 되고 따라서 다수의 브랜드를 운영하게 된다. 또한 인수합병을 통한 신규 사업으로의 진입 등을 추구하게 된다. 그 결과 기업은 복잡하고 비효율적인 제품, 카테고리, 그리고 많은 브랜드를 소유하게 되고 이로 인해 복잡한 브랜드 포트폴리오를 구성하게 된다.

2. 브랜드 아키텍처 구축의 필요성

복잡한 브랜드 구조 하에서 기업은 한정된 자원을 가지고 어떻게 각각의 브랜드들을 효율과 효과를 높이면서 서로의 시너지를 바탕으로 관리할 것인가가 중요한 문제로 인식하게 되었다.

이와 같은 문제를 해결하기 위한 유익한 방법이 바로 브랜드 아키텍처(brand architecture)이다. 브랜드 아키텍처란 기업이 소유하고 있는 모든 브랜드와 하위 브랜드의 집합체에 대해 각 브랜드의 역할이나 관계성을 정리하고 구조화함으로써 브랜드 전체를 포괄적으로 파악하고 운용, 관리가 가능하도록 하는 방법이다.

아커 교수(2004)는 전략적인 브랜드 아키텍처의 구축이 필요한 이유로써 아래의 세 가지를 제시하고 있다[3]:

❶ 기업 전체의 브랜드 가치강화를 실현하여 효과적이고 강력한 브랜드를 구축할 수 있다. 복수의 브랜드를 잘 조합하여 이용함으로써 고객에게 의미를 보완시키고 또한 수정하여 개별 브랜드 때보다도 오히려 강력하게 아이덴티티를 소구할 수가 있다. 또한 개개의 브랜드끼리 상호가치를 높이는 상승효과도 기대할 수가 있다.

❷ 브랜드 구축을 위한 자원배분의 효율화를 실현할 수 있다. 기업 전체의 브랜드의 진용을 파악함으로써 현재 가장 주력해야 할 브랜드(전략 브랜드)는 무엇인지, 도태되어질 브랜드는 무엇인지를 파악하여 낭비가 없는 효율적인 자원배분에 대한 의사결정을 하게 하는 것입니다.

❸ 장래의 성장 가능성의 기반을 정리할 수 있다. 기업 전체의 브랜드 구조를 파악하여 빈약한 곳의 유무나 새로운 전개의 가능성 유무를 파악하여 미래의 신규 진입이 가능한 시장을 발견할 수가 있다.

---

3) David A. Aaker (2004), Brand Portfolio Strategy: Creating Relevance, Differentiation, Energy, Leverage, and Clarity, The Free Press.

제 2 절 브랜드 아키텍쳐 구축의 옵션들

브랜드 아키텍처의 구축에 있어서 두 가지 핵심적인 옵션은 단일 브랜드 전략과 개별 브랜드 전략이라 할 수 있다(브랜드 심리학 21). 이러한 핵심적인 두 가지 전략에 따라 보다 복잡한 형태의 브랜드 전략이 나타난다. 이를 복합 브랜드 전략이라고 한다. 이와 같은 다양한 브랜드 구조의 옵션들(그림 17-3)에 대해 다음에서 살펴볼 것이다.

1. 단일 브랜드 전략

자사의 전 상품을 단일 브랜드(통상은 기업브랜드-브랜딩 따라잡기 40)의 안에

그림 17-3 브랜드 아키텍처 모델

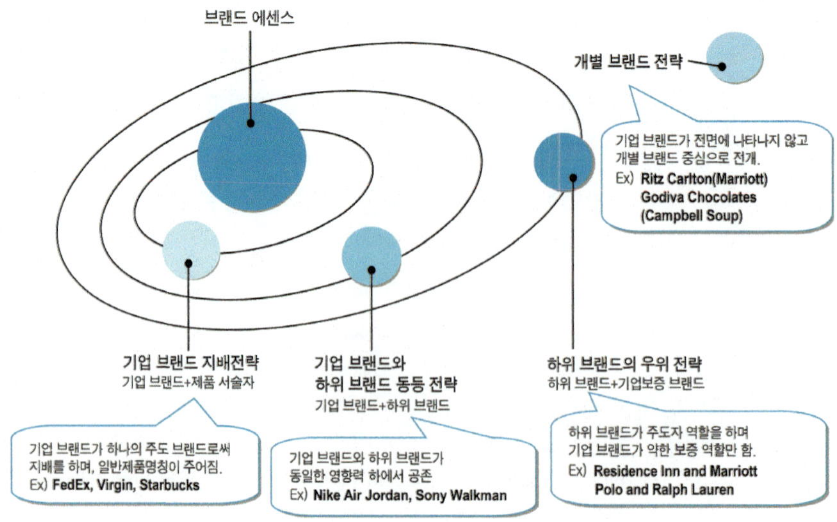

그림 17-4 단일 브랜드 전략

서 통일하는 전략으로(그림 17-4), 이는 하나의 단일 브랜드에 보조설명의 하위 브랜드(이를 제품 서술자라 한다.)를 부가함으로써 일련의 제품시장으로 확장하는 것이다. 브랜드가 모든 것을 지배하며 버진(Virgin)의 제품과 서비스의 경우처럼 제품과 서비스는 단순히 그 브랜드와 관련된 서술자로써 주어진 이름뿐이다.

이러한 단일 브랜드 전략의 특징은 첫째, 기업들은 하나의 주요 브랜드를 광범위한 카테고리에 걸쳐 레버리지하고, 둘째, 마케팅 비용을 효율화할 수가 있으며, 셋째, 단 하나의 브랜드가 모든 초점과 주목(attention)을 받는다. 한편, 카테고리를 넓히기가 너무 쉬우며, 그 결과 아이덴티티가 희석화되기도 하여 개별 상품의 실패가 기업 주체의 이미지를 손상시킬 리스크도 가지고 있다.

2. 개별 브랜드 전략

개개의 제품, 서비스를 개별 브랜드로써 전개하는 전략은 그 카테고리에 특화함으로써 카테고리를 대표하는 브랜드의 개발이 가능하며, 또한 개별 브랜드 실패가 기업 전체에 영향을 잘 주지 않는다는 이점이 있다.

개별 브랜드 전략에서는 독립한 단독 브랜드가 각각 시장에서 영향력을 최대화하도록 한다. 이러한 개별 브랜드 전략은 타이드(Tide)나 아이보리(Ivory)를 소유하고 있는 P&G와 도요타의 렉서스(브랜딩 따라잡기 41)가 그 전형적인 예로써 그 특징은 첫째, 기업들은 복수의 독립적인 브랜드를 각 시장에 투입하고, 둘째, 각 브랜드는 명확하고 차별적인 포지셔닝과 마케팅 프로그램을 가지고 있다.

반대로 기존 브랜드의 관리, 신규 브랜드의 개발 등에 소요되는 투자를 필요로 함으로써 마케팅 비용이 늘어난다.

브랜딩 따라잡기 40

기업 브랜드

기업 브랜드의 역할은 다음과 같이 2가지로 요약할 수 있다.

❶ 기업 브랜드가 바로 제품 브랜드로써 일정 상황에서 주도자 역할을 수행하는 마스터 브랜드이다. 여기서 제품 브랜드들은 대부분 기업 브랜드에 서술자 역할을 하는 브랜드를 첨가하는 식으로 구성된다.

❷ 기업 브랜드가 보증인으로써 역할을 수행한다. 이러한 경우에 기업 브랜드의 역할은 주로 구매자를 확신시킬 수 있는 신뢰를 제공하는 것이다.

기업 브랜드는 조직을 반영하는 것이므로 제품 및 서비스 속성뿐만 아니라 조직의 특성을 개발하고 레버리지할 수 있는데, 이것이 기업 브랜드들의 독특하고 잠재적으로 강력한 특성이다.

왜 기업 브랜드를 활용하는가?

기업 브랜드는 제품은 물론이고 조직을 명시적이고 확실하게 나타내기 때문에 특별하다. 기업 브랜드는 주도자 또는 보증 브랜드로써 브랜드 구축을 도울 수 있는 많은 특성과 프로그램을 보유할 수 있다.

❶ 기업 브랜드는 조직과 관련된 연상 이미지들에 있어서 잠재적으로 차별화를 모색할 수 있다.

기업 브랜드 우위 전략 (단일 브랜드 구조) **NewCorp, Inc.**	기업 브랜드와 하위 브랜드가 동일하게 공존 (하위 브랜드 구조) **NewCorp NewBrand**
기업 브랜드는 단지 보증역할 (보증 브랜드 구조) **NewBrand** **A Division of NewCorp, Inc.**	기업 브랜드는 나타나지 않음 (복수의 브랜드 구조) **NewBrand**

기업 브랜드 관계 모델

❷ 기업 브랜드는 브랜드화된 활력요소를 위한 조직 프로그램을 주도적으로 실시할 수 있다. 예를 들면, 공공 프로그램과 주요 후원은 보통 조직을 확장하게 되므로 이와는 연관성이 약할 수 있는 제품 브랜드보다는 기업 브랜드가 이를 실행해 나가는 데 더 나은 위상에 있다.

❸ 기업 브랜드의 연상 이미지들은 믿음, 호감, 그리고 인식된 전문성을 기반으로 신뢰성을 제공할 수 있다.

❹ 제품 및 시장 전반에 걸쳐 기업 브랜드를 레버리지하는 것은 브랜드 관리를 더 쉽고 효과적으로 만들어 준다.

❺ 기업 브랜드 아이덴티티는 조직의 임무, 목표, 가치 그리고 문화 등을 지원하고 또 지원받을 것이기 때문에 기업 브랜드가 관련될 때 내부적으로 브랜드를 구성원들에게 전환시키기가 더욱 쉬워질 것이다.

❻ 기업 브랜드는 제품 브랜드와 별개로 고객 관계를 위한 메시지 및 기초를 제공할 수 있다.

❼ 기업 브랜드를 활용하는 또 다른 이유는 잠재 구성원과 소매상, 그리고 투자자와 같은 이해관계자들에 대한 커뮤니케이션 노력을 지원하기 위해서이다.

❽ 기업 브랜드는 궁극적인 단일 브랜드를 제공하며 하나의 브랜드를 활용해 모든 효율성을 포착한다.

▎자료 : Alycia Perry with David Wisnom Ⅲ, Before the Brand: Creating the Unique DNA of an Enduring Brand Identity, McGraw-Hill, pp.36-42.
David A. Aaker (2004), Brand Portfolio Strategy: Creating Relevance, Differentiation, Energy, Leverage, and Clarity, The Free Press.

지금까지 살펴본 단일 브랜드 전략(기업 브랜드 전략)과 개별 브랜드 전략을 문화적 차이(동양권과 서양권)의 관점에서 비교해 보면 일반적인 흐름을 간파할 수 있다.

대체적으로 동양권(한국, 일본 등)은 주로 기업 효과, 신뢰성에 기반을 둔 기업 브랜드 전략을 중시하는 반면, 서양권은 전문화·차별성을 중시하는 개별 브랜드 전략 혹은 특정영역을 전문화하는 단일 브랜드 전략을 중시하는 경향을 볼 수가 있다(브랜딩 따라잡기 42).

한편 단일 브랜드 전략과 개별 브랜드 전략을 심리학적 관점에서 보면 차이가 있다. 단일 브랜드 전략은 자극 일반화 원리에 기초하여 있으며 개별 브랜드 전략은 자극의 차별화를 따르고 있다(브랜드 심리학 22). 이러한 자극의 차별화를 사용하고 있는 대표적인 예가 P&G의 개별 브랜드 전략이다.

브랜딩 따라잡기 41

렉서스, 최고의 가치를 팔았다

'Japan as No.1' 80년대 후반 일본 기업이 최고의 전성기를 구가하던 시절, 도요타 역시 미국 시장에서 큰 성공을 거두었지만 뭔가 허전한 게 있었다. 갈수록 치열해지는 미국 자동차 시장에서 살아남기 위해서는 고부가가치를 창조하는 고급차 시장을 절대 포기할 수 없었지만 벤츠나 BMW의 벽을 넘는데 한계를 느꼈기 때문이다. 자동차 품질에 대한 자신감은 있었지만 과연 '도요타'라는 브랜드로 미국 최고급 자동차 시장에서 성공할 수 있을 지에 대한 확신을 갖기는 어려웠다. 그래서 나온 게 렉서스 전략이다.

1989년의 일이다. 도요타 미주법인에서 근무하고 있는 하로 다카다 부장은 당시 상황을 이렇게 설명한다. "미국 시장에서 도요타 브랜드가 갖고 있는 장점도 많았지만, 결국 경영진은 이런 기득권을 과감히 포기한 채 '렉서스'라는 새로운 카드를 선택한 것이지요." 새로운 브랜드를 만들기로 결정한 도요타는 철저히 보안을 유지하고 렉서스 출범작업에 들어갔다.

미국에서 첫 선을 보일 당시 렉서스의 어떤 광고에서도 도요타라는 글자를 찾아볼 수 없을 만큼 철저히 독립된 마케팅을 펼쳤다. 기존 도요타의 판매망을 완전히 배제한 새로운 판매조직딜러를 구축하는 등 과감한 투자를 시작했다. 실제로 미국 시장을 개척할 때 렉서스가 도요타 브랜드라는 사실을 아는 미국인들은 그리 많지 않았다고 한다.

LEXUS

다음은 마케팅이었다. '렉서스' 출범 당시에만 해도 자동차 판매시장에서 애프터서비스는 거의 불모지나 다름없었다. 렉서스는 AS분야의 대수술을 통해 최고급 브랜드로 미국시장에 안착할 수 있었다. 클레멘트 부사장의 설명이다. "지금도 렉서스 딜러매장에 단순한 정비를 맡길 때 고객은 대기실에서 인터넷, 팩스 등을 이용해 업무를 계속할 수 있으며 샌드위치 등의 간식도 무료로 제공받는다. 장기간 정비가 요구될 때는 딜러매장에서 바로 렉서스 차량을 무상으로 렌트할 수 있으며 정비공장에 들어온 모든 차량에 무료 세차서비스가 제공된다.

렉서스가 취한 또 하나의 전략은 딜러 중시다. 클레멘트 부사장은 "최고급 브랜드는 고객들의 경험에 의해 형성될 수 있는 만큼 고객의 최접점인 딜러들이 가장 중요하다."고 설명했다.

렉서스는 2003년 25만 9,755대의 판매실적으로 미국 최고급 자동차시장 1위 업체로 확실한 입지를 다졌다.

자료 : 매일경제, 2004년 3월 23일자 인용

브랜딩 따라잡기 42

동양권과 서양권의 브랜드 관리에 대한 관점

동양적 사고방식-기업효과, 신뢰성

"하나를 잘하면 나머지도 잘 할 거야." 대표적인 예로써 대기업 집단이 이에 해당하는 것으로 소비자들은 기업에 대한 신뢰도가 매우 높다. 따라서 전혀 새로운 분야에서도 기업 브랜드의 신뢰도에 의해 성공할 수 있다. 대표적인 예가 국내의 삼성, LG 등 대기업 집단을 들 수가 있다.

서양적 사고방식-전문화, 차별성

"하나를 잘하면 나머지는 못하지." 일반적으로 기업은 특정의 영역에서 잘해야 그에 대한 전문성을 인정하고 해당 영역에서 강력한 브랜드로 자리를 잡는다. 즉, 하나의 기업이 업종을 대표하고 그에 집중하며 기업 브랜드가 바로 제품 브랜드로써의 역할을 수행한다. 따라서 기업 브랜드=업종(전문성)=제품 브랜드 전략을 추구하는 것이 일반적이다.

대표적인 예가 제록스, 코카콜라 등으로 이러한 전략의 단점은 특정 영역에서 전문성으로 말미암아 다른 사업영역으로의 전개에 어려움이 있다.

그에 반해 P&G는 다양한 사업영역으로 확장하되 동양적 사고방식에 기반한 기업 브랜드를 활용하지 않고 개별 브랜드 전략으로 각 브랜드를 독립된 사업단위와 같이 운영하여 차별성을 도모하고 있다. 하나의 핵심 브랜드는 "엄연한 하나의 회사"로써 운영되고 있으며, 브랜드와 회사의 이름을 연계시키지 않는다. 다만, "P&G의 신상품"이라고 할 필요가 있는 경우 출시 후 6개월 동안만 광고 끝부분에 표현할 뿐이다. 그러나 일본의 경우에 있어서, 특히 기업 이미지 강화 전략을 전개하고 있는데 이는 브랜드 광고 마지막에 회사와 브랜드와 연관 할애 등으로 기업 이미지를 강화하고 있다. 특히, 사업 특성상 개개 브랜드의 고유한 특성과 중요성이 소비자와의 로열티를 형성하고 개별 브랜드력 자체로 사업성을 확보하고 소비자들과 관계를 형성에 초점을 맞추고 있다. 모든 개별 브랜드들은 분리된 사업 단위로써 브랜드 관리 및 브랜드 간 시장 내에서 공정한 경쟁을 수행하고 있다.

브랜드 심리학 21

단일 브랜드 전략의 원리: 자극 일반화

자극 일반화

소비자들은 자극들을 식별할 수 있는 능력을 개발할 수 있을 뿐만 아니라 하나의 유사한 자극으로부터 다른 자극을 일반화하는 능력도 개발한다. 자극 일반화(stimulus generalization)의 과정은 2개의 자극이 유사(근접)하게 보일 때 발생한다. 그러므로 한 자극의 효과는 다른 자극의 효과로 대체될 수 있다.

식별(discrimination)은 소비자들이 선택적으로 브랜드를 평가할 수 있게 하며 한 브랜드가 다른 브랜드보다 우월하다고 평가할 수 있게 한다. 일반화는 소비자들이 각각의 자극에 대해 별도의 판단을 하지 않아도 되기 때문에 평가과정을 단순화 할 수 있게 한다. 브랜드 충성도는 자극 일반화의 한 형태이다. 소비자는 브랜드에 대한 긍정적인 과거 경험이 반복될 것으로 가정한다. 그러므로 소비자는 각각의 구매에 대해 개별적인 판단을 할 필요가 없다. 지각적 범주화(perceptual categorization) 역시 자극 일반화의 한 형태이다. 신제품이 도입되면 소비자는 신제품을 범주화하기 위하여 과거 경험으로부터 일반화한다.

자극 일반화의 전략적 응용

마케터들은 단일 브랜드 전략 혹은 패밀리 브랜드 전략을 수행함으로써 자극 일반화 전략을 활용했다. 하인즈는 소비자들이 기업 브랜드에서 얻은 긍정적인 경험이 다른 브랜드에도 일반화되기를 원했다. 제너럴 일렉트릭은 패밀리 브랜드 전략을 따르고 있다. 반면 P&G는 기업명에 대한 언급 없이 각각의 브랜드를 포지션시키는 것을 선호하며 자극 일반화 원리를 피하고 있다. 하인즈와 제너럴 일렉트릭은 자극 일반화를 사용하는 반면, P&G는 자극의 차별화(식별)를 사용한다.

▎자료 : Henry Assael (2004), Consumer Behavior: A Strategic Approach(1th ed.), Houghton Mifflin, pp.189-190, 역서.

브랜딩 따라잡기 43

톡톡 튀는 라벨(덧붙인 상표)로 마케팅 승부

미국에서 비만이 심각한 사회문제로 대두돼 건강식품 수요가 늘어나면서 미국 식품업체들이 밝고 눈길을 끄는 라벨을 부착한 건강식품으로 소비자 사로잡기에 나섰다.

뉴스위크는 이 같은 노력은 소비자들에게 어떤 제품이 좋은지를 알리는 영향도 있지만 라벨을 인정하게 되면 자동으로 라벨이 부착된 제품을 구입하도록 유도할 수 있기 때문이라고 지적했다. 펩시는 2004년 여름부터 건강식품에 '스마트 스폿(smart spot)' 라벨을 부착해 소비자들에게 이 라벨이 부착된 제품은 몸에 좋은 것이라는 것을 알리기에 나섰다.

미국 식품의약국(FDA) 승인을 얻어 만든 이 라벨은 엄격하게 지방과 콜레스테롤, 당분 함량을 제한해 소비자들로서는 신뢰의 표시이기도 하다. 또 몸에 좋고 식이섬유와 비타민 함유량이 높은 음식류에도 부착된다는 게 회사 측 설명이다.

이미 펩시가 출시한 제품 중 200개가 이 라벨을 달고 있으며 이들 제품의 매출은 기존 음료와 스낵류에 비해 두 배인 것으로 나타났다.

미국 전국자동머천다이징협회에서도 스낵류의 영양소에 대한 평가시스템을 도입하기로 결정했다. 이 협회는 색깔 라벨로 식품이 건강에 좋은지 아닌지를 구별하기에 나섰다. 초록색은 언제든지 먹어도 좋은 음식이며, 노랑은 가끔씩 먹어야 하는 음식 그리고 빨강은 가급적이면 먹지 말아야 하는 음식으로 분류해 라벨을 부착하기 시작했다.

코카콜라는 콜레스테롤 수치를 낮춰주는 오렌지 주스 "미닛메이드 하트와이즈"를 출시하면서 포장에 그려진 오렌지를 하트 모양으로 만들어 소비자들에게 제품 기능을 알리고 있으며, 크래프트 식품도 "센서블 솔루션"이라는 라벨을 부착해 판매하고 있다. 그러나 이 같은 라벨이 부착돼 있다고 해서 마음 놓고 실컷 먹어서는 안된다.

마크 버린드 크래프트 부사장은 "라벨에 표시된 '몸에 낫다'는 표시는 완전한 건강식품이라는 의미가 아니라 기존 제품에 비해 건강에 좋다는 것을 의미한다."고 말했다.

뉴욕에서 영양 컨설턴트로 활약하고 있는 앨런 리는 "물론 가장 좋은 음식은 신선한 생선이나 닭고기 등 라벨이 없는 천연식품"이라고 지적하고 "천연식품을 먼저 구입한 뒤 라벨이 부착된 건강식품을 구입하는 것이 가장 이상적인 선택일 것"이라고 말했다.

자료 : 매일경제, 2005년 3월 19일자 인용

3. 복합 브랜드 전략

단일 브랜드 전략과 개별 브랜드 전략 사이에 위치하고 있는 복합 브랜드 전략은 '하위 브랜드 전략'과 '보증부 브랜드 전략'으로 구별된다.

① 하위 브랜드 전략: 기업 브랜드와 하위 브랜드가 동일하게 공존

하위 브랜드 전략은 마스터 브랜드 전략에 가까우며 하위 브랜드가 단순히 제품시장을 설명하는 것만이 아니라, 고객에게 적절한 연상(association)을 줌으로써 마스터 브랜드 전략과 함께 구매결정을 좌우하는 동인자(driver)의 역할을 한다(그림 17-5).

② 보증부 브랜드 전략: 기업 브랜드는 단지 보증역할만 수행

보증부 브랜드 전략은 개별 브랜드 전략에 가까우며 각각의 브랜드는 독립적이지만, 동시에 많은 경우 기업 브랜드(여기서는 마스터 브랜드에 해당)에 보증되어 있다(그림 17-6). 이때 '보증자(endorser)'라고 불리는 기업 브랜드는 구매결정을 좌우하는 동인자로서의 역할은 그다지 갖지 못하고, 어디까지나 신뢰성이나 인지를 지원하는 역할이 중심이 된다.

이와 같은 보증부 브랜드 전략의 예는 펩시가 2004년 여름부터 건강식품에 '스마트 스폿(smart spot)' 라벨을 부착해 소비자들에게 이 라벨을 강조함으로써 성공한 경우를 볼 수가 있다(브랜딩 따라잡기 43).

이상에서 살펴본 바와 같이 복합 브랜드 전략은 전술한 품질보증과 동기 부여라는 관계를 기본으로 모 브랜드와 하위 브랜드와의 역할분담, 역할관계를 명확

그림 17-5 복합 브랜드 전략–하위 브랜드 전략

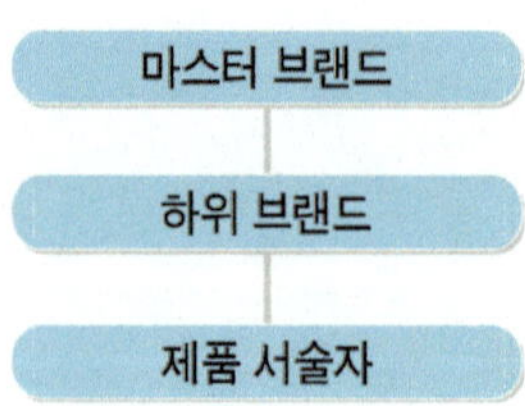

그림 17-6 복합 브랜드 전략–보증부 브랜드 전략

하게 하는 브랜드의 조합을 설계하는 것이 중요한 포인트라고 말할 수 있다.

3 차별화 요소의 브랜드화

오늘날 대다수의 브랜드들은 '가격'이라는 요인에 의해 쉽게 구매를 결정해버리는 소비자들에게 큰 의미를 부여하지 못하고 있다. 하지만, 여기서 제시하는 새로운 방법은 '평범함'으로부터 기업을 차별되게 하는데 도움을 줄 수 있다. 〈그림 17-7〉에서처럼 차별화 요소를 브랜드화하여 브랜드에 활력을 부여하는 방법들이 최근 많이 부각되고 있다.[4] 즉 성분, 서비스, 프로그램을 브랜드화함으로써 평범함으로부터 차별되게 하는데 도움을 주고 있다.

차별화 요소의 브랜드화 이유

차별화 요소를 브랜드화하는 것은 여러 가지 측면에서 이점을 가져다 줄 수 있다.

❶ 차별화 요소의 브랜드화는 그 브랜드가 강조하고자 하는 특장점을 알리는

그림 17-7 복합 브랜드 전략–차별화 요소의 브랜드화

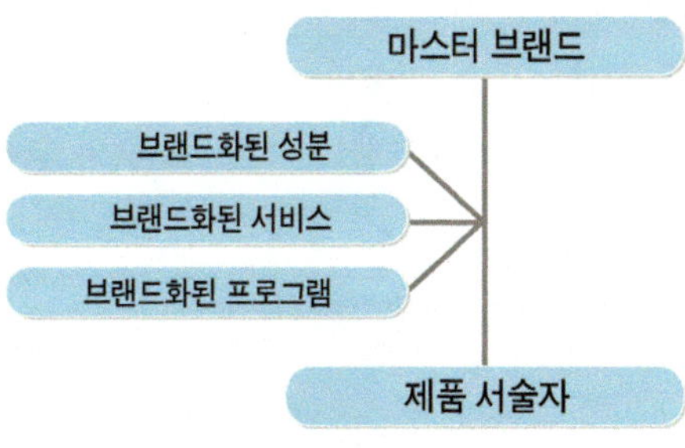

4) David A. Aaker (2003), The Power of the Branded Differentiator, Sloan Management Review (Fall), pp.83-87.

데 있어서 신뢰성(credibility)을 더해준다.

❷ 차별화 요소의 브랜드화는 소비자들로 하여금 차별화의 요소(differentiator)를 쉽게 기억하도록 도와주며, 또한 모 브랜드 또는 마스터 브랜드와 연계할 수 있도록 해준다.

❸ 차별화 요소의 브랜드화는 브랜드 네임 자체로써 타깃 소비자들에게 소구하기 때문에, 효율적이며 효과적인 커뮤니케이션을 가능하게 만든다.

❹ 차별화 요소의 브랜드화는 브랜드가 적극적으로 관리될 경우, 지속 가능한 경쟁상의 우위점(competitive advantage)의 근간이 된다.

차별화 요소의 브랜드화를 위한 4가지 영역

차별화 요소를 브랜드화할 수 있는 영역으로써 아래 4가지 영역에서 살펴볼 수가 있다.

❶ 차별적인 특징(feature)을 브랜드화하는 것으로 Oral-B는 칫솔모의 색상변화로 교체시기를 인식하게끔 Oral-B Indicator로, 또한 Oral-B Power Tip은 칫솔모가 닿기 힘든 곳까지 구석구석 닦아주는 특징을 제시하고 있다(제13장 제2절의 독점적 성분 브랜드를 참조하기 바란다.).

❷ 서비스의 브랜드화로 성숙기 영역의 브랜드에서 흔히 사용하는 방법이다. 이는 모 브랜드를 지속적으로 재활성화 하는 역할을 수행한다. 예를 들면, P&G의 Tide 웹사이트의 Tide Stain Dective 섹션 개설로 Tide 사용용도를 지속적으로 확대해 나가고 있다.

❸ 프로그램의 브랜드화는 로열티 프로그램의 전형적인 방식으로 신중하게 관리되어야 하며 지속적으로 업데이트가 필수적이다. 예를 들면, Hilton 호텔의 HHonors 프로그램이 대표적인 예라고 할 수 있다.

❹ 성분 · 요소 기술의 브랜드화로 이는 브랜드에 신뢰감을 부여하여 소비자들의 체감 품질을 제고한다. Chevoron의 Techron(차별화된 가솔린)으로써 소비자들이 테크론의 의미를 정확히 인식하지 못하나 차별화된 가솔린으로 인식한다(제13장 제2절을 참조하기 바란다.).

외부적 요소들에 의한 차별화 요소의 브랜드화

내부적인 요소들에 의한 차별화 요소의 브랜딩은 상대적으로 비용 소모 측면에서나 프로세스적 측면에서의 소모가 크다. 이것의 대안으로써 이미 브랜드로써 영향력을 가지고 있는 외부적인 요소들을 통한 브랜딩, 즉 타 기업과의 공동 브랜딩을 들 수 있겠다(제13장의 공동 브랜딩 편을 참조하기 바란다.).

차별화 요소의 브랜드화 시 고려 요인

기업 또는 브랜드의 경영자는 시의 적절하게, 적절한 방법으로 브랜드화된 차별화 요소를 사용하는 데 있어서 시장과 경쟁관계 상의 자사 브랜드의 포지셔닝을 정확히 고려하여 전략적이고 장기적인 관점에서 고려해야 한다. 이러한 차별화 요소를 브랜드화하기 위해서 고려해야 할 사항들은 다음과 같다.

❶ 브랜드의 아이덴티티와 포지션은 무엇이며, 고객들에게 무엇을 말할 것이며 경쟁사 대비 차별적 요소를 보유하는데 도움을 줄 수 있는 것인가?

❷ 선택하고자 하는 기존의 특성이나 서비스가 브랜드화할 수 있는 것인가?

❸ 브랜드화할 특성이나 서비스가 번들화되거나 확장되었을 경우 잠재력이 더욱 제고될 수 있는 것인가?

❹ 목표시장이 어떻게 세분화되어 있는가? 각각의 세분화 영역에서 현재 소비자들이 선호하는 것으로 부각되고 있는 이점이 무엇인가?

❺ 브랜딩화된 차별화 요소가 외부로부터 도입된 것들이라면, 모 브랜드에 어떠한 연계성을 보유하고 있는가?

제3절 브랜드 아키텍처 구축의 방법론

신제품 출시 시 기업들이 브랜드 아키텍처의 의사 결정을 어떻게 전개하는지를 3M의 사례를 통하여 살펴보자. 〈그림 17-8〉에서처럼 다음과 같이 4단계 과정을 통하여 평가한다:

❶ 1단계로 도입하고자 하는 신제품이 혁신적인 제품인가, 새로운 가치를 창조하고 있는가, 지금까지 없는 새로운 제품 카테고리인가 그리고 M&A에 의해 취득한 것인가를 평가한다.

❷ 2단계 평가로는 신제품 평가 후 이들 제품이 기존 브랜드(여기서는 3M 혹은 기존의 주도 브랜드)를 활용할 수 있는가를 평가한다. 즉 신제품 출시를 통하여 기존 확보하고 있는 브랜드 활용여부를 평가하는 것이다. 이는 브랜드 확장의 적합성을 평가하는 과정이라 할 수 있겠다(제12장의 제5절을 참조하기

그림 17-8 3M의 브랜드 아키텍처 전략의 의사결정 과정

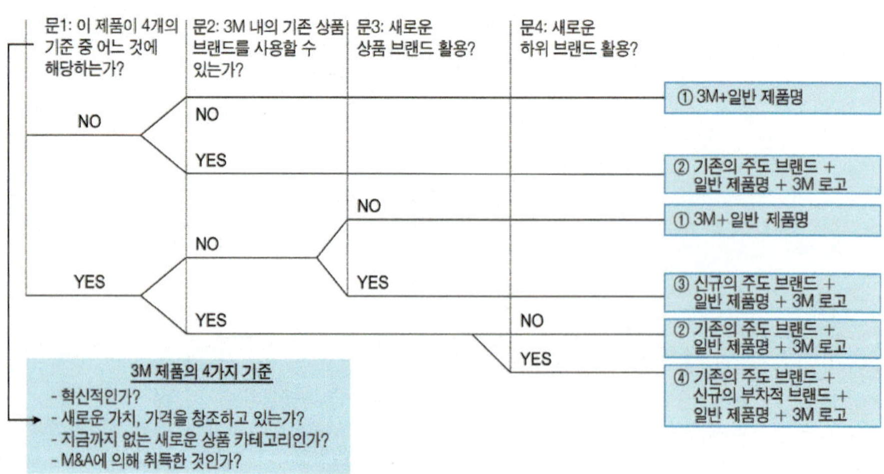

그림 17-9 3M의 브랜드 체계

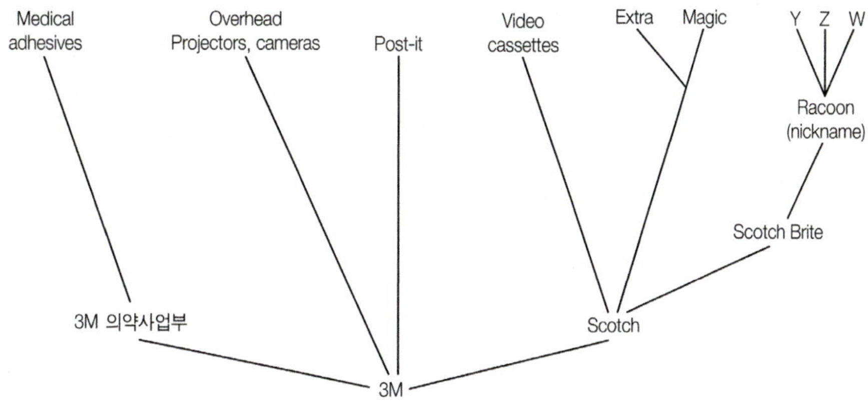

자료 : Jean-NoëL Kapferer (1992), Strategic Brand Management: New Approaches to Creating and Evaluating Brand Equity, The Free Press, p.167.

바란다.).

❸ 3단계는 2단계 평가과정에서 기존 브랜드 활용이 적합하지 않을 경우 새로운 브랜드 활용여부를 평가하게 된다.

❹ 마지막 4단계 평가과정은 2단계와 3단계 평가과정을 고려하여 새로운 하위 브랜드 도입의 여부를 결정하는 단계이다.

지금까지의 평가과정을 종합하여 설명해 보자. 먼저 어떤 신제품이 매우 혁신적일 경우, 2단계 평가과정에서 이 신제품에 3M 브랜드의 기존 브랜드 활용여부를 평가해 보니 적합성이 높지 않아, 3단계 평가에서 새로운 제품 브랜드를 도입하기로 결정했다고 하면 이 신제품의 브랜드 체계는 신규 도입되는 브랜드와 일반 제품명, 그리고 보증자 역할로써 3M 로고를 활용하는 형태를 취하게 된다.

3M은 이와 같은 전략적 의사결정 기준에 따라 신제품에 대한 브랜드 아키텍처를 구축하고 있다. 이러한 방법론을 통하여 현재 3M의 브랜드 체계는 〈그림 17-9〉와 같이 여러 형태를 취하고 있다.

3M의 예에서 보는 것처럼 기업들은 자사가 진입해 있는 산업의 특성과 그에 따른 소비자 특성을 고려하여 브랜드 아키텍처 구축의 의사결정 기준을 설정해 두는 것이 필요하다.

[생각해볼 문제]

1. 특정 기업의 제품 혹은 서비스의 전체상을 인터넷 등으로 검색하여 브랜드의 구조를 피라미드 또는 계층구조의 형태로 정리해 보자.

2. 기업에 있어서 기업 브랜드가 부과하는 기능을 이해 관계자(stakeholder)와의 관계 중에서 기술해 보자.

3. 음료메이커 A사에서는 새로운 무당차(無糖茶) 신제품의 시장 도입을 검토하고 있다. A사에서는 이미 무당차의 기존 브랜드 B를 보유하고 있는데, 찻잎의 종류를 변경한 새로운 차를 시장에 도입하여 매출을 신장시키려고 하고 있다. 이 경우, 기존 브랜드 B와의 관계에서 어떻게 네이밍의 패턴이 고려될 수 있는가?

제8부

브랜드 자산의 측정

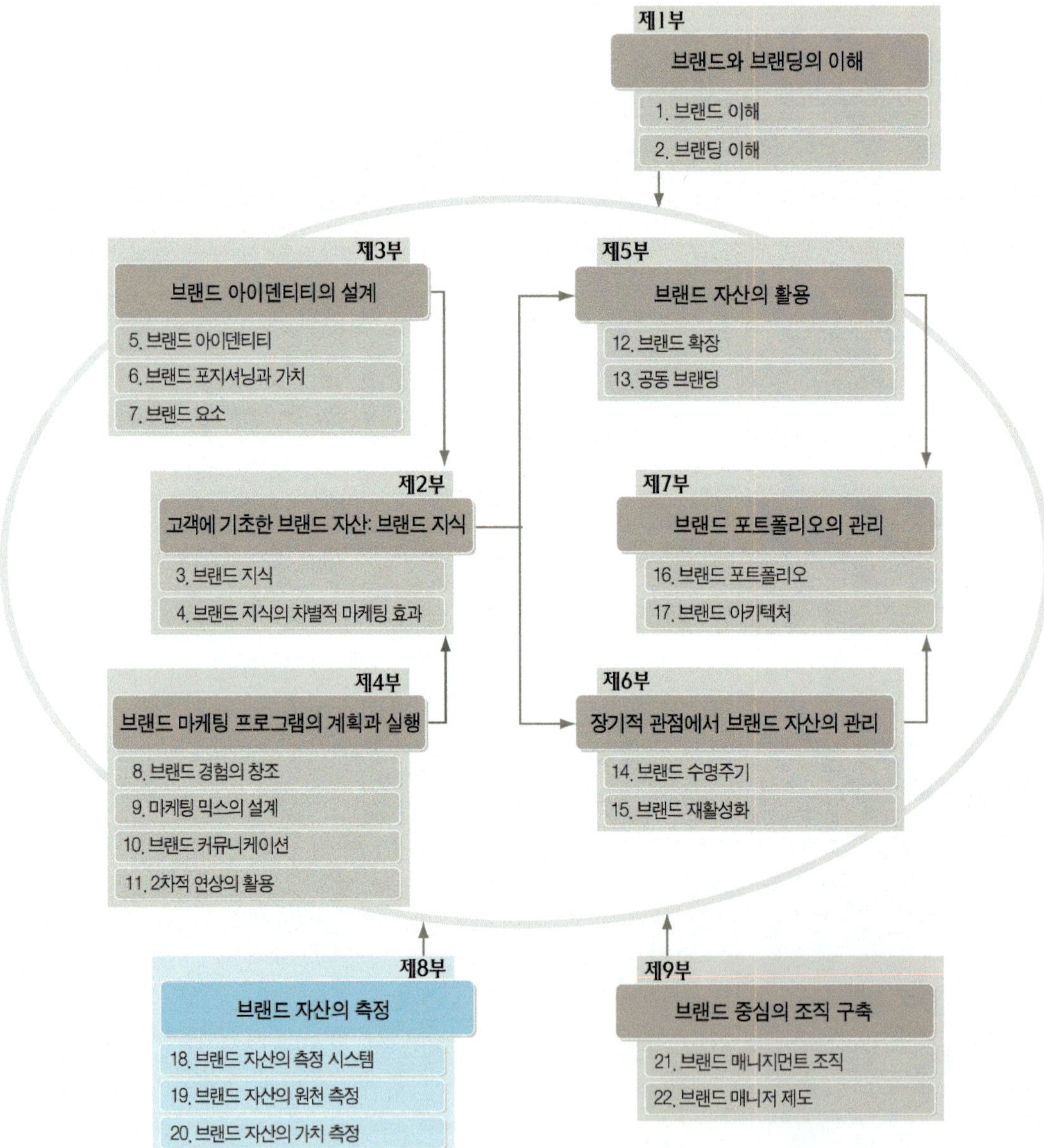
제1부
브랜드와 브랜딩의 이해
1. 브랜드 이해
2. 브랜딩 이해
제3부
브랜드 아이덴티티의 설계
5. 브랜드 아이덴티티
6. 브랜드 포지셔닝과 가치
7. 브랜드 요소
제5부
브랜드 자산의 활용
12. 브랜드 확장
13. 공동 브랜딩
제2부
고객에 기초한 브랜드 자산: 브랜드 지식
3. 브랜드 지식
4. 브랜드 지식의 차별적 마케팅 효과
제7부
브랜드 포트폴리오의 관리
16. 브랜드 포트폴리오
17. 브랜드 아키텍처
제4부
브랜드 마케팅 프로그램의 계획과 실행
8. 브랜드 경험의 창조
9. 마케팅 믹스의 설계
10. 브랜드 커뮤니케이션
11. 2차적 연상의 활용
제6부
장기적 관점에서 브랜드 자산의 관리
14. 브랜드 수명주기
15. 브랜드 재활성화
제8부
브랜드 자산의 측정
18. 브랜드 자산의 측정 시스템
19. 브랜드 자산의 원천 측정
20. 브랜드 자산의 가치 측정
제9부
브랜드 중심의 조직 구축
21. 브랜드 매니지먼트 조직
22. 브랜드 매니저 제도

제18장

브랜드 자산의 측정시스템

이번 장의 주요 이슈

Keller의 고객 베이스의 브랜드 자산은 브랜드에 관한 지식이 그 브랜드의 마케팅 활동에 대한 소비자 반응에 미치는 차별적 영향으로 정의된다. 즉 높은 브랜드의 인지와 강력하고 호의적이며 독특한 연상을 가진 브랜드는 그렇지 못한 브랜드보다 그 브랜드의 마케팅 활동에 대해 소비자들의 차별적 반응이 나타난다. 따라서 브랜드 자산을 측정하는데 대한 두 가지 기본적인 접근방법이 있다. 간접적 접근은 소비자의 브랜드 지식구조를 확인하고 추적함으로써 고객 베이스의 브랜드 자산의 원천을 평가할 수 있다. 반면, 직접적인 접근은 브랜드 지식이 마케팅 프로그램의 여러 요소에 대한 소비자 반응의 실질적인 영향을 평가함으로써 브랜드 자산의 가치를 측정할 수 있다.

제18장 및 제19장에 걸쳐 브랜드 자산의 원천과 결과를 측정하기 위한 방법론에 들어가기 전에 제17장에서는 개괄적인 브랜드 자산의 측정 시스템에 대해 다음과 같은 이슈들을 살펴볼 것이다.

❶ 브랜드 가치는 어떻게 창출(브랜드 자산의 원천과 결과의 인과관계)되는가?

❷ 브랜드 가치 창출의 단계별 브랜드 자산의 측정 방법은 무엇인가?

❸ 브랜드 추적조사는 어떻게 설계되고 실행되어야 하며, 어떻게 실행되어야 하고, 그 결과가 어떻게 해석되어야 하는가?

제 1 절 브랜드 가치는 어떻게 창출되는가

기업에 있어서 가장 가치 있는 자산 중의 하나는 브랜드라고 하는 무형의 자산이다. 따라서 브랜드 자산을 극대화할 수 있도록 브랜드를 적절하게 관리하는 것이 중요하다. 수익이 나는 브랜드의 관리는 브랜드 자산의 측정을 성공적으로 설계하여 실행하는 것을 필요로 한다.

이러한 브랜드 자산을 성공적으로 측정하기 위해 먼저, 브랜드 가치가 어떻게

그림 18-1 브랜드 가치창출 사슬

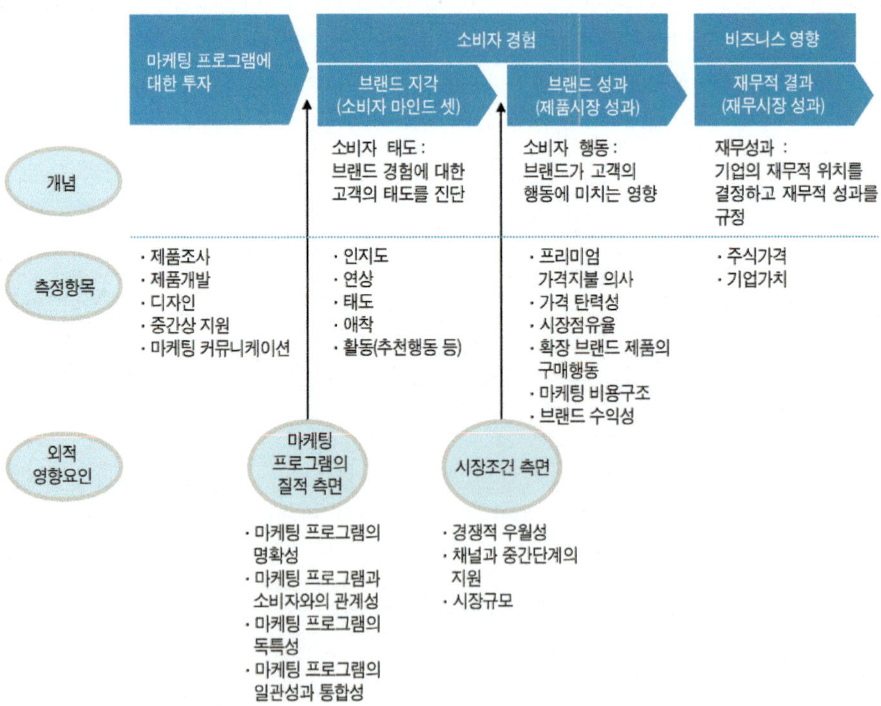

자료 : Kevin Lane Keller & Donald R. Lehmann (2003), How Do Brands Create Value?, Marketing Management (May/June), p.29.에 기초하여 작성.

창출되는지를 이해하는 것이 중요하다.

이에 대한 해답으로 Keller와 Lehmann(2001)은 브랜드 가치창출모델[1]을 제시하였다(그림 18-1). 이 모델은 마케터들에게 브랜드 가치가 어떻게 창출되는지에 대한 과정을 추적할 수 있게끔 하고, 또한 마케팅 자원의 지출과 투자에 대한 재무적 영향을 보다 잘 이해할 수 있게끔 해준다.

브랜드 가치의 창출 과정은 여러 기본적인 전제를 가지고 있다. 기본적으로 브랜드 가치는 고객에게 존재한다는 점이다. 이러한 통찰에 기초하여 브랜드 가치창출의 과정은 마케팅 활동 프로그램에 투자를 할 때 시작되며 브랜드에 대한 소비자의 마인드 셋(mindset) 즉, 소비자들이 브랜드에 대해 알고 느끼는 모든 것에 영향을 미친다. 이러한 마인드 셋은 시장에서 브랜드 성과를 초래하게 되며 이러한 브랜드 성과는 구매하고자 하는 수량이나 고객들이 지불하고자 하는 가격에 대한 소비자들의 행동의 총합인 것이다. 마지막으로 이러한 브랜드 성과와 또 다른 요인들에 의해 경영성과가 나타난다.

이 모델은 각 단계에서 많은 요인들이 조절변수로써 작용하고 있다는 것을 가정하고 있다. 이러한 연결 요인들은 한 단계에서 창출된 가치가 어떻게 다음 단계로 전이되는가를 결정한다.

마케팅 프로그램에 대한 투자

브랜드 가치 개발에 잠재적으로 영향을 미칠 수 있는 모든 마케팅 프로그램 투자로 여기에는 다음과 같은 것들이 있다: 몇 가지 주요한 마케팅 비용은 제품조사, 개발, 디자인; 중간상 지원; 마케팅 커뮤니케이션(광고, 프로모션, 스폰서십, 직접 마케팅, 인적 판매, PR); 그리고 종업원 선발, 훈련, 지원.

마케팅 프로그램의 질적 측면(조절변수)

마케팅 프로그램에 제공된 재무적 투자가 브랜드 가치창출 측면에서 반드시 성공을 보장하지는 않는다. 가치사슬의 다음 단계로 이동하는 투자의 능력은 마케팅 프로그램의 질적 측면에 달려 있다. 다음과 같이 마케팅 프로그램의 질적(quality) 측면을 결정하는 여러 수단들이 있다.

---

1) Kevin Lane Keller & Donald R. Lehmann (2001), How Do Brands Create Value?, Marketing Management(May/June), pp.27-31.

❶ 마케팅 프로그램의 명확성이다. 소비자들이 브랜드 마케팅에 의해 전달된 의미를 적절하게 해석하고 평가할 수 있는가?

❷ 마케팅 프로그램과 소비자와의 관계성이다. 소비자들이 해당 브랜드가 신중한 고려를 받고 있는 것이라고 느끼는가?

❸ 다른 경쟁 브랜드와 비교하여 마케팅 프로그램의 독특성이다. 마케팅 프로그램이 얼마나 독창적이며 차별적인가?

❹ 마케팅 프로그램에 있어서 일관성과 통합성이다. 마케팅 프로그램의 모든 측면이 소비자에게 가장 큰 영향을 미치도록 통합되어 있는가? 올바른 방향으로 브랜드를 진화시키면서 마케팅 프로그램이 과거의 마케팅 프로그램 그리고 적절하게 균형을 가지고 지속성과 변화에 효과적으로 관련되어 있는가? 의심할 바 없이 주의 깊게 계획되고 고객과 높은 관련성과 독특성을 가지고 수행된 마케팅 프로그램은 보다 큰 성과를 달성할 수 있다.

브랜드에 대한 소비자의 마인드 셋: 브랜드에 대한 소비자 지각

소비자 마인드 셋이란 브랜드에 대한 생각, 경험, 느낌, 상상, 인식, 믿음, 태도와 같은 소비자가 마음속에 가지고 있는 모든 것을 의미한다. 마케팅 프로그램에 대한 투자가 그와 같은 여러 소비자 관련 성과로 나타난다. 소비자들이 마케팅 프로그램의 결과로 어떤 방향으로 변화했는가? 그러한 변화들이 소비자 마인드 셋에서 어떻게 검증되었는가? 소비자 마인드 셋의 중요한 측정요소로는 브랜드 인지도, 연상, 태도, 애착도, 활동이다.

❶ 브랜드 인지도로 상기와 재인이 있다.

❷ 브랜드 연상으로 이에는 연상의 강도, 호감도, 독특성이 있다. 브랜드 연상은 브랜드 가치의 핵심원천을 나타내는데 이는 브랜드가 소비자들의 욕구를 충족시키고 있는지에 대한 수단이기도 하다.

❸ 브랜드 태도로 브랜드가 제공하는 품질과 만족도 측면에서 브랜드에 대한 전반적인 평가를 의미한다.

❹ 브랜드 애착도로 소비자들이 그 브랜드에 대해 얼마나 충성도를 느끼는가를 나타낸다. 강력한 브랜드 애착도는 다른 브랜드로 바꾸려고 하지 않으며 그리고 제품 혹은 서비스의 실패에도 잘 견디는 브랜드의 능력을 언급하는 것이다.

❺ 브랜드 활동으로 소비자들이 다른 사람들에게 그 브랜드에 관해 이야기하

고, 브랜드 정보 · 프로모션 · 이벤트를 찾아다니고 하는 정도를 언급하고 있다. 브랜드 활동의 좋은 보기가 Harley-Davision의 소비자 클럽을 들 수가 있다.

이러한 차원들 간에는 계층구조를 형성하고 있다. 인지는 연상을 뒷받침하고, 연상은 태도를 동인하게 된다. 그리고 태도는 결국 브랜드 애착과 활동이 된다. 이 단계에서 창출되는데 소비자들이 높은 인지; 강력하고, 호의적이고, 독특한 브랜드 연상; 긍정적인 브랜드 태도; 열정적인 브랜드 애착; 그리고 높은 수준의 브랜드 활동을 가질 때 브랜드 가치가 창출된다.

시장 조건의 측면

고객과의 성공이 반드시 시장에서 성공으로 나타나는 것은 아니다. 다음 단계(브랜드 성과)에서 소비자 마인드 셋이 가치를 창출하는 능력은 여러 맥락적인 외부요인에 달려 있는데 이에는 경쟁적 우월성(마케팅 프로그램에 대한 투자의 양과 질이 경쟁하고 있는 브랜드에 비해 얼마나 효과적이냐), 채널과 중간 단계의 지원(브랜드 판매 노력이 다양한 마케팅 파트너들에 의해 얼마나 지원을 받는가), 시장 규모(그 브랜드에 매력적인 고객의 크기와 프로파일)가 있다.

소비자 마음속에 창출된 가치는 다른 경쟁자가 뚜렷한 위협요인을 제공하지 못하고, 유통채널과 다른 중간상들이 매우 강력한 지지를 보내며, 충분히 많은 수의 소비자들이 브랜드에 충성적일 때 호의적인 브랜드 성과로 전이가 된다. 브랜드가 직면한 경쟁적 상황은 브랜드 성과에 깊은 영향을 미칠 수 있다.

브랜드 성과

소비자 마인드 셋과 시장조건의 요인들은 소비자들이 특정 브랜드에 어떻게 반응하고 행동하는가에 영향을 미친다. 그 반응의 차원에는 여섯 가지가 있다.

❶ 가격 프리미엄과 가격 탄력성이다. 소비자들이 브랜드로 인해 동일 제품에 비해 얼마나 기꺼이 추가적으로 지불하고자 하는가? 그리고 그 브랜드에 대한 수요가 가격이 변동할 때 얼마나 증가하고 감소할 것인가?

❷ 시장점유율로써, 이는 브랜드 1단위당 판매를 동인하는데 마케팅 프로그램의 성공 정도를 측정한다. 브랜드 가치는 높은 시장점유율과 높은 가격 프리미엄으로부터 형성된다.

❸ 라인 확장이나 카테고리 확장을 지원하는데 있어서의 브랜드 성공이다. 이러한 차원은 잠재적인 브랜드 확장과 수입의 향상을 더할 수 있는 능력을 포착한다.

❹ 비용구조로써, 구체적으로 말하면 마케팅 프로그램에 지출되는 비용을 줄일 수 있는 능력을 말한다. 이미 소비자들이 그 브랜드에 대해 호의적인 지식을 가지고 있으므로 마케팅 프로그램이 동일 지출 수준에서 더욱더 효과적이라는 것이다.

투자자 감성의 조절변수

브랜드 성과로 나타난 브랜드 가치 중 얼마나 많은 부분이 주주가치로 나타나는가는 투자자 감정이나 의향 측면에 의해 조절된다. 재무 분석가와 투자자들은 브랜드 가치평가와 투자결정에 있어서 주요한 몇 가지 요인을 고려한다.

❶ 이자율, 투자자 감정, 또는 자본공급과 같은 자본시장의 역동성은 어떠한가?

❷ 브랜드와 해당 산업의 전망은 어떤가?

❸ 일반적으로 그 카테고리에서의 리스크는 무엇이고, 특히 그 브랜드에서의 리스크는 무엇인가? 그 브랜드는 다양한 판매촉진 요인 및 규제 요인에 얼마나 쉽게 영향을 받는가?

❹ 그 브랜드가 기업의 브랜드 포트폴리오에 있어서 얼마나 중요한 위치에 있는가?

주주의 가치: 기업의 재무적 경영 성과

브랜드에 관한 현재 및 예측되는 정보에 기초하여 재무적 시장은 브랜드 가치에 대한 직접적 재무적 함축의미를 가지는 다양한 평가가 이루어진다. 이러한 세 가지 주요한 지표(indicator)는 주식 가격, 가격 대비 소득 비율, 시장 자본력이다. 물론 다른 경제부가가치(EVA: economic value added) 또한 중요하다.

제2절 브랜드 자산의 측정 접근법

마케터들은 가능한 마케팅 프로그램의 질(quality), 시장조건, 그리고 투자자의 감정 등 매개변수들을 극대화함으로써 마케팅 프로그램의 투자를 통하여 가치를 창출한다. 따라서 브랜드 가치사슬은 마케터들이 가치가 어떻게 창출되고 그러한 과정을 향상시키기 위해 어디에 주목을 해야 하는지를 이해하게 하는 구조화된 수단을 제공한다.

다음에서는 이러한 브랜드 가치 창출의 단계에 따라 브랜드 자산을 측정하는 방법들에 대해 살펴볼 것이다.

1. 브랜드 자산은 왜 측정하는가

브랜드 자산은 특정 제품이 브랜드 네임을 가지지 못했을 경우에 생기는 마케팅 효과나 성과와 비교하여 브랜드 네임을 지닌 제품에 생기는 마케팅 효과로써 정의된다. 브랜드 자산의 구체적인 효과는 태도, 인지도, 이미지 등과 같은 소비자 수준의 구성개념(consumer-level constructs)과 가격 프리미엄, 시장점유율, 현금흐름 등과 같은 기업 수준의 성과(firm-level outcomes)이다.

일반적으로 브랜드 자산 측정의 목적은 다음과 같이 다섯 가지로 요약할 수 있다:

1. 마케팅 전략과 전략적 의사결정을 돕기 위해.
2. 브랜드의 확장 가능성을 평가하기 위해.
3. 마케팅 의사결정의 효율성을 평가하기 위해.

❹ 경쟁자와 비교하여 그리고 지속적으로 브랜드 건강도를 추적하기 위해.
❺ 브랜드의 재무적 가치를 평가하기 위해.

또한 브랜드 자산 측정을 위해 이상적인 척도가 지녀할 항목은 다음과 같은 기준에 기반을 두고 있다:

❶ 이론에 기반을 두어야 한다.
❷ 브랜드 자산의 모든 단면을 포괄함과 동시에 다른 개념과 구분됨.
❸ 진단적(diagnostic)이어야 한다. 즉 브랜드 가치의 하락이나 증가를 나타낼 수 있고 이러한 변화의 이유를 제시할 수 있어야 한다.
❹ 미래의 수입흐름(future revenue stream)과 브랜드 확장력의 관점에서 미래 잠재력을 확인할 수 있는 능력을 측정할 수 있어야 한다.
❺ 객관적이어야 한다. 따라서 여러 사람들이 측정하더라도 동일한 가치를 산출할 수 있어야 한다.
❻ 접근 가능한 데이터에 근거해야 한다. 따라서 이 척도가 다양한 카테고리의 여러 브랜드를 모니터할 수 있어야 한다.
❼ 트래킹과 커뮤니케이션을 용이하게 하는 단일의 수이어야 한다.
❽ 시니어 매니저에 있어 직관적이고 신뢰할 수 있어야 한다.
❾ 시간에 따른 신뢰성과 안정성을 지니고 동시에 브랜드 건강도에서의 실제 변화를 반영할 수 있어야 한다.
❿ 다른 척도보다 확실해야 한다. 그리고 이론적으로 브랜드 자산과 관련되어 있어야 한다.

2. 브랜드 자산의 측정 접근법

앞에서 살펴본 바와 같이 Keller와 Lehmann(2001)는 기존에 존재하는 브랜드 자산 척도를 세 가지 범주로 나누었다(표 18-1). 첫 번째는 소비자 마인드 셋(mind set)이라고 부르는 것으로 고객에 기초한 브랜드 자산의 원천을 평가하는 데 초점을 둔 것이다. 두 번째와 세 번째 범주는 제품시장과 재무시장으로써

표 18-1 브랜드 자산의 측정 접근법

고객 마인드셋	제품시장	재무시장
주요 항목들 인지도 연상 태도 충성도(헌신) 활동(구전/추천 의향 등) 만족도 브랜드 관계	 재구매율 시장점유율 가격 프리미엄 수입 프리미엄 마케팅 믹스 탄력성 브랜드 확장 성공	 주식가격 EVA 잔차 매출에 있어서의 가치
상업적 모델 Young & Rubicam's Brand Asset Valuator Equity Engine	 Interbrand	 Interbrand Stern-Stewart
주요 사용자 제품/브랜드 매니저	 CMO/제품 · 브랜드 매니저	 CEO/CFO

브랜드 자산으로부터 기업이 얻게 되는 성과 혹은 순 혜택에 초점을 둔 것이다.

1 소비자 마인드 셋

소비자 마인드 셋 측정은 소비자들이 브랜드에 대해 가지는 인지도, 태도, 연상, 브랜드 애착도, 브랜드 충성도 등을 측정한다. 이 척도는 이것이 브랜드 자산의 다양한 원천을 평가하고 훌륭한 평가능력을 지녔으며 브랜드의 잠재성을 예측하기 위한 투입(input)으로써 사용될 수 있다는 점에서 매우 가치 있다.

따라서 이 척도는 앞서 제시한 브랜드 자산 척도의 목표 중 처음 세 개의 목표에 매우 잘 부합한다. 그러나 이 척도는 일반적으로 소비자 조사에 기반을 두고 있기 때문에 측정하기가 쉽지 않고, 브랜드 성과를 측정하는데 개관적인 측정이 어렵다. 또한 이 척도는 재무적 평가의 목적에 있어서는 적합하지 않다.

2 제품시장 성과

제품시장성과에 내재된 원칙은 브랜드 자산의 혜택은 시장에서 브랜드 성과에 반영된다는 것이다.

이 척도에서 가장 일반적으로 언급되는 것은 가격 프리미엄이다. 가격 프리미엄은 소비자들에게 브랜드가 부착되지 않은 제품과 비교해서 브랜드가 부착된 제품에 얼마나 많이 지불하고자 하는지를 묻거나 브랜드 네임을 하나의 속성으로 하여 컨조인트 분석(conjoint analysis)을 실시함으로써 측정된다. 다른 제품시장의 성과 측정에는 시장 점유율, 가격 탄력성 등이 포함된다.

이 척도의 장점은 이것이 시니어 매니저들에 어필하고 재무적 평가에 있어 중요한 화폐가치를 제공할 수 있고, 브랜드 네임이 가치를 부가시킴으로써 다양한 메커니즘의 완성을 뜻하기 때문에 어떤 단일의 소비자 마인드 셋 측정보다 완전하다는 것이다. 여기 속하는 척도의 대부분은 또한 브랜드 네임으로 인한 혜택의 증가를 수량화하기 때문에 브랜드 자산의 개념적 정의에 뿌리를 두고 있다.

이 척도의 단점은 이러한 척도 중 일부는 실재 구매 데이터보다는 가상의 상황에서 소비자들에게 무엇을 살 것인지를 묻는 소비자 판단(consumer judgement)에 의존을 한다는 점과 매락효과(context effects)와 같은 다양한 편견(bias)에 노출된다는 점이다. 컨조인트에 기초한 측정과 같은 척도는 이것을 시간 소모적이고 비실용적으로 만드는 복잡한 통계적 모델을 요구하거나 불완전하기 때문에 브랜드 자산을 잘못 평가하기도 한다. 예를 들어, 한 브랜드는 시장 점유율을 가지고 있지만, 만일 이 점유율이 가격 인하로 인해 단순히 '구매'된 것이라면 이 시장 점유율은 브랜드 자산을 과대평가하게 될 것이다. 또 어떤 브랜드는 가격 프리미엄을 사용하지 않는데 그렇다고 해서 이것이 이 브랜드가 자산을 가지고 있지 않았음을 뜻하는 것은 아니다.

마지막으로 이러한 척도는 브랜드 자산이 원천보다는 그 결과에 초점을 두고 있기 때문에 모든 제품 시장의 성과 측정은 제한된 진단 능력을 지닌다. 이들은 브랜드가 문제가 있는지 아니면 강력한지를 나타낼 수 있는 범위에 대해서는 진단할 수 있지만 이러한 상황에 대한 이유는 설명할 수 없다. 따라서 이러한 척도들은 앞에서 제시한 브랜드 자산의 마지막 세 가지 목적에 잘 부합된다.

3 재무시장 성과

재무시장 측정은 재무적 자산으로써 브랜드 가치를 평가하는데, 이러한 척도로는 브랜드가 팔리는 시점의 구매가격, 라이선싱 수수료와 로열티(licensing fees and royalties)의 디스카운트 된 현금흐름(discounted cash flow)의 평가가 포함된다.

소비자 마인드 셋 측정과 제품시장 성과의 측정과 마찬가지로 재무시장 성과 측정 또한 많은 장, 단점을 지니고 있음에도 불구하고, 이 셋은 한 가지 중요한 측면에서 차이가 있다. 일반적으로 제품시장 성과가 브랜드의 현재강도(current strength)를 수량화하는 반면, 재무시장 성과 측정은 미래의 잠재성(future potential)을 수량화하고 있다.

지금까지 살펴본 브랜드 자산을 측정하는 세 가지 범주의 기준에 따른 측정 방법들은 제19장과 제20장에서 자세히 다룰 것이다.

제 3 절 브랜드 추적조사의 설계[2)]

앞에서 브랜드 가치 창출의 단계에 따라 브랜드 자산을 측정하는 방법에 대하여 살펴보았다. 지금부터는 브랜드 추적조사 시스템을 구축하여 정기적인 측정을 수행하는 방법들에 대해 살펴볼 것이다.

1. 왜 브랜드 추적 조사를 하는가

브랜드가 건강한지 알려면, 판매수치를 보는 것 외에 그 브랜드가 성장하고 있는지 혹은 쇠퇴하고 있는지를 파악하기 위해 브랜드 추적조사 시스템(brand tracking system)을 개발해야 한다.

브랜드 감사(brand audits)는 브랜드의 장기적인 전략적 방향을 설정하는 데 있어서 핵심적이고 깊이 있는 정보와 통찰을 제공한다(브랜딩 따라잡기 44). 보다 단기적인 전술적 관점에서 브랜드 추적조사를 통하여 브랜드 관련 정보가 수집된다. 추적조사는 정기적으로 소비자에게서 정보를 수집한다.

추적조사는 브랜드 매니저에게 브랜드 감사나 다른 방법에 의해 밝혀진 여러 주요한 차원에 대해 그들의 브랜드와 마케팅 프로그램이 잘 수행되고 있는지에 대한 최신의 정보를 제공하기 위하여 일반적으로 정량적인 측정치를 사용한다.

2) Kevin Lane Keller (1998), Strategic Brand Management: Building, Measuring, and Managing Brand Equity, Prentice Hall, pp.380-387(역서)을 기초하여 작성.

브랜딩 따라잡기 44

브랜드 감사

브랜드 감사는 소비자/시장에서 브랜드의 상태를 평가하기 위한 일련의 절차를 포함하며, 브랜드 자산의 구성요소를 규명하고 자산의 가치를 높이며 레버리지 할 수 있는 방법을 제안한다.

브랜드 감사는 브랜드 내부 조사와 외부 조사 두 가지 단계로 구성되는데 다음에 기술된 여섯 가지 분야가 감사의 주요 요소들이다. 이 모든 여섯 가지 요소들이 기업의 브랜드나 제품(서비스) 브랜드에 적용될 필요가 있다. 이러한 요소들은 네다섯 개의 경쟁 브랜드들에도 적용될 필요가 있다. 이러한 브랜드 감사를 통하여 경쟁 브랜드를 앞지르거나 경쟁적 위협을 잘 빠져나갈 수 있는 계획을 세우는 것이 좋을 것이다.

아래 그림에서는 여섯 가지 주요소와 각각의 하위 요소, 그리고 그러한 요소들 간의 관계성을 보여주고 있다. 그 요소들의 성과가 어떻게 평가될 수 있을지에 대한 설명은 제18장, 제19장에 걸쳐서 상세하게 설명하고 있다.

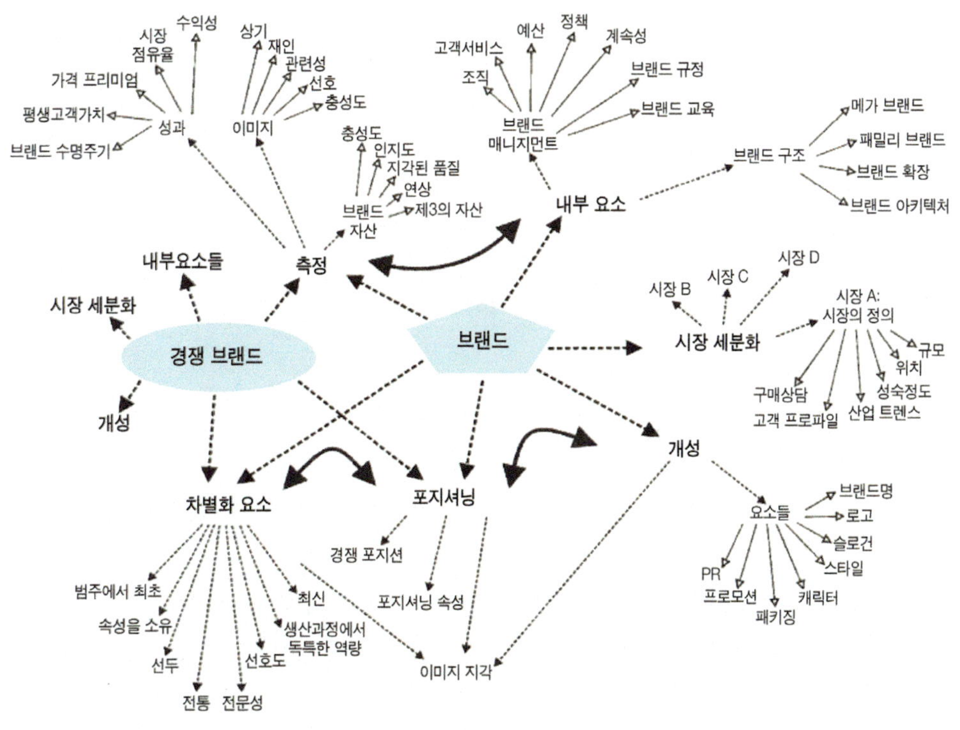

▌자료 : Martin Jelsema, Performing the Brand Audit, Signature Strategies.

추적조사는 브랜드 매니저에게 일상의 브랜드 매니지먼트 수행을 용이하게 하는 일관된 기준 정보를 제공하는 중요한 기능을 한다. 브랜드를 둘러싼 마케팅 활동이 많아질수록 다양한 커뮤니케이션이 브랜드 마케팅 프로그램에 가해지면, 각각의 개별적인 마케팅 활동을 조사하는 것은 보다 어려워지고 비용이 많이 들게 된다.

추적조사는 브랜드 자산구축을 위한 많은 마케팅 활동의 종합적인 효과에 대한 매우 중요한 진단적인 통찰을 제공한다. 마케팅 프로그램에 적절한 조정을 가할 수 있도록 브랜드의 건강도를 모니터하는 것이 중요하다.

Keller(1998)는 브랜드 자산의 추적조사를 실행하는 데 있어 몇 가지 고려해야 할 사항을 제시하였다. 추적조사에서 어떤 측정기준이 사용되어야 하며, 추적조사가 어떻게 실행되어야 하고, 그 결과가 어떻게 해석되어야 하는가?

2. 무엇을 추적조사할 것인가

다음 장(제19장)에서는 추적조사의 목적에 유용할 수 있는 브랜드 지식 구조의 여러 측정기준들을 살펴볼 것이다. 여기에서는 이러한 측정기준에 기반을 둔 일반적인 추적조사의 가이드를 제시하지만, 대상 브랜드가 직면하는 특정 이슈들을 다루기 위해서는 일반적으로 추적조사를 맞춤화하는 것이 필요하다. 대부분 각각의 브랜드는 독특한 상황에 직면하게 되며, 이 상황은 추적조사에서 다양한 종류의 질문을 통해 반영되어야 한다.

1 제품-브랜드 추적조사

인지도에 관해서는 비보조 상기도(recall)와 보조 인지도(recognition) 모두가 조사되어야 한다. 일반적으로 인지도 측정기준은 보다 일반적인 질문에서 보다 구체적인 질문으로 옮겨간다. 따라서 우선 소비자에게 어떤 상황에서 어떤 브랜드가 마음에 떠오르는지를 질문한 후 다양한 제품 범주 단서로 브랜드를 상기해 보도록 질문하고, 이후(만약 필요하다면) 브랜드 보조 인지도 조사로 마무리하는 것이 합리적이다.

브랜드 인식에 관해서는 브랜드의 이미지를 측정하기 위하여—특히 특정한지

브랜딩 따라잡기 45

브랜드 추적조사의 예시

브랜드 추적조사가 어떻게 실시되는지 Miller Brewing의 예를 살펴보자. 1996년 Miller는 새로운 최고 브랜드 맥주인 Miller 맥주를 도입하였다. 눈에 띄는 붉은 라벨과 독수리 로고로 포장된 Miller 맥주는 '강하고 풍부한 향'의 고급 주류 맥주로 포지셔닝하였다.

Miller Brewing사가 새로운 Miller 맥주를 위한 짧은 전화 추적조사를 계획한다고 가정하자. 이를 어떻게 설계할 것인가? 비록 수많은 상이한 유형의 질문이 있지만 다음과 같은 형태를 따를 수도 있다.

우리는 맥주에 대한 소비자의 의견을 조사하고자 짧은 전화 면접을 실시하고 있습니다.
(법적인 음용연령 확인)

A. 브랜드 인지와 사용

1. 어떤 맥주 브랜드를 알고 계십니까?
2. 어떤 맥주를 구입하실 계획입니까?
3. 지난주에 어떤 맥주를 구입한 적이 있습니까? 어느 상표입니까?
4. 다음 주에 맥주를 구입한다면, 어느 상표의 맥주를 구입하시겠습니까?

B. 브랜드 이미지

우리는 당신에게 특정 상표인 Miller 맥주에 대하여 몇 가지 일반적인 질문을 드리고자 합니다.

- 이 맥주에 대하여 들어보신 적이 있습니까?(친숙성 확인)
- 이 맥주를 마셔본 적이 있습니까?(시용 확인)

5. 제가 Miller 맥주라고 말할 때 무엇이 처음으로 마음속에 생각나셨습니까?

우리는 밀러 맥주에 대한 귀하의 전반적인 의견을 듣고 싶습니다.

6. Miller 맥주에 대하여 얼마나 호감이 가십니까?
7. Miller 맥주는 당신의 욕구를 얼마나 만족시킵니까?
8. 다른 사람에게 Miller 맥주를 어느 정도나 권하실 것 같습니까?
9. Miller 맥주는 얼마나 가치가 있습니까?

⑩ Miller 맥주가 프리미엄 가격의 가치가 있습니까?

⑪ Miller 맥주의 어떤 점이 가장 좋으십니까?

⑫ Miller 맥주의 가장 독특한 점은 무엇입니까?

이제 Miller 맥주에 대하여 몇 가지 구체적인 질문을 드리고자 합니다. 다음의 내용에 대하여 당신은 얼마나 동의하는지 표시하여 주십시오.

⑬ Miller 맥주는…

a. 부드럽고 마시기 쉽다.
b. 풍부하고 충만한 향이 있다.
c. 마시고 난 뒤 쓴맛이 덜하다.
d. 남자들에게 매력적이다.
e. 젊은이들에게 매력적이다.
f. 친구들과 마시면 즐겁다.
g. 긍정적이고 낙관적인 생각을 대표한다.

C. 기업 이미지

이제 Miller 맥주의 제조업체인 Miller Brewing사에 대하여 몇 가지 질문을 드리고자 합니다. 다음의 내용에 대하여 당신은 얼마나 동의하시는지 표시하여 주십시오.

⑭ Miller Brewing사는…

a. 혁신적이다.
b. 신뢰할 수 있다.
c. 호감이 간다.
d. 소비자를 생각한다.
e. 전체 사회를 생각한다.

자료 : Kevin Lane Keller (1998), Strategic Brand Management: Building, Measuring, and Managing Brand Equity, Prentice Hall, pp.381-383, 역서.

각(소비자들이 생각하기에 브랜드를 특징짓는 것)과 평가(브랜드가 소비자에게 의미하는 것)의 측면에서—보다 일반적인 것부터 보다 구체적인 것까지 일련의 측정 기준들이 사용되는 것이 바람직하다. 소비자의 지식 구조가 풍부해짐에 따라 브랜드는 일반적으로 몇 가지 특정한 브랜드 연상을 보유하는데, 이는 잠재적으로 시간이 지남에 따라 추적될 수 있다. 가장 중요한 특정 브랜드 연상은 편리함이나 사용의 간편성 등과 같은 혜택 관련 속성들과 마찬가지로 경쟁 브랜드와의 핵심적인 유사점 연상과 차별점 연상에서 브랜드 포지셔닝을 기초로 하는 제품 속성이나 혜택이 있을 수 있다. 분명히 이러한 잠재적으로 브랜드 자산의 토대를 이루는 특정한 브랜드 연상은 강도, 호감도, 독특성에 기초하여 순서대로 평가되어야만 한다. 만약 소비자가 특정의 연상을 상기할 수 없을 정도로 충분히 강하지 않다면, 이들에 대한 호감도는 의미가 없다. 이상적으로 세 가지의 측면에 대한 측정치들이 수집되나 단지 몇몇 연상과 특정시기에 국한된다(예: 호감도와 독특함은 3~5개의 주요 연상에 대하여 1년에 한 번씩만 측정).

제품 수준에서 브랜드들이 자주 경쟁할 경우, 경쟁 브랜드들과 구분되는 모든 연상을 측정하는 것은 중요하다. 게다가, 하위 단계의 브랜드 연상은 제품이나 비 제품과 관련된 속성 및 기능적, 경험적, 상징적 이점을 포함하는 모든 잠재적인 브랜드 자산의 구성요소들을 포함해야 한다. 이들은 주로 유사점 연상과 차별점 연상을 나타내기 때문에 이점 관련 연상을 측정하는 것은 특히 중요하다. 브랜드 관련 이점에 대한 신념의 변화를 잘 이해하기 위해서 이러한 이점에 기반을 제공하는 해당 제품 속성에 대한 생각을 측정하는 것 역시 필요할 수 있다. 다시 말하면, 브랜드의 기술적인 속성에 대한 신념의 변화는 보다 평가적인 차원에서 이점에 대한 신념 변화를 설명하는데 도움이 될 수 있다.

동시에 보다 일반적인 상위단계의 브랜드 연상과 성과를 측정하는 것도 역시 중요하다. 전반적인 의견을 질문한 후 근래 몇 주 혹은 몇 달 안에 소비자들이 그들의 태도, 의도, 또는 행동을 바꾼 적이 있는지, 있다면 왜 그랬는지를 질문한다.

〈브랜딩 따라잡기 45〉는 Miller 맥주의 신규 브랜드에 대한 가상적인 추적조사의 예를 보여주고 있다.

② 기업 브랜드 추적조사

기업 브랜드의 경우, 몇 가지 추가적인 질문이 필요하다. 물론 이러한 기업 브랜드 관련 질문 유형의 상당수가 개별 제품 브랜드의 추적조사에 포함되지만 개별제품과는 별도 혹은 동시에 추적해야 할 필요가 있다.

그런데 기업 브랜드의 연상 이미지의 측정방법을 알아보기 전에, 기업 브랜드 연상의 특징과 역할들에 대해 살펴보도록 한다. 기업 브랜드 연상 이미지와 소비자

그림 18-2 기업 브랜드 연상의 영향을 강화 혹은 약화시키는 조건들

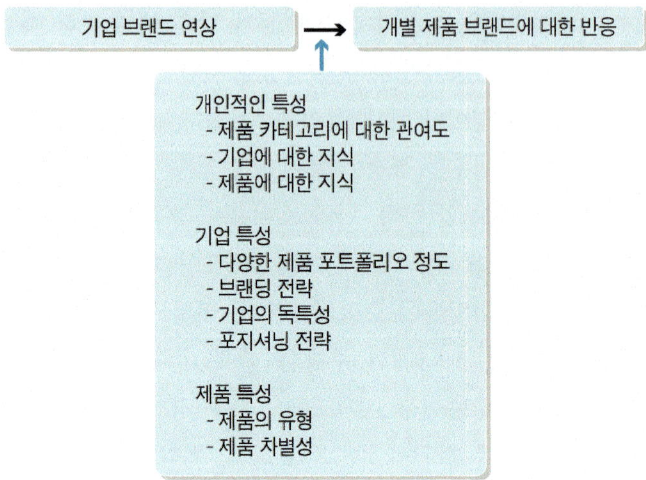

행동의 관계를 〈그림 18-2〉에서 보여주고 있다. 특히 이 모델에서는 기업 브랜드 연상의 영향을 강화 혹은 약화시키는 조건들(즉 개인적 특성, 기업 특성, 제품 특성)이 개입된다.

기업 브랜드 연상

지금까지는 주로 개별 브랜드의 연상에 중점을 두었고, 여기서는 상대적으로 관심을 덜 기울인 기업 브랜드 연상 이미지에 대해서 상세하게 살펴볼 필요가 있다. 다음에서는 기업 브랜드와 연관될 수 있고 브랜드 자산에 잠재적으로 영향을 미칠 수 있는 연상들에 대해 살펴본다(표 18-2).[3]

❶ 기업의 공통적인 제품 속성, 이점 또는 태도 : 개별 브랜드와 마찬가지로 기업 브랜드는 제품 관련 또는 비제품 관련 속성이나 이점에 관한 연상뿐만 아니라 태도에 관한 연상도 불러일으킬 수 있다.

만일 기업 브랜드가 다양한 제품군에 속해 있는 제품들과 연관되어 있다면 그 브랜드에 대한 강력한 연상 중 일부는 서로 다른 각각의 제품군들 전반에 퍼져 있는 무형의 속성이나 추상적 이점 또는 태도일 것이다.

---

3) Kevin Lane Keller (1998), Strategic Brand Management: Building, Measuring, and Management Brand Equity, Prentice Hall, pp.419-431, 역서.

표 18-2 기업 이미지 연상

연상 유형	항 목
기업의 공통적인 제품 속성, 이점 또는 태도	품질 혁신성
기업 구성원과 고객과의 관계	고객 지향
기업이 추구하는 가치 및 기업 이미지 프로그램	환경에 대한 관심 사회적 책임
기업 신뢰도	전문기술 신뢰성 호감도

예를 들어 2가지 특정한 제품 관련 기업 이미지 연상—고품질과 혁신성—은 다음과 같이 특별히 다루어질 만큼 중요하다.

고품질 기업 이미지 연상은 한 기업이 가장 좋은 품질을 가진 제품을 만든다는 소비자 인식을 창출해내는 것과 관련되어 있다.

혁신적인 기업 이미지 연상은 소비자들이 어떤 기업을 새롭고 독특한 마케팅 프로그램 특히, 제품 출시나 제품 개선과 관련된 마케팅 프로그램을 개발하는 기업으로 인식하게 만드는 것과 관련이 있다. 혁신적이라는 것은 연구개발에 지속적으로 투자하고, 최첨단 제조기술을 받아들이며, 최신 제품 기능을 도입함으로써 시대에 뒤떨어지지 않고 현대적인 상태를 유지하는 것을 의미한다.

삼성(SAMSUNG)은 이러한 고품질과 혁신성의 기업 이미지 연상을 가장 잘 표현하고 있는 대표적인 기업이다. 이러한 삼성의 고품질과 혁신성의 이미지는 반도체 등에서 기인한다고 볼 수 있다.

❷ **기업 구성원과 고객과의 관계** : 기업 이미지 연상이 그 기업 고용자들의 특징을 반영할 수도 있다. 비록 이러한 연상이 항공사, 렌터카 회사, 그리고 호텔과 같은 서비스 회사들에게 어울리는 포지셔닝 전략이지만 듀퐁, 필립스 등과 같은 제조회사들 역시 커뮤니케이션 프로그램의 초점을 고용자들에게 맞춰왔다. 이러한 포지셔닝에 대한 논리적 근거는 고용자들이 보여주는 특징들이 소비자들에게는 그 기업이 만드는 제품이나 그 고용자가 제공하는 서비스에 대한 직/간접적인 함축의미를 갖는다는 것이다.

❸ **기업이 추구하는 가치와 및 기업 이미지 프로그램** : 기업 이미지 연상이 그 기업의 가치와 프로그램들을 반영할 수도 있다(그림 18-3). 그리고 이러한 가치와 프로그램은 기업이 판매하는 제품과 항상 직접적으로 관련되어 있는 것은 아니

다. 이러한 노력은 마케팅 커뮤니케이션 캠페인을 통해 광고되는 경우가 많다. 기업은 조직적, 사회적, 정치적 또는 경제적 문제와 관련된 자사의 철학과 활동을 소비자와 고용자 그리고 그외 다른 사람들에게 설명해 주기 위한 수단으로써 기업 이미지 광고 캠페인을 전개할 수 있다. 예를 들면 최근 많은 기업광고 캠페인의 초점이 환경문제를 다루고 사회적 책무를 사람들에게 알리기 위해 계획된 기업 프로그램과 활동에 맞춰져 있다.

사회적 책임을 지닌 기업 이미지 연상은 지역사회 프로그램들을 지원하고 예술 및 사회적 활동을 후원하며, 넓게는 사회 전반의 복지를 향상시키기 위해 노력하는 기업으로써의 소비자 인식을 창출해내는 일과 관련되어 있다.

④ **기업 신뢰도** : 기업 브랜드에 대한 특히 중요한 일련의 연상은 기업의 신뢰성이다. 기업 신뢰성이란 한 기업이 소비자의 욕구와 필요를 충족시키는 제품과 서비스를 설계해서 만들어 낼 수 있다고 소비자들이 믿는 정도를 의미한다. 따라서 기업 신뢰성은 시장에서 얻는 평판과 관계가 있다. 기업 신뢰성은 다시 다음과

그림 18-3 우리의 신조

Our Credo

We believe our first responsibility is to the doctors, nurses and patients, to mothers and fathers and all others who use our products and services. In meeting their needs everything we do must be of high quality. We must constantly strive to reduce our costsin order to maintain reasonable prices. Customers' orders must be serviced promptly and accurately. Our suppliers and distributors must have an opportunityto make a fair profit.
We are responsible to our employees, the men and women who work with us throughout the world. Everyone must be considered as an individual. We must respect their dignity and recognize their merit. They must have a sense of security in their jobs. Compensation must be fair and adequate, and working conditions clean, orderly and safe. We must be mindful of ways to help our employees fulfilltheir family responsibilities. Employees must feel free to make suggestions and complaints. There must be equal opportunity for employment, developmentand advancement for those qualified. We must provide competent management, and their actions must be just and ethical.
We are responsible to the communities in which we live and workand to the world community as well. We must be good citizens–support good works and charitiesand bear our fair share of taxes. We must encourage civic improvements and better health and education. We must maintain in good orderthe property we are privileged to use,protecting the environment and natural resources.
Our final responsibility is to our stockholders. Business must make a sound profit. We must experiment with new ideas.Research must be carried on, innovative programs developedand mistakes paid for. New equipment must be purchased, new facilities providedand new products launched. Reserves must be created to provide for adverse times. When we operate according to these principles, the stockholders should realize a fair return.

Johnson & Johnson

같은 3가지 요소에 따라 결정된다.

- **기업의 전문성** : 소비자들에 의해 한 기업이 만족스럽게 제품을 만들어 판매하거나, 또는 만족스럽게 수행할 수 있을 것으로 생각되는 정도
- **기업 신용** : 한 기업이 정직하고 믿을 만하고, 고객의 욕구에 민감하게 반응할 수 있는 동기가 부여될 수 있다고 생각되는 정도
- **기업 호감도** : 한 기업이 호감을 줄 수 있고 매력적이며, 품위 있고 역동적인 것으로 간주되는 정도

기업 브랜드 연상이 소비자 행동에 어떻게 영향을 미치는가?

지금까지 살펴본 기업 브랜드 연상은 개별 제품 브랜드에 대한 고객 행동에 영향을 미친다. 하지만 다음의 2가지 요건을 고려해야 한다.

❶ 기업 브랜드 연상의 영향은 고려되는 연상의 유형에 의존한다. 예를 들면, 기업 능력의 연상은 기업의 사회적 책임의 연상보다 일반적으로 제품의 지각에 보다 높은 영향을 미친다. 또한 구매의도, 실제 제품의 구매행동에 영향을 미친다.

❷ 기업 브랜드 연상의 영향은 많은 조건들에 의해 강화할 수도 약화될 수도 있다(그림 18-2). 제품을 평가하는 개인적 특징은 기업 브랜드 연상을 회상하는데 결정권을 가지고 있다. 따라서 소비자는 기업에 대한 지식이 부족한 경우 그들이 가지는 작은 연상으로 인해 제품 평가에 영향을 미치지 못한다. 반대로 기업지식을 많이 가지고 있으면 그들은 쉽게 회상을 하며 그 결과 잠재적으로 제품평가에 영향을 미친다.

기업 브랜드 이미지 구축

소비자들이 제품 특성과 연상 이외의 문제에 관심을 가질 수 있다는 인식에 따라 적절한 기업 이미지 구축을 위한 여러 가지 마케팅 활동이 촉진된다. 기업 이미지는 (1) 한 기업이 만드는 제품, (2) 기업이 취하는 조치, (3) 소비자와의 커뮤니케이션하는 방식 등과 같은 여러 가지 요소들에 따라 결정된다. Barich와 Koter(1991)는 〈그림 18-4〉와 같이 기업 이미지를 결정하는 구체적인 요인을 밝혀냈다.[4)]

기업 브랜드 연상의 측정

지금까지 살펴본 기업 브랜드의 연상 이미지 특성들을 고려하여 측정하는 방법들은 여러 가지가 가능한데, 그 중 몇 가지를 예시하여 보면 다음과 같다.

1. X기업은 그들의 일에 대해 얼마나 전문적이라고 생각하십니까?
2. X기업은 얼마나 경영을 잘하고 있다고 생각하십니까?
3. X기업과 거래하는 것이 용이합니까?
4. X기업이 얼마나 혁신적이라고 생각하십니까?
5. X기업을 얼마나 신뢰하십니까?
6. X기업은 얼마나 좋아할 만합니까?
7. X기업이 고객들을 생각하는 정도는 어떻다고 생각하십니까?
8. X기업이 얼마나 친근하게 느껴지십니까?
9. X기업을 얼마나 인정하십니까?

그림 18-4 기업 이미지 결정요인

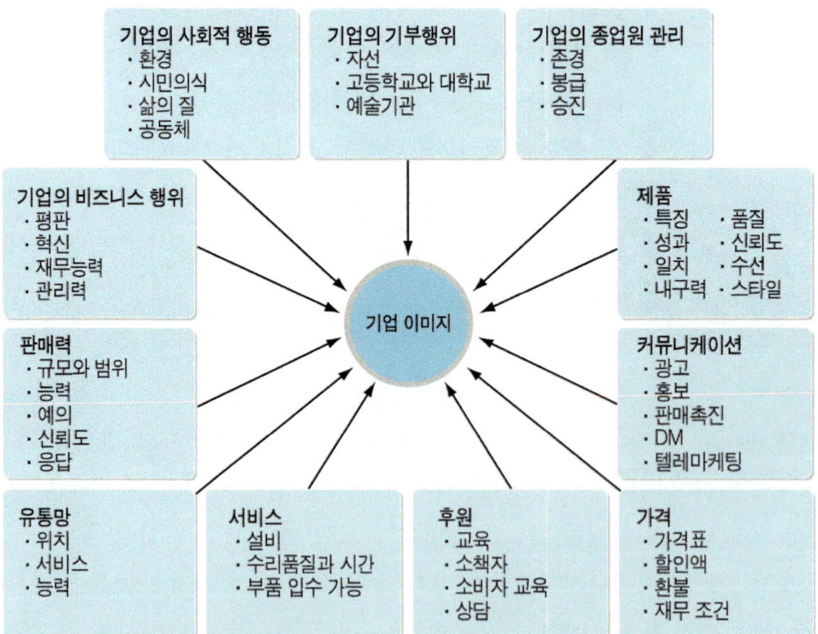

4) Howard Barich, Philip Koter (1991), A Framework for Marketing Image Management, Sloan Management Rereiw(Winter), pp.94-104.

⑩ X기업을 얼마나 존경하십니까?
⑪ X기업과 거래를 하는 것이 얼마나 좋으십니까?

실제로 사용되는 질문들은 특정 응답자 집단이 기업과 관련하여 가지고 있을 법한 경험의 수준과 성격을 반영해야 한다.

그런데 여기서 중요한 점은 기업 및 패밀리 브랜딩 전략에서처럼 한 브랜드가 여러 가지 제품에 사용될 때, 그 브랜드가 어떤 특정 제품(이를 깃발제품이라 한다)을 상기시키는가이다. 어떠한 제품이 가장 브랜드와 밀접하게 연결되어 있는지를 알기 위하여 소비자에게 브랜드와 관련하여 어떤 제품을 연상하는지 비보조로 질문하거나(예: Nike 브랜드를 생각하면 어떤 제품이 떠오르십니까?) 혹은 보조로 서브 브랜드 네임을 제시하며 조사할 수도 있다(예: Nike Air Flight 농구화를 아십니까? Nike 챌린지 코트 테니스 의류는? Nike Air Max 조깅화는?). 브랜드와 그에 상응하는 제품 간의 역학을 더 잘 이해하기 위하여 소비자에게 그들의 관계에 대하여 질문할 수도 있다(예: Nike에는 여러 다른 제품들이 있습니다. Nike 브랜드에 대한 당신의 생각에 가장 영향을 주는 제품은 무엇입니까?).

3 브랜드 요소의 선택

모든 추적조사에 있어서 제기되는 문제는 브랜드의 어떤 요소에 대하여 조사를 할 것인가이다. 일반적으로 브랜드 네임은 추적조사에서 항상 사용되지만, 제7장에서도 살펴보았듯이 브랜드 요소를 이해하는 데 시각적이고 구매과정에 중요한 역할을 맡고 있다면, 로고나 심벌 등 다른 브랜드 요소를 사용하는 것 역시 적합할 수 있다. 로고는 브랜드 요소 중 시각적 요소로 일반적으로 다음과 같은 내용을 측정할 수 있다.

로고 이미지

현재의 로고가 불러일으킨 이미지(이는 대개 의도된 브랜드 개성과 '상투적인' 것과 같은 속성을 포함한다.).

로고 재인

로고는 사용환경에 따라 다양한 종류로 고안되고(상점 간판, 상품 패키지 등),

사람들은 다양한 거리에서 로고가 어떻게 보이는지를 질문 받는다. 이를 통해 가시성, 인식성, 그리고 원거리에서 시각적 방해물로부터 구별되는 정도 등을 측정한다.

로고 회상

현재 로고를 타사 로고와 함께 패널에 배치한다. 사람들에게 몇 초간 이 패널을 보여준다. 그러고 나서 패널을 가리거나 치우고 그들이 봤다고 기억하는 브랜드를 척도로 한다.

로고 선호

경쟁 브랜드 로고와 함께 로고를 담은 카드를 사람들에게 선호하는 순서대로 정리하도록 한다. 그리고 어떤 이유로 순위를 정했는지 설명하도록 한다.

3. 추적조사의 실시 방법

추적조사를 실시하는 데는 누구를 대상으로, 언제 그리고 어디서 조사를 할 것인가에 대한 결정이 필요하다.

① 추적조사 대상

추적조사에서 포함될 수 있는 대상 선정기준은 여러 가지가 있다. 추적조사는 대개 현재 고객들에게 중점을 두지만, 브랜드 비사용자나 나아가 제품 범주 전체를 조사하는 것 역시 정보를 제공해 줄 수 있다. 예를 들어, 해당 브랜드를 애용하는 고객들과 타 브랜드 애용자 및 브랜드를 바꾸는 고객들 간의 비교분석은 일반적으로 많은 것을 시사해준다. 브랜드의 현재 고객들 가운데에서도 브랜드를 많이 사용하는 층과 적게 사용하는 층을 구분하는 것이 종종 많은 정보를 준다. 시장을 세분하면 보통 각 세분시장과 관련된 특정 사안들을 더 잘 파악하기 위하여 서로 다른 질문지(혹은 한 질문지 내에서 대상에 맞는 부분들)를 필요로 한다.

다른 종류의 소비자들도 역시 조사대상이다. 예를 들어, 유통업자들과 기타 중개인들의 브랜드에 대한 인식 및 행동을 면밀히 파악하는 것도 유용하다. 특히 관심분야는 그들이 브랜드에 대해서 지니는 이미지와 브랜드 자산을 향상시키거나, 손상시킬 수 있다고 느끼는 태도이다. 소매상에게는 "당신의 가게에 있는 제품들이 브랜드를 지니고 있다면 더 잘 팔릴 것 같습니까? 왜 그렇습니까?"와 같이 직접적으로 질문할 수 있다. 이와 유사하게 종업원들에게 브랜드에 대한 생각과 그들이 브랜드 자산에 자신들이 기여하고 있거나 앞으로 기여할 수 있는지에 대하여 어떻게 느끼는지를 조사하는 것 역시 중요하다. 이러한 추적은 종업원들이 브랜드 자산에 지대한 영향을 미치는 서비스 업체들의 경우 더욱 중요하다.

② 추적조사 방법

얼마나 빈번하게 추적조사를 통한 정보를 수집할 것인지를 결정하는 것이 필요하다. 브랜드연상을 조사하는데 한 가지 유용한 접근방법은 정기적 추적조사인데, 이를 통해 소비자로부터의 정보가 정기적으로 수집된다. 정기적인 추적조사의 장점은 정상을 벗어나거나 일상적이지 않은 마케팅 활동 및 이벤트들(예를 들어, 화려한 신규 광고 캠페인 혹은 매우 특이한 마케팅 환경)을 제거하여 보다 대표적인 기준선 측정치를 제공하는 것이다.

이러한 유형의 연구를 수행하는 데는 다양한 여러 방법들이 있다. 추적조사의 빈도는 일반적으로 제품구매 빈도에 의존한다. 내구성 제품은 구매 빈도가 낮기 때문에 추적조사의 빈도도 낮다. 또한 소비자 행동과 제품 범주 내의 마케팅 활동도 조사의 실시 빈도와 관여된다. 많은 기업들은 다양한 소비자를 대상으로 특정 회수의 인터뷰를 매주 혹은, 매일 실시하여 이동 평균치의 결과를 모아 월간 또는 분기별 보고서를 위해 활용한다. 예를 들어, Millward Brown사는 보통 매주 1백 명의 소비자를 인터뷰하여 '선진 추적조사 프로그램(Advanced Tracking Program)'인 매주 전화 인터뷰(a rolling four-week window)를 통하여 자료를 살펴본다. 이는 전형적으로 짧은 전화 인터뷰(10～20분)를 이용하는데, 여기에는 브랜드 인식 및 선호와 함께 인구통계학적 내용과 사용행태가 조사된다.

브랜드가 보다 안정적이고 지속적인 연상을 보유하면, 추적조사는 보다 낮은 빈도로 실시할 수 있다. 이처럼 마케팅 프로그램이 시간의 흐름에 따라서 평가할 수 있을 만큼 변하지 않는 경우라도, 다른 이유가 없다면 브랜드 추적조사는 여전히 중요하다. 왜냐하면 경쟁업체의 등장으로 시장 내의 전반적인 움직임에 대한 소비자의 인식을 변화시킬 수 있기 때문이다.

마지막으로, 전체적인 관점에서 제품이나 브랜드의 라이프사이클을 인식하는 것이 추적조사의 빈도 결정에 있어서 중요하다. 성숙한 시장에 대한 소비자 의견은 많은 것을 변화시킬 수 없을 지도 모르는 반면, 신규 시장은 빠른 속도로, 심지어는 예측하지 못한 방향으로 변화할 수 있다.

4. 추적조사의 해석

추적조사를 통해 얻는 결과치들을 해석해야 한다. 추적조사의 해석에 있어 고려해야 하는 과업은 (1) 측정치들의 신뢰성 등을 평가, (2) 측정치 요소들의 서로 관련성을 파악하는 것이다.

① 측정치의 신뢰성 평가

추적조사의 측정치가 실행 가능한 통찰과 제언을 제공하기 위해서 측정치는 가능한 한 신뢰할 수 있고 민감해야 한다. 마케팅 현상에 대한 전통적인 측정들의 문제는 시간이 지나도 좀처럼 그 방법이 변하지 않는다는 것이다. 비록 이러한 안정성이 근본적인 요소인 브랜드 연상의 강도, 호감도 및 독특성 그리고 인지도 항목에 큰 변화가 없었다는 것을 나타낼 수도 있는 반면에, 다른 경우에는 이러한 차원 중 하나 혹은 그 이상이 어느 정도 변화했음에도 불구하고 측정방법이 충분히 민감하지 못하여 이러한 미세한 변화에 민감하게 대응하지 못한 것일 수 있다. 민감한 추적조사의 측정방법을 개발하기 위해서는 질문들을 더욱 비교형으로(예: 다른 브랜드와 비교해서, 얼마나…), 혹은 시기를 고려한(예: 1개월/1년 전과 비교하여…) 방식으로 작성하는 것이 필요하다.

추적조사를 해석함에 있어서 또 다른 문제는 적절한 합격선을 결정하는 것이다. 예를 들어 어느 정도가 충분히 높은 수준의 인지도인가? 언제 연상이 충분히 강하고, 호감이 가며, 독특한가? 이러한 측면들은 어느 정도는 경쟁상황의 고려, 제품 범주의 속성에 따라 결정될 필요가 있다. 몇몇 저관여 범주에서는(예: 전구) 고관여 범주(예: 자동차, 컴퓨터 등)와 비교했을 때, 독특한 이미지를 떠올리기가 힘들 수 있다. 이러한 점들과 함께 '무응답'이나 '모르겠음'을 표시한 응답자의 수를 검토하도록 하는 것도 중요한데, 이러한 유형의 응답이 많이 나타날수록 소비자의 관심이 적다고 해석할 수 있다.

② 측정치 요소들 간의 관련성 해석

브랜드 추적조사를 시행하는데 있어 가장 중요한 과제 가운데 하나는 브랜드 자산의 결정요인, 즉 원천을 확인하는 것이다. 브랜드 매니저들이 잠재적으로 브랜드 자산의 원천으로 작용할 수 있는 요소들을 가능한 한 많이 찾아내고, 그 가운데 어떠한 요소가 소비자의 태도와 행동에 영향을 미치고 브랜드의 가치를 창출하는지를 파악하는 것은 매우 중요하다. 달리 말해서, 브랜드의 진정한 '가치주도 요인' 즉, 소비자의 제품과 브랜드 선택에 영향을 미치는 유형과 무형의 차별점은 과연 무엇인가? 마찬가지로 브랜드 지식에 가장 효과적으로 영향을 미치는 마케팅 활동이 무엇인지 특히, 소비자 광고 및 기타 통신매체 요소에 어느 정도 노출되었는지에 관해 파악하는 것도 중요하다. 브랜드 자산의 주요 구성요소와 성과에 대한 측정을 면밀하게 파악하고 이들의 인과관계를 파악해 내는 것이 브랜드 추적조사에서 중요하다고 할 수 있다.

[생각해볼 문제]

1. 현재 여러분들이 관리하고 있는 브랜드의 건강도를 효과적으로 관리하는 데 도움을 주는 브랜드 추적조사를 설계해 보자.

2. 기업 브랜드 이미지 조사를 설계하고 이것들이 소비자행동에 어떻게 영향을 미치는지를 해석해 보자.

제19장

브랜드 자산의 원천 측정

이번 장의 주요 이슈

소비자의 브랜드에 대한 지식구조를 이해하는 것은 브랜드 자산을 구축하고 관리하는데 있어 매우 중요하다. 마케터는 브랜드에 관한 고객의 마음속에 존재하는 것, 즉 브랜드에 대한 소비자들의 사고, 감정, 이미지, 신념 그리고 태도를 정확하게 이해하기 위해 소비자의 정신 맵(mental maps)을 구성(construct)할 수 있다. 그러나 이러한 브랜드 지식구조는 쉽게 측정되지 않는다. 왜냐하면 그러한 브랜드 지식구조는 소비자의 마음속에만 존재하기 때문이다.

이번 장에서는 소비자 마음속에 존재하는 브랜드 지식구조(브랜드 인지의 넓이와 깊이, 그리고 브랜드 연상의 강도, 호의성 그리고 독특성)를 측정하기 위한 조사 방법들을 살펴볼 것이다.

❶ 소비자의 브랜드에 대한 지식구조를 측정하기 위한 방법들은 무엇인가?

❷ 브랜드 지식을 측정하기 위한 정성적 조사 기법들과 정량적 조사 기법들에는 어떤 것들이 있는가?

제 1 절 브랜드 지식 측정 방법의 개관

마케팅 문헌에서 브랜드 자산 측정을 논의함에 있어 다음의 두 가지 개념들이 언급된다: 브랜드 가치와 브랜드 의미(연상). 브랜드 가치는 브랜드 성과의 측정으로, 브랜드 자산 측정의 수단과 방법에 있어서 브랜드 의미보다 더 많은 주목을 받아왔다.

브랜드 의미는 질적 차원(qualitative dimension)으로 언급되는 것으로 이는 질적 조사를 언급하는 것이 아니라, 브랜드 가치를 창출하는 원천들을 언급한다는 점에서 질적 차원인 것이다. 브랜드 가치는 직접적으로 관리될 수가 없다. 그것은 종속변수이며 브랜드 의미를 관리한 결과로써 나타난다. 따라서 브랜드 가치를 측정하는 것이 중요하지만, 브랜드 의미를 실질적으로 측정하는 것은 브랜드 가치 관리에 대한 수단을 제공하는 것이다.

브랜드 가치는 브랜드 의미에 종속되어 있기 때문에 브랜드 의미를 바꾸는 것은 브랜드 가치를 바꾸는 것과 동일하다고 할 수 있다. 따라서 브랜드 관리에서 있어서 브랜드 의미의 관리야 말로 매우 중요하다. 그러나 이들의 인과관계가 명확하지 않다. 브랜드 가치를 최대화하기 위해 브랜드 의미를 관리하는 방법을 명확하게 밝혀주는 브랜드 자산의 등식은 없다.

브랜드 가치에 대한 선행요인인 브랜드 의미가 어떻게 구축되고 그것이 어떻게 변하며 그리고 어떻게 퇴색될 수 있는지에 대한 보다 구체적인 이해를 필요로 한다. 그렇게 하기 위해서 브랜드 의미를 측정해야 하는데 이러한 측정에는 정성적 조사기법과 정량적 조사기법이 있다.

정성적 조사기법은 가능한 브랜드 연상을 파악해 내는 수단으로 활용되고 정량적 조사기법은 브랜드 인지의 폭과 깊이, 브랜드 연상의 강도, 호감도, 독특성을 보다 잘 측정할 수 있는 수단으로 활용된다. 두 접근방법을 비교해 보면, 정성적 측정은 그 비구조적 성격 때문에 브랜드 및 제품이 소비자에게 무엇을

표 19-1 브랜드 지식의 측정 방법들

구분	측정 항목	측정 방법
정성적 조사기법	브랜드 연상 이미지	• 자유 연상법 포커스 그룹 인터뷰 Pencil & Paper Listing Task • 투사기법 대화풍선그림(bubble drawings) 심리그림(psychodrawing) 자기추동(autodriving) 문장완성법 고정관념기법 비유법 • Zaltman의 은유도출기법(ZMET: Zaltman's Metaphoric Procedure) • 브랜드 개성 • 경험적 방법들
정량적 조사기법	브랜드 인지	• 브랜드 보조 인지의 직접/간접적 측정 • 브랜드 상기의 보조, 비보조 측정
	브랜드 연상 이미지	• 개방형 서베이 질문 • 척도를 활용한 연상 측정 • 다차원 척도
	브랜드 태도	• 브랜드 신념 : 인지적 구성요소 • 전반적 브랜드 태도 : 감정적 구성요소 • 브랜드 구매의도 : 행동적 구성요소
	브랜드 충성도	• 행동적 충성도 • 태도적 충성도

의미하는지에 대해 심도 있는 희미한 섬광(glimpse)을 제공하는데 특히 적합하다. 하지만 보다 정확하고 일반화할 수 있는 정보를 얻기 위해서는 보통 정량적 측정과 척도가 사용된다.

〈표 19-1〉은 다음에서 설명될 여러 종류의 측정방법을 보여주고 있다. 측정방법들은 다음 절(제2절, 제3절)에서 상세하게 다루어질 것이다.

제2절 정성적 조사 기법들: 브랜드 의미의 측정

제3장에서 살펴본 바와 같이 여러 종류의 연상(제품 관련 속성, 사용자 이미지, 사용상황 이미지, 브랜드 개성, 기능적 이점, 경험적 이점, 상징적 이점)들이 브랜드와 연관되어 있다. 브랜드에 연결된 연상의 유형과 그러한 연상의 강도, 호의성, 그리고 독특성을 밝혀내기 위한 여러 많은 조사 방법들이 있다.

다음에서는 소비자의 브랜드에 대한 지식을 측정하기 위해 활용될 수 있는 다양한 정성적 조사기법을 살펴본다.

1. 자유 연상법

브랜드 연상을 파악할 수 있는 가장 단순하고 강력한 방법은 자유 연상법으로 이는 대상들이 특정의 단서 없이 브랜드에 관해 생각할 때 떠오르는 것은 무엇인가를 요청받고 그에 답하는 방식으로 진행된다. 예를 들면 아이오페(혹은 이자녹스)는 당신에 무엇을 의미하는가? 혹은 당신이 아이오페(혹은 이자녹스)를 생각할 때 떠오르는 것은 무엇인가처럼 참가자들은 브랜드가 그들에게 의미하는 바를 개방형으로 답하게 된다(그림 19-1).

① 자유 연상의 특징

자유연상의 주목적은 소비자 마음속에 브랜드 연상 범위를 파악해 내는 것이지만, 다음과 같이 브랜드 연상의 상대적 강도, 호감도, 독특성에 대한 개략적인 지표를 제공할 수도 있다.

최초 연상 또는 그 다음 연상이라는 응답순서 관점에서 자유연상 응답을 기록

그림 19-1 화장품 브랜드의 연상이미지 비교

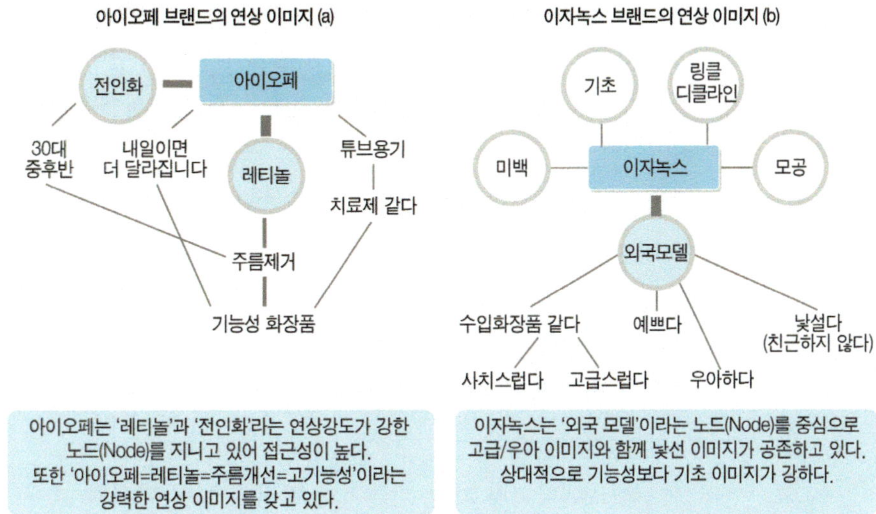

하는 것을 통해, 개략적인 연상 강도를 측정할 수 있다. 예를 들어 많은 소비자들은 "McDonals"에 대한 첫 번째 연상 중 하나로써 '빠르고 편리함'을 응답할 것이고, 그때 그 연상은 비교적 소비자 의사결정에 영향을 미치는 가장 강력한 요소가 될 것이다. 반면에 리스트에 있는 그 다음 연상들은 아마도 처음보다는 약할 것이고 소비자가 의사 결정을 하는 동안 보다 간과되기 쉬울 것이다. 경쟁 브랜드들로부터 유도해낸 연상을 비교해보면, 상대적으로 독특성에 대한 지표를 얻을 수 있다. 마지막으로 연상이 어떻게 표현되었는지에 기초하여 호감도에 대한 어느 정도의 판별이 가능하다.

② 브랜드 연상 측정 시 주의점

브랜드 연상의 탐구에 관한 연구들은 일반적으로 일부 변화시킨 질문을 사용함으로써 브랜드 의미(brand meaning)를 조사한다. 당신이 어떤 브랜드를 생각할 때 무엇이 생각나는가? 굿이어(Goodyear) 같은 브랜드는 제품 카테고리(예: 타이어), 구체적 특징이나 속성(예: raised letters, tread design), 사용상황(wet weather, high speed), 소비자 혜택(attraction, durability), 브랜드와 연합된 다양한 다른 요소(the Goodyear blimp, made in USA)와 같은 여러 유형의 연상을 이끌어낸다.

이러한 조사 연구들은 종종 브랜드 연상의 이중적 특징을 무시하곤 한다(제3장의

그림 3-19). 전략적 질문은 그 브랜드가 무엇을 환기시키는가(What the brand evokes)가 아니라 무엇이 그 브랜드를 환기시키는가(What evokes the brand)이다. 즉, "특정 단서(cue)를 생각할 때 어떠한 브랜드가 떠오르는가?"이다. 자동차의 경우에, "안전(safety)"이라는 단서는 많은 사람들에게 "Volvo"라는 브랜드를 떠올린다.

이처럼 마케터들은 브랜드 제시를 통하여 떠오르는 연상과 어떤 특정의 단서로부터 떠오르는 브랜드 연상을 구별할 필요가 있다. 이러한 구별을 간과하기가 쉽다. 브랜드 제시를 통하여 떠오르는 연상(forward associations)은 브랜드 의미를 결정한다. 반대로 특정 단서를 통하여 떠오르는 브랜드 연상(reverse associations)은 특정 카테고리 내에서 브랜드의 우위와 다른 카테고리로 확장해나가는 브랜드의 파워를 결정한다.

브랜드 매니저의 가장 기본적인 결정은 어떤 단서가 브랜드를 환기시키는가(What cue should evoke the brand?)이다. 즉, 브랜드가 소비자의 마음속에서 무엇을 상징하는가 하는 것이다.

미국에서 방영 중인 텔레비전 쇼인 Password는 다양한 연상(reverse association)—선택된 단서를 브랜드에 연결시키는—에 초점을 둔 유용한 방식이다. 이 단어연상 게임(word association game)은 일련의 단일의 단어단서(single-word cue)를 파트너—Password(브랜드)를 추측함—(잠재 고객)에게 제시하는 한 명의 콘테스턴트(contestant; 브랜드 매니저)가 있었다. 콘테스턴트의 점수는 파트너가 Password를 맞추기 전에 제시된 단서의 수에 따라 감소한다.

기본적인 전략은 단서를 찾거나 창출함으로써 이를 Password에 강하게 연결하는 것이다. 마찬가지로 마케터가 어떠한 단서가 사람들에게 Goodyear라는 브랜드를 떠올리게 할 것인가? 많은 사람들의 경우에, "blimp"라는 단서가 "tires"라는 단서보다 더 빨리 Goodyear라는 브랜드를 떠올리게 한다. 이러한 방법을 활용하여 브랜드 강도를 구축하는 것으로 관심을 바꾸어야 한다. 어떤 단서가 당신의 브랜드를 환기시키는가?

③ 자유 연상법의 종류

브랜드 연상을 파악할 수 있는 가장 단순하고 강력한 방법인 자유 연상법은 일반적으로 포커스 그룹 인터뷰와 Pencil & Paper Listing Task를 통하여 수행된다. 이들의 특징들에 대해서는 다음에서 설명할 것이다.

포커스 그룹 인터뷰

포커스 인터뷰는 실무에서의 브랜드 확장조사에서 브랜드 연상(의미)을 측정하기 위해 종종 사용된다. 참가자들은 브랜드가 그들에게 의미하는 바를 개방형으로 답하게 된다. 또한 그들은 그 브랜드 네임과 적합한 제품이 무엇인지를 말하거나 가능성 있는 제품들을 평가하게 된다. 관련된 연상들은 토론으로부터 도출되게 된다. 이 방법은 다음의 특징들을 가지고 있다:

❶ 브랜드 연상에는 제품수준에서의 연상과 브랜드와 관련된 특정의 연상이 있다. 그러나 개방형 토론은 모든 유형의 연상이 도출되는 것을 허용하지만, 이러한 대화는 모더레이터(moderator)가 브랜드의 특정 연상(brand-specific associations)에 대해 묻지 않는다면 제품수준(product-level)에서 머무는 경향이 있다.

❷ 포커스 그룹 참가자들은 토론 중에 나온 여러 연상들에 대해 호감도, 강도, 그리고 독특성 등에 대해 얘기할 것을 요구받을 수 있지만 일반적으로는 깊이 있는 평가를 하기에는 한계가 있다.

❸ 포커스 그룹 인터뷰 결과는 정량적 자료가 아니고 정성적이다. 그러나 결과 데이터는 풍부하고 참가자들의 일상언어로 획득될 수 있다.

Pencil & Paper Listing Task

대부분의 학문적 연구에서, 브랜드 확장에 브랜드 연상의 파악은 단순한 "pencil and paper" listing task를 통해서 확인되어진다. 예를 들어, Aaker and Keller(1990)는 응답자들에게 특정 브랜드 네임이나 카테고리를 제시하고 이에 대해 마음속에 떠오르는 것을 적는데 30초를 주었다. 연구자들은 완전한 개방형 질문을 사용하거나 단서를 제시하는 방식을 사용한다. 이 방식은 다음의 특징을 지니고 있다.

❶ 제품수준과 브랜드의 특정 연상, 그리고 모든 가능한 적합성의 차원을 포착할 수 있는가? paper and pencil listing을 통해서 모든 유형의 연상이 도출되지만 참가자들은 직접적으로 브랜드 특정 연상에 대해 질문 받지 않는다면 제품수준에

서 머무는 경향이 있다.

❷ 속성을 등급화 할 수 있는가? 일반적으로 할 수 없다. 포커스 그룹 참가자들은 토론 중에 나온 속성들의 상대적 중요성에 대해 얘기할 것을 요구받을 수 있지만 이는 일반적으로 그렇지 않다.

❸ 이 방법이 긍정적 연상뿐만 아니라 부정적 연상도 포착할 수 있는가? 가능하다. 데이터는 개인들에게서 수집되고 이는 세분화(segmentation)하는데 사용될 수 있지만 일반적으로 이는 그렇지 않다.

❹ 이 방법이 브랜드 연상의 재구성(meaning reconfiguration)을 예상할 만큼 충분하게 정량화할 수 있는가? paper and pencil listing은 속성들이 빈도로 표시될 수 있다는 점에서 양적이다; 또한 이론상으로는 등급화 및 세분화(grading and segmentation)가 가능하지만 이는 그리 다양하지 않다.

2. 투사기법

개별심층 면접방식 대신 사용하는 것으로 임상심리학의 진단기법을 원용하여 표면적인 응답 안에 숨겨진 감정, 의미, 동기 등을 탐색하는 방법이다. 면접법이나 서베이법 등과는 달리 응답자가 조사의 목적을 모르는 상태에서 응답자의 내면에 있는 신념이나 태도 등을 심리적 의사소통법을 이용해서 조사하는 방법이다. 간접적인 질문을 이용해 연구자들은 소비자들이 문제점이나 제품에 대한 느낌을 표현할 수 있는 상황을 만들어 준다.

투사법에 의한 대표적인 연구의 하나인 Nescafe instant coffee의 경우를 예를 들어 보자.[1)]

Nestle에서 개발한 인스턴트 커피(instant coffee)를 부인들이 구매하기를 꺼려하는 이유를 알기 위하여 Mason Haire는 먼저 전통적인 서베이 방법에 의해 그 이유가 무엇인지를 직접 질문하였다. 그러자 대다수의 응답자들이 맛 혹은 향기가 못하기 때문에 좋아하지 않는다고 응답하였다. 그리하여 투사법에 의하

1) Mason Haire (1950), Projective Techniques in Marketing Research, Journal of Marketing, 14(April), pp.649-656 재인용.
이학식 · 안광호 · 하영원 공저 (2003), 소비자 행동론, pp.362-363.

여 보다 내면적인 이유를 찾고자 하였다. 100명의 주부들을 무작위로 두 그룹으로 나누어 각 그룹의 주부들에게 가상의 부인의 쇼핑목록을 보여 주었다. 두 부인의 쇼핑목록은 커피의 종류 이외에는 동일하였다. 한 쇼핑목록에는 Nescafe 인스턴트 커피, 그리고 다른 쇼핑목록에는 Maxwell House Ground Coffee(이는 전통적 커피로써 커피원두를 갈아서 여과기로 걸러서 마시는 것으로 즉석 커피보다 준비하기에 번거롭다. 소위 다방의 원두커피를 말한다.)가 있었다. 부인들로 하여금 쇼핑목록을 본 후 자기들이 본 쇼핑목록의 부인의 개성과 특성을 간략하게 적도록 요구하였다. 그 결과 Nescafe 인스턴트 커피가 목록에 포함된 부인은 Maxwell House Ground Coffee를 구매하려는 부인에 비해 상대적으로 게으르고 낭비가 심하고 알뜰한 구매계획을 세우지 않았다고 묘사되었다. 이 결과는 부인들이 인스턴트 커피를 선뜻 구입하려 하지 않는 근본적인 이유는 바로 자신이 남들로부터 그와 같이 부정적으로 보일까봐 하는 염려에서 나온다는 것을 보여준다. 이 예에서 볼 수 있는 바와 같이 투사법은 어떤 상황을 제시하고 응답자로 하여금 그 상황을 해석하게 하고 그 해석으로부터 응답자의 내면적 동기를 파악하는 방법인데, 응답자의 내면적인 것이 해석에 투사된다고(projected) 하는 전제에서 그와 같은 이름이 붙여졌다.

이와 같은 심리적 의사소통법인 투사기법에는 만화나 사진을 활용한 대화풍선그림, 심리그림, 자기추동, 고정관념기법, 문장완성법, 비유법 등과 같은 다양한 동기유발 방법들이 있다.[2]

그런데 이러한 투사법은 주로 그림을 이용하는 경우가 많다. 소비자들은 그림을 이용한 일들을 좋아하고, 따라서 많은 투사기법들은 자극(stimula)으로써 그림을 이용하고 있다.

1 대화풍선그림(bubble drawings)

각기 다른 사람들이 특정 제품이나 서비스를 구입 또는 사용하는 것을 묘사하는 만화나 사진을 기반으로 한 '대화풍선연습'이다. 만화에 등장하는 이들의 생각, 단어, 행동 등을 표현하도록 그 장면에 빈 풍선들이 배치된다. 소비자들은 그 장면에서 일어나고 있거나 언급되고 있다고 믿는 것을 지적함으로써 비유적으로

2) Michael R. Solomon (1996), Consumer Behavior: Buying, Having, and Being(3rd ed.), Englewood Ciffs, NJ: Preutice Hall, pp.40-45, 역서.

그림 19-2 풍선그림 투사 도구

응답자는 쇼핑을 하고 있는 사람의 대사를 채워 넣어야 한다.

'대화풍선을 채울 것'을 요청받는다. 대화풍선연습을 통해 언급된 줄거리와 대화 그리고 그림 해석은 브랜드 사용자 및 사용상황 이미지를 평가하는데 있어 특히 유용할 수 있다. 〈그림 19-2〉의 풍선그림은 그림 속의 여성이 무슨 말을 하고

그림 19-3 양치질에 대한 소비자의 심리그림

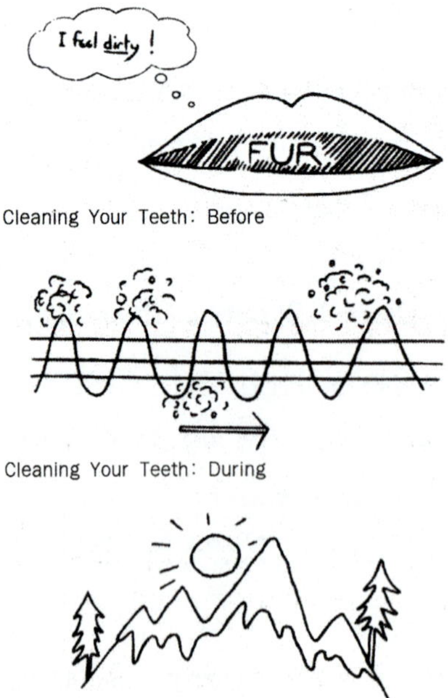

Cleaning Your Teeth: Before

Cleaning Your Teeth: During

Cleaning Your Teeth: After

있는가를 상상함으로써 응답자가 새로운 제품을 구매하는 것에 대한 관심을 표현할 수 있게 해 준다.

한 연구에서는 화장하는 행동과 생각들에 대한 차원을 평가하기 위해서 특별히 고안된 그림을 이용하였다. 여러 가지 행동(예를 들면 화장과 같은)을 하고 있는 사람들의 사진에 반응하기 위해서, 응답자들은 자신의 주요 문제들과 상상력을 투사하였다. 화장에 대한 결과적인 차원에는 마법적이고 치유적인 속성(예를 들면, 젊음의 회복), 성적인 행복감과의 연결, 성숙미나 사회적 능력을 표현하기 위해서 화장품 등을 사용하는 것 등을 포함하고 있다.

② 심리그림(psychodrawing)

응답자로 하여금 제품이나 제품 사용환경에 대한 자신의 지각을 그림의 형태로 표현하도록 하는 것이다. 〈그림 19-3〉에서는 한 소비자가 칫솔을 사용하기 전과 사용 중, 그리고 사용 후의 느낌을 투사한 것이다. 이 기법을 다양하게 사용하여, 한 광고대행사는 50여 명의 소비자로 하여금 두 가지 상표의 인스턴트 케이크를 사기 쉬운 사람들을 그려 보라고 하였다. 〈그림 19-4〉에서 보여주는 바와 같이 많은 피험자들이 Pillsbury 사용자는 할머니로, Duncan Hines 사용자는 젊고 역동적인 사람으로 표현하였다.

③ 자기추동(autodriving)

소비자 자신의 시각적이고 음성적인 기록을 투사물로 사용한다. 예를 들면, 어떤 가족이 저녁을 준비하는 모습을 사진으로 찍을 수 있다. 이런 사진들을 그리고 나서 나중에 가족 구성원들에게 보여준다. 그리고 그들에게 이 사진에 대해서 이야기해 보라고 한다. 이런 면접을 통해서 기저에 있는 가족의 역학관계를 알 수 있으며(예를 들어 음식을 준비하는 일을 가족 구성원에게 어떻게 배분하는가?), 또한 서로 다른 식료품이나 가전제품을 사용하는 태도에 대해서도 알 수 있다.

미국의 한 회사인 Chilton Research Services는 한 걸음 더 나아가 소비자들에게 비디오 촬영기를 주고서 이후의 토론을 위해서 자신의 생활을 촬영하도록 하였다. 의류업체인 Bugle Boy사가 10대들이 실제로 어떻게 생활하고 있는지 알도록 도와주기 위해 이 회사는 그들의 언어와 학교생활, 그리고 특정 상황에서 입고 싶은 의상에 대한 통찰을 제공하기 위해서 젊은이들의 필름을 입수하였다.

그림 19-4 인스턴트 케이크 사용자에 대한 소비자의 심리그림

누가 과자를 구웠는가?

이 비디오들은 나중에 레스토랑 같은 자유스런 분위기에서 핵심 집단토론에 사용되었다.

④ 문장완성법

문장완성법을 이용하여 응답자들에게 어떤 문장을 제시하고 나서 빠진 단어들을 채우도록 한다. 문장완성법은 간단한 답변에 초점을 두고 있고, 그래서 간단한 답변을 얻을 수 있다는 이점이 있다. 이런 이유 때문에 이것은 동시에 한 사람 이상에게 실시할 수 있고, 사람들이 쉽게 대답을 준비할 수 있기 때문에 큰 집단에 특히 유용하다. 보통 사용하는 예들은 다음과 같은 문장들을 포함하고 있다. "보통 사람들은 TV를 _____라고 생각한다.", "대부분의 사람들은 코롱(Cologne)사의 화장수를 사용하는 남자를 _____라고 생각한다." 어떤 종류는 짧은 이야기를 제시하고 어떻게 끝날 것인지 묘사해 보라고 한다.

이 기법을 이용한 한 연구에서는 남자와 여자가 자동차를 서로 다르게 보고 있다는 것을 발견했다. "차를 처음 구입했을 때 _____."라는 문장완성검사를 제시하자 남자들은 "엔진을 검사하라.", "광택을 내라." 등의 반응을 보였지만, 여성들은 "시험 삼아 드라이브나 해보세요."라는 식으로 반응하는 경향이 있었다. 이런 결과들은 남성들이 자동차를 보호하고 책임져야 할 대상으로 보는 반면, 여성들은 이용할 어떤 것으로 보고 있다는 것을 암시한다.

⑤ 고정관념기법(streotype technique)

응답자들에게 전형적인 가족 혹은 사람들에 대한 설명을 읽고서 관련된 정보를 제공해 보라고 요구하는 방법이다. 예를 들면 응답자는 한 성공적인 행정

관료에 대한 설명을 듣고서 이 사람의 지갑 속에 무엇이 들어 있는지 묘사해 보라고 부탁을 받는다. 어떤 신용카드들이 들어 있는지를 조사함으로써 연구자는 이런 유형의 사람들에 대해서 사람들이 가지고 있는 생각을 확인할 수 있다.

이런 접근에 관한 한 전통적인 예로, 1940년대 여성들에게 두 주부의 쇼핑목록을 보고서 그들이 어떤 여성인지를 묘사해 보라는 질문을 하였다. 두 쇼핑 목록에서의 유일한 차이는 한 여성이 인스턴트 커피를 사는 반면에, 다른 여성은 레귤러 커피를 산다는 것이다. '인스턴트 커피를 사는 여자'는 게으르고 계획성이 없는 주부라고 묘사가 되었다. 이런 반응은 그 당시 여성들이 시간을 절약하는 제품을 살 경우 남편이 자신을 어리석은 주부라고 생각할 것임을 걱정하고 있다는 것을 알려주었다.

이런 사실들은 즉시 마케팅 전략에 적용되었다. 인스턴트 커피 광고는 따라서 남편들이 인스턴트 커피에 대해서 분명하게 인정해 주는 가정환경을 이용해 제작되었다. 분명히 이런 걱정은 오늘날과 같이 편리함이 죄악이라기보다는 미덕인 사회에서 존재할 리가 없다. 사실 1970년대까지의 연구자들의 계속된 실험에서는 이런 결과를 되풀이해 낼 수 없었다.

⑥ 비유하기

소비자들이 브랜드에 대한 그들의 지각을 직접적으로 표현할 수가 없을 때 유용한 또 다른 방법은 브랜드를 사랑, 나라, 동물, 행동, 직물, 직업, 자동차, 잡지, 야채, 국적, 심지어 다른 브랜드들에 비유함으로써 그들의 느낌을 전달하도록 하는 비유하기 과제이다.

예를 들어, 다음과 같이 질문할 수 있다. "만약 Wheaties 시리얼이 자동차라면 어떤 것이 있을 수 있겠습니까? 만약 동물이라면 어떤 동물이 여기에 속할 수

표 19-2 Young & Rubicam의 비유를 통한 브랜드 연상 파악하기

비유	KFC	Holiday Inn	Bird's Eye	Oil of Olay
개성	일상적인	친숙한	믿을만한	젊은
동물	얼룩말	밍크	박쥐	밍크
직물	두꺼운 천	폴리에스테르	면	실크
직업	주부	트럭운전사	주부	비서
잡지	TV Guide	Business Week	Women's Daily	Vogue
행동	캠핑	여행	요리	수영

있겠습니까? 이 그림 속에 있는 사람들 중 누가 Wheaties를 가장 잘 먹을 수 있을 것같이 보입니까?"

각각의 경우, 소비자들은 이유에 대한 추가질문을 받는다. 이렇게 브랜드에 대한 표현을 선택하고, 선택한 이유를 설명하게 하는 이유는 소비자가 브랜드에 대해 기대하는 것을 회미하게 파악할 수 있기 때문이다. 특히 이러한 선택을 반영하는 연상의 종류나 추론을 밝혀내는 것은 사용자 또는 사용상황 이미지 및 기타 다른 종류의 비제품 관련 연상을 이해하는데 있어 매우 유용하다.

예를 들면, Young & Rubicam은 소비자들이 4개의 주요 브랜드에 대해 개성, 동물, 행동, 직물, 직업, 잡지 등을 기초로 비유하도록 요청 받았을 때, 〈표 19-2〉와 같은 브랜드 연상을 갖고 있다는 사실을 발견하였다.

3. Zaltman의 은유도출기법(ZMET)

기업은 보다 강력한 브랜드를 개발하고 유지하여 시장에서 경쟁우위를 유지하기 위해 브랜드 자산을 구축하려고 할 때, 소비자의 지각을 이해하는 것이 더욱더 중요하게 되었다. 브랜드 이미지를 평가하는 다양한 방법이 있다. 정량적인 방법들이 일반적이 추세를 나타내고 있다. 반면, 정성적인 절차들은 주로 고객들에게 사고리스팅 절차(thought listing procedure)를 활용하여 브랜드 이미지를 설명하게 한다. 대부분 이런 연구 기법들은 소비자 정보를 획득하기 위하여 언어적 커뮤니케이션에 의존한다. 그러나 커뮤니케이션에 관한 연구에 따르면 인간의 모든 커뮤니케이션의 80%가 비언어적이라고 말하고, Biel(1993)은 "브랜드 이미지는 강력한 비언어적 속성을 가진다."라고 언급하였다. 이처럼 소비자가 브랜드에 대해서 어떻게 생각하고 의사소통하는 지와 연구자가 소비자의 생각을 어떻게 평가할지의 사이에는 불균형이 나타난다. 이러한 불균형을 해소하여 브랜드 의미를 좀 더 잘 이해하기 위한 새로운 조사기법이 ZMET(Zaltman Metaphor Elicitation)이다.[3)]

3) Robin Higie Coulter, Gerald Zaltman(1994), Using the Zaltman Metaphor Elicitation Technique to Understand Brand Images Advances in Consumer Research, Vol.21, pp.501-507.
Gerald Zaltman (2003), How Customers Think: Essential Insights into the Mind of the Market, Harvard Business School Press.

ZMET는 조사과정의 일부로써 비언어적 커뮤니케이션 채널을 무시함으로 인해 소비자로부터 파악할 수 있는 중요한 기회가 간과되고 있다는 믿음에 기반하여, 하버드대학의 Gerald Zaltman과 코네티캣(Connecticat) 대학의 Robin Higie Coulter에 의해 개발되었다. 그들은 소비자 사고 및 행동을 이끄는 개념적 모델을 부각시키는 조사기법으로써 ZMET를 설계하였으며, 이 모델은 소비자들의 은유를 사용하는 실질적인 방식이라고 특징지었다.

ZMET는 주제에 관련된 비언어적 수단(그래픽이나 사진)을 통해서 소비자의 동기를 이해하고자 하는 방법이다. ZMET는 마케팅 믹스 결정과 세분화 전략에 대한 자료를 제공하기 위한 정량적 분석뿐만 아니라, 소비자의 생각과 행동을 동인하는 은유, 구성개념(constructs), 그리고 정신모델(mental map)을 도출하기 위해 정성적 방법도 사용한다.

1 ZMET의 절차

참가자들은 특정 주제에 대한 그들의 사고나 느낌을 나타내는 최소 12개의 이미지를 모으는 것을 요구받는다. 일주일 후에, 각 참가자들은 그들의 사고와 느낌을 표현하는 여러 의미를 포함하는 표상(representations)에 대해 답하는 두 시간짜리 인터뷰를 하게 된다. 이 인터뷰는 각 참가자들의 이성적, 정서적 프로세스의 여러 측면을 포함하도록 구성되어 있다. 일단 참가자들이 사전 인터뷰에서 수집된 이미지에서 나타난 의미와 은유에 대해 완벽히 얘기하고 분석하고 나면, 그 주제와 연계된 냄새, 맛과 같은 비시각적 이미지가 규명되어진다. 참가자들은 그들이 인터뷰 동안 표현한 생각과 느낌들을 합성사진 전문가의 도움을 얻어 콜라주로 구성하도록 요구받는다. 이 과정에서 도출된 정신 모델(mental models)은 소비자들의 잠재적인 욕구와 조사 주제에 대한 연상들이 나타난 일치도(consensus map)에 표현되어진다.

브랜드 의미를 측정하는 새롭고 획기적인 방법인 ZMET의 세부 절차는 다음과 같다. 각 고객과의 개별면접 혹은 대화는 약 2시간이 소요되며 녹취된다. 대화는 주로 소비자들이 인터뷰에서 끌어내는 이미지에 초점이 맞춰진다.

면접 전 과제: 이미지 그림의 수집

ZMET의 독특한 점으로 연구자는 면접 대상자에게 면접 전 7~10일의 기간을 주어 주제와 관련하여 자신의 느낌을 보여줄 수 있는 이미지를 수집하도록 한다. 즉, 주제와 관련하여 그림을 모으거나(잡지, 책, 신문, 기타 다른 정보출처로부터) 사진을 찍는 조사연구에 참여한다.

심층면접 단계

연구 참가자는 처음 모집 후 7일이나 10일 내에 유도대화(guided conversation)로써 수행되는 두 시간 동안의 1 : 1 심층면접을 하게 되는데, 이러한 심층면접 단계는 〈표 19-3〉과 같이 면접 전 과제에서 수행한 그림 내지는 사진을 가지고 총 10단계의 과정을 걸쳐서 진행된다.

분석 단계

일단 참가자들과의 인터뷰가 끝나면, 다음과 같이 조사자들은 주요 주제나 구성물을 확인하고 자료를 코딩하여 가장 중요한 구성물을 포함하는 일치맵(consensus map)을 만든다.

❶ 구성개념의 추출(래더링과 비슷) : 면접 스크립트(script)를 리뷰하여, 주제와 관련된 구성개념들(constructs)의 리스트를 작성하고 분류하는 작업이다. 이렇게

표 19-3 심층면접 단계

단계	방법	내용
1단계	이야기하기	소비자는 각 그림의 내용을 설명한다.
2단계	놓친 이미지	소비자는 그들이 수집할 수 없었던 그림을 기술하고 그에 대한 타당성/관련성을 설명한다.
3단계	분류 작업	소비자들은 그들이 수집한 그림을 의미 있는 유형으로 분류한다.
4단계	구성개념 도출	Kelly Repatory Grid 기법과 래더링(laddering) 기법은 기본적인 구성개념과 그것들 간의 관계를 끌어내기 위해서 사용된다. 여기서 소비자들이 수집한 그림은 자극으로 제공된다.
5단계	가장 대표적인 그림	소비자는 주제를 가장 잘 나타내는 그림을 선정한다.
6단계	반대 이미지	소비자는 과제와 상반되는 것을 표현하는 그림을 기술한다.
7단계	감각 이미지	조사되고 있는 개념의 맛, 감촉, 냄새, 소리, 색깔, 그리고 감정을 설명하거나 설명하지 못하는 것에 관해 도출하여 기술한다.
8단계	정신맵(관념도)	소비자들은 도출된 구성개념을 활용하여 인과모델을 만든다.
9단계	요약 이미지	전문가의 도움을 받아 소비자들은 디지털 이미징 기법을 활용하여 요약 이미지를 만든다.
10단계	일치도	연구자는 가장 중요한 구성개념을 포함하는 인과모델을 만든다.

브랜딩 따라잡기 46

은유 마케팅(Metaphor Marketing)과 팬티스타킹

하버드 경영대학원의 제리 잘트먼(Jerry Zaltman) 교수는 사람들이 무엇을 필요로 하는지에 대한 그들의 생각이 뇌 속에 너무 깊이 자리해 있어서 거의 표출되지 않는 것이 문제라고 말한다. 사람들의 언어는 깊이 자리한 그런 생각들을 불러내기에는 무력하며, 어떤 제2의 언어, 좀 더 추상적인 새로운 기법이 필요하다는 것이다.

그가 이런 시각에서 고안한 것이 잘트먼 은유추출기법(Zaltman Metaphor Elicitation Technique)인데, 표출되지는 않으나 식별은 가능한 인간 자아의 작용을 파악하는 접근방법이다. 대부분의 사람들에게는 ZMET으로 알려져 있기도 한 이 방법은 신경생물학, 심리분석학, 언어학, 그리고 예술이론을 결합하여 소비자 행동을 나타내는 심리모델을 밝혀내어 소비자 뇌의 알려지지 않은 구석을 비추려는 노력이다.

팬티스타킹에 여성의 진심

여성의 스타킹을 나일론으로 된 학대의 한 형태라 말하는 사람들이 있다. 그것은 섹시하고, 불편하며, 그리고 최악의 순간에 말썽을 피우는 경향이 있다. 팬티스타킹을 위한 섬유를 생산하는 듀퐁은 전통적 방식의 리서치를 실시한 결과 여성들 대부분이 팬티스타킹 착용을 싫어 한다는 결과를 얻었다. 그러나 이 회사의 시장 전략 담당자들은 여성의 마음 속 깊은 곳에 있는 것에 대하여 리서치가 빠뜨리고 있는 어떤 차원이 분명히 있다고 생각했다.

듀퐁의 의문을 테스트하기 위해 잘트먼은 팬티스타킹을 착용한 여성 20명을 선발하여 ZMET을 실시했다. 그 작업과정은 "당신은 팬티스타킹을 구매하여 착용하는 것에 대해 어떤 생각을 하며, 또 어떤 느낌을 가지는가?" 하는 질문으로 시작됐다. 여성들은 잡지, 카탈로그, 가족사진 앨범에서 그 제품에 대한 자신들의 생각과 느낌을 담고 있는 10장의 사진을 각자 수집했다. 이 여성들은 나무에 매달린 스틸밴드, 배배 꼬인 전화기 코드, 단단한 플라스틱 포장에 들어 있는 울타리 말뚝 등 상상하기 그리 어렵지 않은 이미지들을 선택했다. 그들은 또한 빈 벽에 걸린 두 개의 아프리카 마스크, 땅에 쏟아진 아이스크림, 고급 승용차, 꽃이 화병에 평화스럽게 꽂혀 있는 장면의 사진들도 선택했다.

1주일 뒤 이들 이미지가 여성들 각자의 의식 안에서 숙성된 뒤 특별히 훈련된 심리치료 전문가가 두 시간에 걸친 집중적인 토의를 거치면서 각 사진에 대한 주제를 심도 있게 분석했다. 그런 후에 합성사진 전문가들의 도움을 얻어 여성들이 팬티스타킹에 대해 가지는 생각과 느낌을 추상적인 콜라주로 구성하도록 했다. 마음으로 연결되는 창을 통하여 심리상태를 투영하는 기술적 작업이었다.

이때 발견된 것은 여성들이 역시 팬티스타킹 착용을 싫어한다는 것이었다. 하지만 단순히 그렇게 만 볼 수 없는 복잡한 심리상태가 있었다. 여성들이 나일론에 대하여 좋아함과 싫어함의 관계를 동시에 가지고 있다는 것이었다. 듀퐁의 담당자들은 다른 연구들에서는 결코 얻을 수 없었던 집약되고 깊이 있는 결과를 얻을 수 있었다. 예를 들면, 플라스틱 포장에 들어 있는 울타리 말뚝 이미지를 선택한 여성은 꽃병 사진을 선택했다. 이 제품을 착용하는 것이 그녀가 날씬하고 키가 큰 느낌을 들도록 한다고 해석되었다. 아이스크림은 스타킹이 나가는 것 때문에 발생되는 난처함을, 비싼 자동차는 사치스러운 느낌을 나타냈다. 한 여성의 콜라주는 정원용 호스에 둘러싸인 쿠키 자르는 칼이 실크 드레스를 배경으로 놓여 있는 장면이었는데 우아함에 대하여 동경과 불편함을 동시에 보여주는 것이었다.

듀퐁의 담당자들은 이 이미지들이 성적 이슈들에 관련된 미묘한 것들을 제시하기도 했다고 기억하면서 이렇게 말한다. "여성들은 이렇게 생각할 것이다. '이 제품들이 내 다리를 길게 보이게 한다.' 긴 다리가 왜 중요한가? '남자들이 긴 다리를 좋아하기 때문에.' 왜 남자들은 긴 다리를 좋아하나? '그런 다리가 섹시하기 때문에.' 그래서 결과적으로 여성들은 남성들에게 섹시하게 보이고 싶어 한다고 말하는 것이다. 직선적으로 묻는 인터뷰에서는 도저히 이런 결과를 얻지 못할 것이다."

이런 발견으로 해서 팬티스타킹 메이커들과 소매업자들이 직장여성의 이미지를 한결같이 슈퍼우먼으로 표현하던 당시의 광고패턴에 변화를 주어 섹시함과 유혹적인 이미지도 포함시키기 시작했다. 이 제품의 표적고객이 슈퍼우먼 자아 이미지를 가진 직장여성들인 경우에도 역시 같은 개념을 적용했다.

듀퐁의 발견에 영감을 얻은 한 팬티스타킹 메이커는 각 패키지의 한쪽에는 음양 심벌이(좋음–싫음의 이중적 성질을 강조하기 위해), 다른 쪽에는 개인적인 인용문으로(이해함과 보살핌의 메시지를 동시에 전달하기 위해) 장식된 작은 카드를 넣기 시작했다. "그것은 여성 확인의 작은 카드였다."고 듀퐁의 담당자들은 말한다.

자료 : 윤계호, 리더스 컨설팅 그룹

추출된 구성개념들이 어떻게 상호관련이 되어 발전하는가를 확인한다.

❷ **인과관계 구성** : 면접과정에서 발견된 구성 개념 사이의 인과적 관계를 검토한다.

❸ **일치 맵(consensus mapping)** : 구성개념과 구성개념 사이의 인과관계를 언급한 참여자의 수를 바탕으로 구성 개념들 사이의 연결을 보여주는 다이어그램을 작성한다. 작성된 다이어그램 혹은 주제에 대한 추론 및 사고의 과정을

보여줌으로써 주제에 대한 다양한 의미를 제공해 준다.

② ZMET의 활용 범위와 요약평가

광고 카피나 크리에이티브 요소를 개발하는 데 활용된다. 또한 신상품을 포지셔닝하고 제품의 네이밍을 개발하는 데 활용되며 기업 아이덴티티 개발에 활용된다(브랜딩 따라잡기 46).

이러한 ZMET는 서비스 및 제품에 대한 인식을 이미지를 이용한 은유형식으로 이끌어 냄으로써 일상의 관찰에서 얻을 수 없는 개인의 심층구조 및 동기를 알 수 있게 해주는 유용한 방법이다. 그러나 심층인터뷰 및 이미지 준비 등의 복잡한 절차로 인하여 실재 마케팅 조사 분야에서 광범위하게 활용하는 것은 어려워 보인다. 그러므로 복잡한 절차 중 일부를 간소화하여 활용하는 방안 등이 유용할 것으로 생각된다.

4. 브랜드 개성

제3장에서 설명한 바와 같이 브랜드 개성은 한 브랜드가 가지고 있다고 생각할 수 있는 인격적 특징이나 특성을 가리킨다. 사실상, 개성은 다른 어떤 것보다도 브랜드를 더 잘 설명한다.

기존의 브랜드에 대하여 바람직한 개성과 소비자들이 지각하고 있는 개성 사이에 캐즘(chasm)이 존재하는지를 평가하는 것은 브랜드 개성관리에 있어서 많은 도움을 줄 것이다. 브랜드 개성은 여러 방법으로 측정될 수 있다. 가장 간단하고 직접적인 방법은 다음과 같은 질문에 대한 주관식 응답을 얻어내는 것이다.

- 브랜드가 사람과 같이 활동한다면, 그 브랜드는 어떤 유형의 사람과 같은가? 예를 들면, Campbell's 수프가 어떤 사람으로 표현될 수 있는지 소비자들에게 물어본다는 가능한 응답은 다음과 같다. "Campell 부인은 발그레한 볼과 풍만한 몸집의 할머니로 따뜻하고 아늑한 집에 살고 있으며, 앞치마를 두르고 그녀의 손자들을 위해 훌륭한 음식을 만들고 있다."

- 유추를 활용하여 예를 들면 정치가 · 운동선수 · 영화배우 · 교수 중에서 브랜드는 누구와 같다고 할 수 있는가?
- 그림을 활용하여 예를 들면 AMEX가 사람이라면 그가 살고 있는 집을 그려

표 19-4 브랜드 개성의 순위

37개 브랜드의 개성지표 프로파일 : 5가지 요소에 기초하여

	AT&T	Advil	AMEX	Apple	Avon	Campbell's	Charlie	Cheerios
성실	1.06	.92	.83	.92	1.08	1.25	.83	1.14
흥미	.91	.72	.83	.95	1.03	.87	.96	.77
능력	1.15	.95	.99	1.07	1.01	1.01	.77	.88
세련	.85	.75	.87	.86	1.22	.89	1.13	.76
강건함	.94	.90	.83	.92	.92	.93	.77	.84
	CNN	**Crest**	**Diet Coke**	**ESPN**	**Guess**	**Hallmark**	**Hershey's**	**IBM**
성실	.99	1.09	.94	.99	.88	1.27	1.11	.89
흥미	1.02	.84	.93	1.10	1.15	1.21	.88	.91
능력	1.18	.99	.85	1.04	.90	1.12	.89	1.10
세련	.93	.87	.90	.89	1.24	1.31	.96	.84
강건함	1.01	.94	.89	1.23	1.03	.96	.85	.91
	K-Mart	**Kodak**	**LEGO**	**Lee**	**Levi's**	**Lexus**	**Mattel**	**McDonald's**
성실	1.07	1.10	1.11	1.14	1.20	.87	1.13	1.12
흥미	.85	.99	1.10	1.00	1.11	1.12	1.10	.97
능력	.97	1.08	1.01	.99	1.05	1.07	1.04	1.02
세련	.78	.96	.87	1.09	1.13	1.27	.90	1.02
강건함	.91	1.02	1.10	1.34	1.43	1.03	1.13	.90
	MCI	**Mercedes**	**Michelin**	**MTV**	**Nike**	**Oil of Olay**	**Pepsi**	**Porsche**
성실	.81	.84	.96	.70	.98	1.00	1.02	.71
흥미	.82	1.07	.86	1.27	1.17	.85	1.04	1.26
능력	.90	1.06	1.03	.82	1.03	.94	.89	.95
세련	.73	1.31	.82	1.02	1.05	1.17	.95	1.37
강건함	.75	.99	1.20	.93	1.36	.76	.99	1.07
	Reebok	**Revlon**	**Saturn**	**Sony**	**Visa**			
성실	.94	.96	.96	.87	.90			
흥미	1.12	1.06	1.05	.94	.87			
능력	.97	.98	.99	1.02	1.02			
세련	1.00	1.31	1.08	.89	.87			
강건함	1.30	.85	1.00	.90	.87			

자료 : Kevin Lane Keller (2003), Strategic Brand Management: Building, Measuring, and Managing Brand Equity(Second Edition), Prentice Hall, p.449.

보자. 또한 AMEX가 차를 몰고 있다면 어떤 종류의 차인지를 그려 보자.

- BMW가 없어진다면 장례식장에서 어떤 이야기를 할 것인가?

브랜드 개성에 관한 소비자의 관점을 이해하기 위한 다른 방법도 가능하다. 예를 들어, 소비자들에게 잡지와 그림을 나누어 주고 브랜드 프로파일을 모아서 정리하도록 요구할 수 있다. 이런 그림은 유명인이거나 그 밖의 것들이다. 이러한 맥락에서 광고회사들은 브랜드의 전형적인 사용자를 명확화하기 위해 '그림 분류' 연구를 자주 수행한다.

또한 브랜드 개성은 형용사로 된 체크리스크나 순위표를 통해 더 정확히 측정될 수 있다. Jennifer Aaker 교수(1997)는 브랜드 개성을 파악하기 위한 조사 프로젝트를 수행하였다.[4] 6백 명의 응답자들이 다양한 제품의 37개 브랜드들을 114가지 개성요인에 대해서 평가한 수집자료를 근거로 브랜드 개성척도(brand personality scale)를 창출해냈다(그림 3-12 참조).

- 성실(현실적인, 정직한, 건전한, 쾌활한)
- 홍미(대담한, 생기 있는, 상상적인, 현대적인)
- 능력(신뢰할 만한, 지적인, 성공적인)
- 세련(상류층, 매력적인)
- 강건함(야외에 알맞은, 거친)

이러한 브랜드 개성 척도 연구에서 응답자들은 각 개성에 대한 특성이 각각의 브랜드에 대해 얼마나 설명적인가를 7점 척도(1=전혀 설명적이지 못한, 7=매우

표 19-5 국가별 브랜드 개성 비교

한국	일본	미국
• 정감(초코파이, 다시다) • 열정(Anycall, 게토레이) • 세련됨(지펠, 훼센) • 성실(풀무원, 유한양행)	• 열정(Kao, 와코루) • 능력(Sony, Nikkon) • 평화로움(Mild seven, NEC) • 성실(미츠시다, Honda) • 세련됨(시세이도, Lexus)	• 성실(Campbell, Kodak) • 열정(Porsche, Absolut) • 능력(IBM, Visa) • 세련됨(Meroedes, Revion) • 강인함(Levi's, Malboro)

자료 : Oricom Brand Journal (2005), No.24.

4) Jennifer Aaker (1997), Dimensions of Brand Personality, Journal of Marketing Research, 43(August), pp.347-356.

설명적인)에 따라 순위를 부여하고, 그 다음으로 종합적 측정을 제공하기 위해 평균점수가 구해진다(표 19-4).

한편 브랜드 개성 척도는 국가별로 다소 차이가 있는데 〈표 19-5〉에서 보여주는 것처럼 한국의 경우는 '정감' 측면에서, 일본은 '평화로움' 측면에서 Jennifer Aaker 교수(1997)가 제안한 개성척도와 차이가 있음을 알 수 있다.

5. 경험적 방법(experiential methods)[5)]

점차 조사자들은 정성적 조사의 효과성을 향상시키려고 시도하고 있다. 소비자들의 자연스런 환경에서 소비자를 조사하기 위한 전통적 조사기법을 초월하고 있다. 그러한 배경은 조사 설계가 아무리 분명하다고 하더라도, 소비자들은 형식화된 조사연구에 대해서 충분히 그들의 진실한 자아를 표현할 수가 없다. 소비자들의 실제적인 가정, 일, 쇼핑행동을 보다 직접적으로 접근함으로써, 조사자들은 소비자로부터 보다 의미 있는 응답을 도출할 수 있다. 시장이 좀 더 경쟁적이 되고 많은 브랜드의 차별화가 위협을 받음에 따라 보다 강력한 브랜드 포지셔닝을 지원하고 도움을 주는 통찰력은 절대 필요한 것으로 보인다.

이러한 조사접근방법에 대한 주장자들은 조사자들은 아침에 소비자의 집에 보내 그들이 하루 종일 어떻게 지내는지를 본다. 또한 비즈니스 여행사들에게 호텔 룸에 있을 때 그들의 감정을 파악하기 위해 폴라로이드 카메라와 다이어리를 준다. 그리고 참가자들은 무선호출장치가 되어 있어 그들이 행하는 것을 기록하도록 지시를 받는다. 그리하여 '무인원격조정 연구(beeper studies)'를 행한다.

Ogilvy & Mather's Discovery Group은 조사자들은 손에 든 카메라를 가지고 가정에 보내 그들이 어떻게 살고 있는지에 대해 밀접한 장면들을 찍도록 한다. 이때 필름의 시간은 서류와 같은 3분 비디오에 간결하게 하여 마케터들은 소비자들이 여러 실생활의 상황에서 어떻게 커뮤니케이션하고 상호 영향을 주는 지를 이해하는데 도움을 준다.

---

5) Kevin Lane Keller (2003), Strategic Brand Management: Building, Measuring, and Managing Brand Equity(Second Edition), Prentice Hall, pp.447-451.

제3절 정량적 조사 기법들: 브랜드 지표의 측정

비록 정성적 측정이 브랜드의 다양한 연상과 강도, 호의성, 그리고 독특성에 있어서의 특징을 파악하는 데 유용하지만, 브랜드의 보다 한정적인 모습은 신뢰할 수 있는 전략적 전술적 제안에 한계성을 가지고 있다. 반면 정성적 조사가 전형적으로 고객으로부터 다양한 어떤 언어적 응답을 도출할 수 있는 반면, 정량적 조사는 전형적으로 숫자로 표현하고 요약하기 위해 다양한 종류의 척도질문을 사용한다. 브랜드 지식에 관한 정량적 조사는 소비자 인지의 깊이와 넓이, 브랜드 연상의 강도, 호감도, 독특성, 브랜드 반응과 감정의 현출성(valence) 그리고 브랜드 관계성의 정도와 특성 등을 보다 잘 측정하기 위해 사용된다. 이러한 정량조사는 시간경과에 따라 소비자의 브랜드 지식구조를 모니터하는 추적조사에 있어 가장 중요한 측정요인이기도 하다.

다음에서 Keller의 CBBE 피라미드 모델(제20장 2절을 참조)에 기초한 브랜드 자산의 원천들에 대한 측정 방법들을 살펴본다.

1. 브랜드 인지

브랜드 인지는 여러 상황에서 특정 브랜드의 구성요소(브랜드 네임, 로고, 심벌, 캐릭터)를 구별해 내는 능력을 말하는데, 크게 브랜드 재인(보조 인지)과 브랜드 상기(비보조 인지)에 대한 측정으로 구성된다.

[1] 브랜드 재인: 보조 인지

브랜드 재인은 특정의 브랜드를 과거에 본 적이 있다고 구별할 수 있는 능력을 말한다. 이러한 브랜드 재인을 측정하는 가장 단순한 방법은 소비자들에게 특정의 브랜드 혹은 브랜드 구성요소를 시각적 · 구두로 제시한 다음 과거에 이를 보거나 들은 적이 있는지를 물어본다.

또한 보다 높은 수준의 브랜드 재인을 측정하기 위해 브랜드의 일부 요소를 감추거나 변형시키거나 혹은 아주 짧은 시간 동안 보여준 다음 브랜드 재인의 수준을 측정하는 방법이 있다. 예를 들면, 브랜드 네임의 일부 철자를 없앤 다음 브랜드 네임에 대한 재인 수준을 측정하는 것이 이에 해당된다.

② 브랜드 상기: 비보조 인지

브랜드 상기는 소비자에게 관련 단서를 제공했을 때 기억으로부터 브랜드 요소를 실제로 인출해낼 수 있는 능력을 말한다. 브랜드 상기는 기억으로부터 브랜드 요소를 직접 끄집어내어야 하므로 브랜드 재인에 비해 기억 과정에서 더 많은 인지적 노력이 필요하다.

브랜드 상기를 측정하기 위해서는 다양한 형태의 단서가 소비자에게 제공되는데, 제품군, 사용용도, 사용맥락 등이 이에 해당된다. 예를 들어 제품군과 관련된 단서로써 "스포츠카 하면, 어떤 브랜드가 떠오릅니까?"의 질문을 할 수 있다. 또한 운동한 후에 마시는 음료를 구매하려고 할 경우에 어떠한 브랜드가 떠오릅니까?

그리고 브랜드 회상의 정도는 회상의 정확성뿐만 아니라 회상에 소요된 시간, 회상의 순서 등에 의해서 측정될 수 있다.

2. 브랜드 연상 이미지

자유연상법 등의 정성적 조사 방법을 통해 중요한 유형의 브랜드 연상이 파악되면, 기업은 다음과 같은 측정 방법을 통해 브랜드 연상의 강도, 호의성, 독특성을 정량적으로 평가할 수 있다.

1 개방형 서베이 질문

- 해당 브랜드가 가지고 있는 가장 강력한 연상은 무엇입니까? 여러분이 브랜드를 생각할 때 무엇이 떠오릅니까?(연상의 강도)
- 브랜드의 무엇이 좋은가? 브랜드의 어떤 점을 좋아하는가? 브랜드의 무엇이 나쁜가? 브랜드의 어떤 점을 싫어하는가?(연상의 호의성)
- 그 브랜드에 독특한 점은 무엇인가? 그 브랜드가 다른 브랜드와 관련하여 어떤 특징들을 공유하고 있는가?(연상의 독특성)

이와 같은 개방형 서베이 방식을 통한 브랜드 연상의 평가는 다음과 같은 특징을 가지고 있다.

❶ 제품수준과 브랜드의 특정 연상 등 모든 가능한 연상들을 포착할 수 있는가?

가능하다. 개방형 질문을 사용하고 응답자들에게 브랜드를 구별 짓는 것이 무엇이지를 묻는다면, 서베이는 광범위한 연상을 끄집어낼 수 있다. 만일 폐쇄형 질문을 사용한다면, 서베이는 질문지에 포함된 연상들만을 다룰 것이다.

❷ 속성을 등급화 할 수 있는가?

가능하다. 속성들은 개방형 질문에서 빈도나 폐쇄형 질문의 평가(rating)에 근거해서 등급이 매겨질 수도 있다.

❸ 긍정적 연상뿐만 아니라 부정적 연상도 포착할 수 있는가?

일반적으로 그렇지 않다. 그러나 서베이에서 이와 같은 질문을 하는 것은 가능하다.

❹ 여러 사람들 사이에서 차이를 확인할 수 있는가?

가능하다. 개방형 서베이 질문은 응답자들 간의 차이를 확인할 만큼 충분한 정보를 얻지 못하지만, 일련의 속성 평가나 제품 평가에서 응답자들 간의 차이는 확인될 수 있다.

보다 구체적인 통찰을 얻기 위해, 브랜드 연상 이미지는 다음의 포카리스웨트에서 보여주는 것처럼 강도, 호감도, 독특성의 척도에 따라 평가될 수 있다.

② 척도를 활용한 연상측정

브랜드의 신념연상을 측정하는 방법에는 여러 가능한 방법들이 있다. 일반적으로 척도는 어의 차별화(양극의 형용사) 혹은 리커터 척도(Likert-type scades) 형태를 취한다.

연상의 강도

다음의 제품 특성이 포카리스웨트를 어느 정도로 설명한다고 느끼십니까?(1=매우 부정함, 7=강하게 동의)

편리한, 갈증을 해소시키는, 자연적인, 맛이 좋은, 현대적인, 젊은 층이 좋아하는 등….

연상의 호의성

포카리스웨트가 다음의 제품특성을 가지는 것이 어느 정도로 좋습니까?(1=매우 나쁨, 7=매우 좋은)

편리한, 갈증을 해소시키는, 자연적인, 맛이 좋은, 현대적인, 젊은 층이 좋아하는 등….

연상의 독특성

포카리스웨트는 다음과 같은 제품 특성에서 얼마나 독특합니까?(1=전혀 독특하지 않음, 7=매우 독특함)

편리한, 갈증을 해소시키는, 자연적인, 맛이 좋은, 현대적인, 젊은 층이 좋아하는 등….

③ 다차원 척도

전반적인 브랜드의 독특성을 평가하기 위한 보다 복잡한 정량적 기법이 다차원 척도(multidimentional scaling) 또는 지각도이다. 다차원 척도는 제품 혹은 브랜드와 같은 일련의 대상들의 지각된 상대적 이미지를 결정하기 위한 절차이다. 따라서 지각도는 일반적으로 단일 제품 카테고리 내에서 사용되기 때문에 브랜드 의미를 측정하는데 사용될 수 있는 또 다른 절차이다. 소비자들은 다양한 속성을 가지고 있는 특정 브랜드들을 평가하도록 요구받거나, 브랜드들이 서로 얼마나 비슷한 지를 말하도록 요구받는다. 결과는 브랜드들이 어떻게 지각되는지를 보여주는 공간상에서 맵(graphical display)으로 전환된다. 이 절차는 일반적으로 단일 제품 카테고리에서 적용되지만 카테고리 간에도 사용될 수 있다. 이는 다음의 특징을 가지고 있다.

① 지각도는 일반적으로 단일 제품 카테고리 내에서 사용되기 때문에 브랜드 특정의 연상만을 확인한다.

② 지각도는 브랜드가 특정 속성을 소유하고 있는 정도를 보여주지만 이것이 그 속성이 그 브랜드를 정의하는 정도를 나타내는 것은 아니다.

③ 지각도는 브랜드 이미지와 부적으로 관련 있는 속성을 보여 줄 것이지만 이것이 반드시 그런 속성들이 브랜드와 상반되는 것임을 의미하지는 않는다.

④ 지각도는 여러 사람들 사이에서 차이를 확인할 수 있다. 이 방법은 개별 응답자로부터 추가적 정보를 얻을 수 있다.

⑤ 지각도 데이터는 분명 양적이다. 그리고 만일 절차가 여러 제품군에서 제시된다면, 데이터는 그 브랜드가 여러 맥락에 따라 얼마나 다른 의미를 지니는지를 나타내 줄 수 있다.

3. 브랜드 태도

지금까지는 브랜드 연상의 유형 중 속성 및 혜택의 관점에서 측정하는 방법들에 대해 살펴보았다. 동시에 상위 단계의 브랜드 연상과 성과를 측정하는 것도 역시 중요하다.

소비자들이 어떤 자극을 지각하여 처리한 정보에 기초하여 형성된 브랜드에 대한 신념과 선호는 브랜드에 대한 소비자의 태도를 정의한다. 그리고 그 태도는 소비자들이 그 브랜드를 구입할 것인가에 영향을 미친다(그림 19-5)[6].

이러한 관계를 예로 들면, 브랜드 신념(KT 메가패스는 좋은 서비스를 제공하고 있다)은 브랜드 평가(나는 KT 메가패스를 좋아한다)를 유도한다. 따라서 행동

---

6) Henry Assael (2004), Consumer Behavior: A Strategic Approach(1th ed.), Houghton Mifflin, pp.258-261, 역서.

그림 19-5 태도의 세 가지 구성 요소

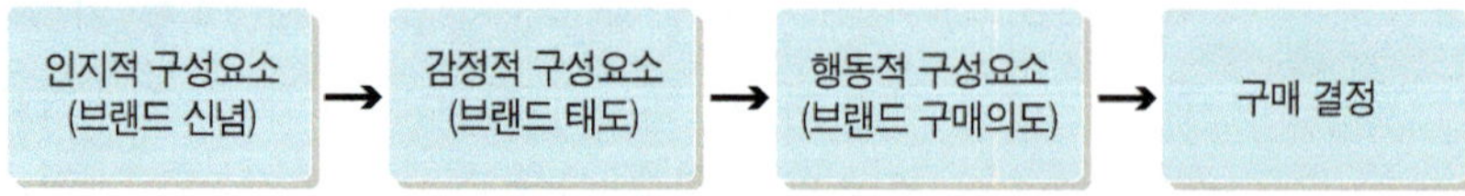

의도(구매의도)를 유도한다(인터넷에 가입하기 위해 KT 매가패스를 이용하려고 계획하고 있다.).

① 브랜드 신념: 인지적 구성요소

브랜드에 대한 소비자의 신념은 소비자들이 그 브랜드에 속한다고 생각하는 특징(속성과 편익)이다. 즉, 브랜드 신념은 소비자들이 지각하는 브랜드의 속성을 나타낸다.

앞에서 살펴본 것처럼, 이를 위해 먼저 제품 속성 및 편익을 나타내는 어휘를 개발한다. 이러한 유형의 어휘들은 심층인터뷰(depth interview)나 포커스그룹인터뷰(focus group interview)를 활용하여 도출된다. 〈표 19-6〉은 청량음료제품에 대한 브랜드 신념의 어휘들을 보여주고 있다.

이와 같이 도출된 제품의 속성과 편익을 나타내는 어휘들을 설문지에 포함시키고, 그 어휘를 활용한 브랜드를 응답자들이 평가하도록 요구하고 조사를 실시한다.

이러한 어휘들은 소비자가 브랜드를 평가하는 데 도움을 준다. 〈표 19-6〉에서와 같이 소비자에게 주어진 어휘들은 브랜드에 대한 자산의 신념을 잘 이해하도록 도와주며 일관되고 잘 정의된 브랜드 선호도를 확인시켜준다.

표 19-6 청량음료 제품에 대한 브랜드 신념의 어휘

제품 속성	제품 편익
열량 함량	에너지 회복
비타민 함량	영양가 풍부
천연 성분	가족 전체를 위해 좋음
달콤함	선물을 줌
뒷맛	식사시간에 좋음
탄산도	갈증 해소

브랜딩 따라잡기 47

브랜드에 대한 소비자 태도의 측정

소비자의 브랜드에 대한 태도를 측정하는 많은 방법이 있다. 예를 들면 Nike 브랜드에 대한 소비자 태도의 서로 다른 지표들을 살펴보자.

전반적인 브랜드 태도

Nike 스포츠화에 대한 당신의 전반적인 태도는 어느 정도 호의적인가?
Nike 스포츠화가 얼마나 당신의 욕구를 만족시키는가?
Nike 스포츠화가 당신에게 최상의 스포츠화 브랜드인가?
Nike 스포츠화를 다른 사람에게 추천할 가능성은 얼마나 되는가?

제품 관련 속성 및 혜택의 신념 평가

Nike 스포츠화는 얼마나 잘 만들어졌는가?
Nike 스포츠화의 전반적인 품질을 어떻게 평가하는가?

비제품 관련 특성 및 혜택의 신념 태도

Nike 스포츠화의 이미지는 당신의 개성과 얼마나 부합하는가?
Nike 스포츠에 대한 당신의 감정은 얼마나 긍정적인가?
당신은 Nike 스포츠화를 신은 사람을 얼마나 좋아합니까?

가격과 가치에 대한 태도

Nike 스포츠화는 프리미엄 가격의 가치가 있는가?
Nike 스포츠화는 합당한 가치를 지녔는가?
Nike 스포츠화는 지불한 돈 값어치를 하는가?

회사에 대한 태도

Nike의 전반적인 평판은 좋은가?
Nike는 얼마나 신뢰성이 있는가?
Nike에 대해 어느 정도 호감을 갖고 있는가?

자료 : Kevin Lane Keller (1998), Strategic Brand Management: Building, Measuring, and Managing Brand Equity, Prentice Hall, pp.336-337, 역서.

② 전반적인 브랜드 태도: 감정적 구성요소

두 번째, 태도의 구성요소인 감정적 구성요소는 브랜드에 대한 소비자의 전반적인 평가를 나타낸다. 앞에서 설명한 브랜드에 대한 신념은 다차원적인데, 그이유는 신념이 소비자들이 지각하는 브랜드의 속성을 나타내기 때문이다. 그러나 감정적 구성요소는 1차원적이다. 즉 어떤 브랜드에 대한 소비자의 전반적인 평가는 '나쁜 것'부터 '좋은 것'까지, 또는 '좋아하지 않음'에서 '가장 좋아함'에 이르기까지 브랜드를 평가함으로써 측정될 수 있다.

〈그림 19-5〉의 세 가지 구성요소 중 브랜드 평가는 태도를 연구하는 중심적인 것으로, 브랜드 평가가 그 브랜드에 대한 호의적 또는 비호의적인 소비자의 경향을 요약한 것이다. 브랜드 신념은 브랜드 평가에 영향을 주는 정도만 관련되는데, 브랜드 평가는 행동 의도(구매 의도)의 기본적인 결정 요소이다. 사실상 브랜드 평가는 '호의적 또는 비호의적인 방법으로 브랜드를 평가하는 경향'으로 브랜드 태도에 대한 정의와 일치한다(브랜딩 따라잡기 47).

③ 브랜드 구매 의도: 행동적 구성요소

세 번째, 태도의 구성 요소인 행동적 차원은 어떤 목적물을 향해 행동하는 소비자의 경향이며, 일반적으로 구매 의도의 관점에서 측정된다. 특히 구매의도를 측정하는 것은 마케팅 전략을 수립하는 데 중요하다.

마케터는 구매행동에 영향을 줄 가능성이 가장 큰 것을 결정하기 위해 마케팅 믹스 요소 즉, 대안적인 제품개념, 광고, 포장 또는 브랜드 네임을 자주 테스트한다. 이러한 대안적인 것을 시험하는 경우, 시험의 대상이 되는 마케팅 자극을 제외한 모든 요소를 일정하게 유지하고 인위적으로 통제된 상황에서 테스트한다. 대안적인 광고를 보거나 여러 제품을 사용하는 소비자들에게 이러한 마케팅 자극을 경험하게 한 후, 그들의 구매행동에 대해 질문한다. 마케터들은 구매성향이 가장 높은 대안을 최고의 선택으로 생각한다. 실질적인 구매행동이 행하여지지 않은 상황에서 마케터들은 마케팅 믹스 요소들의 효과성을 결정하기 위해서 가장 밀접한 대용물인 구매의도를 사용한다.

또 다른 구매의도를 측정하는 방법으로 특정의 브랜드를 구매할 가능성이나 해당 브랜드에서 경쟁 브랜드로 전환할 가능성을 측정하는 것으로써, 이를 측정함에 있어 구매목적, 구매장소, 시간 등의 구체적 구매상황을 정확히 명시하는 것이 바람직하다.

예를 들어, 소비자의 에어컨 브랜드 구매 의도를 측정하기 위해 다음과 같은 질문을 할 수 있다. "날씨가 매우 무더운 다음 주말에 손님을 접대하기로 하였는데, 당신의 에어컨이 고장나고 수리하는데 많은 비용이 든다고 가정해 보자. 당신이 주로 이용하는 가전제품 종합 대리점을 방문하였는데, 모든 에어컨 브랜드들이 가격이 비슷할 경우 LG 휘센 에어컨을 살 가능성은 얼마입니까?

4. 브랜드 충성도

브랜드 충성도는 시간이 지남에 따라 브랜드를 지속적으로 구매함으로써 그 브랜드에 대한 호의적인 태도를 나타낸다(브랜드 심리학 22).

마케팅 문헌에 제시되어 있는 브랜드 충성도에 대한 연구방법은 두 가지이다[7]. 첫째, 도구적 조건화 접근으로 시간이 지남에 따라 한 가지 브랜드의 지속적인 구매는 브랜드 충성도의 지표로 고려한다. 소비자의 반복 구매행동은 강화와 강력한 자극-반응 연결을 반영하는 것으로 간주된다. 둘째, 인지이론에 기초한 접근으로 몇몇 연구자들은 행동만이 브랜드 충성도를 반영하지 않는다고 믿는다. 즉 선호는 계속적인 행동에 대한 측정만으로 반영되지 않는 브랜드에 대한 몰입을 의미한다. 따라서 행동 측정에 결합된 태도 측정은 진실된 충성을 확인하는데 필요하다.

1 행동적 브랜드 충성도

점포 내 스캐너를 통해 기록되는 구매 자료가 이용됨으로써 마케터들은 사람들의 행동에 대한 정보를 신속하게 제공받게 되었다. 결과적으로 마케터들은 스캐너를 통해 산출된 행동 자료에 더욱더 의존하고, 조사를 통해서 산출된 태도적이며 지각적인 자료에 덜 의존하고 있다.

또한 소비자 조사를 통하는 방법으로 최근 특정의 브랜드를 구매한 비율을

7) Henry Assael (2004), Consumer Behavior: A Strategic Approach(1th ed.), Houghton Mifflin, pp.94-95, 역서.

소비자에게 직접적으로 질문한다. 예를 들면, Kodak 필름의 브랜드는 관리자는 소비자에게 (1) 주로 어떤 브랜드의 필름을 사용합니까? (2) 최근 1달 사이에 사진을 찍었습니까? (3) 지금 가지고 있는 필름은 어떤 브랜드인가? 등의 질문을 통해 특정의 제품이나 브랜드에 대한 사용행동과 충성도를 측정할 수 있다.

② 태도적 브랜드 충성도

브랜드 충성도를 측정함에 있어 태도와 행동을 모두 포함해야 한다(이러한 상황을 브랜드 몰입이라 할 수 있다). 즉 진정한 브랜드 충성도를 가진 브랜드가 되기 위해서는 브랜드에 대해 반복적으로 구매해야 뿐만 아니라 호의적인 태도를 가져야 한다.

따라서 행동적 브랜드 충성도의 한계점은 브랜드에 호의적인 태도를 가지고 있지 않더라도 다음과 같은 이유로 동일 브랜드를 계속 구매할 수도 있다. 즉, 다른 브랜드를 실제로 구매될 수 없거나(즉 품절, 혹은 점포 내 제품 미취급 등으로), 그 브랜드가 장기간 가격할인을 하거나, 또는 소비자가 의사결정을 최소화하기를 원하기 때문에 소비자들이 동일한 브랜드를 계속 구매할 수도 있다.

Day(1969)의 연구[8]에서 브랜드 충성도를 예측하고자 시도했었을 때, 태도 측정과 행동 측정 모두를 이용한 모델의 예측력이 행동 측정만을 이용한 모델보다 2배 이상이었음을 밝혀냈다.

이러한 태도적 브랜드 충성도는 특정 브랜드의 구매, 사용이 얼마나 유익한가, 기분 좋은가, 현명한 일인가 등의 질문을 통해 측정할 수 있다.

또한 브랜드 전환 가능성에 관한 질문을 통해서 측정이 가능하다. 예를 들어 가장 최근에 구매한 브랜드를 물어본 다음 그 브랜드를 구매할 수 없다면 어떻게 할 것인지를 질문하는 방법이 여기에 해당된다.

---

8) George S. Day (1969), A Two-Dimensional Concept of Brand Loyalty, Journal of Advertising Research, Vol.9(September), pp.29-36.

브랜드 심리학 22

브랜드 충성도의 역할

브랜드 충성도

브랜드 충성도는 일반적으로 '다른 기업의 마케팅 활동에도 불구하고, 고객이 특정 제품이나 서비스를 일관되게 재구매하고 반복적으로 구매하고자 하는 고객의 깊은 몰입 정도'라고 정의한다.

이러한 브랜드 충성도에는 행동적 충성도(purchase/behavior loyalty)와 태도적 충성도(attitudinal loyalty)가 있다.

브랜드 충성도의 역할

Arjun Chaudhuri & Morris B. Holbrook(2001)는 브랜드 신뢰와 브랜드 애착으로부터 브랜드 성과(시장점유율과 상대적 가격)로 이어지는 영향에 있어 연결 변수로써 브랜드 충성도(행동적 충성도와 태도적 충성도)의 역할을 탐색하였다(그림). 이를 위하여, 제품 범주 수준과 관련된 두 가지 통제변인(쾌락적, 실용적 가치)이 브랜드 신뢰와 브랜드 감정에 미치는 효과와 브랜드 수준의 두 가지 통제 변인(브랜드 차별화, 광고점유율)이 시장 점유율과 가격 프리미엄에 미치는 효과를 조사하였다.

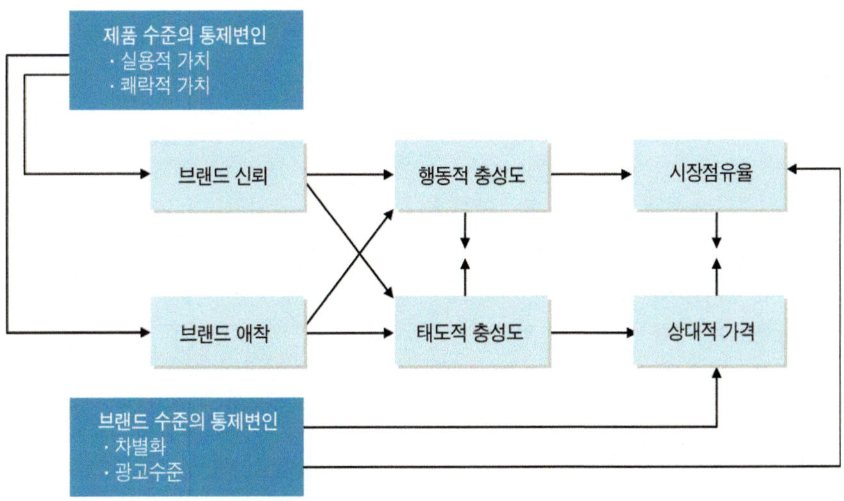

브랜드 충성도와 브랜드 성과간의 관계 모델

- 쾌락적 가치(7점 척도/1=동의하지 않음, 7=동의함)
  ① 나는 이 제품을 좋아한다.
  ② 나는 이 제품을 사용할 때 기분 좋게 느낀다.

- 실용적 가치
  ① 나는 이 제품을 믿는다.
  ② 이 제품은 나에게 필요한 것이다.

- 브랜드 차별성(브랜드 매니저에게 질문/5점 척도)
  ① 이 브랜드는 실제 제품 속성(물리적으로 촉감, 냄새, 시각, 미각 등에 의해 확인될 수 있는 그 브랜드의 특징들)의 관점에서 해당 카테고리 내의 다른 브랜드와 얼마나 다른가?
  ② 이 브랜드가 전반적으로 지각된 품질(소비자가 물성적 속성뿐만 아니라 브랜드에 대 가지고 있는 만질 수 없는 심리적 지각을 포함)의 관점에서 얼마나 다른가?

- 광고점유율
  전 산업에서 그 브랜드에 대한 광고비 지출의 비율로 추정(모든 브랜드의 년 간 광고비용÷해당 브랜드의 년 간 광고비용)

- 브랜드 신뢰(7점 척도/1=매우 동의하지 않음, 7=매우 동의함)
  브랜드가 제시하는 기능을 수행할 것이라는 브랜드의 능력에 의존하고자 하는 소비자의 의지
  ① 나는 이 브랜드를 신뢰한다.
  ② 나는 이 브랜드를 믿는다.

- 브랜드 애착(7점 척도/1=매우 동의하지 않음, 7=매우 동의함)
  브랜드 사용의 결과로써 소비자의 긍정적인 정서 반응을 유발시키는 브랜드의 잠재성
  ① 나는 이 브랜드를 사용할 때 기분 좋은 느낌이 든다.
  ② 이 브랜드는 나를 행복하게 한다.
  ③ 이 브랜드는 나에게 즐거움을 준다.

- 행동적 충성도
  ① 다음번에 이 제품을 구매할 때, 나는 이 브랜드를 구매할 것이다.
  ② 나는 계속해서 이 브랜드를 구매할 의향이 있다.

- 태도적 충성도

① 나는 이 브랜드에 헌신적이다.

② 나는 다른 브랜드에 비해 이 브랜드에 보다 높은 가격을 기꺼이 지불할 것이다.

- 시장점유율

브랜드 매니저에게 시장 내 그 제품의 시장점유율 자기 보고식 응답

- 상대적 가격

해당 시장에서 리딩 브랜드의 소매가격 대비 그 브랜드의 단위당 소매가격의 비율(해당 시장에서 리딩 브랜드의 소매가격÷해당 브랜드의 소매가격)

연구 결과

켈러의 브랜드 자산 관점은 브랜드 가치사슬에서 보여주는 것처럼, 소비자 측면에서의 브랜드 자산으로 브랜드와 관련된 연상(브랜드 지식)에 기초를 두고 있으며, 또한 기업의 측면에서 상대적 가격이나 시장점유율과 같은 브랜드 성과에 기초를 두고 있다.

이러한 관점에서 더 나아가 브랜드 로열티에 미치는 결정 요인으로써 브랜드 신뢰와 브랜드 애착은 각각 영향을 미치며, 이어서 행동적 충성도는 보다 큰 시장 점유율을 이끌게 되며 태도적 충성도는 보다 높은 상대적 가격을 이끌게 된다.

| 자료 : Arjun Chaudhuri & Morris B. Holbrook (2001), The Chain of Effects from Brand Trust and Brand Affect to Brand Performance: The Role of Brand Loyalty, Journal of Marketing, Vol.65(April), pp. 81-93.

[생각해볼 문제]

1. 현재 여러분들이 관리하고 있는(혹은 좋아하는) 브랜드를 하나 선택하여 투사기법을 활용하여 브랜드 자산의 원천을 확인해 보자.

2. 제품 카테고리를 하나 선택하자. Jennifer Aaker의 브랜드 개성목록을 활용하여 선택한 카테고리 내의 리딩 브랜드의 브랜드 개성을 작성해 보자.

3. 브랜드를 하나 선택하자. 소비자의 브랜드 지식 구조를 그려 보자. 정량적 측정을 어떻게 활용할 수 있는가?

제20장

브랜드 자산의 가치 측정

이번 장의 주요 이슈

이번 장에서는 브랜드 성과에 기초한 브랜드 자산의 가치를 측정하기 위한 여러 조사 방법들을 살펴볼 것이다.

❶ 브랜드 자산의 가치는 왜 평가하는가?

❷ 브랜드 자산의 가치를 측정하는 방법은 다양하다. 브랜드 자산의 가치를 측정하는 방법은 무엇인가?

제 1 절 브랜드 자산의 가치 평가 접근법

먼저 다음에서는 브랜드 자산의 가치 평가의 필요성과 유형들에 대해 살펴본다. 이어지는 제2절에서는 브랜드 자산의 가치를 평가하는 여러 접근법들에 대해 살펴보도록 한다.

1. 브랜드 자산의 가치 평가 필요성

브랜드 가치란 일상의 기업활동으로부터 발생한 부가가치 중에서 브랜드에 의해 발생한 부가가치를 말한다. 이것은 기업이 브랜드를 보유함으로써 얻어지는 혜택이다. 보다 구체적으로는 대 소비자, 대 사내, 대 거래처, 대 금융시장 등으로부터 얻어지는 편익이 있으며, 직접·간접적인 효과보다 더 기업 수익에 영향을 주는 것이라고 생각되어지고 있다.

종래부터 브랜드 평가는 소비자 조사를 통해서 파악되었다. 브랜드가 소비행동에 있어서 상기집합(evoked set), 고려집합(consideration set), 선택집합(choice set)에 들어 있는가를 인지율, 구입률, 구입 의향률, 호의도, 구입후보, 충성도 등의 척도에 의해서 측정되는 것과 브랜드가 환기하는 이미지 항목을 측정하는 것으로 브랜드 연상의 강도를 점수화해서 측정하는 방법이 있다. 그러나 최근의 브랜드 가치평가에는 브랜드의 자산적 가치, 즉 브랜드를 금전적 가치로 환산하여 측정하는 것이 행하여지고 있다. 브랜드 자산의 가치평가의 필요성에 관해서 밀접하게 관련된 테마로써는 다음과 같은 것이 있다.

브랜드 육성관리를 위한 평가 기준

브랜드의 육성관리는 종래부터 마케팅의 현장에 있어서 중요하였다. 제품이 포화된 상황에서 경쟁이나, 시장의 글로벌화, 유통 파워의 증대 등 변화하는 환경에 대응하여 치밀한 마케팅을 전개할 필요로부터 성과 관리와 연계된 정교한 방법이 요구되었다.

브랜드 사용료의 산출

브랜드 사용료의 산출은 그룹 경영(LG 지주회사는 각 계열사에 대해 LG 브랜드의 사용료를 받고 있다.)이 확산되고 있는 와중에서, 기업명이나 로고 등의 브랜드 사용료의 수수가 발생함으로써 주요한 과제가 되고 있다. 특히 본사나 해외사업 회사에 있어서의 로고나 디자인의 운용규칙을 규정하는 단계에서 어떻게 적정하게 비용을 배부하는가 하는 문제가 생겨났고, 관리회계상 또는 세무회계상의 브랜드 사용료 산정기준으로써 브랜드 자산평가에 전념할 필요가 대두되고 있다.

브랜드 매수(매각) 가격의 산출

최근 국내 기업에서도 일반적으로 되고 있는 것은 사업 구조조정의 와중에서 브랜드 매수나 매각이 종종 행하여지고 그 결과 적정한 재무평가가 중요하게 된다. 사업 매수의 계기가 매수선 기업과 피 매수선 기업에 있어서 대상이 되고 있는 사업(브랜드)의 장래 현금흐름의 차에 있다고 한다면, 사내에서는 양사의 투자효과의 차이를 표시하고, 또 투자가에 대해서는 매수(매각)가격의 타당성을 설명하는 것이 필요할 것이다. 그래서 그와 같은 것을 위해서 브랜드의 자산적 가치에 대한 객관적인 평가의 제시가 요구되어 지는 것이다.

자본시장에 있어서 기업가치평가의 적정화

재무제표에 표시된 유형자산뿐으로는 기업 가치의 평가는 점점 더 곤란하게 되고 있고, 무형자산 특히 브랜드의 자산가치를 어떻게 투자가에게 보여줄 것인가, 또 경우에 따라서는 적절하게 평가되고 있지는 못한가, 요컨대 브랜드 가치를 보여주는 것으로 보다 정확한 투자판단의 재료를 제공하는 것이 요구되어지고 있는 것이다. 그러나 투자자나 애널리스트는 무형자산으로써 브랜드의 중요성을 인식하고 있는 것으로 독자의 판단기준을 지니고 있지 않으면 안된다. 투자가의 판단재료로써 브랜드 가치에 대한 관심은 보다 높아지고 있는 것이다.

2. 브랜드 자산의 가치 평가 접근법

우리는 제19장에서 브랜드 자산의 원천 즉, 브랜드 지식의 구성요소들의 평가 방법들에 대해서 살펴보았다. 그러나 브랜드 지식으로 인하여 생기는 브랜드 가치 역시 평가되어야 한다.

브랜드 자산의 측정에는 브랜드 가치가 어떤 레벨에서 측정되는가에 의해서 측정의 포인트가 달라진다(제18장 제2절에서 상세하게 설명하고 있다.). 이러한 측정의 3가지 부류는—브랜드 이미지 가치 평가, 브랜드 구매가치평가 그리고 재무/회계 접근—마케터들에게 브랜드 투자(즉 투입)로부터 비즈니스 영향(즉, 결과)로 브랜드 구축의 활동을 측정하게 한다(그림 20-1).

이미지 가치평가가 소비자의 마음속에 있는 브랜드에 관한 지식을 측정하는 것에 중점을 두고 있다고 한다면, 구매가치 평가법은 브랜드에 의한 혜택(benefit), 특히 강력한 충성도나 동일경쟁제품에 비교해서 높은 판매가격을 실현하는 가격 프리미엄에 의해서 생겨나는 편익 등에 주목하고 있는 것이다. 여기서 이미지 가치 평가와 구매가치 평가법은 소비자의 브랜드에 대한 평가를 기준으로 하고 있다.

한편 재무 · 회계적 접근법은 금액으로써 브랜드 가치를 측정하기 위해서 경영의 재무적 성과 중 브랜드에서 기인한 것을 분리하는 것에 중점을 두고 있는 것이다.

이러한 평가 분류의 기준에 따라 기존에 연구된 평가방법들을 정리하여 보면

그림 20-1 브랜드 자산의 가치 평가 특징

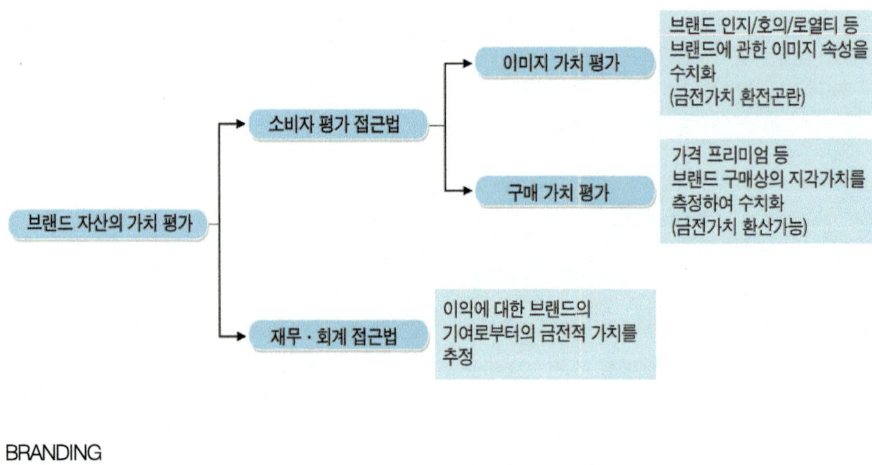

그림 20-2 브랜드 자산의 가치 평가 접근법

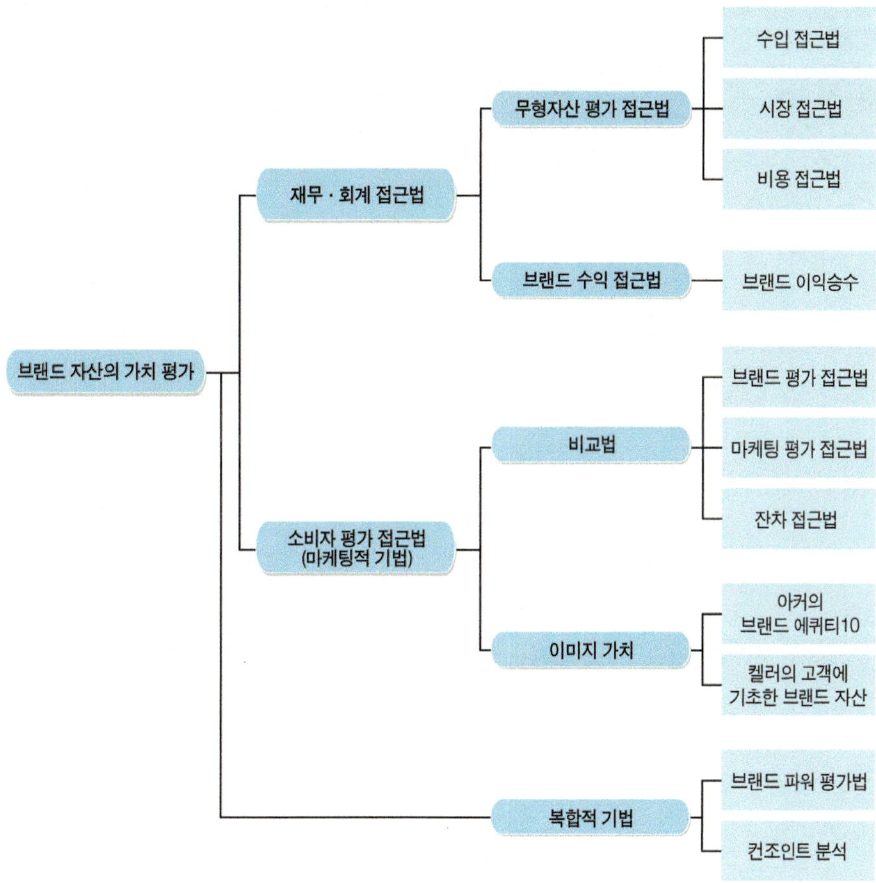

다음 〈그림 20-2〉과 같다. 이어지는 제2절, 제3절, 그리고 제4절에서는 이들 평가방법들을 상세하게 살펴보도록 한다.[1)]

1) 榛沢明浩 (2001), Brand Management: Creating Corporate Value through Branding, Deloitte Tohmatsu Consulting.
Kevin Lane Keller (2003), Strategic Brand Management: Building, Measuring, and Managing Brand Equity(Second Edition), Prentic Hall.
Edited by Takeaki Kariya (2005), 브랜드 평가와 가치창조: 모델의 비교와 경영전략에의 적용, 일본광고연구소 등을 기초하여 작성.

제2절 소비자 평가 접근법

소비자 평가 접근법은 정량적 소비자 조사에 의해 소비자의 인식 면으로부터의 브랜드 자산을 측정·평가하는 접근법이다. 이러한 소비자 평가 접근법은 브랜드 전략이나 커뮤니케이션 전략 등 브랜드 육성 및 관리를 위한 시사점을 얻는 것을 목적으로 하는 것으로, 기존의 브랜드 관리에 이용되어 온 이미지 가치평가와 구매 가치평가로 분류될 수 있다. 이것들 중 이미지 가치평가에 있어서는 금전적 가치 환산이 곤란하지만, 구매가치평가에 있어서는 소비자가 구매의사 결정을 하는 경우에 지각하는 가치를 측정하여 수량화하는 것에 의해서 금전적으로 평가하는 것이 가능해지고 있다.

소비자 평가에 의한 브랜드 자산을 측정·평가하는 접근법의 일반적인 절차는 다음과 같다(브랜딩 따라잡기 48).

❶ 아커나 켈러의 이론을 기초로 하여 브랜드 자산평가의 틀과 평가지표, 및 평가척도를 설정한다.

❷ 소비자 조사를 실시해, 변수에 따라서 소비자의 브랜드에 관한 지식을 측정한다.

❸ 변수의 측정결과로부터, 각 지표의 평가치 및 종합적 브랜드력의 평가치를 산출한다. (필요할 경우 인자분석이나 공분산 분석을 이용하여 변수를 수개의 지표 차원으로 요약하여 각 지표의 평가치를 산출한다.)

❹ 종합적 브랜드력의 평가치와 각 지표의 평가치의 상관분석으로부터, 브랜드의 강점, 약점을 밝혀내게 되고 브랜드 파워의 강화를 위한 진단정보를 제공한다. 덧붙여, 브랜드 포지셔닝, 광고 커뮤니케이션, 브랜드 확장 등의 브랜드 마케팅 과제에 관한 시사점을 제공한다.

브랜딩 따라잡기 48

소비자에 기초한 브랜드 자산의 측정

브랜드 자산의 모델을 정립함으로써 브랜드 전략 수립을 위한 기초자료의 토대가 확보된다. 〈그림 1〉에서 보여주는 것처럼 브랜드 자산의 모델을 정립하기 위하여 3단계 과정으로 브랜드 자산을 측정하게 된다.

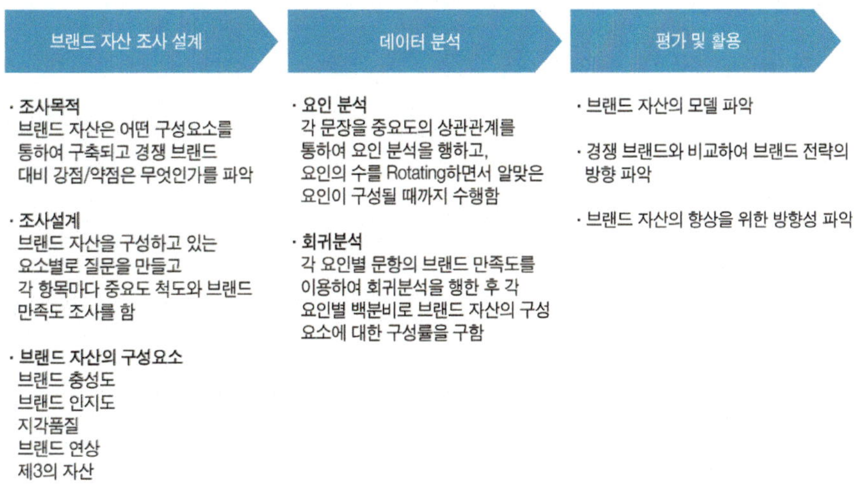

〈그림 1〉 브랜드 자산의 측정 프로세스

❶ 먼저, 브랜드 자산을 측정하기 위해 조사 목적에 기초하여 조사 설계를 수행한다. 브랜드 자산을 구성하는 요소들에 대해 질문문항을 만들고 각 항목마다 중요도와 브랜드 만족도 조사를 수행한다.

❷ 수집된 데이터를 분석하는 단계이다. 먼저 각 문장을 중요도의 상관관계를 통하여 요인분석을 행한다. 다음으로 각 요인별 문항의 브랜드 만족도를 이용하여 회귀분석을 행한 후 각 요인별 백분비로 브랜드 자산의 구성요소에 대한 구성률(%)을 구하게 된다.

❸ 평가 및 활용단계로써 브랜드 자산의 모델을 파악하고, 경쟁 브랜드와 비교하여 브랜드 전략의 방향 파악, 그리고 브랜드 자산의 향상을 위한 방향성 파악한다.

이와 같은 같은 과정에 따라 XX브랜드의 브랜드 자산의 모델을 정립해 보면 〈그림 2〉와 같다. 브랜드 자산에 대한 평가결과를 상관관계가 높은 속성끼리 몇 개의 요인으로 분류해 보면 다음 표와 같이 4개의 요인으로 분류할 수 있다.

조사의 예시

요 인	요인 1 광고+회사 이미지 (브랜드 충성도)	요인 2 품질 (품질지각)	요인 3 품질 이미지 (브랜드 연상)	요인 4 유용성 (브랜드 인지도)
광고 보고 구입하고픈 생각이 든다	.86890			
제품광고에 믿음이 간다	.84417			
상표 자체가 마음에 든다	.80557			
제품광고 내용이 평소 중요하게 생각한 점을 잘 표현	.76099			
믿을만한 제품을 만드는 회사이다	.65518			
제조회사가 마음에 든다	.65192			
아기를 생각해서 만든 제품이다	.60395			
아기용품 전문생산업체이다	.54560			
아기의 활동이 편리하다	.28914			
기저귀 두께가 얇아서 좋다	.15493			
채웠을 때 착용감이 좋다	.21418			
안심하고 사용할 수 있다	.40450			
우리 아기에게 맞는 제품이다	.36442			
아기 피부가 짓무르지 않는다	.14908			
오줌을 싸도	.17991			
언제	29616			

이어서 각 요인별 문항의 만족도를 이용하여 회귀분석을 행함으로써 각 요인에 대한 구성비들을 산출할 수 있다. 이러한 결과들을 가지고 〈그림 2〉와 같은 브랜드 자산 모델을 정립할 수가 있다. 〈그림 2〉에서 보여주는 것처럼 브랜드 자산은 품질에 의한 영향을 받으므로 품질향상에 따라 브랜드 자산을 향상시킬 수 있다.

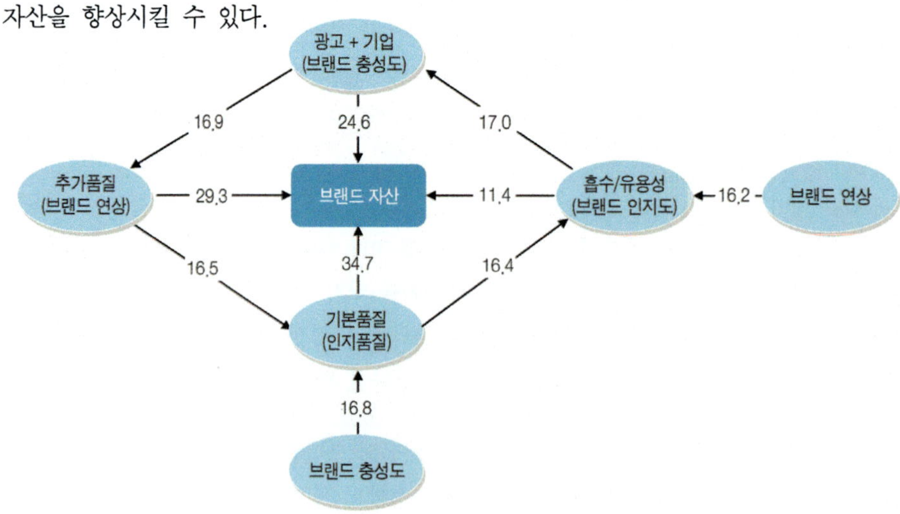

〈그림 2〉 브랜드 자산 모델

1. 이미지 가치평가: 브랜드 자산의 원천

이는 소비자들이 브랜드에 대해 가지는 인지, 태도, 연상 등을 측정한다. 이 척도는 이것이 브랜드 자산의 다양한 원천을 평가하고 훌륭한 진단능력을 지녔으며 브랜드의 잠재성을 예측하기 위해 사용될 수 있다는 점에서 매우 가치가 있다고 할 수 있다.

따라서 이 척도의 목적은 (1) 마케팅 전략과 전술의 의사결정을 돕기 위해, (2) 브랜드의 확장성을 평가하기 위해, (3) 마케팅 의사결정의 효과성을 평가하기 위해서라고 할 수 있다. 그러나 이 척도는 일반적으로 소비자 조사에 기반을 두고 있기 때문에 단일의 객관적인 브랜드 성과를 측정하기가 쉽지 않다. 대표적 예로써 아커의 "브랜드 에퀴티10"과 Keller의 "고객에 기초한 브랜드 자산"에 대해서 다음에서 살펴본다.

① 아커의 브랜드 에퀴티10

아커는 브랜드 자산을 "브랜드 네임이나 심벌과 결합된 브랜드의 자산과 부채의 총합으로, 기업 또는 기업의 제품 · 서비스의 가치의 증감"으로 정의했다. 그래서 브랜드 자산은 브랜드 로열티, 지각품질, 브랜드 연상, 브랜드 인지 및 기타 제3의 자산(특허, 상표, 유통관계 등)의 5가지 차원으로 분류하여, 이러한 차원을 브랜드의 구축, 관리, 측정의 기본 지표로 하였다.

그림 20-3 아커의 브랜드 자산의 차원과 브랜드 에퀴티10

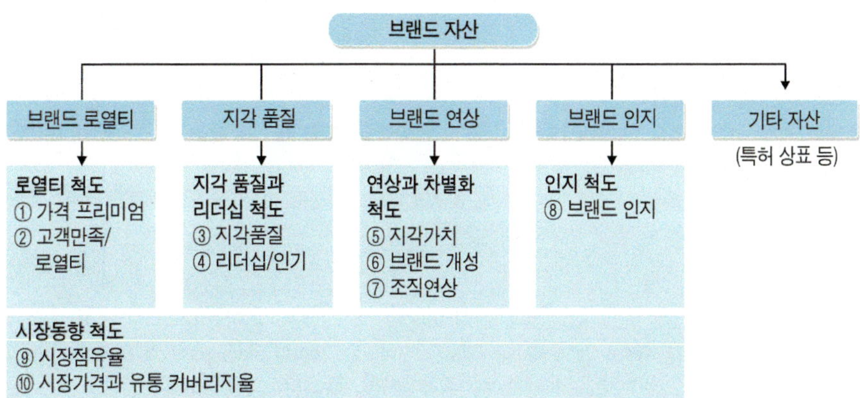

아커는 자신이 정의한 브랜드 자산의 개념에 기초하여 브랜드 자산가치 측정을 위한 틀 '브랜드 에퀴티10'을 제창하였다(그림 20-3). 브랜다 에퀴티10은 브랜드 자산을 구성하는 4개의 차원에 시장동향을 더한 5가지의 차원으로 각 차원에 속해 있는 10개의 척도로 구성되어 있다. 브랜드 자산의 4개의 차원에 속해 있는 척도는 소비자 조사에 의한 측정으로부터 얻어지는 소비자의 브랜드에 대한 지각에 관한 척도인 반면, 시장동향 척도는 브랜드의 시장에서의 성과에 관한 척도이다.

② 켈러의 고객에 기초한 브랜드 자산

한편 켈러는 소비자 심리학의 연구를 기초로 하여 고객에 기초한 브랜드 자산(CBBE: Customer-Based Brand Equity)의 개념을 제창하였다(겔러, 2000). 겔러는 고객에 기초한 브랜드 자산을 '어떤 브랜드의 마케팅 활동에 대한 소비자의 반응에, 브랜드 지식이 미치는 효과의 차이'로 정의하고, 브랜드 자산의 원천을 브랜드 인지와 브랜드 연상으로부터 성립되는 소비자의 브랜드 지식구조에 있다고 생각하였다(상세한 내용은 제3장을 참조하기 바란다.).

그래서 이러한 사고방식에 기초하여 〈그림 20-4〉와 같은 'CBBE 피라미드 모델'을 제창하였다.2)

'CBBE 피라미드 모델'은 브랜드 구축과정을 제시하는 동시에, 브랜드 구축의 성과를 평가하는 지표를 나타내는 것이다. 브랜드의 현출성(salience)은 브랜드 인지의 폭과 깊이에 관련되어 있으며, 브랜드 구축의 첫 단계로 브랜드 아이덴티

그림 20-4 CBBE 피라미드 모델

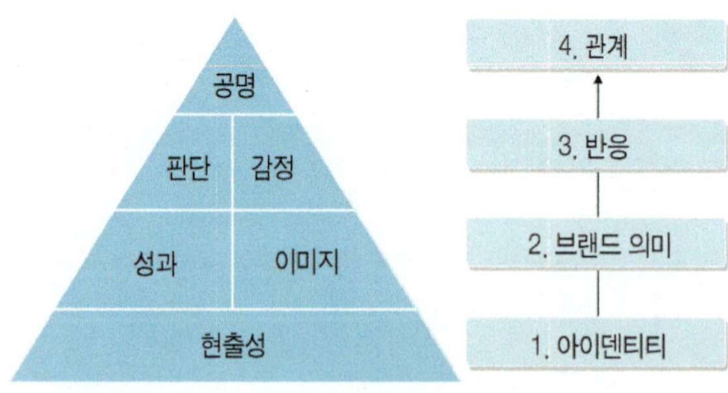

2) Kevin Lane Keller (2003), Strategic Brand Management: Building, Measuring, and Managing Brand Equity (Second Edition), Prentice Hall, pp.75-95.

브랜딩 따라잡기 49

브랜드 구축과정의 측정

다음의 문항들은 Keller교수의 CBBE 피라미드 모델에 따라 브랜드 구축과정을 측정하는 방법들을 제시하고 있다.

1. 현출성

❶ 당신은(특정의 제품 카테고리의 단서를 제시했을 경우) 어떤 브랜드가 생각나십니까?
❷ 당신은 이 브랜드를 들어본 적이 있는가?
❸ 다음의 상황에서(특정의 상황 제시) 당신은 어떤 브랜드를 사용하고 싶은가?
❹ 당신은 이 브랜드를 얼마나 종종 생각하는가?

2. 성과

❶ 해당 카테고리에서 있는 다른 브랜드와 비교하여, 이 브랜드는 해당 제품 카테고리의 기본 기능을 얼마나 잘 제공하는가?
❷ 해당 카테고리에서 있는 다른 브랜드와 비교하여, 이 브랜드는 해당 제품 카테고리의 기본적 욕구를 얼마나 잘 충족시키는가?
❸ 이 브랜드는 독특한 특징을 어느 정도 가지고 있는가?
❹ 이 브랜드는 얼마나 신뢰할 수 있는가?
❺ 이 브랜드는 얼마나 내구성이 있는가?
❻ 이 브랜드는 얼마나 용이하게 서비스되고 있는가?
❼ 이 브랜드의 서비스는 얼마나 효과적인가? 이 브랜드의 서비스가 당신의 필요욕구를 완벽하게 충족시켜주는가?
❽ 스피드, 반응성, 그리고 기타 등의 관점에서 이 브랜드의 서비스는 얼마나 효율적인가?
❾ 이 브랜드의 서비스 제공자는 얼마나 예의 바르며 도움을 주는가?
❿ 당신은 이 브랜드가 얼마나 유행을 따르고 있다고 느끼는가?

3. 이미지

❶ 당신이 칭찬하고 존경하는 사람들은 이 브랜드를 어느 정도 사용하는가?
❷ 당신은 이 브랜드를 사용하는 사람들을 얼마나 좋아하는가?
❸ 다음의 단어들이 이 브랜드를 얼마나 잘 묘사하고 있는가? : 진실한, 정직한, 용감한, 최신의,

믿을 수 있는, 성공적인, 상류층의, 매력적인

4. 이 제품을 구매하기에 어떤 유통이 적절한가?
5. 당신은 이 브랜드를 여러 유통에서 구매할 수 있는가?
6. 당신은 이 브랜드를 여러 상황에서 사용할 수 있는가?
7. 이 브랜드를 생각할 때 과거의 즐거운 기억이 어느 정도 떠오르는가?
8. 당신은 이 브랜드와 함께 성장해 왔다고 어느 정도 느끼는가?

4. 판단

품질

1. 이 브랜드에 대한 전반적인 평판은 어떤가?
2. 이 브랜드의 제품 품질에 대한 평가는 어떤가?
3. 이 브랜드는 어느 정도 당신의 제품 욕구를 충족시켜 주는가?
4. 이 브랜드는 얼마나 고급의(질 좋은) 가치가 있는가?

신뢰

1. 이 브랜드에 대한 제조업자는 얼마나 총명한가?
2. 이 브랜드의 제조업자는 얼마나 혁신적인가?
3. 당신은 이 브랜드의 제조업자를 얼마나 신뢰하는가?
4. 이 브랜드의 제조업자는 당신의 욕구를 어느 정도 이해하는가?
5. 이 브랜드의 제조업자는 당신의 의견에 어느 정도 관심을 갖는가?
6. 이 브랜드의 제조업자는 당신의 흥미를 어느 정도 고려하고 있는가?
7. 당신은 이 브랜드를 얼마나 좋아하는가?
8. 당신은 이 브랜드를 얼마나 칭찬하는가?
9. 당신은 이 브랜드를 얼마나 존경하는가?

고려

1. 당신은 이 브랜드를 다른 사람들에게 추천하는 것을 얼마나 좋아하는가?
2. 이 브랜드가 속해있는 카테고리에 당신이 좋아하는 제품은 어느 것인가?
3. 이 브랜드가 당신에게 얼마나 개인적으로 관련되어 있는가?

우수성

1. 이 브랜드는 얼마나 독특한가?
2. 이 브랜드는 다른 브랜드가 제공할 수 없는 이점을 어느 정도 제공하는가?

③ 이 브랜드는 카테고리에 있는 다른 브랜드보다 얼마나 우수한가?

5. 감정

① 이 브랜드는 따뜻한 감정(feeling of warmth)을 주는가?
② 이 브랜드는 즐거운 감정을 주는가?
③ 이 브랜드는 흥분감(feeling of excitement)을 주는가?
④ 이 브랜드는 안심감을 주는가?
⑤ 이 브랜드는 사회적 인정감을 주는가?
⑥ 이 브랜드는 자아 존중감을 주는가?

6. 공명

충성도

① 나는 이 브랜드에 충성적이라고 생각한다.
② 내가 구매할 때는 언제든지 이 브랜드를 구매한다.
③ 나는 가능하면 이 브랜드를 구매할 것이다.
④ 나는 이 브랜드가 내가 필요로 하는 제품의 유일한 브랜드라고 느낀다.
⑤ 이 브랜드는 구매/사용하는데 내가 좋아하는 유일한 브랜드이다.
⑥ 이 브랜드가 구매할 수 없어서, 다른 브랜드를 사용해야 한다면 나에게 별 차이가 없을 것이다.
⑦ 나는 이 브랜드를 반드시 사용할 것이다.

애착감

① 나는 이 브랜드를 진정으로 좋아한다.
② 나는 이 브랜드가 없다면 몹시 섭섭해 할 것이다.
③ 이 브랜드는 나에게 특별하다(특별한 존재다).
④ 이 브랜드는 나에게 제품 이상이다.

커뮤니티

① 나는 이 브랜드를 사용하는 사람과 동일시 할 것이다.
② 나는 이 브랜드의 사용자와 어떤 모임에 속해 있다고 느낀다.
③ 이 브랜드는 나와 같은 사람들에 의해 사용되는 브랜드이다.
④ 나는 이 브랜드를 사용하는 사람과 깊은 관계에 있다고 느낀다.

몰입

1. 나는 기꺼이 다른 사람에게 이 브랜드에 관해 이야기하기를 좋아한다.
2. 나는 항상 이 브랜드에 관해 보다 많이 아는데 흥미가 있다.
3. 나는 이 브랜드 네임이 부착된 제품에 흥미가 있다.
4. 내가 이 브랜드를 사용하고 있다는 것을 다른 사람에게 알리는 것을 자랑으로 여긴다.
5. 나는 이 브랜드의 웹사이트를 방문하기를 좋아한다.
6. 다른 사람과 비교하여, 나는 이 브랜드에 관한 뉴스를 열심히 추구한다.

▌자료 : Kevin Lane Keller(2003), Strategic Brand Management: Building, Measuring, and Managing Brand Equity(Second Edition), Prentice Hall. pp.97-98.

티를 만들어 낸다. 브랜드 성과(performance)는 제품 · 서비스의 기능적 편익에 관한 연상이며, 브랜드 이미지(image)는 제품 · 서비스의 심리적 내지 사회적 편익에 관한 연상과 관련된 것으로, 동시에 브랜드 의미(brand meaning)를 형성한다. 브랜드 판단(judgement)은 브랜드에 대한 고객의 이성적 반응, 브랜드 감정(feelling)은 브랜드에 대한 고객의 감성적 반응이다. 브랜드 공명(resonance)은 브랜드 구축의 최종 단계인 고객과의 관계(relationship) 형성을 초래한다. 이러한 CBBE 피라미드 모델에 의한 브랜드 주축의 성과를 평가하는 지표는 〈브랜딩 따라잡기 49〉에 잘 나타나 있다.

아커의 '브랜드 이퀴티10'과 병행하여 켈러의 'CBBE 피라미드 모델'은 지금까지 막연하였던 브랜드 자산의 구조를 명확하게 제시하는 동시에, 그 가치를 측정하기 위한 틀을 제공하였다. 이러한 틀에 따른다면, 브랜드 자산은 인지, 연상에 덧붙여 차별성이나 아이덴티티의 강화, 브랜드에 대한 공감성이나 애호도(commitment)의 강화, 브랜드와의 정서적 관계의 깊이 등의 차원을 포함하는 것이다. 이것은 후술하게 되는 마케팅 어프로치 관점의 브랜드 자산가치평가 모델의 개발에 있어서 가치의 측정지표를 설정하는 경우의 기초가 되고 있다.

2. 구매 가치평가: 비교법

비교법은 각기 다른 브랜드를 비교함으로써 대상으로 하는 브랜드의 상대적인 위치를 파악하고, 비교대상 브랜드(또는 브랜드가 부착되지 않은 제품)의 가치를 감안하여 그 브랜드의 가치를 결정하는 방법이다.

① 브랜드 평가 접근

이것은 동일한 마케팅 활동이 이루어진 것을 조건으로, 해당 브랜드와 경쟁제품(또는 브랜드가 부착되지 않은 제품)에 대한 소비자의 반응을 조사하는 것이다. 전형적인 것으로 블라인드 테스트(blind test)가 있다.

② 마케팅 평가 접근

이것은 동일한 브랜드의 다른 마케팅 활동에 대해 소비자가 어떠한 반응을 하는가라는 점에 기반을 둔 평가 방법이다(그림 20-5).

예를 들어, 가격에 대한 조사에서는 소비자가 그 브랜드에 대해 얼마나 프리미엄을 지불하면 좋다고 생각하는가를 알 수 있다. 또, 경쟁 제품과의 가격차가 얼마나 되면 브랜드 스위칭을 하는지를 알 수 있다.

또, 때로는 광고량과 브랜드 이미지의 관련을 조사한 것도 중요하게 작용한다.

그림 20-5 마케팅 평가법

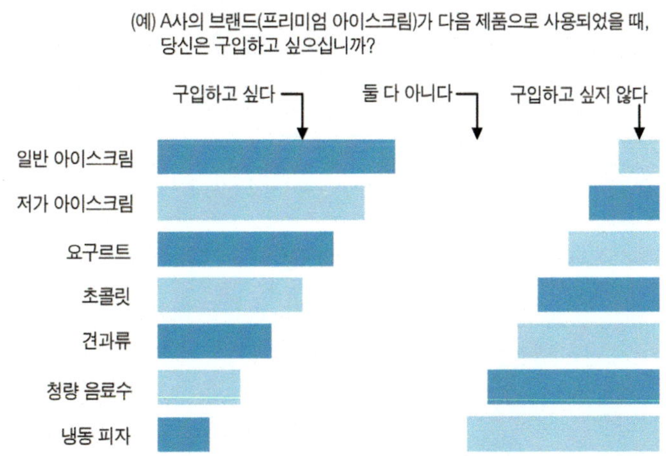

그림 20-6 잔차법

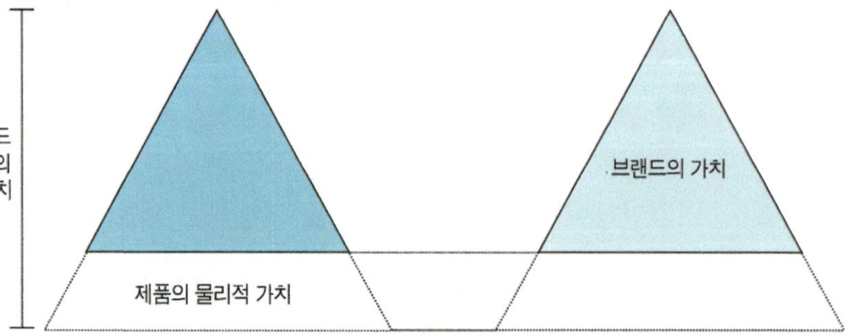

강력한 브랜드에서는 단기적으로 광고를 줄여도 브랜드 이미지에 미치는 영향이 거의 없다는 현상을 볼 수 있다. 그러한 브랜드를 가지고 있으면, 단기적인 이익을 관리하는 것이 가능하다.

브랜드 확장에 대한 소비자의 반응도 조사할 수 있다. 예컨대, 토일레터리(toiletary)를 중심으로 하는 기업이 화장품으로 브랜드를 확장한 경우, 소비자가 호의적인 반응을 하는지, 부정적인 반응을 하는지를 아는 것은, 브랜드 확장관리에 있어서 매우 중요한 것이다.

③ 잔차(殘差) 접근

이것은 브랜드 전체의 가치에서 그 제품의 물리적인 가치, 또는 기본 가치를 뺀(잔차) 것이 그 브랜드 고유의 브랜드 자산이라는 생각이다(그림 20-6).

기타 동등한 제품과 비교함으로써 객관적인 제품 특징에 대한 평가를 함과 동시에 소비자의 반응을 조사하는 것으로써, 그 제품의 물리적인 가치 및 기본 가치와 그 이외의 가치를 구별할 수 있다.

제3절 재무 · 회계 접근법

브랜드의 자산적 가치를 측정한다는 생각은 1980년대 후반에 영국의 브랜드 컨설팅 회사인 인터 브랜드사가 브랜드 자산평가를 행했던 것이 출발점이 되고 있다. 특히 1988년 영국의 식품회사 RHM이 적대적 매수에 대항하기 위해, 자사의 브랜드 자산가치를 대차대조표에 계상하는 것을 감사법인으로부터 인정받은 것으로, 활발하게 나타나고 있는 기업매수 · 합병의 과정에서 브랜드 가치 측정의 중요성이 높아지게 되었다.

이처럼 재무 · 회계적 접근법은 브랜드의 금전적 가치를 측정 · 평가하는 것이다. 이 어프로치는 M&A나 브랜드의 라이선스 제공, 경영자원배분 등의 브랜드 매니지먼트 상의 재무나 경영에 관련된 과제에 대하여 의사결정에 역할하는 것을 목적으로 한다.

재무적 시장성과에 기초한 브랜드 자산의 평가는 많은 장단점을 가지고 있다. 제품 시장성과는 브랜드의 현재 강도(current strength)를 수량화하는 반면에, 재무적 시장성과는 미래의 잠재성(future potential)을 수량화하고 있다.

브랜드의 금액가치의 산정법에는 다음의 3가지의 방법이 있는데, 이중 수입 접근법(income approach)이 가장 널리 활용되고 있다.

❶ 해당 브랜드의 구축에 요구되는 비용(cost)을 브랜드 가치로 하는 비용 접근법(cost approach).

❷ 해당 브랜드와 유사한 브랜드의 시장에서의 인수가격을 브랜드 가치로 하는 시장 접근법(market approach).

❸ 해당 브랜드로부터 초래하는 장래의 초과 수익 또는 현금흐름(cash flow)의 할인된 현재가치를 브랜드 가치로 하는 수입 접근법(income approach).

1. 비용 접근법

비용 접근법은 역사적 원가 접근법과 교환가치 접근법으로 분류되는데 이들의 특징은 다음과 같다.

① 역사적 원가 접근법

역사적 원가 접근법은 지금까지 광고비 지출 등 브랜드 구축·유지관리를 위해서 소요된 비용으로 평가하는 것으로 전통적 회계 접근법이다(그림 20-7). 그러나 적은 비용으로 높은 마케팅 효과를 얻는다든지, 그 반대의 경우도 굉장히 일상적으로 일어나고 있다. 게다가 거래사례를 찾지 못하여 시장 접근을 하지 못하고, 향후의 현금흐름의 예측이 어렵기 때문에 수입 접근을 사용하지 못하는 경우에는, 최후의 수단으로써 원가접근을 사용한다.

② 교환가치 접근법

교환가치 접근법은 현재 시점에서 동일 브랜드를 구축하는 경우의 비용을 산출하는 것이다. 이러한 접근법은 광고비 등과 기업가치와의 관련성을 입증하

그림 20-7 역사적 원가

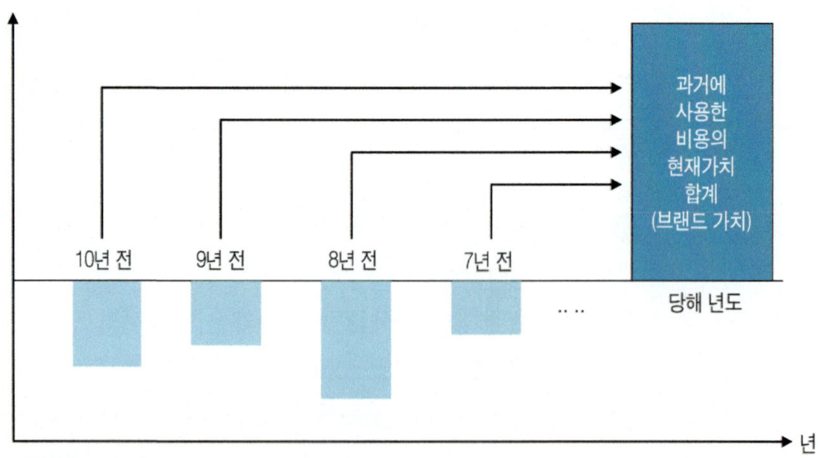

장점	다른 방법에 비해 평가가 용이
단점	비용 대 효과의 관점이 없음

는 마케팅 접근법에 정합적이고, 객관성은 비교적 확보된다.

그러나 다수의 금액 비용을 퍼부어도 브랜드가 형성되지 않은 경우가 있다면, 또 그다지 많은 비용을 퍼붓지 않아도 브랜드가 형성될 수 있는 경우가 있다고 한다면, 브랜드와 비용의 관계가 명확하지 않은 부분에 관해서 그 타당성을 문제 삼을 수가 있다. 시간 차이(time gap)나 상관관계 차이 등이 지적되고 있다.

2. 시장 접근법

시장 접근법은 실제 시장에서 거래된 유사 브랜드 가격의 비교로부터 산정하는 방식이다(그림 20-8). 단순한 예를 들어보자. A社가 갖는 브랜드 X를 평가하고자 한다. 조사해 보면, 브랜드 X와 제품 내용도 시장에 있어서의 포지션 또한 아주 동일한 B社의 브랜드 Y가 100억 원으로 거래되었다는 것을 알았다. 이러한 것에서, 브랜드 X의 가치도 100억 원이라고 판정할 수 있다.

또는 B社로부터 브랜드 Y를 매수한 C社는 다른 회사 D社로부터 매출 10%의 로열티를 징수한다고 했다고 하자. 그 거래사례를 참고하면, 브랜드 X의 가치는

그림 20-8 시장 접근법

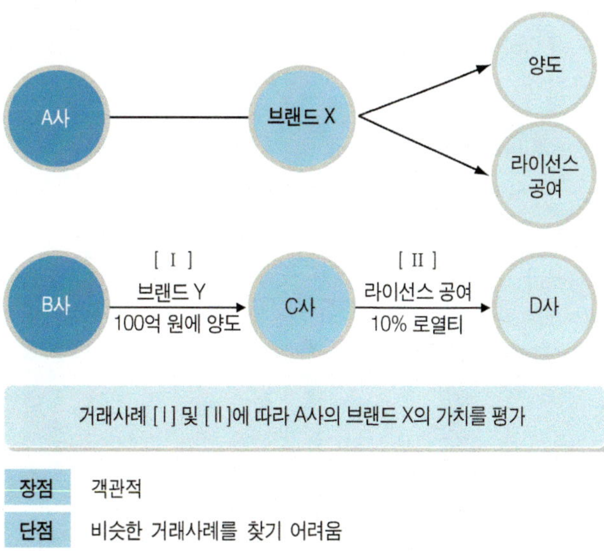

매출액에 대한 10%의 수익을 매년 얻을 수 있다고 계산할 수 있다.

시장 접근은 객관적인 거래사례를 통해 평가를 하는 방법이기 때문에 굉장히 객관성이 높은 방법이라고 할 수 있다. 여기서 회계적 평가를 생각하는 경우에는 우선 적용의 가부를 찾아야 한다. 반면, 앞서 말한 것처럼 적당한 거래 사례가 없는 경우가 많기 때문에, 실제로 적용할 수 있는 경우가 한정되어 있는 것이 사실이다.

3. 수입 접근법

수입 접근법은 장래 그 브랜드로부터 얻게 되는 현금흐름(cash flow)을 현재가치로 할인한(나누어 뺀) 가치에 따라서 브랜드를 평가하는 대표적인 회계적 기법이다(그림 20-9).

현금흐름의 장래 예측

우선, 과거의 실적이나 경쟁의 동향을 바탕으로, 평가하고 싶은 브랜드의 수년간에 이르는 현금흐름을 예측한다.

장래의 예측을 회계상 이익이 아닌 현금흐름으로 하기 때문에, 제품의 이익계획서에 따라 현금흐름 계획서를 작성할 필요가 있다. 예컨대, 제품을 제조하기 위해서 감가상각비가 필요한 경우, 이것은 현금의 지출을 동반하지 않는 비용이

그림 20-9 수입 접근법

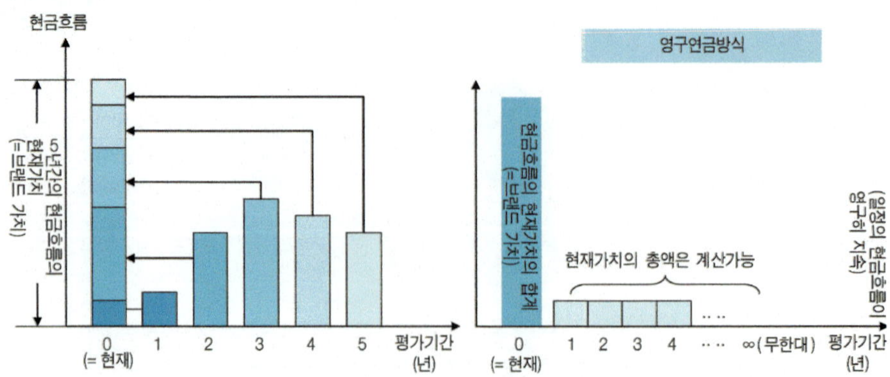

기 때문에 현금흐름 계산서에서는 그 만큼을 빼고 조정할 필요가 있다.

나아가 지금부터 실시할 광고·판촉 등의 지출을 예측할 필요가 있다. 잘 알려진 브랜드에서는 마케팅 커뮤니케이션을 한동안 하지 않아도 매출이나 점유율이 떨어지지 않는 경우도 있으나, 방치해 두면 결국 감소하게 된다. 브랜드 가치를 유지하기 위해서 필요한 지출을 계속하는 것을 전제로 계획을 세우지 않으면 안된다.

현금흐름의 현재 가치의 산출

수입 접근법은 장래의 현금흐름의 총계를 브랜드 가치로 하는 방법이다. 그러나 금리나 기회비용(여기서는 그 브랜드에 투자하는 것으로써 다른 것에 투자하면 얻을 수 있었던 수익을 포기하는 것)을 고려하면, 현재의 100억 원의 현금흐름보다 몇 년 후의 100억 원이 가치가 더 작다고 생각할 수 있다.

여기서 평가대상기간의 예측 현금흐름을 일정 할인율로 현재 가치로 나눈다. 할인율은 그때의 경제 상황이나 그 기업이 타 기업에 투자하여 통상 얻을 수 있는 수익률 등에 기반을 두어 설정한다.

또한, 평가기간은 일정 연도 내에서 실시하는 것은 아니다. 어떤 브랜드는 가치가 앞으로도 지속할 것이라 생각할 수 있는 것도 있다. 그러한 경우에도 영구 연금방식을 채택한다면 무한한 미래까지의 현금흐름의 현재 가치를 알 수 있다.

4. 브랜드 이익승수

수입 접근법에서 브랜드 가치는 그 브랜드가 장래에 실현되는 현금흐름의 현재 가치 총액으로써 구하여진다. 매년 일정한 현금흐름을 얻을 수 있는 경우의 브랜드 가치는, 매년의 현금흐름(또는 이익)에 일정한 승수(할인율의 역수)를 곱한 것이다(그림 20-10).

그러나 향후의 현금흐름을 예측하는 것은 용이하지 않다. 여기서 예측의 신뢰성을 바탕으로 적절한 승수를 선택할 필요가 있다. 그러한 승수는 기본적으로 해당 브랜드의 파워와 시장환경에 따라서 결정된다.

그림 20-10 브랜드 이익승수

브랜드 가치 = 현금 흐름 – (또는 이익) x 승수

브랜드의 이익계획

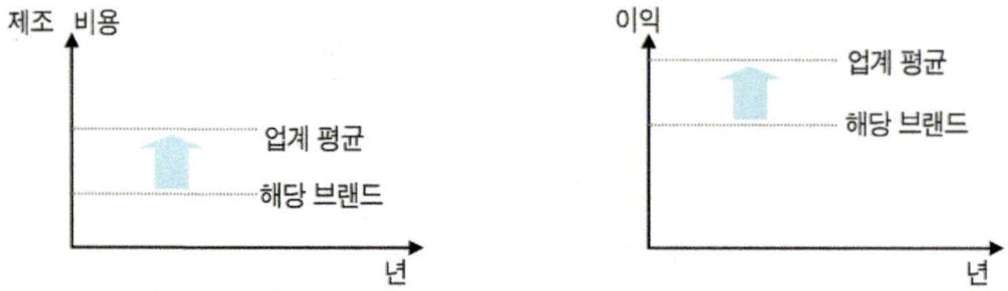

- 브랜드에 존재하지 않는 요인 제외

- 브랜드의 효과를 더함(플러스)

브랜드의 파워 평가

1. 로열티 정도	10
2. 지지고객	9
:	
합 계	85

기타 관련 지표

$$주가\ 수익률 = \frac{주가}{1주당\ 이익}$$

$$기타\ 현금흐름의\ 비율 = \frac{주가 - 1주당\ 순자산}{1주당\ 현금흐름}$$

브랜드의 이익계획

브랜드로부터의 매년의 현금흐름을 파악하기 위해서는 브랜드의 이익계획이 필요하다. 이익계획은 브랜드 파워를 반영한 것이어야 한다.

예를 들어, 아무리 높은 이익수준이 기대되어도 그것이 제조원가의 저렴함에서 유래된 경우에는, 업계의 평균적인 제조원가를 반영한 이익계획으로 할 필요가 있다.

브랜드의 이익계획을 파악할 수 없는 경우에는 그 회사의 이익이나 업계 평균의 이익률에 기반을 두어 계산한다.

해당 브랜드의 파워

해당 브랜드 파워는 제품시장에 있어서의 평가에 기반을 둔다. 브랜드의 파워는 기본적으로 소비자 조사나 전문가 조사 등의 조사 데이터를 바탕으로 실시한다.

브랜드 포지셔닝은 시장에 따라 차이가 있다. 여기서 시장에서의 브랜드의 중요성, 적합성, 그 기업의 능력 등을 감안하여 승수의 평가를 한다.

시장환경

시장환경은 브랜드 가치에 큰 영향을 준다. 그것을 판단하기 위한 지표 중 하나가 주식시장에서의 평가이다.

해당하는 기업 전체의 주가 수익률을 보면, 그 시장의 성장성, 경쟁에 따른 수익 환경의 변화 등에 대한 투자가의 예측을 알 수 있다. 또한 현금흐름에 대한 신용의 배율을 보는 것도, 그 기업의 현금흐름으로 신용도를 판단한다는 의미에서는 유익하다고 할 수 있다.

제4절 통합 접근법

브랜드의 금액가치환산법은 추가하는 데이터의 종류에 의해 '재무 데이터 그 자체에 의한 접근법'과 '재무 데이터와 마케팅 데이터를 결합하는 접근법'으로 분류된다. 전자의 접근법은 소비자 조사 데이터 등의 마케팅 데이터를 일체 사용하지 않고 공표된 재무제표의 데이터만을 사용하여 브랜드 가치를 산정하는 방법이다. 이러한 것에 대비해서 후자의 접근법은 재무제표의 데이터에 소비자 조사 등에 의해서 측정된 마케팅 데이터를 추가하여 산정하는 방법이다. 최근에 주목을 받고 있는 것은 후자의 통합 접근법이다.

통합 접근법에 의한 대표적인 모델에는 인터브랜드 모델이 있다. 이러한 모델은 저마다 독자의 관점에 기초해서 조사 · 분석한 마케팅 데이터를 가치평가의 산정에 추가하여 모델화하고 있다.

1. 브랜드력 조사: 인터브랜드사의 가치 평가 모델

영국의 브랜드 컨설턴트 회사인 인터브랜드사는 브랜드 가치 평가를 연구한 회사로 잘 알려져 있다. 인터브랜드사의 브랜드 가치 평가법은 현존하는 브랜드 가치의 금액평가법 중에서 가장 많이 이용되고 있는 모델일 것이다. 매년, 비즈니스 위크지에 발표된 "The Best Global Brand"는 인터브랜드 기법을 이용해서 산정된 브랜드 가치 평가액에 따른 것이다(제3장의 표 3-1 참조).

인터브랜드사는 브랜드 가치 평가법을 출판물과 신문 등에 발표하고 있다. 이러한 발표된 자료로부터 인터브랜드사의 브랜드 가치 평가법을 자세히 살펴보면 다음과 같다.[3)]

그림 20-11 인터 브랜드사의 브랜드 가치평가 모델

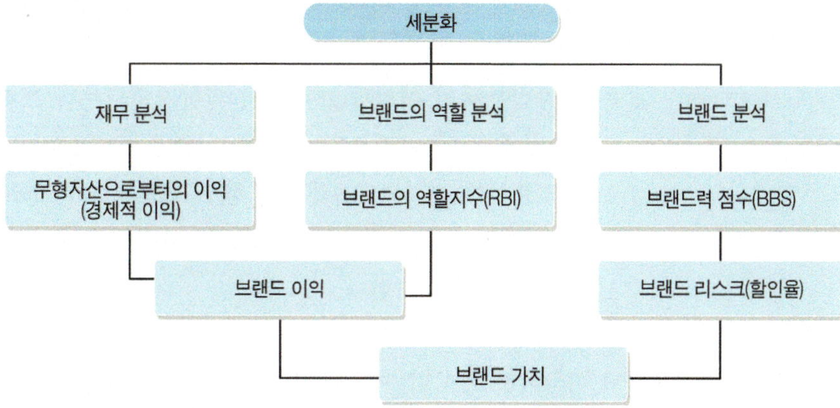

자료 : Jan Lindemann (2003), Brand Valuation, Brands and Branding, The Economist & Interbrand, Bloomberg Press, p.37.

인터브랜드사의 브랜드 가치 평가 프로세스

인터브랜드사는 현상평가의 관점에서 브랜드 가치를 평가하는 이익 배수법으로 명명된 접근방법을 채택하고 있지만, 현행 모델은 브랜드 가치 평가를 "장래에 걸쳐서 그 브랜드가 가져올 경제적 이익을 예측하는 것"이라고 하는 사고방식에 기초하여, DCF(Discounted Cash Flow: 할인된 현금흐름)법에 따른 수입 접근법을 채택해서 미래의 잠재성 평가의 관점에서 브랜드 가치를 평가하고 있다. 이러한 평가방법은 브랜드라는 무형자산에서 생기는 이익, 즉 브랜드가 산출하는 이익으로부터 영업비용, 세금 그리고 사용자본 코스트 등을 공제한 브랜드의 경제적 이익을 산출해서, 장래에 걸쳐서 얻게 되는 경제적 이익의 총합을 현재 가치로 환산해 일부를 되돌려준다는 방법이다.

인터브랜드사의 브랜드 가치평가법의 특징은 첫째, 재무 정보만이 아닌 소비자 및 시장의 광범위한 관점에서 마케팅 정보를 입력해서 브랜드 가치를 평가하고 있는 점이다. 둘째, 브랜드의 장래 리스크(risk)를 감안해서 브랜드 가치를 평가하는 점이다. 인터브랜드사의 브랜드 가치 평가는 〈그림 20-11〉에 나타난 단계로 이루어진다:

---

3) Young & Rubicam, The Story of the Y&R Brand Asset® Valuator Investigation.
Jan Lidemann (2003), Brand Valuation, Brands and Branding, The Economist & Interbrand, Bloomberg Press, pp.27-45.

- 우선 재무 분석에 따라 무형자산의 이익을 평가한다.
- 브랜드 역할 분석에 따라 브랜드의 역할지수(RBI: Role of Brand Index)를 일부 돌려준다.
- 무형 자산부터의 이익과 브랜드의 역할지수로부터 브랜드 이익을 측정해서, 장래에 걸쳐 브랜드가 가져올 이익을 평가한다.
- 브랜드 분석에 근거해 〈브랜드력 점수(BSS: Brand Strength Score)〉를 측정한다. 이것을 브랜드 리스크(할인율)로 바꾸어서 브랜드 이익과 합친 것을 브랜드 가치로 평가한다.

앞서 이야기한 것처럼, 인터브랜드사의 모델의 특징 중 하나는 재무정보뿐만 아니라, 소비자 및 시장의 관점에서 마케팅 정보를 반영한다는 점이다. 재무정보를 보완하는 데이터로 사용되고 있는 2종류의 브랜드 역할 지수와 브랜드력 점수의 내용은 다음과 같다.

브랜드 역할 지수

브랜드 역할 지수라는 것은 브랜드의 이익 공헌도를 표시하는 수치이다. 고객의 브랜드 구입 선택 요인 내에서의 브랜드 역할을 평가한 것이다. 이미지, 지위(status), 라이프스타일, 신뢰감, 디자인이라고 하는 브랜드에서 기인하는 정서적인 요인이 구입 결정에 미치는 확률을 수치화한 숫자를 표시하고 있다.

일반적으로 향수와 식품과 같은 제품은 브랜드 역할 지수는 높게 개인용 컴퓨터와 같은 IT 제품의 경우는 기술, 성능, 가격 등의 브랜드 이외의 요인이 큰 역할을 담당하기 때문에 브랜드 역할 지수는 낮게 책정되어 있다. 브랜드 역할 지수는 소비자 조사 데이터에 기초한 브랜드의 역할 분석을 통해서 산출되었다.

- 우선 고객이 왜 그 브랜드 제품을 구입하는지, 고객의 대상 상품의 구입 선택 요인을 명확히 한다.
- 고객의 구입 선택 시 각각의 중요도를 측정한다.
- 고객의 구입 선택 요인 안에서의 브랜드 중요도를 브랜드 이외의 요인과 비교 관찰한다. 또 그 브랜드가 없어지면, 어느 정도의 손해가 발생하는지를 산정한다.
- 선택 요인에 브랜드의 역할을 백분율로 평가한다.

- 선택 요인에 브랜드 역할을 지수화 한 것을 합해서 브랜드 역할 지수로 한다.

브랜드력(파워) 점수

브랜드력 점수라는 것은 브랜드 이익의 장래 리스크를 정량화하기 위해서 브랜드에 영향을 주는 많은 분야에 걸친 평가 축으로 브랜드 파워를 측정해서 점수화한 것이다. 인터브랜드사의 이전 모델에서는 브랜드력 점수를 이익에 곱한 이익 배수로 사용하고 있다. 현행 모델에서는 브랜드 이익의 순 현재 가치(NPV)를 평가할 때 이것을 브랜드가 장래 발생시키는 이익의 리스크로 바꾸어서 할인율의 평가에 사용하고 있다. 브랜드 파워는 다음의 일곱 개의 지표에 따라 평가된다(표 20-1). 이러한 지표는 회사 내에 존재하는 데이터와 소비자 조사로 얻어진 데이터를 기초로 하여 애널리스트의 판단을 더해서 평가된다.

❶ 리더십(leadership : 25점/100점) : 기업이 진출한 시장에 따라 브랜드의 포지션이 평가된다. 시장 선도 브랜드는 가격, 유통 등 전체의 시장 환경에

표 20-1 브랜드력 조사

구분	정량평가 항목	정성평가 항목
리더십	• 주요 시장점유율 • 국내와 해외 제품/서비스의 유무와 점유율	• 주요 제품/서비스가 업계에 주는 가격 영향도 • 주요 제품/서비스가 업계에 주는 스펙/규격의 영향도
안정성	• 주요 제품/서비스의 시장 진출 기간 • 매출액 등	• 주요 제품/서비스의 독자성 평가의 정도 • 주요 제품/서비스의 고품질 평가 정도 • 고정고객의 존재
시장성	• 주요 제품/서비스가 속한 시장의 5년간 성장률	• 주요 제품/서비스가 속한 시장의 점유율 변동 • 신규 진입 기업의 위협
국제성	• 해외 매출액 비율 • 본격적 해외 전개 시기	• 진입 국가/지역의 확산 정도 • 전개사업영역의 확산 정도
지원성	• 매출액에 대한 연구 개발비의 비율 • 매출액에 대한 광고비의 비율	• 연구 개발력의 수준 • 광고 프로모션의 수준
트렌드성	• 5년간 매출 성장률 • 3년간 매출 성장률	• 고객 니즈의 대응력 • 향후의 시장환경은 자사 주요제품/서비스에 대한 고객 니즈를 확대시킬 것인가
법률 보호성		• 브랜드의 관리 체제

대해 영향력을 가지고, 최대한의 이익이 보장된다는 사고방식을 기초로 시장점유율이 높은 브랜드가 높게 평가된다. 매출액, 시장점유율, 가격 결정력, 시장 환경 등의 영향도 평가된다.

❷ **안정성(stability : 15점/100점)** : 시장에 있어서 브랜드의 안정성이 평가된다. 시장에 오랫동안 위치한 브랜드는 로열티와 시장을 확립해서 프리미엄 가치가 붙기 때문에 높게 평가된다. 한편 새로운 시장에 투입된 브랜드는 만약 성공해도 낮게 평가된다. 시장 진출 기간, 매출액, 시장점유율과 기존 브랜드 영역, 브랜드 인지도, 브랜드 선호도 등으로 평가된다.

❸ **시장성(market : 10점/100점)** : 브랜드가 활동하고 있는 시장의 시장성이 평가된다. 시장이 안정되어 있고, 동시에 니즈 변화가 그다지 일어나지 않는 시장에서 전개하고 있는 브랜드, 예를 들면 식품과 같은 브랜드는 하이테크와 패션 등 시장 수명주기가 짧은 브랜드보다 높게 평가된다. 시장 규모 추세, 시장 환경의 동향, 경쟁사의 상황, 다른 업종으로부터의 진입상황 등으로 평가된다.

❹ **국제성(internationality : 25점/100점)** : 브랜드의 국내외에서의 활동력이 평가된다. 국내외에서 브랜드가 어떻게 전개되고 있는지, 혹은 전개할 지 등의 마케팅 활동을 중심으로 평가된다. 국제적인 브랜드는 국내 또는 지역에서 전개되고 있는 브랜드보다도 평가가 높게 된다. 지역별 매출액, 시장점유율 추이, 브랜드 이미지, 제품 특성의 해외 적합성 등으로 평가된다.

❺ **지원성(support : 10점/100점)** : 브랜드를 어떻게 컨트롤하고, 투자효율을 높이기 위해서 경영자원 배분을 어떻게 하고 있는가를 양적, 질적 측면에서 평가된다. 광고 지출액 추세, 매출액, 판촉비, 광고비 비율, 유통채널파워, 연구개발 체제 등으로 평가된다.

❻ **트렌드성(trend : 10점/100점)** : 브랜드의 현대성의 유지 및 화제성, 브랜드 확장의 가능성이 평가대상이 된다. 브랜드 이미지 영역, 브랜드 포지셔닝, 매출액, 시장점유율 추이 등으로 평가된다.

❼ **법률적 보호(protection : 5점/100점)** : 브랜드의 리콜 면에서 보호, 관리가 어느 정도되어 있는지 평가된다. 법률적 보호 상황 및 브랜드 관리체제 등이 평가된다.

앞에서 설명한 7개의 지표는 독자의 가중치 배분법에 따라서, 각각 괄호 안 ( )의 숫자를 만점으로 한 득점으로 점수화된다. 그것을 합해서 총합한 브랜드력 점수로 수치화된다. 이와 같이 수치화된 브랜드력 점수로부터 브랜드 가치 평가를 위한 할인율(브랜드 리스크 비율)이 결정된다. 브랜드력 점수가 높은 강력한 브랜드는 브랜드 이익이 유지되는 확률이 높고 그 때문에 할인율은 낮아진다. 한편, 브랜드력 점수가 낮은 브랜드는 장래 이익의 현실성이 낮고, 높은 리스크를 반영하기 위해서는 할인율은 높아진다. 브랜드력 점수로부터 할인율을 도출하는 과정에는 인터브랜드사의 과거 경험을 기초로 해서 고찰된 'S커브'라는 계수가 사용된다. 이것에 따르면 브랜드력 점수가 100점의 완벽한 브랜드의 경우는 리스크가 전혀 없는 투자(예: 국채)보다도 약간 높은 할인율이 적용되고 있다. 인터브랜드사의 브랜드가치 평가법은 재무, 회계 어프로치에 마케팅적 시각을 반영한 통합 어프로치의 선구적인 틀로써 높게 평가되고 있다. 그러나 한편으로는 다음 문제가 지적된다.

❶ 브랜드 파워 스코어의 7개의 지표 중 주로 과거의 시장실적 데이터로 평가된 리더십, 안정성, 국제성의 지표 가중치가 높게 설정되어 있기 때문에 매출액, 시장 점유율이 높은 브랜드 역사가 있는 유명한 글로벌 브랜드의 가치가 높게 산정되고, 시장점유율이 낮은 신규참여 브랜드, 지역 브랜드는 예를 들면 금후의 성장성이 높이 예견되어도 낮게 평가된다는 점이다. 〈표 20-1〉을 보면 매출, 시장점유율이 높은 글로벌 브랜드가 높게 산정되고, 높은 순위를 정하고 있는 것은 그 때문이다.

❷ 평가방법의 객관성에 관한 문제이다. 브랜드 역할지수, 브랜드력 점수의 측정은 소비자조사 데이터, 시장 데이터를 참고하고 있고, 최종적인 점수화의 단계는 리스트의 판단에 따른 것이기 때문에, 평가의 객관성이 낮아진다는 점이다.

2. 컨조인트 분석

컨조인트 분석은 소비자 조사를 바탕으로 제품이나 서비스의 어떠한 속성이 소비자에게 있어서 중요한 지를 분석하는 방법이다.

소비자는 가격, 패키지, 브랜드 네임 등 제품이 지니고 있는 속성의 가치 레벨을 종합적으로 평가하여 구매를 결정한다. 컨조인트 분석에서는 이들 속성이

그림 20-12 컨조인트 분석–분양 맨션의 예

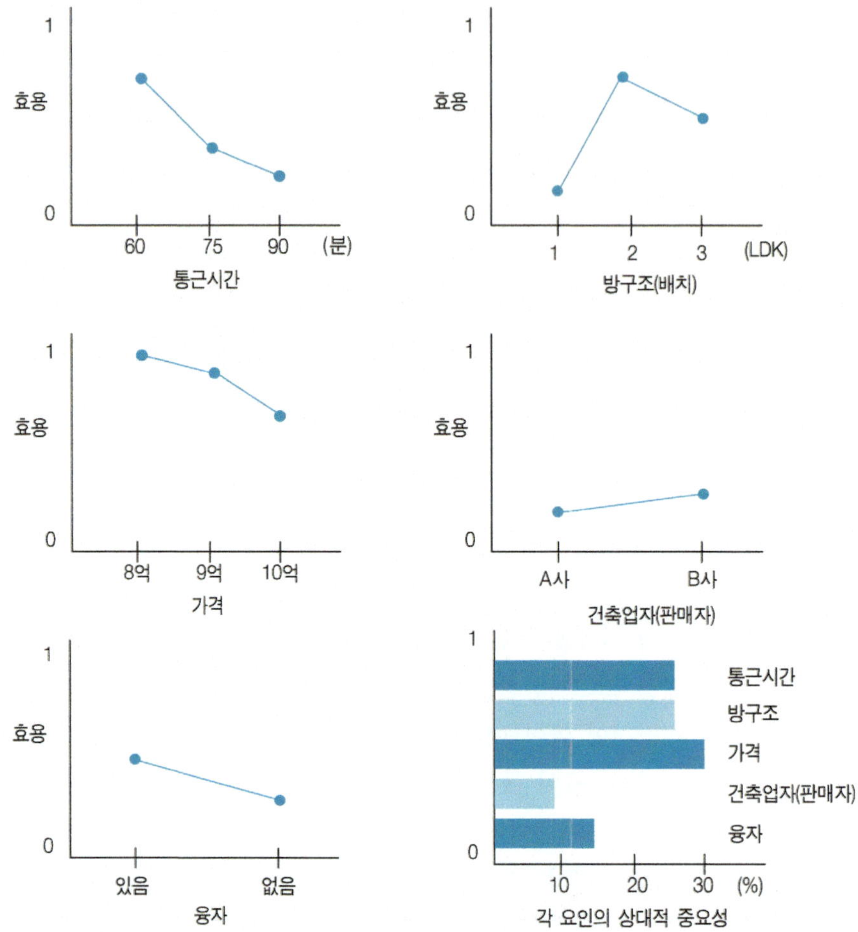

각각 소비자에게 있어서 얼마나 중요한 지를 명확히 해준다. 그리고 어떠한 조합이 효과적인가를 시사해준다.

예를 들어, 일정한 속성(자기자금, 연 수익, 가족 구성 등)을 갖는 사람이 아파트를 구입할 경우를 생각해 보자(그림 20-12). 통상 구매자는 몇 가지 관점을 종합하여 물건을 평가한다.

- **입지** : 통근시간은 얼마나 걸리는지?
- **방 배치(또는 넓이)** : ○○○LDK, ○○○㎡ 등
- **가격대** : 10억 원까지가 구매 가능 가격으로, 그 범위에서 얼마짜리를 선택

할 것인가?

- **건설업자** : 어떤 판매회사의 주택인가?
- **금융** : 융자가 있는지 없는지?

그 외에도 많지만, 우선 상기 5항목의 상대적인 중요성을 조사하도록 한다.

컨조인트 분석에서는 그 5가지 항목의 속성을 조합해서 생기는 몇 가지의 아파트 유형을 볼 수 있다. 예컨대, 유형1은 통근시간이 90분, 방 배치는 2LDK, 분양가격 8억 원, 건설업자(판매업자)는 A부동산 판매, 공고융자 포함, 유형2는 통근시간 60분, 방 배치는 1LDK, 분양가격 9억 원, 공고융자 없음이라는 상황이다.

소비자에게는 이들 유형을 자기가 사고 싶다고 생각하는 순서로 정리하도록 한다. 그리고 컨조인트 분석의 분석 프로그램에 입력함으로써, 각 속성이 얼마큼 소비자에게 영향을 주고 있는지에 대한 척도(효용치)를 얻을 수 있다.

컨조인트 분석의 장점은 상정되는 다양한 제품 속성의 조합을 모두 조사하지 않아도, 일정 수 이상의 속성 패턴을 조사함으로써 마케팅 프로그램의 다양한 측면을 동시에 분석할 수 있다는 점에 있다.

[생각해볼 문제]

1. 하나의 제품(브랜드)을 선정하여 보자. 브랜드화된 제품과 브랜드화되지 않은 제품의 블라인드 테스트를 수행하자. 그 제품군에서 브랜드 자산에 관해 어떤 시사점이 있는가?

2. 인터브랜드의 브랜드 자산 가치평가법의 장점과 단점은 무엇이라고 생각하는가?

제9부

브랜드 중심의 조직 구축

|제21장| 브랜드 매니지먼트 조직

|제22장| 브랜드 매니저 제도

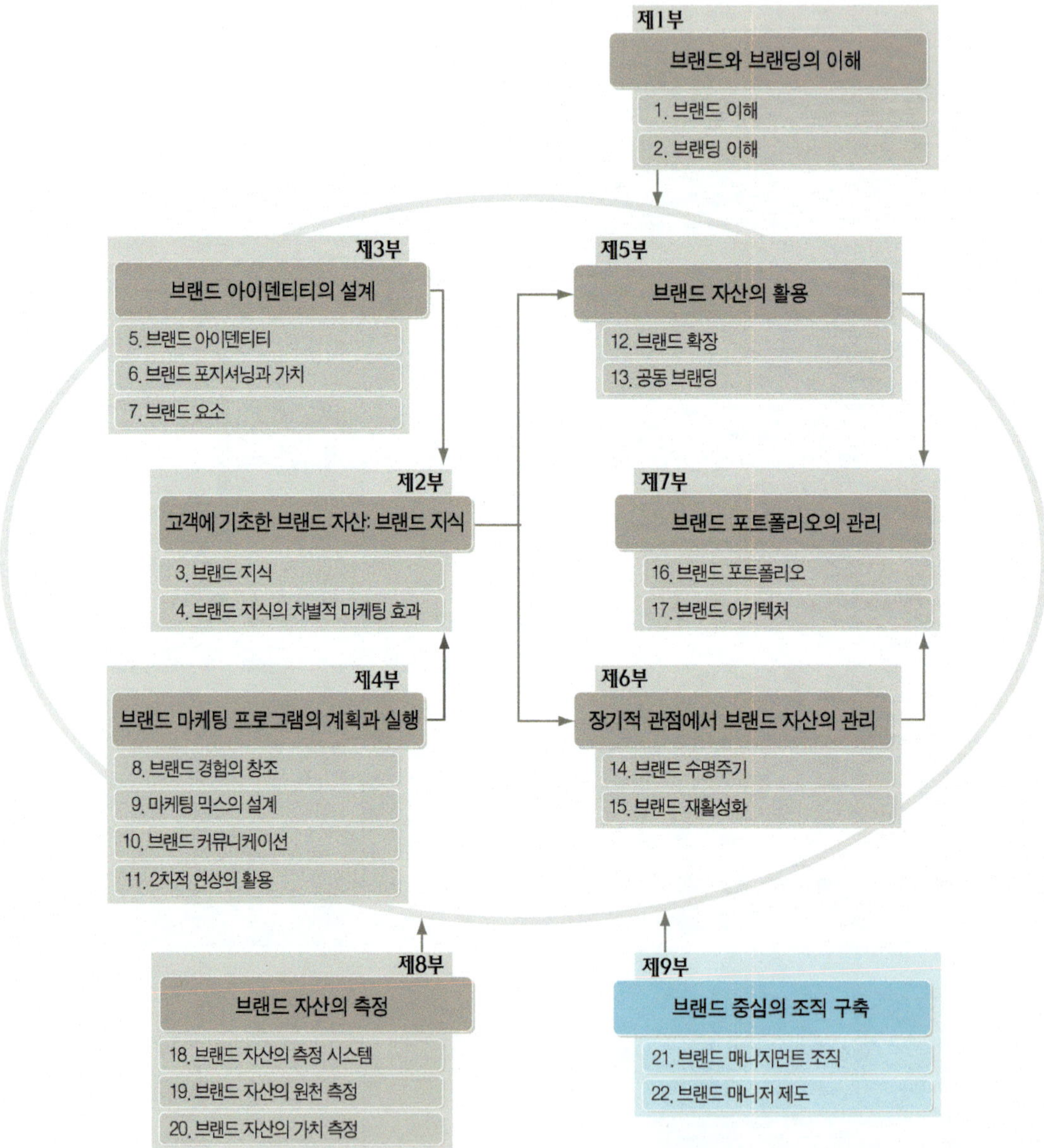
제1부
브랜드와 브랜딩의 이해
1. 브랜드 이해
2. 브랜딩 이해
제3부
브랜드 아이덴티티의 설계
5. 브랜드 아이덴티티
6. 브랜드 포지셔닝과 가치
7. 브랜드 요소
제5부
브랜드 자산의 활용
12. 브랜드 확장
13. 공동 브랜딩
제2부
고객에 기초한 브랜드 자산: 브랜드 지식
3. 브랜드 지식
4. 브랜드 지식의 차별적 마케팅 효과
제7부
브랜드 포트폴리오의 관리
16. 브랜드 포트폴리오
17. 브랜드 아키텍처
제4부
브랜드 마케팅 프로그램의 계획과 실행
8. 브랜드 경험의 창조
9. 마케팅 믹스의 설계
10. 브랜드 커뮤니케이션
11. 2차적 연상의 활용
제6부
장기적 관점에서 브랜드 자산의 관리
14. 브랜드 수명주기
15. 브랜드 재활성화
제8부
브랜드 자산의 측정
18. 브랜드 자산의 측정 시스템
19. 브랜드 자산의 원천 측정
20. 브랜드 자산의 가치 측정
제9부
브랜드 중심의 조직 구축
21. 브랜드 매니지먼트 조직
22. 브랜드 매니저 제도

제21장

브랜드 매니지먼트 조직

이번 장의 주요 이슈

국내에서도 브랜드 매니지먼트 조직을 도입한 지가 어언 15년이 지났다. 따라서 국내 기업들의 브랜드 매니지먼트 조직이 실제로 어떻게 운영되고 있는지를 파악하는 것은 매우 의미가 있다. 이번 장에서는 브랜드 매니지먼트 조직과 관련된 주요 이슈들에 대해 살펴볼 것이다.

❶ 미국에서의 브랜드 매니지먼트 조직은 어떻게 변천, 발전해 왔는가? 그 특징들은 무엇인가?

❷ 국내의 주요 기업들은 브랜드 매니지먼트 조직을 어떻게 운영하고 있는가?

❸ 기업 가치의 구심력으로써 기업 브랜드 매니지먼트 조직은 어떻게 운영되고 있는가?

❹ 미래의 브랜드 매니지먼트 조직의 유형은 어떤 모습으로 나타날 것인가?

제 1 절 미국의 브랜드 매니지먼트 조직의 변천 과정

Low and Fullerton는[1] 미국에 있어서의 브랜드 매니지먼트 조직의 변천 역사를 전국적인 제조업자 브랜드의 태동부터 새로운 방식을 위한 모색기로 크게 5가지의 시대로 구분하여 정리하고 있다.

- 제1기(1870~1914년) : 전국적인 제조업자 브랜드의 태동
- 제2기(1915~1929년) : 브랜드 수의 증가와 직능별 관리조직의 탄생
- 제3기(1930~1949년) : 브랜드 매니저제의 탄생
- 제4기(1950~1984년) : 브랜드 매니저제의 확산
- 제5기(1985~현재) : 새로운 방식을 위한 모색기

다음부터는 이와 같은 시대 구분에 따라 미국에 있어서의 브랜드 매니지먼트 조직의 변천 과정을 살펴보기로 하자.

1. 제1기: 전국적인 제조업자 브랜드의 태동

이미 잘 알려져 있는 바와 같이 미국 최초의 브랜드는 P&G의 비누 아이보리(1878년 발매)이다. 예전에는 하나의 긴 고체 상태로 만들어 소매점에서 사용하는 분량만큼 잘라서 판매하는 것이 일반적이었던 비누를 하나하나 소형 상태로

---

1) George S. Low & Ronald A. Fullerton (1994), Brands, Brand Management, and the Brand Manager System: A Critical-Historical Evaluation, Journal of Marketing Research, Vol. 31 (May), pp.173-190.
青木幸弘, 恩藏直人 (2004), 제품 · 브랜드 전략, 有斐閣 ARMA, pp.263-268.

만들어 개별로 포장하여 아이보리라는 브랜드 네임을 부착하여 발매함으로써 처음으로 제품의 지명 구매를 가능하게 했다는 이야기는 마케팅사에 있어서 획기적인 사건으로 오늘날에도 많은 교과서 등에서 인용되어지고 있다.

아이보리 광고

미국에서는 아이보리를 시초로 19세기 후반부터 20세기 초반에 걸쳐 다수의 소비재 브랜드가 탄생했는데 처음에는 '지역 브랜드(local brand)'였던 것으로 이들은 단지 특정 지방이나 지역에서만 유통되었을 뿐이었다. 그러나 교통이나 통신의 발단, 포장기술 등의 발전, 백화점이나 통신판매 등 새로운 유통업계의 탄생 등에 힘입어 점차 전 미국으로 퍼져 '전국 브랜드(national brand)'로 발전하게 된 것이다.

이러한 전국 브랜드 여명기에는 자사 내에서 하나의 제품 브랜드 밖에 가지고 있지 않았기 때문에 대부분의 기업이 '기업명=제품 브랜드 네임'인 경우가 많아서 브랜드는 왕성한 기업가 정신을 가진 오너 기업가나 소수의 상급 관리직 사람들에 의해서 직접적으로 관리되고 일부 일상적인 관리만이 중급 관리직 이하의 매니저에게 권한이 위임되었다고 한다.

2. 제2기: 브랜드 수의 증가와 직능별 관리조직의 탄생

이렇게 하여 성립된 전국 브랜드는 점차 시장에서 리더십을 확보하여(그 중에서도 식품이나 비누, 담배, 필름 등의 소비재 브랜드가 발달하게 되었다) 급속도로 확대되어 나갔기 때문에 1920년 무렵이 되자 다수의 제품 카테고리나 브랜드를 가진 기업이 많이 나타나게 되었다.

이 때문에 더 이상 소수의 상급관리직 사람들에 의해서 관리될 수 없게 됨에 따라 직무에 있어서 전문성과 합리적인 문제해결 능력을 갖춘 상급 매니저를 고용하여 생산 부문, 마케팅 부문, 영업(판매) 부문 등과 같이 직능별로 관리해 갈 수 있는 구조, 즉 '직능별 관리조직'을 확립하게 되어 많은 기업들에 있어서 지배적인 조직형태로 자리매김해 나가게 되었다.

동시에 시장조사나 광고제작, 패키지 개발과 같은 마케팅 활동 중에서도 특히 전문성을 요하는 영역의 활동을 광고회사나 조사회사가 지원하는 비즈니스 형태도 확립되었는데 이에 따라 광고나 시장조사의 방법이 급속도로 진전됨에 따라 전국 브랜드 시장은 더욱 발전하게 되었다.

3. 제3기: 브랜드 매니저 제도의 탄생

직능별 조직에 의한 전문적이고 체계적인 관리는 그 이전의 계층적이고 감각에 의해 운영되는 1인의 원맨제의 경영 스타일과 비교해 훨씬 효과적, 효율적으로 운영되었는데 그 반면 1개의 브랜드에 대한 책임이 2인 이상의 직능적인 매니저들에게 분산됨에 따라 발생하는 비효율성과 매니저들 간의 조정이 어렵다는 문제점도 생겨나게 되었다.

특히 신규 브랜드 개발이 활발해지고 동일의 제품 카테고리 내에 복수의 브랜드를 가지게 되자(현재의 "멀티 브랜드 전략") 마케팅 매니저들이 모든 브랜드에 관심을 가질 수 없게 되어 개개의 브랜드의 경쟁력에 차이가 생기는 폐해가 나오기 시작했다. 이러한 문제점이 현저히 나타나기 시작한 P&G는 이러한 폐해를 극복하기 위하여 타사보다 앞서서 새로운 구조를 구축하게 되는데 이것이 바로 "브랜드 매니저 제도(이하 BM제)"이다(브랜딩 따라잡기 50).

"BM제"라는 것은 요컨대 개개의 브랜드를 균등히 육성 · 강화해 가기 위해 각 브랜드마다 그 육성과 관리의 책임을 부여하는 "브랜드 매니저"를 배치시켜 그들에게 추진역할을 담담하게 하여 연구개발 · 시장조사 · 광고 · 판매 부문 등 브랜드 개발과 관련된 모든 관련 부문이 협동할 수 있도록 만든 구조이다. 즉, 직능별 조직이 기능별로 의사결정이 분리되어 버리는 조직인데 반하여 BM제는 각 부문이 브랜드 단위로 수평적으로 연계되는 조직이며 개개의 브랜드 마케팅 활동이 신속, 효율적으로 추진되기 쉽다는 장점을 가지고 있다.

이렇게 하여 직능별 관리조직의 결점을 보강하고 개개의 브랜드의 힘을 강화

브랜딩 따라잡기 50

P&G의 "BM제도" 탄생 배경

1939년의 newlyweds에 실린 Camay의 비누 광고

1930년대 Neil McElroy는 P&G에서 Camay 비누 광고를 담당하는 신참 매니저였다. P&G는 자사의 대표 브랜드인 아이보리에는 아낌없는 돈과 관심을 쏟아 부었지만, Camay 브랜드는 무시하였다. 자연히 아이보리는 Camay가 살아남기 위하여 고전하고 있을 때, 리더 브랜드의 지위를 누릴 수 있었다. 이에 낙담한 McElroy는 1931년 5월 3장의 내부 메모 초안을 작성하였다. 거기서 그는 P&G는 브랜드에 기초를 둔 경영시스템으로 전환해야 한다고 주장하였다. 그것은 P&G의 브랜드들이 해당 브랜드만의 예산과 관리팀을 갖자는 것이었다.

McElroy는 1948년 P&G의 최고 경영자가 되었고, 그의 메모는 P&G를 포함하여 그 이후 브랜드를 관리하는 대부분의 기업들에게 기본이 되었다. 메모에서 McElroy는 회사의 브랜드들은 경영자원과 시장점유율을 위하여 서로 경쟁해야 한다고 가정하였다. 개별 브랜드 매니저의 목표는 심지어 사업부의 다른 브랜드를 희생해서라도 그들의 브랜드만은 승리자가 되도록 하는 것을 확실히 하는 것이다. 그러나 McElroy는 그 주장을 논리적으로 끝까지 펼치지 않았고, 그의 메모는 회사가 손해 보는 브랜드를 가지고 무엇을 해야 하는지 대해서는 분명히 말하지 못했다.

▌자료 : www.p&g.com

하기 위한 획기적인 조직 형태로써 BM제가 탄생하게 되었는데 그 당시 P&G를 모방하여 BM제를 도입한 회사는 일부분에 지나지 않았으며 대부분의 기업은 직능별 관리조직이 그다지 큰 문제를 보이지 않고 진행되고 있었기 때문에 여전히 지배적인 브랜드 매니지먼트 조직은 직능별 관리조직이었다고 할 수 있다.

4. 제4기: 브랜드 매니저 제도의 확산

제2차 세계대전 이후 미국시장의 구매력은 경제성장과 베이비붐에 힘입어 비약적으로 증가하게 되는데 이러한 구매력을 노리고 폭넓은 제품 카테고리에서 계속적으로 새로운 브랜드가 개발되어 전국 브랜드가 예전에는 볼 수 없었던 커다란 발전을 이룩하게 된다.

이러한 브랜드의 급증에 대응하기 위하여 기업은 종래의 직능별 관리조직에 제품 계획이나 시장조사 등의 전문부서를 차례차례 추가해 갔기 때문에 너무 방대해진 조직은 관료주의에 빠지게 되고 의사결정의 복잡화와 지연을 초래하는 결과를 낳았다. 즉, 한 사람의 마케팅 디렉터가 관리해야만 할 브랜드의 숫자가 비약적으로 증대되었을 뿐만 아니라 1개의 브랜드 마케팅 전략을 수행하기 위해 관련된 직능별 부분의 숫자가 증대되었기 때문에 도저히 한 사람의 디렉터가 모든 업무를 파악할 수 없게 되었으며 부문 간의 조정도 불가능한 상황에 빠지게 된 것이다.

이러한 상황에서 이전에는 일부의 기업에서 밖에 도입하지 않았던 BM제의 이점이 다시금 부각되어 1967년에는 전체 소비재 메이커의 84%, 내구재 메이커의 34%가 BM제를 도입하게 되었다.

5. 제5기: 새로운 방식을 위한 모색기

그 후 1980년대 이후의 기업형 유통업(월마트, 까르푸 등)이 대두함에 따라 카테고리 매니지먼트(category management)로 대응하는 등 그때그때의 시장변화에 대응하여 조직적인 수정이나 적용이 이루어지고는 있지만 BM제는 오늘날에 이르기까지 미국의 개별 브랜드 관리를 위한 가장 지배적인 조직형태로 위치하고 있다고 할 수 있다.

제 2 절 국내 브랜드 매니지먼트 조직

앞에서 설명한 것처럼, 미국에 있어서 오늘날까지 대부분의 기업에서는 BM제를 행하고 있는데 국내에서는 1990년대 무렵부터 BM제에 대한 논의가 진행되어 생활용품 제조업체나 식품업체를 중심으로 도입하게 되었다.

다음에서는 국내 기업들의 브랜드 매니지먼트 조직의 변천 과정들에 대해 생활용품 및 식품업체 등 소비재 기업을 중심으로 나타난 현상들을 살펴보도록 한다.[2]

1. 브랜드 매니지먼트 조직의 개관

국내 브랜드 매니지먼트 조직은 처음에는 신제품 개발을 신속, 원활히 추진되고 있는 조직으로 도입된 케이스가 많고, 당시는 제품단위로 매니지먼트를 행하는 "프로덕트 매니지먼트 제도(PM: product manager)"와 "브랜드 매니저 제도"가 같은 의미로 간주되고 있었다고 할 수 있다.

하지만 1990년대 후반 무렵부터 각 기업 내에서 몇몇 핵심 브랜드가 확립되고 동일 제품 카테고리 내에 복수의 브랜드를 가지는 기업이 늘자 비로소 미국 P&G가 제창한 BM제의 중요성이 부각되어 단순히 각 브랜드별로 매니저를 두어 그 리더십에 의존하여 각 부문이 연계되어 브랜드를 유지 · 육성해 가는 것이 아니라 각 브랜드별로 철저한 수익관리를 행하여 장기적인 시점에서 브랜드를 관리해 나가는 구조가 일부 소비재 기업들에 의해 시도되었다.

2) 青木幸弘, 恩蔵直人 (2004), 제품 · 브랜드 전략, 有斐閣 ARMA, pp.268-278를 기초로 하여 필자가 경험한 국내기업의 브랜드 매니지먼트 조직을 정리.

1990년대 후반 이후, 소매업의 지배력이 증대되자 제조업체들은 개별 브랜드의 힘을 강화시켜 나가면서 복수 브랜드의 힘을 통합함으로써 점유율의 최대화를 꾀하는 카테고리 단위에서의 관리가 필요하게 되어 브랜드 매니저 제도에 "카테고리 매니저(이하 CM: Category Manager)"를 설치한다든지 CM을 배치하지는 않아도 BM에게 카테고리 매니지먼트 기능을 부여한다든지 하는 방법을 이용하는 기업이 많이 나타나게 되었다.

또한 거의 매년 놀라울 정도로 많은 신제품이 투입되어 엄청난 경쟁상황에 처하게 된 식품이나 생활용품업계에서는 시장 내 포지션이 안정적으로 확립된 기존 브랜드에 BM제를 도입하였으며, 이것과는 별도로 신제품 개발부문을 병행시킴으로써 격렬한 시장환경에 적응하도록 노력하였다.

이와 같이 외부에서 보기에는 동일하게 보이는 BM제라는 조직형태를 도입하고 있다고는 해도 그 위치나 역할은 업계 혹은 기업에 따라 차이가 있었을 뿐만 아니라 같은 기업에서도 시장환경의 변화에 대응하여 경우에 따라 계속적으로 변화하게 되었다. 최근의 연구조사에 의하면 생활용품, 화장품, 식품 · 음료, 제약, 가전제품 등을 대상으로 "브랜드 매니지먼트의 동향조사"에 의하면 2004년 현재 조사된 제조기업은 "어떠한 형태로든 브랜드 매니저를 설치하고 있다."고 답하고 있어, BM제가 오늘날에 있어서는 국내 기업의 개별 브랜드 관리의 주요한 조직형태라는 점에는 의심의 여지가 없을 것이다.

2. 브랜드 매니지먼트 조직의 변천과정

일반적으로 식품 및 생활용품 등 소비재를 운영하고 있는 기업(예를 들면, LG생활건강 등)의 마케팅 조직은 생활용품 사업부(대표적인 브랜드로는 페리오, 테크 등), 화장품 사업부(대표적인 브랜드로는 오휘, 이자녹스 등) 등과 같이 사업부를 중심으로 사업부제와 BM제(생활용품의 경우는 카테고리 매니저)를 기본적인 골격으로 두고 있다.

일반적으로 사업부제라는 것은 연구개발에서 판매에 이르기까지 각 부문이 수직적으로 통합되어 각 사업부마다 수익관리를 행하는 독립조직을 말하는데 이는 사업부가 중심이 되어 연구개발이나 생산, 판매부문 나아가서는 조사나 미디어 부문과 같은 마케팅 추진부분을 원활히 동원하면서 브랜드 전략의 입안과 수행을 추진하고 있다.

개개의 사업부 내에는 '브랜드 매니저'를 리더로 한 브랜드 관리 부분이 배치되어 (1) 예산 수립과 달성(매출이익 책임과 비용관리), (2) 신제품 개발과 육성, (3) 광고 전략 수립과 실행, (4) 브랜드 전략(사업전략) 수립과 실행, (5) 지역 마케팅 전략 수립과 실행 등 5가지 업무를 기본업무로 하여 브랜드를 육성, 관리하는 업무를 추진하고 있다. 또한 이러한 업무와 병행하여 브랜드 전략을 제품 개발의 측면에서 지원해 가는 개발 부분을 배치하여 양자가 서로 연계해서 마케팅 활동을 강력히 추진해가고 있다는 점이 소비재 산업의 BM제에 있어서의 특징이라 하겠다.

이와 같이 BM제는 마케팅 활동의 중요한 중심점으로 간주되고 있는데 이러한 BM제가 어떠한 경위를 거쳐 탄생하게 되었는지, 또한 어떻게 발전해 왔는지에 대해서는 검토해 보기로 한다.

1 브랜드 매니지먼트 조직

소비재 산업에서 사업부제를 기반으로 한 BM제를 도입한 것은 1990년 이후의 일이다. 종래에는 각각의 직능별 조직에 지나지 않았던 기획부분, 판매부분, 제품개발부분 등에서 분리하여 하나의 통합기능으로써 '마케팅부'를 신설하고 거기에 제품력 강화를 미션으로 하는 브랜드 매니저를 배치한 것이 BM제의 시초라고 할 수 있다.

물론 BM제라 해도 브랜드 관리영역보다는 제품 개발 등 프로덕트 매니지먼트에 중점을 둔 'PM(Product Manager)제'라고 하는 것이 옳을 것이다. 즉, 마케팅 부문을 경영의 근간으로 두고 사내의 모든 기술력을 집결시켜 신속하면서도 효율적인 신제품 개발을 촉진시켜 나갈 필요가 있다는 인식 하에 마케팅부의 기능을 확대시키고 브랜드 매니저를 상품력 강화의 추진력으로써 역할을 하게 되었다.

프로덕트 매니지먼트에서 브랜드 매니지먼트로

일반적으로 초기에는 BM제의 여명기(1990년 이후)로 이 시기에 마케팅 관련 부문에 부여된 최대의 조직적 사명은 신제품 개발력의 강화였다. 이 때문에 BM제를 주축으로 하면서도 제품개발부를 병행하여 운영함으로써 강력하면서도 신속한 신제품 개발을 추진하였고 그 결과 장래의 수익원으로써 성장이 기대되는 다수의 브랜드를 만드는 데에 성공하여 비약적인 비즈니스 확대를 이룰 수 있게 되었다. 더욱이 1990년 중반 이후에 소비재 산업의 주요 기업들은 성장 전략의 일환으로 본격적인 사업부제가 도입되어 현재와 같은 브랜드 매니지먼트를 위한 조직적 기반이 마련되었다.

이러한 일련의 조직변혁 과정에서 BM제의 역할은 여명기에 있어서의 신제품 개발에서 기존 브랜드 유지 · 육성으로 그 역할이 바뀌어 그 위치가 강화되었다.

또한 사업부제를 도입함과 동시에 타사에 앞서 브랜드 단위에서의 이익관리를 철저히 행하여 BM은 브랜드의 매출과 이익에 대해 책임을 지는 브랜드 매니지먼트의 가장 근본적이면서도 중요한 업무를 수행하게 되었다.

이상 살펴본 바와 같이 초기에는 전체적인 업무 확대의 흐름 속에서 BM제의 역할이 신제품 개발의 육성, 즉 프로덕트 매니지먼트에 중점을 두었던 것에 반해 사업부제의 확립에 따라 서서히 기존 브랜드 유지 · 육성 쪽으로 그 역할이 이행되었다고 할 수 있다.

카테고리 매니지먼트 제도의 도입

1990년 후반에 이르게 되자 유통과정에 있어서의 대형마트(이마트, 홈플러스 등)나 CVS 등의 기업형 소매업이 나타나면서 카테고리 매니지먼트가 촉진되어 많은 소비재 제조업체는 카테고리 넘버 1을 둘러싼 격렬한 경쟁과 이전 이상으로 신규 브랜드의 신속한 공급을 원하는 새로운 시장변화에 직면하게 되었다.

이 때문에 예를 들어 제조업체가 멀티 브랜드 전략을 지향한다고 해도 소매상의 매장효율이라는 관점에서 특정 카테고리의 브랜드는 도태되어 버리기 때문에 제조업체 측은 특정의 브랜드에 마케팅 투자를 집중시킴으로써 카테고리 넘버 1 브랜드를 육성시키든지 아니면 복수 브랜드간의 최적의 자원 배분을 행함으로써 브랜드 전체의 시장점유율의 최대화를 도모하든지 어느 한쪽으로 전략을 전환시키지 않으면 안되는 상황에 처하게 되었다. 즉, 개개의 브랜드만을 생각하면 되었던 시대에서 카테고리 내에서의 포트폴리오적 관점이 필요한 시대로 바뀐 것이다.

특히 1990년대에 특정의 카테고리를 중심으로 특정 회사들의 진입으로(예를 들면 제일제당의 세제 진입) 카테고리 매니지먼트에 대한 대응이 필수적으로 필요했기 때문에 상위의 BM에게 카테고리 매니저로서의 역할도 부가하게끔 되었다.

② 브랜드 포트폴리오 강화의 브랜드 매니지먼트

소비재의 대다수 국내기업은 시장경쟁이 더욱더 치열해지면서 브랜드 육성을 위한 마케팅 자원의 투자가 과거만큼 쉽게 이루어지지 않는 상황에 직면하고 있다. 이러한 상황에 적극적으로 대응하기 위하여 각 기업들은 브랜드를 현재 이상으로 자사의 중요한 자산으로 간주하고 그 육성과 강화를 위해 제한된 마케팅 자원을 보다 효과적 · 효율적으로 배분시키지 않으면 안되는 상황에 직면하게 되었다.

이러한 노력 중 하나로 기업 전체적인 관점에서 브랜드 포트폴리오를 검토하여 각 브랜드 전략의 적합성을 객관적으로 평가 · 검토하기 위한 지원부문을 설치하고 자사의 브랜드 만들기의 기본 철학을 철저히 교육시킴과 동시에 브랜드 전략에 대한 관리와 조언을 행하고 있다.

더불어 브랜드 매니지먼트의 내용, 즉 질적인 측면에 있어서도 한층 더 진화를 꾀하고 있다. 소비재의 주요 기업들은 초기부터 철저한 브랜드 단위의 수익관리 차원을 넘어서 브랜드 아이덴티티나 퍼스널리티를 명확히 문서화하여 명문화된 브랜드 규정을 확립하여 브랜드 매니지먼트의 근간으로 두고 회사 전체에서 공유 · 발전해 가는 체제를 확립하고 있다.

제 3 절 기업 브랜드의 매니지먼트 조직

1990년대에 들어 미국에서 만들어진 브랜드 자산(brand equity)의 개념이 국내에서도 소개되어 브랜드의 자산적인 가치에 대한 관심이 한껏 높아졌다. 처음에는 마케팅이나 광고와 같이 제한된 분야의 사람들의 관심사에 지나지 않았던 이러한 문제도 요즘에는 기업 가치경영에 대한 관심의 증가와 맞물려 법률이나 회계 분야의 연구자, 광고 · 법무(지적재산) · 재무 · IR 관련의 실무가들도 관심을 가지면서 기업경영의 근간적인 문제로 논의하게끔 되었다.

이와 같은 경향의 영향으로 기업이 매니지먼트해 가야만 하는 대상영역도 예전과 같은 개별 브랜드 관리의 문제에서 기업차원에서 브랜드 포트폴리오의 정립과 같은 문제, 나아가서는 기업가치의 구심력으로써의 기업 브랜드 관리문제로 확대되고 있다.[3)]

1. 회사 전체적인 브랜드 관리 조직의 유형

1990년대 중반 이후, 선진적인 문제의식을 가지고 일부의 기업들은 회사 전체적인 브랜드 매니지먼트를 추진해가기 위한 조직적인 구조 만들기가 시작되어 최근 수년간 많은 기업들에서 다양한 형태의 조직이 나타나고 있다. 회사 전체적인 브랜드 매니지먼트에 관한 전문적인 부서를 갖추고 있는데 회사 전체적인 브랜드 매니지먼트 조직은[4)] (1) 전담 조직, (2) 위원회제, 그리고 (3) 기존 조직

---

3) 青木幸弘, 恩蔵直人 (2004), 제품 · 브랜드 전략, 有斐閣 ARMA, pp.279-289.

4) 여기서 제시된 기업 차원의 브랜드 매니지먼트 조직의 3가지 형태는 일본 기업들의 조직형태와 동일하다. 이는 일본기업과 한국기업의 브랜드 매니지먼트 방식이 유사한 형태를 취하므로 동일한 조직형태를 보이고 있다.

표 21-1 회사 전체적인 브랜드 매니지먼트 조직의 3가지 유형

유형	조직 형태의 특징
전담 조직	회사 전체적인 브랜드 매니지먼트를 수행하도록 설치된 전문 부서
위원회제	전문 조직 설치 또는 회사 전체적인 브랜드 매니지먼트 체제 확립을 위한 준비 조직 혹은 과도기적 조직 형태(프로젝트팀 등을 포함) 또는 광범위한 사업영역을 갖고 사업부제, 회사 분사화 등을 행하고 있는 기업이 무리없이 회사 전체적인 브랜드 매니지먼트를 행할 경우의 조직이기도 하다.
기존 조직 강화형	기존의 조직(대부분은 마케팅부, 광고/경영기획실 등)에게 회사 전체적인 브랜드 매니지먼트의 기능이나 역할을 담당하도록 하는 것 회사 전체적인 브랜드 매니지먼트의 필요성을 느끼면서도 전담조직을 구축하지 못하는 경우나 기존 조직을 강화시켜 거기서 충분히 역할을 수행할 수 있다고 판단하여 채택하고 있는 형태

강화형이라는 3가지 조직형태로 나타나고 있다(표 21-1).

우선 '전담 조직'이라는 것은 회사 전체 또는 글로벌 기업 전체가 브랜드 매니지먼트를 추진해가기 위해 전문적으로 설치된 모든 '브랜드 매니지먼트실' 형의 조직을 말하며 언제나 격렬한 경쟁 속에서 원활 또는 효율적으로 그룹을 경영하는 제조업체를 중심으로 최근 적극적으로 설치되어 운영되고 있다.

이에 비해 '위원회제'는 '전담조직'으로 이행하기 위한 준비조직 혹은 과도기형의 조직으로 경영기획실, 지적 재산, IR/광고/마케팅 등 사내의 기존 부서에서 수평적으로 구성원을 모아 임시적으로 위원회나 프로젝트를 발족시킨다든지 기존의 일부분 중에서 가칭 사무국을 설치하는 등의 방법을 취하고 있다. 또한 광범위한 사업영역을 가지고 사업부제, 기업의 분사화를 행하고 있는 기업이 무리 없이 회사 전체적인 브랜드 매니지먼트를 지향할 경우에도 이 형태를 취하는 경우가 많다.

이러한 위원회제가 가장 일반적인 형태이기도 한데 코오롱그룹은 회장 부속실 내에 '브랜드 커미티(brand committee)'를 설치하고 그룹 내 계열사별로 브랜드 담당 매니저를 지정, 브랜드 관리를 강화하고 있는 형태의 예를 볼 수 있다.

마지막으로 '기존조직 강화형'이라는 것은 일부러 새로운 전문적인 부서를 설치하는 것이 아니라 기존 부서(대부분은 마케팅, 광고, 경영기획 등)에 회사 전체적인 브랜드 매니지먼트 기능이나 역할을 행하게 하는 방법으로 예전부터 BM제 등 개별 브랜드 매니지먼트를 위한 조직이 충분히 그 역할을 수행하고 있는

일반 소비재 기업 등에서 채택하고 있는 경우가 많다.

2. 브랜드 매니지먼트 목적의 명확화

그렇다면 각각의 조직형태의 이점이나 단점은 무엇일까? 또는 어떠한 조직형태가 가장 효과적이라고 할 수 있을까. 이들 3가지의 조직형태는 단순 일률적으로 비교 · 평가할 수 없을 뿐만 아니라 어디까지나 "그 기업이 브랜드를 통해 무엇을 달성하고 싶어 하는가"라는 브랜드 매니지먼트의 목적(목표)에 따라 조직형태의 적절성이 평가될 수 있을 뿐이다. 조직이라는 것은 브랜드 매니지먼트 목적(목표) 달성을 위한 하나의 수단에 지나지 않으며 그것을 실현시키거나 해결하기 위해서는 조직을 신설시킨다든지 개혁시키지 않아도 브랜드 체계의 재구축이나 매니지먼트 체계(기능)의 조정, 혹은 매니지먼트 기법에 노력을 기울여서 충분한 경우도 있으며 반대로 조직을 만든다고 해도 그것이 효과적으로 그 역할을 수행하지 못하는 경우도 있다.

또한 브랜드 매니지먼트 조직은 고정적인 것이 아니라 때에 따라 매니지먼트 목적이나 시장환경의 변화에 대응하여 발전 · 진화해 가야만 하며 이와 함께 매니지먼트의 방법도 또한 변해가야만 한다. 중요한 것은 "무엇을 위해 브랜드를 매니지먼트해 갈 것인가"라는 매니지먼트 목적(목표)을 명확하게 하여 이에 맞게 조직이나 방법을 각 기업의 조직풍토에 적합하게 선택 · 구축해 가는 것이다.

예를 들어 〈그림 21-1〉에 나타나 있는 것처럼 브랜드 매니지먼트 목적(목표)에는 3가지의 방향성이 있으며 이에 따라 매니지먼트를 담당하고 추진하는 데에

그림 21-1 브랜드 매니지먼트 목적과 조직체제

브랜드 매니지먼트 목적	조직 체제
소비자 접점에서의 브랜드력의 유지 · 강화	마케팅 부문
투자가 접점에서의 브랜드력 유지 · 강화	광고/IR 부문
그룹 경영상의 구심력	경영기획/지적 재산 부문 등

알맞은 조직부문도 달라질 수 있다:

❶ 브랜드 매니지먼트의 목적(목표)을 대소비자 접점에서의 브랜드력(=시장경쟁력)의 유지 · 강화에 두는 개념이며 이것은 예전에는 마케팅부문에서 설정한 목표이기도 했다.

❷ 대투자가 접점에서의 브랜드력(=주가 등)의 유지 · 강화에 목표를 두고 광고나 IR부문에서 매니지먼트를 관할하는 유형으로 근래 다시 주목받게 된 조직형태이다.

❸ 그룹 경영 상에 있어서 브랜드의 구심력을 높이기 위한 것으로 이 경우에는 경영기획실이나 지적 재산 부문에서 매니지먼트를 주관하고 있는 경우가 많다.

이처럼 동일한 회사의 전체적인 브랜드 매니지먼트 조직이라고 해도 매니지먼트의 목적(목표)의 차이에 따라 조직은 다양한 모습을 띄는데 중요한 것은 조직을 구축하기 전에 자사의 브랜드 매니지먼트 목적(목표)을 명확히 하여 그것을 CEO 이하의 전 사원이 공유해 나가는 일일 것이다.

제4절 새로운 브랜드 매니지먼트 조직의 유형

지금부터는 가까운 미래에 새로이 나타나게 될 브랜드 매니지먼트 조직의 유형들을 그려본다. 지금과는 많은 변화된 모습의 새로운 유형들이 출현할 것이다. 여기서는 Marty Neumeier[5]가 제시한 새로운 브랜드 매니지먼트 조직의 유형을 중심으로 살펴본다.

1. 하나의 브랜드를 만들기 위해서는 마을이 필요하다

제인 제이콥스(Jane Jacobs)는 그녀의 저서 『경제학의 본질(The Nature of Economics)』에서 "경제의 발전은 단지 확장만 의미하는 것이 아니라, 보편적인 것에서 분화되어 나와 차별화되는 것이고, 이는 자연법칙의 진화론이나 생태학적 발전론과 유사하다."고 기술했다. 더욱이 그녀는 "자연이나 경제를 포함한 모든 것은 격리된 환경에서 진화하지 않으며, 차별화는 협동(collaborate)으로 만들어진다."고 했다.

브랜드 또한 격리된 환경에서 혼자 발전하지 않는다. 브랜드는 오랜 기간에 걸친 수많은 사람들과의 상호작용의 결과이다. 브랜딩은 브랜드를 관리하는 중역이나 마케터들의 노력뿐만 아니라, 경영 컨설턴트, 디자인 스튜디오, 광고대행사, 리서치회사, PR회사, 공업디자이너, 환경디자이너 등 수많은 사람들의 지속적인 노력이 필요하다. 또한 종업원들과 협력업체들, 물류 관계자들, 주주나 고객 등 모든 브랜딩 공동체 일원들의 헌신이 필요하다. 브랜드를 만드는 데에는 하나

5) Marty Neumeier (2005)가 저술한 『The Brand Gap』에서 제시한 새로운 브랜드 매니지먼트 조직의 유형을 인용(역서).

의 마을이 필요하다.

오늘날 브랜드를 만드는 것은 르네상스 시대에 대성당을 건축하는 것과 흡사하다. 거대한 건축물을 완성하기 위해 수많은 장인들이 세대를 뛰어넘는 오랜 시간 동안 작업했다. 장인들은 항상 전체적인 효과를 생각하여 조각하고, 창문을 만들고, 프레스코 벽화를 그리고, 돔을 만드는 등 각자 자신이 맡은 분야의 일을 함으로써 전체 작업공정에 기여했다. 과거 대성당 프로젝트가 그러했듯 오늘날 많은 브랜드 또한 너무 광범위하고 복잡해서 한 사람이나 한 부서에서 관리할 수 없다. 효과적인 관리를 위해서 아이디어를 서로 공유하며 크리에이티브 네트워크를 통합, 조정하는 전문가들로 구성된 팀이 필요하다.

2. 새로운 브랜드 매니지먼트 조직의 유형

오늘날 브랜드 협력관계를 관리하는 방법에는 모든 일을 처리할 수 있는 한

그림 21-2 원스톱 숍

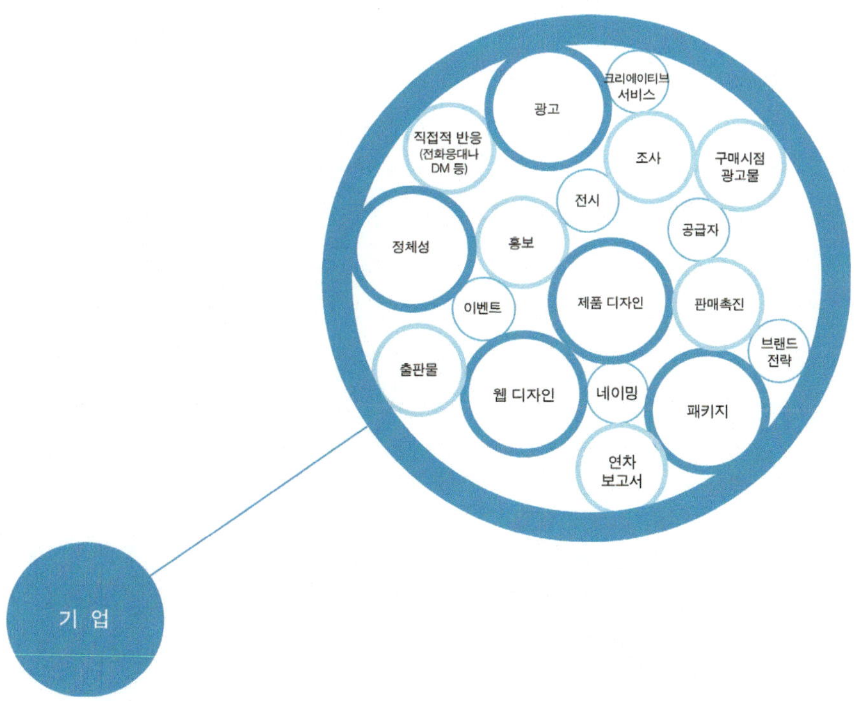

곳으로의 외주, 브랜드 에이전시를 통한 외주, 사내 통합 마케팅 팀을 이용한 책임관리 등 세 가지 기본 모델이 있다. 이 모델들은 브랜드를 네트워크 활동으로 인식하고 있기에 공히 오늘날의 변화에 대한 진보적인 대응책이라 할 수 있다.

① 원스톱 숍 모델(one stop shop model)

모든 일을 처리할 수 있는 한 곳에 외주를 주는 원스톱 숍(one stop shop) 모델이다(그림 21-2). 이는 20세기 초 기업들이 브랜드 관리를 위해 대부분의 커뮤니케이션 활동을 광고대행사 같은 한 회사에 지속적으로 의뢰하던 방법에 기원을 두고 있다. 광고대행사는 조사를 실시하고 전략 개발, 캠페인 개발, 이에 대한 결과의 측정 등 모든 업무를 수행한다. 이 모델의 가장 큰 장점은 효율성이다. 왜냐하면 클라이언트 측에서 한 사람이 브랜드와 관련된 모든 일을 관장할 수 있기 때문이다. 하지만 브랜딩 업무가 더욱 복잡해지면서 원스톱 모델 또한 매우 복잡해졌다.

오늘날 원스톱 숍은 다양한 일을 하는 회사이거나, 혹은 여러 전문회사들을

그림 21-3 브랜드 에이전시

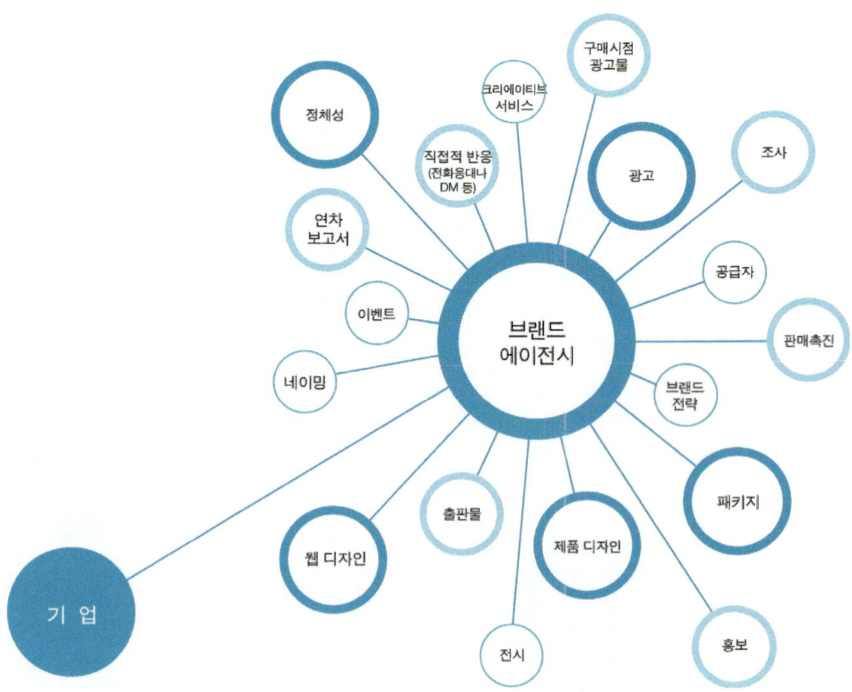

거느리고 있는 지주회사의 형태로 다양한 매체를 통합할 수 있고 클라이언트 측에서 관리가 용이하다. 반면에 단점은 모든 분야의 서비스가 각 분야의 최고 전문회사들이 아닌 경우가 많고, 사실상 브랜드와 관련된 중요한 책임과 권한을 원스톱 숍에 넘긴다는 점이다.

2 브랜드 에이전시 모델(brand agency model)

브랜드 에이전시는 일종의 원스톱 숍 모델의 변형이다. 이 모델에서 클라이언트는 주도급 회사로 광고대행사나 디자인 스튜디오, PR회사, 경영 컨설턴트 혹은 그 외의 브랜드 관련 회사를 선정하게 된다(그림 21-3). 주도급 회사는 클라이언트를 도와 필요한 각 분야의 전문회사들을 선정하고 조직하고 브랜드 프로젝트를 선도해 나가며, 때로는 다른 전문회사들에 직접 재 용역을 주는 주계약자의 역할을 하기도 한다. 이 모델의 장점은 다양한 매체의 메시지를 통합할 수 있으며, 각 분야에서 가장 전문적인 회사들과 함께 일할 수 있는 자유가 있다는 것이다. 단점이라면, 브랜드 관련 책임과 권한이 클라이언트 측보다는 브랜드 에이전시에 여전히 많다는 점이다.

3 통합 마케팅팀

통합 마케팅팀은 전통적인 외주방식 모델과는 조금 다르다. 이 모델에서는 브랜딩을 기업 내부에서 통제, 조절해야 하는 지속적인 네트워크 작업으로 간주한다. 통합 마케팅팀 모델에서는 사내 마케팅 요원들과 함께 가상의 드림팀을 이루어 함께 일할 각 부문의 최고 전문가들을 선택한다(그림 21-4). 그러고 나서 이 가상의 드림팀은 사내의 매니저로부터 지시를 받는다. 이 모델은 각 매체의 메시지를 통합할 수 있고, 각 부문의 최고 전문가들과 일할 수 있다. 특히 사내에서 책임과 권한을 갖고 일할 수 있는 장점이 중요하다. 왜냐하면 일을 통해 축적되는 브랜드 관련 지식들이 최종적으로 일한 회사와 함께 회전문을 통해 사라지지 않고 기업의 지식으로 남게 되기 때문이다. 반면, 이 모델의 단점은 운영을 위해서 강력한 내부 조직이 필요하다.

이상에서 살펴본 미래에 예상되는 3가지 유형의 브랜드 매니지먼트 조직은 현재에도 부분적으로 기업들이 업무에 적용하고 있다. 예를 들면, 신제품 개발과

그림 21-4 통합 마케팅팀

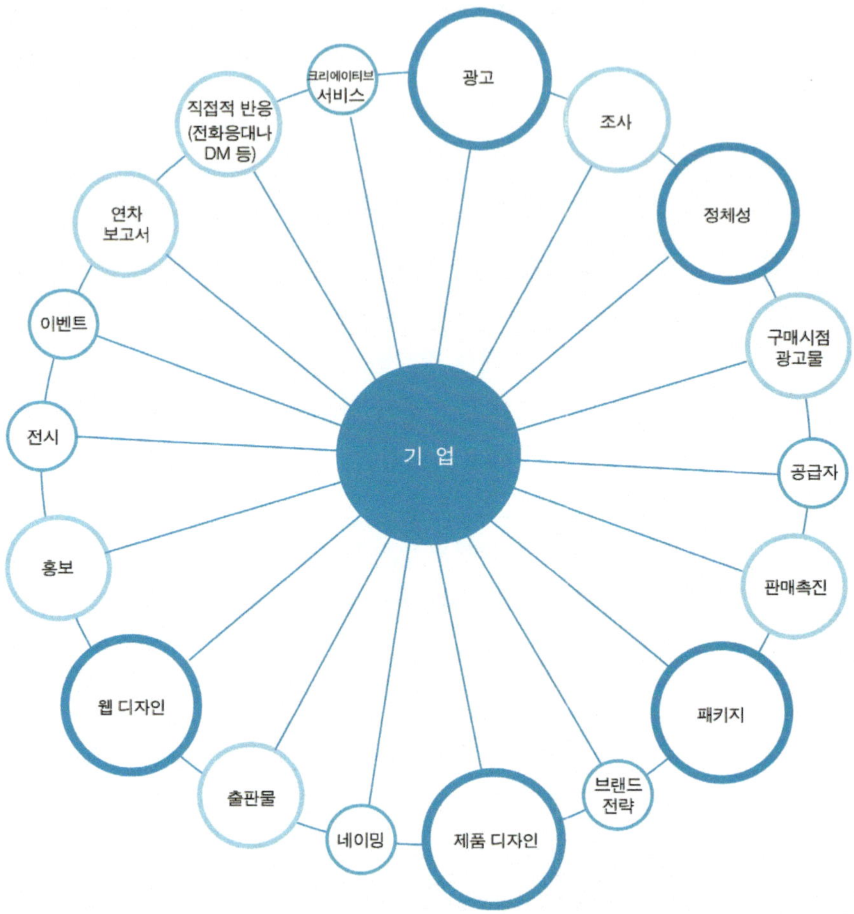

정에 있어서 전 과정에 걸쳐서 외부 컨설턴트를 중심으로 브랜드 아이덴티 요소, 제품/패키지 디자인, 광고, 판촉, 홍보 등을 대부분 외부의 전문가들과 제품 개발 초기 단계부터 함께 제품 개발에 참여하고 있다. 또한 기존 브랜드의 경우에 있어서도 브랜드 홍보 및 판매 촉진은 대부분 외부 전문기관에 총괄적으로 의뢰하여 연간 단위로 진행하고 있다.

[생각해볼 문제]

1. 직능별 관리조직과 BM제의 이점, 단점을 비교 · 정리해 보자.

2. 기업에 있어서 BM제가 어떻게 발전해 왔는가에 대해서 대표적인 국내 기업을 하나 들어서 정리해 보자.

3. 기업 브랜드 매니지먼트 조직에는 어떠한 형태가 있는지 정리해 보자. 그리고 여러분이 속해 있는 회사의 현재 처해 있는 상황을 고려할 경우, 목표로 해야 할 또는 적합한 조직형태는 어떠한 형태에 속하는지 생각해 보자.

4. 국내 기업 중에서 브랜드 매니지먼트가 효과적으로 기능하고 있다고 생각되는 기업을 예로 들어서, 그 이유를 기술해 보자.

제22장

브랜드 매니저 제도

이번 장의 주요 이슈

앞 장에서 브랜드 매니지먼트 조직에 대해 살펴보았다. 브랜드 매니지먼트 조직의 핵심은 브랜드 매니저(BM) 제도라 할 수 있다.

이러한 브랜드 매니지먼트 조직의 특징을 이루는 브랜드 매니저 제도와 관련된 다음과 같은 이슈들에 대해 이번 장에서 다룰 것이다.

❶ 브랜드 매니저 제도의 특징들—브랜드 매니저 조직의 구조, 브랜드 매니저의 역할과 책임, 그리고 경력 관리—은 무엇인가?

❷ 성공한 브랜드 매니저들의 공통적인 특징들은 무엇인가?

제 1 절 브랜드 매니저 제도

최근 대부분의 기업들이 채택하고 있는 브랜드 매니저 제도가 아직까지 성공적으로 정착하고 있지는 않은 것 같다. 이는 브랜드 매니지먼트와 관련하여 브랜드 매니저들의 책임과 권한이 명확하지 않음에 기인하기도 한다. 또한 아직까지 브랜드 매니저 제도의 짧은 역사로 인해 역량 있는 브랜드 매니저들이 절대적으로 부족함에도 그 원인이 있다 하겠다. 그러나 더 중요한 원인은 임원, 최고경영층의 브랜드에 대한 인식 부족에서 기인하고 있다고 볼 수 있다(제2장의 브랜딩에 대한 도전을 참조하기 바란다.).

이번 절에서는 브랜드 매니저 제도의 몇 가지 주요 특징들에 대해 살펴본다.

1. 브랜드 매니저 제도의 구조

브랜드 매니저 제도의 구조는 속해 있는 산업, 기업의 특성에 따라 다양한 형태로 띄고 있다. ABM(Assistant Brand Manager) → BM(Brand Manager) → CM(Category Manager) → MD(Marketing Director)로 이어지는 형태가 일반적이라 할 수 있다. 이처럼 브랜드 매니저 제도의 구조는 업종이나 기업의 규모에

표 22-1 브랜드 매니저 조직의 구조

유 형	해당 주요 카테고리	기업 규모
ABM → BM → CM → MD	식품, 생활용품 등	대기업
BM → CM → MD	식품, 생활용품 등	중견기업
ABM → BM → MD	화장품	대기업
BM → MD	화장품	중견기업

따라 〈표 22-1〉과 같이 다양함을 보여주고 있다.

주로 화장품 등 패션류의 산업에 있어서는 개별 브랜드 중심으로 BM을 축으로 하여 이를 지원·보조하는 ABM을 두고 있으며, 반면 다양한 카테고리, 품목, 그리고 브랜드를 운영하는 식품, 생활용품 산업에 있어서는 다양한 카테고리 관리 차원에서 효율적 마케팅을 수행하기 위한 CM(category manager)을 두고 있다.

2. 브랜드 매니저의 역할

브랜드 매니저의 역할을 이해하기 위해 먼저 회사에서 이들의 하루 일과를 살펴볼 필요가 있다. 이를 통하여 브랜드 매니저들의 책임과 역할을 규명해 볼 수 있을 것이다.

1 브랜드 매니저의 하루일과

브랜드 매니저의 하루일과를 그려보자. 이들은 어떤 역할들을 수행하고 있는가?

8:30

회사에 도착하여 이메일을 체크한다. 이어서 오늘의 스케줄에 대해 살펴보고, 주요 경제지의 마케팅 섹션(section)을 살펴본다.

9:00

담당하고 있는 브랜드에 대한 가장 최근에 수행한 정량조사의 특정 주제에 대한 토론을 위해 마켓 리서치 부문과 미팅을 가진다. 왜 소비자들이 제품을 재 구매하지 않는지를 이해하려고 한다. 그러나 조사결과의 데이터는 그에 대한 해답을 제시해 주지 않는 다고 느낀다. 또 다른 리서치의 설계가 필요함을 느끼고 다시 수행하기로 결정한다. 그러나 그 예산은 어디에서 나오는 것이지?

10:00

3분기 예산을 어떻게 집행해야 할 것인지를 결정하기 위해 예산부서와 미팅을 갖는다. 시장조사 예산에 더 많은 비용을 집행하려면, 다른 프로모션 비용을 일부 축소할 필요가 있다는 것을 확인한다.

10:30

제품 개발 회의로 향한다. 최근에 신기술의 활용을 위해 제품을 재처방해야 할 것인가에 대해 토론한다. 이러한 새로운 기술은 제품의 성능수준을 향상시킬 수 있을 것이다. 그러나 이것은 제조과정에 더 많은 비용이 소요될 것이며 또한 소비자에게 그러한 제품 변화를 설명하기 위해 광고를 해야 할 것이다. 관련 팀들은 이러한 변화들이 전략적이고 재무적으로 정당화될 수 있는 지에 관해 결정해야만 한다. 항상 그렇듯이 동의하는 사람들은 거의 없다. 그 프로젝트에 대한 비용과 혜택을 요약해서 다음날 그 안건에 대해서 다시 논의하기로 했다.

12:00

외부 전문지 기자와 점심식사를 하기로 했다. 최근 몇 달 동안 그 잡지 기자가 우리의 제품을 광고해야할 필요성에 대해 확신을 주려고 한다. 점심식사 동안 그 잡지는 우리의 목표 고객의 20%에 효율적으로 도달할 수 있다는 것을 계속해서 설명하고 있다. 식사가 끝난 후 이 잡지에 광고하기 위해서 어디에서 예산을 안배할 것인가? 미디어 부문과 미팅을 하자.

1:30

미디어 계획 미팅을 한다. 현재 제품의 매출이 감소하고 있기 때문에 미디어 예산의 10%를 삭감할 것을 요구해 오고 있다. 미디어 부문과 목표고객에 20%의 도달과 지속적인 CF의 노출 목표를 희생시키지 않고 미디어 예산을 삭감하는 방법을 논의한다. 아마도 2주 동안 광고 노출을 중지해야만 하는데 가급적이면 타깃 소비자들이 집에 머무르는 시간이 적은 7월에 광고 노출을 일시 중단하는 것이 좋을 것이다.

2:30

광고대행사에서 가장 최근에 제안했던 광고 캠페인의 변화를 리뷰할 시간이다. 광고대행사가 새로운 광고 콘셉트를 2주 전에 제안했다. 팀원들과 스토리보드(story board)를 상세히 살펴보고 광고대행사의 광고 의도를 파악했다. 전화로 광고대행사와 광고 콘셉트의 변화에 대해 리뷰하고 1주일 후 새로운 작품을 제안할 것을 서로 약속했다.

3:15

광고대행사와의 전화 회의 후 내부 프로모션 부서로 가서 새로운 광고 캠페인 도입방안에 대해서 논의를 했다.

4:00

세일즈 매니저와 전략 개발에 대하여 논의하기로 했다. 카테고리 매니저는 모든 브랜드들이 슈퍼마켓에서 보다 진열이 잘 되어 있어야 한다고 주장하고 있다. 어떤 종류의 전략이 진열공간과 지속적인 점내 프로모션을 잘 할 수 있는지를 확인하기 위하여 지역 세일즈 매니저와 미팅을 하였다. 여러 가지 아이디어를 듣고 난 후 현재의 예산 범위에서 가능한 지를 보고 결정하기로 하였다.

5:00

카테고리 매니저에게 새로운 제품 개발 이슈뿐만 아니라 리서치 비용의 증가에 대한 제안서를 제시했다. 또한 최근의 광고 콘셉트의 변경과 미디어 계획의 변경에 대해 리뷰하고, 데이터와 의견을 제시하고 토론하였다.

6:00

금일 업무를 종료하고 오늘 온 이메일을 체크하고 또한 보내야 할 메시지를 작성한다. 내일 해야 할 일과 약속들을 점검하고 오늘 일과를 종료하였다.

② 브랜드 매니저의 책임과 역할

앞에서 살펴본 바와 같이 브랜드 매니저들은 그들이 담당하고 있는 브랜드의 전략적 방향을 설정하고 그 전략이 실행될 수 있도록 많은 관련 부서와 함께 일한다.

오케스트라 지휘자로써 브랜드 매니저는 제품 · 브랜드의 기획부터 마케팅 · 홍보까지 전 과정을 관리하는 사람으로 '리틀 CEO'에 해당한다(브랜딩 따라잡기 51). 브랜드 매니저는 회사 내에서 관련 없는 부서가 없을 정도이다(그림 22-1). 1990년대 중반 이후 일부 외국계 기업을 중심으로 BM제도를 도입한 뒤 각종 소비재

그림 22-1 브랜드 매니저의 역할

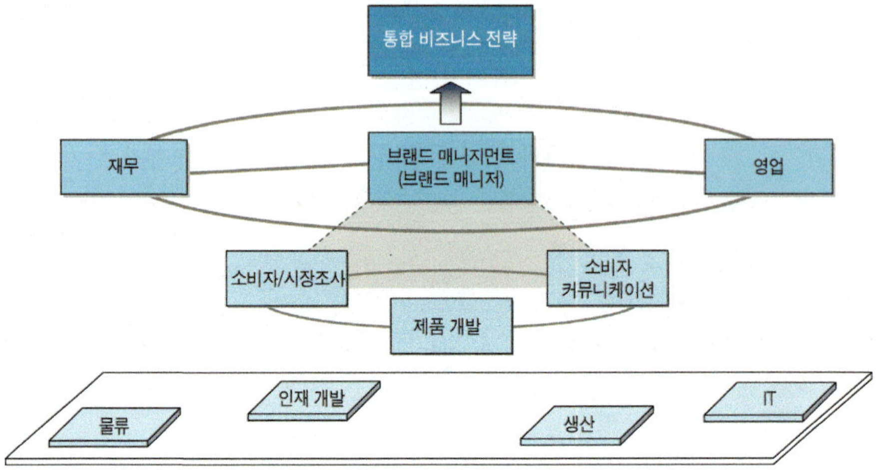

업체들로 빠르게 확산되는 추세다.

다음에서는 브랜드 매니저들이 수행하고 있는 주요 업무들에 대해서 살펴보도록 한다.

제품 개발

브랜드 매니저들은 신제품을 개발하기 위하여 R&D 부문과 함께 일을 수행한다. 이들은 광범위한 마케팅 데이터를 통하여 면밀히 조사하여야 한다. 따라서 브랜드 매니저들은 제품이 어떤 기능적 이점을 제공하는 지를 결정하기 위하여 시장조사 부문과 함께 일을 수행한다. 브랜드 매니저로써 항상 담당하고 있는 제품에 대한 성분에 관한 지식, 그 제품이 현재 어떻게 기능하고 있는지 그리고 목표고객에 보다 바람직한 미래의 제품 개발을 위해 상세한 제품 지식을 가지고 있어야만 한다.

브랜드 확장

기존의 잘 구축된 브랜드를 활용하는 브랜드 확장은 이제 신제품에 대한 일반적인 현상이다. 브랜드 확장은 두 가지 주요한 기능을 가지고 있다. 브랜드 확장은 새로운 시장으로 시장점유율을 확대할 수 있으며 또한 나태한 브랜드에 새로운 원기를 북돋워 줄 수 있다.

이와 같은 이점을 가진 브랜드 확장 전략을 브랜드 매니저는 신제품 개발 시에 적용할 것인가를 결정해야 한다. 브랜드 확장 전략은 브랜드 관리에서 매우 중요한 영역이라 할 수 있다.

커뮤니케이션 전략 개발

제품이 어떻게 기능하고 있는지 그리고 어떤 고객에게 소구하는지를 이해하고 나면 제품의 이점을 고객에게 전달하는 커뮤니케이션 전략을 개발해야만 한다. 이것은 어떻게 그러한 이점들을 전달할 지를 이해하기 위하여 광범위한 시장조사를 행하는 것을 필요로 한다. 일단 전략이 확정되면 이러한 계획들을 커뮤니케이션하기 위해 광고대행사와 함께 일을 하는 것이 필요하다.

패키지 디자인

제품에 대한 패키징은 개발한 제품 전략을 반영하는 데 매우 중요하다. 패키징은 선반 위에서 경쟁사 제품들과의 사이에서 읽혀지고 눈에 띄게 하기 위해서는 심플해야 한다. 이를 위해서 브랜드 매니저는 미학의 대가가 되어야 한다.

시장조사

브랜드 매니저로서 제품에 대한 최상의 정보를 찾아내기 위해 고객에 대한 연구와 추적 시스템을 활용하는 방법을 이해해야 한다. 제품 콘셉트를 테스트하기 위한 FGI 수행, 만족도 측정, 시장점유율 측정 혹은 경쟁활동의 평가 등이 바로 브랜드 매니저의 중요한 업무이다.

판매원 관리

브랜드 매니저들은 제품의 기능적/감성적 속성에 대해 가장 잘 알고 있기 때문에 판매원들을 교육시키는 것이 중요하다. 판매원들의 목표가 무엇인지를 설명하기 위해 회의에 참석 또한 판매원들의 동기 부여를 위한 프로모션의 설계 역시 브랜드 매니저의 중요한 역할이다.

판매 예측

브랜드 매니저들은 어떤 일정 기간 동안 얼마나 판매할 것인지를 결정한다. 시장의 상태, 경쟁의 강도, 계절적인 특성이 제품 판매에 얼마나 영향을 미치는지 광범위한 조사를 행함으로써 시장점유율이나 수익을 예측할 수 있다.

재무 분석

브랜드 매니저로서 이익에 대한 책임이 주어져 있다. 팀의 예산을 수립하여 시니어 매니저에게 승인을 받는다. 이러한 예산을 통하여 커뮤니케이션 캠페인이나 제품 개발을 어떻게 할 것인지를 결정한다.

프로모션

프로모션은 브랜드 목표를 달성하는 데 최상의 방법이다. 예를 들면, 타깃 고객의 집으로 직접 메일이나 쿠폰을 시행할 수 있다. 브랜드 매니저로서 PR 대행사나 내부 프로모션 부문과 함께 일을 수행한다.

광고

잡지, TV, 인터넷 등 마케터는 전략을 달성하기 위하여 광고대행사와 함께 일을 수행한다.

고객관계관리

새로운 고객을 확보하는 것은 전쟁과 같다. 때문에 가장 손쉬운 방법은 이미 제품을 사용하고 있는 고객을 관리하는 것이다. 고객관계 관리는 고객 서비스, 데이터베이스 마케팅 등을 포함한다.

미디어

커뮤니케이션 목표를 달성하기 위해 어떤 미디어를 활용할 것인가? 도달하기를 원하는 고객에게 정확하게 도달하기 위한 미디어 계획을 개발하기 위해서 광고대행사뿐만 아니라 내부의 미디어 부문과도 함께 일을 수행한다.

가격

목표 고객에 대한 가격 민감도를 결정하고 어떤 가격대가 경쟁가격대와 비교하여 적절한 지를 결정하는데 브랜드 매니저는 중요한 역할을 수행한다.

브랜딩 따라잡기 51

브랜드 매니저의 세계

브랜드 경영시대 마켓 전장의 야전사령관, 고객욕구 읽어내는 통찰력 필요

"여기 오렌지가 있다. 이것도 오렌지고 저것도 오렌지다. 그러나 소비자의 80%가 그 오렌지라는 과일의 이름을 '썬키스트'로 알거나 믿고 있다." (러셀 헨린 · 썬키스트 재배자 조합 CEO)

브랜드의 힘과 중요성을 아주 쉬우면서도 강렬하게 표현한 말이다. 이 말은 다른 상품들에도 적용될 수 있다. 핵심은 대부분 소비자의 뇌리에 기억되는 것은 일등 상품뿐이라는 사실이다. 브랜드 파워가 곧 기업 경쟁력을 결정짓는 시대다. 일류 기업일수록 브랜드 가치는 상상을 초월한다. 삼성처럼 브랜드 전략에 일찌감치 눈뜬 기업들을 필두로 국내 기업들의 '브랜드 경영' 열기도 갈수록 고조되고 있다.

브랜드 경영의 최일선에 특정 브랜드를 전담 관리하는 '브랜드 매니저'가 있다. 이들은 각자 맡은 브랜드의 홍보 전략을 수립, 실행하고 브랜드 가치를 창출, 유지하는 등 브랜드와 관련된 모든 마케팅 활동을 관리한다.

수많은 요소들을 고려하고 여러 분야 기능들을 조율하기 때문에 오케스트라의 지휘자에 비유할 만하다. 게다가 대외적으로는 동종업체의 경쟁 브랜드와 싸워 이겨야 하기 때문에 전장의 야전사령관과도 같다.

브랜드는 자식, 매니저는 부모

브랜드 매니저로서 관여하는 일은 손으로 꼽기도 힘들 만큼 아주 많다. 기존 제품의 라이프사이클 관리와 브랜드 로열티 유지, 시장 조사와 소비자 트렌드 파악, 이에 따른 신제품 기획과 개발, 광고 및 판촉 활동 등등.

브랜드 매니저의 역할은 '전체 조직을 잇는 연결고리 혹은 조직이 매끄럽게 움직이도록 하는 윤활유'로 정의한다.

'브랜드를 사람에 비유하자면 브랜드 매니저는 브랜드를 낳아서 돌보고 키우고 마지막으로는 죽는 과정까지 모두 지켜본다. 그런 점에서 브랜드는 자식이고 브랜드 매니저는 부모나 마찬가지다.'

신선하고 늙지 않는 브랜드 창조

라네즈는 시장에 출시된 지 벌써 10년이 됐다. 롱런하고 있지만 뒤집어보면 고객들에게 진부한 느낌을 줄 수도 있다. 그래서 브랜드 매니저가 가장 신경을 쓰는 대목이 '항상 신선하고 늙지 않는 브랜드로 유지하는 것'이다. 즉 20대 여성의 변화무쌍한 니즈(욕구)를 끊임없이 반영하는 것이 브랜드 마케팅의 핵심인 것이다.

고객의 숨은 니즈를 읽어내는 통찰력이 무엇보다 중요하기 때문에 평소 고객들을 보다 많이 관찰할 수 있는 시장조사가 중요하다. 고객들을 자꾸 만나다 보면 마케팅 활동에 필요한 영감들을 얻을 수 있다.

브랜드 매니저는 광고홍보, 디자인, 생산, 영업 등 다양한 전문가들을 아울러서 마케팅 활동과 브랜드 관리의 큰 줄기를 잡아야 하기 때문에 여러 분야의 경험과 노하우가 필요한 자리다.

브랜드 매니지먼트는 매출뿐 아니라 기업 가치에도 직결될 만큼 중요한 활동다. 이제 고객들은 브랜드를 기억하지 회사를 기억하지 않는다. 브랜드 매니지먼트는 이제 기업들의 생존요건이 되고 있다. 국내 기업들도 너나 할 것 없이 브랜드 전쟁을 벌이는 중이다. 하지만 식품, 화장품 등 일부 소비재 업종을 제외하면 아직 진정한 의미에서 브랜드 매니저 제도가 정착됐다고 볼 수 없다는 지적도 없지 않다.

국내에 브랜드 매니저 제도가 확산되고 있는 것은 사실이지만 말 그대로 한 브랜드를 책임지고 관리할 만큼 권한을 주는 회사는 그리 많지 않다. 아직까지는 재무나 영업파트의 입김이 거세 브랜드 매니저 역할이 반쪽에 그치고 있다.

국내 기업들의 브랜드 경영 역사가 일천한 탓에 브랜드 매니저 제도 역시 아직은 설익은 셈이다. 하지만 브랜드 파워가 갈수록 커지는 만큼 브랜드 매니저의 역할도 점차 확대될 것은 분명해 보인다.

자료 : 주간한국, 2006년 8월 2일자 인용

제조

예를 들어 새로운 플라스틱 상자로 바꾸기로 원한다면 그것을 수행하는데 얼마나 제조기간이 걸리는지? 브랜드 매니저로서 이와 같은 많은 운영상의 문제들을 고려해야 한다.

3. 브랜드 매니저의 요구되는 경력

브랜드 매니저의 업무수행에 도움이 되는 경력들을 살펴보기 위해서 국내 주요 기업들을 대상으로 브랜드 매니저들이 인식하고 있는 경력들이 있다.[1)]

표 22-2 브랜드 매니저의 업무 수행에 도움이 되는 경력

구분	전체	회사의 형태			산업 카테고리			
		외자기업	내자기업	합자기업	생활용품	화장품	식품/음료	기타
처음부터 마케팅에서 근무	3.8	3.7	3.9	4.0	3.9	3.9	3.0	3.0
영업부 및 세일즈 경험	4.0	3.9	4.0	4.7	3.7	3.9	4.5	4.0
광고부, 광고회사에서 경험	3.6	3.4	3.8	3.3	3.3	3.5	4.0	4.0
조사부서, 리서치 회사에서 경험	3.4	3.3	3.6	3.3	3.1	3.5	3.0	3.0
유통회사에서의 경험	3.1	3.1	3.3	2.7	2.9	3.4	3.0	3.0

주) 각 항목의 중요도를 5점 척도(1=전혀 영향을 미치지 못한다, 5=매우 중요한 영향을 미친다)로 질문한 결과

브랜드 매니저의 업무수행에 도움이 된다고 생각하는 경력을 5점 척도로 응답하도록 한 결과, 영업부 및 세일즈 경험과 처음부터 마케팅에서 근무가 가장 높은 점수를 받았다(표 22-2). 영업부 및 세일즈의 경험이 최적의 경험으로 인식되고 있는 것으로 나타났다.

업종별로는 식품 · 음료 업종에서 영업부 및 세일즈의 경험의 중요성을 특히 높게 평가하고 있는데, 식품 · 음료가 저관여 제품이므로 취급률 확대를 높이기 위한 푸시(push)적 영업이 강하기 때문으로 해석된다.

4. 브랜드 매니저에게 요구되는 자질[2)]

브랜드 매니저에게 요구되는 자질에 대해 5점 척도로 응답하도록 한 결과, 시장예측능력이 가장 중요한 자질로 평가되었다. 그 다음으로 중요하게 여기는 자질로는 리더십, 부서 간 커뮤니케이션 능력, 소명의식과 책임감, 사고의 유연성 및 창의성 등으로 나타나서, 응답자들은 대체로 브랜드 매니저의 성격 및 기질적 요인들에게 더 높은 점수를 준 반면, 분석력, 신제품 개발 능력, 이익관리, 판촉

1) 황현숙 · 박찬수 (2004), 국내 브랜드 관리자 제도의 현황 및 문제점에 관한 연구, 디자인브랜드경영저널 제1권 제1호, pp.34-35.
2) 황현숙 · 박찬수 (2004), 국내 브랜드 관리자 제도의 현황 및 문제점에 관한 연구, 디자인브랜드경영저널, 제1권 제1호, pp.36-37.

표 22-3 브랜드 매니저에게 요구되는 자질

구 분	전체	회사의 형태			산업 카테고리			
		외자기업	내자기업	합자기업	생활용품	화장품	식품/음료	기타
신제품 개발 능력	4.3	4.1	4.5	4.3	4.2	4.3	4.4	3.0
판촉, 프로모션 능력	4.0	3.9	4.2	3.7	3.9	4.2	4.0	5.0
부서간의 원활한 커뮤니케이션 능력	4.5	4.6	4.4	3.7	4.3	4.4	4.6	5.0
이익 관리	4.1	4.1	4.1	4.3	4.1	4.0	4.2	5.0
분석력	4.3	4.3	4.4	4.0	4.3	4.4	4.3	5.0
시장예측 능력	4.6	4.7	4.6	4.3	4.6	4.8	4.5	5.0
사고의 유연성, 책임감	4.5	4.4	4.5	4.3	4.3	4.6	4.4	5.0
소명의식, 책임감	4.5	4.5	4.4	4.7	4.3	4.3	4.5	5.0
리더십	4.5	4.5	4.4	5.0	4.5	4.6	4.4	5.0
글로벌 감각	3.8	3.8	3.9	3.7	3.6	4.4	3.6	4.0

주) 각 항목의 중요도를 5점 척도(1=전혀 영향을 미치지 못한다, 5=매우 중요한 영향을 미친다)로 질문한 결과

프로모션 능력, 글로벌 감각 등과 같이 실제 업무수행에 필요한 능력적 요건에게는 대체로 낮은 점수를 부여한 것으로 나타났다.

이러한 결과는 브랜드 매니저의 업무 성격상 맡고 있는 브랜드의 마케팅 목표를 달성하기 위해 다양한 부서의 협력을 얻어내야만 하는 업무적 특성에 기인하는 것으로 해석된다. 이는 브랜드 매니저의 업무수행 시 대인관계 능력과 교섭력이 중요한 요인으로 평가된다고 할 수 있다.

5. 브랜드 매니저의 성과평가 기준

국내 기업을 대상으로 연구한 바에 따르면[3] 브랜드 관리자의 성과를 측정하는 여러 항목 중 시장점유율 유지 및 성장과 매출 달성이 가장 중요한 항목으로 나타났다. 그 다음으로 이익 관리 및 이익 향상, 신제품 개발 출시 및 신제품

3) 황현숙 · 박찬수 (2004), 국내 브랜드 관리자 제도의 현황 및 문제점에 관한 연구, 디자인브랜드경영저널 제1권 제1호, pp.37-40.

표 22-4 브랜드 매니저의 성과 평가 기준

구 분	전 체	회사의 형태		
		외자 기업	국내 기업	합자 기업
매출 달성	4.6	4.6	4.6	4.3
시장점유율 유지 및 성장	4.7	4.8	4.6	4.7
브랜드 인지도 향상	4.1	4.2	4.0	4.7
신제품 개발, 출시 및 신제품의 매출 기여율	4.2	4.0	4.3	3.7
이익관리 및 이익률 향상	4.2	4.2	4.2	4.7
연구개발, 소비자 및 경쟁사 조사 등의 투자비	2.9	2.8	2.9	3.3
각 부서의 원활한 커뮤니케이션 능력	3.7	3.8	3.5	4.0
프로모션 효과	3.7	3.7	3.6	4.0

주) 각 항목의 중요도를 5점 척도(1=전혀 영향을 미치지 못한다, 5=매우 중요한 영향을 미친다)로 질문한 결과

매출 기여율, 브랜드 인지도 향상 순으로 나타났다. 그러나 연구개발, 소비자 및 경쟁사 조사 등의 투자비 등은 브랜드 관리자의 성과 측정에 있어서 큰 영향을 미치지 못하는 것으로 나타났다(표 22-4).

이러한 현상은 브랜드 관리자의 짧은 재직기간(3년 미만이 62.7%)과 연관시켜 볼 때, 기업들이 단기간의 가시적인 성과를 중심으로 브랜드 관리자를 평가하고 있으며, 장기간에 걸쳐서 나타나는 성과에 대해서는 그다지 높은 비중을 두고 있지 않음을 보여주는 것이다. 이것은 특히 브랜드 관리자를 '브랜드의 마케팅 관리자'로 볼 것인가 아니면 '브랜드 자산의 관리자'로 볼 것인가 하는 이슈와 직결된다고 할 수 있다.

한편, 글로벌 기업들은 브랜드 매니저와 영업사원(salesmen)에 있어서 그들의 성과에 대한 평가기준을 보면 이들의 역할이 뚜렷하게 차이가 남을 알 수가 있다. 영업사원은 소매점의 진열에 책임을 지는 반면, 브랜드 매니저들은 진열된 제품이 소비자에 팔려나가 회전되는가에 초점을 두고 평가를 한다. 즉 진열되어 있지 않으면 영업사원의 책임이며 진열된 제품이 팔려 나가지 않으면 브랜드 매니저의 책임인 것이다.

따라서 브랜드 매니저는 소비자에 팔려 나가는 관점에서의 매출에 초점이 맞추어져 있고(팔리는 구조 만들기), 점내 점유율 및 유통 레버리지에 초점이 맞추어져 있다.

제 2 절 성공한 브랜드 매니저의 특징들

어느 날 아침, 브랜드 매니저들은 수백 명의 판매원, 중간상, 임원 앞에서 신제품에 대한 프레젠테이션을 한다. 그날 이후, 신제품에 대한 최근 광고에 대해 여성들이 그 광고에 대한 반응을 얘기할 때 열심히 들을 것이다. 또한, 제품의 품질 명세서에서 약간 벗어난 제품을 계속 생산을 할 것인지 아니면 중단할 것인지 빠른 결정을 해야 한다. 브랜드 매니저들은 편지함에 넘쳐나는 일상의 보고들에 관한 통계와 회계에 나타난 의미들에 대한 이해를 필요로 한다. 새로운 포장 디자인을 검토할 때, 그들은 미학의 대가가 되어야 한다. 이러한 여러 가지의 일들이 계속된다.

이와 같은 일들을 수행하기 위해 브랜드 매니저들은 보통 사람들과 다른 몇 가지의 특징들을 공유하고 있다. 다음에서는 성공한 브랜드 매니저들의 특징 8가지에 대해 살펴볼 것이다.

1. 열정

브랜드 매니저는 바비큐 소스를 일상의 음식으로 먹는 것과 냄새를 맡는 것 그리고 꿈에도 생각하고 싶지 않은 것일지라도, 그들은 소비자들에게 효과가 있는 바비큐 소스 제품에 대한 사랑을 가져야하고 또한 개발해야 한다. 여러분들이 개인적으로 바비큐 소스의 맛을 싫어 한다해도, 여러분이 소비자들이 그것을 먹을 때 어떻게 먹는지를, 어떤 기억들이 창조되는지에 호기심을 자아낸다면 여러분은 고객에 대한 열정을 가지고 있다고 할 수 있다. 궁극적으로 성공한 브랜드 매니저로 만들게 하는 것은 고객에 대한 이해와 고객에게 다가가게 하는 방법들이며 이렇게 하게끔 하는 동인은 바로 열정에서 나온다.

2. 리더십

브랜드 매니저들은 그들의 브랜드에 대해 바람직한 방향을 설정하고, 끊임없이 이러한 방향을 커뮤니케이션하고, 돈이 자기 주머니에서 나오는 것처럼 이 방향을 달성하는데 모든 투자를 아끼지 않는다. 이런 방법으로 그들은 탁월하게 하루하루의 브랜딩 업무를 수행해 나간다.

방향을 설정하고 커뮤니케이션하기

브랜드 매니저로서 첫 번째 임무는 브랜드 목적지를 설정하는 것이다. 어느 방향으로 걸어갈 것인가를 가지고 사막 한가운데서 걸어가는 당신 자신과 당신 팀을 생각하라. 당신은 머물러 있어서는 안 되고 오직 한 방향만을 선택할 수 있다. 당신은 바람 냄새를 맡으며, 수평선을 살피고, 팀의 여론을 살피고, 모래의 촉감을 느끼며, 태양을 확인하고, 당신의 자원을 조사하고, 당신의 나침판을 연구하고, 정찰병을 보내며 그리고 나서 진군 명령을 한다. 마케팅 용어로 전환하면, 당신의 재정 명세서를 조사하고, 포트폴리오 안에서 브랜드의 역할을 이해하고 소비자를 조사하고, 경쟁자를 탐색하고, 접근 가능한 시장과 채널을 탐색하고, 당신 제품과 크리에이티브에 대한 현재의 성과와 미래의 성과를 평가하고 그런 다음 시작을 한다.

훌륭한 브랜드 매니저는 확실한 방향을 제시한다. 그 방향은 엄청난 열망들을 반영시키지만 그러나 확고하게 사실(facts)에 근거해야 한다. 강력한 브랜드 비전(brand vision)은 경쟁자에 대비하여 그 브랜드와 기업의 현재의 위치, 강점과 약점에 대한 명확한 평가에 근거해야 한다. 브랜드 비전은 미래에 대해 내적으로 일관적이고 실행 가능한 가정들을 포함시켜야 하며, 이러한 가정들은 해당 제품 범주의 성장률, 소비자 동향, 기술 개발과 새로운 경쟁자의 진입 등을 포함한다.

강력한 브랜드 방향을 만들었고 경영진에게 그것을 납득시켰으면, 그것을 당신의 뇌와 당신 팀원의 뇌에 연결해야 한다. 모든 새로운 기회, 모든 새로운 연구들, 모든 새로운 투자는 브랜드 방향이라는 렌즈에서 걸러져야 한다. 브랜드 방향은 주요한 의사결정의 준거가 되며 문지기가 된다. 소비재 기업은 매우 크고 매우 복잡해서 효과적으로 연속적인 변화의 채찍질을 가지지 못한다. 가용한 많은 사람과 시간 그리고 투자 자원이 있다. 당신은 선택을 해야만 한다. 당신이 살고 있는 주변에는 너무나 많은 상업적 소음으로부터 당신 자신을 피해야만 한다. 방향을 정하고, 그 다음 초점을 맞추고, 맞추어라!!

강력한 브랜드 방향을 가지는 것은 하지 말아야 할 것을 분류해 주는 것 이상으로 많은 것을 도와준다. 그것은 활용할 수 있는 전략적인 옵션을 초래하도록 돕는다. 당신의 공급업체가 당신이 원하는 것을 안다면, 그들은 그것을 제공할 때 더 잘 제공할 수 있을 것이다. 좋은 방향은 불을 밝혀준다; 그것은 생동감 있게 하고, 영감을 불어넣어준다.

불행하게도 당신의 브랜드 비전을 다른 사람에게 연결하는 것은 행하기에 엄청나게 어렵다. 우리는 우리가 생각하는 것보다 훨씬 적게 커뮤니케이션한다. 당신의 브랜드 비전을 다른 사람들에게 영향을 미칠 수 있게 하는 기회를 가지는 것, 당신의 눈을 통해서 다른 사람들이 브랜드 비전을 보도록 하는 것은 반복이 필요하며, 또한 간결성을 필요로 한다. 당신은 메시지에 대해서 일관성을 유지할 필요가 있다. 당신은 당신의 메시지를 기도처럼 간단하고 기억할 수 있게 만들 필요가 있다.

주인처럼 행동하기

성공한 마케터들은 굽히지 않는 의지력과 사업가 정신을 가지고 있다. 그들의 추진력은 매우 끈기 있고 일관적이다. 브랜드가 그들의 주인이고, 그들은 브랜드에 대해서 모든 사람이 복종하게 한다. 돈을 쓰는 것에 대한 그들의 사고방식은 그러한 투자로 인해 효과가 반드시 나타나도록 한다는 점이다. 그들은 오너십을 가지고 행동하였다.

3. 사고의 유연성과 창의성

'어떠한 브레인 스토밍도 없는 것은 나쁜 브레인 스토밍'이라는 철학을 알아야 한다. 제품을 다수의 경쟁상태에서 눈에 띄게 하는데 브랜드 매니저는 창의적이고 효과적으로 아이디어를 개발해야 한다. 만약 당신이 창의적이지 않거나 혹은 창의성에 둘러싸이는 것을 싫어한다면, 그때 브랜드 매니저로서 당신은 적합하지 않다.

4. 유능한 커뮤니케이터

브랜드 매니저는 유능한 커뮤니케이터이며 또한 문장가(기획가)이다. 브랜드 매니저는 끊임없이 팀 미팅을 주제하고 시니어 매니저에게 검토되는 프로젝트 제안서를 작성한다. 분석적이고 설득적인 기획서와 프레젠테이션 스킬이 중요하다.

5. 팀워크

팀워크는 브랜딩에 있어서 가장 중요한 스킬이다. 모든 일은 팀 단위에서 이루어지며 그래서 팀워크를 조장하고 보상하는 환경을 창출하고 그러한 환경에 참여해야 한다. 대부분의 시니어 매니저들은 여러분 밑에 있는 사람들과 다른 부서에 있는 대표자들을 다루기를 요청받는다. 이러한 사람들을 교육시키고 조언자가 되고 동기부여를 시키는 것이 매우 중요하다.

6. 분석적

브랜드 매니저는 비즈니스의 목적을 달성하려고 노력해야만 한다. 이러한 목적을 달성하기 위해, 브랜드 매니저는 그들의 비즈니스를 추적하는 방법을 평가할 수 있어야만 하며 또한 시장점유율과 매출액을 성장시키는 방법들을 이해할 수 있어야 한다.

7. 위험을 두려워하지 않음

여러분은 배가 흔들리는 것을 싫어한다면, 브랜딩은 올바른 길의 선택이 아닐 것이다. 매일 신제품들이 도입되고 그로 인해 기존의 브랜드들은 재활성화 해야 하고, 적어도 마케팅 프로그램을 다시 생각하게 한다. 브랜드 매니저들은 다양한 관점에서 비즈니스의 상황들을 볼 수 있어야만 하고, 또한 그러한 위험들을 두려워하지 않고 받아들여야만 한다. 어떤 접근 가능한 데이터가 없고 따라서 여러분들의 직관을 활용할 때 여러분은 총명한 비즈니스의 의사결정을 하는데 즐거움을 느껴야만 한다.

8. 총명한 판단력

브랜드 매니저는 개인적인 편견에 기울어져서는 안된다. 예를 들면, 여러분은 특정의 광고 캠페인을 좋아할 수도 있다. 그러나 여러분들이 표적으로 하고 있는 소비자들은 그것을 싫어할 수도 있다. 훌륭한 브랜드 매니저는 그들 자신의 선호를 무시해야만 한다. 왜냐하면 소비자를 끌어들이는 것이 핵심이기 때문이다.

[생각해볼 문제]

1. 당신은 브랜드 매니저로서 다음의 기준들에 대해서 얼마나 부합된다고 생각하는가? 브랜드 매니저로서 가져야 능력들에 대하여 평가해 보자.

평가항목	척도(7점)
열정 리더십 사고의 유연성과 창의성 유능한 커뮤니케이터 팀워크 분석적 위험을 두려워하지 않음 총명한 판단력	

2. 브랜드 매니저로서 하루의 일과를 상세하게 기술하여 보자. 이를 바탕으로 브랜드 매니저의 책임과 역할에 대해 정립하여 보자.

국문 찾아보기

BRAND and BRANDING

ㄴ

ㄷ

ㅂ

ㅇ

ㅈ

ㅊ

ㅎ

영문 찾아보기

BRAND and BRANDING

C

D

Q

R

S

T

|저|자|약|력|

저자 김재영은 경북대학교 경영대학을 졸업하고, 연세대학교에서 석사학위를 받고, 한남대학교에서 경영학 박사학위(브랜드 마케팅 전공)를 받았다.

브랜딩에 대한 인식이 척박했던 1990년도에 LG생활건강의 화장품 마케팅에서 근무하면서 브랜딩을 접하게 되었다. 1994년에는 브랜딩의 역발상을 통한 "이자녹스(ISAKNOX)" 브랜드를 출시하여 거대 브랜드를 탄생시켰다. 그 외에도 다수의 브랜드를 출시하여 히트화 시킨바 있으며, 2002년도에는 보령 메디앙스와 보령제약에서 마케팅 상무로 근무하면서 유아용 아토피 제품의 스킨케어 중심에서 제품 역영의 확장, 타킷 연령의 확장, 그리고 유통 채널의 확장 등 발상의 전환을 통하여 아토피 대표 브랜드 "닥터 아토피스(Dr. atopeace)"와 "닥터 아토마일드(Dr. atomild)"를 히트시킨 바 있다.

이와 같은 성공적인 브랜딩 경험을 바탕으로 현재는 (주)글로벌 리서치에서 브랜드 조사 및 컨설팅을 수행하고 있으며, 특히 롯데제과, LG 인화원, 동화기업, 애경 등 유수의 기업들을 대상으로 마케팅 및 브랜딩 관련 컨설팅과 강의를 수행하고 있다. 또한 한국능률협회, 흑자경영의 브랜딩 과정에 출강하였고 현재 한국표준협회 전문위원으로 브랜딩 과정에 출강하고 있다.

중앙대학교, 서울여자대학교, 한남대학교에서 강의를 하였고 현재는 겸임교수로 건국대학교에서 마케팅과 소비자 행동론, 그리고 마케팅 조사를 가르치고 있다. 또한 마케팅 관련 학회에도 참여하고 있으며 현재는 한국마케팅과학회 이사로 활동하고 있다.

주요 발표 논문으로는 '상표확장의 성공과 실패 조건', '성공적인 상표확장을 위한 의사결정 모형에 관한 연구', '상표확장에 대한 소비자의 유추적 반응', '유추에 의한 상표확장의 소비자 평가' 등이 있다. 역서로는 Duane E. Knapp의 저서 『브랜드 마인드 셋(The Brand Mindset)』이 있다.

e-mail: jykim@globalri.co.kr

저자와의
협의하에
인지생략

BRAND and BRANDING

2007년 01월 03일 초판 인쇄
2021년 09월 16일 초판 6쇄 발행

저　자 : 김재영
발행인 : 정광식
발행처 : 비앤엠북스
서울특별시 금천구 가산디지털1로 70 B1-103
등　록 2004. 12. 29. / 제313-2004-00298호
전　화 (02) 2627-5710~13, 팩스 (02) 2627-5720
홈페이지 www.대학교재.net
이메일 bnmbook@daum.net

정가 40,000원 ISBN 978-89-91879-23-2